Thema Deutsch. Band 12

Sprache der Generationen

[GfdS]

Thema Deutsch

Herausgegeben von der Dudenredaktion
und der Gesellschaft für deutsche Sprache
durch Prof. Dr. Rudolf Hoberg
und Prof. Dr. Karin M. Eichhoff-Cyrus

Band 12: Sprache der Generationen

Thema Deutsch. Band 12

Sprache der Generationen

Herausgegeben von Eva Neuland

Dudenverlag
Mannheim · Zürich

Bibliografische Information der Deutschen Nationalbibliothek:
Die Deutsche Nationalbibliothek verzeichnet diese Publikation in der
Deutschen Nationalbibliografie; detaillierte bibliografische Daten
sind im Internet über http://dnb.d-nb.de abrufbar.

© Duden 2012
Bibliographisches Institut GmbH
Dudenstraße 6
68167 Mannheim

© GfdS Gesellschaft
für deutsche Sprache 2012
Spiegelgasse 13
65183 Wiesbaden

Herstellung: Monika Schoch, Mannheim
Umschlaggestaltung: Raphaela Mäntele, Heidelberg,
unter Mitwirkung von Suzana Papić, München
Satz: TypoDesign Hecker, Leimen
Druck und Bindung: AZ Druck und Datentechnik GmbH,
Sportfliegerstraße 6, 12487 Berlin
Printed in Germany
ISBN 978-3-411-04317-0
Auch als E-Book erhältlich unter:
ISBN 978-3-411-90530-0
www.duden.de
www.gfds.de

Inhalt

Eva Neuland

Sprache und Generation: eine soziolinguistische Perspektive auf den Sprachgebrauch

Öffentliche Debatten und Stellungnahmen zu grundlegenden gesellschaftlichen Differenzen und oftmals Widersprüchen wie *Arm* und *Reich, Alt* und *Jung*,[1] zum Wandel von Generationen und Generationsverhältnissen sind ein brisantes Dauerthema in den Medien. Laufend werden neue Generationsbilder generiert: von *Generation Golf* zu *Generation Gold*, von *Generation Praktikum, Revolte, Stütze* ... bis zur *Generation der vielen Möglichkeiten*.[2] Die Rede ist von Generationskonflikten, -spaltungen und -kämpfen; stilisiert und kritisiert werden Phänomene wie *Jugendwahn, Seniorenlawinen, Krieg der Alten* und *Krieg den Alten*. Der Generationsbegriff erscheint als Seismograph für Gesellschaftswie Mentalitätsanalysen.

Es ist bemerkenswert, dass der Generationsbegriff zwar „multidisziplinäre Perspektiven"[3] aufweist und in den Bildungs-, Sozial- und Kulturwissenschaften eine bedeutende Rolle spielt, nicht aber in der Sprachwissenschaft, in deren Handbüchern und Grundlagenwerken er keinerlei Beachtung findet.[4] Selbst im dreibändigen internationalen Handbuch: Soziolinguistik[5] findet man ihn weder unter den soziologischen Begriffen noch unter den Ergebnissen der soziolinguistischen Forschung, unter denen Cheshires Beitrag zu Alter und generationsspezifischem Sprachgebrauch eingeordnet wurde.

Sind Generationen etwa nicht durch besondere sprachliche Ausdrucksweisen gekennzeichnet, werden generationelle Konflikte oder auch Harmonien etwa nicht sprachlich ausgetragen, beeinflussen sich Generationen nicht in ihrem Sprachgebrauch – ob adaptiv oder konfrontativ? Verändern wir selbst nicht unseren Sprachstil im Lebenslauf – je nach generationeller Zugehörigkeit? Und haben bestimmte Generationen nicht entscheidende Auswirkungen auf Sprachgeschichte und Sprachwandel ausgeübt?

---

[1] Der von Lessenich/Nullmeier herausgegebene Sammelband: Deutschland – eine gespaltene Gesellschaft (2006) führt u. a. als weitere Differenzen auf: *Frauen – Männer, Gebildet – Ungebildet, Deutsche – Ausländer.*
[2] Nachweise aus der ersten Jahreshälfte 2011 in der Süddeutschen Zeitung.
[3] So der Untertitel des Sammelbandes von Künemund/Szydlik (Hrsg.) 2009.
[4] So fehlt z.B. ein Eintrag im Metzler Lexikon Sprache, 4. Aufl., 2010.
[5] Ammon u.a. (Hrsg.) 2005.

Welche Antworten hält die Sprachwissenschaft auf solche essentiellen gesellschaftlichen Fragen bereit? Wie behandelt sie diese Themenstellungen kategorial und konzeptionell? Zur Beantwortung dieser Fragen wollen wir zunächst einen Blick auf Arbeitsfelder der Alterslinguistik und auf die Gegenstandsfelder Kindersprache, Jugendsprache und Alterssprache werfen. Sodann soll der Blick über das Lebensalter hinaus auf Sprachgebrauch im Lebenslauf gerichtet werden, um anschließend den Zusammenhang von Sprache und Generation allgemein zu erörtern und die Multidimensionalität des Generationsbegriffs und einige darauf bezogene soziolinguistische Arbeitsfelder zu skizzieren.

1. Sprache und (Lebens)alter

Ein Teil der eben angesprochenen Fragestellungen wird von der Alterslinguistik bearbeitet, die sich mit dem Sprachstand und Sprachgebrauch in verschiedenen Lebensaltern beschäftigt. Der Chronologie folgend unterscheiden wir zwischen Forschungen zur Kindersprache, Jugendsprache und neuerdings auch Sprache im Alter.

1.1 Kindersprache

Als Gegenstandsfeld der Kindersprachforschung lässt sich die Spanne vom Kleinkindalter zum Vorschulalter bestimmen. Der Terminus Kindersprache oder auch Altersmundart war indes eher in der älteren deutschen Sprachforschung geläufig, wie sie vor allem im berühmten gleichnamigen Werk von Clara und William Stern (1920) präsentiert wurde. Die hinter diesen Forschungen stehenden Annahmen einer Abfolge von Sprachstadien, für die auch Altersnormen formuliert wurden, erfuhren eine kurze Wiederbelebung in der *Altersstilforschung* der 70er Jahre (v.a. Pregel 1970), die die verschiedenen Altersstile des Grundschulkindes als graduelle Annäherungen an die Erwachsenensprache verstand. In der aktuellen Sprachentwicklungsforschung ist der Terminus Kindersprache kaum mehr präsent, nicht zuletzt auch deshalb, weil er wegen der Homogenitätsannahme die interindividuelle Variation zu wenig berücksichtigen kann.

Sprachentwicklung
In der Spracherwerbs- und auch noch in der Sprachentwicklungsforschung spielen biologische Reifungsprozesse eine wesentliche Rolle. In den Konzepten, die von einem anlagebedingten, universellen Spracherwerbsmechanismus LAD (*language acquisition devise*) ausgehen und

die sich auf den Erwerb des grammatischen Regelsystems konzentrieren, wird der Einfluss der sozialen Umweltfaktoren als äußerst gering betrachtet. Für die vorliegenden Fragestellungen soll dies hier nicht weiter verfolgt werden. Diejenigen Konzepte, die das soziale Lernen stärker fokussieren, decken sich z. T. mit dem folgenden Gegenstandsfeld.

Eltern-Kind-Kommunikation
Vor dem Hintergrund der schon bei den Sterns thematisierten Anlage-Umwelt-Kontroverse lässt sich die Erforschung der Eltern-Kind-Kommunikation als ein pragmalinguistisches Gegenstandsfeld abgrenzen, in dem insbesondere die den Spracherwerb und die Sprachentwicklung unterstützenden Interaktionen des Kindes mit seiner Umwelt genauer untersucht werden, und zwar auch unabhängig vom Geschlecht der Bezugspersonen. Das Konzept „Spracherwerb in der Interaktion" des amerikanischen Entwicklungspsychologen Jerôme Bruner und seiner Schüler verbindet Ansätze der Sprachentwicklungs- und der Interaktionsforschung, indem ein quasi universeller Spracherwerbsunterstützungsmechanismus LASS (*language acquisition support system*) hypostasiert wird. Der mütterliche Interaktionsstil (*motherese*) hilft dem Kind, sich „von der [vorsprachlichen] Kommunikation zur Sprache" (so Bruner 1979) weiterzuentwickeln. Damit wird die bisherige linguistische Betrachtungsweise: von der Sprache bzw. dem ersten Wort zur Kommunikation praktisch umgekehrt. In diesem Konzept ist zweifelsohne eine generationelle Differenzierung enthalten, wenn auch nicht explizit ausgesprochen.

1.2 Jugendsprache

Dies ändert sich ganz wesentlich durch die seit den 80er Jahren wirkende linguistische Jugendsprachforschung.

Jugendsprache und Erwachsenensprache
Denn die Frage, ob die Jugend eine eigene, *andere* Sprache spricht,[6] muss den Vergleich zur „Erwachsenensprache" und ggf. auch zur „Kindersprache" implizieren. Die Motive der intergenerationellen Abgrenzung gegenüber Älteren wie Jüngeren und der sozialen Distinktion und intragenerationellen Identifikation wurde als ein Hauptmerk-

---

[6] Diese ursprünglich 1982 von der Deutschen Akademie für Sprache und Dichtung formulierte Preisfrage wird 2006 von Dürscheid/Neuland einer erneuten Erörterung unterzogen.

mal der Jugendsprache erkannt.[7] Dem Gegenstandsfeld der Jugendsprache kommt mithin eine entscheidende Auslösefunktion für den Einbezug des *Generationsbegriffs* in die linguistische Sprachforschung zu. Dies konkretisiert sich z.B. in der immer wieder aufgeworfenen Fragestellung, ob der besondere Sprachgebrauch von Jugendlichen die Verständigung zwischen den Generationen beeinträchtige und eine Ursache für Missverständnisse, Konflikte und Provokationen bilde. Relativ rasch ist die linguistische Jugendsprachforschung zur Einsicht gelangt, dass die hinter dem Terminus „Jugendsprache" stehende Homogenitätsannahme eines einheitlichen Sprachgebrauchs aller Jugendlichen der Heterogenitätsannahme einer inneren wie äußeren Mehrsprachigkeit bzw. Mehrstimmigkeit vieler verschiedener Jugendgruppen weichen muss.

Kommunikation in Jugendgruppen
Jugendsprachen entstehen schließlich nicht als Produkte individueller Sprachleistungen, sondern entwickeln sich durch die intragenerationelle Kommunikation in Jugendgruppen,[8] oft innerhalb von Prozessen kollektiver Stilbasteleien. Sie stellen insofern auch keine „eigenen" Sprachen dar; vielmehr machen Jugendliche in besonderer Weise alterspräferenziell von möglichen und üblichen Stilmitteln ihrer Herkunftssprachen Gebrauch, oft unter Einbezug von Entlehnungen aus anderen Sprachen. Jugendsprachen bilden nach der Überzeugung der Mehrheit der Forscher keine stabilen Varietäten der Standardsprachen; sie bilden ein Ensemble subkultureller Sprachstile, die zugleich als soziale Symbole von Gruppenzugehörigkeit fungieren. Dennoch bleibt trotz der Heterogenität der verschiedenen jugendlichen (Peer)gruppen die Zugehörigkeit oder auch die (Selbst)zurechnung zur Generation der Jugend als gemeinsames Charakteristikum.

Doing Youth
Der Jugendsprachforschung kommt aber noch eine weitere Weichenstellung für den Einbezug des Generationsaspekts in die linguistische Forschung zu: und zwar der Aspekt der Konstruktion von *Generationsstereotypen*. Mit „Doing Youth"[9] ist die mediale Konstruktion und Stilisierung von Jugendsprache gemeint, die mit dem authentischen Sprachgebrauch von Jugendlichen oft wenig gemein hat.[10] Jugend und

---

[7] Vgl. dazu Neuland 2008, bes. Kap. III.
[8] Zum Terminus Gruppensprache s. Neuland 2011.
[9] Dazu ausführlicher Neuland 2008, bes. Kap. I.
[10] Dies kann exemplarisch am „Szene-Duden" sowie an anderen populärwissenschaftlichen Wörterbüchern zur Jugend- und Szenesprache gezeigt werden.

10

Jugendsprachen bieten Projektionsflächen für Werturteile, die stets auch und vielleicht sogar eher Aussagen über die Konstrukteure solcher Meinungen als über die Jugendlichen selbst machen.

1.3 Alterssprache

Als ein relativ junges Arbeitsfeld hat sich die Erforschung des Sprachgebrauchs im höheren Lebensalter um die Jahrtausendwende entwickelt (v.a. Fiehler/Thimm 1998). Erst in diesem Zusammenhang ist auch von einer Alterslinguistik die Rede.

Sprachgebrauch im Alter
Nachdem der Sprachgebrauch im Alter eher unter physiologischen Aspekten als ein Abbau von Sprachkompetenz beschrieben wurde, hat die Alterslinguistik in Anlehnung an die angloamerikanische Forschung ebenfalls das Stilkonzept für die Beschreibung des Sprachgebrauchs im höheren Lebensalter aufgegriffen.[11] Darunter wird eine Reihe differentieller Merkmale des Sprachgebrauchs subsumiert, wie z.B. Gebrauch veralteter Lexik, Dominanz einer Vergangenheitsperspektive, Themensprünge, Wortfindungsschwierigkeiten. Allerdings wird auch hier eine gewisse individuelle Varianz zu berücksichtigen sein, die eine Skepsis vor einer Homogenitätsannahme nahelegt.

Kommunikation mit Älteren
Mit dem Forschungsbereich der Kommunikation mit lebensälteren Gesprächspartnern ist wiederum ein Aspekt der intergenerationellen Kommunikation *angesprochen*. Studien im amerikanischen wie im deutschen Sprachraum[12] belegen ein bestimmtes Sprachregister mit typischen Merkmalen *patronisierender* Kommunikation (Ryan/Kwong See 1998), die den Erwartungen hinsichtlich der kommunikativen Fähigkeiten älterer Menschen entspricht, z.B. eingeschränkte Themenwahl, Schwerpunkt auf der Vergangenheit, einfache Satzkonstruktionen, lexikalische Verkleinerungsformen etc. Auch ein solches Sprachregister unterliegt mithin bestimmten Altersbildern.

Alterskonstruktionen
Alterskonstruktionen bilden eine weitere Gruppe von Generationsstereotypen, die vornehmlich von Medien geprägt in der Alltagswelt

---

[11] So Fiehler 1998; 2008, Cherubim/Hilgendorf 1998 und die Diskussion bei Kohrt/Kucharczyk 1998.
[12] Zu den Wirkungen stereotyper Erwartungen in der Kommunikation zwischen Alt und Jung vgl. auch Kruse/Thimm 1997 sowie Sachweh 2000; 2001.

11

wirksam sind. Linguistische Studien konnten zeigen, dass solche Konstruktionen oftmals mittels Sprache, und zwar im Gespräch, interaktiv vorgenommen werden.[13] Kritik an der diskriminierenden Wirkung von solchen Altersbildern, wie sie in der Alltagskommunikation, aber auch in Wortschatz und Redewendungen impliziert sind, wurde unter dem Stichwort des *Ageismus* – in Analogie zu Sexismus und Rassismus – laut (v.a. Kramer 1998). Wie der kurze Überblick zeigte, wird in Teilbereichen der Alterslinguistik der Generationsaspekt zwar implizit und manchmal auch explizit angesprochen, doch wird kein Zusammenhang zwischen dem Sprachgebrauch in einzelnen Lebensaltern hergestellt, obwohl ganzheitliche und vergleichende Betrachtungen naheliegen, z.B. im Hinblick auf die Kommunikation zwischen Generationen.

2. Sprachgebrauch und Lebenslauf

Ein solcher Zusammenhang wird jedoch durch die Kategorie des Lebenslaufs gestiftet, die die Stadien einzelner abstrakter Lebensalter von Kindheit, Jugend und Alter im Kontext individueller und kollektiver Lebensgeschichte vernetzt und dynamisiert und eine prozessuale Betrachtungsweise des *Alterns* ermöglicht. Bereits der Ausdruck „Lebensalter" verweist im Unterschied zum biologischen Altersbegriff auf die individuelle und soziale Bedeutung von Altersphasen im Verlauf der Lebensgeschichte. Das Setzen von Zäsuren in Passagen der Lebensgeschichte ist ein höchst bedeutsamer Akt sozialer Konstruktion, der sich in individuellen sowie kollektiven Lebensläufen und ihrer sprachlichen (Re)produktion niederschlägt. Dabei hinterlässt jede Zäsur zumeist auch Spuren im Sprachgebrauch, wie sich umgekehrt bewusste wie unbewusste Veränderungen im Sprachstil auch als Veränderungen von Selbstdeutungen und Positionierungen im Lebenslauf deuten lassen.

Die Erforschung von Veränderungen des Sprachgebrauchs im Lebenslauf ist jedoch für die Sprachwissenschaft ein nahezu noch unbearbeitetes Feld,[14] für das wichtige Impulse aus der soziologischen Lebenslaufforschung gewonnen werden können.[15] Die Betrachtung des

---

[13]   Dazu genauer u.a. Thimm 1998, Cherubim 2001, Linke 2003.
[14]   Erste Ansätze liefern der von Häcki Buhofer herausgegebene Sammelband: Spracherwerb und Lebensalter (2003), der Sonderband über Sprachbiographien von Adamzik/Roos (2002) sowie das von Sachweh herausgegebene Themenheft der Osnabrücker Beiträge zur Sprachtheorie: Sprechalter (2001).
[15]   Hier ist vor allem auf Beiträge von Kohli (z.B. 1985) zu verweisen, weiterhin s. Hurrelmann (Hrsg.) 1976.

Zusammenhangs von Sprachgebrauch und Lebenslauf eröffnet dabei zwei wesentliche Perspektiven:

2.1 Sprachliche Sozialisation

Der Begriff der sprachlichen Sozialisation korrespondiert mit dem der Sprachentwicklung, wobei beim ersteren weit umfassender Interaktionen mit der sozialen Umwelt und mit gesellschaftlichen Sozialisationsagenturen in den verschiedenen Sozialisationsphasen des Lebenslaufs im Fokus stehen, darunter Familie, Kindergarten, Schule, Peergroups etc. Sprachliche Sozialisation vollzieht sich dabei häufig in Form von Rollenübernahmen, die in der Dialektik von Vergesellschaftung und Individualisierung zur Ausbildung der sozialen Identität beitragen. Sozialisation ist dabei in zweierlei Hinsicht für die Sprachwissenschaft von Bedeutung: einerseits als Sozialisation von Sprache als *Objekt*, wofür in der Sprachentwicklungsforschung verschiedene Ansätze vom sog. egozentrischen bis zum kommunikativen Sprechen unterschieden werden; andererseits als Sozialisation durch Sprache als *Mittel* sozialisatorischer Interaktion,[16] z.B. in Form implizit wie explizit didaktischen Sprechens.

So unterscheidet sich im Jugendalter die sprachliche Sozialisation in der Familie, in der es hauptsächlich um Übernahme oder auch Abwehr von Generationsrollen und ihre sprachlichen Repräsentationen geht, grundlegend von der schulischen Sprachsozialisation und ihrer Einübung in die soziale Identität und entsprechende sprachliche Handlungsformen der Schülerrolle, und beide unterscheiden sich wiederum grundlegend von der sprachlichen Sozialisation in jugendlichen Peergroups, in denen v.a. der Erwerb und die Ausgestaltung von Gruppen- und auch Geschlechterrollen verhandelt werden. Ergebnisse solch sprachlicher Sozialisationsprozesse können sich in unterschiedlichen Sprachstilen des familialen, schulischen wie gruppentypischen Sprachgebrauchs zeigen.[17]

2.2 Sprachbiographie

Das Gegenstandsfeld sprachbiographischer Forschung ist mit dem vorgenannten der sprachlichen Sozialisation eng verbunden, jedoch folgt die Betrachtungsweise der individuellen Entwicklung der Alterspha-

---

[16] Hier ist auf das entsprechende Konzept sozialisatorischer Interaktion von Oevermann (u.a. 1976) zu verweisen, das seinerseits die soziolinguistischen Studien von Bernstein zur sprachlichen Sozialisation (1972) entschieden erweiterte.

[17] Dazu ausführlich Neuland/Balsliemke/Baradaranossadat 2010.

sen im Lebenslauf. Ein verwandter, in der angelsächsischen Forschung geprägter Begriff des *Age Grading*[18] (Altersschichtung) bezieht sich allerdings auf altersabhängiges Verhalten und somit auch auf alterstypischen Sprachgebrauch in verschiedenen Generationen[19] und Lebensphasen, die in der Form von *Apparent-Time-* und nicht *Real-Time*-Studien erschlossen werden. In diesem Sinne veranschaulicht Wyss in diesem Band den Wandel der Textsorte Liebesbrief von der Kindheit über das Jugend- bis zum Erwachsenenalter.

Die sprachbiographische Forschung legt den Fokus hingegen auf die lebensgeschichtliche Sprachentwicklung des Individuums und ist somit deutlich zur Individuallinguistik zu rechnen,[20] die in der Sprachwissenschaft bislang kaum beachtet wurde.[21] Die Erarbeitung lebensgeschichtlicher Sprachveränderungen kann dann auch, so Häcki Buhofer (2003), über die reduktionistische „Tafelberg"-Annahme vom frühen Aufbau in Kindheit und Jugend und späten Abbau im höheren Alter und von einem möglichen Stillstand in der Zwischenzeit des Erwachsenenseins hinausgehen.

Individuallinguistische Zugänge zur Sprachentwicklung können sich gleichwohl mit soziolinguistischen und sprachhistorischen Zugängen verbinden, wenn gesellschaftlich-historische Einflussfaktoren berücksichtigt werden, so z. B. die Wende von 1989 (Fix/Barth 2000) oder die Rückkehr und Integration von Aussiedlern (Meng 2001).[22]

3. Sprache und Generation

Zwar kann auch die prozessuale Betrachtung des Lebenslaufs als eine Abfolge von Generationen erfolgen, doch scheint der Generationsbegriff für die Soziolinguistik noch weiter gehende Erkenntnismöglichkeiten zu eröffnen und damit präzisere Antworten auf die einleitend genannten Fragen zu ermöglichen, als es die bislang aufgeführten alters- und individuallinguistischen Forschungsansätze vermochten.

---

[18] Vgl. Cheshire 2005.

[19] Ein Beispiel für eine solche Betrachtungsweise von wechselnden Wertungsausdrücken im Jugendalter verschiedener Generationen präsentiert Androutsopoulos 2001.

[20] So Häcki Buhofer im Vorwort ihres Sammelbandes zu Spracherwerb und Lebensalter (2003).

[21] Der von Adamzik/Roos herausgegebene Sonderband zu Sprachbiographien, besonders im Kontext von Mehrsprachigkeit (2001), blieb eine vereinzelte Initiative.

[22] Dies veranschaulichen die Beiträge in Kapitel III i. d. Bd.

3.1 Dimensionen des Generationsbegriffs

Die in der Sozialwissenschaft unterschiedenen Dimensionen des Generationsbegriffs machen deutlich, dass wir uns mit dieser Bezugskategorie immer weiter von einer entwicklungspsychologischen und -biologischen Perspektive, die mit den bislang betrachteten Kategorien von Alter und Lebensalter und eingeschränkt auch noch mit der Kategorie des Lebenslaufs verbunden sind, wegbewegen. Mit dem Generationsbegriff wird hingegen eine Beschreibungs- und Analysekategorie für soziokulturelle und soziopolitische Dimensionen gewonnen; die linguistische Betrachtungsweise wandelt sich von der Alters- und Individuallinguistik zur Soziolinguistik und ihrem Gegenstandsfeld Sprache und Gesellschaft.

Auch der Generationsbegriff kann zwar biologisch im Sinne einer Altersklasse oder Geburtskohorte verstanden werden; zugleich kann er aber auch seit Mannheims wegweisender Klärung (1928) *historisch* im Sinne einer Zeitgenossenschaft und *metahistorisch* im Sinne einer Generationslagerung und einer Erfahrungsgemeinschaft in gesellschaftlich-historischen Kontexten verwendet werden.[23] Gemeinhin wird in der Soziologie das Konzept der Generation mit Bezug auf Gesellschaft oder mit Bezug auf Familie definiert,[24] zwei Bezugsgrößen, die gewöhnlich getrennt behandelt werden.

> „Auf beiden Ebenen ist das Generationskonzept ein Schlüssel zur Analyse der Bewegung durch die Zeit. In der Abfolge der Generationen schaffen Familien und Gesellschaften Kontinuität und Veränderungen im Hinblick auf Eltern und Kinder, ökonomische Ressourcen, politische Macht und kulturelle Hegemonie. In allen diesen Feldern sind Generationen eine Grundeinheit sowohl von sozialer Reproduktion wie von sozialem Wandel – also von Stabilität *und* Erneuerung (oder Umsturz)." (Kohli 2009: 233)

Im Folgenden sei ein kurzer Blick auf die soziologischen Dimensionen geworfen:

Gesellschaft
Der gesellschaftliche Generationsbegriff umfasst makroanalytisch Personen, die in einem begrenzten Zeitraum geboren wurden und deshalb bestimmte historische Ereignisse in ähnlichem Lebensalter erfahren ha-

---

[23] Vgl. dazu die Beiträge von Braches-Chyrek sowie Gerstenberg im Kap. I i. d. Bd.
[24] Dazu genauer Kohli 2009 und 2007, Szydlik/Künemund 2009, Kohli/Szydlik 2000 in ihrem programmatischen Sammelband: Generationen in Familie und Gesellschaft.

ben. Kohli/Szydlik (2000: 7) schlagen vor, drei Arten von gesellschaftlichen Generationen zu unterscheiden, und zwar politische, kulturelle und ökonomische Generationen. Wie Bude (2000) am Beispiel der 68er zeigt, stiftet der verbindende Generationszusammenhang und seine sprachliche Klassifikation soziale Identität als lebenszeitliche Erfahrungs- und Erinnerungsgemeinschaft und ein Wir-Gefühl, das zugleich biographisch relevant ist.

Abb. 1: 68er-Generation

Familie
Der familiale Generationsbegriff bezeichnet mikroanalytisch im ursprünglichen Wortsinne der Erzeugung die Generationsfolge der Abstammungslinie. Die intergenerationellen Beziehungen im familialen Generationsverbund können weiter nach funktionalen, affektiven und assoziativen Dimensionen unterschieden werden (Kohli/Szydlik 2000: 11). Fend (2009: 101) hebt aus erziehungswissenschaftlicher Sicht funktional die intergenerationelle Transmission von Werthaltungen und Weltorientierungen hervor, bei der der kommunikative Austausch zwischen Eltern und Kindern als entscheidende Moderatorvariable wirkt.

Abb. 2: Familiale Generationen

Generationsbeziehungen
Gesellschaftliche und familiale Generationsbegriffe stehen in enger Verbindung; Generationsbeziehungen lassen sich als dritte Dimension des Generationsbegriffs unterscheiden.[25] Die 68er-Generation liefert viele Beispiele für die Verbindung von politischen und kulturellen gesellschaftlichen Dimensionen, die im Kontext der familialen Generationsdimension zu manifesten Generationskonflikten geführt haben. Verbindungen zwischen den kulturellen und ökonomischen gesellschaftlichen Dimensionen und der familialen mögen hingegen zur heute zur beobachtenden Entdifferenzierung von familialen Generationsunterschieden[26] beigetragen haben.

Alle drei soziologischen Dimensionen können gerade durch die Multidimensionalität und den interdisziplinären Spannungsreichtum wesentliche soziolinguistische Erkenntnismöglichkeiten und Erfahrungsfelder erschließen, und zwar unter *kontextuellen, funktionalen, interaktiven* sowie *ideologischen* Aspekten:

[25] Gerstenberg unterscheidet i. d. Bd. etwas anders, aber durchaus vergleichbar neben dem relationalen Generationsbegriff, der hier auch den familialen umfasst, einen absoluten von einem historischen Begriff, wobei der absolute Begriff in seiner Abstraktion als Synonym für Altersgruppe über den im Einführungsbeitrag unterschiedenen gesellschaftlichen Begriff hinausgeht.

[26] S. dazu Ergebnisse aktueller Jugendstudien sowie den Beitrag von Gansel i. d. Bd.

17

- Der Bezug auf die *gesellschaftliche Dimension* des Generationsbegriffs wird die je spezifischen gesellschaftlich-historischen Kontexte erklären helfen, innerhalb derer sich bestimmte Sprachgebräuche historischer Generationen herausbilden und wandeln können;
- der Bezug auf die *familiale Dimension* macht die funktionalen Leistungen erkennbar, die der familiale Generationsverbund für die kulturelle Reproduktion, für die Tradierung von Erziehung und Bildung, und zwar insbesondere durch Spracherziehung und sprachliche Sozialisation, erbringt;
- der Einbezug der *relationalen Generationsdimension* eröffnet den Blick auf Generationskonstellationen, die durch historisch je unterschiedliche Differenzen, Konflikte und Brüche gekennzeichnet sind, die in der sprachlichen Interaktion ausgetragen werden.
- Als vierte Dimension soll hier zusätzlich die Produktion von *Ideologien* in Form von Altersbildern und Generationsstereotypen unterschieden werden, die sich in je zeitgebundener Topik, in Redensarten und in Diskursen niederschlagen und ihre Wirksamkeit entfalten.

3.2 Soziolinguistische Arbeitsfelder

Diese vier Aspekte und ihr Zusammenspiel sollen hier als soziolinguistische Arbeitsfelder veranschaulicht werden, wie sie in den Beiträgen des vorliegenden Sammelbandes berücksichtigt werden.

3.2.1 Der gesellschaftliche Generationsbegriff in Sprachgeschichte und Sprachwandel

Betrachten wir das Generationskonzept als Schlüssel zur Analyse gesellschaftlicher Bewegungen durch die Zeit, so erschließen sich unmittelbar auch Prozesse sozialen und sprachlichen Wandels, wie sie in kulturwissenschaftlich ausgerichteten Studien zur Sprachgeschichte und zum Sprachwandel erörtert werden. Das Generationskonzept wird insbesondere von der jüngeren Sprachgeschichtsschreibung fruchtbar aufgegriffen.

Die Rede ist von der „48er-Generation" des 19. Jahrhunderts, und im 20. Jahrhundert hat insbesondere die „68er-Generation" von sich reden gemacht.[27] In der Geschichtsschreibung wird ein solches politisches Generationsbewusstsein vor allem durch eine Kritik am Autoritaris-

---

[27] Vgl. dazu Stötzel 1995 und Wengeler 1995 zur These von 1968 als sprachgeschichtliche Zäsur.

mus der Etablierten, durch eine bewusste Abkehr von der als belastet empfundenen Vergangenheit und eine Einforderung emanzipatorischer Handlungsweisen im privaten wie öffentlichen Leben gekennzeichnet. Die Zäsur eines politischen Geschehens in Umbruchzeiten, eine kollektive Mobilisierung und die Entwicklung einer politischen Programmatik im Kontrast zur vorangegangenen Zeit und zur Vätergeneration mögen in diesem Kontext als konstituierende Momente für die Zuweisung von Generationsbegriffen gelten.

Kämper geht in diesem Band der Frage nach, wieso hingegen von einer 45er-Generation des 20. Jahrhunderts nicht gesprochen wird, und auch die für die deutsch-deutsche Geschichte so wesentliche Zäsur von 1989 hat nicht zu einer entsprechenden Generationsbezeichnung geführt. Fix/Schleichardt belegen in diesem Band, dass gleichwohl generationelle Bewusstseinslagen ausgemacht und nicht nur im gesellschaftlich-historischen Kontext beschrieben werden können. So lassen sich generationelle Spuren in der Sprachgeschichte erkennen, Prägungen in Lexik, Topik, Phraseologie, Spezifika in Wortbildung und Diskuspraxis, wie sie in den Beiträgen des Kapitels III in diesem Band genauer erörtert werden. Scharloth präsentiert aber auch kritische Kommentare und spricht sich für eine differenzielle Verwendung der Begriffe Generation, soziale Bewegung und soziale Milieus aus.

Was sich synchron als Variation je gegenwärtigen Sprachgebrauchs darstellt, zeigt sich unter dem Aspekt des gesellschaftlichen Generationsbegriffs und der generationellen Folge in Phänomenen kulturellen und sprachlichen Wandels. Gerstenberg entfaltet diesen Kontext in diesem Band und weist dabei der Jugend eine wichtige Rolle als periodisierende Entität durch die Entwicklung und Ausbreitung sprachlicher Innovationen zu. Der gesellschaftliche Generationsbegriff ist somit nicht nur für die synchrone Analyse von Generationen in der Sprachgeschichte, sondern ebenso für die Beschreibung und Erklärung des diachronen Zusammenhangs von Generation und Sprachwandel von Bedeutung.

Jugendliche sind generationelle Akteure besonderer Art, die – wie Bühler-Niederberger/König in ihrem Beitrag zeigen – ihre Statuspassage eigenaktiv ausgestalten, soziale Rollen und Spielräume erweitern und neue Handlungsmuster erproben. Wie die linguistische Jugendsprachforschung seit den 80er Jahren herausgearbeitet hat, führen Prozesse der Veränderung vom Gewohntem, des Abweichens vom Üblichen zur Bildung neuer kultureller Sprachstile, die identifikatorische Repräsentation und soziale Distinktion bewirken.[28] Insofern war der

---

[28] Vgl. dazu ausführlicher Neuland 2008.

19

Sprachgebrauch Jugendlicher schon immer ein – wenn auch bescheidener – Faktor des Sprachwandels.[29]

Die These einer eigenständigen Varietätengenese und ihrer Transition im Sinne eines generationsspezifischen Sprachwandels wird in diesem Band vor allem von Zimmermann vertreten. Wie Christen anhand dialektaler Daten nachweist, ist allerdings auch Skepsis gegenüber einem Pauschalurteil angebracht, dass Jugendliche stets die Rolle von „Anderssprechern" übernehmen. Bei der Deutung sprachlicher wie metasprachlicher Daten ist der Aspekt der generationellen Zugehörigkeit gegenüber anderen soziolinguistischen Variablen zu relativieren. Auch Brommer/Dürscheid bestätigen die These von Jugendlichen als „Neuerern" aufgrund ihrer Beobachtungen zur Nutzung (virtueller) sozialer Netzwerke und vor allem zur Gestaltung neuer Kommunikationsformen Jugendlicher im Internet.

Wie aber hat sich der gesellschaftliche Generationsbegriff bei der aktuellen öffentlichen Zuschreibung zu einer „Generation Facebook", „Generation Twitter" o. Ä. verändert? Von den in diesem Abschnitt einleitend genannten Charakteristika spielt zweifellos die Massenhaftigkeit der Nutzungsbewegungen noch eine Rolle; von einer histori-

Abb. 3: Generation Facebook?

---

[29] Von Polenz hat im dritten Band seiner großen Sprachgeschichte entsprechende Beispiele zusammengestellt (1999: 466f.).

schen Zäsur und einer politischen Programmatik kann hingegen keine Rede sein: Der gesellschaftliche Generationsbegriff scheint sich deutlich von einem politischen zu einem kulturellen verlagert zu haben, wenn der Kontrast zur vorvergangenen Zeit und zur Vätergeneration sich auf eine höhere Medienkompetenz bezieht und Anzeichen eines kulturellen Wandels im Gebrauch von Sprache und Kommunikation als kulturelle Medien erkennbar werden.

3.2.2 Der familiale Generationsbegriff in Sprachentwicklung und Sprachsozialisation

Die Bedeutung der familialen Generationsdimension für sprachwissenschaftliche Fragestellungen wurde bereits in den Abschnitten über die Eltern-Kind-Kommunikation (1.1) und die sprachliche Sozialisation (2.1) hervorgehoben. Braches-Chyrek arbeitet in diesem Band die Bedeutung des Generationskonzepts als Bezugsrahmen für die Tradierung und Transmission von Wissen aus bildungswissenschaftlicher Sicht heraus. Auch in dem in den westlichen Industrienationen vorherrschenden Typ der nur noch zwei Generationen umfassenden Familie spielt die familiale Leistung der kulturellen Reproduktion immer noch eine wichtige Rolle, wenn auch die korrespondierende Bedeutung von Peergroups und Onlinecommunitys und sozialen Netzwerken elektronischer Medien zweifellos zugenommen hat.

Dennoch werden die Domänen Familie, Schule/Beruf und Freizeit und entsprechende domänentypische Handlungs- und Ausdrucksweisen im Bewusstsein von Sprachbenutzern klar unterschieden.[30] Die Kommunikation mit jüngeren und älteren Geschwistern, sofern diese noch im Familienverbund leben, ist zugleich ein Übungsfeld für altersdifferentiellen Sprachgebrauch wie für das Respektieren oder auch Missachten von Altersnormen und Generationsrollen. Wie Quasthoff/Krah in ihrem Beitrag anschaulich nachweisen, ist die Sprache der Elterngeneration ein wesentlicher Einflussfaktor für die Diskursfähigkeit von Kindern, aber auch – in Anknüpfung an die frühen soziolinguistischen Studien zur sprachlichen Sozialisation – immer noch für die Perpetuierung von sozialer Variation und damit verbundener Ungleichheit von Bildungschancen.

Familiäre Kommunikationsprozesse sind immer auch in der relationalen Generationsdimension zu erfassen. Insgesamt scheint diese als Subtext auch den beiden vorgenannten Dimensionen zu unterliegen.

---

[30] Vgl. dazu genauer Neuland 2008: 63.

3.2.3 Der relationale Generationsbegriff in der intergenerationellen Kommunikation

Die relationale Generationsdimension ist für sozio- und pragmalin-guistische Fragestellungen besonders fruchtbar, werden doch die un-terschiedlichen generationellen Konstellationen interaktiv ausgetra-gen, und dies oft mit sehr unterschiedlichen Gesprächsmustern und -regeln. So bilden v.a. Vater-Sohn-Konflikte wichtige Motive in der familialen und gesellschaftlichen Kommunikation in fiktionalen wie in nichtfiktionalen, in historischen wie aktuellen Texten.

Fiehler strukturiert den Bereich der intergenerationellen Kommuni-kation nach einem Drei-Generationen-Modell der Jugendlichen, Er-wachsenen sowie rüstigen bzw. gebrechlichen Alten und verweist – der alterslinguistischen Forschung entsprechend (vgl. Kap. 1.3) – auf Unterschiede in Kommunikationsinhalten, -stilen und -normen. Pro-bleme der Verständigung zwischen den Generationen bilden immer wieder ein aktuelles Diskussionsthema in der medialen Öffentlichkeit, die die „Bedrohung" der Verständigung dem unterschiedlichen Sprachgebrauch von Jugendlichen und Erwachsenen zuschreibt (Kap. 2.1). Verständigung zwischen den Generationen stellt daher nicht nur in der familialen Spracherziehung, sondern auch im schulischen Sprachunterricht ein wichtiges Thema dar. Steffin skizziert die Bemü-hungen, das Lernziel kommunikative Kompetenz im Deutschunter-richt auch auf die intergenerationelle Kommunikation zu beziehen und mit Lehrwerktexten zu veranschaulichen, die die Generationsbezie-hungen nicht nach dem Bild von zwei getrennten Welten konstruieren.

An dieser Stelle kann der Einbezug der gesellschaftlich-historischen Generationsdimension und damit der „Bewegung durch die Zeit" (vgl. Kap. 3.1) weiterführende Erkenntnisse vermitteln: Wie haben sich ge-nerationelle Ordnungen und damit auch intergenerationelle Kommu-nikationen gerade auch im familialen Kontext in den letzten Jahrzehn-ten verändert? Wie sind die Ergebnisse der Jugendsprachforschung zu deuten, dass die Bedeutung der sozialen Abgrenzung beim Gebrauch der Jugendsprache heute – zumindest explizit – nicht mehr eine so gro-ße Rolle zu spielen scheint, wie es etwa in der 68er-Generation der Fall gewesen sein mag? Können wir dies als linguistische Belege für die so-ziologische These vom *Schwinden der Generationsdifferenzen* ansehen? Und spricht nicht auch die rasche Übernahme jugendsprachlicher Aus-drucksweisen in die Allgemeinsprache für eine weitere Entgrenzung der Jugend als Entwicklungsphase zugunsten des Phänomens „Ju-gendlichkeit" als Prestigefaktor?

Auch in der intergenerationellen Interaktion spielen also Konstruktionsprozesse eine wichtige Rolle, sei es im Sinne von Annahmen über Rezeptions- und Formulierungsvermögen, worüber uns – wie Lindorfer zeigt – seit kurzem wichtige neue psycholinguistische Erkenntnisse vorliegen, sei es im Sinne von Vorurteilen und Stereotypen.

3.2.4 Generationen als soziale Stereotype in Diskursanalyse und Sprachkritik

Wenden wir uns zuletzt einer kurzen Betrachtung der ideologischen Dimension des Generationsbegriffs zu, wie sie sich in Altersbildern und Generationsstereotypen manifestiert, die bereits in der Einleitung dieses Beitrags als Beispiele aus aktuellen öffentlichen Debatten zitiert wurden. Sprachlich werden sie konkretisiert in Form von Topoi, Phraseologismen oder auch Argumentationsmustern in Diskursen. Allerdings sollte die Vielfalt der kurzfristigen Modeetikettierungen den Generationsbegriff und dauerhafte und tragfähige Generationsdifferenzierungen nicht verwässern. Solche sozialen Konstruktionen sind schließlich in der Kultur- und Sprachgeschichte zurückzuverfolgen.[31] Sie wandeln sich im Laufe der Zeit je nach gesellschaftlich-historischen Gegebenheiten und entstehen nicht beliebig, sondern symptomatisch und können daher auch, wie einleitend vermutet, Gesellschafts- und Mentalitätsanalysen als Seismograph für sozialen und kulturellen Wandel dienen.

So ist es kein Zufall, dass mit der gesteigerten Wertschätzung der Jugendlichkeit als Prestigesymbol seit der Jahrtausendwende auch das Altersbild, wie Thimm in ihrem Beitrag ausführt, überpositiv revidiert wurde. Dass die hinter der *Generation Gold* oder der Generation der *Best Ager* ebenso wie hinter den Jugendlichen und sich jugendlich Gebenden stehende Kaufkraft ökonomischer Generationen dabei eine Rolle gespielt haben mag, ist zu Recht zu vermuten. Ramers weist am Beispiel der Analyse von Parteiprogrammen auf, dass euphemistische Altersbilder auch für politische Interessen instrumentalisiert werden. Es ist aber nicht unbedingt ein Widerspruch, wenn als gegenläufiges Bild zur Angleichung der Generationen im Konsum bzw. im kulturellen Habitus[32] das Bild eines „Kampfes der Generationen" um die gerin-

---

31 Vgl. dazu v.a. Göckenjahn 2000, Cherubim 2001, Thimm 2009.
32 Der bezeichnende Name einer Jeansmarke: *Not your daughter's Jeans* verweist auf den Usus einer Angleichung von Kleidungsgewohnheiten und mithin auf den entsprechenden Verlust einer Distinktionsfunktion im Habitus von Eltern und Kindern.

Abb. 4: Kampf der Generationen?

ger werdenden Ressourcen in den Medien genährt wird (vgl. das oben stehende Titelblatt aus dem FOCUS, Nr. 23, 3. 6. 1996).

Letztlich sprechen aber viele soziale Konstruktionen für eine „Entdramatisierung der Generationenkonflikte". Dies weist Gansel in seiner Analyse literarischer Inszenierungen von Generationsbeziehungen und ihrem Wandel in postmodernen All-Age- und Adoleszenzromanen der Gegenwart nach, die auch einen massenkulturellen Markt bedienen wollen.

Was sprachlich als soziale Stereotype und als Phraseologismen formuliert wird, bildet ein zentrales Gegenstandsfeld für die linguistische Sprachkritik, aus der, wie in Kap. 1.3 erwähnt, bereits wichtige Beiträge zur Kritik der Altersdiskriminierung (Ageismus) vorgelegt wurden. Balsliemke strukturiert in ihrem Beitrag das linguistische Gegenstandsfeld und plädiert für eine Sensibilisierung des öffentlichen Sprachbewusstseins.

So zeigt sich am Ende unserer Betrachtungen die Fruchtbarkeit der Multidimensionalität des Generationsbegriffs für soziolinguistische Fragestellungen sowie die enge Verwobenheit der verschiedenen Dimensionen, die zugleich als Schlüssel zur Analyse von Bewegungen durch die Zeit dienen. Was aber bleibt sprachlich, und was geht sprachlich verloren? Diese Frage greift Cherubim in seinem Beitrag unter dem Titel: Die Gleichzeitigkeit des Ungleichzeitigen in der deutschen Sprache auf. In der Sprache sind Zeitmarkierungen und Ungleichzeitigkeiten aufgehoben. Diese zu erkennen und um ihre Bedeutung zu wissen, ist ein wesentlicher Teil des sprachhistorischen Bewusstseins.

Zum Schluss geht ein großer Dank an alle Kolleginnen und Kollegen für ihre Mitarbeit an diesem Projekt und für die Entwicklung neuer soziolinguistischer Forschungsperspektiven im Zusammenhang von Sprache und Generation. Florian Wiebel sei für die Hilfe bei der Manuskripterstellung gedankt.

Literatur

Adamzik, Kirsten/Roos, Eva (Hrsg.) 2002: Biografie linguistiche 76 (Bulletin suisse de linguistique appliquée).

Androutsopoulos, Jannis 2001: Von *fett* zu *fabelhaft*. Jugendsprache in der Sprachbiographie. In: OBST: Sprechalter 62, 55–79.

Ammon, Ulrich u. a. (Hrsg.) 2005: Soziolinguistik. Ein internationales Handbuch zur Wissenschaft von Sprache und Gesellschaft. 2 Bände. 2. Auflage. Berlin.

Bernstein, Basil 1972: Studien zur sprachlichen Sozialisation. Düsseldorf.

Braches-Chyrek, Rita 2011: Generationale Perspektiven in der Kindheitsforschung. In: Baurmann, Jürgen/Neuland, Eva (Hrsg.): Jugendliche als Akteure. Sprachliche und kulturelle Aneignungs- und Ausdrucksformen von Kindern und Jugendlichen. Frankfurt a. M., 33–50.

Bruner, Jérôme 1977: Wie das Kind lernt, sich sprachlich zu verständigen. In: Zeitschrift für Pädagogik 23, 829–845.

Bruner, Jérôme 1979: Von der Kommunikation zur Sprache. Überlegungen aus psycholinguistischer Sicht. In: Martens, Karin (Hrsg.): Kindliche Kommunikation. Theoretische Perspektiven, empirische Analysen, methodologische Grundlagen. Frankfurt a. M., 9–61.

Bude, Heinz 2000: Die biographische Relevanz der Generation. In: Kohli, Martin/Szydlik, Marc (Hrsg.), 19–36.

Cherubim, Dieter 2001: Alterssprache. Zur Konzeptualisierung von Alter durch Sprache. In: OBST: Sprechalter 62, 99–127.

Cherubim, Dieter/Hilgendorf, Cezane 1998: Sprachverhalten im Alter. Beobachtungen und Diskussionen zum Begriff des Altersstils. In: Fiehler, Reinhard/Thimm, Caja (Hrsg.), 230–257.

Cheshire, Jenny 2005: Age and Generation – Specific Use of Language. In: Ammon, Ulrich u. a. (Hrsg.), 1552–1563.

Coupland, Nikolas/Coupland, Joustine/Giles, Howard 1991: Language, Society and the Elderly. Discourse, Identity and Aging. Oxford u. a.

Coupland, Nikolas/Nussbaum, Jon 1993: Discourse and Lifespan identity. Newbury Park.

Dürscheid, Christa/Neuland, Eva 2006: Spricht die Jugend eine andere Sprache? Neue Antworten auf alte Fragen. In: Dürscheid, Christa/Spitzmüller, Jürgen (Hrsg.): Perspektiven der Jugendsprachforschung. Frankfurt a. M., 19–33.

Fend, Helmut 2009: Was die Eltern ihren Kindern mitgeben – Generationen aus der Sicht der Wissenschaft. In: Künemund, Harald/Szydlik, Marc (Hrsg.), 81–105.

Fiehler, Reinhard 2008: Altern, Kommunikation und Identitätsarbeit. IDS-Arbeitspapiere und Materialien zur deutschen Sprache. Mannheim.

Fiehler, Reinhard/Thimm, Caja (Hrsg.) 1998: Sprache und Kommunikation im Alter. Opladen.

Fiehler, Reinhard/Thimm, Caja 1998: Das Alter als Gegenstand linguistischer Forschung. Eine Einführung in die Thematik. In: Dies. (Hrsg.), 7–17.

Fiehler, Reinhard 1998: Modelle zur Beschreibung und Erklärung altersspezifischer Sprache und Kommunikation. In: Fiehler, Reinhard/Thimm, Caja (Hrsg.), 38–57.

Fix, Ulla/Barth, Dagmar 2000: Sprachbiographien: Sprache und Sprachgebrauch vor und nach der Wende von 1989 im Erinnern und Erleben von Zeitzeugen aus der DDR. Frankfurt a. M.

Glück, Helmut (Hrsg.) 2010: Metzler Lexikon Sprache. 4. Auflage. Stuttgart.

Göckenjan, Gerd 2000: Das Alter würdigen. Altersbilder und Bedeutungswandel des Alters. Frankfurt a. M.

Göckenjan, Gerd/von Kondratowitz, Hans Joachim 1988: Altern – Kampf um Deutungen und um Lebensformen. In: Dies. (Hrsg.): Alter und Alltag. Frankfurt a. M., 7–35.

Häcki Buhofer, Annelies (Hrsg.) 2003: Spracherwerb und Lebensalter. Tübingen/Basel.

Häcki Buhofer, Annelies 2003: Spracherwerb und Lebensalter. Einleitung. In: Dies. (Hrsg.), 1–21.

Hurrelmann, Klaus (Hrsg.) 1976: Sozialisation und Lebenslauf. Empirie und Methodik sozialwissenschaftlicher Persönlichkeitsforschung. Reinbek bei Hamburg.

Kohli, Martin 2009: Ungleichheit, Konflikt und Integration. Anmerkungen zur Bedeutung des Generationenkonzepts in der Soziologie. In: Künemund, Harald/Szydlik, Marc (Hrsg.), 229–237.

Kohli, Martin 2007: Von der Gesellschaftsgeschichte zur Familie. Was leistet das Konzept der Generationen? In: Lettke, Frank/Lange, Andreas (Hrsg.), 47–69.

Kohli, Martin 2006: Alt – Jung. In: Lessenich, Stephan/Nullmeier, Frank (Hrsg.): Deutschland – eine gespaltene Gesellschaft. Frankfurt a. M., 115–136.

Kohli, Martin/Szydlik, Marc (Hrsg.) 2000: Generationen in Familie und Gesellschaft. Opladen.

Kohli, Martin 1985: Die Institutionalisierung des Lebenslaufs. Historische Befunde und theoretische Argumente. In: Kölner Zeitschrift für Soziologie und Sozialpsychologie, 1–29.

Kohrt, Manfred/Kucharczyk, Kerstin 1998: „Sprache" – Unter besonderer Berücksichtigung von „Jugend" und „Alter". In: Fiehler, Reinhard/Thimm, Caja (Hrsg.), 17–38.

Kramer, Undine 1998: Ageismus – Zur sprachlichen Diskriminierung des Alters. In: Fiehler, Reinhard/Thimm, Caja (Hrsg.), 257–278.

Krappmann, Lothar/Lepenies, Anette (Hrsg.) 1997: Alt und jung: Spannung und Solidarität zwischen den Generationen. Frankfurt a. M.

Kruse, Lenelis/Thimm, Caja 1997: Das Gespräch zwischen den Generationen. In: Krappmann, Lothar/Lepenies, Anette (Hrsg.), 112–137.

Künemund, Harald/Szydlik, Marc (Hrsg.) 2009: Generationen. Multidisziplinäre Perspektiven. Wiesbaden.

Lettke, Frank/Lange, Andreas (Hrsg.) 2007: Generationen und Familien. Analysen – Konzepte – gesellschaftliche Spannungsfelder. Frankfurt a. M.

Linke, Angelika 2003: Senioren. Zur Konstruktion von (Alters-?)Gruppen im Medium Sprache. In: Häcki Buhofer, Annelies (Hrsg.), 21–37.

Mannheim, Karl 1928: Das Problem der Generationen. In: Kölner Vierteljahreshefte für Soziologie 7, 157–185 sowie 309–330.

Meng, Katharina 2001: Russlanddeutsche Sprachbiographien. Untersuchungen zur sprachlichen Integration von Aussiedlerfamilien. Tübingen.

Neuland, Eva 2008: Jugendsprache. Tübingen.

Neuland, Eva/Balsliemke, Petra/Baradaranossadat, Anka 2010: Schülersprache, Schulsprache und Unterrichtssprache. In: Jørgensen, Norman (Hrsg.): Vallah, Gurkensalat 4U&4Me! Current Perspectives in the Study of Youth Language. Frankfurt a. M., 165–187.

Neuland, Eva 2011: Gruppensprachen. In: Pohl, Inge/Ulrich, Winfried (Hrsg.): Wortschatzarbeit. Baltmannsweiler, 297–310.

26

Oevermann, Ulrich u. a. 1976: Beobachtungen zur Struktur der sozialisatorischen Interaktion. In: Auwärter, Manfred/Kirsch, Edith/Schröter, Manfred (Hrsg.): Seminar: Kommunikation, Interaktion, Identität. Frankfurt a. M., 371–404.

Osnabrücker Beiträge zur Sprachtheorie (OBST) 2001: Sprechalter 62.

von Polenz, Peter 1999: Deutsche Sprachgeschichte vom Spätmittelalter bis zur Gegenwart. Band III, 19. und 20. Jahrhundert. Berlin.

Pregel, Dietrich 1970: Zum Sprachstil des Grundschulkindes. Düsseldorf.

Ryan, Ellen B./Kwong See, Sheree T. 1998: Sprache, Kommunikation und Altern. In: Fiehler, Reinhard/Thimm, Caja (Hrsg.), 57–72.

Sachweh, Svenja 2001: „Is doch schön, nech?" Gesprächsstrategien älterer Menschen. In: OBST: Sprechalter 62, 127–149.

Sachweh, Svenja 2000: „Schätzle hinsetze!" Kommunikation in der Altenpflege. Frankfurt a. M.

Stern, Clara/Stern, William 1907/1920: Die Kindersprache. Eine psychologische und sprachtheoretische Untersuchung. Leipzig.

Stötzel, Georg 1995: 1968 als sprachgeschichtliche Zäsur. In: Sprache und Literatur in Wissenschaft und Unterricht 75/76, 132–146.

Szydlik, Marc/Künemund, Harald 2009: Generationen aus der Sicht der Soziologie. In: Künemund, Harald/Szydlik, Marc (Hrsg.), 7–23.

Thimm, Caja 2009: Altersbilder in den Medien – Zwischen medialem Zerrbild und Zukunftsprojektionen. In: Ehmer, Josef/Höffe, Ottfried (Hrsg.): Bilder des Alterns im Wandel. Historische, interkulturelle, theoretische und aktuelle Perspektiven. Nova Acta Leopoldina. Abhandlung der deutschen Akademie der Naturforschung Leopoldina, neue Folge 363, 153–167.

Thimm, Caja 1998: Kommunikative Konstruktion der sozialen Kategorie „Alter" im Gespräch. In: Fiehler, Reinhard/Thimm, Caja (Hrsg.), 72–93.

Tophinke, Doris 2002: Lebensgeschichte und Sprache. Zum Konzept der Sprachbiographie aus linguistischer Sicht. In: Adamzik, Kirsten/Roos, Eva (Hrsg.), 1–14.

Wengeler, Martin 1995: „1968" als sprachgeschichtliche Zäsur. In: Stötzel, Georg/Wengeler, Martin u. a. (Hrsg.): Kontroverse Begriffe. Geschichte des öffentlichen Sprachgebrauchs in der Bundesrepublik Deutschland. Berlin/New York, 383–404.

Bildquellen

picture-alliance/dpa, Frankfurt am Main   16
shutterstock.com/Monkey Business Images   17, 20

1 Soziologische und psychologische Aspekte von Alter, Lebenslauf, Generation

Rita Braches-Chyrek

Generation und Wissenstraditionen in den Bildungswissenschaften

1. Generation und Wissenstraditionen in den Bildungswissenschaften

Der Begriff Generation erfüllt in den Wissenstraditionen der Bildungswissenschaften zwei zentrale Funktionen, zum einen geht es darum, die Wissensgenerierung zu erforschen und zu erklären, also die Erzeugung und den Einsatz von Wissen zu einem bestimmten Zweck, zum anderen soll die Strukturierung von Wissen analysiert werden. Der Wissensgenerierung liegt ein handlungstheoretischer Generationenbegriff zugrunde, der individuelle und kollektive Wahrnehmungs- und Deutungsmuster beschreibt. Er setzt voraus, dass mit Generation ein klarer Inhalt beschrieben werden kann oder dass sich dieser aus dem jeweiligen Kontext – Sozialisationserfahrungen, geteilte Erlebniswelten, die Selbstidentifikation mit einer beschriebenen Generation – erschließt (Krauss 1987: 105). Hier ist zu fragen, ob die Erfahrungen und Erlebnisse, die zu Generationenzusammenhängen geführt haben, sich schon in den Kindes- und Jugendphasen verdichten oder auch noch im Erwachsenenalter ausgeformt werden können. Außerdem ist zu klären, inwiefern kollektive Deutungsmuster die Lebensspanne einer Generation beeinflussen können.

Die Strukturierung von Wissen hingegen unterliegt dem epochalen Wandel historischer Erfahrungen und Erkenntnisse. Immer wenn der Wirklichkeitsgehalt vergangener Ereignisse und Strukturen über das Erfahrungswissen ehemaliger Generationen hinausgeht, verändert sich auch das generationale Verhalten (vgl. Koselleck 1989: 146 f.). Mit gesellschaftlich gesetzten Altersaufteilungen wird versucht, das Verhältnis und die Grenzen zwischen den Generationen zu determinieren. Die dadurch produzierte gesellschaftliche Ordnung dient der Legitimation von Macht- und Herrschaftsverhältnissen, wie der Widerstreit zwischen historischen, pädagogischen und politischen Programmen zu Beginn des 19. Jahrhunderts zeigt. Es gilt also nicht zu analysieren,

> ob es so etwas wie Generation und Generationen gibt, [...] sondern mit welchem Interesse und in welcher Weise ihr Vorhandensein jeweils deklariert oder konstruiert wird (Parnes/Vedder/Willer 2008: 20; 83; vgl. Krauss 1987: 107).

Insbesondere in den gesellschaftlichen Bereichen der Erziehung und Bildung wurde durch das Generationenkonzept eine Trennung und Entgegensetzung von Alt und Jung eingeführt und damit ein Konkurrenzprinzip erschaffen, das sich in Familienkonstruktionen und flankierend dazu im bürgerlichen (Erb)recht manifestierte. Das Generationenkonzept stellt dabei eine gesellschaftliche Form der Kulturvermittlung von Älteren zu Jüngeren dar, die sich in der Vermittlung von Individuum und Gemeinschaft konkretisieren konnte (Schleiermacher 2000a: 9 f.), dessen Begriffsgeschichte, Relevanz und gesellschaftliche Funktionszusammenhänge im Folgenden entfaltet werden sollen.

1.1 Begriffsgeschichte

Der Begriff Generation ist ein übersetztes Wort[1] und bis heute von unterschiedlichen Bedeutungen geprägt. Mit dem Begriff Generation werden Zeitgenossenschaften, Entwicklungsstufen und Geschlechterfolgen im Kontext von Gesellschafts- und Familienverhältnissen beschrieben (Strich 1960: 9 f.). Die Geschichte des Wortes, des Begriffes und der Metapher Generation ist selbst ein genealogischer, generativer Vorgang. Das Wort Generation hat seinen Ursprung in der lateinischen, griechischen und hebräischen und später französischen Sprache und war bis in das 19. Jahrhundert im deutschsprachigen Raum ein Fremdwort. Es wurde übersetzt mit den Begriffen Geschlecht, Menschenalter, Zeugung oder Erzeugung. Erst im 20. Jahrhundert bezeichnete Generation die Nachkommenschaft, also die Gesamtheit aller um dieselbe Zeit geborenen Menschen einer Entwicklungsstufe (Parnes/Vedder/Willer 2008: 25 f.). Seit Beginn des 21. Jahrhunderts werden technische Produktreihen durch den Begriff Generation gekennzeichnet, wie beispielsweise in der Informationstechnologie. Die Rekonstruktion der Begriffsgeschichte von Generation zeigt also erstens ein Phänomen der Anderssprachigkeit und zweitens die Möglichkeiten, ein fremdspra-

---

[1] Durch das linguistische Dreieck von Wortkörper (Bezeichnung), Bedeutung (Begriff), Sache werden die Ausdrücke „Begriff" und „Wort" unterschieden (Kosellek 1989: 119).

chiges Wort zu übersetzten und in die Sprache – später auch die Alltagssprache – einzupflegen. Dementsprechend kann festgehalten werden, dass Wortgeschichte in der Rekonstruktion und Interpretation
entsteht, durch sprachliche Akte, Markierungen und Abstufungen der
vormals komplexen Wortverbindungen. Erst die Beschäftigung mit der
Wort- und Begriffsgeschichte offenbart die Mechanismen der Übertra-
gungs- und Metapherngeschichte in einer Gesellschaft. Diese Auseinandersetzung mit den einzelsprachlichen Zusammenhängen von Generation weist auf Doppeldeutigkeiten hin, die mit den Begriffen Gene-
rativität und Gattung, Synchronie und Diachronie, Zeugung und
Abstammung, Gleichzeitigkeit und Nachzeitigkeit umschrieben werden können (vgl. Parnes/Vedder/Willer 2008: 39). Insbesondere im
Kontext von Bildung und Erziehung zeigt sich, dass mit der Dauer,
dem Wandel und der Neuheit des Generationenbegriffes sowohl vergangene Tatbestände, Zusammenhänge als auch Prozesse beschrieben
werden (vgl. Kosellek 1989: 109 f.).

1.2 Disziplingeschichtliche Markierungen

In den gesellschaftlichen Bereichen der Erziehung und Bildung wurde
mit dem Konzept der Generation eine Austauschbeziehung beschrieben, in der Wissen als wechselseitige Erkenntnis und Beförderung von
Mensch und Menschheit weitergegeben wird (Lessing 1780). Dabei stehen nicht die einzelnen Akteure im Mittelpunkt des Erziehungsprozes-
ses, sondern die Generation. In der Kant'schen Vorlesungsreihe zur Pädagogik wird Erziehung als Kunst beschrieben,

> [...] deren Ausübung durch viele Generationen vervollkommnet werden
> muß. Jede Generation versehen mit den Kenntnissen der vorhergehenden,
> kann immer mehr eine Erziehung zu Stande bringen, die alle Naturanlagen
> des Menschen proportionierlich und zweckmäßig entwickelt, und so die gan-
> ze Menschengattung zu ihrer Bestimmung führt. (Kant 1803: 14)

Erziehung wird zum Bindeglied zwischen den Generationen. Kant ist
jedoch auch der Auffassung, dass die natürliche Weitergabe von Wissen von Generation zu Generation der professionellen pädagogischen
Einflussnahme bedarf, um die Individuen zielgerichtet zum Guten zu
erziehen. Sie sollen befähigt werden, unter den Bedingungen ihres Ver-
standes Natur und Geschichte wahrzunehmen, damit sie sich zur Natur und Geschichte ins Verhältnis setzen können. Geschichte entsteht
nach Kant erst dann, wenn der Mensch handelt und wenn er sich zum
gesellschaftlichen Geschehen – wie auch zum Überlieferten – ins Verhältnis setzt. Geschichte ist also immer an Freiheit gebunden und auf

diese Freiheit gründet sich die Bildsamkeit des Menschen. Bildung ist hier in der Abgrenzung zur Erziehung eine Theorie der Aufklärung des ganzen Menschen, die von Generation zu Generation weitergetragen werden soll:

> Kurz er soll nicht *Gedanken* sondern *denken* lernen; man soll ihn nicht *tragen* sondern *leiten*, wenn man will, dass er in Zukunft von sich selbsten zu *gehen* geschickt sein soll. (Kant 1883: 290)

Die hier formulierte Eigenständigkeit und Reflexivität als Ziel von Erziehungstätigkeit, als innere und äußere Aneignung und Vermittlung von Urteilsfähigkeit, theoretischen und praktischen Kenntnissen, als zielbestimmter Prozess des inneren Selbstbildens kann und soll durch jede Generation neu umgesetzt, verändert und weiterentwickelt werden. Schleiermacher entwickelte diese Gedanken weiter zu einer Theorie der Pädagogik, die

> [...] von dem Verhältnisse der älteren Generation zur jüngeren ausgehend sich die Frage stellt: Was will denn eigentlich die ältere mit der jüngeren Generation? Wie wird die Tätigkeit dem Zweck, wie das Resultat der Tätigkeit entsprechen? Auf dieser Grundlage des Verhältnisses der älteren zur jüngeren Generation, was der einen in Beziehung auf die andere obliegt, bauen wir alles, was in das Gebiet dieser Theorie fällt. (2000a: 9)

Verwoben mit den Kernfragen der systematischen Pädagogik rahmt diese Konzeption von Generation die wissenschaftliche Pädagogik, indem sie die gesellschaftlichen Formen der Kultur- und Wissensvermittlung der älteren an die jüngere Generation beschreibt. Pädagogik konstituiert sich seit den theoretischen Erkenntnissen Schleiermachers eher als eine handlungsorientierte Disziplin, die der Aufklärung und Unterstützung von gelingender Praxis durch Bildung dient (2000: IX). Schleiermachers Überlegungen leiteten den Beginn professioneller erziehungswissenschaftlicher Ausdrucksformen, Konzepte und Theorien ein – wie sie sich bspw. bei Diltheys Analysen zur Erziehungswirklichkeit, in der Kindergartenpädagogik bei Pestalozzi und Fröbel oder in der Schul- und Reformpädagogik bei Herbart, Peterson und Montessori wiederfinden – und führten dazu, dass die Institutionalisierung von Kindheit und Jugend in Form einer Pädagogisierung intergenerationaler Verhältnisse durchgesetzt werden konnte.

2. Generation als relationales Konzept

Zu Beginn des 20. Jahrhunderts gelang es Karl Mannheim in einer wissenssoziologischen Analyse und Kritik der vielfältigen generationalen

Diskurse den Begriff der Generation auf wenige elementare Positionen einzugrenzen, um eine „formal-soziologische Klärung der Unterschiede" zu ermöglichen (Mannheim 1964: 553). Theoretisch gerahmt durch die Definition von Gesellschaft als historisch-sozialer Raum, konnte er die Begriffe Generationslagerung, Generationszusammenhang und Generationseinheit definieren und in Beziehung setzen (vgl. Braches-Chyrek 2011: 33 f.; 2010). Als Generationslagerung wird in einer festgelegten historischen Epoche die Zugehörigkeit von Individuen zu einer bestimmten Lebensgemeinschaft definiert, die sich in gemeinsamen Verhaltens-, Gefühls- und Denkweisen konkretisieren. Der Generationenzusammenhang beschreibt die reale Verbindung zwischen den Individuen. Karl Mannheim konstatiert hier einen gemeinsamen „sozialen und geistigen Gehalt" in den Beziehungen der einzelnen Akteure, eine einheitliche Orientierung und Partizipation an den geistigen Strömungen in einer gesellschaftlichen Entwicklungsperiode. Mit der Generationeneinheit werden die Sozialisationsbedingungen der Individuen in einer sozialen Gruppe expliziert und ihre Reaktionen auf die Probleme in einer bestimmten Epoche als auch ihre Verarbeitungsmöglichkeiten beschrieben, gleichzeitig bestimmen homogene Leitgedanken und Interessen der sozialen Gruppe die Intensität ihrer Beziehungen (Mannheim 1964: 509 f.). Diese durch Karl Mannheim begonnene funktionale Verwendung von Generation als metahistorischer Begriff, als historiographische Einheit und als biologische Kategorie lässt sich bis heute in den unterschiedlichen Deutungsmustern, geschichtlichen Rhythmen und in dem Bestreben, Ordnungskategorien bzw. generelle Gesetze zu entwickeln, nachzeichnen (vgl. Mannheim 1964: 511; Krauss 1983: 97 f.; Dilthey 1992: 79 f.). Trotz des hohen Erkenntnispotentials der grundsätzlichen theoretischen Annahmen von Karl Mannheim ergeben sich Schwierigkeiten bei der erziehungswissenschaftlichen und historiographischen Anwendung der Kategorie Generation, da die Identifikation von historischen Generationen den Gegensatz von Gleichzeitigkeit und Nachzeitigkeit unberücksichtigt lässt und stratifikatorische soziale Differenzierungen und Mobilisierungen analytisch nicht erfasst. Erst wenn Generation als relationales Konzept aufgefasst wird, können diese Unterscheidungsmerkmale analysiert werden.[2] Es bleibt zu klären, ob die empirische Bildungsforschung im Kontext von Längsschnittanalysen, multiperspektivischen und multimethodischen Vorgehensweisen hier eine Perspektive bietet, die generationalen Klassifizierungsschemata, die in die Vermittlungsmöglichkeiten von Ge-

---

[2] Vgl. Gerstenberg i. d. Band.

sellschaftsverhältnissen und Erziehungsprozessen eingelassen sind, herauszuarbeiten.

3. Das Konzept der Generation in der empirischen Bildungsforschung

In der empirischen Bildungsforschung dient das Konzept der Generation dazu, eine bestimmte *Zeiterfahrung* zu beschreiben, die gleichfalls mit Fortschritt, Innovation und Beschleunigung verknüpft wird sowie als *Naturerfahrung* in den Kontext geschichtlicher Ereignisse eingebunden werden kann, wie beispielsweise in Untersuchungen zu den „Halbstarken", der „Babyboom"-Generation, den „68ern" oder der „Generation X bzw. Y" (vgl. Parnes/Vedder/Willer 2008: 25, vgl. Kohli 2009: 232). Die hier verwendeten modernen Generationenbegriffe weisen ambivalente Ausprägungen im genealogischen Denken und Wissen auf, die sich zwischen den Polen von Entstehung und Entstandenem, Zeugung und Erzeugtem bewegen (Parnes/Vedder/Willer 2008: 41). Im Kontext der Begriffe Herkunft und Ähnlichkeit wird ein doppeltes genealogisches Interesse analysiert, das sich gleichzeitig in zwei idealtypischen Konstruktionsweisen von Zeitlichkeit im Generationenkonzept widerspiegelt. Zum einen werden Generationen i. S. einer Zeitgenossenschaft analysiert, die nicht nur eine natürliche Gegebenheit und ein hinzunehmendes Schicksal ist, sondern auch eine Pflicht und Bestimmung, eine geistige Forderung, deren Verwirklichung das Angesicht der Welt verwandeln könnte (Strich 1960: 9 f.). Mit Generation wird hier also eine kohärente Altersgruppe beschrieben, die in der tätigen Zusammenwirkung, der wirklichen Begegnung, im Gedankenaustausch und im gemeinsamen Gespräch ein gleiches Ziel verbindet. Ihre Erfahrungen, Denkweisen, Wahrnehmungs- und Deutungsmuster sozialer Wirklichkeit sowie deren Verarbeitungsformen und Subjektivitätsvorstellungen sind Gegenstand der empirischen Bildungsforschung. Generation wird zu einer Ordnungskategorie, mit der Selbst- und Fremdbeschreibungen erfasst und analysiert werden sollen (Kraul/Merkens 2011: 53 f.). Zum anderen geht es um die Strukturierung von Wissen und Denktraditionen in den Bildungswissenschaften, die sich in Generationenverhältnissen widerspiegeln. Dabei steht die Analyse des Verhältnisses von Gesellschaftssystem und Erziehung, deren Organisationen, Mittel und Ideologien im Vordergrund. Das Hauptaugenmerk liegt also auf der Erziehung, der gesellschaftliche wie individuelle Bedeutung zukommt. Insbesondere die quantitative Bildungsforschung hat sich auf die Erforschung von Problemen, die aus dem Generationszusammenhang entstehen, konzentriert. In der

Mehrzahl der bisher durchgeführten Querschnittsuntersuchungen – zu nennen sind beispielsweise die Shell-Jugendstudien, das Kinderpanel oder die World-Vision-Studien – geht es darum, durchschnittliche Akteure, die eine Generation bilden, zu identifizieren und gemeinsame Merkmale, eine einheitliche Orientierung und Partizipation an den geistigen Strömungen in einer gesellschaftlichen Entwicklungsperiode herauszuarbeiten (vgl. Mannheim 1964). In diesen Kohortenstudien werden auf der Meso- bzw. Makroebene die Generationenverhältnisse, die sich in den sozialen Differenzierungen der Klassenlagen, Geschlechterzugehörigkeiten und Ethnizität zeigen, beschrieben.

In der qualitativen Bildungsforschung wird die Mikroebene der Generationenbeziehungen – Binnenperspektiven in Familien und Generationenkonflikte – untersucht (vgl. Chisholm 2005; Kraul/Merkens 2011: 53 f.). Es interessieren die Sozialisationsbedingungen der Individuen in den Generationeneinheiten. In einer sozialen Gruppe werden ihre Reaktionen auf die Probleme in einer bestimmten Epoche als auch ihre Verarbeitungsmöglichkeiten expliziert, die durch homogene Leitgedanken und Interessen sowie die Intensität der Beziehungen innerhalb der sozialen Gruppen bestimmt werden (Mannheim 1964: 509 f.). Im Kontext der Herausarbeitung von Subjektivitätsvorstellungen können Vermittlungsmöglichkeiten von Gesellschaftsverhältnissen und Erziehungsprozessen, die sich in den Beziehungen zwischen den Generationen, in den sozialen und zeitlichen Positionierungen zu einer Generation offenbaren, dargestellt werden. Eine zentrale Rolle spielt dabei die Tradierung beziehungsweise die Transmission von Wissen, Werten und Einstellungen, Erfahrungen und Verarbeitungsmustern – geformt durch die Koppelung von sozialer Herkunft und Bildungserfolg (vgl. Fend 2009: 83). Die Frage, unter welchen Bedingungen generationale Begrenzungen und Mobilisierungen als auch die Beziehungen von Generationen zu anderen gesellschaftlichen Wirkungs- und Erfahrungsbereichen konkretisiert werden können, stellt sich nach wie vor, wie die Diskussionen um Generationenkonflikte – als Modus ethnischer Identität, als Topos von Alters- und Geschlechterdifferenzen – zeigen (vgl. Braches-Chyrek 2011).

4. Asymmetrische oder diachronische
   Generationenbeziehungen?

Theoretisch und politisch modernisiert wurde das Generationenkonzept durch die Konstruktion von Generationenbeziehungen als Kontinuitäts- und Konfliktmodell. Verdichtet in den Diskursen zum *generation gap* werden Geschlechter- als auch Altersdifferenzen sowie Konflikte zwischen den Kulturen und Klassen analysiert (Mead 1972; Kohli 2009; Armrhein/Schüler 2005). Ungleiche Machtverhältnisse führen zu tiefen Divergenzen zwischen den Generationen, sie stellen „[…] eine überwindbare Spaltung zwischen zwei Gruppen, die nicht dieselben Werke, ästhetischen Kriterien oder Technologien teilen […]" (Parnes/Vedder/Willer 2008: 260), dar. Die vorwiegend in westlichen Kulturen getroffene Feststellung, dass es eine grundlegende Asymmetrie von Macht und Autorität in den Interaktionen zwischen den unterschiedlichen Altersgruppen gibt, schreibt den altersheterogenen Beziehungen eine wichtige Funktion für die Übermittlung des sozialen Erbes und die Aufrechterhaltung der sozialen Kontinuität von Gesellschaften zu. Shmuel Noah Eisenstadt kritisierte in seinen theoretischen Ausführungen zum Verhältnis der Generationen den eurozentrischen Blick auf Generationenkonflikte und diskutierte unterschiedliche Möglichkeiten, wie Gesellschaften diese Konflikte lösen können (1971). Dabei spielt die Familie eine besondere Rolle, da sie der

> […] bevorzugter Ort der Akkumulation von Kapital aller Sorten und seiner Weitergabe von Generation zu Generation [ist]: Sie wahrt ihre Einheit für die Weitergabe und durch die Weitergabe, um weitergeben zu können und weil sie weitergeben kann. Sie ist das wichtigste *Subjekt* der Reproduktionsstrategien. (Bourdieu 1998: 132; vgl. 1987: 241 f.)

Erst die besonderen Erwartungen, die Eltern an ihre Kinder haben, und die gleichzeitig damit verbundene Notwendigkeit der Kinder, auf die Erwartungen zu reagieren, lassen Generationenkonflikte entstehen. Zugleich wird dem Vater eine unbewusste Haltung und Verpflichtung zugeschrieben, der Träger der Idee der Generation zu sein. Bis heute sind die erbrechtlichen Regelungen im Bürgerlichen Gesetzbuch – deren Ursprünge auf die Verschmelzung germanischer und römischer Traditionen zurückgehen – eng mit dem Topos von Familiensolidarität verknüpft (vgl. Preuß 2009: 197). Die Abstammungslinie entscheidet über die Weitergabe von symbolischem, kulturellem, sozialem und ökonomischem Kapital in den Familien, die emotionale und expressive Bindung von Kindern an ihre Eltern spielt eine eher nachgeordnete Rolle. Das Generationenkonzept wird zur symbolischen, sozialen, kulturellen und ökonomischen Zuschreibungskategorie (vgl. Sünker/Bühler-Niederberger 2006). Im Bildungssystem zeigt sich die Wirksamkeit dieser Legitimationsarbeit. Die strukturellen Dequalifizierungen ganzer Generationen durch die inflationäre Entwertung der Bildungstitel werden als Generationenkonflikte erlebt, obwohl es Konflikte um Segregierungsstrategien und Altersgrenzen sind (vgl. Hamburger 2011: 93). Es geht „[…] um die Grenzen zwischen den Altern, deren Objekt die Weitergabe der Macht und der Privilegien an die nächste Generation ist" (Bourdieu 1993: 146).

Die Konstruktion von Generationenbeziehungen als Kontinuitätsmodell geht demgegenüber von der Annahme aus, dass Generationenbeziehungen in Familien für die Individuen eine umfassende Bedeutung aufgrund von prägenden und stark bindenden Erfahrungen – in den i. d. R. lebenslangen Beziehungen – haben. Dabei prägen normative, weitgehend diachrone Erwartungen der Reziprozität und Solidarität die innerfamilialen Beziehungen, sie dienen für die eigene identitäre Verankerung als symbolischer Horizont (Kohli 2009: 232). Die stetige Aktualität der Generationenbeziehungen zeigt in einer historischen Reflexion, dass sich die privaten Lebensformen stark verändert haben, deshalb müssen Fragen nach dem Zusammenhang von Familie und Generationenbeziehung im Kontext gesellschaftlicher Veränderungen immer wieder neu gestellt werden. Die Ergebnisse der neueren – vielfach interdisziplinär ausgerichteten – familienwissenschaftlichen Forschung lassen sowohl eine konzeptuelle wie auch semiotisch-semantische und strukturelle Erweiterung von Familien erkennen (vgl. Lange/Lettke 2007). Hier wird das Generationenkonzept genutzt, um durch ein erweitertes Verständnis von Familie einen reflektierteren Umgang mit Begriffen, Sachverhalten und Forschungsergebnissen in wissenschaftstheoretischen Diskursen zu ermöglichen. Eckard Voland hat beispielsweise in einer evolutionsbiologischen Analyse im Kontext zweier Hypothesen – der *embodied capital hypothesis* und der *Großmutterhypothese* – festgestellt, dass vorrangig das weibliche Geschlecht für die evolutionäre Verlängerung der Lebensspanne verantwortlich ist (2009: 31 f.). Diese Analyse der generativen familialen Praxen, der deskriptiven und theoretischen Betrachtung von Transmissionsprozessen in Familien arbeitete hohe Kontinuitäten im Hinblick auf Werthaltungen und Weltorientierungen und die intensive Förderung der Bildungslaufbahn wie auch kulturelle Orientierungen heraus (Lange/Lettke 2007). Die Annahme, dass erst das Verständnis von Erziehung und Bildung als Dialog der Generationen zur wechselseitigen Anerkennung der beteiligten Akteure führt, macht neue Aushandlungsprozesse in Bezug auf unterschiedliche Lebensperspektiven möglich. Folgende Positionen können zusammengefasst werden (vgl. Brumlik 1995; Ecarius 2008; Liegle 2009):

– Die sozialen Logiken der Erziehungsprozesse von Vermittlung und Aneignung bilden eine spannungsreiche Einheit, die sich insbesondere darin zeigt, dass kein kausaler Zusammenhang zwischen Absicht und Erfolg hergestellt werden kann. Die Wirkung von Erziehung und Bildung ist immer offen, was zum einen zeigt, dass Erziehungserfolg nicht kalkulierbar ist, zum anderen werden Veränderungen von Traditionen und kulturellem Erbe möglich. Durch Prozesse der Übernahme von Wissen, Verhaltensweisen, Werten, Einstellungen und Verarbeitungsmustern wird das Übernommene selbst verändert. Die Bezugsrahmen der Identitätsbildung werden erweitert und weiter ausgedeutet und ermöglichen die Herausbildung von kritischen und konstruktiven Perspektiven (Mead 1987: 221; 241f.).

- Die bisher analysierten Konstruktionsprozesse von Generationenbeziehungen als Kontinuitäts- und Konfliktmodelle lassen im Kontext zunehmender Schrumpfung und Erweiterung von Familien (dem Auseinanderfallen von Partnerschaft und Elternschaft) als auch Generationenfolgen (Anstieg der Zahl gleichzeitig lebender Generationen) eher auf neue Dynamiken und Heterogenitäten schließen, deren allgemeingültiger Gehalt jedoch in empirischen Untersuchungen überprüft werden muss (vgl. Lange/Lettke 2007: 14f.).
- Der fortschreitenden Institutionalisierung und Pädagogisierung intergenerationaler Verhältnisse liegt ein dynamisches Spannungsverhältnis zugrunde, das eine Relativierung altersbezogener Zugehörigkeitsordnungen und damit eben auch der pädagogischen Generationenverhältnisse möglich werden lässt (Brumlik 1995).
- Wohlfahrtsstaatliche Leistungen und familiäre Transferleistungen bestimmen die Rahmenbedingungen für die Generationenbeziehungen, sie werden zum Fokus gemeinsamer Interessen und damit zur Basis kollektiver Mobilisierung und/oder Integration (Kohli 2009: 235; vgl. Blome/Keck/Alber 2008; Hamburger 2011).

Dementsprechend sind die Konstruktionen von Generationenbeziehungen als Kontinuitäts- und Konfliktmodell unmittelbar eingelassen in die Frage nach der Generationengerechtigkeit (Brumlik 1995; Kohli 2009). Generationendifferenzen gehen mit anderen Dimensionen sozialer Ungleichheit einher, daher kann der Generationenbegriff in gesellschaftlichen wie auch in familialen Kontexten nur als machtbezogene Relation gedeutet werden.

5. Generationale Ordnung

Das Generationenkonzept ist in den Bildungswissenschaften eine verbreitete Zuschreibungskategorie, mit der Kontinuitäten und Veränderungen in Gesellschaften analysiert werden können. Es dient als symbolischer und historischer Bezugsrahmen für individuelle Biographien und Sozialisationsprozesse wie auch zur Strukturierung von Wissen und damit eben auch der Legitimation von Macht- und Herrschaftsverhältnissen. Da das Zusammenspiel von sozialen Lagen, Weltanschauungen und alltäglichen Handlungen auf gesellschaftliche Verhältnisse strukturierend einwirkt, müssen Prozesse der generationalen Ordnung auf der Makroebene identifiziert werden, um die strukturellen Diskrepanzen zwischen den individuellen und gesellschaftlichen Potentialen beschreiben zu können. Zentral ist die Frage, welchen Anteil die gesellschaftlichen Akteure selbst an der Transmission von strukturellen und strukturierenden Phänomenen haben, d. h., inwieweit die Individuen von strukturierenden Formen, Kulturen, Räumen, sozialen und wirtschaftlichen Zusammenhängen und (Gesellschafts)politiken geprägt sind. Was im gelebten Alltag der Individuen beobachtet wird, soll in Bezug auf gesamtgesellschaftliche Ordnungen gesetzt werden. Soziale Strukturen und soziale Prozesse müssen dementsprechend auf der Makroebene identifiziert werden, um die gemeinsam vereinheitlichenden Merkmale, die in das Alltagsleben und die Lebensbedingungen der Individuen hineinwirken, bestimmen und im Wechselspiel zu anderen sozialen Strukturen analysieren zu können (vgl. Alanen 2005).

Generation wird im Sinne Mannheims (1964) zum Ausgangspunkt eines relationalen Konzepts, das Bourdieu systematisch weiterentwickelte:

> [...] also ein bestimmtes, meist als angeboren betrachtetes Einstellung- oder Verhaltensmerkmal (man spricht gern von einem „natürlichen Unterschied"), das in Wirklichkeit nur eine Differenz ist, ein Abstand, ein Unterscheidungsmerkmal, kurz, ein relationales Merkmal, das nur in der und durch die Relation zu anderen Merkmalen existiert (1998: 18).

Relationen beschreiben also Beziehungen, den Abstand, die Differenzen zwischen Individuen, Strukturen und Systemen und damit eben auch die Verhältnisse. Es stellt sich also Frage, wie zentrale Strukturmerkmale der Produktion und Reproduktion gesellschaftlicher Verhältnisse in westlich-kapitalistischen Gesellschaften bestimmte Mechanismen erzeugen, die Wahrnehmungs- und Deutungsmuster beeinflussen. Wenn also gefragt wird, wie soziale Positionen und Dispositionen durch Machtrelationen grundlegend organisiert und gesellschaftlich produziert werden und sich darin auch reproduzieren, so muss der Fokus auf die Relation und deren Funktionsweise gerichtet sein und nicht, oder zumindest nicht primär, auf die Definition und Zuordnung zu einer bestimmten Generationeneinheit, die durch ein gemeinsames Merkmal zusammengehalten wird. Die Ausarbeitung dieser Relation ist in der marxistischen Tradition die Artikulation, in der bourdieuischen Tradition die Aufdeckung, Ernüchterungs- und Aufklärungsarbeit. Werden beispielsweise die Ursprünge von Generationenkonflikten im Bildungssystem betrachtet, so sind es eben nicht Altersdifferenzen, die diese Konflikte auslösen, sondern Differenzen in den Karriereerwartungen. Diese sind bei aufeinanderfolgenden Generationen zu verschiedenen Zeiten entstanden und führen deshalb zu unterschiedlichen Erwartungshaltungen im Hinblick auf gesellschaftliche Positionierungen. Werden diese Karriereerwartungen der jüngeren Generation durch verengte Zugangschancen begrenzt, entstehen Konflikte, die aber eigentlich Konflikte zwischen den klassenbedingten Bildungssystemen und ihren jeweiligen Privilegien sind und keine Generationenkonflikte (vgl. Bourdieu 1993: 136 f.). Demzufolge muss es in den Bildungswissenschaften darum gehen, die der Wissensgenerierung inhärenten klassenspezifischen Differenzen zu beschreiben, um die Strukturierung von Wissen, die sich insbesondere im Einfluss des Habitus auf den Bildungs- und Erwerbsstatus innerhalb einer Altersgruppe oder Kohorte zeigt, analysieren zu können.

Literatur

Alanen, Leena 2005: Kindheit als generationales Konzept. In: Hengst, Heinz/Zeiher, Helga (Hrsg.): Kindheit soziologisch. Wiesbaden, 65–82.

Amrhein, Volker/Schüler, Bernd 2005: Dialog der Generationen. In: Aus Politik und Zeitgeschichte 8, 11–19.

Blome, Agnes/Keck, Wolfgang/Alber, Jens 2008: Generationenbeziehung im Wohlfahrtsstaat. Wiesbaden.

Bourdieu, Pierre 1987: Die feinen Unterschiede. Frankfurt a. M.

Bourdieu, Pierre 1993: Soziologische Fragen. Frankfurt a. M.

Bourdieu, Pierre 1998: Praktische Vernunft. Zur Theorie des Handelns. Frankfurt a. M.

Braches-Chyrek, Rita 2011: Generationale Perspektiven in der Kindheitsforschung. In: Baurmann, Jürgen/Neuland, Eva (Hrsg.): Jugendliche als Akteure. Sprachliche und kulturelle Aneignungs- und Ausdrucksformen von Kindern und Jugendlichen. Interdisziplinäre Beiträge. Frankfurt a. M., 33–50.

Braches-Chyrek, Rita 2010: Generationenverhältnisse in modernen Gesellschaften. In: Sozialwissenschaftliche Literaturrundschau 61, 33. Jg., 78–85.

Brumlik, Micha 1995: Gerechtigkeit zwischen den Generationen. Berlin.

Chisholm, Lynn 2005: Generationen des Wissens, Wissensgeneration und Wissensgenerierung. In: www.uibk.ac.at/fakultaeten/bildungswissenschaften/bildungstage/downloads/chisholm.pdf

Dilthey, Wilhelm 1992: Der Aufbau der geschichtlichen Welt in den Geisteswissenschaften. In: Ders: Gesammelte Schriften, Bd. 7, hrsg. v. Bernhard Froethuysen. Stuttgart/Göttingen.

Ecarius, Jutta 2008: Generation, Erziehung und Bildung. Stuttgart.

Eisenstadt, Shmuel Noah 1966: Von Generation zu Generation. München.

Fend, Helmut 2009: Was die Eltern ihren Kindern mitgeben – Generationen aus Sicht der Erziehungswissenschaft. In: Künemund, Harald/Szydlik, Marc (Hrsg.): Generationen. Multidisziplinäre Perspektiven. Wiesbaden, 81–104.

Hamburger, Franz 2011: Die Zweite Generation. In: Eckert, Thomas/von Hippel, Aiga/Pietraß, Manuela/Schmidt-Hertha, Bernhard (Hrsg.): Bildung der Generationen. Wiesbaden, 89–98.

Kant, Immanuel 1803: Über Pädagogik. Königsberg.

Kant, Immanuel 1883: Kleine logische Metaphysische Schriften. In: Sämtliche Werke, Bd. 1, hrsg. von Karl Rosenkranz und Friedrich Wilhelm Schubert. Leipzig.

Kohli, Martin 2009: Ungleichheit, Konflikt und Integration – Anmerkungen zur Bedeutung des Generationenkonzepts in der Soziologie. In: Künemund, Harald/Szydlik, Marc (Hrsg.): Generationen. Multidisziplinäre Perspektiven. Wiesbaden, 229–236.

Koselleck, Reinhart 1989: Vergangene Zukunft. Frankfurt a. M.

Kraul, Magret/Merkens, Hans 2011: Das Generationenkonzept in der qualitativen und der quantitativen Bildungsforschung. In: Eckert, Thomas/von Hippel, Aiga/Pietraß, Manuela/Schmidt-Hertha, Bernhard (Hrsg.): Bildung der Generationen. Wiesbaden, 53–63.

Krauss, Werner 1983: Die Innenseite der Weltgeschichte. Ausgewählte Essays über Sprache und Literatur. Leipzig.

Lange, Andreas/Lettke, Frank 2007: Generationen und Familien. Frankfurt a. M.

Lessing, Gotthold Ephraim 1780/1970: Die Erziehung des Menschengeschlechts. In: Werke, Bd. 8. München.

Liegle, Ludwig 2009: Dialog statt Druck. In: DJI Bulletin 2, 10–11.

Mannheim, Karl 1964: Wissenssoziologie. Berlin/Neuwied.

Mead, George Herbert 1987: Gesammelte Aufsätze, Bd. 1, hrsg. von Hans Joas. Frankfurt a. M.

Mead, Magaret 1972: Der Konflikt der Generationen. Freiburg im Breisgau.

Parnes, Ohad/Vedder, Ulrike/Willer, Stefan 2008: Das Konzept der Generationen. Frankfurt a. M.

Preuß, Nicola 2009: Generationenkonflikt im Recht. In: Künemund, Harald/Szydlik, Marc (Hrsg.): Generationen. Multidisziplinäre Perspektiven. Wiesbaden, 189–208.

Schleiermacher, Friedrich 2000: Texte zur Pädagogik. Kommentierte Studienausgabe, Bd. 1, hrsg. von Michael Winkler und Jens Brachmann. Frankfurt a. M.

Schleiermacher, Friedrich 2000a: Texte zur Pädagogik. Kommentierte Studienausgabe, Bd. 2, hrsg. von Michael Winkler und Jens Brachmann. Frankfurt a. M.

Sünker, Heinz/Bühler-Niederberger, Doris 2006: Der Blick auf das Kind. Sozialisationsforschung, Kindheitssoziologie und die Frage nach der gesellschaftlich-generationalen Ordnung. In: Andresen, Sabine/Diehm, Isabell (Hrsg.): Kinder, Kindheiten, Konstruktionen. Wiesbaden, 25–52.

Strich, Fritz 1960: Kunst und Leben. Vorträge und Abhandlungen zur deutschen Literatur. München.

Voland, Eckart 2008: Altern und Lebenslauf – ein evolutionsbiologischer Aufriss. In: Künemund, Harald/Szydlik, Marc (Hrsg.): Generationen. Multidisziplinäre Perspektiven. Wiesbaden, 23–44.

ANNETTE GERSTENBERG

Absolute, relationale und historische Generationsbegriffe in der Sprachwissenschaft: Perspektiven ihrer Verwendung

1. Einleitung

Generation ist ein polysemer Begriff. Im folgenden Beitrag sollen einige Facetten und Perspektiven seiner Verwendung im Kontext sprachwissenschaftlicher Untersuchungen aufgezeigt werden. Zur Einordnung der vorhandenen Studien, in denen der Generationsbegriff eine Rolle spielt, sollen drei Grundbedeutungen von Generation unterschieden werden. Diese Systematik bezieht sich auf den Bereich der fachsprachlichen Verwendung, ohne dass hier auch gemeinsprachliche Bedeutungen behandelt werden könnten. Die drei fachsprachlichen Verwendungstypen sollen zunächst kurz skizziert werden, bevor die Fragestellung dieses Artikels genauer erläutert wird und die sprachwissenschaftliche Generationsbegrifflichkeit in weiteren Schritten auf der Basis von Fallbeispielen kritisch diskutiert wird. Abschließend werden Arbeitsgebiete konturiert, in denen sprachlichwissenschaftliche Zugänge zum Generationsbegriff erweitert werden können.

1.1 Drei Bedeutungen von Generation in der Sprachwissenschaft

Erstens ist in synchron orientierten Studien aus dem Bereich der Soziolinguistik eine Verwendung zu beobachten, die hier als absoluter Generationsbegriff vorgestellt werden soll. In diesem Fall ist Generation ein Synonym für *Altersgruppe*. Auch wenn die Altersgrenzen nicht immer genau diskutiert werden, kann doch bei Verweisen auf „alte" bzw. „junge" Generationen von einem breiten Konsens darüber, welche Altersgruppen darunter zu zählen seien, ausgegangen werden.

Von dieser absoluten Verwendung ist zweitens die Verwendung eines relationalen Begriffs zu unterscheiden.[1] Dieser legt den Schwer-

---

[1] Damit ist nicht die soziologische Kategorie angesprochen, welche Bourdieu als mit der Differenz verbundene relationale Positionierung entwickelt („une prise de position, le mot le dit à merveille, est un acte qui ne prend son sens que relationnellement, dans et par la différence, l'écart distinctif", Bourdieu 1981/2001: 220). Vgl. dazu den Beitrag von Braches-Chyrek im vorliegenden Band.

punkt auf spezielle Konfigurationen[2] und findet in Bezug auf Familiengenerationen, etwa im Migrationskontext oder in intergenerationellen Settings, Anwendung. Bei dieser Bedeutung ist weniger das Alter der jeweils zugehörigen Sprachteilhaber relevant als vielmehr die Beziehung, d. h. das Moment der Weitergabe, wie es zwischen Großeltern, Eltern und Kindern angenommen wird.

Drittens wird im Folgenden von einer historischen, soziologisch verortenden Verwendung von Generation gesprochen, wenn diese durch ein Attribut wie *Generation Y* (geprägt nach Douglas Couplands *Generation X*) genauer bezeichnet wird. Wenn dieser historische Begriff von Generation verwendet wird, werden Assoziationen über dessen Spezifika aufgerufen. Im Fall des historischen Generationsbegriffs muss im Adressatenkreis ein Vorverständnis vorliegen oder gebildet werden, was jeweils gemeint ist. In Frage kommen einschneidende historische Ereignisse ebenso wie im zitierten Beispiel der *Generation Y* technologische Entwicklungen mit ihren kulturellen und sozialkommunikativen Implikationen.

1.2 Fragestellungen

Die eine oder die andere dieser Verwendungsweisen wird selten exklusiv verwendet. Im Gegenteil, meist ist zwar eine Grundbedeutung klar zu erkennen, zugleich aber wird eine weitere Bedeutung impliziert. An dieser Stelle setzt die folgende Darstellung an, insofern Verwendungskontexte sprachwissenschaftlicher Generationsbegriffe besonders daraufhin befragt werden, wo implizit der Bedeutungsinhalt des Generationsbegriffs erweitert wird und welche Probleme daraus entstehen können.

Im Bereich der absoluten Verwendung wird ein Schwerpunkt auf die Verbindung der soziolinguistischen Frage nach der synchronen Variation mit der Frage nach Ausprägung und Mechanismen des sprachlichen Wandels gelegt, denn vor allem in dieser Perspektive wird die Folge von Generationen in den Blick genommen. Dieser Zusammenhang soll genauer erläutert werden, ergänzt um die stärker auf die Ursachen eines generationsspezifischen Sprachwandels bezogene Frage nach der Bedeutsamkeit der Phase des Spracherwerbs. Ein weiterer Schwerpunkt liegt, um den hier als relational eingeführten Generationsbegriff zu diskutieren, im Bereich der Migrationslinguistik. Hier

---

[2] „Die Konfiguration der Gegenstände bildet den Sachverhalt. Im Sachverhalt hängen die Gegenstände ineinander, wie die Glieder einer Kette." (Wittgenstein 1921/1964: 2.0272; 2.03)

wird die Folge von Generationen in einen engen Zusammenhang mit Sprachbewahrung bzw. -verlust gebracht.[3] Mit der Diskussion von Ansätzen, die einem historisch orientierten Generationsbegriff zuzuordnen sind, wird abschließend ein Plädoyer für eine stärker qualitativ orientierte sprachwissenschaftliche Definition von Generation verbunden, die über das Kriterium des numerischen Alters hinausgeht und das jeweils Verbindende eines Generationszusammenhangs herausstellt.

Wenn die Gleichsetzung von Altersgruppe mit Generation aufgegeben wird, so die zu Grunde liegende Auffassung, können die Phänomene sprachlichen Wandels nicht nur beschrieben, sondern auch besser verstanden werden. Daraus ergibt sich, dass hier gerade nicht im Sinne einer Theorie des Sprachwandels nach übergreifenden und allgemein gültigen Mechanismen der Innovation und Tradition zwischen Generationen gefragt wird, weil die historisch und sozial individuierenden Faktoren interessieren. Allerdings können aus dieser Betrachtungsweise einzelfallübergreifende Vergleichsebenen entwickelt werden.

2. Absolute Verwendung: *Generation* ‚Altersgruppe'

Die Bedeutung der Kategorie der Generation ist eng mit der sprachlichen Wahrnehmung der Sprachteilhaber verbunden. Missverständnisse oder Unverständnis zwischen Großeltern und Enkeln prägen die Wahrnehmung der „altertümlichen" Sprache der Älteren und der von Anglizismen und Modewörtern durchsetzten Sprache der Jüngeren. Es handelt sich dabei meist um Stereotype, die einer empirischen Überprüfung nur sehr eingeschränkt standhalten.[4] Diese Stereotype sind meist mit Wertungen verbunden, welche aus den soziokulturellen Unterschieden der Lebensstile hervorgehen. In der sprachwissenschaftlichen Behandlung dieser Frage ist der zentrale Ausgangspunkt nicht das Problem unterschiedlicher, mit unterschiedlichem Sprachgebrauch verbundener Lebensstile, sondern die Beobachtung und Deutung sprachlicher Variation. Dass sich die Sprache in ihrem Gebrauch auch

---

[3]   Im Rahmen der diskursanalytischen Forschung zur Alterssprache wird die Bedeutung von Kontext und Situation hervorgehoben, vgl. zum Deutschen die Arbeiten Fiehlers (2003; 2008) und Thimms (2003). Diskursanalytische Studien sollen hier aber nicht weiter gehend diskutiert werden, da diesem Bereich ein eigenes Kapitel im vorliegenden Band gewidmet ist.

[4]   So stellte Blanchet (2001) auf Basis von Wortlisten erhebliche Unterschiede zwischen der Erwartung der jüngeren Generation an den Sprachgebrauch der älteren Generation und deren eigener Einschätzung fest; vgl. auch Thimm (2005).

zwischen den Generationen unterscheidet, gehört zum Basiswissen der Soziolinguistik. In dieser wesentlich von Labov[5] geprägten Sicht lässt sich in den unterschiedlichen Verwendungsweisen der Gegenwart eine historische Entwicklung nachvollziehen. Da auf der Ebene der Diachronie, in der *real time*, Sprachwandelphänomene aus untersuchungspraktischen Gründen nicht ohne Weiteres zu beobachten sind, wird in der *apparent time* die Sprache der Gegenwart untersucht: gemeint ist, dass die unterschiedlichen Altersgruppen zu einem gegebenen Zeitpunkt die jeweils früheren Sprachzustände repräsentieren. Jede Generation steht damit für eine vergangene Sprachphase.[6]

In Ergänzung zu dieser Konzeption steht die Beschreibung des *age grading* für die Berücksichtigung der lebenslangen Veränderung des individuellen Sprachverhaltens, an der sich die Anpassung an die je nach Lebensphase geltende Norm ablesen lässt (Cheshire 2005: 1553).[7] Die Konzeption des *age grading* kann jedoch nicht nur als komplementär zur Vorstellung des *generational change* angesehen werden. Denn eine zentrale Basisannahme, dass sich in sprachlichen Verhaltensweisen jeweils wichtige Sozialisationsphasen des Erwachsenwerdens manifestieren,[8] lässt sich auch in ihrer Reichweite hinterfragen. In unterschiedlichen Generationen oder Alterskohorten können sich entscheidende Phasen des *age grading* früher oder später bzw. mit unterschiedlichem Tempo ausprägen. Zum *age grading* kann auch eine für das jugendliche Lebensalter spezifische, transitorische Generationsidentität gehören, die sich in der Ausbildung von Netzwerken ausdrückt, „da [Jugendliche] zu anderen Jugendlichen eine größere Affinität verspüren als zu anderen Altersgruppen" (Zimmermann im vorliegenden Band). *Dass* Jugendliche eine eigene, vor allem auch kommunikativ wirksame Generationsidentität ausprägen, lässt sich mit einem absoluten Generationsbegriff vereinbaren. Die Berücksichtigung der Bedingungen und Funktionen dieser Identität führen dann weiter auf die Fragen des *Warum* und des *Wie*.[9]

---

[5] Vgl. z.B. die Darstellung in Labov (1994).

[6] Eine jüngere Einführung bringt dies im Glossar auf den Punkt: „Generational change: Each generation in a community shows progressively more and more frequent use of a *variant-*. A change that can be inferred to be taking place on the basis of *apparent time*-evidence is a generational change. (Meyerhoff 2006: 290)

[7] Vgl. Christen im vorliegenden Band zur Beobachtung einer „generationenabhängigen" Abkehr von Sonderformen.

[8] Vgl. z.B. „linguistic retrenchment occurs in adolescence and has the status of a coming-of-age ritual" (Chambers 2004: 358).

[9] Historisch gesehen stellt hier die Industrialisierung eine tiefe Zäsur dar, in deren Folge jugendliche Rebellion gegen die Gesellschaft und/oder gegen die Elterngeneration eine neue Bedeutung gewann (Segalen 1981: 178f.).

Eine zentrale Basisannahme der Generationsbedingtheit sprachlichen Wandels besteht darin, dass die Kindheit (Lightfoot 1999; 2006)[10] bzw. die Jugend (soziolinguistische Herangehensweise, Weinreich/Labov/Herzog 1968) als prägende Phase für die weitere sprachliche Entwicklung angenommen wird.[11] In einer weiter reichenden soziolinguistischen Perspektive werden explizit auch „older generations" in die Dynamik des Sprachwandels einbezogen (Hock 1983: 660)[12]. Wenngleich hinsichtlich der für die Ausprägung sprachlichen Wandels entscheidenden Lebensphase Differenzen bestehen, wird bezüglich der historischen Chronologie stets auf Generationen als sozusagen periodisierende Entitäten Bezug genommen. Hier kann weiter gehend danach differenziert werden, welche Ebene des sprachlichen Wandels jeweils gemeint ist. *Generational change* betrifft nach Labov (1994: 84) vor allem die lautliche und die morphologische Ebene, während für Bereiche der Lexik und auch der Syntax durchaus Fälle des kollektiven Sprachwandels (*communal change*) bekannt sind.

Die Fragen, wie sich Generationen unterscheiden und wo die jeweilige Altersgrenze zwischen Angehörigen unterschiedlicher Generationen verläuft, werden dabei im Allgemeinen nicht gestellt. Es scheint eine eher unstrittige Vorstellung der altersmäßigen gesellschaftlichen Schichtung zu Grunde gelegt zu werden, welche anscheinend eher mit den in soziolinguistischen Studien üblichen Altersklassen korrespondiert, die der untersuchungspraktischen Zielsetzung, eine ausgewogene Repräsentation der untersuchten Altersgruppen zu erzielen,[13] untergeordnet ist, als mit der ungleich feiner abgestuften Altersschichtung, wie sie empirisch zu beobachten ist.

Bezüglich eines immanent geschichtlichen Gegenstandes wie des Sprachwandels erstaunt die Beobachtung, wie wenig die Bemühungen um seine Modellierung auf die jeweiligen historischen Umstände Be-

---

[10] „By studying language change from this perspective, they learn what it takes for a child to identify a different cue in the acquisition process, where we are lucky and have appropriate records. They learn how social variation and the varying use of grammars may influence the next generation of speakers and lead them to identify different cues." (Lightfoot 2006: 184)

[11] Wie Renzi (2006: 21) kritisiert, wird diese Annahme *a priori* formuliert und nicht hinterfragt.

[12] „While it may well be true that some of the raw material for linguistic change (especially for acoustically based changes) may ultimately derive from errors or reanalyses in child language acquisition, Labovian research shows that the locus for change lies not in the individual dialect of grammar of children, but in the post-early childhood social sphere of peer groups, etc. In fact, as observed earlier, linguistic change-in-progress affects the whole spectrum of society, including the older generations." (Hock 1983: 660)

[13] Vgl. die Aufstellung in Gerstenberg (2011: 35).

zug nehmen. Unter den sprachexternen Faktoren werden die Bedeutung der Kindheits- (Lightfoot 1999; 2006) bzw. Adoleszenzphase (Weinreich/Labov/Herzog 1968) hervorgehoben. Chambers (2004: 368) nimmt die Altersspanne zwischen 8 und 18 als *formative years* an. Während er einerseits die Ausbreitung sprachlicher Innovationen mit Altersgruppen in Verbindung bringt und damit die Idee des generationsspezifischen Sprachwandels untermauert, betont er andererseits die Notwendigkeit der Einbindung sprachlicher Wandelphänomene in einen größeren sozialen Kontext. Das von ihm zitierte Beispiel der Dynamik des kanadischen Englischs in den 1940er und 1950er Jahren erklärt er aus dem Kontext des Zerfalls des britischen Empires und des auch in Kanada zurückgehenden britischen Einflusses zugunsten einer stärkeren Orientierung am nordamerikanischen Standard (Chambers 2004: 369f.). Daraus folgert er: „Global linguistic changes like these make sense in the light of global social changes" – und unterstreicht die Bedeutung des jeweiligen *Settings* als entscheidenden Faktor von großer Relevanz neben den üblichen soziolinguistischen Variablen wie Klasse, Alter, Geschlecht, ethnische Herkunft und Register (ebd.: 370). Dieses Postulat allgemeiner Gültigkeit auf Basis einer Einzelfallbeobachtung ist plausibel, allerdings können die Folgerungen, die sich daraus für die Vorstellung und Modellierung sprachlichen Wandels ziehen lassen, konkretisiert werden.

3. Die relationale Chronologie der Migrations(familien)generationen

In der Forschung zum Spracherwerb, der wesentlich durch die Familiengenerationen geprägt wird,[14] aber auch zu sprachlicher Integration oder Nichtintegration ist die Ordnungsgröße der Generation stets präsent. Durch die Bedeutung des Generationswechsels und die möglicherweise daran gebundene Dynamik von Spracherhalt, Sprachwechsel oder Sprachverlust auch für stabile oder weniger stabile Sprachkontaktsituationen (Riehl 2004: 169)[15] steht für den Generationsbegriff der Migrationsforschung meist der relationale Aspekt im Vordergrund. Ähnliches gilt für die Generationenfrage auch in zweisprachigen Gesellschaften (vgl. Suslak 2009).

---

[14] Vgl. dazu Quasthoff/Krah i. d. Bd.
[15] Der Unterschied der sprachlichen Anpassung zwischen Eltern und Kindern in Migrationsfamilien stellt beim italienischen Linguisten Renzi (2006: 20) den Ausgangspunkt für seine Kritik an einem vorwiegend auf dem elterlichen Input basierenden Generationenmodell des sprachlichen Wandels dar.

Gesellschaftliche Bedeutung erlangte die Frage nach der kulturellen und sprachlichen Sozialisation bereits in den 1970er Jahren. Die Kinder der Familien in die Bundesrepublik angeworbener Arbeiter wurden als „zweite Generation" umfassend untersucht, und besonders auch Probleme bzw. Barrieren des Spracherwerbs wurden im Lichte der zeitgenössischen Soziolinguistik hervorgehoben. Zu diesen Problemen zählte nicht nur, dass häufig keine Geläufigkeit in der (deutschen) Zweitsprache erworben wurde, sondern auch die familiäre Situation der Erstsprache, die bereits durch einen restringierten Code im Sinne Bernsteins gekennzeichnet war (Schrader/Nikles/Griese 1976: 114). Die Aufmerksamkeit für die defizitäre Darstellung der zweiten Generation stellt eine dominante Linie dar. Daraus ergibt sich eine heute durchaus auch pejorative Konnotation der Zugehörigkeit zur zweiten Generation; jedoch sind auch neutrale Verwendungen geläufig (Cindark 2010: 58).

Abgesehen von der Frage nach der Konnotation des Begriffs, die sich aus den dominanten Verwendungskontexten ergibt, sind weitere Differenzierungen des Generationsbegriffs in der Migrationslinguistik erforderlich. So ist es für die sprachliche Orientierung von hoher Relevanz, ob die Angehörigen der zweiten Generation im Herkunftsland geboren wurden (vgl. z. B. die Differenzierung in Borland 2006). Evident ist weiterhin die Frage nach unterschiedlichen Herkunftsländern (Schrader/Nikles/Griese 1976: 76 f.). Weiterhin sind innerhalb eines Landes die unterschiedlichen historischen Phasen, in der die Migration erfolgte, auf Grund von Faktoren wie der jeweils dominanten Schulpolitik und Sozialstruktur determinierend. Deutlich wird dies z. B. bei der Frage nach der Kompetenz in der Standardsprache, welche sich in unmittelbarem Zusammenhang mit der Schulausbildung im Herkunftsland zeigt. Die Frage der Kompetenz in der Standardsprache ist z. B. relevant im Rahmen der italienischen Arbeitsmigration nach Deutschland. Diese ist in der ersten Generation, eingewandert in den fünfziger bis in die frühen sechziger Jahre des 20. Jh.s, und zunächst in einer Lebensform des *pendolarismo* ‚Pendlertums' noch wenig mit dem Zielland verbunden, kaum ausgeprägt und somit in besonderem Maße der „Erosion der Italienischkompetenz und [dem] Wechsel der dominanten Sprache in isolierenden Glossotopen" ausgesetzt (Krefeld 2004: 47). Die folgende zweite und dritte Generation ist dann durch „defizitären Erwerb und kreativen Gebrauch des Italienischen" (ebd.: 61) gekennzeichnet.

Insofern müssen jeweils für die erste, zweite oder dritte Migrationsgeneration sehr konkrete historische Kontexte angenommen werden. Darauf gibt die Chronologie der Auswanderungswellen einen ersten

Hinweis. In Deutschland kann die Chronologie, die sich in der zitierten Studie zur zweiten Generation ausdrückt (Schrader/Nikles/Griese 1976), als Bezugspunkt angenommen werden; demzufolge ist die erste Generation in den 1950er Jahren eingewandert, ihre Kinder gehen in den 1970ern als zweite Generation zur Schule, während die dritte Generation ihrer Enkel seit den späten 1990ern an Kontur gewinnt. Abseits von diesem Idealtypus der Generationsschichtung ist aber je nach Herkunftsland die Migration seit den 1950er Jahren kontinuierlich und nicht in generationell abgrenzbaren Wellen erfolgt. Am Beispiel Australien (vgl. übergreifend Clyne/Kipp 2006) lässt sich zeigen, wie sich diese Chronologie auf die Generationsschichtung auswirkt. Die wichtigste Phase der italienischen Einwanderung fand zwischen den 1950ern und den frühen 1970ern statt (Rubino 2006: 71f.); die zweite Generation könnte demzufolge in einem Zeitraum von knapp 25 Jahren geboren sein. Ein Zeitraum, der sich bezüglich der ökonomischen Situation im Herkunftsland bereits bemerkbar macht, da in den späteren Jahren ökonomische Gründe unter den Push-Faktoren eine weniger wichtige Rolle spielen (ebd.: 72). So ist auch im zitierten Beispiel nicht vom traditionellen ländlichen, dialektophonen Herkunftsmilieu die Rede, sondern, typisch für die spätere Welle, vielmehr von einem urbanen Herkunftskontext und einer Kompetenz in der Standardsprache, deren Bedeutsamkeit Rubino herausarbeitet.

4. Historisch-soziologische Generationsbegriffe

Große (1990: 1373) beschreibt als „Schichtenbildung" das Phänomen, dass zwar einerseits gesellschaftlicher Wandel kontinuierlich verläuft, andererseits aber eine altersmäßige Gruppenbildung zu beobachten ist, womit er die Generationsfrage meint. Neben modischen Präferenzen zählt er auch sprachliche Vorlieben zu deren Kennzeichen.[16] Eine weitergehende soziologische Charakterisierung von Generationen projektiert Zimmermann (1990: 245). Er setzt den Generationsbegriff, der von Mannheim (1928) entwickelt wurde, um. Das Ziel ist dabei, die auch sprachliche Prägung, die einzelnen Generationszusammenhängen zuzuschreiben ist, nachzuvollziehen.

Die historische Darstellung generationsspezifischer Entwicklungen bietet eine Möglichkeit, durch die Konzentration auf „mikrosoziale Gruppen" auch Heterogenität und Widersprüchlichkeit abseits der Schriftsprache nachzuzeichnen (von Polenz 1998: 44). Politische und

---

[16] „In der Sprachentwicklung mögen schnell wechselnde Kraftausdrücke, Partikeln, Phraseologismen äußerliche Symptome sein." (ebd.)

soziale Umbrüche wirken sich auf das „Kohortenschicksal" (Maas/ Mayer 1999) der betroffenen Jahrgänge aus, die unter Berücksichtigung bedeutender Einschnitte gruppiert werden können. Solche sprachexternen Zäsuren können mehr oder weniger direkt mit sprachlichem Wandel in Verbindung gebracht werden. Dieser einerseits offensichtliche, andererseits nicht ohne Weiteres in Ursache-Folge-Beziehungen zu bringende Sachverhalt kann, wenn einzelne Generationen in den Mittelpunkt gestellt werden, durchaus konkretisiert werden. Nicht häufig geschieht dies jedoch mit der Deutlichkeit, mit der Kemp und Yaeger-Dror (1991: 163; mit Bezug auf Clermont/Cedergren 1979) die besondere Stellung der zwischen 1920 und 1940 Geborenen herausstellen, die sich in der Distribution der untersuchten phonetischen Variablen zeigt und die mit der Einschätzung der Phase von 1930 bis 1945 als „crucial watershed in the history of Quebec" korrespondiert.

Wenn Altersgruppen als Generationen beschrieben werden sollen, erscheint es notwendig, die Möglichkeit einer kollektiven Orientierung an einem übergreifenden Sprachideal zu prüfen. In der Jugend vermittelte Normen können sich bis ins hohe Alter ausprägen. So zeigt Betten (2003) die Langlebigkeit des sprachlichen Ideals des Weimarer Deutschs bei älteren nach Israel emigrierten jüdischen Deutschen. Auch in Frankreich scheint sich die sprachliche Norm der Zwischenkriegszeit als prägend erwiesen zu haben, woran der sprachliche Drill der Schule der Dritten Republik nicht unbeteiligt gewesen sein wird (Gerstenberg 2011). Diese allgemein verbindliche Orientierung an der Standardsprache wird auch als Ursache dafür angesehen, dass die Unterschiede der sprachlichen Variablen insgesamt nicht sehr deutlich ausgeprägt sind. Auch wird hier Partizipation an jüngeren sprachlichen Innovationen diskutiert, die durchaus durch die Kindergeneration, in deren Jugendzeit die 1968er-Bewegung fiel, vermittelt worden sein kann. Auch die Diskussion der Generationsspezifik der Gruppe der Teilnehmerinnen und Teilnehmer der zitierten Studie kann somit unter den historisch-soziologischen Generationsbegriff zusammengefasst werden.[17]

5. Perspektiven sprachwissenschaftlicher Generationsstudien

In den bisher behandelten Aspekten traten bereits einige kritische Punkte hervor, an denen weiterführende Untersuchungen ansetzen könnten. Diese werden besonders dann relevant, wenn nicht allgemein-

---

[17] Vgl. dazu die weiteren Beispiele der Beiträge in Kapitel III des vorliegenden Bandes.

gültige Theorien z. B. über *generational change*, sondern konkrete Phasen in den Blick genommen werden, aus deren Vergleich sich wiederum weitere Aspekte für eine übergreifende Darstellung ergeben könnten. In diesem Sinne soll die folgende Zusammenfassung auch zur Differenzierung der bestehenden Generationenbegrifflichkeit beitragen.

5.1 Gesellschaftliche Wahrnehmung und Konturierung von Generationen

Wie im Bereich der Textsortenlinguistik bzw. im Bereich der Texttypologie durchaus die sprecherseitigen Namen[18] Berücksichtigung finden, so kann auch in Bezug auf die sprachlich wirksame Generationenfrage die alltagssprachliche Konzeptualisierung und Benennung der „45er-" oder der „68er-Generation" aufgegriffen und diskutiert werden. Dabei kann auf entsprechende soziologische Ansätze einer Selbstverortung im Generationsgefüge zurückgegriffen werden (Kohli 2007: 51). Denn zum einen können diese Bezeichnungen wichtige Hinweise auf das im Sinne Mannheims (1928) jeweils prägende Moment eines Generationszusammenhangs geben, wodurch sich sprachliche Präferenzen und Dispositionen möglicherweise besser kontextualisieren lassen.[19] Wenn sich die Kontur eines generationsverbindenden Habitus (Gilleard/Higgs 2005: 70) nachvollziehen lässt, kann dies auch sprachlich stilbildende Auswirkungen haben.[20]

Zum anderen ist das generationelle Selbstverständnis im Diskurs präsent.[21] Dies gilt einerseits für die im gesellschaftlichen Diskurs hervorgebrachte *mémoire collective* (Attias-Donfut 1988) bzw. für die „rekonstruierte Generationsgestalt" (Bude 2005: 193), andererseits aber auch im aktuellen Diskurs in Bezug auf die Positionierung der Sprecherinstanz. Hier kann gerade auch in der Kommunikation Älterer die Referenz auf *uns* für die Positionierung in der Gegenwart auch dann

---

[18] Vgl. den Ansatz von Dimter (1981: 37), die „differenzierenden Merkmale alltagssprachlicher Textklassifikation [...] als Grundlage einer wissenschaftlichen Typologie" aufzugreifen.

[19] In diesem Sinne argumentiert von historischer Seite Bavaj (2007: 53f.): „Plädiert wird für ein theoretisch reflektiertes Verständnis von Generationen als Sprach- und Gedächtnisgemeinschaften, das sowohl zeitgenössische Selbst- und Fremdzuschreibungen als auch generationell stilbildende Deutungs- und Wahrnehmungsmuster, die diskurs- und erinnerungsgeschichtlich herauszuarbeiten sind, in den Mittelpunkt der Analyse rückt."

[20] Die Operationalisierbarkeit des Habitus nach Bourdieu zeigt Adli (2004), wo auch deutlich wird, dass dieses Konzept eine unter den außersprachlichen Variablen eine soziolinguistisch ernstzunehmende Größe darstellt.

[21] Nicht ohne Grund werden die Parallelen zwischen der Konstruktion von *Gender* und *Generation* bzw. *Alter* hervorgehoben (z.B. Cheshire 2005: 1557).

bedeutsam sein, wenn über vergangene Phasen gesprochen wird (vgl. z.B. Boden/Bielby 1983). Die Personaldeixis der ersten Person Plural kann im Sinne einer Generationsidentität gedeutet werden. Während die Frage der Altersidentität diskursanalytisch bereits eine gewisse Aufmerksamkeit erfahren hat, werden aber generationelle Bezüge in ihrer Bedeutung für Altersidentität bisher kaum behandelt.[22]

Hingegen kann diese Perspektive komplementär im Hinblick auf die gesellschaftlich etablierten Attribuierungen der beteiligten Generation und lokal im Gespräch im Hinblick auf die Bedeutsamkeit in der Interaktion vertieft werden (vgl. die Fallstudie in Gerstenberg 2009).

Eine solche Herangehensweise kann auch im Kontext sprachvergleichender Analysen interessant sein.

5.2 Sozialisationskontexte

In den zitierten Arbeiten zum Sprachkontakt wird, auch wenn dies nicht immer expliziert wird, von einer Normalbiographie ausgegangen, bei der zunächst der elterliche Input und dann die Peergroup eine bedeutende Rolle im Spracherwerb und in der soziolinguistischen Orientierung spielen. Tatsächlich müssen jedoch nicht ethnographisch entlegene Beispiele bemüht werden, um zu zeigen, dass auch das Gewicht der Kommunikation in der Peergroup oder im Familienkontext sich historisch betrachtet in veränderlichen Anteilen biographisch bemerkbar macht. Kennzeichen einer Generation kann es sein, dass sich diesbezüglich höchst individualisierte Verläufe abzeichnen, so dass innerhalb einer Altersgruppe teilweise die Großeltern, teilweise die Eltern oder öffentliche bzw. schulische Einrichtungen bedeutsam sind.[23] Kennzeichen einer Generation kann es aber auch sein, dass hier eine weit reichende Homogenität angenommen werden kann und je nach Lebensphase eine gewisse Vorhersagbarkeit der jeweils dominanten Altersgruppen, mit denen der wichtigste Kontakt verläuft, gegeben ist.

Auch die Frage der Partizipation Älterer an aktuellen Sprachwandelprozessen, wie sie sich zum Beispiel im lexikalischen Bereich abzeichnen, kann im Hinblick auf unterschiedliche Bedingungen des Generationskontaktes angegangen werden. Dabei sind sowohl demogra-

---

[22] Vgl. z.B. Coupland/Coupland/Giles (1991) im entsprechenden Abschnitt, Chapter 3: *Formulating Age: Discursive Dimensions of Age Identity*, finden sich keine diesbezüglichen Erwägungen.

[23] Vgl. Suslak (2009), der die Frage diskutiert, welche Auswirkung die Erziehung durch die Großeltern hat.

phische Verhältnisse wie Familienstrukturen als auch Fragen des Medienkonsums in Betracht zu ziehen.

5.3 Einstellungen

Wie z.B. Ager (1990: 118) hervorhebt, macht sich die Einstellung zur Sprache gerade bei älteren Sprechern bemerkbar. Er verbindet diese Beobachtung mit der Annahme, dass gerade konservative Einstellungen im Zuge des demographischen Wandels mit gestiegenem Durchschnittsalter wichtiger würden. Dem ist jedoch die Beobachtung entgegenzuhalten, dass sich die Altersstile in den letzten Jahrzehnten deutlich geändert haben. Es kann die eine Generation auszeichnen, dass ein deutlich normorientierter Sprachgebrauch als effizientes Mittel der sozialen Distinktion eingesetzt werden kann. Daraus lässt sich aber für die Altersgruppen, die nach 1968 sprachlich sozialisiert wurden oder auch im Erwachsenenalter aktiv an den gesellschaftlichen Umbrüchen partizipierten, die Annahme des normorientierten, konservativen und aktuellen Gewohnheiten misstrauisch gegenüberstehenden Sprechens für die älteren Altersgruppen nicht mehr global unterstellen. In diesem Sinne könnten auch die in Tagliamonte (2007) zitierten Beispiele der Verwendung von *be like* als Verbum Dicendi diskutiert werden. Die zunächst altersuntypisch erscheinende häufigere Verwendung auch durch die über Dreißigjährigen kann direkt mit geänderten Einstellungen dieser Altersgruppe zusammenhängen, in deren Rahmen die Partizipation an jüngeren Moden ihren Platz hat. Mit anderen Worten: Die in der Dialektologie etablierte Untersuchung der *attitudes*, der Einstellungen und Bewertungen regionaler Akzente, die als bedeutsam für den sozialen Radius regionaler Varietäten gilt (vgl. z.B. Preston 2004), könnte ausgedehnt werden auf die Untersuchung der Einstellung gegenüber diachron markierter Sprache. Die positive Bewertung jugendlicher Sprachvarietäten auch durch ältere Sprachteilhaber kann eine Veränderung in der Dynamik des Sprachwandels zur Folge haben.

6. Ausblick

Mit den vorangehenden Ausführungen sollte einerseits auf mögliche Probleme der auch fachsprachlichen Polysemie von *Generation* aufmerksam gemacht werden. Andererseits sollte durch die Identifizierung definitorisch relevanter Aspekte gezeigt werden, welche Potentiale in einer Erweiterung bestehender Generationsbegriffe liegen können.

Mit der vorgeschlagenen Unterscheidung drei grundsätzlich möglicher Bedeutungen eines absoluten, eines relationalen und eines historischen Generationsbegriffs sollte auf die Grenzen des jeweiligen Defini-
tionsbereichs aufmerksam gemacht werden, aber vor allem auch auf
die Fragen und Probleme, die sich aus nicht näher erläuterten Verwendungen ergeben können. Denn bei einem polysemen, alltagssprachlich
ungemein facettenreichen Begriff wie *Generation* besteht die Herausforderung der fachsprachlichen Verwendung auch in der Explizierung
der jeweiligen Konnotationen und der definitorischen Reichweite.

Literatur

Adli, Aria 2004: Grammatische Variation und Sozialstruktur. Berlin.

Ager, Dennis 1990: Sociolinguistics and contemporary French. Cambridge.

Attias-Donfut, Claudine 1988: Sociologie des générations. L'empreinte du temps.
Paris.

Bavaj, Riccardo 2007: „68er" versus „45er". Anmerkungen zu einer „Generationen-
revolte". In: Hartung, Heike/Reinmuth, Dorothea/Streubel, Christiane/Uhlmann,
Angelika (Hrsg.): Graue Theorie. Die Kategorien Alter und Geschlecht in der Forschung. Köln/Weimar/Wien, 53–76.

Betten, Anne 2003: Ist „Altersstil" in der Sprechsprache wissenschaftlich nachweisbar? Überlegungen zu Interviews mit 70- bis 100-jährigen Emigranten. In: Fiehler,
Reinhard/Thimm, Caja (Hrsg.): Sprache und Kommunikation im Alter, 131–142.

Blanchet, Philippe 2001: Enquêtes sur les évolutions générationnelles du français
dans le pays vannetais (Bretagne). In: Français moderne 69/1, 58–76.

Boden, Deirdre/Bielby, Denise 1986: The way it was: Topical organization in elderly
conversation. In: Language and Communication 6/1/2, 73–89.

Borland, Helen 2006: Intergenerational language transmission in an established Au-
stralian migrant community: what makes the difference? In: International Journal
of the Sociology of Language 180/1, 23–41.

Bourdieu, Pierre 1981/2001: La représentation politique. In: Ders. (Hrsg.): Langage
et pouvoir symbolique. Paris, 213–258.

Bude, Heinz 2005: Qualitative Generationsforschung. In: Flick, Uwe/von Kardorff,
Ernst/Steinke, Ines (Hrsg.): Qualitative Forschung. Ein Handbuch. Reinbek bei
Hamburg, 187–194.

Cindark, Ibrahim 2010: Migration, Sprache und Rassismus. Der kommunikative So-
zialstil der Mannheimer „Unmündigen" als Fallstudie für die „emanzipatori-
schen Migranten". Tübingen.

Clermont, Jean/Cedergren, Henrietta J. 1979: Les ‚r' de ma mère sont perdus dans
l'air. In: Thibault, Pierette (Hrsg.): Le français parlé. Études sociolinguistiques.
Carbondale (IL)/Edmonton (Can): Linguistic Research, 13–28.

Chambers, J. K. 2004: Patterns of Variation including Change. In: Ders./Trudgill,
Peter/Schilling-Estes, Natalie (Hrsg.): The Handbook of Language Variation and
Change. Malden (Mass.)/Oxford (UK)/Carlton (Australia), 349–372.

Cheshire, Jenny 2005: Age- and Generation-Specific Use of Language. In: HSK 3.2,
1552–1563.

Clyne, Michael/Kipp, Sandra 2006: Australia's community languages. In: International Journal for the Sociology of Language 180, 7–21.

Coupland, Nikolas/Coupland, Justine/Giles, Howard 1991: Language, society and
the elderly: discourse, identity and ageing. Oxford.

Dimter, Matthias 1981: Textklassenkonzepte heutiger Alltagssprache. Kommunikationssituation, Textfunktion und Textinhalt als Kategorien alltagssprachlicher Textklassifikation. Tübingen.

Fiehler, Reinhard/Thimm, Caja (Hrsg.) 2003: Sprache und Kommunikation im Alter. Radolfzell.

Fiehler, Reinhard 2003: Modelle zur Beschreibung und Erklärung altersspezifischer Sprache und Kommunikation. In: Fiehler, Reinhard/Thimm, Caja, Sprache und Kommunikation im Alter, 38–56.

Fiehler, Reinhard 2008: Altern, Kommunikation und Identitätsarbeit. Mannheim.

Gerstenberg, Annette 2009: The multifaceted category of „generation": elderly French men and women talking about May „68". In: International Journal of Language in Society 200, 153–170.

Gerstenberg, Annette 2011: Generation und Sprachprofile im höheren Lebensalter. Untersuchungen zum Französischen auf der Basis eines Korpus biographischer Interviews. Frankfurt a. M.

Gilleard, Chris/Higgs, Paul 2005: Contexts of Ageing. Class, Cohort and Community. Cambridge.

Große, Rudolf 1990: Zur Problematik der Generationen im Prozeß des Sprachwandels. In: Bahner, Werner/Schildt, Joachim/Viehweger, Dieter (Hrsg.): Proceedings of the Fourteenth International Congress of Linguistics (Berlin/GDR, August 10 – August 15, 1987), vol. 2. Berlin, 1372–1374.

Hock, Hans H. 1986: Principles of Historical Linguistics. Berlin/New York/Amsterdam.

Kemp, William/Yaeger-Dror, Malcah 1991: Changing Realizations of A in (a)tion in Relation to the Front A–Back A Opposition in Quebec French. In: Eckert, Penelope (Hrsg.): New Ways of Analyzing Sound Change. San Diego (CA), 127–184.

Kohli, Martin 2007: Von der Gesellschaftsgeschichte zur Familie. Was leistet das Konzept der Generationen? In: Lettke, Frank/Lange, Andreas (Hrsg.): Generationen und Familien. Frankfurt a. M., 47–68.

Krefeld, Thomas 2004: Einführung in die Migrationslinguistik. Tübingen.

Labov, William 1994: Principles of linguistic change. Bd. 1: Internal factors. Oxford (UK)/Cambridge (MA).

Lightfoot, David 1999: The Development of Language. Acquisition, Change, and Evolution. Malden (MA)/Oxford.

Lightfoot, David 2006: How new languages emerge. Cambridge.

Maas, Ineke/Borchelt, Markus/Mayer, Karl Ulrich 1999: Kohortenschicksale der Berliner Alten. In: Mayer, Karl Ulrich/Baltes, Paul B. (Hrsg.): Die Berliner Altersstudie. Berlin, 109–134.

Mannheim, Karl 1928/1964: Das Problem der Generationen. In: Ders.: Wissenssoziologie. Auswahl aus dem Werk. Eingeleitet und herausgegeben von Kurt H. Wolff. Zuerst: Kölner Vierteljahrshefte für Soziologie 7/2, 157–185; 7/3, 309–330. Berlin/Neuwied, 509–565.

Meyerhoff, Miriam 2006: Introducing Sociolinguistics. New York.

von Polenz, Peter 1998: Deutsche Sprache und Gesellschaft in historischer Sicht. In: HSK 2.1, 41–54.

Pavičič, Jurica/Alfirevič, Nikša/Gabelica, Nino 2007: Electronic communication or electronic communities: (Un)common messages from "Generation Y". In: WSEAS International Conference on E-Activities 6, 333–337.

Preston, Dennis 2004: Language with an attitude. In: Chambers, John K./Trudgill, Peter/Schilling-Estes, Natalie (Hrsg.): The Handbook of Language Variation and Change. Malden (Mass.)/Oxford (UK)/Carlton (Australia), 40–66.

Pries, Ludger 2008: Die Transnationalisierung der sozialen Welt. Frankfurt a. M.

Renzi, Lorenzo 2006: Giovani e vecchi. Il ruolo dell'osservazione indiretta nella linguistica diacronica. In: Marcato, Gianna (Hrsg.): Giovani, lingue e dialetti. Atti del convegno Sappada/Plodn (Belluno), 29 giugno – 3 luglio 2005. Padova, 19–32.

Riehl, Claudia M. 2004: Sprachkontaktforschung. Eine Einführung. Tübingen.

Rubino, Antonia 2006: Linguistic practices and language attitudes of second-generation Italo-Australian. In: International Journal of the Sociology of Language 180, 71–88.

Schrader, Achim/Nikles, Bruno W./Griese, Hartmut M. 1976: Die Zweite Generation. Sozialisation und Akkulturation ausländischer Kinder in der Bundesrepublik. Kronberg.

Segalen, Martine 1981: Sociologie de la famille. Paris.

Suslak, Daniel F. 2009: The sociolinguistic problem of generations. In: Language and Communication 29/3, 199–209.

Tagliamonte, Sali/D'Arcy, Alexandra 2007: Frequency and variation in the community grammar: Tracking a new change through the generations. In: Language Variation and Change 19/2, 199–217.

Thimm, Caja 2005: Generationsspezifische Wortschätze. In: HSK 21.1, 880–888.

Weinreich, Uriel/Labov, William/Herzog, Marvin 1968: Empirical Foundations for a Theory of Language Change. In: Lehmann, W. P./Malkiel, Yakov (Hrsg.): Directions for Historical Linguistics. A Symposion. Austin/London, 95–195.

Wittgenstein, Ludwig 1921/1964: Tractatus logico-philosophicus. Logisch-philosophische Abhandlung. Frankfurt a. M.

Zimmermann, Klaus 1990: Französisch: Sprache und Generationen. In: LRL 5/1, 238–247.

Doris Bühler-Niederberger, Alexandra König

Die Generation der Selbstorientierten und ihre vielfältigen Grenzen

1. Jugend als soziologische Kategorie – verwoben mit anderen Kategorien

Generation ist ein Begriff, über den sich die Soziologie der Jugend theoretisch nähert. Richtungsweisend für die soziologische Annäherung an „[d]as Problem der Generationen" ist der gleichnamige Aufsatz von Karl Mannheim (1928f./1971), in dem die „verwandte [...] Lagerung der einer Generation zurechenbaren Individuen im sozialen Raum" (1928f./1971: 34) als Grundlage für einen Generationenzusammenhang bestimmt wird. Diese Lagerung hat zur Folge, dass Individuen zur gleichen Zeit an einem bestimmten Abschnitt des Geschichtsprozesses partizipieren (1928f./1971: 44), sie bestimmte signifikante Erlebnisse teilen. Gerade die „Jugenderlebnisse" (1928f./1971: 41) prägen, so Mannheim, unsere Sicht auf die Welt, unsere Wissensbestände, und formen einen je „‚neuen Zugang' zum akkumulierten Kulturgut" (1928f./1971: 37).[1] Jugendliche teilen demnach einen spezifischen Erfahrungsraum, eine spezifische Weise zu denken, zu fühlen und zu handeln.

In späteren Ansätzen einer Soziologie des Aufwachsens hat das Generationenkonzept eine zusätzliche inhaltliche Ausrichtung erfahren. „Generationale Kategorien" werden nunmehr verstanden als je eigene Programme für sozial definierte Alterskategorien, in dem Sinne, dass mit bestimmten Alterskategorien je spezifische Erwartungen, Verpflichtungen und Zugeständnisse verbunden werden. Diese Denkrichtung kann anknüpfen an Eisenstadt (1956). Eisenstadt ist weniger am „neuen Zugang" der nachwachsenden Generation interessiert, sondern, aus strukturfunktionalistischer Sicht, an der Kontinuität des sozialen Systems. Wie kann die nachwachsende Generation die Rollen in der Gesellschaft so erlernen, dass die Stabilität der Gesellschaft gewährleistet ist? Die Gesellschaft ist, so Eisenstadt, in verschiedene Altersstufen gegliedert, die mit je spezifischen Aufgaben und Rollen verbunden sind; Altersdefinitionen dienen „als Grundlage zur näheren Bestimmung der Menschen, zur Ausbildung ihrer wechselseitigen Beziehungen und Aktivitäten und zur unterschiedlichen Zuordnung so-

---

[1] Zur Kritik an Mannheim (etwa der Gruppenhaftigkeit seiner Konzeption von Generation) vgl. Matthes 1985.

56

zialer Rollen" (1956: 13). Der Jugend kommt die Aufgabe zu, den Übergang von der Familie in die Gesellschaft zu bewältigen, sich von den diffusen zugeschriebenen und partikularistischen Prinzipien der Familie hin zu den spezifischen erworbenen und universalistischen Orientierungen der Gesellschaft zu bewegen – der Peergroup kommt dabei eine entscheidende Bedeutung zu.[2] Alterskategorien werden mit diesem Ansatz als soziale Konstruktionen erkannt, ihre relationale Definiertheit aufgezeigt. Allerdings wird in Eisenstadts Ansatz die Konstruiertheit und damit die hierarchische Strukturiertheit der Alterskategorien nicht hinterfragt, mehr noch, sie wird (im Sinne des strukturfunktionalistischen Blickwinkels) als funktional notwendig erachtet (Bühler-Niederberger 2011: 173).

Verdienst der beiden Ansätze ist es, dass sie Alter nicht mehr als naturwüchsige Entwicklungsphase konzipieren, sondern zu einer soziologischen Kategorie machen, aber sie haben den Nachteil, dass sie nur ungenügend berücksichtigen, wie andere soziale Zugehörigkeiten mit diesen verknüpft sind. Zwar vergleicht Mannheim die Generationslage mit der Klassenlage, die in ähnlicher Weise die Weltsicht, die Art und Weise des Denkens, Fühlens und Handelns einschränkt (1928f./1971: 35f.), arbeitet aber die Zusammenhänge zwischen den beiden Lagerungsphänomenen nicht präziser aus. Seit den 1990er Jahren formulieren die Ansätze, die generationale Kategorien thematisieren, einen Begriff generationaler Ordnung (als komplementäres Aufeinander-bezogen-Sein der Kategorien) in Analogie zur Genderordnung – auch dies wird aber nicht weiter bezüglich der Verflechtungen ausgearbeitet (Alanen 1994).[3]

Diesem Mangel kann mit dem Konzept der Intersektionalität begegnet werden, welches in neuester Zeit im Kontext sozialer Ungleichheitstheorien diskutiert wird. Gemeint ist damit, dass sich in der Überkreuzung verschiedener Zugehörigkeiten wie Alter, Schicht, Geschlecht, Ethnie jeweils besondere Konstellationen ergeben. Degele und Winkler (2007: 1) betonen in ihrer Skizze zur Intersektionalität, dass es hierbei nicht um eine bloße Addition von Merkmalskombinationen geht, sondern um ihre Verwobenheit, ihre wechselseitige Verstärkung resp. Abschwächung. Wir erweitern diesen Gedanken in dem vorliegenden Aufsatz, indem wir untersuchen, in welchen Kontexten (genauer gesagt: in welchen „Feldern") welche Merkmale respektive welche ihrer Kombinationen relevant sind. Gegenstand unserer Überlegungen ist die sogenannte „erste Schwelle", jene biogra-

---

[2] Zur ausführlicheren Auseinandersetzung mit Eisenstadt vgl. Abels (1993).
[3] Vgl. dazu auch den Beitrag von Braches-Chyrek i. d. Bd.

phisch verdichtete Phase zwischen Schule und Qualifikation für einen Beruf durch Studium, Ausbildung oder andere, nicht formalisierte Wege. In den unterschiedlichen Feldern der Berufsqualifikation wird dabei genauer untersucht, welche Relevanz dem Alter, dem Geschlecht, der ethnischen Zugehörigkeit und der sozialen Herkunft zukommt.

Die erste Schwelle ist aus jugendsoziologischer Perspektive besonders aufschlussreich, denn diesen Übergang zu meistern ist eine Anforderung, die an _alle_ Jugendlichen nach Verlassen der Schule gestellt wird – nicht als Entwicklungsaufgabe, die sich quasi natürlich ergibt, sondern als eine institutionalisierte Aufgabe. Kaum eine andere Aufgabe ist so eng mit einer bestimmten Altersphase verknüpft wie eben der Übergang, der mit Beendigung der allgemeinbildenden Schule für alle Jugendlichen (früher oder später) ansteht.[4] Anders als in strukturfunktionalistischer Perspektive richtet sich unser Blick jedoch nicht (vorrangig) auf die Normen und Erwartungen, sondern auf das Handeln der jugendlichen Akteure, auf ihre Entscheidungen und auf ihr Workingout des berufsbiographischen Weges (mitsamt seinen Evaluationen, Revisionen und Investitionen), auf ihren Widerstand gegenüber an sie gerichtete Erwartungen, auf ihre Selbstentwürfe und deren Veränderung im Zuge der Interaktionsprozesse innerhalb der unterschiedlichen Felder der Berufsqualifikation. Im Sinne des symbolischen Interaktionismus, in dessen Tradition unser Projekt verortet ist, stehen somit nicht soziale Rollen im Vordergrund, sondern das, was die jugendlichen Akteure daraus machen, was sie an und nach der ersten Schwelle tun, wie sie diese kollektive Statuspassage (Glaser/Strauss 1971) gestalten. Denn, um mit Blumer zu sprechen, der gegen die normative Rollentheorie einwendet:

> Es ist der soziale Prozess des Zusammenlebens, der die Regeln schafft und aufrechterhält, und es sind nicht umgekehrt die Regeln, die das Zusammenleben schaffen und erhalten. (Blumer 1969: 99)

Die Prozesse finden jedoch, so unsere Grundannahme, stets innerhalb strukturierter Chancen statt; stärker als manch andere Vertreter des Interaktionismus berücksichtigen wir also soziale Strukturen. Die Analyse des Übergangs zeigt hierzu, wie sich Kategorien resp. Ungleichheitsdimensionen kreuzen und den Übergang in unterschiedlicher Weise vorstrukturieren. Sie zeigt weiter auch, wie diese Katego-

---

[4] So ist beispielsweise die Familiengründung oder Heirat eine weniger klar strukturierte Aufgabe, hier ist der Spielraum, wann und wie diese (wenn überhaupt) eingelöst wird, offener.

rien je nach Feld, das mit der Ausbildung gewählt wird, auf spezifische Weise relevant werden. Als „Feld" soll in Anlehnung an Bourdieu ein Netz von objektiven Relationen zwischen Positionen verstanden werden.

> Positionen sind in ihrer Existenz und auch in den Determinierungen, denen die auf ihnen befindlichen Akteure oder Institutionen unterliegen, objektiv definiert, und zwar durch ihre aktuelle und potentielle Situation (*situs*) in der Struktur der Distribution der verschiedenen Arten von Macht (oder Kapital), deren Besitz über den Zugang zu den in diesem Feld auf dem Spiel stehenden spezifischen Profiten entscheidet, und damit auch durch ihre objektiven Relationen zu anderen Positionen (herrschend, abhängig, homolog usw.). (Bourdieu/Wacquant 1992/1996: 127)

Die Kunst, die Wissenschaft, das religiöse wie das politische Feld – all dies sind Felder, die Bourdieu untersucht und anhand derer er den Feldbegriff ausarbeitet. Der Begriff des Feldes ist geeignet, der zunehmenden gesellschaftlichen Differenzierung Rechnung zu tragen und die je spezifischen Regeln und Funktionsweisen von Feldern zu berücksichtigen. Die Spieler in einem Feld teilen ein gemeinsames Interesse, den Glauben an die Sinnhaftigkeit des Spieles. Erst diese geteilte *illusio* macht die Spieler zu Konkurrenten im Kampf um die besten Positionen innerhalb des Feldes.[5]

An der ersten Schwelle entscheiden sich die Jugendlichen mit der Aufnahme eines Studiums oder einer bestimmten Ausbildung im dualen System also für je in spezifischer Weise strukturierte Felder. Sie tun dies auf der Basis von unterschiedlichen Voraussetzungen im Sinne der erwähnten Merkmalskombinationen und mit der Folge, dass sich ihnen je nach gewähltem Feld andere Möglichkeiten eröffnen resp. von ihnen je spezifische Leistungen verlangt werden. In diesem Aufsatz soll ein Hauptaugenmerk darauf gelegt werden, in welchem generationalen Gefüge sie mit ihrem Schritt positioniert sind, wie sie sich als Jugendliche in Beziehung setzen respektive abgrenzen zu Erwachsenen, in welch vielfältiger Weise sich darin Generation konstituiert. Denn je nach Feld, so wird zu zeigen sein, gelten auch andere generationale Regeln.

---

[5] Das Feldkonzept ist zentral in Bourdieus Werk. Zur Bestimmung der Position im Feld hat er die Laufbahn und, damit verbunden, die Dauer der Zugehörigkeit der Akteure zum Feld berücksichtigt, ohne jedoch die objektiven Relationen als generationale Gefüge genauer zu untersuchen. Weiterführend zum Feldbegriff vgl. Fuchs-Heinritz/König (2011: 139ff.).

2. Theoretische Perspektive und Datenmaterial unserer Argumentation

In Zusammenfassung der einleitenden Gedanken sind vor allem drei Punkte zu nennen, die den theoretischen Rahmen unseres Aufsatzes abstecken:

a) *Jugend als relevante soziologische Kategorie* wird beibehalten und das Konzept der Generation mit seinen beiden Konnotationen zur theoretischen Sensibilisierung genutzt. Zum einen überzeugt die von Mannheim hypostasierte Annahme, dass die jeweilige Lagerung im sozialen Raum einen je spezifischen Ausschnitt des historisch-sozialen Prozesses freigibt und die jeweilige Erlebnisschichtung eine spezifische Weltsicht zu prägen vermag – welche kennzeichnend für die heutige Jugend ist, bleibt zu untersuchen. Zum anderen strukturieren weiterhin institutionalisierte Programme den Lebenslauf, bestimmte Aufgaben sind noch immer mit einiger Striktheit an bestimmte Lebensalter gebunden – wie es Eisenstadt aus funktionalistischer Sicht herausarbeitet. Gerade die erste Schwelle ist eine grundlegende Aufgabe, die Jugendliche zu meistern haben – allein die mit Näherrücken des Schulabschlusses häufiger werdenden Fragen (der Eltern, der Freunde, aber auch der Jugendlichen selbst) nach den beruflichen Plänen zeugen von der geteilten Relevanz.

b) Jugend wird nicht als einzige und separierte Kategorie betrachtet, sondern in ihrer *Verwobenheit mit anderen sozialen Zugehörigkeiten.* In einer Gesellschaft, in der berufliche Wege institutionalisiert sind, in der Zertifikate verlangt werden,[6] ist der berufliche Weg auch altersmäßig strukturiert – für Jugendliche steht nach Verlassen der Schule in der Regel die Berufsvorbereitung (und nicht der -einstieg) an. Die Wege, die dabei offenstehen respektive gewählt werden, sind strukturiert: nicht nur in Hinblick auf die Schulabschlüsse, sondern auch in Bezug auf soziale Herkunft, Ethnie und Geschlecht. Im Fokus dieses Artikels steht die soziale Herkunft.

c) Um die Bedeutung struktureller Variablen differenzierter erfassen zu können, untersuchen wir sie im Hinblick auf verschiedene gesellschaftliche Teilbereiche und die Geltung, die darin bestimmte sozi-

---

[6] Darauf zu verzichten hat zumeist nachteilige Folgen: Ohne abgeschlossene Ausbildung liegt „im Westen die Arbeitslosenquote [...] bei 22, im Osten bei über 50 %" (Allmendinger/Ebner 2006: 69). Nicht nur für Hauptschüler, sondern auch für Abiturienten wirkt sich eine fehlende Ausbildung negativ aus: Langfristig fällt der Statusgewinn bei jenen, die eine Ausbildung/ein Studium anschließen, höher aus (Glaesser 2008: 155).

alstrukturelle Merkmale und ihre Kombinationen haben. Wir greifen dabei auf das Konzept des „Feldes" von Pierre Bourdieu zurück. Besonders berücksichtigen wir die generationalen Regeln in unterschiedlichen Feldern resp. eben die Bedeutung des Strukturmerkmals „Alter".

Um nun über all diese Differenzen hinweg die *Praktiken der Jugendlichen* als Akteure[7] zu erfassen, rücken wir das Konzept des *Selbstprojekts* in den Vordergrund. Dies ist das Schlüsselkonzept unserer Studie. Hierunter verstehen wir Orientierungen und Strategien biographischer Gestaltung, die (verbunden mit den Laufbahnentscheidungen) auf die Formung von „Selbst" als einer für sich und andere erkennbaren Person, die Identifikation mit sich selbst zulässt, zielen. Das Selbst, im Sinne des symbolischen Interaktionismus (vgl. etwa Blumer 1969) ist dabei zu verstehen als Resultat und Bestandteil sozialer Interaktion, welches ständig (feldspezifisch) hergestellt und eingebracht wird. Dabei – alle Ausführungen zu strukturellen Differenzen haben es bereits vorweggenommen – findet die Ausarbeitung des Selbstprojekts innerhalb strukturierter Möglichkeitsräume statt; das Konzept beschreibt also ein permanentes Austarieren zwischen eigenen Ansprüchen und gesellschaftlich strukturierten Chancen.

Forschungsdesign: Wir verfolgen in einem Längsschnitt, wie Jugendliche eine Ausbildung, ein Studium, eine Musikkarriere (als Rapper oder Sänger) aufnehmen und wie sich ihre Selbstprojekte in den darauffolgenden drei Jahren verändern, modifiziert oder konturiert werden. Um eine Variation von Selbstprojekten zu erfassen, bilden wir theoriegeleitet ein erwartungsgemäß kontrastives Sample mit vier Subsamples.[8] Die Konstruktion des Gesamtsamples mit seinen vier Subsamples erfolgt auf Basis der Kreuzung zweier für die Untersuchung von Selbstprojekten relevanter Variablen: (1) der handlungsleitenden Orientierungen (Selbst- vs. Sicherheitsorientierung) und (2) der strukturierten Chancen (Hochschulzugangsberechtigung).

(1) Unter *Orientierungen* verstehen wir ein *praktisches Wissen*, das eingelagert ist in die Prozesse des Ausarbeitens, Reflektierens und Bilanzierens von Entscheidungen, somit also an konkretes Handeln gebunden ist. Dabei unterscheiden wir (als theoretische Vorannahme zur Samplekonstruktion) eine Selbstorientierung von einer Sicherheitsorientierung – nicht als sich ausschließende, sondern stets präsente

---

[7] Vgl. dazu auch Baurmann/Neuland 2011.
[8] Zur ausführlicheren Begründung der Samplekonstruktion vgl. Bühler-Niederberger/König (2011).

Orientierungen mit unterschiedlicher Relevanz bei Entscheidungsprozessen. Mit *Selbstorientierung* ist gemeint, dass bei Entscheidungen und deren Evaluierung eine Orientierung an und auf sich selbst im Vordergrund steht. Betont wird also die intrinsische Motivation zu dem, was man tut resp. tun will, sowie die Identifikation mit der Tätigkeit und mit sich selbst als Person – wir erwarten dies bei Kunststudierenden und Jugendlichen, die sich zum Rapper bzw. Sänger berufen fühlen. Davon unterscheiden wir eine *Sicherheits- und Nutzenorientierung*, definiert als eine Orientierung, bei der das Handeln maßgeblich an Sicherheit, Prestige, Aufstieg respektive bloßer Existenzsicherung ausgerichtet ist. Die Motivation ist vor allem extrinsisch begründet – wir erwarten dies stärker bei Auszubildenden im Handwerk sowie bei Lehramts- und Ingenieursstudierenden.

(2) Die *strukturierten Chancen* werden hier in einer ersten Annäherung als *schulisches Kapital* (Hochschulzugangsberechtigung vs. niedriger/kein Schulabschluss) bestimmt, ausgehend von der Überlegung, dass das Zertifikat die Chancen an der ersten Schwelle strukturiert.[9]

Besetzt wird die über die Kreuzung der beiden Variablen entstehende Vierfeldertafel mit solchen Gruppen, von denen erwartet werden kann, dass sie charakteristisch für eine der Merkmalskombinationen sind.

Tab. 1: Gesamtsample

		Handlungsleitende Orientierung	
		Sicherheits-/ Nutzenorientierung	Selbstorientierung
Schulisches Kapital	**Hoch**	A Lehramts- und Ingenieursstudierende	B Kunststudierende
	Niedrig	C Auszubildende: Friseure, Maler/Lackierer	D Rapper, Castingkandidaten

Startpunkt der dreistufigen Untersuchung ist die sogenannte erste Schwelle. In den ersten Wochen der Aufnahme des Studiums resp. der Ausbildung führen wir mit den Jugendlichen in den jeweiligen Bildungsstätten eine Fragebogenerhebung durch (t1). Ein Jahr später folgt eine qualitative Erhebung mit aus der ersten Erhebungswelle ausgewählten (theoretisch interessanten) Personen (t2), die ein weiteres Jahr später (planmäßig kurz vor Abschluss ihres ersten Ausbildungsab-

---

[9] Zur Ungleichheit von Bildungschancen vgl. Bühler-Niederberger 2011: 28ff.

schlusses stehend) noch einmal befragt werden (t3). Das Gesamtsample bilden in der ersten Erhebungswelle 1.116 Interviewte; zu t2 wurden 72 Jugendliche interviewt. Die dritte Erhebungswelle läuft derzeit. Aufgrund der Heterogenität und schwierigen Erreichbarkeit von Interviewpartnern der Gruppe D, den Rappern und Castingkandidaten, sind diese nicht in die quantitative Datenanalyse (t1) eingeflossen, sondern ausführlich bedacht in den qualitativen Phasen (t2, t3).

3. Selbstprojekt als generationale Erfahrung der Gemeinsamkeit und Differenz

Intensive Leistungen der Planung und Entscheidung von Lebensläufen und -abschnitten sind nicht nur in der Jugendphase relevant, sondern charakterisieren das gesamte Leben in modernen Gesellschaften (Beck 1983; Beck/Beck-Gernsheim 1993; Hitzler/Honer 1994; Kaufmann 2005). Dennoch kommt gerade der Jugendphase hierbei eine besondere Bedeutung zu, sind doch die Jugendlichen mit Verlassen der Schule aufgefordert, weichenstellende Entscheidungen für ihre (berufliche) Zukunft zu treffen (vgl. Kohli 2003; Dietz et al. 1997; Konietzka 1999; Mayer 2000). Als Referenzrahmen des Handelns gewinnt, so diagnostizieren soziologische Gegenwartsanalysen, Authentizität (Sennett 1974/ 1999), Einzigartigkeit (Eberlein 2000) bzw. eben das „Selbst" (de Singly 2005) an Bedeutung; das Prinzip des schönen Lebens steigt in einer Erlebnisgesellschaft (Schulze 1992; 2005) zur leitenden Idee autonomer Selbstgenerierung auf. Eine wachsende Hinwendung zum Individuum ist bereits in der Eltern-Kind-Interaktion zu konstatieren. Dies belegen generationenvergleichende Untersuchungen wie etwa die von Schneewind und Ruppert (1995): Körperliche Disziplinierung und Anpassungsforderungen von Seiten der Eltern treten zugunsten von Nachgiebigkeit und steigender Hinwendung zu den von den Kindern formulierten Ansprüchen und Meinungen zurück. Die Kinder in den 1990er Jahren profitierten von diesem Wandel der Erziehungspraktiken, dem Wandel des familiären Kommunikationsstils hin zu einem „Verhandlungshaushalt" (du Bois-Reymond 1998), bei dem das Selbst des Kindes in den Vordergrund tritt (zur wachsenden Hinwendung zum Kind vgl. Bühler-Niederberger 2011: 27ff.) – also jene Kinder, die heute an der ersten Schwelle stehen und den Schritt in die Berufswelt vorbereiten.

Sie stoßen nun auf eine Arbeitswelt, in der ebenfalls verstärkt am Subjekt angesetzt wird – als zugleich individuelle Möglichkeit wie auch soziale Anforderung. Die „Subjektivierung der Arbeit" sei zum einen „Chance ‚Subjektivität' in den Arbeitsprozeß einzubringen",

zum anderen „doppelter Zwang, nämlich erstens, mit ‚subjektiven'
Beiträgen den Arbeitsprozeß auch unter ‚entgrenzten' Bedingungen im
Sinne der Betriebsziele aufrecht zu erhalten; und zweitens, die eigene
Arbeit viel mehr als bisher aktiv zu strukturieren, selbst zu rationalisie-
ren und zu ‚verwerten'" (Moldaschl/Voß 2003: 16). Der als neuer Leit-
typus der Arbeit definierte „Arbeitskraftunternehmer" (erstmals
Pongratz/Voß 1998) beschreibt ein hoch individualisiertes und kontrol-
liertes Selbst: Verstärkte Selbstkontrolle, erweiterte Selbstökonomisie-
rung und Selbstrationalisierung der Arbeitskraft (bis hin zur Verbe-
trieblichung der gesamten Lebensführung) werden vom Individuum
verlangt – im Sinne betrieblicher Interessen. So wundert es nicht, dass
der „Typ Künstler", der sich in einer unsicheren Arbeitswelt höchst
motiviert und ohne klare Vorgaben zu bewegen vermag, zur Chiffre
für den kreativen Arbeitnehmer aufsteigt.

Die zunehmende Relevanz des Selbst – wie sie in allgemeinen Ge-
genwartsdiagnosen und speziell in der Kindheitsforschung sowie der
Arbeitssoziologie konstatiert wird – bestätigt sich in unseren Daten.
Wir haben die neuimmatrikulierten Studierenden sowie die Auszubildenden nach ihren Motiven für die Ausbildungswahl gefragt (t1). Vorgelegt wurde ihnen dafür eine Liste von Aussagen, die eine solche Entscheidung begründen können; vorgeschlagen wurden Aspekte, die
entweder auf eine Sicherheitsorientierung (erwartete Arbeitsmarkt-
chancen, Aufstiegschancen etc.) oder auf eine Selbstorientierung (per-
sönliches Interesse, sich persönlich weiterentwickeln wollen) verweisen. Zu jedem einzelnen Aspekt sollten die Befragten anhand einer 5er-
Skala einstufen, wie wichtig dies bei ihrer Entscheidung war, zwischen
„hat gar keine Rolle gespielt" (1) bis „hat eine entscheidende Rolle gespielt" (5). Die stärkste Zustimmung erhielten die Items, die einen
Selbstbezug anzeigen. In allen Gruppen fand das Item „weil ich mich
für die Tätigkeit auch privat interessiere" die meiste Zustimmung.[10]
War dies bei den Kunststudierenden zu erwarten, so überrascht, dass
eine Selbstorientierung ebenso von den anderen Studierenden wie
auch von den Auszubildenden als handlungsleitend verstanden wird.
Trotz der Unterschiedlichkeit der beruflichen Wege bleibt als Gemeinsamkeit der Jugendlichen, dass sie an ihre persönlichen Interessen anknüpfen wollen – mit der Entscheidung für den Friseursalon ebenso

---

[10] Gleichauf liegt bei den Handwerkerauszubildenden die Zustimmung zu der
Aussage „um auf eigenen Füßen zu stehen".

64

wie mit der für das Atelier. Umgekehrt wird kaum zugestimmt, ein geringes Maß an persönlichen Investitionen gesucht zu haben.[11]

Der Selbstbezug, den die Jugendlichen bei ihrem Ausbildungsweg herzustellen suchen, ist nicht als ein temporärer zu verstehen, vielmehr wird dieser biographisch früh verankert.[12] Gefragt haben wir die Jugendlichen nach ihrem Berufswunsch in der Kindheit (t1). Von denjenigen, die eine konkrete Angabe dazu machten, gibt fast ein Viertel genau den Beruf an, den sie nun erlernen. Ob solch eine „biographische Kontinuität" vor allem eine bestimmte Ausbildungsgruppe beschreibt, haben wir mittels einer Kontingenzanalyse geprüft. Der Chi-Quadrat-Test zeigt, dass die „biographische Kontinuität" in allen drei Subsamples gleich ist (n = 708; Pearson's chi^2 = .469; d.f. = 2; p = .791; Cramer's V = .026). Und auch in den biographischen Interviews (t2) wird der Entscheidungsprozess biographisch früh verankert – in allen Subsamples. So begründet die 18-jährige Esra ihre Wahl für die Friseurausbildung:

> Also eigentlich kam das schon als ich ganz äh klein war schon im Grundschulalter ich wollte immer eigentlich Friseurin werden weil ich das einfach so toll fand dieses diese Kreativität dieses Handwerkliche und in meiner Familie gibts keine Handwerker.

Und auch Hannah, die 22-jährige Kunststudentin, beginnt ihre Erzählung mit der frühen biographischen Verankerung ihrer Praxis:

> Also ganz am Anfang find ich war eigentlich Kunst immer so was was ich so alleine zu Hause gemacht hab [...] zu Hause habe ich dann aber immer gern gesessen und was gemacht und das war eher so ne Heimlichkeit [lachen] andere wussten auch dass ich das gerne mach aber ich hab nicht so viel gezeigt immer.

Die eine frisierte ihre Freundinnen, die andere malte in sich versunken bereits in der Kindheit – und beide verankern so ihre Berufswahl in ihren persönlichen Interessen und Vorlieben, die sich schon früh (unabhängig von ihren Eltern) herauskristallisieren.

Eine solchermaßen verbreitete Selbstorientierung verweist auf eine gemeinsame Sicht der Jugendlichen. Es findet sich hierin eine geteilte Erwartung an die Ausbildung, an den Beruf wieder, der eben nicht nur

---

[11] Eine „Subjektivierung der Arbeit" im Sinne eines Selbstbezuges tritt bei den Kunststudierenden stärker in „Reinform" auf, d.h., andere Orientierungen, wie die nach Existenzsicherung oder Reichtum, werden als weniger handlungsleitend genannt, und auch das Maß der Selbstorientierung ist größer.

[12] Vgl. zur biographischen Kontinuität und der Strukturiertheit von Berufswünschen in der Kindheit Bühler-Niederberger/König (2011).

als Quelle der Existenzsicherung beziehungsweise des Gelderwerbs dienen soll – dies verweist auf eine verwandte Lagerung, einen ähnlichen Zugang zur (Arbeits)welt der Jugendlichen. Diese Orientierung eint die Jugendlichen, formiert eine „Generation der Selbstorientierten". Gleichzeitig aber treibt sie die Jugendlichen auseinander. Denn mit dieser Begründung ihrer Wahl werden die unterschiedlichen Wege, die (herkunftsspezifischen) Chancen unter dem Verweis auf die „selbstbezügliche" Wahl begründet und individualisiert und die unterschiedlichen Chancenstrukturen, die ihren „Entscheidungen" zugrunde liegen, dadurch negiert. Verschleiert wird die Tatsache, dass die Wahlen an der ersten Schwelle deutlich herkunftsspezifisch geprägt sind. Die arithmetischen Mittel zum sozioökonomischen Status und zum beruflichen Prestige von Vater und Mutter zeigen einen gleichgerichteten Zusammenhang[13]: Die Kunststudierenden stammen aus Familien mit angesehenen Berufen und hoher sozioökonomischer Position, während die Auszubildenden im Handwerk aus Familien kommen, die am unteren Ende der beiden Skalen rangieren. Die Lehramts-/Ingenieursstudierenden nehmen eine mittlere Position ein.

Tab. 2: Arithmetisches Mittel ISEI und MPS – innerhalb der 3 Gruppen

	ISEI arithm. Mittel Vater	ISEI arithm. Mittel Mutter	MPS arithm. Mittel Vater	MPS arithm. Mittel Mutter
Auszubildende: Handwerk	35.64 (n=340)	36.48 (n=303)	56.63 (n=342)	61.15 (n=303)
Studierende: Lehramt/Ingenieurswesen	50.09 (n=426)	45.54 (n=409)	89.35 (n=427)	80.30 (n=409)
Studierende: Kunst	56.60 (n=174)	52.50 (n=178)	105.25 (n=174)	97.02 (n=175)

Die Mittelwert-Differenzen sind auf dem Niveau von 0.05 bei allen Vergleichen signifikant. Kurz: Die drei Gruppen unterscheiden sich

---

[13] Die soziale Position wird anhand des *International Socio-Economic Index of Occupational Status* (ISEI) bestimmt. D.h., auf Basis der Angaben zur Berufsposition des Vaters resp. der Mutter wird jeweils der ISEI-Wert errechnet, der auf der ISEI-Skala zwischen 16 (forstwirtschaftliche Hilfskräfte) und 90 (Richter) rangiert (vgl. Geis 2009: 23). Ergänzend wird das Berufsprestige erfasst – anhand der *Magnitude-Prestige*-Skala (MPS), deren Werte zwischen 20 (Handlanger, Hilfsarbeiter) und 186.8 (Ärzte) liegen.

signifikant in Bezug auf den sozioökonomischen Status und das Prestige des Berufs von Vater wie Mutter. Das, was von allen als selbstorientierte Wahl legitimiert wird, stellt sich als hochgradig strukturiert heraus. Die einverleibten Strukturen, herkunftsspezifische Grenzen der Wahrnehmung, des Denkens und des Handelns werden angeeignet und bearbeitet, werden zum Teil des Selbstprojekts. Entsprechend tief greifen Ungleichheitsmechanismen in einer selbstorientierten Generation. Die Gemeinsamkeit der Selbstorientierung (als generationsspezifische Weise des Erlebens und Handelns) verdeckt die vorstrukturierten Möglichkeitsräume (die herkunftsspezifische Weise des Erlebens und Handelns).

4. Felder und ihre Grenzen

Mit ihrer Entscheidung an der ersten Schwelle betreten die Jugendlichen ein je anderes Feld – und entfernen sich weiter voneinander. Je nachdem, ob sie das Feld der Kunst, das universitäre Feld, das Feld des Handwerks oder das Feld der Rap-Musik betreten,[14] müssen sie feldspezifische Zugangsvoraussetzungen erfüllen und positionieren sich mit diesem Schritt in einem in je spezifischer Weise strukturierten Gefüge, spielen unterschiedliche Spiele, deren Sinn für außerhalb Stehende kaum nachvollziehbar ist. Die Auszubildenden im Handwerk wie auch die Lehramtstudierenden werden kaum verstehen, warum sich Marla, eine junge Kunststudentin, für ihr aktuelles Projekt eine „Pflanze in die Hand pflanzen und mir dann n Gips drum machen und vier Wochen dann mit dem Gips rumlaufen [will] damit in der Hand also was wächst". Marla wird wiederum nur schwerlich verstehen, warum eine Lehramtstudierende wie Iglin sich um die Creditpoints, die sie erwerben muss, sorgt: „Ich muss [...] die Creditpoints kriegen um abzuschließen irgendwie ist alles zusammengerückt auf auf drei Jahre ganz viel ist darauf ausgerichtet okay dass man schnell fertig" wird. Und wiederum wird das Bestreben von Osman, dem jungen Rapper, der

---

[14] Was jeweils als Feld gefasst wird, ist forschungspragmatisch zu entscheiden. So unterscheiden wir das „Feld der Universität", in dem sich die Studierenden lehramts- und ingenieurswissenschaftlicher Studiengänge bewegen, von dem „Feld der Kunst", zu dem wir die Kunstakademien und -hochschulen zählen. Die Kunststudierenden sind bereits in dem Feld positioniert, in dem sie professionell tätig sein wollen, während die anderen Studierenden – im „Feld der Universität" – erst vorbereitet werden auf das angestrebte Feld (die Schule, die Firma).

versucht, in so genannten „Battles"[15] zu „zeigen was ich drauf hab wer ich bin", den außerhalb des Rap-Feldes Stehenden unverständlich bleiben, wird sein Sieg im „Battle" in deren Augen kaum als symbolisches Kapital fungieren. Die *illusio* definiert die Grenzen des Feldes: Wo der Glaube an die Sinnhaftigkeit des Spiels endet, „wo die Feldeffekte aufhören" (Bourdieu/Wacquant 1992/1996: 131), sind die Grenzen des Feldes überschritten. Die Grenzen von Feldern werden dabei – von Außenstehenden wie Dazugehörigen – permanent hergestellt, um diese wird ständig gerungen.

Die Felder rücken Alterskategorien in eine je andere Relation und definieren damit Jugend jeweils anders. Das wird von den Jugendlichen aufgenommen in ihren Handlungen in Bezug auf das Feld. Wenn wir im Folgenden Grenzen und Grenzziehungen näher durchleuchten, so zielt dies also zum einen auf die Grenzen der Felder (wer gehört dazu, wer nicht), zum anderen aber auch auf die Grenzen zwischen den Generationen resp. die Grenzen anderer Art, die innerhalb bestimmter Felder allenfalls mehr Relevanz haben als die Altersabgrenzungen. Unser kontrastives Sample gibt so einen Einblick in die Diversität von generationalen Arrangements, innerhalb derer sich Jugendliche mit ihrer Entscheidung an der ersten Schwelle positionieren:

a) *Das Feld des Handwerks: generationales Unterstellungsverhältnis mit stark persönlicher Prägung*
Die Voraussetzungen für die Berufsbildung im Handwerk sind in der Handwerksordnung festgelegt. Von den Bewerbern um eine Ausbildungsstelle in einem Maler/Lackierer-Betrieb oder einem Friseursalon wird formal kein spezifisches Kapital vorausgesetzt, besonders bedeutsam ist es hier, den Meister, der über den Zugang wacht, zu überzeugen, dass man zu seinem Betrieb passt. Dies geschieht in einem kaum formalisierten Bewerbungsgespräch; die Passung ist eben eine zwischen Persönlichkeiten. Ist man in dieser Weise erst einmal zugelassen, so finden sich die Jugendlichen (vor allem in den mittelständischen Betrieben) in einem hierarchisch strukturierten Feld wieder, in einem Meister-Lehrling-Verhältnis, in dem die Generationenkategorien institutionalisiert sind. Auch wenn das Verhältnis nicht mehr mit dem in vorindustrieller Zeit vergleichbar ist, in der der Meister der „pater familias" war, der sich „in väterlicher Sorge den im Hause Beschäftigten

---

[15] „Battles" sind eine Form von Wettkampf im Rap, bei dem sich zwei Gegner in einem technisch möglichst ausgefeilten und inhaltlich attachierenden Wortgefecht messen. Es geht darum, den Kontrahenten wirkungsvoll zu „dissen" und sich selbst zu überhöhen. Oftmals werden im Vorfeld Grenzen des Erlaubten festgelegt.

widmen soll, als wären es seine Kinder" (zitiert in Gillis 1994: 27), so ist der Lehrling (in kleineren Familienbetrieben) enger mit der Familie verbunden. Dieses persönliche Verhältnis ist zugleich ein paternalistisches, noch heute verweisen Auszubildende in unseren Tiefeninterviews auf das Motto: „Lehrjahre sind keine Herrenjahre", um ihre inferiore Position zu beschreiben und gleichzeitig ihre Einpassung in das relationale und dabei generationale Gefüge zu erklären. Eine Meisterin in einem Friseursalon, die wir in einer Vorstudie befragten, fasst das generationale Gefüge, wie es ihrer Vorstellung nach zu sein hat, prägnant zusammen:

> Zwischen einem Lehrmädchen und einer Friseuse ist ein bisschen Luft, zwischen einem Lehrmädchen und einer Chefin ist ein bisschen mehr Luft und ich sag mir immer so, wenn ich ihr [ihrer aktuellen, widerständigen Auszubildenden] was sage, dann soll sie es tun. (vgl. Bühler-Niederberger/König 2006: 46)

Das Maler/Lackierer- sowie das Friseur-Handwerk sind vor allem Jugendlichen aus weniger privilegierten Familien vorbehalten, die Ausbildungsberufe sind stark nach Geschlecht segregiert. In einer Vorstudie (Bühler-Niederberger/König 2006) zeigte sich, wie Geschlecht die Chancen strukturiert: Männliche Auszubildende (auch mit schlechterem Schulabschluss) genießen Privilegien in Ausbildungsbetrieben, vor allem in den weiblich dominierten Friseursalons, (potentielle) weibliche Auszubildende werden durch die Verkumplungsstrategien der jungen und alten Männer ausgeschlossen – der Blick auf Intersektionalität lässt erkennen, wie spezifische Kombinationen von Geschlecht, Alter und Herkunft über den Zugang und die Position im Feld entscheiden.[16]

b) Das Feld der Universität: universalistisch codiertes Generationenverhältnis

In den Prüfungsordnungen sind die Zulassungsvoraussetzungen eindeutig festgeschrieben – unabhängig von der Person und damit von Geschlecht, Ethnie oder sozialer Herkunft. Interessenten für einen Lehramts- oder ingenieurswissenschaftlichen Studiengang müssen kein spezifisches Kapital vorweisen, eine allgemeine (Fach)hochschulzugangsberechtigung ist zumeist ausreichend; an einigen Hochschulen muss den Bedingungen des Numerus clausus entsprochen werden –

---

[16] Vollständigkeitshalber muss hinzugefügt werden, dass auch die Ethnie einen strukturierenden Einfluss hat. Auf dem Ausbildungsmarkt haben deutsche Schüler Vorteile (vgl. etwa Granato/Uhly 2006).

der einzelne Dozent verfügt nicht über eine vergleichbare Kontrollmöglichkeit über den Zugang wie der Meister. Das Feld ähnelt in seiner Strukturiertheit dem der Schule. Dabei dürfte die Schule noch persönlicher geprägt sein als die Universität: So werden die Dozenten von den Interviewpartnern meist nur als Vergabeinstanz von Creditpoints thematisiert. Das zeigt bereits an, dass eine klare Altershierarchie besteht; im Vergleich zum Meister-Lehrling-Verhältnis ist diese jedoch weniger patriarchal strukturiert und weniger persönlich ausgelegt. Das Gefüge bleibt ein stückweit farblos, auch weil es den Studierenden sehr wohl bewusst ist, dass es sich bei der Universität vor allem um ein Übergangsfeld handelt, die Schule oder der Betrieb, als das eigentliche Feld, erst nach diesem Übergang betreten wird. Das universitäre Feld wird im Hinblick darauf evaluiert, wie es auf die spätere Arbeit vorbereitet: Immer wieder wird von den Studierenden abgewogen, „was das bringt" – gemeint ist dann der Nutzen für das spätere eigentliche Feld. Die Dozenten sollen die Studierenden mit entsprechendem Rüstzeug ausstatten bzw. ihnen die Anregungen zur Selbstaneignung bieten. Die Lehramtsstudierenden beurteilen den Nutzen der Ausbildung gelegentlich skeptisch, aber sie halten auch dieses Urteil unpersönlich und schließen eher, dass *das alles* nichts bringt. Es ist ein modernisiertes Lehrverhältnis, an universalistischen Prinzipien orientiert, dem meritokratischen Ideal verpflichtet, mit dem Ziel der Weitergabe zertifizierter Wissensbestände. Die unpersönlich gehaltenen Orientierungen der Studierenden sind in diesem Sinne lediglich konsistent zu dieser Struktur.

c) Das Feld der Kunst: Einmaligkeit als Enklave jenseits generationaler Grenzen

Von dem „Feld der Universität" unterscheiden sich die Kunstakademien und -hochschulen auch dadurch, dass sie keine Hochschulzugangsberechtigung verlangen. Als Zugangsvoraussetzung wird der Nachweis „künstlerischer Befähigung" verlangt – welche Kriterien für deren Überprüfung angelegt werden, bleibt intransparent. Hier handelt es sich um den Anspruch, dass Einmaligkeit von Einmaligen erkannt wird, jenseits aller kategorialen Vorstrukturierung. Wie sehr dies eine Illusion ist, zeigt sich bereits daran, dass die Kunststudierenden diejenigen sind, deren Herkunftsfamilien den höchsten sozialen Status aufweisen. Die verlangte Einmaligkeit erweist sich in diesem Sinne als feldspezifisches Kapital, welches auf anderen Kapitalsorten basiert bzw. aufgebaut wird. Der biographisch frühe Zugang zur Kunst wird über Erwachsene – die Eltern, engagierte Lehrer – vorbereitet; die Jugendlichen knüpfen verstärkt an ein elterliches Erbe an respektive eignen sich dieses an. Interessant ist hier in Hinblick auf die Intersektionalität der hohe Anteil von Jugendlichen mit Migrationshintergrund, aus diversen Ländern, die dies als Kapital nutzen: Ethnie wird, bei hohem sozialem Status, zur Internationalität.

Generationale Grenzen werden kaum gezogen, ihre Absenz wird sogar zum Teil inszeniert. Jugend hat in dem Feld einen hohen Stellenwert, die Idee vom „Genie" ist fern von Altersvorstellungen – es kann das Wunderkind ebenso sein wie der Altmeister. Die Interaktion zwischen Professor und Student wird egalitär inszeniert: Kolloquien finden in Sitzkreisen statt, Dozenten werden häufig geduzt. Die Grenzen werden hier an anderer Stelle gezogen: vor allem zwischen Kunst und Nichtkunst. Diese Außenlinien des Feldes sind schärfer abgegrenzt, als dies bei den meisten anderen Feldern der Fall ist, deren Spielsinn für außerhalb Stehende weniger fremd ist. So trifft Marlas Pflanzenwerk selbst bei ihrem Freund, einem Nichtkünstler, auf Unverständnis, er kann nicht nachvollziehen, warum Marla mit vollem körperlichen Einsatz ihre Idee realisiert, statt diese nur für das Foto, welches das Endprodukt ihres künstlerischen Projektes sein soll, zu inszenieren. Marla reagiert ablehnend, fast schon empört auf solche Vorschläge: „Dann sag ich ‚Ne darum gehts doch nich, es geht darum dass es wirklich so is' ne und so was verstehen viele Leute dann einfach nich die denken ‚Hey komm tze … da schummelste vor der Kamera.'" Genau darum: was Kunst ist, was Künstler zu tun haben, wird – entsprechend den relativ schwach institutionalisierten Grenzen und der wenig geregelten Nachfolge (wie sie Bourdieu für das Feld der Wissenschaft untersucht, vgl. Bourdieu 1984/1998) – scharf gekämpft.

Anders als andere Studierendengruppen sind Kunststudierende schon in dem Feld tätig, auf das sie vorbereitet werden, sie arbeiten bereits künstlerisch; sie haben permanent Zugang zu den Ateliers, können (und müssen) selbstbestimmt (ganz im Sinne des Typus „Künstler") an ihren Ideen arbeiten. Leitend ist dabei die Vorstellung von der „Einmaligkeit", vom „Eigenen". Sven beschreibt seine Haltung diesbezüglich:

> Man muss nicht gefallen das ist … weiß nicht … das ist wie … ah ich bin da sehr anti … sehr sehr anti

Seine Haltung ist Teil der *illusio* des Feldes. Die Kunststudierenden machen sich diese sehr schnell zu eigen, ja sie sind deren besonders überzeugte Vertreter. In ihrer Wahrnehmung – und die scheint niemand zu bestreiten – gehören sie vollständig zu diesem Feld, sie sind darin eingetaucht. Gleichzeitig gruppieren sich mehrere Feldspieler zu einer Art Enklave, der besonders dichten Zusammengehörigkeit und Abkapselung gegen die Welt der Nichtkunst. Sven spricht von einer „Blase", in der er nun sei, bezeichnet das Atelier der Akademie als „mein Zuhause" und spricht auch von seinem „Hafen". Wie umfassend diese Zugehörigkeit die Person umkapselt, drückt sich in dem Zitat von Sven aus:

> Wenn du nirgendswo studierst und keinen Hafen hast wo du bist ... Da wäre ich glaube ich auseinandergefallen.

d) Das Feld der Rap-Musik: strategisch begrenzter Affront

Der Zugang zum Feld ist nicht formal definiert. Vorausgesetzt wird ein feldspezifisches Kapital, etwa in Form der Kompetenz zu reimen, die sich die Jugendlichen durch Imitation und Weiterentwicklung bekannter Vorgaben aneignen, oder in Form sozialen Kapitals, welches ihnen den Auftritt auf Bühnen, die Unterstützung bei den „Battles", die Aufnahme im Tonstudio oder die Vermarktung der eigenen Person erleichtert und somit ihre Position im Feld festigt resp. verbessert. Permanent suchen die Jugendlichen ihr soziales wie kulturelles Kapital, wie es im Feld relevant ist, zu vermehren. Das Rappersein ist (vor allem bei den Jugendlichen, die nicht mehr zur Schule gehen) dennoch zumeist nur eine Teilidentifikation: Die Jugendlichen definieren sich nicht nur als Rapper, sondern grenzen vielmehr verschiedene Teile ihres Lebens davon ab.

Das Feld ist in einer Weise definiert und das heißt auch begrenzt, dass die Feldzugehörigkeit nicht in realistischer Weise zu einer umfassenden Identifikation werden kann, andererseits aber eine starke Selbstbezüglichkeit verlangt wird, wenn auch eben nur auf einen Teil des Selbst. Folgende Grenzziehungen werden im Feld vorgenommen: (1) Kontrastierung der älteren und jüngeren Generation: Die jungen Rapper grenzen sich als Jugendliche ab – mit einer eigenen Sprache, einem eigenen Kleidungsstil und eigenen Orten. Die Feldgrenzen fallen also mit Altersgrenzen zusammen. Auf ein ererbtes Kapital aus der Familie können die jungen Rapper demnach kaum aufbauen. (2) Ausgrenzung der „nicht richtigen" Rapper: Der „richtige Rapper", der legitimerweise zum Feld gehört, gründet seine Texte auf eigenen Erfahrungen, vor allem auf „schlechten Erfahrungen", wie beispielsweise der junge Rapper Osman erläutert – nur dann ist er „real" im Sinne des feldeigenen Codes. Osmans geplantes Album trägt das „Realsein" im Titel, er verspricht: Da ist „nur alles drin was ich gemacht hab was ich fühle". Das Realsein ist nicht nur persönlicher Wunsch und Antrieb, sondern auch Teil der *illusio* des Feldes. Vor diesem Hintergrund ist schließlich auch zu verstehen, warum Osman im Interview nur mit äußerster Vorsicht gestehen kann, dass er früher (und nur früher) Texte hat für sich schreiben lassen – dies ist eigentlich nicht adäquat für einen

72

„richtigen Rapper". Nutzen kann ein Rapper hingegen sein ethnisches Kapital, seine wenig privilegierte Herkunft, sein Wohnviertel, wenn dieses als sozialer Brennpunkt gilt – all das, was außerhalb des Feldes stigmatisiert werden kann, wird hier, im Sinne einer „tertiären Stigmatisierung", gewendet zu „authentischen" Texten. (3) Lokale Grenzziehungen im Feld: Die (weniger privilegierten) Rapper sind, anders als die Kunststudierenden, deutlich lokal verortet, sie rappen über ihr Viertel, grenzen sich in „Battles" von Rappern aus anderen Städten ab, richten sich an ihr lokales Publikum, nutzen resp. pflegen und erweitern dort ihr selbst erworbenes soziales Kapital.

Wird also im Rappen der Selbstbezug deutlich hergestellt, so werden doch Teile des Selbst davon ausgenommen. Gerade indem die *illusio* den Affront so zentral stellt, verlangt sie, dass der Einzelne diese totalitäre *illusio* für sein eigenes Leben geschickt begrenzt. So wird ein Teil des eigenen Lebens abgeschirmt. Abgeschirmt wird die Arbeit, die nicht zum Rapperimage passt, in einem Ausmaß, dass der Rapper Chris gar von zwei deutlich getrennten Welten spricht. Abgetrennt wird auch die Freundin; zumindest solange die Beziehung intakt ist, würde diese dem eigenen Ruf oder dem Zuspruch bei den weiblichen Fans zuwiderlaufen, während Beziehungsbrüche und gebrochene Herzen passenden Stoff für Texte bieten. Abgegrenzt wird damit ganz allgemein auch eine Zukunft mit eigener Familie, mit einem respektablen Ansehen, einem ordentlichen Beruf – und damit eine temporale Grenze gezogen. Osman begründet dies anschaulich:

> Aber dann darf man also eher keine Familie haben. Ich würd mal gerne ein Videoclip machen mit wo ich sag mal viele Huren oder so hinter mir habe … so Spaß dies und das aber während ich verheiratet bin oder so verlobt bin oder so das geht ja dann nicht dass die Eltern das dann sehen.

Die zentrale Stellung des Affronts begründet das Negativimage der Rap-Musik – die Rapper wissen darum, managen es geschickt an anderen Teilen ihres Lebens vorbei: Die Eltern werden von Konzerten ferngehalten; Osman verheimlicht den Eltern seiner Freundin, dass er rappt, weil es „ist manchmal en bisschen asi". So dämmen sie die Gefahr sozialer Degradierung durch eine klare Trennung ein, mehrere Skripts werden parallel und nacheinander relevant. Trotz seiner hohen Selbstbezüglichkeit ist das Feld weniger persönlichkeitsdefinierend als das der Kunst, eben weil es mit dieser stärkeren Trennung von Lebensbereichen einhergeht. Das Prestige, welches sie in dem Feld erwerben, ist generational, lokal und sozial scharf begrenzt, gilt nur unter Feldmitspielern: während der „Battles", die der Rapper durch Wortgewandtheit für sich entscheiden kann, über die Menge der „Klicks", die eigene Videos im Internet evozieren, über den Bekanntheitsgrad unter den Jugendlichen auf der Straße. „In Köln ist das schon so dass ich so erkannt schon werde auf den Straßen", sagt Osman.

5. Fazit

Der Jugend wurde sich in diesem Beitrag mit einem überarbeiteten soziologischen Konzept der Generation, das strukturellen Differenzen Rechnung trägt, theoretisch und empirisch angenähert. Dabei konnte ein Bild der Jugend gezeichnet werden, das in zweierlei Hinsicht bemerkenswert ist. Einmal ist es dies hinsichtlich des Ausmaßes, in dem eine Selbstorientierung die relevanten Entscheidungen der befragten jungen Leute kennzeichnet. Diese Entscheidungen sind Teil eines biographischen Projektes, einer für sich und andere erkennbar gemachten Person, die Identifikation mit sich selbst zulässt. Diese Selbstorientierung kennzeichnet nicht nur die Privilegierten, und sie lässt die weniger Privilegierten nicht in einer desorientierten Sinn- und Selbstsuche zurück, wie dies pessimistische Zeitdiagnosen gelegentlich ausdrücken (vgl. z.B. Kaufmann 2005). Vielmehr gehen alle von uns untersuchten Gruppen mit den Forderungen und Möglichkeiten dieser Selbstorientierung kompetent um. Die individualisierte Verankerung ihrer Entscheidungen im höchsteigenen biographischen Projekt bildet ein Potential für die mittel- und längerfristige Realisierung der Entscheidungen und das Bewältigen der damit verbundenen Anforderungen. Dabei sind die Entscheidungen der Jugendlichen, soweit es die Berufswahl betrifft, allerdings klar durch soziale Herkunft strukturiert; Selbstorientierung gibt damit der Reproduktion von sozialer Ungleichheit auch gleichermaßen eine neue persönliche Dimension. Es ist nicht unangemessen, die Identifikation mit in gewisser Weise „realistischen" Entscheidungen für die weniger privilegierten Jugendlichen auch als eine Selbstbeschränkung zu charakterisieren (Bühler-Niederberger/König 2011).

Nebst dieser Selbstorientierung ist es die Unterschiedlichkeit von Übergängen ins Erwachsenenalter, die gerade in der Folge von beruflichen und schulischen Entscheidungen zustande kommt, die überrascht. Solche Unterschiede sind sicher nicht neu, wurden aber durch die Überbetonung der Einheitlichkeit von Jugend als Kategorie durch die ältere Soziologie bisher ungenügend erforscht. Anders als auf der Schule, wo die Schüler noch alle in einem einheitlichen, nämlich schulischen Zusammenhang, in einem strukturell identischen generationalen Gefüge positioniert sind und nach dem selben Maß (wenngleich mit unterschiedlichen Resultaten) gemessen werden, differenzieren sich die Wege nach Verlassen der Schule in strukturierter Weise. Ungleichheitsmerkmale werden in je eigenen Merkmalskombinationen an der ersten Schwelle relevant, ebnen Wege in verschiedene Felder und soziale Settings, die die Differenzen weiter vergrößern. Unser Beitrag kann nun unterschiedliche Arrangements der generationalen Kategorien erfassen, wie sie in unterschiedlichen Bereichen einer differenzierten Gesellschaft – wir haben sie über das Konzept des „Feldes" gefasst – bestehen. Sie stellen die Jugendlichen in je andere relationale Gefüge, definieren „Jugend" in entscheidend anderer Weise. Zum Beispiel als eher belangloses Schülersein noch immer jenseits der wirklichen Welt, das in exakt definierten Schritten allmählich überwunden wird, oder als Einfügen in die generationale Unterstellung des Lehrlingsverhältnisses oder als aufregende neue Zugehörigkeit zur Welt der Kunst, deren Grenzen zwar deutlich erkennbar sind, aber nicht entlang der Altersdimension verlaufen. In jedem Fall bedeutet Jugendsein etwas anderes; entsprechend anders wird sich der Schritt gestalten, der nach der Ausbildung folgt, und entsprechend anders sind die Herausforderungen, von denen die Jugendlichen wissen, dass sie demnächst damit konfrontiert sein werden. Es kann z.B. der Aufstieg im einmal gewählten beruflichen Feld vom Lehrling zum Gesellen sein, der ansteht und der wenig neue Anforderungen beinhaltet – das ist der Fall für manche der Handwerker. Es kann aber auch erst der Übergang ins eigentliche Berufsfeld sein, der ansteht und von dem man befürchten kann, ob man ihm gewachsen sein wird – das ist etwa der Fall bei den Lehramtsstudierenden. Es kann die endgültige Aufgabe der immer stärker unpassenden Musiksphäre sein, die sich nun aufdrängt, wie von einigen Rappern befürchtet, oder die ganz und gar ungewisse Frage, ob man es „schafft" oder immerhin ein bisschen dabeibleiben darf im Feld, das einen so umfassend ergreift. Letzteres ist eine Frage, die die Kunststudierenden betrifft; sie stellen diese allerdings vorhanden eher zurück zugunsten der aktuellen, möglichst weitgehenden Einpassung in das Feld. Wie die dann jungen Erwachsenen sich diesen neuen Herausforderungen stellen werden, ob sie ihnen wieder auf diese selbstbezügliche Art begegnen können und welche der Jugendlichen dies allenfalls nicht könnten, wird in einer nächsten geplanten Phase unseres Längsschnittprojektes untersucht.

Literatur

Abels, Heinz 1993: Jugend. Gesellschaftliche Theorien über die individuelle Entwicklung einer normalen Biographie. Studienbrief der Fernuniversität Hagen.

Alanen, Leena 1994: Gender and Generation. Feminism and the „Child Question". In: Qvortrup, J./Bardy, M./Sgritta, G./Wintersberger, H. (Hrsg.): Childhood Matters. Aldershot, 27–42.

Allmendinger, Jutta/Ebner, Christian: Bildung, Bildung, Bildung! In: Die Zeit, 5. Januar 2006, 69.

Baurmann, Jürgen/Neuland, Eva 2011: Jugendliche als Akteure. Sprachliche und kulturelle Aneignungs- und Ausdrucksformen von Kindern und Jugendlichen. Reihe: Sprache – Kommunkation – Kultur. Soziolinguistische Beiträge, Bd. 9. Frankfurt a. M.

Beck, Ulrich 1983: Jenseits von Klasse und Stand? In: Kreckel, Reinhard (Hrsg.): Soziale Ungleichheiten. Sonderband 2 der Sozialen Welt. Göttingen, 35–74.

Beck, Ulrich/Beck-Gernsheim, Elisabeth 1993: Nicht Autonomie, sondern Bastelbiographie. In: Zeitschrift für Soziologie 22/3, 178–187.

Blumer, Herbert 1969/1973: Der methodologische Standort des Symbolischen Interaktionismus. In: Arbeitsgruppe Bielefelder Soziologen (Hrsg.): Alltagswissen, Interaktion und gesellschaftliche Wirklichkeit. Band I. Opladen, 80–148.

Bourdieu, Pierre 1984/1998: Homo academicus. 2. Aufl., Frankfurt a. M.

Bourdieu, Pierre/Wacquant, Loïc J. D. 1992/1996: Die Ziele der reflexiven Soziologie. Chicago-Seminar, Winter 1987. In: Dies.: Reflexive Anthropologie. Frankfurt a. M., 95 – 249.

Bühler-Niederberger, Doris 2011: Lebensphase Kindheit. Theoretische Ansätze, Akteure und Handlungsräume. Weinheim/München.

Bühler-Niederberger, Doris/König, Alexandra 2011: Childhood as a resource of the self-project. In: Childhood 18, 180–195.

Bühler-Niederberger, Doris/König, Alexandra 2006: Geschlechtsspezifische Verläufe von Ausbildungsabbrüchen im Handwerk. Ein von der EU gefördertes Projekt des WHKT. Düsseldorf.

De Singly, François 2005: L' individualisme est un humanisme. Paris.

Degele, Nina/Winker, Gabriele: Intersektionalität als Mehrebenenanalyse. http://www.tu-harburg.de/agentec/winker/pdf/Intersektionalitaet_Mehrebenen.pdf (Stand: 15.06.2011).

Dietz, Gerhard-Uhland/Matt, Eduard/Schumann, Karl F./Seus, Lydia 1997: „Lehre tut viel ..." Berufsbildung, Lebensplanung und Delinquenz bei Arbeiterjugendlichen. Münster.

du Bois-Reymond, Manuela 1998: Der Verhandlungshaushalt im Modernisierungsprozess. In: Büchner, Peter/du Bois-Reymond, Manuela/Ecarius, Jutta/Fuhs, Burkhard/Krüger, Heinz-Hermann (Hrsg.): Teenie-Welten. Aufwachsen in drei europäischen Regionen. Opladen, 83–112.

Eberlein, Undine 2000: Einzigartigkeit: Das romantische Individualitätskonzept der Moderne. Frankfurt a. M./New York.

Eisenstadt, Samuel N. 1956: From Generation to Generation – Age Groups and Social Structure. Glencoe.

Fuchs-Heinritz, Werner/König, Alexandra 2001: Pierre Bourdieu. Einführung ins Werk. Überarbeitete und erweiterte Neuauflage. Konstanz.

Geis, Alfons 2009: Handbuch der Berufsvercodung. Mannheim. www.gesis.org/fileadmin/upload/dienstleistung/tools_standards/hdb_0903.pdf (Stand: 2010).

Gillis, John R. 1974/1994: Geschichte der Jugend. Weinheim und Basel.

Glaesser, Judith 2008: Soziale und individuelle Einflüsse auf den Erwerb von Bildungsabschlüssen. Konstanz.

Glaser, Barney G./Strauss, Anselm L. 1971: Status Passage. Chicago.

Granato, Mona/Uhly, Alexandra 2006: Ausbildungsquote junger Menschen ausländischer Nationalität im dualen System. In: Bundesinstitut für Berufsbildung. Bonn. (www.bibb.de).

Hitzler, Ronald/Niederbacher, Arne 2010: Leben in Szenen. Formen juveniler Vergemeinschaftung heute. 3., vollständig überarbeitete Auflage. Wiesbaden.

Kaufmann, Jean-Claude 2005: Die Erfindung des Ich. Eine Theorie der Identität. Konstanz.

Kohli, Martin 2003: Der institutionalisierte Lebenslauf ein Blick zurück und nach vorn. In: Allmendinger, Jutta (Hrsg.): Entstaatlichung und soziale Sicherheit. Verhandlungen des 31. Kongresses der Deutschen Gesellschaft für Soziologie in Leipzig 2002. Opladen, 525–545. (www.iue.it).

Konietzka, Dirk 1999: Ausbildung und Beruf. Die Geburtsjahrgänge 1919–1961 auf dem Weg von der Schule in das Erwerbsleben. Opladen.

Mannheim, Karl 1971: Das Problem der Generationen. In: von Friedeburg, Ludwig (Hrsg.): Jugend in der modernen Gesellschaft. Köln, 23–48.

Matthes, Joachim 1985: Karl Mannheims „Das Problem der Generationen", neu gelesen. In: Zeitschrift für Soziologie 14/5, 363–372.

Mayer, Karl Ulrich 2000: Arbeit und Wissen: Die Zukunft von Bildung und Beruf. In: Kocka, Jürgen/Offe, Claus (Hrsg.): Geschichte und Zukunft der Arbeit. Frankfurt a. M., 383–410.

Moldaschl, Manfred/Voß, Günter G. (Hrsg.) 2003: Subjektivierung von Arbeit. 2. Aufl. München/Mering.

Pongratz, Hans, J./Voß, Günther G. 1998: Der Arbeitskraftunternehmer. Zur Entgrenzung der Ware Arbeitskraft. Vortrag in der Sitzung der Sektion Industrie- und Betriebssoziologie auf dem Kongreß für Soziologie. Freiburg. www.tu-chemnitz.de/phil/soziologie/voss/aufsaetze/aku_fbg.pdf (Stand: 2006).

Schneewind, Klaus A./Ruppert, Stefan 1995: Familien gestern und heute: Ein Generationenvergleich über 16 Jahre. München.

Schulze, Gerhard 1992: Die Erlebnisgesellschaft. Kultursoziologie der Gegenwart. Frankfurt a. M.

Schulze, Gerhard 2005: Übergang wohin? Kommentar im Jahr 2005. web.uni-bamberg.de/sowi/empirie/GS/buecher/erlebnis/erlebnisgesellschaft.pdf (Stand: 2010)

Sennett, Richard 1974/1999: Verfall und Ende des öffentlichen Lebens. Die Tyrannei der Intimität. 10. Aufl. Frankfurt a. M.

Bettina Lindorfer

Psycholinguistische Erkenntnisse zur Sprache im Alter

Sprache im Alter ist für die Sprachwissenschaft ein weitgehend unerforschtes Gebiet. Die zu diesem Thema vorliegende Forschung ist im Wesentlichen von den Kognitionswissenschaften bzw. einer gerontologisch ausgerichteten Psychologie erbracht worden (vgl. Fiehler/Thimm 1998: 10). Angestoßen durch die demographische Entwicklung hat diese Alternsforschung in den letzten 20 Jahren auch in Deutschland stark zugenommen; denn immerhin ist die Lebenserwartung in den letzten 150 Jahren um 40 Jahre gestiegen und wird nach den derzeitigen Prognosen in den Industriestaaten weiterhin um zwei bis drei Jahre pro Dekade ansteigen (Gruss 2007: 13). Dieser rasanten demographischen Entwicklung hat die Sprachwissenschaft jedoch bisher nur marginal Rechnung getragen. Für sie ist der Faktor Alter im Gegenteil traditionell eher mit Jugendsprache oder mit kindlichem Spracherwerb assoziiert. Vor allem dieses Manko führt dazu, dass die folgende Darstellung in weiten Teilen auf die allgemeine Kognitionsforschung zum Altern aufbaut und deren Erkenntnisse zur Sprache auswertet; genuin sprachwissenschaftliche Studien zu diesem Thema liegen nur in Ansätzen vor. Sie sollten zukünftig noch mehr im Dialog mit den genannten Disziplinen vorangetrieben werden. Im Sinne dieses Dialogs sei diesem Beitrag eine Begriffsklärung vorangestellt, die präzisiert, was hier unter „Sprache im Alter" und unter „psycholinguistisch" verstanden werden soll.

1. Sprache im Alter

Die vordergründige Parallelität der Ausdrücke *Sprache der Jugend* und *Sprache im Alter* erweist sich bei näherer Betrachtung als trügerisch, gerade auch was die wissenschaftliche Behandlung des jeweiligen Gegenstandes angeht: Die Forschung zu Jugendsprache fokussiert das Sprachsystem (*langue*), und zwar insbesondere dessen lexikalisch-semantische Eigenheiten, die sich im Wesentlichen aus dem intentionalen Abrücken Jugendlicher vom sprachlichen Standard ergeben: Die Heranwachsenden markieren in den jugendsprachlichen Ausdrücken ihre Zugehörigkeit zu einer Peergroup (identitäre Funktion) bzw. ihre Distanz zu Erwachsenen oder zu anderen Gruppen (kryptische Funktion), z.B. indem sie spielerisch mit der (Standard)sprache umgehen, neue Ausdrücke bilden, Wörter aus anderen Sprachen oder aus dem

Dialekt entlehnen (ludische Funktion).[1] Im Gegensatz dazu wird unter „Sprache im Alter" gemeinhin weder ein derartiges absichtlich kreiertes Subsystem noch das intentionale Rekurrieren auf bestimmte sprachliche Strategien verstanden, so dass in der Tat mit Gerstenberg festzustellen ist: „Weder aus bisherigen Arbeiten noch aus der Beobachtung als Sprachteilhaber lässt sich die Annahme begründen, dass ein homogenes ‚alterssprachliches' Subsystem im Sinne eines Gerontolekts existiert." (Gerstenberg 2011: 49)

1.1. Sprache

Mit dem Ausdruck „*Sprache* im Alter" wird also im Allgemeinen nicht das Sprachsystem (*langue*) fokussiert, sondern der – möglicherweise markierte – Sprachgebrauch (*parole, discours*) älterer Sprecher/-innen. Im Zentrum des vorliegenden Beitrages steht somit nicht das sprachliche Repertoire von (eventuell veraltenden) Ausdrücken einer Sprechergruppe, sondern die Sprachproduktion und das Sprachverstehen im höheren Lebensalter. Denn „Sprache" ist für die sich mit der menschlichen Sprach*fähigkeit* befassende Psycholinguistik in erster Linie Sprachverarbeitung, häufig mit einem Schwerpunkt auf dem Aspekt Spracherwerb.

1.2. Alter

Was unter (höherem Lebens)alter zu verstehen ist, lässt sich allerdings weniger leicht angeben. Gerade angesichts der in der medialen Öffentlichkeit wie auch in der Forschung seit etwa zwei Jahrzehnten zu beobachtenden Vitalisierung des höheren Lebensalters erscheint eine differenziertere Definition unabdingbar. Offenkundig werden sowohl „Jugend" als auch „Alter" als Abweichungen von einer in der Linguistik nicht näher thematisierten mittleren Erwachsenengruppe verstanden, deren Sprache implizit als „unauffälliges ‚mittleres' Sprechen" gilt (Sachweh 2001: 6) und somit stillschweigend „zur unmarkierten Norm, zum Erwartbaren" wird (Zimmermann 1990: 238). Für die wissenschaftliche Beschreibung ist zunächst der biologisch verankerte Begriff „Alter" vom historischen Begriff der „Generation" abzugrenzen, auch wenn diese Unterscheidung keineswegs immer eindeutig ist. So kann bei Sprachverwendungen, die in einer Altersgruppe gegenüber einer anderen dominant sind, über bestimmte Sozialisationseffekte die histo-

---

[1] Vgl. Neuland (Hrsg.) 2003; Neuland 2008; Zimmermann 1990; 2008; Androutsopoulos (Hrsg.) 1998.

rische Dimension indirekt ins Spiel kommen, so dass letztlich nicht mit Bestimmtheit zu sagen ist, ob die jeweilige Sprachverwendung biologisch oder historisch bedingt ist. Eine solche Interdependenz wird in der Soziologie als „Kohorteneffekt" bezeichnet (Pennebaker/Stone 2003: 293f.). Kohorten umfassen zeitlich benachbarte Geburtsjahrgänge und zeichnen sich von daher durch generationsspezifische Gewohnheiten aus (vgl. Maas/Borchelt/Mayer 2010). Über diese Ausdifferenzierung von *Alter* vs. *Generation* hinaus sind weitere Differenzierungen angebracht. Gerstenberg unterscheidet z. B. zwischen numerischem, biologisch-medizinischem, sozialem und interaktiv hergestelltem Alter: Während sich numerisch auf den Umfang der Lebensjahre bezieht, meint das biologisch-medizinische Alter den körperlich-geistigen Zustand (Verschleißerscheinungen, Fitness etc.) einer Person, das soziale Alter ist dagegen bedingt durch den in einer Gruppe verkörperten gesellschaftlichen Status,[2] interaktiv hergestellt wird Alter schließlich jedes Mal neu in Gesprächen durch sogenannte *age marker*, d. h. gegenseitige Alt- vs. Jung-Kategorisierungen, aber auch durch kommunikative Strategien wie das Sprechen mit dominanter Vergangenheitsperspektive (vgl. Gerstenberg 2011: 11). Eine ähnliche Unterscheidung wird von der „Akademiengruppe Altern in Deutschland" getroffen:

> Es empfiehlt sich, zwischen verschiedenen Dimensionen des Alters zu unterscheiden. In Bezug auf das *biologische Alter* kann weiter unterschieden werden zwischen einerseits dem *bio-kognitiven Alter*, das sich zwischen den Polen der Aufrechterhaltung geistiger Fähigkeiten und der unaufhaltsamen physischen Veränderung des Gehirns abspielt, und andererseits dem *bio-physischen Alter*, das die Auswirkungen der physischen Verschleißerscheinungen des Körpers beschreibt. Das *soziale Alter* wird durch die altersabhängige Teilhabe an gesellschaftlichen Prozessen und sozialen Hierarchiestufen sowie durch die Einstufung in Altersgruppen nach dem Besitz gesellschaftlicher Funktionen bestimmt. (Kocka/Staudinger 2009: 33f., H. v. m.)

Ausgangspunkt des vorliegenden Beitrages ist das höhere Lebensalter im numerischen Sinne. In der Alternsforschung wird es üblicherweise in „drittes" und „viertes Alter" unterteilt, was sowohl durch biologisch-medizinische als auch durch kognitive Daten begründet wird. Einen zentralen Aspekt dieser Begründung liefert das neurobiologische Konzept der *Plastizität*, das auf die Formbarkeit des Gehirns durch geistige Aktivität verweist (siehe Kap. 4.1.3.). Im Zeichen der Plastizität steht das dritte Lebensalter, die sogenannten „jungen Alten" bis ca. 75

---

[2] Nicht nur in verschiedenen Kulturen (vgl. Chesire 2005: 1552), sondern auch in verschiedenen Gruppen kommt dem Lebensalter eine höchst unterschiedliche soziale Bedeutung zu.

bzw. 85 Jahre (die Altersangaben schwanken relativ stark), die – eventuell unterstützt durch bestimmte Techniken[3] – sich in einem „positiven und aktiven Lebensabschnitt" befinden. Demgegenüber werden dem vierten (Lebens)alter Hochbetagte ab 75 oder 85 Jahren zugerechnet, deren körperliche und geistige Leistungsfähigkeit zunehmend beeinträchtigt ist und bei denen sich das „Bild eines mehr oder weniger gleichförmigen Verlustgeschehens in praktisch allen Dimensionen des Lebens" abzeichnet (Baltes 2007: 16). Alle Studien zeigen, dass „altersbedingte Verluste [...] im sehr hohen Alter in allen kognitiven Funktionsbereichen deutlich stärker ausgeprägt [sind] als im dritten Alter" (Kotter-Grühn u.a. 2010: 662). Allerdings macht diese Einteilung in drittes vs. viertes Alter nur Aussagen über durchschnittliche Entwicklungen: Sie umreißt nur „ein typisches Szenario des Alterns in unserer Kultur" (Fiehler 2003: 815). Zum einen klammert sie aus, dass es im Prozess des Alterns enorme individuelle Spannweiten gibt, und zum anderen, dass selbst ähnliche Prozesse individuell sehr unterschiedlich erlebt werden können.[4] „Alte Menschen sind nicht Mitglieder einer homogenen Kategorie. Genau das Gegenteil ist der Fall. Altern ist gekennzeichnet durch Plastizität (Formbarkeit), Variabilität zwischen Funktionen und Personen und ein hohes Maß an biografischer Individualität." (Baltes 2007: 16) Trotz dieser Schlüsselbegriffe der kognitiven Alternsforschung – Plastizität, Variabilität, Individualität – sei festgehalten, dass der Begriff „Alter" sehr viel mehr als der der „Jugend" eine biologische Kategorisierung ist und dass im Ausdruck „Sprache im Alter" häufig implizit von einer gleichsam naturwüchsigen Veränderung im Gebrauch der Sprache bei älteren Sprecher(inne)n ausgegangen wird. Zumindest in der psycholinguistischen Forschungsliteratur spiegelt sich dieser stark biologisch-kognitive Aspekt des Themas, wohingegen soziolinguistische Ansätze im Gegenteil die

---

[3] Baltes bringt die von ihm starkgemachte Technik auf die Formel „selektive Optimierung mit Kompensation (SOK)". Gemeint ist damit, dass sich ältere Menschen auf wenige Bereiche konzentrieren (Selektion), diese jodoch im Gegenzug intensiver bearbeiten (Optimierung) sowie stärker nuancieren und feiner modellieren (Kompensation) sollten (vgl. Baltes 2007: 20ff.); daneben kommen die Geronotologen zu dem Ergebnis, dass technische Hilfsmittel wie Sehhilfe, Hörgerät, Gehstock etc. nicht verschmäht werden sollten, um einerseits den unausweichlichen sensomotorischen Abbau auszugleichen und um sich andererseits auf die kognitiven Herausforderungen zu konzentrieren; einige Studien nennen kalorienreduzierte Nahrungsaufnahme (*Dinner-Canceling*) und die Vermeidung von oxidativem Stress als den Alterungsprozess hemmende Faktoren (vgl. Gruss 2007: 13).

[4] Interessant ist, dass in der Alternsforschung das psychische Erleben und Bewältigen des Alterns „als eine Art chronische Stresssituation" beschrieben wird (Smith/Baltes 2010: 269).

sprachlich-interaktive Modellierung durch *age marker*, Altersstereotypen und Alterskategorisierungen herausarbeiten (vgl. Thimm/Fiehler 2000; Fiehler 2008). Einhergehend mit dieser biologisch-kognitiven Fokussierung des Themas ist weiterhin die grundlegende Unterscheidung zwischen pathologischen und normalen Alterungsprozessen von zentraler Bedeutung. Wenn in diesem Beitrag nur normale Prozesse des Alterns thematisiert werden sollen, so sei doch darauf hingewiesen, dass im Blick auf das vierte Alter, d.h. im Sprechen über Hochbetagte, im Prinzip auch die pathologischen Entwicklungen der Kognition berücksichtigt werden müssten, weil sie beinahe zur Normalität gehören; denn während z.B. weniger als 5 % der 70-Jährigen an Demenzkrankheiten leiden, sind etwa 15 % der 80-Jährigen und fast 50 % der 90-Jährigen davon betroffen (vgl. Baltes 2007: 27).

2. Die psycholinguistische Perspektive

Der psycholinguistische Blick auf Sprache im Alter stützt sich also in weiten Teilen auf kognitionspsychologische Forschungen, in denen die Sprachverarbeitung als eine kognitive Fähigkeit unter vielen untersucht wird. D.h., die Frage nach den – möglicherweise veränderten – psychologischen Mechanismen der Sprachverarbeitung bei Älteren ist hier Teil der Intelligenzforschung, in der Gruppen von älteren Versuchsteilnehmern denen von jüngeren gegenübergestellt werden. Die kognitive Leistungsfähigkeit wird dabei häufig über das Medium Sprache gemessen. Allerdings fokussieren diese Messungen eher selten die Sprachverarbeitung selbst. Zwei weitere Merkmale charakterisieren diese Untersuchungen: Sie beziehen sich in der überwiegenden Mehrzahl auf einen englischsprachigen Kontext und sie sind meist experimentell angelegt. Erwähnt sei auch, dass es für die psychologischen Funktionen keine verbindlichen Messverfahren gibt; vielmehr konkurriert „eine Vielzahl an theoretischen und empirischen Zugängen mit unterschiedlichen Schwerpunkten, methodischen Vorgehensweisen und inhaltlichen Gewichtungen" (Smith/Baltes 2010: 246).

Weitgehend unstrittig ist zwar, dass die Sprachverarbeitung keine abgrenzbare Instanz darstellt, sondern im Zusammenspiel und in weiten Teilen auch analog zu anderen komplexen Handlungsweisen zu begreifen ist. Wie dieses Verhältnis von Sprache und Kognition allerdings konkret zu beschreiben ist, ist weniger klar. Die unterschiedlichen Auffassungen hierzu[5] haben auch Auswirkungen auf die Betrachtung des Themas *Sprache im Alter*; denn je nachdem, ob in Grammatik oder Se-

---

5 Dazu z.B. Hernandez u. a. 2009: 296f.

mantik autonome kognitive Module oder mit anderen kognitiven Bereichen stark interagierende Systeme gesehen werden, drängen sich andere Forschungsfragen auf, die in anderen Versuchsanordnungen zu überprüfen sind.

Ausgehend von ihrer Annahme, dass sprachliches Verhalten ein „Bestandteil des menschlichen Denkens" ist, hat die Psycholinguistik letztlich das Ziel, diejenigen kognitiven Verarbeitungssysteme herauszustellen, die der menschlichen Sprachfähigkeit zugrunde liegen (Dietrich 2007: 9). Im Vordergrund steht somit die Leistungsfähigkeit, während etwa emotionale und attitudinale Aspekte der Sprachverarbeitung weitgehend ausgeblendet bleiben. Methodisch spielen Versprecheranalysen eine Rolle (Dietrich 2007: 21ff.) genauso wie Pausenmessungen, Laut-Denken-Protokolle, kontrollierte Elizitation z.B. durch semantische Priming-Tests wie den Stroop-Test (vgl. Riehl 2009: 52ff.), in zunehmendem Maße auch neurophysiologische Experimente, in denen elektrische bzw. magnetische Spannungs- und Zustandsveränderungen (Elektroenzephalogramm, Magnetenzephalogramm) lokalisiert und gemessen werden, sowie die funktionale Magnetresonanztomographie (fMRT) (vgl. Dietrich 2007: 188). Neuere bildgebende Verfahren sind das *Diffusion Tension Imaging,* das die Konnektivität der Hirnregionen messbar macht, und das hochauflösende anatomische MR, über das durch die Grauwerte der Großhirnrinde auf die Plastizität des Gehirns geschlossen werden kann (vgl. Nitsch 2009: 93f.).

In den Versuchsanordnungen werden meist Gruppen von 15 bis 30 älteren (meist überdurchschnittlich gut ausgebildeten) Personen ähnlich großen Gruppen jüngerer Personen (meist Collegestudenten) gegenübergestellt (vgl. Hasher/Zacks 1988: 201ff.).

Eine Fülle von Testverfahren wird seit etwa 20 Jahren aufgeboten, um unterschiedlichste Aspekte der Intelligenz im Alter zu messen. So führt die noch zu thematisierende *Berliner Altersstudie* 14 kognitive Tests durch, um die Denkfähigkeit, die Wahrnehmungsgeschwindigkeit, das Gedächtnis, das Wissen und die Wortflüssigkeit der Teilnehmer und Teilnehmerinnen zu erfassen.

3. Sprachverarbeitung im Alter

Wenn Sprachbeherrschung die Gesamtheit der Konventionen und Regeln meint, die notwendig sind, um partner- und situationsgerecht kommunizieren zu können, so stellt sich die Frage, ob der Prozess des Erwerbs dieser Regeln und Konventionen jemals vollständig abgeschlossen sein kann, wie gemeinhin angenommen wird. In seinem Beitrag zum sprachlichen Altern für den HSK-Band *Psycholinguistik* stellt

Fiehler in dieser Hinsicht dem von ihm so genannten „Plateaumodell", wonach der Spracherwerbprozess mit der Adoleszenzphase endet, deshalb das sogenannte „Permanenzmodell" gegenüber, dessen Vertreter von einem lebenslangen Prozess des Sprachlernens ausgehen. Konsequenterweise thematisiert sein Beitrag „Spracherwerb im Erwachsenenalter" nicht etwa den Fremdsprachenerwerb älterer Menschen oder ihr erneutes Lernen der Sprache nach einem krankheitsbedingten Sprachverlust,[6] sondern die „Veränderungen der sprachlich-kommunikativen Fähigkeiten" über die gesamte Lebensspanne (Fiehler 2003: 812). Auch als „lebenslanger, zu keinem Zeitpunkt abgeschlossener Prozess" (ebd.) wird Spracherwerb einerseits durch soziale und andererseits durch biologische Faktoren bestimmt: Soziale Faktoren sind sowohl politisch-gesellschaftliche Gegebenheiten – hier sind politische Umbrüche wie der Fall der Mauer und gesellschaftliche Entwicklungen wie das Überhandnehmen von befristeten Minijobs genauso zu nennen wie technisch-technologische Erneuerungen durch Computer, Mobiltelefon, Internet etc., durch die neue Kommunikationsformen und mitunter auch lexikalisch-semantische Innovationen entstehen (vgl. *simsen, chatten, im Netz sein*). Aber auch soziale Faktoren auf personenbezogener Ebene haben Auswirkungen auf die Sprachentwicklung und den Sprachgebrauch, wie z.B. Anfang und Ende des Berufslebens, Wechsel des Wohnortes oder des Freundeskreises etc. Doch mehr als solche Aspekte der Lebensumstände – sie stehen eher im Zentrum soziolinguistischer Untersuchungen – thematisiert die personenbezogene Perspektive der Lifespan-Forschung die biologisch basierten Ursachen sprachlicher Veränderungen im höheren Lebensalter (ebd.). In dieser genuin psycholinguistischen Perspektive werden vornehmlich Abbauprozesse, seltener Erweiterungen sprachlich-kognitiver Fähigkeiten in den Blick genommen. Dass die Auswirkungen sozialer Veränderungen auf die Kognition gegenüber den biologischen Faktoren über Gebühr zurücktreten, ist im Gegenteil ein Kritikpunkt an den bisherigen psycholinguistischen Fragestellungen.

4. Kognition

Neben außergewöhnlichen Einschnitten wie Krankheiten und Verletzungen, die hier ausgeklammert bleiben sollen, sind es vier physische Bereiche, deren altersbedingte Veränderungen sich im sprachlich-kom-

---

[6] Zimmermann (1990: 238) dagegen bezieht die psycholinguistische Dimension der Altersvariable offensichtlich nur auf den Spracherwerb im engeren Sinne. Zum Thema Fremdsprachenlernen vgl. Grotjahn 2005 und Berndt 2003.

munikativen Handeln unmittelbar niederschlagen: die Organe der Stimmerzeugung (leisere oder zittrige Stimme), das Gehör, der Sehsinn und vor allem das Gehirn. In Anlehnung an die Forschungsliteratur werden sich die folgenden Abschnitte im Wesentlichen auf die zentralen kognitionspsychologischen Ergebnisse der Altersforschung konzentrieren. Wie schon erwähnt, betreffen diese Ergebnisse oft die Sprachverarbeitung im Alter, häufig jedoch, ohne den sprachlichen Anteil der intellektuellen Leistung explizit zu thematisieren.

4.1. Kognition im höheren Lebensalter

So untersucht die in ihrer ersten Phase von 1990 bis 1993 angelegte *Berliner Altersstudie* in 14 Sitzungen 516 Westberliner nach Geschlecht geschichtet im Alter von 70 bis 103 Jahren aus medizinischer, ökonomischer, psychologischer und soziologischer Perspektive. In einer zweiten Phase werden diese Untersuchungen durch sieben bis 2009 durchgeführte Folgeerhebungen um eine längsschnittliche Perspektive erweitert, die allerdings am Ende nur noch 22 der 63 noch lebenden Versuchspersonen miteinbeziehen kann (vgl. Smith/Delius 2010: 118). Die sich somit über 19 Jahre erstreckende Untersuchung fasst nicht nur „Unterschiede und Gemeinsamkeiten zwischen Personen und zwischen Funktionsbereichen" einer Altersgruppe ins Auge, sondern längsschnittlich auch „Unterschiede und Gemeinsamkeiten der Entwicklungsverläufe verschiedener Personen" (Lindenberger u.a. 2010: 17). Eines ihrer zentralen Ergebnisse ist, dass das numerische Alter für die geistige Leistungsfähigkeit, für die Persönlichkeit und für die sozialen Beziehungen eine höchst unterschiedliche Rolle spielt. Zwar gibt es Hinweise, dass neben dem biologischen Altern des Gehirns und dem Abbau des sensomotorischen Systems „im sehr hohen Alter eine immer größer werdende Zahl von Personen gleichzeitig in mehreren psychischen Funktionsbereichen Abbau bzw. Dysfunktionalität aufweisen" wie auch Introvertiertheit und emotionale Einsamkeit zunehmen etc. (Smith/Baltes 2010: 268ff.). Doch insgesamt zeichnet sich in der kognitiv orientierten Psycholinguistik die klare Tendenz ab, Alter nicht pauschal als „Abbau" von Kräften zu sehen. Betont wird im Gegenteil die Heterogenität und Individualität im Alterungsprozess, auch wenn nach wie vor versucht wird, Muster und Modelle darin aufzuzeigen. Die alte These von der zunehmenden Homogenisierung der Persönlichkeit im Alter wird nicht nur in querschnittlichen Untersuchungen widerlegt. Zumindest für das dritte Alter kommt der längsschnittliche Teil der *Berliner Altersstudie* noch deutlicher zu diesem Ergebnis (Kotter-Grühn u.a. 2010: 659–689). Insbesondere im Bereich des Wissens kann die Zunahme des Lebensalters auch mit Wachstum einhergehen. In den genannten 14 kognitiven Tests werden Wahrnehmungsgeschwindigkeit, kombinierendes Denken (die sogenannte Denkfähigkeit), Gedächtnis, Wortflüssigkeit und gespeichertes Wissen überprüft mit dem Ergebnis, dass:

- zwar alle fünf kognitiven Fähigkeiten mit dem Alter linear abnehmen, doch nicht alle im gleichen Umfang;
- diese Fähigkeiten bei Älteren hoch und gleichförmig miteinander korrelieren;
- die interindividuellen Unterschiede bis ins höchste Alter bestehen bleiben;
- sozialstrukturelle Unterschiede sich weniger deutlich auf die Kognition auswirken als biologisch-medizinische und überdies mit dem Alter zurückgedrängt werden;
- die Merk- und Lernfähigkeit bis ins höchste Alter erhalten bleiben kann (Reischies/Lindenberger 2010: 375).

In der Fülle der Untersuchungen und Versuchsanordnungen kognitionspsychologischer Alternsforschung zeichnen sich drei zentrale Forschungsfelder ab, die die Sprache im Alter betreffen: 1. das im Alter zur Verfügung stehende Arbeitsgedächtnis, 2. die Fähigkeit Älterer zu konzentrierter Bearbeitung einer Aufgabe (Inhibition), 3. das neurobiologische Substrat, d.h. die Veränderungen der Gehirnmasse. Ein weiteres wichtiges Thema, das für die kognitive Leistungsfähigkeit ebenfalls eine zentrale Rolle spielt, ist der Abbau der sensorischen Fähigkeiten Sehen und Hören. Darauf wird im Folgenden nicht näher eingegangen, auch wenn seine „herausragende Bedeutung" für die Kognition immer wieder unterstrichen wird (Reischies u.a. 2010: 390). Nicht nur zeigen Sehschärfe und Hörvermögen einen deutlichen Altersabbau – und zwar schon ab dem Alter von ca. 25 Jahren –, auch können viele interindividuelle Unterschiede in der kognitiven Leistungsfähigkeit gerade durch sensorische und sensomotorische Faktoren erklärt werden (Kotter-Grühn u.a. 2010: 660).

Während jedoch der Abbau dieser sensorischen Fähigkeiten durch Seh- und Hörhilfen weitgehend ausgeglichen werden kann, scheint der Verlust in den beiden zentral beforschten Bereichen Gedächtnis und Inhibition unabwendbar zu sein.

Sensorische Fähigkeiten

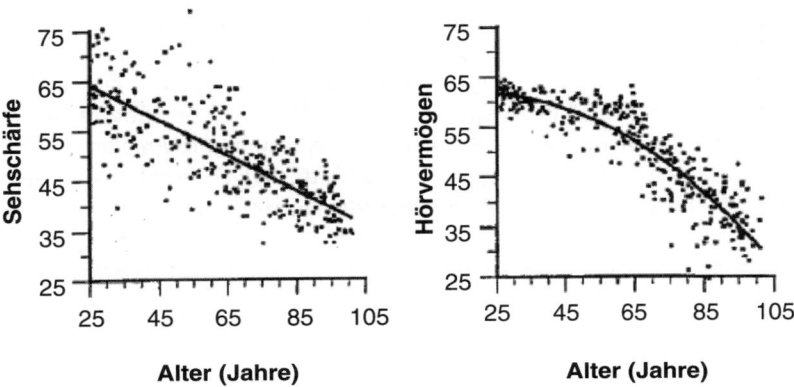

Abb. 1: „Die sensorischen Fähigkeiten Sehschärfe und Hörschwelle zeigen ab dem jungen und mittleren Erwachsenenalter negative Beziehungen zum Alter." (Oerter/Montada 2008: 373)

4.1.1. Arbeitsgedächtnis

Unter dem Arbeitsgedächtnis wird das unmittelbar von der Person kontrollierte Feld der Aufmerksamkeit verstanden. Um seine Funktionsweise zu erforschen, sind in den letzten 20 Jahren zahlreiche Tests entwickelt worden. Selten wird eine verbale und eine nicht verbale Komponente unterschieden (Kemper 2009: 276). Wenig Konsens gibt es in Bezug auf die Einheit des Arbeitsgedächtnisses (ebd. 277). Meist wird es unterteilt in 1. einen visuellen Kurzzeitspeicher, 2. einen (eher für die Sprache zuständigen) lautlichen Kurzzeitspeicher, 3. einen exekutiven Prozessor und evtl. 4. einen mit dem Langzeitgedächtnis verbundenen Episodenspeicher (vgl. Kemper 2009: 271f.). Zu unterscheiden ist der passive vom aktiven Teil des Gedächtnisses. Als Aufgaben des aktiven, d. h. exekutorischen Teils wird neben dem Zeitmanagement und der Informationsaktualisierung vor allem die Fähigkeit zu Inhibition untersucht, in der ein zentraler Faktor des kognitiven Abbaus im Alter gesehen wird (dazu Kap. 4.1.2.). Während sich die Speicherfunktion des Gedächtnisses („Wissen") mit dem Alter offenbar nur wenig verändert, weist die exekutive Funktion, d. h. die Fähigkeit, (memorierte) Informationen zu transformieren und aufeinander zu beziehen, mit zunehmendem Alter beträchtliche Einbußen auf. Die Gegenüberstellung dieser beiden Aspekte des Gedächtnisses, d. h. Wissensspeicher vs. Wissenstransformation, spielt eine tragende Rolle in der Altersforschung. Die Komponente, die für die Wahrnehmungsgeschwindigkeit und das kombinierende Denken zuständig ist, scheint weitgehend biologisch bedingt zu sein, während die Wissenskomponente als kulturell geprägt gilt. Gängige Bezeichnungen in der Intelligenzforschung für die biologisch geprägte Komponente sind *fluide Intelligenz* oder *Mechanik*, für die kulturelle Komponente *Pragmatik* oder *kristalline Intelligenz* (Kotter-Grühn u. a. 2010: 660; Staudinger/Baumert 2007: 242f.). Während die *kristalline Intelligenz* nach den meisten Untersuchungen bis zum dritten Alter weitgehend stabil bleibt und manchmal sogar wächst, nimmt die fluide Intelligenz mit dem Alter deutlich

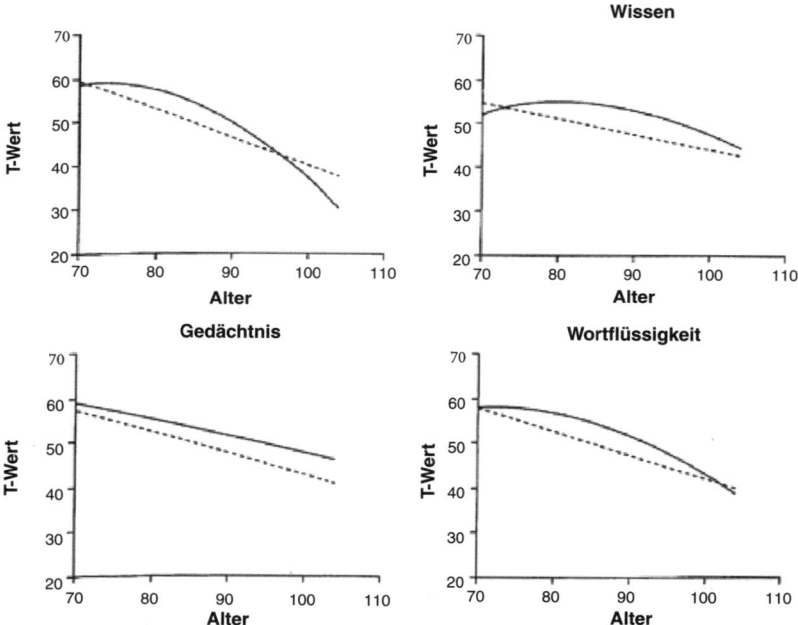

Abb. 2 zeigt querschnittliche und längsschnittliche Veränderungsgradienten der vier kognitiven Fähigkeiten Wahrnehmungsgeschwindigkeit, Wissen, Gedächtnis und Wortflüssigkeit in der *Berliner Altersstudie*. Die gestrichelte Linie zeigt den Zusammenhang zwischen Alter und Kognition bei den 516 Teilnehmer(inne)n des ersten Messzeitpunkts (1990–1993), während die durchgezogene Linie die längsschnittliche altersbezogene Veränderung der 132 Teilnehmer/-innen zeigt, die bis 1998 an der Untersuchung teilnahmen (Kotter-Grühn u. a. 2010: 661).

ab. Strittig ist, welche Abbauprozesse für diese zurückgehenden fluiden intellektuellen Fähigkeiten verantwortlich sind: ein Inhibitionsdefizit (Hasher/Zacks), nachlassende Geschwindigkeit (Salthouse) oder das Zurückgehen neuronaler bzw. sensorischer Kapazitäten (Baltes/ Lindenberger). Die längsschnittliche Analyse der *Berliner Altersstudie* stellt konträr zu ihren Querschnittuntersuchungen in Bezug auf die *kristalline Intelligenz* sogar bis zum 90. Lebensjahr keine signifikanten altersbedingten Veränderungen fest (vgl. Kotter-Grühn u.a. 2010: 661). Das Ergebnis ist also, dass mit zunehmendem Alter das Wissen die geringsten und die Wahrnehmungsgeschwindigkeit die größten altersbedingten Verluste aufweist.

4.1.2. Inhibition

Unter Inhibition versteht man die Fähigkeit, Wahrnehmungen, die in einem gegebenen Kontext nicht aufgabenrelevant sind, zu unterdrücken, um zielgerichtet zu handeln. Die zuerst von Hasher/Zacks (1988) vertretene Inhibitionshypothese besagt, dass diese Zielgerichtetheit mit zunehmendem Lebensalter nachlässt, während die Bereitschaft steige, Widersprüche und Ambivalenzen wahrzunehmen. Ein typisches Verfahren, um Inhibition zu messen, ist z.B. der Stroop-Test, der im Lesen von in Farbe geschriebenen Farbwörtern besteht: Die Tatsache, dass ein Wort, dessen Schriftfarbe von der von ihm bezeichneten Farbe abweicht, in der Regel langsamer gelesen wird als ein in „seiner" Farbe geschriebenes Farbwort (der sogenannte *Stroop-Effekt*) weist auf die „Interferenz zwischen Wortbedeutung und Farbvorstellung" im mentalen Lexikon aller Sprecher hin (Dietrich 2007: 33). Während der Stroop-Effekt bei Älteren größer zu sein scheint,[7] weisen verschiedene andere semantische Priming-Tests unterschiedliche Ergebnisse auf. Zwar scheinen alle diese Tests zu belegen, dass jüngere Sprachverwender weniger durch Zusatzinformationen beeinflusst werden als ältere. Doch wollen darin keineswegs alle Forscher ein Defizit erkennen. Viele führen im Gegenteil ein Wachstum der Vernetzungen im mentalen Lexikon als Erklärung für das höhere Priming an und wenden sich gegen eine Interpretation, die die Verluste betont (vgl. MacKay/Abrams 1996: 258).

Deutlicher zeigen indes Leseaufgaben mit eingebauten Ablenkungen, z.B. durch ein bei manchen Wörtern verändertes Druckbild, dass bei Älteren die Fähigkeit zur Inhibition zurückgeht (vgl. Kemper 2009:

---

[7] Gegenbelege bei Little/Hartley 2000.

274). Versuchsanordnungen zum Lese- und Hörverstehen komplexer Sätze könnten dies ebenfalls belegen, werden aber manchmal auch dem allgemein geringeren Arbeitsspeicher zugeschrieben. Um ein Beispiel zu geben, das sowohl akustisch als auch visuell präsentiert werden kann (im einen Fall haben die Versuchspersonen die Möglichkeit, das Band zu stoppen und zurückzuspulen; im anderen haben sie das Schriftbild zur Verfügung und ihre Blickbewegungen werden analysiert; vgl. Kemper 2009: 280f.):

a) The dancer found the music that delighted the director.
b) The music that the dancer found delighted the director.

Zwar sind die Verstehensstrategien von Jüngeren und Älteren beim Hören bzw. Lesen dieser Sätze grundsätzlich gleich, auch brauchen beide Gruppen länger zum Verstehen der *subject object relative clause* (Satz b). Aber es scheint, dass ältere Erwachsene dabei größere Schwierigkeiten haben, weil sie durchschnittlich mehr Zeit zum Verstehen von b) benötigen als jüngere (Kemper 2009: 281). Eine weitere Aufgabe, bei der oft Inhibitionsdefizite als negative Faktoren der syntaktischen Verarbeitung identifiziert werden, besteht im Verstehen sogenannter *garden path sentences*. Diese *Holzweg-* oder *Sackgassensätze* werden von den Rezipienten durch die Mehrdeutigkeit eines Elementes zunächst in eine falsche Richtung interpretiert; nach dem Scheitern der ersten Interpretation setzt dann meist erfolgreich eine Reanalyse ein. Das klassische englische Beispiel für einen Holzwegsatz für englische *native speaker* ist:

c) The horse raced past the barn fell.

In dieser Konstruktion ist es die strukturelle Ambiguität von „raced", die den Leser zunächst in die Irre führt. Denn im Allgemeinen wird das Verb zuerst als *simple past active* interpretiert und nicht als verkürzter Relativsatz von *that was raced*. Die Konstruktion wird in der Regel erst nach einer Reanalyse sinnvoll dekodiert in: ‚Das Pferd, das an der Scheune vorbeigeritten wurde, stürzte'. Die Experimente zeigen, dass Ältere bei solchen zunächst missverständlichen Sätzen zwar die gleichen Dekodierungsstrategien anwenden, nämlich zuerst das erste Verb als Verb des Hauptsatzes interpretieren, dann ihren Irrtum erkennen und den Satz reanalysieren. Aber auch hier benötigen sie wesentlich mehr Zeit, um den jeweiligen Satz zu segmentieren bzw. scheitern manchmal ganz an dieser Aufgabe. Die Analyse der Blickbewegungen belegt, dass ältere Leser häufiger an den Anfang zurückgehen (vgl.

Kemper 2009: 281). Dieses Ergebnis wird allerdings unterschiedlich interpretiert: Die einen erklären es mit dem geringeren Arbeitsspeicher und der damit zusammenhängenden kleineren Bearbeitungskapazität, für andere ist es nur eine Bestätigung der Inhibitionshypothese.

4.1.3. (Neurobiologische) Plastizität

Der dritte große Untersuchungsgegenstand ist die Veränderung der neuralen Substanz. Elektrophysiologische Untersuchungen zeigen, dass die Gehirnmasse mit zunehmendem Alter zwar abnimmt, aber nicht alle Areale im gleichen Maße davon betroffen sind. Daraus schließen die Neurobiologen zum einen, dass nicht alle kognitiven Bereiche gleichermaßen altern; zum anderen vermuten sie, dess es insbesondere in Bezug auf die Sprachverarbeitung zu einem neuralen Umbau kommt (Hernandez u.a. 2009: 299), der offenbar bereits im Zuge der kindlichen Entwicklung weitgehend exklusiv bei den sprachlichen Arealen zu beobachten ist. Denn bildgebende Verfahren zeigen Verschiebungen in der Aktivität der Hirnareale beim Bewältigen bestimmter sprachlicher Aufgaben in verschiedenen Altersstufen und deuten auf beträchtliche Reorganisationen des Gehirns im Laufe der Sprachentwicklung.[8] Dieser Umbau, der das Konzept der mit der Pubertät abgeschlossenen Lateralisierung relativiert,[9] scheint im Alter fortgesetzt zu werden. Sowohl während des Sprachverstehens als auch während der Sprachproduktion sind offenbar bei älteren Erwachsenen andere und vor allem mehr Hirnareale aktiviert als bei jüngeren.

> Taken together, studies of aging in both the behavioral and neural domain suggest that older adults may be engaging additional cognitive or neural resources during processing of normal sentences. (Hernandez u.a. 2009: 300)

Das neurobiologische Konzept der *Plastizität* trägt dieser Formbarkeit des Gehirns Rechnung, indem es insbesondere den Einfluss der (geisti-

---

[8] „Taken together the results […] suggest that language processing in children undergoes considerable reorganization during early development. This reorganization involves possible shifting of reliance on right and left hemisphere at different points in development. This pattern does not hold up for other cognitive functions such as spatial processing which seems to be more clearly related to specific neural substrates." (Hernandez u.a. 2009: 297)

[9] In Lennebergs Hypothese einer *Critial Period* beim Spracherwerb (vgl. Lenneberg 1967) hat die dort angenommene Lateralisierung gravierende Auswirkungen für die Konzeptualisierung des (Zweit)spracherwerbs: Mit Abschluss der Lateralisierung in der Pubertät, so lautet die Hypothese, geht das Erlernen von Sprache nicht mehr natürlich (d.h. unbewusst und mühelos), sondern bewusst und mühsam vonstatten.

gen) Aktivität auf diese Formbarkeit unterstreicht. Denn in den neuro-biologischen Modellen ist das Gehirn kein starrer Informationsspeicher, sondern ein Ort, der durch „fluide Erregungszustände in Netzwerken" gekennzeichnet ist. *Plastizität* verweist auf diese ständig modellierbare Verbindung von Form und Funktion und kann insofern als das „Herz der Hirnfunktion" bezeichnet werden (Kempermann 2007: 42). Die Beweglichkeit und Modellierbarkeit des Gehirns schlägt sich allerdings nicht nur in seiner Arbeitsweise nieder, sondern auch in dem, was es hervorbringt: z. B. ist eine Konsequenz dieser Charakteristik, dass Erinnerungen formbar sind und sich mit der Zeit verändern können. Gleichzeitig zeigt dieses Beispiel aber, dass zuviel Plastizität genauso „ein Nachteil" wäre wie völlige Starrheit der gespeicherten Information (vgl. Kempermann 2007: 43).

5. Ausblick und Kritik: Sprachverarbeitung im höheren Lebensalter

Bevor diese Darstellung zum Abschluss ausgehend von den sprachlichen Kategorien Wort, Satz und Text bzw. Situation resümiert werden soll, sei noch einmal ein Blick auf einige soziale Faktoren geworfen. Denn Alter sollte nicht isoliert betrachtet werden, weil es immer ein „Bündel mit anderen sozialen Eigenschaften" bildet (Zimmermann 1990: 238). Zwei in vielen Untersuchungen nicht berücksichtigte, allerdings, wie die Berliner Altersstudie zeigt, auch für die Sprache wichtige Faktoren sind *Geschlecht* und *Bildung*. Lindenberger u. a. stellen nämlich sowohl quer- als auch längsschnittlich geschlechtsbasierte Unterschiede fest. Längsschnittlich kommen sie zu dem Ergebnis, dass Frauen zwar im Vergleich zu Männern bessere Leistungen in Gedächtnis, Wortflüssigkeit, Wahrnehmungsgeschwindigkeit und Wissen erzielen, sich aber „die generelle kognitive Leistungsfähigkeit der Männer nicht wesentlich von der Leistungsfähigkeit der Frauen" unterscheidet (Reischies u. a. 2010: 389). Weiterhin zeigt sich, dass Bildung und Sozialprestige für die kognitive Leistungsfähigkeit wichtiger sind als Einkommen oder die soziale Schichtzugehörigkeit (ebd.). Der Bildungsfaktor spielt z. B. insofern eine Rolle, als „ältere Personen aufgrund von sehr viel und gut strukturiertem Wissen in einem Bereich in ihren Leistungen durchaus mit jüngeren Erwachsenen vergleichbar bleiben" (vgl. Staudinger/Baumert 2007: 244; vgl. Stine-Morrow/Shake 2010: 289).

Zusammenfassend kann man mit Stine-Morrow/Shake (2010) festhalten, dass Alter für die Sprachverarbeitung zwar Abbau *und* Wachstum bringt, doch dem Verlust wohl mehr Gewicht einzuräumen ist als dem Zugewinn. Denn vom im Alter oft größeren zur Verfügung ste-

henden Vokabular und von einer – vermutlich stark bildungsabhängi-
gen – verbalen Geschicklichkeit einmal abgesehen, scheinen die Verluste doch deutlich zu überwiegen. Während der gespeicherte Wortschatz also altersbeständig ist und ältere Versuchspersonen zum Teil –
so schon im Wechsler-Intelligenztest von 1944 – sogar bessere Ergebnisse erzielten als jüngere (vgl. Lien/Allen 2006), stellen sich die Ergebnisse bei der Verarbeitung von Worten für Ältere deutlich negativer
dar. Wie schon erwähnt, weist ihre Wortrezeption zwar nicht kleinere,
sondern eher größere Primingeffekte (also Erleichterungen beim Her-
vorrufen bestimmter Wörter durch Stimuli) auf (vgl. White/Abrams
2002). Doch offenbar fällt es im Alter schwerer, neue Bedeutungen zu
erschließen (vgl. James/MacKay 2007; Stine-Morrow/Shake 2010: 286).
In der schriftlichen Wortproduktion scheinen Rechtschreibfehler häufiger zu sein (ebd. 289). Ein eher die Mündlichkeit charakterisierendes
Phänomen ist die häufig beschriebene abnehmende Benennungskom-
petenz. Sie manifestiert sich zum einen im langsameren Beschreiben
von Bildern (Spieler/Balota 2000; Taylor/Burke 2002), zum anderen im
so genannten *Tip-of-the-Tongue*-Phänomen (TOT). Diese momentane Be-
nennungsschwierigkeit betrifft offenbar häufiger Eigennamen und
scheint mit dem Lebensalter deutlich zuzunehmen (MacKay/Abrams
1996: 253).

Dass es vor allem die Wortebene ist, die in den Kognitionswissenschaften in Bezug auf Alterungsprozesse untersucht wurde (Allen/
Smith 2002; Charness u.a. 2001; Laver 2000), hat sicher mit der besseren
Messbarkeit der eben genannten Phänomene zu tun. In Bezug auf Sätze, Texte oder gar Situationen, in denen Wörter zum Einsatz kommen,
herrscht bis auf wenige Bereiche weitgehende Unkenntnis in Bezug auf
Altersanfälligkeit. Es scheint, dass die *Satzebene* anders als die Wortebene fast ausschließlich duch Abbau charakterisiert ist. Zwar erweist
sich die Satzlänge in manchen Untersuchungen als altersbeständig.[10]
Doch scheinen die Kompetenzen in Bezug auf syntaktische Komplexität recht eindeutig abzunehmen, wie in Kap. 4.1.2. gezeigt – und zwar
sowohl in der Sprachproduktion wie in der Sprachrezeption.[11] Anzumerken ist allerdings, dass gerade für die Ebene des Satzes auch im Alter auf große individuelle Differenzierungen hingewiesen wird. Für die
Textebene werden neben den schon deutlich gewordenen Problemen
beim Verstehen von syntaktischen Verschachtelungen, Schwierigkei-

---

[10] Anders aber Stine-Morrow/Shake (2010: 288), die sowohl von weniger Komplexität als auch von kürzeren Sätzen im Alter berichten.

[11] Was auch längsschnittliche Untersuchungen zu belegen scheinen, vgl. Kemper
1987 und Kemper u.a. 2001. Die weniger komplexe Syntax wird mit der geringeren Kapazität des Kurzzeitgedächtnisses erklärt (vgl. Kemper 1988: 74).

ten mit Pronomen genannt, die nicht in unmittelbarer Nähe des Bezugswortes stehen (Stine-Morrow/Shake 2010: 287). Gleichzeitig scheinen Ältere selbst dazu zu neigen, in Bildbeschreibungen ambigere Konstruktionen (z.b. durch Pronominalisierung) zu wählen (MacKay/Abrams 1996: 252). Berichtet wird auch, dass ältere Geschichtenerzähler häufiger neu beginnen und mehr Worte wiederholen (ebd. 255). Ein zur situativen Sprachverwendung zählendes Phänomen, das in der Alternsforschung zunehmend Beachtung findet, ist die sogenannte *Off-Target*-Rede (Stine-Morrow/Shake 2010: 289), d. h. die Abschweifung vom Thema, die vielleicht als eine Stereotype der Altersrede bezeichnet werden kann. Gerade an diesem letzten Punkt zeigt sich, dass es von elementarer Bedeutung ist, verändertes sprachliches Verhalten im Alter nicht nur auf die im vorliegenden Beitrag fokussierten biologisch-kognitiven Prozesse zurückzuführen. Vielmehr ist miteinzubeziehen, dass die sprachlich-kommunikativen Verhaltensweisen aller Gesprächsteilnehmer diese Prozesse mitgestalten. Denn möglicherweise sind diskursive Abschweifungen darauf zurückzuführen, dass ältere Sprecher seltener kommunizieren und durch diese Gesprächsstrategie das für sie selten gewordene „Gut" der Kommunikation zu verlängern suchen. Auch andere „interaktive Relevantsetzungen" von Alter im Diskurs (Fiehler/Thimm 1998: 305–308) mit Hilfe von alterskategorisierenden Verfahren und *age markern*[12] können dazu beitragen, dass sich ältere Sprecher auf eine Vergangenheitsperspektive zurückziehen, sich weitgehend aus der Kommunikation zurückziehen oder eben im Gegenteil ihre sprachlichen Beiträge exzessiv ausgestalten.[13]

Weitere sozial relevante Aspekte bleiben in der die Sprache weitgehend unter die kognitiven Fähigkeiten subsumierenden Alternsforschung ausgeblendet, wie dialektale Einschläge, soziolektale Markierungen oder Spracheinstellung und Sprachbewusstsein. Wo, wie in der *Berliner Altersstudie*, psychische Befindlichkeiten abgefragt werden, beziehen sie sich gerade nicht auf die Sprache, weil diese in aller Regel nur ein Instrument der Forschung ist, nicht ihr eigentlicher Gegenstand.[14] Die Forschung zu Sprache im Alter steht erst am Anfang.

---

[12] Dazu zählen Altersnennung, altersbezogene Kategorien, Altersthemen (Krankheit, Vergänglichkeit etc.), „zeitlich rahmende" Verfahren wie Vergangenheitsperspektive, Identifizierung mit Vergangenem, Thematisierung von Wandel und das „Formulieren aus einer Endposition" (Fiehler 1997); vgl. Fiehler/Thimm 1998: 50ff. und vgl. Coupland 1991. Fiehler spricht von „Emigration in die Vergangenheit" (2003: 816).

[13] Dazu vgl. Arbuckle u. a. 2000, Pushkar u.a. 2000 und Stine-Morrow/Shake 2010: 288.

[14] Ansätze zur Erforschung von Emotion und Kognition bei Grühn/Smith 2005 und Piguet u.a. 2008.

Literatur

Androutsopoulos, Jannis K. (Hrsg.) 1998: Jugendsprache. Linguistische und soziolinguistische Perspektiven. Frankfurt a. M.

Allen, Philip A./Smith, Albert F. u.a. 2002: Differential Age Effects for Case and Hue Mixing in Visual Word Recognition. In: Psychology and Aging 17/4, 622–634.

Arbuckle, Tannis Y./Nohara-LeClair, Michiko 2000: Effect of Off-Target Verbosity on Communication Efficiency in a Referential Communication Task. In: Psychology and Aging 15/1, 65–77.

Baltes, Paul B./Mittelstraß, Jürgen (Hrsg.) 1992: Zukunft des Alterns und gesellschaftliche Entwicklung. Berlin.

Baltes, Paul B. 2007: Alter(n) als Balanceakt: Im Schnittpunkt von Fortschritt und Würde. In: Gruss (Hrsg.), 15–34.

Berndt, Annette 2003: Sprachenlernen im Alter. Eine empirische Studie zur Fremdsprachengeragogik. München.

Charness, Neil/Kelley, Catherine L. u.a. 2001: Word-Processing Training and Retraining: Effects of Adult Age, Experience, and Interface. In: Psychology and Aging 16/1, 110–127.

Chesire, Jenny 2005: Age- and Generations-Specific Use of Language. In: HSK 3,2 Soziolinguistik, hrsg.v. Ulrich Ammon u. a., 1552–1563.

Coupland, Nikolas/Justine Coupland/Howard, Giles 1991: Language, Society and the Elderly. Discourse, Identity And Ageing. Oxford.

Dietrich, Rainer 2007: Psycholinguistik. 2. Aufl. Stuttgart/Weimar.

Feyereisen, Pierre/Hupet, Michel (Hrsg.) 2002: Parler et communiquer chez la personne âgée. Psychologie du vieillissement cognitif. Paris.

Fiehler, Reinhard/Thimm, Caja (Hrsg.) 2003: Sprache und Kommunikation im Alter. Opladen.

Fiehler, Reinhard 2003: Spracherwerb im Erwachsenenalter. In: HSK 24, Psycholinguistik, hrsg.v. Herbert Ernst Wiegand, 812–819.

Fiehler, Reinhard 2008: Altern, Kommunikation und Identitätsarbeit. Mannheim.

Gerstenberg, Annette 2003: Generation und „Sprachprofile". In: Hartung, H. u. a. (Hrsg.): Graue Theorie. Köln, 15–34.

Gerstenberg, Annette 2009: The Multifaceted Category of Generation. In: Backhaus, P. (Hrsg.): Social Aging and Language. Berlin u. a., 153–170.

Gerstenberg, Annette 2011: Generation und Sprachprofile im höheren Lebensalter. Untersuchung zum Französischen auf der Basis eines Korpus biographischer Interviews. Frankfurt a. M.

Grotjahn, Rüdiger 2005: Je früher, desto besser? – Neuere Befunde zum Einfluss des Faktors „Alter" auf das Fremdsprachenlernen. In: Pürschel, Heiner/Tinnefeld, Thomas (Hg.): Moderner Fremdsprachenerwerb zwischen Interkulturalität und Multimedia: Reflexionen und Anregungen aus Wissenschaft und Praxis. Bochum, 186–202.

Grühn, Daniel/Smith, Jacqui u.a. 2005: Special Section: Emotion-Cognition Interactions and the Aging Mind – No Aging Bias Favoring Memory for Positive Material: Evidence From a Heterogeneity-Homogeneity List Paradigm Using Emotionally Toned Words. In: Psychology and Aging 20/4, 579–588.

Gruss, Peter 2007 (Hrsg.): Die Zukunft des Alterns. Die Antwort der Wissenschaft. München.

Hasher, Lynn/Zacks, Rose T. 1988: Working memory, comprehension, and aging: a review and a new view. In: The Psychology of Learning and Motivation 22, 193–225.

Hernandez, Arturo/Hiscock, Merril/Bates, Elisabeth A. 2009: The Development of neural substrates of language over the lifespan. In: de Bot, Kees/Schrauf, Robert

W. (Hrsg.): Language Development over the Lifespan. New York/London, 288–308.

James, Lori E./MacKay, Donald G. 2007: New Age-Linked Asymmetries: Aging and the Processing of Familiar Versus Novel Language on the Input Versus Output Side. In: Psychology and Aging 22/1, 94–103.

Kade, Sylvia 2007: Altern und Bildung. Eine Einführung. Bielefeld.

Kemper, Susan 1987. Life-span changes in syntactic complexity. In: Journal of Gerontology 42, 323–328.

Kemper, Susan 2009: The role of working memory in language developement over the lifespan. In: de Bot, Kees/Schrauf, Robert W. (Hrsg.): Language Develoment over the Lifespan. New York/London, 271–287.

Kemper, Susan/Greiner, Lydia H. u. a. 2001: Language Decline Across the Life Span: Findings From the Nun Study. In: Psychology and Aging 16/2, 227–239.

Kemper, Susan/Marquis, Janet/Thompson, Marilyn 2001: Longitudinal Change in Language Production: Effects of Aging and Dementia on Grammatical Complexity and Propositional Content. In: Psychology and Aging 16/4, 600–614.

Kemper, Susan/Kliegl, Reinhold (Hrsg.) 1999: Constraints on language: Aging, Grammar, and Memory. Boston: Kluwer.

Kempermann, Gerd 2007: Nicht ausgeliefert an Zeit und Welt: Die Plastizität des alternden Gehirns. In: Gruss (Hrsg.), 35–50.

Kocka, Jürgen/Staudinger, Ursula M. (Hrsg.) 2009: Gewonnene Jahre. Empfehlungen der Akademiengruppe Altern in Deutschland. Stuttgart.

Kotter-Grühn, Dana u. a. 2010: Veränderungen im hohen Alter. Zusammenfassung längsschnittlicher Befunde der Berliner Altersstudie. In: Lindenberger u. a. (Hrsg.), 659–689.

Lenneberg, Eric Heinz 1967: Biological foundations of language. New York u.a.

Light, Leah L./Deborah M. Burke 1988: Language, memory, and aging. New York u. a.

Lindenberger, Ulman u. a. (Hrsg.) 2010: Die Berliner Altersstudie. 3., erw. Aufl. Berlin.

Little, Deborah M./Hartley, Alan A. 2000: Further evidence that negative priming in the stroop color-word task is equivalent in older and younger adults. In: Psychology and Aging 15/1, 9–17.

Loue, Sana (Hrsg.) 2008: Encyclopedia of Aging and Public Health. New York.

Maas, Ineke/Borchelt, Markus/Mayer, Karl Ulrich 2010: Kohortenschicksale der Berliner Alten. In: Lindenberger u. a. (Hrsg.), 133–158.

MacKay, Donald G./Abrams, Lise 1996: Language, Memory, and Aging: Distributed Deficits and the Structure of New-versus-Old Connections. In: Birren u. a. (Hrsg): Handbook of Aging. San Diego, Calif. u. a., 251–265.

May, Cynthia P./Hasher, Lynn/Zacks, Rose T./Multhaup, Kristi S. 1999: Inhibition in the processing of garden-path sentences. In: Psychology and Aging 14, 302–313.

Neuland, Eva (Hrsg.) 2003: Jugendsprachen – Spiegel der Zeit. Frankfurt a. M.

Neuland, Eva 2008: Jugendsprache. Eine Einführung. Frankfurt a. M.

Nitsch, Cordula 2009: Möglichkeiten und Grenzen der Untersuchung von Sprachverarbeitung im Gehirn mit den neuen bildgebenden Methoden. In: LiLi 155, 85–110.

Oerter, Rolf/Montada, Leo (Hrsg.) 2008: Entwicklungspsychologie. 6. Aufl. Weinheim u. a.

Pennebaker, James W./Stone, Lori D. 2003: Words of Wisdom. Language Use Over the Life Span. In: Journal of Personality and Social Psychology 85/1–6, 291–301.

Piguet, Olivier/Connally, Emily u. a. 2008: False Memory in Aging: Effects of Emotional Valence on Word Recognition Accuracy. In: Psychology and Aging 23/2, 307–314.

Pushkar, Dolores/Basevitz, Paul u. a. 2000: Social Behavior and Off-Target Verbosity in Elderly People. In: Psychology and Aging 15/2, 361–374.

Reischies, Friedel M./Lindenberger, Ulman 2010: Grenzen und Potentiale kognitiver Leistungsfähigkeit im Alter. In: Lindenberger u. a. (Hrsg.), 375–401.

Riehl, Claudia Maria 2009: Sprachkontaktforschung. Eine Einführung. 2. Aufl. Tübingen.

Sachweh, Svenja (Hrsg.) 2001: Sprechalter. OBST 62.

Sachweh, Svenja 2001: Sprechalter. Editorial. In: Sachweh (Hrsg.), 5–10.

Smith, Jacqui/Delius, Julia A. M. 2010: Längsschnittliche Datenerhebungen der Berliner Altersstudien (BASE): Studiendesign, Stichproben und Forschungsthemen 1990–2009. In: Lindenberger u. a. (Hrsg.), 113–132.

Smith, Jacqui/Baltes Paul B. 2010: Altern aus psychologischer Perspektive: Trends und Profile im hohen Alter. In: Lindenberger u. a. (Hrsg.), 245–274.

Spieler, Daniel H./Balota, David A. 2000: Factors influencing word naming in younger and older adults. In: Psychology and Aging 15/2, 225–231.

Stine-Morrow, Elisabeth A. L./Shake, Mattew C. 2010: Language in Aged Persons. In: Whitaker (Hrsg.), 285–289.

Staudinger, Ursula/Baumert, Jürgen 2007: Bildung und Lernen jenseits der 50: Plastizität und Realität. In: Gruss (Hrsg.), 240–257.

Taylor, Jennifer K./Burke, Deborah M. 2002: Asymmetric Aging Effects on Semantic and Phonological Processes: Naming in the Picture-Word Interference Task. In: Psychology and Aging 17/4, 662–676.

Thimm, Caja 2000: Alter – Sprache – Geschlecht. Sprach- und kommunikationswissenschaftliche Perspektive auf das höhere Lebensalter. Frankfurt a. M.

Walter, Henriette 2001: Langue et générations. In: Lexikon der Romanistischen Linguistik. I, 2: Französisch, hrsg. v. Günter Holtus, Michael Metzeltin und Christian Schmitt. Tübingen, 322–331.

Whitaker, Harry A. (Hrsg.) 2010: Concise Encyclopedia of Brain and Language. Amsterdam u. a.

White, Katherine K./Abrams, Lise 2002: Does Priming Specific Syllables During Tip-of-the-Tongue States Facilitate Word Retrieval in Older Adults? In: Psychology and Aging 17/2, 226–234.

Zimmermann, Klaus 1990: Französisch: Sprache und Generationen. In: Lexikon der Romanistischen Linguistik. Bd. V,1: Französisch, hrsg. v. Günter Holtus, Michael Metzeltin und Christian Schmitt. Tübingen, 238–247.

Zimmermann, Klaus 2008: Argot, Verlan, Jugendsprache und Verwandtes. In: Handbuch Französisch, hrsg. v. Ingo Kolboom, Thomas Kotschi, Edward Reichel (Hrsg.). Berlin, 204–211.

2 Kommunikation zwischen den Generationen

Reinhard Fiehler

Das Beziehungsgefüge zwischen den Generationen und sein Einfluss auf die intergenerationelle Kommunikation

1. Das Beziehungsgefüge zwischen den Generationen

Sowohl in der Jugendforschung wie auch in der Altersforschung ist die Tendenz zu beobachten, die jeweils untersuchte Generation *isoliert* zu betrachten, die Jugend bzw. das Alter für sich und aus sich heraus zu verstehen. Dies ist zum einen eine sehr verständliche Tendenz, hilft es doch, den eigenen Forschungsgegenstand zu konturieren und zu begrenzen. Auf der anderen Seite ist diese Vorgehensweise jedoch auch mit einer schweren Hypothek belastet: Dadurch, dass die Zusammenhänge zwischen den Generationen ausgeblendet werden, können wesentliche Momente, die für die Identitätsbildung der jeweils in den Blick genommenen Generation wichtig sind, nicht erfasst werden. Ich möchte hier, weil die Generationen sich in ihrer spezifischen Identität in einem nicht unerheblichen Ausmaß durch die wechselseitige Bezugnahme aufeinander konstituieren, dafür plädieren, die Generationen nicht isoliert zu betrachten (vgl. Fiehler 2006). Sowohl die Jugend wie auch die Alten müssen in der Abfolge der Generationen als zwar erkennbar separierte, zugleich aber auch unauflöslich an die mittlere Generation gebundene und auf sie bezogene Gruppen konzeptualisiert werden. Meines Erachtens ist es eine vordringliche Aufgabe, dieses Beziehungsgefüge zwischen den Generationen herauszuarbeiten und stärker zu berücksichtigen.

Wie nun aber sieht dieses Beziehungsgefüge aus? Um mich dieser Frage anzunähern, möchte ich von einem *Dreigenerationenmodell* ausgehen, das die *Jugend*, die *mittlere Generation*[1] und das *Alter* unterscheidet. Diese Dreiteilung ist ebenso elementar wie traditionsreich. Ungeachtet

---

[1] Es ist bemerkenswert, dass es für diese mittlere Generation keine eigenständige Bezeichnung gibt. Lexikalisch betrachtet besteht im Zentrum eine semantische Lücke, während es für die Randgenerationen Benennungen gibt.

feinerer Differenzierungen ist sie alltagsweltlich fest im Bewusstsein verankert und besitzt eine starke orientierende Kraft. Im Rahmen einer Gesellschaft existieren diese drei Generationen nebeneinander. Individuell betrachtet sind es *Lebensphasen*, die jede Person in ihrer Lebensspanne nacheinander durchläuft.

Aber auch wenn die drei Generationen häufig in einem Atemzug genannt und nebeneinander gestellt werden, sind sie hinsichtlich ihrer sozialen Bedeutung keineswegs gleichrangig. Eine wesentliche Gemeinsamkeit von Jugend und Alter ist, dass beide in vielfältiger Hinsicht von der mittleren Generation *sozial abhängig* sind und von ihr *dominiert* werden. Das Verhältnis der Randgenerationen zur mittleren lässt sich am prägnantesten wohl durch ein „noch nicht" bzw. „nicht mehr" charakterisieren.

Die *mittlere Generation* ist die dominante, beherrschende Generation. Ihre Dominanz erwächst daraus, dass sie das Zentrum *der gesellschaftlichen Reproduktion* bildet, sowohl was die materielle Reproduktion der Gesellschaft durch Arbeit angeht wie auch in Hinblick auf die personelle Reproduktion der Gesellschaft durch Fortpflanzung und Kindererziehung. Die mittlere Generation trägt die *zentralen gesellschaftlichen Projekte*. Sie ist in der Lage, sich selbst zu unterhalten und zu versorgen, und ist so unabhängig von den anderen Generationen. Diese Dominanz ist in vielfältiger Hinsicht zugleich aber auch eine Last.

Betrachtet man das *Alter*, so sind zwei Phasen zu unterscheiden: Die erste Phase des Alters beginnt mit dem Ende der zentralen Aufgaben, der Berufstätigkeit und/oder der Erziehung von Kindern, also wenn die Personen das Zentrum der gesellschaftlichen Reproduktion verlassen. In dieser Phase, die ich das *rüstige Alter* nenne und die sich in den postindustriellen Gesellschaften zunehmend ausdehnt, entfernen sich die Alten zunehmend von der mittleren Generation, weil sie nicht mehr in zentraler Weise gesellschaftlich tätig sind. Sie rücken aus dem gesellschaftlichen Zentrum, sind aber nicht unbedingt ökonomisch oder hinsichtlich anderer Versorgungsleistungen sozial abhängig. Die zweite Phase beginnt, wenn die Alten zunehmend nicht mehr in der Lage sind, sich zu unterhalten und zu versorgen (das *gebrechliche Alter*). Sie werden von Menschen der mittleren Generation sozial abhängig, entweder von Familienmitgliedern oder von Menschen, deren Beruf es ist, sich um Alte zu kümmern. Zum Teil geraten sie auch in eine ökonomische Abhängigkeit, wenn sie nicht mehr in der Lage sind, ihren Lebensunterhalt und ihre Versorgung bzw. Pflege zu finanzieren.

Betrachtet man nun die andere Randgeneration, so wird die *Jugend* hineingeboren in die Abhängigkeit von der mittleren Generation. Ihr Weg und Ziel ist es, sich daraus zu befreien. Dies ist erreicht, wenn die

Jugendlichen in die berufliche Erwerbstätigkeit eintreten und damit ökonomische Unabhängigkeit von der mittleren Generation erlangt haben. Zuvor sind sie von den Eltern und von einer Reihe anderer VertreterInnen der mittleren Generation, die Sozialisationsinstitutionen angehören, abhängig: ErzieherInnen im Kindergarten, LehrerInnen in der Schule, MeisterInnen in der beruflichen Ausbildung und HochschullehrerInnen in der universitären Ausbildung.

Um es noch einmal zu verdeutlichen: Die Generationszugehörigkeit ist für mich nicht abhängig von einem numerisch gemessenen Alter, sondern entscheidet sich gemäß der Teilhabe an den zentralen gesellschaftlichen Aufgaben der materiellen und personellen Reproduktion und nach der Fähigkeit, sich selbst zu unterhalten und zu versorgen. Eine Konsequenz davon ist, dass m. E. Frauen, die nicht berufstätig sind und die die Kindererziehung beendet haben („Kinder aus dem Haus"), entwicklungsmäßig in eine Phase eintreten, die sozialstrukturell der ersten Phase des Alters entspricht. Das Gleiche gilt auch für Erwachsene, die dauerhaft arbeitslos sind. Sie sind nicht beteiligt an der gesellschaftlichen Reproduktion durch Arbeit und können sich deshalb ökonomisch nicht selbst unterhalten. Sie geraten in einen Status der Abhängigkeit (vom Staat, von anderen Familienmitgliedern) und sind damit einem Identitätskonflikt ausgesetzt, weil sie den Anforderungen der mittleren Generation nicht entsprechen (können).

Sind die Beziehungen der Jugend und des Alters zur mittleren Generation durch Abhängigkeit geprägt, so bleibt zu fragen, welche Beziehungen zwischen der Jugend und dem Alter bestehen. Die Antwort ist einfach: Zwischen diesen beiden Generationen bestehen keine systematischen sozialen Beziehungen – außer denen in der Familie zwischen Großeltern und Enkelkindern, wobei die Großeltern entweder als Stellvertreter oder als Gegengewicht zu den Eltern fungieren können.

Was der Jugend und dem Alter also zuallererst gemeinsam ist, ist ihre soziale Abhängigkeit von der mittleren Generation. Und diese Situation der Abhängigkeit und des Dominiertwerdens, des Noch-nicht-bzw. Nicht-mehr-Dazugehörens zur zentralen mittleren Generation kann natürlich nicht ohne Auswirkungen auf die *Identitätsbildung* der Individuen in den Randgenerationen bleiben: Die Ausbildung der eigenen Identität erfolgt in einem erheblichen Maß in der Auseinandersetzung mit den Normen, Werten und Leitbildern der mittleren Generation, die zugleich die gesellschaftlich zentralen und präferierten sind. Formen und Resultate dieser Auseinandersetzung entsprechen sich bei den Jungen und bei den Alten zum Teil, es gibt aber natürlich auch deutliche Differenzen (vgl. dazu Abschnitt 3).

Während das Abhängigkeitsmodell die Ungleichgewichtigkeit der Generationen auf der sozialen Ebene erfasst, bietet das Modell des umgekehrten ‚U' („inverted ‚U'") einen komplementären Zugang zur Ungleichgewichtigkeit auf der biologischen Ebene. Es postuliert für physische und kognitive Kompetenzen über die Lebensspanne einen Anstieg in der Jugend, eine hohe Plateauphase im mittleren Alter und einen Abfall im Alter. Bezogen auf koexistierende Generationen lokalisiert es das Kompetenzmaximum bei der mittleren Generation und konstatiert demgegenüber als gemeinsame Merkmale von Jugend und Alter Kompetenzdefizite bzw. -mängel.

So holzschnittartig diese Skizze der Beziehungen zwischen den Generationen auch ist, kann sie vielleicht doch verdeutlichen, dass man nicht gut daran tut, die Generationen isoliert zu betrachten.

2. Bestandsaufnahme der Kommunikation zwischen den Generationen

Ich möchte mich im Folgenden mit den kommunikativen Beziehungen zwischen den Generationen befassen. Wenn man die Frage nach der Kommunikation zwischen den Generationen stellt, verbirgt sich dahinter häufig die Befürchtung, dass sie möglicherweise nicht ausreichend sei, und zugleich auch die Vorstellung, dass es normal und auch sinnvoll sei, wenn es intensive kommunikative Beziehungen gebe. Und in der Tat ist es ein verlockendes Bild gesellschaftlichen Zusammenhalts, sich vorzustellen, dass das Alter der Jugend und dem mittleren Alter seine Erfahrungen vermittelt, dass das mittlere Alter die Jugend formt und das Alter unterstützt und dass die Jugend dem mittleren Alter und dem Alter seine neuen Ideen und Sichtweisen vermittelt.

Demgegenüber muss jedoch konstatiert werden, dass in jeder Gesellschaft vielfältige soziale Gruppen koexistieren, zwischen denen keine oder nur minimale direkte interpersonale kommunikative Beziehungen bestehen. Gesellschaftlicher Zusammenhalt setzt also keineswegs kommunikative Kontakte zwischen allen gesellschaftlichen Gruppen oder gar all ihren Mitgliedern voraus. Im Gegenteil: Dies wäre für alle Beteiligten eine grenzenlose Überforderung.

Kommunikation braucht Anlässe. Es redet nicht einfach jeder mit jedem. Kommunikationsbedürfnisse, -erfordernisse und -gewohnheiten bestimmen das Netz der kommunikativen Beziehungen. Die gesellschaftliche Kommunikation erfolgt zum größten Teil in normierten Bahnen im Rahmen etablierter Kontakte. Es ist also keineswegs eine nur rhetorische Frage, sondern bedarf der empirischen Untersuchung, *ob* und *welche* kommunikativen Beziehungen zwischen den Generati-

101

onen bestehen und – ich möchte diese Frage primär aus der Perspektive des Alters betrachten – welche kommunikativen Kontakte das Alter zum mittleren Alter und zur Jugend unterhält.

Was wissen wir darüber, mit wem alte Menschen wann worüber und auf welche Art und Weise sprechen? Und woher wissen wir es? Zunächst einmal kann man hier auf die eigenen Erfahrungen rekurrieren. Zum Beispiel können wir als Vertreter der mittleren Generation uns fragen, mit welchen alten Menschen wir persönlich in den letzten Tagen und Wochen gesprochen haben und von welchen alten Menschen wir angesprochen worden sind. Ich vermute, dass sich bei vielen keine entsprechenden Erinnerungen einstellen werden.

Befragen wir als nächstes die Sprach- und Kommunikationswissenschaft(en), so werden wir auch hier nicht fündig. Zwar stößt man auf das interessante und plastische Bild des „kommunikativen Haushalts" (Luckmann 1988), mit dem versucht wird, die Gesamtheit der kommunikativen Aktivitäten und Gesprächsformen einer einzelnen Person, einer sozialen Gruppe oder der Gesamtgesellschaft begrifflich zu fassen. Aber es fehlen konkrete empirische Untersuchungen, wie dieser kommunikative Haushalt denn nun im Detail gefüllt ist.

Um trotz dieser empirischen Defizite eine Möglichkeit zur Systematisierung des Kommunikationsverhaltens alter Menschen zu gewinnen, sollen hier zunächst verschiedene Kommunikationskonstellationen unterschieden werden: Zum einen ist dabei relevant, welcher *Generation* der Gesprächspartner angehört: Wird mit Vertretern der eigenen Generation gesprochen, mit dem mittleren Alter oder mit der Jugend? Zum anderen sind drei grundlegende *Situationstypen* zu unterscheiden: Handelt es sich um institutionelle Kommunikation, wird mit vertrauten Familienmitgliedern und guten Bekannten kommuniziert oder sind unbekannte Personen die Gesprächspartner? Zum Dritten möchte ich – wie oben beschrieben – zwei *Altersstufen* unterscheiden: ob die alten Menschen dem rüstigen Alter („junge Alte") oder dem gebrechlichen Alter („alte Alte") angehören.

Die drei genannten Varianzdimensionen ergeben die folgende Klassifikation (Abb. 1), in die ich Beispiele für entsprechende Gesprächssituationen eingetragen habe.

Das rüstige Alter ist in institutionelle Kommunikation involviert, wenn z. B. im Rahmen von Altentagesstätten oder Seniorenbüros oder einer ehrenamtlichen Tätigkeit (z. B. in Altenheimen oder Vereinen) mit anderen alten Menschen gesprochen wird. Beim Einkauf (häufig missverstanden als freie Kommunikation), beim Arztbesuch oder bei Behördengängen treffen sie auf InstitutionenvertreterInnen, die der mittleren Generation angehören. In den klassischen Institutionen der

Alters-stufen	Situationstyp	Alter	Mittlere Generation	Jugend
Rüstiges Alter	Institutionelle Kommunikation	Altentagesstätte, Seniorenbüros, ehrenamtliche Tätigkeit	Einkauf, Arzt, Behörden	Senioren-studium
	Familiäre Kommunikation	Ehepartner, Freunde, Bekannte, Hilfeleistungen	Kinder, deren Freunde	Enkel (Kinderbe-treuung)
	Freie Kommunikation	Hobby, Park	?	? Konflikte (Straßenbahn)
Gebrechliches Alter (Heim)	Institutionelle Kommunikation	?	Pflegepersonal, Arzt	?
	Familiäre Kommunikation	(Ehepartner)	Kinderbesuch	Enkelbesuch
	Freie Kommunikation	Mitbewohner, Park	?	?

Abb. 1: Kommunikationskonstellationen im Alter (aus: Fiehler 2007: 202)

Jugend (Kingergarten, Schule, Berufsausbildung und Hochschule) sind die rüstigen Alten nur im Seniorenstudium vertreten, bei dem sie in kommunikative Kontakte zur Jugendgeneration treten. Familiäre Kommunikation mit anderen alten Menschen (ich möchte dabei den Begriff „familiär" in seiner lateinischen Bedeutung verstanden wissen, also nicht im Sinne formaler Familienbeziehungen, sondern im Sinne sozialer Kontakte, die sich auf der Grundlage einer langen wechselseitigen Vertrautheit ergeben) besteht zum Lebens-/Ehepartner und zu guten Freunden und Bekannten aus der gleichen Generation. Sie erfolgt auch häufig im Rahmen von nachbarschaftlichen Hilfeleistungen. Bei den anderen Generationen sind es vor allem die eigenen Kinder und Enkel, mit denen kommuniziert wird. Über die Kinder stellt sich gelegentlich auch ein kommunikativer Kontakt zu deren Freunden oder Bekannten her. Den Enkeln begegnen sie wohl am häufigsten im Rahmen der Kinderbetreuung.

Deutlich dünner werden die kommunikativen Kontakte im Rahmen der freien Kommunikation. Hier ergeben sich die Gesprächsanlässe eher zufällig und ungeplant; am meisten wohl noch zu anderen alten Menschen im Rahmen von Hobbys und anderen Freizeitaktivitäten. Gespräche mit der mittleren Generation und der Jugend dürften sich

103

selten ergeben, es sei denn im Rahmen von konflikthaften Auseinandersetzungen in der Öffentlichkeit bei Normdivergenzen (z. B. der sprichwörtliche Konflikt um einen Sitzplatz in der Straßenbahn).

Betrachten wir nun das gebrechliche Alter, wobei ich hier davon ausgehe, dass es sich um Bewohner von Altenheimen oder um pflegebedürftige Personen in der häuslichen Wohnung handelt. Generell ist festzustellen, dass die kommunikativen Kontakte im Rahmen der betrachteten Kommunikationskonstellationen deutlich abnehmen und sich qualitativ verändern. Die institutionelle Kommunikation reduziert sich auf Gesprächssituationen mit Vertretern der mittleren Generation, vor allem dem Pflegepersonal und Ärzten. Diese Kommunikation beinhaltet ein großes Problempotenzial, wie es vor allem Svenja Sachweh in ihren vielfältigen Publikationen beschrieben hat (Sachweh 1999; 2002). Die familiäre Kommunikation beschränkt sich auf den Ehepartner, sofern er noch lebt, und auf Gespräche mit den erwachsenen Kindern und den Enkeln bei wechselseitigen Besuchen. Eine wesentliche Veränderung ist, dass die Kommunikation mit Freunden und Bekannten sich nach und nach sehr einschränkt. In der freien Kommunikation sind es vor allem die Mitbewohner im Heim und Zufallsbekanntschaften, mit denen gesprochen wird. Der freie kommunikative Kontakt zur mittleren Generation und zur Jugend bricht in dieser Phase weitgehend ab.

Fasst man zusammen, so ist das Gros der kommunikativen Kontakte sowohl der rüstigen wie auch der gebrechlichen Alten einerseits innerhalb der eigenen Generation und andererseits entlang der familiären Generationenfolge angesiedelt. Das heißt, bestimmte Kommunikationskonstellationen sind nur sehr schwach oder gar nicht besetzt. Dies betrifft insbesondere die freie Kommunikation und die Kommunikation mit der Jugend. Die Kommunikation zwischen den Generationen ist am stärksten ausgeprägt im familiären Zusammenhang. Mit dem Übergang von den rüstigen zu den gebrechlichen Alten verringert sich das Geflecht der kommunikativen Kontakte quantitativ dramatisch, und es wird zunehmend durch verschiedenste Formen von physischen und psychischen Beeinträchtigungen belastet und mitunter auf die Pflegekommunikation reduziert. Vielfach tritt auch Medienrezeption an die Stelle von interpersonaler Kommunikation. Um die genauen Anteile dieser Kommunikationskonstellationen zu ermitteln und vor allem auch um die große Varianz zu erfassen, die bei verschiedenen Gruppen alter Menschen hinsichtlich ihres Kommunikationsverhaltens besteht, bedarf es – wie gesagt – umfangreicher empirischer Erhebungen.

3. Besonderheiten der Kommunikation im Alter:
   Kommunikationsinhalte, Kommunikationsstile und
   Kommunikationsnormen

Die Erscheinungsform und die Besonderheiten von Alterskommunikation resultieren aus der Verarbeitung lebensgeschichtlicher Veränderungen und Erfahrungen und der Bearbeitung spezifischer sozialer Anforderungen und Aufgaben (vgl. Fiehler 2008). Solche Veränderungen und Erfahrungen sind z. B. das Ende der Berufstätigkeit, der Dominanzverlust im Zuge der Generationsablösung, die zunehmenden körperlichen und mentalen Beeinträchtigungen oder die altersstereotype Behandlung durch Jüngere. Diese und andere Veränderungen der Lebenssituation und die Erfahrungen, die beim Durchleben dieser Veränderungen gemacht werden, wirken sich in spezifischer Weise auf das sprachlich-kommunikative Verhalten der betreffenden Personen aus. Sie strukturieren den kommunikativen Haushalt der alternden Menschen in quantitativer wie qualitativer Hinsicht um, und das Kommunikationsverhalten verändert sich. Quantitative Veränderungen können in der Zunahme (bis hin zur Verbosität), aber auch in der Abnahme des Kommunikationsaufkommens bestehen. Die qualitativen Veränderungen liegen zum einen auf der Ebene der *Themen* und *Gesprächsinhalte*. Die Veränderungen betreffen aber auch Vorkommen und Quantität bestimmter *Gesprächsformen* (z. B. [autobiographisches] Erzählen, Klatsch), bestimmter *kommunikativer Muster* (z. B. empathische Realisierungen des Musters der Bewertungsteilung; vgl. Fiehler 1990: 221–225) und *kommunikativer Strategien* (z. B. Stilisierung als „alt", Einbringen einer Vergangenheitsperspektive). Sie berühren ferner *äußerungsstrukturelle* und *gesprächsorganisatorische* Aspekte wie den Partnerzuschnitt von Äußerungen, die Bezugnahme auf Vorgängeräußerungen oder die Gestaltung thematischer Kohärenz (z. B. assoziative Anschlüsse). Die Umstrukturierung des kommunikativen Haushalts bleibt dabei auch nicht ohne Auswirkungen auf die Ebene der *sprachlichen Mittel*.

Die Betroffenen gehen aber nicht nur mit den genannten sozialen Veränderungen und Erfahrungen um und verarbeiten sie kommunikativ, sie gehen – im Kontext von Alterszuschreibungen, aber auch unabhängig davon – mit der Kategorie *Alter* um und verhalten sich dazu. Auch hier sind verschiedene Formen des Umgangs möglich, die von der (punktuellen oder dauerhaften) Identifizierung mit bzw. Akzeptanz von Alter bis zur Distanzierung bzw. Verdrängung von Alter reichen. Kommunikativ kann sich die Akzeptanz von Alter in häufigen Thematisierungen äußern, eine ambivalente Haltung zum Alter in Strategien wie dem Kokettieren mit Alter und eine Distanzierung von Alter darin, dass Alter nur anderen zugeschrieben wird, oder darin, dass versucht wird, Alter in der konkreten Interaktion nicht relevant werden zu lassen.

Schon oberflächlich betrachtet lassen sich in Gesprächen alter Menschen eine Reihe von Themen und Kommunikationsinhalten feststellen, die mit hoher Frequenz auftreten. Häufig werden autobiographische Erfahrungen eingebracht, werden Ereignisse der Vergangenheit thematisiert und wird über Krankheiten und nachlassende Kompetenzen gesprochen. Es werden aber auch alle anderen Veränderungen, die typischerweise mit dem Alter eintreten, und die Erfahrungen, die im Alternsprozess gemacht werden, thematisiert und so be- und verarbeitet. Analysiert man nun eine Vielzahl von Gesprächen[2] unter dem Aspekt der Identitätsarbeit, mit der der Übergang von der mittleren Generation zum Alter geleistet wird, so lässt sich feststellen, dass tiefenstrukturell in der Kommunikation älterer Menschen drei Komplexe eine wichtige Rolle spielen, die sich in der Behandlung der unterschiedlichsten Themen äußern können:

(1) Zum einen vielfältige *Formen des Nachweises*, dass man dem Leitbild der erwachsenen Persönlichkeit (noch) entspricht,

(2) zum anderen der *Umgang mit eigenen Abweichungen* von diesem Bild und

(3) letztlich die *Konturierung eigenständiger Merkmale* von Altersidentität.

Zum ersten Punkt: In dem Maße, wie die Identität der mittleren Generation keine Selbstverständlichkeit mehr ist, wird es bedeutsam, im Gespräch mit Gleichaltrigen oder Jüngeren nachzuweisen, dass und welche Aspekte dieser Identität unverändert vorliegen. Der Altersdiskurs ist so zu einem nicht unwesentlichen Teil ein *Nachweisführen* hinsichtlich der persönlichen Eigenständigkeit, Vollwertigkeit, Bedeutsamkeit, Kompetenz, Mobilität, Normalität etc. Die Darstellung dieser Eigenschaften geschieht aber nicht unmarkiert und selbstverständlich, sondern sie bekommt einen demonstrativen Charakter. Das heißt, die Darstellung erfolgt z. B. mit einer gewissen Ausführlichkeit und Nachdrücklichkeit. Ein wichtiges kommunikatives Verfahren in diesem Nachweisdiskurs ist die *Kontrastierung* eigener Möglichkeiten mit denen anderer Alter, die über entsprechende Eigenschaften nicht mehr verfügen.

---

[2] Hier ist leider nicht der Platz, um dies im Detail vorzuführen. Vgl. hierzu Fiehler (2008).

Zum zweiten Punkt: Die Feststellung, dass man in verschiedener Hinsicht dem Bild der mittleren Generation nicht mehr entspricht, erfolgt kommunikativ in Form der Thematisierung und des Beklagens dieser Abweichungen. Hierhin gehören alle Formen des *painful self disclosure*, wie sie von Coupland/Coupland/Giles (1991) beschrieben worden sind. Insbesondere geschieht dies in Gestalt des Krankheitsdiskurses oder des Konstatierens von nachlassenden Fähigkeiten.

Zum dritten Punkt: Einen wichtigen Raum nimmt aber auch die Darstellung von spezifisch neuen Identitätsaspekten ein, mit denen sich die ältere Generation von der mittleren absetzt. Hierzu gehört vor allem die stärkere *Partner- und Personenorientierung*, die u. a. möglich wird, weil die Sachorientierung und die individualisierende Konkurrenz der mittleren Generation nachlässt. Die stärkere Partner- und Personenorientierung besteht darin, sich mehr für andere Personen zu interessieren, an ihnen Anteil zu nehmen und intensiver auf sie einzugehen (auch wenn dies häufig nur stereotyp geschieht). Sie findet in vielfältigen Formen *kommunikativer Kooperativität* und *wechselseitiger Unterstützung* Ausdruck, aber auch im wechselseitigen Übereinanderreden (Klatsch). Das hohe Ausmaß an wechselseitiger Unterstützung kontrastiert deutlich mit der in der mittleren Generation vorherrschenden Präferenz zur Selbstvertretung (vgl. Schmitt 1997). Die kommunikative Kooperativität äußert sich u. a. in wechselseitigen Paraphrasen und Reformulierungen, der gemeinschaftlichen Produktion von Äußerungen, einer hohen Frequenz von Rezeptionssignalen, in einem entwickelnden Nachfragen und Stichwortgeben sowie dem emphatischen Teilen von Bewertungen.

Als Folge der identitätsstrukturellen Veränderungen werden zum Teil auch andere *Kommunikationsnormen* relevant. Die aus der Aufgaben- und Sachorientierung der mittleren Generation entspringende Kommunikationsökonomie (Kürze, Sachlichkeit, Neuigkeitswert der Kommunikation) wird gelockert zu einer größeren Ausführlichkeit der Darstellungen, wobei durchaus auch bereits Bekanntes wiederholt thematisiert werden kann. Auch dies entspricht der verstärkten Partner- und Personenorientierung, wobei Wiederholungen und Reinszenierungen ein Mittel sind, um Gemeinschaftlichkeit herzustellen.

Auch Jugendliche entwickeln ihre Identität nicht aus sich heraus, sondern in Auseinandersetzung mit den Normen, Werten und Leitbildern der mittleren Generation. Unterschiedlich sind allerdings Strategien und Stoßrichtung der Auseinandersetzung: Die Jugendlichen verhalten sich in der äußeren Erscheinungsform vielfach *oppositionell-distanziert* zur Erwachsenenidentität. Der Wunsch, anders zu sein oder zu werden, zielt auf eine alternative Identität und drückt Abgrenzung zur

Erwachsenenwelt aus (vgl. Schwitalla 1994). Das Gegenstück zu dieser Distanzierung besteht in der generationsinternen Vergemeinschaftung in Form von Peergroups.

Die Alten hingegen verhalten sich eher *partizipatorisch-affirmativ*. In dem Wunsch, immer noch so zu sein wie die mittlere Generation, scheint ihr positiver Bezug zur Identität der mittleren Generation auf. Eine Abgrenzung erfolgt bei ihnen gegen die alten Alten, die nicht mehr in der Lage sind, das Ideal der voll entwickelten erwachsenen Persönlichkeit für sich zu verwirklichen. Eine entsprechende interne Abgrenzung gibt es auch bei den Jugendlichen, wenn sich die „Großen" von den „Kleinen", den Kids, absetzen.

Der wesentliche Unterschied zwischen den Jungen und den Alten besteht darin, dass die Jugend die Identität der mittleren Generation zwar wahrnimmt und antizipiert, aber eben *noch nicht* an ihr teilhat. Zu diesem Antizipieren gehört das probeweise Einnehmen der Identität der mittleren Generation. Man spielt erwachsen, kopiert entsprechende Verhaltensweisen und Attitüden. Dieses „so tun, als ob schon" kann dabei in schnellem Wechsel mit einem „so tun, als ob auf gar keinen Fall" erfolgen. Die Alten hingegen haben die Identität der mittleren Generation gelebt, sie kennen sie in allen Facetten. Ihr Problem ist, dass sie *nicht mehr* durchzuhalten ist.

4. Probleme der Kommunikation zwischen den Generationen

Ging es in Abschnitt 2 um die Frage, in welchen Konstellationen überhaupt Kommunikation zwischen den Generationen zustande kommt, so ist diese Kommunikation – wenn sie denn stattfindet – keineswegs problemfrei und selbstverständlich gelingend. Zum einen tragen die eben beschriebenen generationsspezifischen Unterschiede im Kommunikationsverhalten zu diesen Problemen bei. Zum anderen belasten und gefährden aber auch verschiedene weitere Barrieren die Kommunikation und erschweren die wechselseitige Verständigung. Im Folgenden möchte ich zwei zentrale Probleme kurz charakterisieren.

4.1 Kategoriale Behandlung, kommunikatives Präjudiz und patronisierendes Sprechen

Die Kommunikation der Jugend und der mittleren Generation mit alten Menschen erfolgt auf der Grundlage von Altersbildern,[3] die das

---

[3] Vgl. Sechster Bericht zur Lage der älteren Generation in der Bundesrepublik Deutschland – Altersbilder in der Gesellschaft (2010, 151–153).

kommunikative Verhalten beeinflussen und steuern. Die Kommunikation zwischen den Generationen erscheint in dem Maße als belastet, wie es sich bei diesen Altersbildern um stereotype Vorannahmen handelt. Solche Stereotype sind die Grundlage jeder Kommunikation, sie sind aber umso ausgeprägter, je weniger Interaktionserfahrungen man in der Vorgeschichte mit VertreterInnen der jeweils anderen Gruppe gesammelt hat. Diese Vorannahmen führen zu einer wechselseitigen kategorialen kommunikativen Behandlung (*communication predicament*), bei der nicht so sehr mit einer individuellen Person, sondern eher mit einem Stereotyp gesprochen wird.

„Früher oder später merken die Schlauen, dass du nicht blind, taub und verblödet bist. Du bist nur eine alte Frau im Rollstuhl." Diese Aussage einer alten Frau illustriert auf treffende Weise das Kommunikationspräjudiz des Alters, durch das die Möglichkeiten einer älteren Person, effektiv zu kommunizieren, eingeschränkt werden. Das Kommunikationspräjudiz des Alters ist von Ryan/Giles/Bartolucci/Henwood (1986) als *communication predicament model* der Kommunikation mit alten Menschen entwickelt worden. Abbildung 2 stellt dieses Modell dar.

Ausgangspunkt des zyklischen Modells ist das Zusammentreffen mit einer älteren Person und die Wahrnehmung von äußeren Merkmalen des Alters (*old age cues*) durch die jüngere Person. Die Wahrnehmung von Altersmerkmalen kann sowohl positive wie auch negative stereotype Erwartungen auslösen. In dem Modell sind es die negativen Stereotype, die die kommunikative Präjudizierung bewirken. Einige

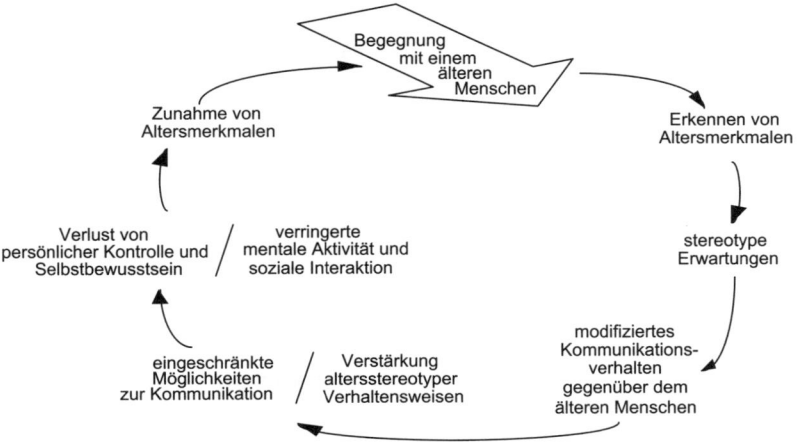

Abb. 2: Kommunikationspräjudiz des Alters (aus: Ryan/Kwong See 2003: 61)

der negativen Altersstereotype besagen, dass ältere Erwachsene weniger kompetent und weniger produktiv sind, ein schlechtes Gedächtnis haben, sich keiner guten Gesundheit erfreuen, schlecht hören und mehr Hilfe benötigen. Da Stereotype zumindest auch zu einem Teil eine reale Grundlage haben, sind diese Eigenschaften in der Tat bei einigen älteren Menschen anzutreffen. Wie jedoch schon zuvor erwähnt, ist die Gruppe der Älteren sehr heterogen. Daher müssen beobachtete Altersmerkmale nicht zwangsläufig bedeuten, dass diese Person weniger kompetent ist, ein schlechteres Gedächtnis hat oder andere negative, mit Alter in Verbindung zu bringende Eigenschaften besitzt. Scylla und Charybdis der kommunikativen Präjudizierung des Alters sind auf der einen Seite die kommunikative Überanpassung als Reaktion auf ausgelöste negative Stereotype (z. B. das Erheben der Stimme, weil man denkt, dass alle älteren Menschen schlecht hören) und auf der anderen Seite die Unteranpassung an die Bedürfnisse der anderen Person (z. B. die Unterstellung, dass diese Person kein Hörproblem hat).

Eine negative Erwartungshaltung hinsichtlich der Fähigkeiten älterer Menschen kann bei Gesprächspartnern auch dazu führen, dass diese sich kommunikativ in besonderer Weise verhalten, z. B. sprechen sie die alten Menschen zu laut an, vereinfachen das Vokabular (*secondary baby talk*), verwenden eine Telegrammstil-Grammatik, sprechen sie überzogen familiär oder mit altersanzeigenden Benennungen (*Oma*) an und beschränken sich auf bestimmte Gesprächsthemen. Ryan/ Hummert/Boich (1995) verwenden den Begriff „patronisierende Kommunikation" für dieses Gesprächsverhalten, das auf stereotypen Erwartungen über Defizite und Inkompetenz der Älteren beruht:

> We use the term *patronizing communication* to refer to overaccommodation in communication with older adults based on stereotyped expectations of incompetence and dependence, a definition grounded in communication accommodation theory. (Ryan/Hummert/Boich 1995: 145)

Patronisierendes Sprechen kann für den älteren Menschen sowohl ein verringertes Selbstwertgefühl als auch Einschränkungen des psychischen Wohlbefindens zur Folge haben. Im Extremfall kann die Wirkung kommunikativer Präjudizierung und patronisierender Kommunikation darin bestehen, dass junge und alte Menschen intergenerationelle Kontakte einstellen.

Auf der anderen Seite, und dies ist ein weiteres systematisches Problem, wird die Tendenz zu einer stereotypen Behandlung häufig noch dadurch verstärkt, dass ältere Menschen sich mittels bestimmter kommunikativer Verfahren – vielfach völlig unnötig – im Gespräch als alt darstellen, ihr Alter kommunikativ in den Vordergrund rücken und so den Gesprächspartner veranlassen, darauf zu reagieren (vgl. Coupland/Coupland/Giles 1991). Ein Verfahren dieser Art ist zum Beispiel die Nennung des numerischen Alters (*mit 70 hat man keine Illusionen mehr*). Auch qualitative Altersbenennungen (*in meinem Alter, werde du erst mal so alt wie ich*) und die Nennung von altersgebundenen Kategorien und Rollen (*ich als Rentner, Oma kann das nicht mehr so richtig, du als junger Hüpfer*) machen das Alter thematisch und rücken es ins Bewusstsein. Weitere Verfahren sind die Thematisierung altersbezogener Phänomene (*hach, manchmal bin ich auch schon ganz durcheinander*), das Hinzufügen einer Vergangenheitsperspektive (*früher war das anders/besser*) und die Thematisierung von kulturellem und gesellschaftlichem Wandel (*in meiner Jugend gab es überhaupt noch kein Fernsehen*). Diese Verfahren zeigen, dass die Gesprächspartner es ein Stück weit selbst in der Hand haben, sich selbst oder den anderen als „alt" oder als „jung" darzustellen bzw. das Alter als eine im Moment relevante Kategorie ins Bewusstsein zu rücken oder im Hintergrund zu belassen.

4.2 Sensorisch-motorische, psychische und kognitive Beeinträchtigungen im Alter

In den meisten Fällen treten im Alternsprozess in verschiedenen Bereichen – oft auch multipel – Beeinträchtigungen der sensorischen, motorischen, psychischen und kognitiven Kompetenzen auf (ausführlicher hierzu Lindorfer i. d. Bd.). Für das gebrechliche Alter sind diese Beeinträchtigungen definierend. Diese Altersphänomene stellen zugleich Barrieren für die Kommunikation mit den betroffenen Menschen dar. Zu diesen Beeinträchtigungen gehören – mit jeweils spezifischen Auswirkungen auf die Kommunikation – Bewegungseinschränkungen, Schwerhörigkeit, Sehbehinderungen und Blindheit, Depressivität, Aphasien und Demenz (vgl. für die jeweils spezifischen Auswirkungen Sachweh 2002: 137–268). Diese Beeinträchtigungen können bis zum Zusammenbruch der Kommunikation und bis zum völligen Verstummen reichen (vgl. Sachweh 2002: 269–275). Wie sie sich auf das Kommunikationsverhalten auswirken, soll am Beispiel der Bewegungseinschränkungen verdeutlicht werden.

Wird als Folge zunehmender Immobilität die aktuelle Welterfahrung geringer, so bedeutet dies kommunikativ, dass zunehmend auf vergangene Erfahrungen zurückgegriffen werden muss, weil neue nicht zur Verfügung stehen. Das heißt, der Anteil autobiographischer Erzählungen wird zunehmen. Sind aktuelle Fragen und Themen Gegenstand des Gesprächs, so kann darauf – je nach Verarbeitungsstrategie – unterschiedlich reagiert werden: bei Interesse z. B. mit intensivem

Nachfragen, um diese Erfahrungen „nachzuholen", wobei das Gespräch Züge der Wissensvermittlung oder des Belehrens annehmen kann. Besteht hingegen kein Interesse, so kann dies bedeuten, dass der alte Mensch sich aus dem Gespräch ausblendet, oder aber, dass er versucht, das Thema in seinem Sinne zu beeinflussen (wie das z. B. „zu seiner Zeit" war). Die zentrale Kompensationsstrategie für den Verlust aktueller Welterfahrung besteht in der Medienrezeption. Diese Einweg-Kommunikation nimmt einen immer größeren Anteil im kommunikativen Haushalt ein. Berichte und Erzählungen über Sendungen werden zu einem wichtigen Bestandteil des Kommunikationsaufkommens.

Neben den motorischen, sensorischen und psychischen Beeinträchtigungen sind es vor allem auch die Veränderungen kognitiver Fähigkeiten, die vielfach in Form von verfestigten Ansichten, Eingefahrenheit, Starrheit, einem gedanklichen Leben in der Vergangenheit, Verwirrtheit und Demenz die Kommunikation beeinträchtigen.

5. Möglichkeiten der Erleichterung und Verbesserung der Kommunikation zwischen den Generationen

Wenn Kommunikation intensiviert werden soll, dann müssen Anlässe geschaffen werden, die eine solche Kommunikation erfordern und ermöglichen. Als Modellfall für die Förderung der Kommunikation zwischen alten Menschen kann die Einrichtung von Altentagesstätten und Seniorenbüros gelten. Mit ihrem reichhaltigen Veranstaltungsangebot schaffen sie den Rahmen für vielfältige Kontakte zwischen älteren Menschen und gerade auch zwischen Menschen, die sich noch nicht kennen. Ein anderes Beispiel sind ehrenamtliche Tätigkeiten rüstiger alter Menschen in Alten- und Pflegeheimen. Sie schaffen zum einen kommunikative Anlässe zwischen den Heimbewohnern wie Gesprächskreise, zum anderen stehen die ehrenamtlichen Helfer selbst als Kommunikationspartner zur Verfügung.

Können vergleichbare Anlässe auch geschaffen werden für die Kommunikation zwischen der mittleren Generation und dem Alter und zwischen dem Alter und der Jugend? Viele Projekte versuchen, Jugend und Alter miteinander ins Gespräch zu bringen. In erster Linie ist hier die Einrichtung von Mehrgenerationenhäusern zu nennen. Besonders bemerkenswert erscheinen mir auch Versuche, alte Menschen in die Arbeit von Kindergärten oder in den schulischen Unterricht zu integrieren. In Fächern wie Geschichte, Deutsch oder Religion können sie dort beispielsweise als „Zeitzeugen" fungieren und ihre persönlichen Erfahrungen an die jungen Menschen vermitteln und so Geschichte anschaulicher machen. Sie können aber auch – z. B. durch Lesepaten-schaften – von außerhalb den Unterricht unterstützen.

Ein Ausbau ehrenamtlicher Tätigkeiten kann auch die Kommunika-tion zwischen alten Menschen und der mittleren Generation stärken. Solche Tätigkeiten sind in Vereinen und vielen öffentlichen Einrichtun-gen möglich. Es ist eine Frage der sozialen Phantasie, hier weitere Mög-lichkeiten zu erschließen, und dann ein oft schwieriger und langwieri-ger Weg der Institutionalisierung, der gegangen werden muss, wenn die intergenerationelle Kommunikation nachhaltig verstärkt werden soll.

Fragt man vor diesem Hintergrund nach Möglichkeiten für den Ab-bau der Barrieren und für eine Verbesserung der Kommunikation zwi-schen den Generationen, so sind vor allem drei Punkte zu betonen. Zum einen ist es wichtig, das eigene Gesprächsverhalten genau zu be-obachten und zu kontrollieren, ob es dem Gesprächspartner als indivi-dueller Person gerecht wird. Auf diese Weise kann stereotypengeleite-tes Kommunizieren reduziert werden. Dabei sollte generell vermieden werden, Alter ohne in der Sache liegenden Grund im Gespräch thema-tisch werden zu lassen. Zum anderen müssen faktische Beeinträchti-gungen des Gesprächspartners beachtet und im eigenen Kommunikati-onsverhalten berücksichtigt und kompensiert werden. Zum Dritten sollte in Rechnung gestellt werden, dass alte Menschen zum Teil ande-re Kommunikationsnormen als die mittlere Generation besitzen, ande-re Vorstellungen darüber haben, was gelungene Kommunikation ist, und dass sich vor diesem Hintergrund die Kommunikationsstile der Generationen unterscheiden. Diese drei Punkte – und sicher noch eini-ges mehr – sind wichtig, um sich nicht in den Fallstricken der interge-nerationellen Kommunikation zu verfangen und um die wechselseitige Verständigung zu verbessern.

Literatur

Coupland, Nikolas/Coupland, Justine/Giles, Howard 1991: Language, society and the elderly: Discourse, identity and ageing. Oxford/Cambridge.

Fiehler, Reinhard 1990: Kommunikation und Emotion. Theoretische und empirische Untersuchungen zur Rolle von Emotionen in der verbalen Interaktion. Berlin/New York.

Fiehler, Reinhard 2006: Was Alt und Jung gemeinsam haben. Ein Plädoyer, über der Jugend die anderen Generationen nicht aus dem Blick zu verlieren. In: Dür-scheid, Christa/Spitzmüller, Jürgen (Hrsg.): Perspektiven der Jugendsprachfor-schung. Frankfurt a. M., 295–311.

Fiehler, Reinhard 2007: Kommunikation zwischen den Generationen: Wunschvor-stellung oder Wirklichkeit? In: L.O.G.O.S. Interdisziplinär 15/3, 200–207.

Fiehler, Reinhard 2008: Altern, Kommunikation und Identitätsarbeit. (= amades – Arbeitspapiere und Materialien zur deutschen Sprache 31). Mannheim.

113

Luckmann, Thomas 1988: Kommunikative Gattungen im kommunikativen „Haushalt" einer Gesellschaft. In: Smolka-Koerdt, Gisela/Spangenberg, Peter M./Tillmann-Bartylla, Dagmar (Hrsg.): Der Ursprung der Literatur. München, 279–288.

Ryan, Ellen B./Kwong See, Sheree T. 2003: Sprache, Kommunikation und Altern. In: Fiehler, Reinhard/Thimm, Caja (Hrsg.): Sprache und Kommunikation im Alter. Radolfzell, 57–71. http://www.verlag-gespraechsforschung.de/2004/fiehler3.htm

Ryan, Ellen B./Giles, Howard/Bartolucci, Giampiero/ Henwood, Karen 1986: Psycholinguistic and social psychological components of communication by and with the elderly. In: Language and Communication 6, 1–24.

Ryan, Ellen B./Hummert, Mary L./Boich, Linda H. 1995: Communication predicaments of aging: Patronizing behavior toward older adults. In: Journal of Language and Social Psychology 14, 144–166.

Sachweh, Svenja 1999: „Schätzle hinsitze!" Kommunikation in der Altenpflege. Frankfurt a. M.

Sachweh, Svenja 2002: „Noch ein Löffelchen?" Effektive Kommunikation in der Altenpflege. Bern u. a.

Schmitt, Reinhold 1997: Unterstützen im Gespräch. Zur Analyse manifester Kooperationsverfahren. In: Zeitschrift für Sprachwissenschaft 16, 1/2, 52–82.

Schwitalla, Johannes 1994: Die Vergegenwärtigung einer Gegenwelt. Sprachliche Formen der sozialen Abgrenzung einer Jugendlichengruppe in Vogelstang. In: Kallmeyer, Werner (Hrsg.): Kommunikation in der Stadt 1. Berlin/New York, 467–509.

Sechster Bericht zur Lage der älteren Generation in der Bundesrepublik Deutschland – Altersbilder in der Gesellschaft 2010. Bundestagsdrucksache 17/3815.

UTA QUASTHOFF, ANTJE KRAH

Familiale Kommunikation als Spracherwerbsressource: das Beispiel argumentativer Kompetenzen

1. Einführung

Die Familie ist sicher der Ort, an dem Kommunikation zwischen Generationen ihren gesellschaftlich besonders relevanten Ort hat: In dieser „Keimzelle" ist die Tradierung von kulturellen Orientierungen und Werten und damit auch ihr allmählicher Wandel zuallererst situiert. Damit einher gehen die Konflikte, die systematisch zwischen generationsbedingt unterschiedlichen Perspektiven auf soziale Wirklichkeit und sozialen Wandel, aber auch zwischen den Lebensweisen von Jüngeren und Älteren, also Generationen i. S. biographischer Phasen, entstehen. Familien entwickeln zu allen Zeiten im Rahmen kulturell gegebener Bandbreiten unterschiedliche Stile und Praktiken, um mit diesen Anforderungen an die Kommunikation zwischen den Generationen umzugehen.

Im Rahmen der Tradierung gesellschaftlicher Praktiken durch die und in der Familie spielt die Weitergabe von Sprache eine besondere Rolle.[1] Es gibt keinen Theorieentwurf zur Erklärung des „natürlichen" Spracherwerbs, der nicht dem Input der „Erwachsenensprache" bzw. der Erwachsenen-Kind-Interaktion einen entscheidenden Stellenwert beim Erwerb sprachlicher Fähigkeiten durch das Kind zubilligen würde; zur Erfüllung dieser Funktion ist die Kleinfamilie in modernen Gesellschaften das prototypische soziale Format. Ein Großteil einschlägiger Forschungen zum Spracherwerb wendet sich Spracherwerbsprozessen in einem engen Sinne zu, zeigt also die Rolle früher Kommunikation zwischen den Generationen in der Familie (*motherese*, Snow 1995) beim Erwerb von Lexik und Grammatik durch das Kind. Das Schwergewicht dieser Ansätze liegt auf der Aufklärung von Grundlagen der Sprachentwicklung generell und damit auf der interindividuellen Konstanz der Erwerbsprozesse. Eher sozialisatorisch als spracherwerbstheoretisch orientierte Forschungen fokussieren dagegen auf die Verschiedenheiten zwischen familialen Sozialisations- und Kommunikationsmustern und ihren, z. T. längsschnittlich verfolgten, Auswir-

---

[1] Vgl. dazu die Beiträge von Braches-Chyrek und Gerstenberg i. d. Bd.

kungen auf Unterschiede in den Spracherwerbsniveaus und -verläufen von Kindern (McCabe/Peterson 1991).

Der vorliegende Artikel ordnet sich in beide Forschungstraditionen ein: Er beansprucht, Spracherwerbsmechanismen aufzudecken, die prinzipiell in der Kommunikation zwischen erwachsenen Bezugspersonen und Kindern liegen. Er soll aber ebenso zeigen, dass die Kommunikation zwischen der Erwachsenen- und der Kindergeneration in Familien im Rahmen prinzipieller Strukturen unterschiedlich ist und dass diese Unterschiedlichkeit Auswirkungen auf die Kompetenz der Kinder haben kann. Wir fokussieren dabei auf eine komplexe sprachlich-kommunikative Fähigkeit, die einen engen sprachstrukturellen Begriff von Spracherwerb überschreitet, und beleuchten damit eine Kompetenz, die in besonderer Weise Schlüsselcharakter für Schulerfolg haben dürfte: Die Kompetenz, mündlich und schriftlich argumentieren zu können.

2. Familiale Muster als Erwerbskontext

Es ist hier nicht der Ort, auf die umfangreichen Forschungen zur Rolle der „child directed speech" (Snow 1995) bzw. der Erwachsenen-Kind-Interaktion beim Spracherwerb einzugehen (vgl. zsf. Quasthoff 2003; Lee et al. 2009). Wesentlich für die theoretische Einbettung der hier vorzustellenden empirischen Ergebnisse sind unser Konzept von Diskursfähigkeiten, zu denen argumentative Fähigkeiten gehören, sowie der Kenntnisstand aus bisherigen Forschungen zur Erwerbsfunktion der Muster von Erwachsenen-Kind-Interaktion. Diskursfähigkeiten fassen jene sprachlich kommunikativen Fähigkeiten zusammen, die Strukturierungskompetenzen oberhalb der Satz- bzw. Äußerungsebene erfordern (ausführlicher: Quasthoff/Katz-Bernstein 2006). Sie umfassen die Facetten (vgl. Quasthoff 2009), die entsprechende komplexe Einheiten in einem äußerungsübergreifenden Kontext platzieren und an ihn anpassen (*Kontextualisierung*), sie intern entsprechend den jeweiligen Anforderungen der Gattung (z.B. Erzählen, Erklären, Argumentieren) sequenziell aufbauen (*Vertextung*) und sowohl die interne Strukturierung als auch die Kontextualisierung sprachlich markieren können (*Markierung*).

Seit den einschlägigen Arbeiten von Wygotski (1971) und Bruner (1985) in den 30er bzw. 70er Jahren des vorigen Jahrhunderts wurde die Systematik der Art, in der Erwachsene mit Kindern sprechen, als funktional für den Spracherwerb des Kindes erkannt. Seit den 80er Jahren konnte die Musterhaftigkeit der Interaktion zwischen erwachsenen Bezugspersonen und meist jungen Kindern auch empirisch dokumentiert (Snow/Dickinson 1990; McCabe/Peterson 1991), schließlich auch für ältere Kinder (zwischen 5 und 14 Jahren) und zunächst bezogen auf die Diskursfähigkeit des Erzählens empirisch nachgewiesen werden (Hausendorf/Quasthoff 1996; Quasthoff/Kern 2005). Diese frühen Rekonstruktionen der Erwerbsfunktion von Erwachsenen-Kind-Interaktionen gründeten sich oft empirisch auf kommunikative Prozesse zwischen Erwachsenen und Kindern außerhalb der Familienstrukturen. Sie ergaben im Wesentlichen die Funktionen des Forderns und Unterstützens, die der Erwachsene intuitiv und unbewusst, ohne erwerbsorientierte Intention, als notwendige Leistung zum Gelingen der Kommunikation einbringt. Erwachsene übernehmen z. B. in der Interaktion mit jungen Kindern Kommunikationsaufgaben, die in prototypischer Interaktion dem kindlichen Partner obliegen würden, oder sie verringern die Gesprächserwartungen an das Kind systematisch bzw. explizieren die erwarteten nächsten Gesprächszüge des Kindes, die ältere Kinder ohne diese Unterstützung selbstverständlich anschließen würden (vgl. genauer Hausendorf/Quasthoff 1996; Quasthoff i.Dr.). Nachfolgende Arbeiten, die die Interaktion im Bezugssystem der Familie zur Grundlage hatten und nach möglichen Unterschiedlichkeiten fragten (Quasthoff/Kern 2007; Morek 2010; Strähle 2011), fanden eine Vielfalt in den musterhaften Kommunikationen zwischen den Generationen in der Familie, die nahelegten, dass auch der „Nebeneffekt" der Funktion für den Erwerb von Diskursfähigkeiten für Kinder, die habituell entsprechende Kommunikationserfahrungen machen, durchaus unterschiedlich ausfällt.

Dies war der Kontext, in dem sich die Frage nach der Varianz familialer Unterstützungsmuster und ihrer Auswirkungen auf den Erwerb argumentativer Kompetenzen stellte, die wir gegenwärtig interdisziplinär in einem Verbundprojekt bearbeiten.[2] Die dort erhobenen Daten zur Familieninteraktion (s. 3. Kap. zur genaueren Beschreibung) zeigen in der Tat, dass es Praktiken der aufgabenbezogenen Interaktion in Familien zu geben scheint, die nicht erwerbssupportiv i. S. von Fordern und Unterstützen wirken dürften, sondern die eher eine Variante des Übernehmens, einen Interaktionstyp von „Selberlösen und Übergehen" repräsentieren, der nach unserem bisherigen Wissensstand nicht in derselben Weise diskurserwerbsunterstützend wirken dürfte.

---

[2] Die Rolle familialer Unterstützung beim Erwerb von Diskurs- und Schreibfähigkeiten in der Sekundarstufe I (FUnDuS), Ltg.: Uta Quasthoff (TU Dortmund) und Elke Wild (Universität Bielefeld), gefördert vom BMBF, Förderkennzeichen 01 GJ 0983.

3. Daten

Die hier zugrunde gelegten Daten stammen aus dem qualitativ-linguistischen Teil des genannten Projekts (s. Fußnote 2), das auf die Identifikation familialer Bedingungen zielt, die die Ausbildung von Argumentationskompetenz fördern bzw. behindern können. Da mit dieser Frage wissenschaftliches Neuland beschritten wird, sieht FUnDuS ein längsschnittlich angelegtes Design – beginnend mit Fünftklässler(inne)n – vor, in dem quantitativ und qualitativ gewonnene Ergebnisse systematisch verknüpft werden. Diese Altersgruppe wurde gewählt, weil mit dem Ende der Grundschule der basale mündliche und schriftliche Spracherwerb abgeschlossen sein und sich die im Fokus stehende mündliche und schriftliche Argumentationskompetenz zunehmend ausbilden sollte, die als eine Schlüsselkompetenz für den Schulerfolg in der beginnenden Sekundarstufe I angesehen wird. Das zentrale Konstrukt der „Argumentationskompetenz" operationalisieren wir hierbei als eine genrespezifische Art von Diskursfähigkeit (Quasthoff/Katz-Bernstein 2006), die sich aus kognitiven (z.B. Fähigkeit zum schlussfolgernden Denken) und sprachlichen Facetten[3] (s. Kap. 1; Quasthoff 2009) zusammensetzt.

Die Triangulation von quantitativen und qualitativen Zugängen impliziert in der ersten Projektphase eine systematische Auswahl von Fällen aus der Ausgangsstichprobe (N=1464), die im Rahmen der qualitativ ausgerichteten Intensiverhebung näher (durch rekonstruktive Analysen videographierter Interaktionen) untersucht werden. Um vor dem Hintergrund der Schichtabhängigkeit familialer (Sprach-)Sozialisationsformen (Burleson/Jesse/Applegate 1995) familiale Risiko- und Schutzfaktoren identifizieren zu können, suchten wir einen empirischen Zugang, der es erlaubt, das Schichtmerkmal von der Art der konkreten familialen Unterstützungspraktiken zu trennen. Entsprechend wird in FUnDuS in der qualitativen Intensiverhebung das Augenmerk auf sozial privilegierte Kinder mit vergleichsweise wenig entwickelten argumentativen Kompetenzen (N=12 *social underachiever*) sowie Gleichaltrige aus bildungsfernen Elternhäusern gerichtet, deren Argumentationskompetenz überdurchschnittlich gut entwickelt ist (N=12 *social overachiever*). Als Vergleichsfolie für die in diesen „erwartungsdiskrepanten" Fällen zu beobachtenden Kommunikationsprozesse und

---

[3] Zur Erfassung der schriftlichen Argumentationskompetenz s. auch: Domenech, Madeleine: Die Entwicklung schriftlicher Argumentationskompetenz von DaZ-Lernern der Sek I: familiäre und sprachstrukturelle Erwerbseinflüsse. Posterpräsentation auf dem 24. Kongress der Deutschen Gesellschaft für Fremdsprachenforschung, Hamburg, 28. September bis 1. Oktober 2011.

kommunikativen Unterstützungsbemühungen der Eltern werden zudem Interaktionen in Familien (N=12) mit „erwartungskonformen" SchülerInnen untersucht; hier weisen also die Kinder eine gemäß ihrer sozialen Herkunft erwartbar hoch bzw. niedrig entwickelte Kompetenz auf. Im Herbst 2010 fand entsprechend die Erhebung der qualitativen Daten in insgesamt 36 Familien statt. Die nächste Erhebung im Längsschnitt ist für Herbst 2011 geplant; longitudinale Daten stehen also gegenwärtig noch nicht zur Verfügung.

Die in der qualitativen Erhebung gestellten Aufgaben umfassten das Schreiben eines Textes durch das Kind, dessen kooperative Überarbeitung mit einem Elternteil sowie eine mündliche Argumentation zwischen Kind und Elternteil. Die Kinder der Intensivstichprobe erhielten also eine Schreibaufgabe, in der sie zur Aufklärung eines – durchaus nicht eindeutigen – „Falls" („Du bist ein Polizeikommissar und gerade dabei einen Fall zu lösen. Dabei geht es um das verschwundene Handy von Herrn Huber ...") kommen sollten. Ihr Text sollte ein Bericht an ihren „Chef" sein, in dem sie die Lösung des Falls aus ihrer Sicht begründen. Dieser Text wurde später vom Kind und einem Elternteil gemeinsam überarbeitet, wobei sich oft eine neuerliche Argumentation über die Deutung der Tatumstände ergab. Als mündliche Argumentationsaufgabe sollten sich Elternteil und Kind konsensuell im Gespräch für einen von vier Gutscheinen entscheiden, die die Familie vorgeblich im Rahmen eines gemeinsam gelösten Preisausschreibens gewonnen hat. Es kam uns bei dieser Art der Datenerhebung nicht darauf an, möglichst „natürliche", nach Labovs *observer's paradox* (1972) „unbeobachtete" Interaktionsroutinen zu „beobachten", sondern das Ziel war, die Beteiligten in der klar aufgabenorientierten (und z. T. schulnah gestalteten) Interaktion zu einer möglichst optimalen Umsetzung dessen zu provozieren, was sie für die Lösung der Aufgabe für angemessen halten. Die so entstandenen audiovisuellen Aufnahmen dienen zum einen der ergänzenden Rekonstruktion von mündlichen und schriftlichen Argumentationsfähigkeiten des Kindes und zum anderen der Identifikation von erwerbsunterstützenden bzw. -hemmenden Interaktionsformen zwischen Elternteil und Kind.

4. Muster familialer Argumentation

Durch das beschriebene Erhebungsdesign gelang es, unterschiedlichste Familien an der Studie zu beteiligen, in deren Interaktionen sich wiederum eine Vielfalt an verschiedenen Interaktionsverfahren ausmachen lässt, die sich als Muster beschreiben lassen. Wir konzentrieren uns an dieser Stelle auf die Darstellung zweier Muster, die in besonders

119

deutlicher Weise die Unterschiede in der Interaktion in den Familien zeigen. Außerdem beschränken wir uns aus Platzgründen auf Beispiele aus den oben beschriebenen Textrevisionsdaten.

4.1 Fordern und Unterstützen[4]

Die folgenden Gesprächsausschnitte fügen sich in das bereits in der GENESIS-Studie etablierte Muster „Fordern und Unterstützen"[5] ein. Die hier rekonstruierte Variante kann in unserem speziellen Fall des Argumentierens im Zusammenhang mit dem Bearbeiten bzw. Lösen einer Aufgabe mit „Einwenden und Geltenlassen" überschrieben werden.

„Einwenden und Geltenlassen"
Dieses Muster zeichnet sich dadurch aus, dass einerseits der Erwachsene Hilfestellungen zu einem erfolgreichen Bearbeiten bzw. Lösen der im Gespräch zu bearbeitenden Aufgabe i. S. unserer Aufgabenstellung gibt. Andererseits wird das Muster einer Argumentation „auf Augenhöhe" etabliert: Weder der Erwachsene noch das Kind nehmen eine dominante Rolle in der Interaktion ein, sie etablieren in ihren Gesprächsrollen symmetrische Beiträge zum Erreichen einer Lösung, sodass es nicht zu einer „Didaktisierung" des Gesprächs i. S. einer „Lehrer-" und einer „Schülerrolle" kommt. Der Erwachsene unterstützt das Kind also unauffällig und ohne erkennbare Absicht, indem er i. S. der Metapher der Wippe (vgl. Hausendorf/Quasthoff 1996) nur in dem Ausmaß mehr Gesprächsarbeit leistet, in dem das Kind diese benötigt, damit das „Wippen" in Gang kommt/bleibt. Das „Wippen" i. S. d. gemeinsamen Gesprächsarbeit wird allerdings trotz ausgeglichener „Anstrengung" durchaus durch die Art (nicht unbedingt durch das Ausmaß) der Beiträge des Erwachsenen bestimmt, insofern sie in eine gehaltvollere Argumentation und infolgedessen zu einem reichhaltigeren Text und damit zu einer – aus der Sicht des Erwachsenen – gelungeneren Bearbeitung der Aufgabe steuern. Genau dies macht den erwerbssupportiven Nebeneffekt aus.

---

[4] Die Benennung der Muster lehnt sich an die in der GENESIS-Studie (Hausendorf/Quasthoff 1996) gefundenen unterschiedlichen Interaktionsmuster in Familien für das Genre Erzählen an (Quasthoff/Kern 2007). Für Muster in anderen Genres siehe auch Morek (2010) für Erklärungen, Strähle (2011) für Begrüßungen.

[5] Auch Heller (demn.) beschreibt in ihren Familiendaten dieses Muster im Zusammenhang mit argumentativen Sequenzen.

Beispiel (1)[6] Fall 622

```
01  V: gut.
02      und was hast_e als DRITten satz da unten?
03  S: <<lesend> den HUND schließe ich au:s,[7]
04      KOMma,
05      weil (.) er (.) doch gar nicht an das hAndy auf dem
        tIsch DRAN kam.>
06  (2.5)
07  V: jetzt wissen wa natürlich über den hUnd relativ WEnig.
08  S: weil GUCK_ma,
09      ein HANdy liegt ja nicht (.) [HIE:r,
10                            [((legt Stift auf Tischkante
11      sondern das liegt [wohl eher DA.
12                            [((legt Stift etwas mittiger auf den Tisch))
13  (1.0)
14  V: KÖNnte aber sein,
15      dass es DA gar nicht gelegen hat,
16      ((zeigt auf die Mitte des Tisches))
17      sondern dass es da gel* (.) lag.
18      ((zeigt auf die Tischkante))
19  S: es KÖNnte auch sein,
20      dass die TISCHdecke runtergefallen ist-
21      aber dann wäre das doch da drin beSCHRIEben.
22  V: ich glaube AUch;
23      das hätte der huber einem geSAGT; ne,
```

Zunächst liest der Sohn, der Aufforderung seines Vaters nachkommend, einen weiteren Satz aus seinem zuvor geschriebenen Text vor, in dem er einen weiteren Ausschluss einer Möglichkeit formuliert hat (Z. 03–05). Der Vater gibt daraufhin zu bedenken, dass sie *über den hUnd relativ WEnig* (Z. 07) wüssten (das Argument orientiert hier implizit auf die Größe des Hundes). Dies ist als Einwand gegen die Begründung des Sohnes zu sehen, der den Hund ausgeschlossen hatte, da ein (kleiner) Hund ja das Handy nicht von dem Tisch hätte nehmen können (Z. 05). Der Sohn geht sofort auf diesen Einwand ein und versucht ihn zu entkräften, indem er die Position des Handys auf dem Tisch so vermutet, dass (auch) ein (großer) Hund es nicht erreichen kann. Diese Entkräftung des Einwands leitet er mit *weil* (Z. 08) ein und markiert damit den Austausch als Begründungsdiskurs. Der Vater akzeptiert das

---

[6] Die Beispiele wurden nach dem Transkriptionssystem GAT 2 transkribiert (vgl. Selting et al. 2009).

[7] In der Schreibaufgabe des Kindes waren drei mögliche Varianten des aufzuklärenden Sachverhalts angedeutet: (1) Hund hat das Handy verbuddelt, (2) Nachbarsjunge Tim hat es evtl. gestohlen, (3) Besucherin Simone hat das Handy verwechselt.

Argument des Sohnes nicht als hinreichend gültige Annahme (Z. 14–18) und stellt dar, dass die Begründung des Sohnes nur dann zutrifft, wenn das Handy an einer bestimmten Stelle auf dem Tisch gelegen hat. Da die Position des Handys jedoch nicht weiter bestimmt ist, könnte es auch an einer anderen Stelle gelegen haben, was dann wiederum die Begründung des Sohnes entkräften würde. Durch die Darstellung dieser Gegenposition haben die Beiträge des Vaters die Funktion, beim Sohn die Berücksichtigung weiterer möglicher Tathergänge auszulösen (Z. 19). Diese Steuerung im Gespräch ist damit unmittelbar verbunden mit der gemeinsamen Bearbeitung der Aufgabe, insofern sie zur Differenzierung der Argumentation des Sohnes im Text beiträgt.[8] Gleichzeitig wird auf der den Beteiligten verborgenen Erwerbsebene ein wesentliches Kriterium von Argumentationskompetenz adressiert, nämlich das der Berücksichtigung weiterer Perspektiven und der Entkräftung möglicher Gegenargumente (Augst et al 2007). Es geht also hier lokal – mikrogenetisch – darum, die Argumentation „wasserdicht" zu gestalten und mögliche Gegenargumente schon vorab im Text auszuräumen. Das Einnehmen verschiedener Perspektiven auf einen Sachverhalt und damit das Antizipieren von Gegenargumenten stellt – ontogenetisch betrachtet (Bergmann/Quasthoff 2010) – eine wichtige Teilkompetenz beim Argumentieren dar, die hier durch das Gesprächsverhalten des Vaters implizit gefordert und dadurch auf Seiten des Sohnes eingeübt wird. Dadurch, dass der Vater nur kurze Einwände einschiebt, ohne sie breit auszuführen (Z. 07 und 14), bietet er seinem Sohn immer eine Anschlussstelle und einen Gesprächsraum, die dieser auch nutzt (Z. 08 und 19). Hinsichtlich der Gesprächsrollenkonstellation lässt er seinem Sohn also die Möglichkeit, die Aufgabe weiterhin „eigenständig" zu lösen („übernimmt" also nicht) und gibt ihm durch kleinere Einwände Hilfestellung, um seine Argumentation überzeugender zu machen, indem mögliche Gegenargumente berücksichtigt und ggf. widerlegt werden können.

Auch am folgenden Beispiel, das aus einer anderen Familie stammt, soll gezeigt werden, in welcher Weise ein „Gespräch auf Augenhöhe" ablaufen kann. Hier geht es um eine Argumentation, die erfolgreich ist, indem die Mutter in der argumentativen Sequenz (Vertextungskompetenz) überzeugt wird, sie aber die (schriftliche) Markierungskompetenz des Kindes „bearbeitet".

---

[8] Tatsächlich wird der Text auch entsprechend optimiert.

Beispiel (2) Fall 1001

```
01  M:  SO meinst_u das;
02      ja[ja;]
03  S:    [ja.]
04  M:  =WATte ma eben.
05  (1.5)
06  S:  und ich weiß jetzt ja nicht,
07      welche FARbe das handy von herrn huber hat;
08      wenn das SCHWARZ [ist,
09      hätte sie_s ja geMERKT.      ]
10  M:                [ach so ja das-]
11      nein das glaub ich AUCH nicht;
12      dann hätte sie das ja sofort geMERKT. ne,
13  S:  ja;
14  M:  wart* was hast_n da geSCHRIEben;
15      <<lesend, dim> die nichte ist es eher AUCH nicht,
16      weil es sein kann,
17      dass sie ihr handy verGESsen hat,>
18  (2.0)
19  S:  verSTEHs_e?
20  M:  JA.
21      genau.
22      wa* aber das-
23      das kAnn man aber noch mal ANders schreiben.
```

In der dem Ausschnitt vorangehenden Sequenz erklärt der Sohn seiner Mutter, wie er zu seiner Begründung bzw. einer Entscheidung gekommen ist. Die Mutter lässt dies zunächst stehen, adressiert aber implizit die (mangelnde) Eindeutigkeit der Formulierung: *SO meinst_u das* (Z. 01). Sie stoppt dann ihren Sohn in Z. 04, um noch einmal die Aufgabe durchzulesen (Z. 05.), bevor sie ihm Raum gibt, weiter zu begründen/zu erklären. Sie markiert darauf einerseits ihr Verstehen durch den Erkenntnisprozessmarker *ach so* (Z. 10), andererseits stimmt sie seiner Begründung zu, indem sie ihn in Z. 11 bestätigt (*nein das glaub ich AUCH nicht*), und dabei durch die Betonung auf das Konjunktionaladverb *auch* den Konsens besonders herausstellt. In Z. 12 greift sie seine weiterführende Begründung bzw. Explikation auf, was auch hier sowohl Verständnis als auch Akzeptanz seiner Begründung ausdrückt. Die Akzeptanz einer Begründung bzw. deren Ratifizierung stellt in einer prototypischen Argumentation ein wesentliches Element des Gelingens dar. Sequenziell betrachtet beendet sie damit sogar eine argumentative Sequenz, denn es gibt nun nichts Strittiges mehr (vgl. Spranz-Fogasy 2005: 146). Zugleich ist dies auch als Zeichen für eine positive Kompetenzzuschreibung (Hausendorf/Quasthoff 1996) seitens der Mutter an ihren Sohn zu verstehen, da sie ihn auf diese Weise in der Wahl seiner argumentativen Vertextungsmittel bestätigt und die

Sequenz als erfolgreich etabliert. Dabei orientiert sie aber zu Beginn und noch einmal deutlich am Ende des Ausschnitts (Z. 22f.) auf die unzureichende sprachliche Umsetzung, also die Markierungskompetenz: *aber das- das kAnn man aber noch mal ANders schreiben.*

Ein weiteres Beispiel dafür, wie die Zuschreibung einer bestimmten Rolle im Gespräch erwerbsunterstützend wirken kann, zeigt die nächste Sequenz aus der durch Beispiel (1) bereits bekannten Familie. Hier geht es nicht um die Attribuierung von argumentativer Kompetenz, sondern von Verfahrenswissen und damit Zuständigkeit.

Beispiel (3) Fall 622

```
01  V:  WAS für ein handy ist denn verSCHWUNden;
02      steht da was zu der FARbe,
03      war das AUCH_n rOtes?
04  S:  n:::ein;
05      das steht da NICHT;
06  (1.0)
07  V:  hm_hm,
08      aber ROT könnte ja eventuell tatsächlich das von
        siMOne,
09      n MÄDchen,
10      könnte ja SEIN;
11      dass die_n ROtes handy haben möchte;
12  (1.3)
13      und dass dann das handy von: siMOne das ROte is;
14      ANdererseits,
15  S:  aber das is HERR hUber;
16  V:  hAt HERR huber auch_n rOtes handy,
17      ansonsten würde man_n ROtes handy und n GELbes handy
        oder WEIßes handy natürlich schwer (.) verWECHseln;
18  S:  vielleicht is es n DUNkelrotes handy und_n
        hellBRAUnes handy;
19  V:  JA könnte sein;
```

Durch seine Frage in Z. 01–03 stellt der Vater sich selbst als den unwissenden, seinen Sohn als den wissenden Part in diesem Interaktionsteam dar. Damit setzt er seinen Sohn gleichzeitig in die Position des primären Aufgabenlösers. In anderen Fällen nehmen die Eltern in solchen Momenten durchaus das Blatt mit der Aufgabe und damit das Bearbeiten eben dieser selbst in die Hand. Durch die Zuschreibung von Zuständigkeit (Quasthoff 1990) ermöglicht und fordert der Erwachsene also weitere Redezüge des Kindes in verantwortlicher Rolle.

Dadurch dass der Vater sowohl die Meinung als auch die Begründung seines Sohnes akzeptiert (Z. 19), schreibt er ihm gleichzeitig wiederum – wie die Mutter im Ausschnitt (2) – die Kompetenz zu, in die-

sem Moment der Aufgabe entsprechend richtig und zielführend gehandelt zu haben.

Das positive Würdigen von Argumenten kann spracherwerbstheoretisch im Zusammenhang mit der bestätigenden Funktion von *positive
evidence* gesehen werden: Im Unterschied zu den meisten Theorien zu
den Mechanismen des Spracherwerbs, die Unzulänglichkeitserfahrun-
gen aufseiten des Kindes als Motor der Weiterentwicklung annehmen,
geht die Theorie des DASS[9] (Hausendorf/Quasthoff 1996) davon aus,
dass gerade auch die positiven Interaktionserfahrungen des (durch Unterstützung) erfolgreichen kindlichen Gesprächspartners eine Triebkraft der Entwicklung darstellen.

4.2. Übernehmen

Zur Illustrierung einer eher negativen Funktionalität hinsichtlich einer
möglichen Erwerbsunterstützung soll im Folgenden ein Muster vorgestellt werden, das dem in GENESIS (Hausendorf/Quasthoff 1996) und
der DASS-Studie beschriebenen Muster der Übernahme sehr nahe-
kommt, aber hier kontextuell und ontogenetisch dennoch ganz anders
zu analysieren ist. In unseren aktuellen Daten lässt sich nämlich zeigen,
dass der Erwachsene die Diskursaktivität übernimmt, ohne dass das
Kind ersichtlich an ihr gescheitert wäre, während die früher herausge-
arbeitete Erwerbsunterstützung gerade darin lag, dass der Erwachsene
durch Übernahme dem Kind ein Modell erst dann liefert, wenn das
Kind auch mit Hilfe anderer Unterstützungsaktivitäten im Gespräch
seinen Part nicht übernimmt. Durch Übernahme „ohne Not" bietet der
Erwachsene dem Kind zwar einerseits ebenfalls ein Modell für die entsprechende Diskursaktivität, andererseits lässt er ihm jedoch keinen
Raum, selbst zu agieren (Quasthoff i. Dr.).

„Selberlösen und Übergehen"
Dieses Muster zeichnet sich im Vergleich zu „Fordern und Unterstützen" und den in früheren Arbeiten beschriebenen Übernahme-Aktivi-
täten genauer gesagt auch dadurch aus, dass die Eltern in den Interaktionen nicht aus der Zuhörerrolle heraus agieren, sondern versuchen,
selbst die Aufgabe zu lösen. Damit übernehmen sie nicht nur eine konversationelle Aufgabe des Kindes (Hausendorf/Quasthoff 1996), sondern sie nehmen ihm die gesamte Gesprächsrolle ab.

---

[9] DFG-Projekt *DASS* („Diskursfähigkeiten als sprachliche Sozialisation",
    http://home.edo.uni-dortmund.de/~quasthoff/dass/Projektbeschreibung.html).

Kennzeichnend ist, dass damit den Kindern in verschiedener Weise im Gegensatz zu dem oben beschriebenen Muster Kompetenz abgesprochen wird.

Beispiel (4) Fall 543

```
01  V:  also ich hab das SO verstanden,
02      dass diese SAchen,
03      alle passIERt SIND,
04  (2.0)
05  S:  wie-
06  V:  diese HINweise;
07      das ist ja alles pasSIERT;
08      herr HUber (.) hat den großen HUND,
09      u:nd DU bist der kommisSAR,
10      =und SIEHST,
11      als du da-
12      (-)
13      sag ich mal,
14      <<all> als du da die beWEISlage prüfst,>
15      dass der-
16      du guckst aus dem FENster,
17      und siehst,
18      ach ja der HUND,
19      verbuddelt da grad ne FERNbedienung.
20  S:  ja (.) aber,
21  V:  so.
22      das ist das ERSte;
23  S:      [aber das- ]
24  V:  [<<f> DANN,>]
25  S:  das aber-
26          [aber dann-]
27  V:   [MERKST du,]
28  S:  aber dann würde das andere HANdy ja nicht da sein.
29  V:  WARte ma;
30      DANN merkst du,
31      dass der nachbarsjunge TIM,
32  (1.0)
33      der w* äh:-
34      dass der,
35      hier vorbei kommt und ganz FRÖHlich is,
```

Ausgelöst wird diese Sequenz dadurch, dass der Sohn eine Argumentation seines Vaters in Frage stellt, da nach seiner Begründung zwei der Möglichkeiten am wahrscheinlichsten sein müssten, was aber nicht aufgabenkonform wäre, da man sich laut Aufgabenstellung für *die* wahrscheinlichste Möglichkeit entscheiden soll. Daraufhin expliziert der Vater (Z. 01–03), wie er die Aufgabe verstanden hat. Durch mangelndes Verständnis, was durch die Pause (Z. 04) bereits angekündigt und dann durch eine Verständnisfrage (Z. 05) expliziert wird, löst der

Sohn bei seinem Vater eine längere Erklärsequenz aus. Hier fragt der Vater also nicht nach dem Wissen seines Sohnes als dem zuständigen Aufgabenlöser, sondern etabliert sich selbst als den Kundigen. Dabei wird auch deutlich, dass der Vater seinem Sohn die Kompetenz abspricht, schon in dem Moment, als der Sohn versucht, den *turn* zu übernehmen (Z. 20, 23, 25), das Argument des Vaters verstanden zu haben und beurteilen zu können. Indem er sich als der Wissende etabliert, begibt der Vater sich unter Nutzung des „Zuständigkeitsprinzips" (Quasthoff 1990) gleichzeitig in eine Art Gesprächsleiterrolle, aus der heraus er selbst das Rederecht nimmt und es seinem Sohn nicht zubilligt. Dies zeigt sich darin, dass der Vater seinen Sohn an übernahmerelevanten Stellen unterbricht; hier könnte also ein Sprecherwechsel stattfinden, der durchaus zu einer argumentativen Aktivität des Kindes genutzt werden könnte: Wenn der Sohn versucht, sich unterbrechend in das Gespräch einzubringen, geschieht dies deutlich mit dem Ziel, einen Einwand bzw. Widerspruch hervorzubringen, markiert durch die Diskurspartikel *aber* (Z. 23 und 26). An diesen Stellen verdeutlicht der Vater jedoch prosodisch durch eine Anhebung der Sprechlautstärke, dass er nicht bereit ist, den *turn* abzugeben (Z. 24 und 27). Dies führt dazu, dass der Sohn in eine passive Position gedrängt wird, der er sich schließlich hingibt, indem er im weiteren Verlauf des Gesprächs nur noch Hörersignale produziert, während sein Vater die Explikation fortführt. Augenfällig wird hier also, in welcher Weise dem Kind Gesprächsraum verweigert wird, den es nutzen könnte, um die entsprechenden Diskursaktivitäten mit Unterstützung, aber selbstverantwortlich zu „üben" und die positive Erfahrung einer eigenen aktiven Gesprächsrolle zu machen.

Auch in der weiteren Bearbeitung der Aufgabe wird deutlich, dass der Vater einen Großteil des Bearbeitens und damit Lösens der Aufgabe selbst übernimmt.

Beispiel (5) Fall 543

```
01  V:   °h DANN würde Ich natürlich,
02       den fall SO aufbauen,
03       die beGRÜNdung,
04  (2.5)
05       DASS wir mit der-
06       simOne ANfangen,
07       (-) weil das ja dann der SCHLÜSsel des ganzen is,
08       wenn siMOne,
09  (2.0)
10       den herrn huber beSUCHT;
11       (-)
12  S:   hm_hm,
```

```
13  V:  IHR hAndy,
14      das ROte hAndy,
15      wird dann IHR_s sein,
16      =aus versehen LIEgen lässt,
17  S:  hm_hm,
18  V:  und das handy von herrn huber EINsteckt,
19      und DU sagst dass dieser reFLEX,
20      =dass man NACHfühlt,
21      ob das handy irgendwo BEI einem is,
22      SO groß is dass man dann in ordnung,
23      oder beruhigt das HAUS verlässt?
24  S:  hm_hm,
25  (0.7)
26  V:  kann ich AUCH nAchvollziehen;
27      also mir geht es so;
28  (1.3)
29      dass ich zumindest nochma fühle ob alles daBEI ist;
30  S:  d* das is für mich die wahrSCHEINlichste lösung
        dann;
31      weil mit mit-
32  (1.0)
33  V:  weil DIE,
34  (1.3)
35      sonst NIE,
36  (2.0)
37      ihr rotes handy einfach LIEgen lassen hätte;
38  S:  ja;
39  V:  die wär nicht OHNE irgendein handy ausm hAUs
        gegangen;
40  S:  genau;
41  V:  SO;
42  S:  ja;
43  V:  so verSTEH ichs;
```

Der Vater beginnt diesen Ausschnitt – deutlich markiert – mit einer Darstellung, wie er selbst den Bericht schreiben würde (Z. 01–10). Er orientiert sich an dieser Stelle also nicht an dem bereits geschriebenen Text seines Sohnes, sondern rollt die Aufgabe noch einmal auf, bearbeitet sie also auf seine Weise neu. Im Weiteren expandiert er die Beschreibung des möglichen Tathergangs und bezieht in Z. 19 die bereits in einer vorhergehenden Sequenz geäußerte Begründung seines Sohnes mit ein (*DU sagst*). Tatsächlich hat der Vater vorher genau diese Begründung innerhalb des möglichen Tathergangs selbst in die Diskussion eingebracht. Er behandelt also seine eigene, vom Sohn akzeptierte Begründung so, als sei sie die seines Sohnes. Durch die Wiederaufnahme seines eigenen Arguments wird der Eindruck, dass der Vater die Aufgabe in seiner Weise und fast unabhängig von seinem Sohn löst, verstärkt. Andererseits erinnert das Verfahren an die „Als-ob"-Strategie (Hausendorf/Quasthoff 1996; Strähle 2011), über die Erwachsene

Kindern durch Überbewertung ihrer Diskurszüge eine aktivere Rolle zuweisen, als sie ihnen auf Grund ihrer eigenen Kompetenz möglich gewesen wäre.

In Z. 30 übernimmt der Sohn den *turn*, reklamiert die Entscheidung des Vaters für die Möglichkeit, dass Simone das Handy eingesteckt hat, als seine eigene und setzt zur Ausführung einer Begründung an, die er durch die kausale Konjunktion *weil* (Z. 31) markiert. Er ist zwar in der Lage, den Kontext richtig zu bewerten (er muss eine Begründung hervorbringen), kommt aber auf der inhaltlichen Vertextungsebene nicht weiter. An dieser Stelle übernimmt der Vater den *turn* und löst lokal das „Problem", indem er selbst eine Begründung liefert (Z. 39–42). Er stellt also nicht gemäß „Fordern und Unterstützen" weitere Fragen, die seinen Sohn selbst zu einer Begründung leiten könnten, sondern bearbeitet an dieser Stelle die Aufgabe selbst. Das führt wiederum dazu, dass er sie schließlich fast vollständig eigenständig aus der Rolle der primären Zuständigkeit herauslöst und sie nicht zusammen mit seinem Sohn erledigt.

5. Varianz interaktiver Muster zwischen den Generationen und Kompetenz des Kindes

Wie eingangs erwähnt, fehlen uns gegenwärtig noch die längsschnittlichen Daten, so dass wir noch nicht in der Lage sind, empirisch belastbar und entwicklungsbezogen Auswirkungen der interaktiven Muster in den Familien auf den Erwerb von Argumentationskompetenz der Kinder zu bestätigen. Allerdings scheinen sich die für die qualitative Teilstichprobe kriterialen argumentativen Kompetenzen der Kinder in den bisherigen Beobachtungen zur Varianz der interaktiven Muster widerzuspiegeln: Es zeichnet sich in dieser kleineren Stichprobe ab, dass Varianten des Musters „Fordern und Unterstützen" in Familien mit Kindern von höherer Kompetenz praktiziert werden und das Muster *Übernahme* in Familien mit Kindern von niedrigerer Kompetenz, unabhängig von der Schichtzugehörigkeit der Familie. Auch aus theoretischen Gründen, die aus unserem Wissen zur Funktionsweise der interaktiven Diskurserwerbsmechanismen (Hausendorf/Quasthoff 1996) abgeleitet werden können, ist dieser Zusammenhang erwartbar.

Da wir keinen Zugriff auf frühe Interaktionsmuster in den Familien haben, können wir natürlich nicht eindeutig ausschließen, ob das elterliche „Übernahme"-Verhalten nicht Ergebnis einer langfristigen, habitualisierten Anpassung an eine frühe mangelnde Kompetenz und somit Bereitschaft des Kindes zur Übernahme seiner Gesprächsanteile ist. Allerdings zeigen die Rekonstruktionen der gegenwärtig vorfindlichen

Elternaktivitäten eindeutig, dass zumindest jetzt das notwendige *fine-tuning* gestört ist, indem die Übernahme hier „ohne (konversationelle) Not", d. h. ohne klare Verweigerung des Kindes, erfolgt. So ist eher die umgekehrte Wirkweise – von den Interaktionsmustern auf die Kompetenz – im Sozialisationsprozess zu unterstellen.

Die mikroanalytische Ausleuchtung der Unterschiedlichkeit, mit der familiale Erwachsenen-Kind-Dyaden mit vergleichbaren argumentativen Gesprächskontexten umgehen, führt zu einem genaueren und konkreten Verständnis der Wirkweise alltäglicher kommunikativer Muster auf Erwerbsprozesse: Die Analysen haben vorgeführt, wie jeweils lokale Gesprächsaufgaben systematisch unterschiedlich interaktiv bearbeitet werden, angewandte Verfahren also mikrogenetisch kontextualisiert und funktional eingebettet sind in die Dynamik der je spezifisch ablaufenden Interaktionsaufgaben. Spracherwerbstheoretisch zentral ist die Herausarbeitung des ontogenetischen Nebeneffekts mikrogenetischer Muster, so dass in dieser Rekonstruktion der interaktive Anteil an der Erklärung des Spracherwerbs augenfällig wird. Es konnte also exemplarisch vorgeführt werden, wie Kommunikation zwischen Generationen in Familien die Tradierung von komplexen sprachlichen Kompetenzen bewerkstelligt. Unter sozialisatorischen Gesichtspunkten, die eher auf soziale Variation als entwicklungsbedingte Konstanten fokussieren, konnten die beispielhaften Analysen zeigen, in welcher Weise unterschiedliche Stile des Miteinander-Umgehens tatsächlich sehr unterschiedliche Lernkontexte bereitstellen. Die Rekonstruktion von Gesprächsabläufen unter familialen „Idealbedingungen" wirft ein Licht darauf, wie auch durchaus engagiert wirkende Väter und Mütter von *social underachievers* in der Art ihrer Interaktion mit ihren Kindern diesen gerade nicht die Impulse und den Gesprächsraum geben, die sie zur Weiterentwicklung ihrer Kompetenz bräuchten. Die enge Verknüpfung zwischen sprachlichen Äußerungen und der Übernahme bestimmter Gesprächsrollen bzw. der interaktiven Definition der Eltern-Kind-Beziehung legt im Übrigen die Verknüpfung mit Ergebnissen zur sozialisatorischen Wirksamkeit verschiedener Erziehungsstile (Wild/Rammert/Siegmund 2006) nahe, die wir ebenfalls überprüfen werden. Mittelfristig wird uns die Konkretheit der Interaktionsabläufe in den Stand versetzen, Familien Hinweise zu der „unbedachten" Wirkweise ihrer „Kommunikation zwischen den Generationen" zu geben.

Im Verständnis unseres Zugangs zeigt sich die „Sprache der Generationen" so als eine wesentliche Triebkraft für die kulturelle Tradierung in Gesellschaften, aber auch für die Perpetuierung von sozialer Ungleichheit.

Literatur

Augst, Gerhard u. a. 2007: Text – Sorten – Kompetenz. Eine echte Longitudinalstudie zur Entwicklung der Textkompetenz im Grundschulalter. Frankfurt a. M.

Bergmann, Jörg/Quasthoff, Uta M. 2010: Interaktive Verfahren der Wissensgenerierung: Methodische Problemfelder. In: Dausendschön-Gay, Ulrich/Domke, Christine/Ohlhus, Sören (Hrsg.): Wissen in (Inter-)Aktion. Verfahren der Wissensgenerierung in unterschiedlichen Praxisfeldern. Berlin/New York, 21–34.

Bruner, Jerome 1985: The Role of Interaction Formats in Language Acquisition. In: Forgas, Joseph P. (Hrsg.): Language and Social Situations. New York, 31–46.

Burleson, Brant R./Delia, Jesse G./Applegate, James L. 1995: The Socialization of Person-Centered Communication. Parents' Contributions to Their Children's Social-Cognitive and Communication Skills. In: Fitzpatrick, Mary A./Vangelisti, Anita L. (Hrsg.): Explaining Family Interactions. London/New Dehli, 34–76.

Hausendorf, Heiko/Quasthoff, Uta M. 1996: Sprachentwicklung und Interaktion: Eine linguistische Studie zum Erwerb von Diskursfähigkeiten bei Kindern. Wiesbaden. Neu aufgelegt bei: Verlag für Gesprächsforschung: [http://www.verlaggespraechsforschung.de/2005/quasthoff.htm]

Labov, William 1972: Some principles of linguistic methodology. In: Language in Society 1, 97–120.

Heller, Vivien (demn.): Familiale Diskurspraktiken und schulische Diskursanforderungen. Die interaktive Konstitution von Kluft und Passung im Unterricht am Beispiel des Argumentierens. Diss. TU Dortmund.

Lee, Namhee/Mikesell, Lisa/Joaquin, Anna Dina L./Mates, Andrea W./Schumann, John H. 2009: The Interactional Instinct. The Evolution and Acquisition of Language. Oxford/New York.

McCabe, Allyssa/Peterson, Carole 1991: Getting the story: A longitudinal study of parental styles in eliciting oral personal narratives and developing narrative skill. In: McCabe, Allyssa/Peterson Carole (Hrsg.): Developing narrative structure. Hillsdale/N. J., 217–253.

Morek, Miriam 2010: Kindliches Erklären in der Familie und im Schulunterricht. Ein gesprächsanalytischer Kontextvergleich. Diss. TU Dortmund.

Quasthoff, Uta M. 1990: Das Prinzip des primären Sprechers, das Zuständigkeitsprinzip und das Verantwortungsprinzip. Zum Verhältnis von „Alltag" und „Institution" am Beispiel der Verteilung des Rederechts in Arzt-Patient-Interaktionen. In: Ehlich, Konrad/Koerfer, Armin/Redder, Angelika/Weingarten, Rüdiger (Hrsg.): Medizinische und therapeutische Kommunikation: Diskursanalytische Untersuchungen. Opladen, 66–81.

Quasthoff, Uta M. 2003: Entwicklung mündlicher Fähigkeiten. In: Bredel, Ursula/Günther, Hartmut/Klotz, Peter/Ossner, Jakob/Siebert-Ott, Gesa (Hrsg.): Didaktik der deutschen Sprache. Bd. 1. Stuttgart, 107–120.

Quasthoff, Uta M. 2011: Diskurs- und Textfähigkeiten: Kulturelle Ressourcen ihres Erwerbs. In: Hoffmann, Ludger/Leimbrink, Kerstin/Quasthoff, Uta (Hrsg.): Die Matrix der menschlichen Entwicklung. Berlin/New York, 210 – 251.

Quasthoff, Uta M./Katz-Bernstein, Nitza 2006: Diskursfähigkeiten. In: Grohnfeldt, Manfred (Hrsg.): Lexikon der Sprachtherapie. Stuttgart, 72–75.

Quasthoff, Uta M. 2009: Entwicklung der mündlichen Kommunikationskompetenz. In: Becker-Mrotzek, Michael (Hrsg.): Unterrichtskommunikation und Gesprächsdidaktik. Teilband Mündlichkeit in der Handbuchreihe Deutschunterricht in Theorie und Praxis. Baltmannsweiler, 84–100.

Quasthoff, Uta M./Kern, Friederike 2005: Fantasy stories and conversational narratives of personal experience. Genre-specific, interactional and developmental aspects. In: Quasthoff, Uta M./Becker, Tabea (Hrsg.): Narrative interaction. (Studies in narrative 5). Amsterdam, 15–56.

Quasthoff, Uta M./Kern, Friederike 2007: Familiale Interaktionsmuster und kindliche Diskursfähigkeit: Mögliche Auswirkungen interaktiver Stile auf diskursive Praktiken und Kompetenzen bei Schulkindern. In: Hausendorf, Heiko (Hrsg.): Gespräch als Prozess. Linguistische Aspekte der Zeitlichkeit verbaler Interaktion. (Studien zur deutschen Sprache 37). Tübingen, 277–305.

Selting, Margret u. a. 2009: Gesprächsanalytisches Transkriptionssystem 2 (GAT 2) Gesprächsforschung – Online-Zeitschrift zur verbalen Interaktion 10, 353–402. (www.gespraechsforschung-ozs.de).

Snow, Catherine E. 1995: Issues in the Study of Input: Finetuning, Universality, Individual and Developmental Differences, and Necessary Causes. In: Fletcher, P./MacWhinney, B. (Hrsg.): The Handbook of Child Language. Cambridge, 180-193

Snow, Catherine E./Dickinson, D. 1990: Social Sources of Narrative Skills at Home and at School. First Language 10, 87–103.

Spranz-Fogasy, Thomas 2005: Argumentation als alltagsweltliche Kommunikationsideologie. In: Deutsche Sprache 2/05, 33. Jg., 141–156.

Strähle, Petra 2011: Emergenz globaler Diskurskompetenzen: Eine Untersuchung von Erwachsenen-Kind-Begrüßungsroutinen am Übergang präverbal – verbal. Diss. TU Dortmund.

Wild, Elke/Rammert, Monika/Siegmund, Anita 2006: Die Förderung selbstbestimmter Formen der Lernmotivation in Elternhaus und Schule. In: Prenzel, Manfred/Allolio-Näcke, Lars (Hrsg.): Untersuchungen zur Bildungsqualität von Schule. Abschlussbericht des DFG-Schwerpunktprogramms. Münster, 370–397.

Wygotski, Lew S. 1971: Denken und Sprechen. Stuttgart.

HANNE STEFFIN

„Zwei-Welten-Texte":
Verständigung zwischen den Generationen
im Deutschunterricht

1. Einleitung

Die Verständigung zwischen Generationen, insbesondere zwischen Jugendlichen und Erwachsenen, ist in der Vergangenheit in den Medien als Thema sehr präsent gewesen. Dabei stand die Frage im Vordergrund, ob Jugendliche überhaupt noch die gleiche Sprache sprechen wie Erwachsene. Bekannt wurde z.b. der Bericht in der BILD-Zeitung aus dem Jahr 2000 „Verstehen Sie Ihre Kinder noch?", mit Beispielsätzen wie: „Wer sich beim Grinden mault, gilt bei den Cracks als Loser und wird zum Dissen freigegeben." (Neuland 2006: 224) Es wurden im medialen Diskurs zur Jugendsprache ausschließlich Probleme und vermeintliche Schwierigkeiten für die Kommunikation aufgezeigt. Die Sprache machte dabei die Konflikte zwischen den Generationen deutlich, war ein äußeres Anzeichen für die unterschiedlichen Welten von Jugendlichen und Erwachsenen.

Ein anderes Bild zeigte hingegen die linguistische Jugendsprachforschung, die sich durch die zahlreichen Publikationen der letzten Jahre (vgl. Androutsopoulos 1998; Schlobinski/Kohl/Ludewigt 1993; Neuland 2008) zu einem wichtigen Teilgebiet innerhalb der germanistischen Linguistik entwickelt hat. Aus den Studien geht hervor, dass bei Jugendsprache nicht von einer eigenen Sprache gesprochen werden kann (Dürscheid/Neuland 2006), sondern dass es eine Reihe von heterogenen Sprachstilen gibt (Neuland 2008: 60f.), die sich v. a. durch den kreativen und spielerischen Umgang mit Sprache auszeichnen, was man auch als Bricolageprinzip bezeichnet (Schlobinski/Kohl/Ludewigt 1993: 112). Jugendliche drücken damit auf sprachlicher Ebene ihre eigene Identität aus und grenzen sich so von Erwachsenen und anderen Jugendlichen ab. Sie verfügen häufig über mehrere Sprachregister, zwischen denen sie in unterschiedlichen Kommunikationssituationen wechseln. Das zeigt sich auch darin, dass jugendliche Sprachstile in Unterrichtssituationen nur eine sehr geringe Rolle spielen. Gleiches gilt sehr wahrscheinlich auch für andere intergenerationelle Interaktionen. Auch wenn jugendliche Sprachstile eher intragenerationell unter Jugendlichen verwendet werden, so ist dennoch nicht ausgeschlossen, dass intergenerationelle Kommunikation mit besonderen Problemen konfrontiert ist. Oft besteht sie jedoch eher in der mangelnden Bereitschaft, miteinander zu sprechen, als in Sprachbarrieren. Jüngere Studien weisen jedoch darauf hin, dass die Generationenkonflikte geringer werden. So gaben z.B. in der Shell-Studie 2010 mehr als 90 Prozent der Jugendlichen an, ein gutes Verhältnis zu ihren Eltern zu haben. Fast drei Viertel aller Jugendlichen würden darüber hinaus ihre eigenen Kinder so erziehen, wie sie selbst erzogen wurden, was ein großes Einverständnis mit den Erziehungsmethoden zeigt.[1]

In diesem Beitrag soll es darum gehen zu zeigen, ob und wie das Thema intergenerationelle Kommunikation im Deutschunterricht behandelt wird. Dazu soll zunächst die Relevanz des Themas für den Deutschunterricht dargestellt sowie der curriculare Bedingungsrahmen geprüft werden. Im Folgenden wird dann anhand von exemplarischen Beispieltexten die Konzeption ausgewählter Lehrwerke im Hinblick darauf untersucht, inwieweit sich die Erkenntnisse der Jugendsprachforschung, aber auch die Erkenntnisse zum veränderten Generationenverhältnis darin niederschlagen und was Jugendliche daraus lernen sollen.

2. Intergenerationelle Kommunikation als Thema im Deutschunterricht

Seit der kommunikativen Didaktik der 70er Jahre hat die kommunikativ-pragmatische Dimension einen wichtigen Platz innerhalb des Sprachunterrichts, wenngleich heute die funktionierende Kommunikation nicht mehr als einzige Legitimierung für Unterrichtsinhalte angesehen wird. Um das Ziel der Förderung der kommunikativen Fähigkeiten zur Bewältigung außerschulischer Sprechsituationen des Alltags zu erreichen, ist das Thema Kommunikation in vielen Jahrgangsstufen des Deutschunterrichts präsent und wird häufiger in der Schülerlaufbahn thematisiert. Volmert führt 2006 aus: „Die Maxime heißt also: Vorrang hat zunächst die Sensibilisierung für die Kommunikationssituation, für Gruppenstrukturen und Kommunikationsmilieus und alle beteiligten Faktoren, aus denen sich ein normatives Gerüst für die angemessenen Ausdrucksmittel und Stile ergibt." (Volmert 2006: 98) Übergeordnetes Ziel ist der reflektierte Sprachgebrauch (Boueke 1983; Neuland 1993) sowie die Entwicklung eines Sprachbewusstseins (Neuland 2002).

---

[1] http://www.shell.de/home/content/deu/aboutshell/our_commitment/shell_
youth_study/2010/family/

Auch die Bildungsstandards, in denen die schulischen Vorgaben für die Themenbereiche sowie deren inhaltliche Ausgestaltung zentral von der Kultusministerkonferenz enthalten sind, sehen eine wichtige Rolle des Themas Kommunikation innerhalb der Kategorie „Sprache und Sprachgebrauch untersuchen". So findet sich als erster wichtiger Unterpunkt: „Äußerungen/Texte in Verwendungszusammenhängen reflektieren und bewusst gestalten; beim Sprachhandeln die Inhalts- und Beziehungsebene im Zusammenhang mit den Grundfaktoren sprachlicher Kommunikation erkennen und berücksichtigen: gelingende bzw. misslingende Kommunikation; öffentliche bzw. private Kommunikationssituationen" (KMK Bildungsstandards 2004: 15). Schon hier erkennt man die große Bedeutung, die dem Thema Kommunikation beigemessen wird. Ein genauerer Blick in die Kernlehrpläne zeigt nun, dass die Kompetenzerwartungen v. a. in der Jahrgangsstufe 7/8 etwas präziser formuliert sind: Die Schülerinnen und Schüler sollen „Ursachen von Kommunikationsstörungen kennen und über Lösungswege nachdenken" (Kernlehrpläne: 39).

Neben der Sekundarstufe I gewinnt das Thema auch in der 11. Klasse noch einmal an Bedeutung. Hier stehen jedoch weniger der alltägliche Dialog als vielmehr die literarische Aufarbeitung sowie die Kommunikationsmodelle etwa von Schulz von Thun oder Watzlawick im Vordergrund der unterrichtlichen Behandlung. Um die in den Richtlinien angesprochene Reflexion anzuregen, bieten sich intergenerationelle Gespräche besonders an, da den Schülerinnen und Schülern zahlreiche Beispiele aus der Lebenswirklichkeit bekannt sind, die authentisches Konfliktpotential enthalten. Hier ergibt sich ein Anknüpfungspunkt für schulisch erworbenes Wissen an außerschulische Situationen, was eine Anwendung ermöglicht und sich gut dazu eignet, Denkprozesse zum Thema Kommunikation anzuregen und mögliche Schwierigkeiten und Ursachen für misslungene Kommunikation zu verdeutlichen. Ob dieses Konfliktpotential auch heute trotz des veränderten Verhältnisses noch erhalten ist, muss an dieser Stelle offenbleiben.

3. „Zwei-Welten-Texte" in Lehrwerken für den Deutschunterricht

Um zu untersuchen, ob und unter welchen Gesichtspunkten das Thema der intergenerationellen Kommunikation im Deutschunterricht behandelt wird, soll nun ein Blick auf ausgesuchte Lehrwerke erfolgen. Dabei wurden Beispieltexte gesucht, in denen die Kommunikation zwischen Jugendlichen und Erwachsenen im Vordergrund steht. Es soll überdies analysiert werden, ob hier bei der Auswahl und dem Inhalt der Beispieldialoge Unterschiede zwischen älteren und neueren Lehrwerken festzustellen sind. Denn vor dem Hintergrund der veränderten Eltern-Kind-Beziehungen müsste sich auch die Darstellung des Kommunikationsverhaltens geändert haben.

3.1 Das Problem der Künstlichkeit in konstruierten Beispieltexten

Die Vorstellung, dass Jugendliche und ihre Eltern aufgrund ihrer Sprache nicht miteinander kommunizieren können und damit wie in verschiedenen Welten leben, wurde in älteren Lehrwerken durchaus noch deutlich, wie ein erstes Beispiel aus dem 1998 erschienenen Lehrwerk „Wortlaut" zeigt. Auf diesen Text trifft damit auch der Begriff des „Zwei-Welten-Textes" zu, der schon 1983 von Brenner gebraucht wurde. Dem Leser wird suggeriert, Jugendliche und Erwachsene lebten in zwei verschiedenen Welten, die sich durch ihren Sprachgebrauch ausdrücken.

Zwei Generationen an einem Tisch

Frank: Hör mal, Dad, in Oberhausen hat so'n neuer Schuppen aufgemacht, da würd' ich morgen Abend gern hin.

Vater: Wovon redest du eigentlich? Seit wann interessierst du dich für Landwirtschaft?

Frank: Oh, Mann, sag bloß, du hast das nicht gelöffelt? Die neue Disco mein' ich. Da geht die Power ab. Voll die granatenmäßige Abhebeparty soll da letztes Weekend gewesen sein.

Vater: Abhebeparty? Wieso abheben? Wird da etwa gekifft?

Frank: Also, Daddy, jetzt lass man bloß keine Arien ab! Ich bin doch kein Schnuffi! Aber die Musik dort ist ein echter Bringer. Da kannst du echt abmüllen vom Stress in der Gymnastiker-Anstalt.

Vater: Von welcher Anstalt redest du denn jetzt? Sag nur, du leidest unter Schulstress?

Frank: Na, wenn du unsere Lernfuzzis kennen würdest, wüsstest du, was ich meine. Die nerven einen doch wirklich ohne Ende. Also, geht das klar mit der Disco?

Vater: Wie willst du denn da hinkommen? Oberhausen ist weit. Geht lieber wieder ins „Extreme".

Frank: Nee, das ist doch total out. Das ist echt öde. Außerdem händel ich das mit dem Hinkommen schon. Der Oldie vom Tom bringt uns und holt uns auch wieder ab.

Vater: Na schön, aber um zwölf bist du zu Hause.

Frank: All right. Warte, Dad, da wär noch was: Hast du nicht vielleicht noch 'nen Lappen für mich? Ich meine, du weißt schon …

Lest den Dialog mit verteilten Rollen.
Inwiefern kommt es durch die Gruppensprache der Jugendlichen zu Kommunikationsschwierigkeiten zwischen den Generationen?
Sind euch alle von Frank verwendeten Ausdrücke aus der Jugendsprache bekannt?
Schreibt sie heraus und versucht ihre Bedeutung zu erklären.

Beispiel aus: Wortlaut 9. Bamberg 1998: 188f.

In diesem Text fallen gleich mehrere Aspekte auf: Zunächst einmal sprechen Vater und Sohn mit einem vollkommen unterschiedlichen Wortschatz. Insbesondere im ersten Teil des Gesprächs reagiert der Vater auf die Äußerungen des Sohns immer nur mit Fragen zu einzelnen Wörtern, die er nicht verstanden hat. („Da kannst du echt abmüllen vom Stress in der Gymnastiker-Anstalt." – „Von welcher Anstalt redest du denn jetzt?"). Der Sohn verwendet einen solch übertriebenen jugendsprachlichen Wortschatz, dass eine Kommunikation überhaupt nicht möglich ist. Der Dialog weist daher keinerlei Kohärenz auf. Es wirkt, als würden Vater und Sohn hier das erste Mal miteinander kommunizieren oder als würde der Sohn absichtlich so sprechen, dass er nicht verstanden wird. Die Sprache des Sohnes erscheint dabei wie eine Fremdsprache, deren Vokabeln der Vater erst erlernen muss. Daher wird schnell deutlich, dass der Text mit Absicht konstruiert wurde, um zu zeigen, dass Vertreter verschiedener Generationen unterschiedlich sprechen. Zwar kann Authentizität bei didaktischen Texten „kein absolutes, sondern nur ein relatives Qualitätsmerkmal" sein (Neuland 2009: 121), da sich die Textpräsentation vorrangig nach den Lernervoraussetzungen und den angestrebten Lernzielen richten muss, jedoch besteht bei einer so deutlich hervorstechenden Künstlichkeit das Problem, dass Jugendliche die Konstruktion schnell durchschauen und somit auch keine Identifikation stattfinden kann. Der Schritt zur Reflexion des eigenen Sprachgebrauchs wird durch die fehlende Authentizität nahezu unmöglich. Zudem ist die Beziehung zwischen Jugendsprache, gesprochener Sprache und Umgangssprache unklar. Auch die Fragestellungen leiten nicht zur Identifikation und Reflexion an. Die Schülerinnen und Schüler sollen ausschließlich die jugendsprachlichen Begriffe herausschreiben und erklären; der Sinn dieser Übung bleibt unklar. Eine Brücke zum eigenen Sprachgebrauch fehlt.

Das Problem bei dieser Art von „Zwei-Welten-Texten" besteht jedoch nicht nur darin, dass die Schülerinnen und Schüler nicht zur Sprachreflexion angeregt werden. Vielmehr besteht die Gefahr, dass hier Differenzen aufgezeigt und damit in den Köpfen verfestigt werden, die so eigentlich gar nicht existieren. Folglich tragen solche Beispiele nicht zur besseren Verständigung bei, sondern konstruieren Missverständnisse und Differenzen. Damit ergibt sich eine aufschlussreiche Analogie zur einleitend erwähnten Konstruktion intragenerationeller Verständigungsbarrieren in Medien- und Szenewörterbüchern, hier an die Adresse der Eltern gerichtet.

3.2 Analysen ausgewählter neuerer Lehrwerke

Auch in neueren Lehrwerken wird das Thema der intergenerationellen Kommunikation aufgegriffen. Auffällig ist bei der Durchsicht, dass viele Lehrwerke inzwischen jedoch auf alltagsnahe Beispiele ganz verzichten und lieber auf literarische Vorbilder zurückgreifen, wohl um dem „Authentizitätsproblem" zu entgehen, welches sich „insbesondere bei schriftlich fixierten Textbeispielen der mündlichen Kommunikation" ergibt (Neuland 2009: 121). Das Problem bei dieser Vorgehensweise scheint jedoch, dass dadurch der Schritt zwischen dem gelernten und dem eigenen Sprachgebrauch für Jugendliche ungemein erschwert wird. Gerade durch den Vergleich mit einem authentischen Beispieldialog können sich jedoch viele interessante Vergleiche mit der eigenen Lebenswirklichkeit ergeben. Literarische Beispiele erscheinen dagegen gerade für diese Altersgruppe oft nur schwer zugänglich.

Ein weiterer Beispieltext für eine intergenerationelle Kommunikation stammt aus dem Lehrwerk „Praxis Sprache" für die 9. Klasse aus

---

Wie du redest!

Tante: Komm rein, Paula! Schön, dass du mich zum Mittagessen mal besuchst!

Paula: Hab echt Bock, was in'n hohlen Zahn zu kriegen. Was gibt's?

Tante: Wird nicht verraten. Erst erzählst du mir etwas aus der Schule!

Paula: Stell dir vor, wir ham'n tollen Pauker gekriegt, 'n neuen. Das is'n Typ! Echt mit Power!

Tante: Wie du über Lehrer redest!

Paula: Hat echt Bock gemacht mit dem.

Tante: Was hat er gemacht?

Paula: Er? Mit ihm hat es Bock gemacht.

Tante: Nun erzähl mal etwas genauer! Wie sieht er denn aus?

Paula: Aussehn? Also das is nicht so krass. Outfit okay. Aber das Tollste is, wie er redet.

Tante: Nun hoffentlich nicht so wie du!

Paula: Nein, sowas macht der doch nicht! Der spricht astreineres Hochdeutsch wie ich.

Tante: Als ich! Es heißt als.

Paula:	Weiß ich selbst. Aber ehrlich, der bringt Zoff in die Bude. Der hat uns ne Story erzählt, da blieb uns der Mund offen stehen.
Tante:	Und was war das für eine Geschichte?
Paula:	Kommt so'n Graf drin vor ... oder Ritter, weiß nich. Jedenfalls geht der in Löwenkäfig und holt 'n Handschuh rauf, und den ...
Tante:	In seinem Löwengarten, das Kampfspiel zu erwarten, saß König Franz!
Paula:	Super! Woher weißt'n das?
Tante:	Das ist die Ballade „Der Handschuh" von Schiller. Den haben wir auch schon gelernt.
Paula:	Na jedenfalls, der hat das so richtig ironisch vorgetragen. Echt geil! Ham wir geklatscht am Schluss. Und das kommt bei uns selten vor. Echt cool der Typ!
Tante:	Und was hat dir an der Ballade so gut gefallen?
Paula:	Dass der dieser Tussi den Handschuh ins Gesicht schmeißt. Die wollte sich doch bloß an ihn ranschmeißen. Und das hat er natürlich geschnallt, der Ritter.
Tante:	Das ist richtig. Wenn du das doch nur in normaler Sprache ausdrücken würdest!
Paula:	Okay, sagen wir's mal so: Das vornehme Fräulein wollte herausfinden, ob der Ritter sie wirklich liebt.
Tante:	Siehst du, es geht doch!
Paula:	Und was haste nun Geiles gekocht? Ich komme um vor Hunger!
Tante:	Supergeile Spaghetti mit Frutti di mare. Die kannst du dir gleich reinziehen.
Paula:	Na siehst du, es geht doch auch bei dir!

Natürlich muss man dieses Gespräch erst einmal vorlesen, damit man hört, wie die beiden miteinander reden. – Und eigentlich müsste man auch die Ballade Der Handschuh kennen!

Die beiden verstehen sich offenbar gut, obwohl sie in verschiedenen „Sprachen" miteinander reden. Macht die Unterschiede deutlich.

Was ist mit den Sätzen gemeint, die beide am Schluss sagen: „Na siehst du, es geht doch auch bei dir!"

Ihr sprecht sicher auch manchmal in verschiedenen „Sprachen". Welche Erfahrungen habt ihr mit Erwachsenen dabei gemacht? Wie findet ihr es, wenn sich Erwachsene eurer Sprache bedienen?

Nimm an, Paula wäre zum Essen bei einer Person eingeladen, bei der sie sich sprachlich etwas „vornehmer" ausdrücken müsste. Wie würde sie ihren Lehrer im ersten Teil des Dialogs beschreiben? Stell dir vor, wir haben einen neuen Lehrer bekommen ...

Beispiel aus: Praxis Sprache 9. Braunschweig 2006: 143 f.

dem Jahr 2006. Der Text findet sich in dem Kapitel zur Grammatik. Eine Jugendliche namens Paula führt ein Gespräch mit ihrer Tante.

Hier ist eine deutliche Entwicklung gegenüber dem „Wortlaut"-Text festzustellen. Zu Beginn des Textes werden die zwei verschiedenen Sprachstile deutlich kontrastiert; Paula verwendet eine jugendtypische

Sprechweise, die Tante redet standardsprachlich. Dennoch verstehen beide den anderen ohne Schwierigkeiten. Auch wenn die Tante an einigen Stellen kurz durchblicken lässt, dass sie von Paulas Sprachstil nicht viel hält („Wenn du das doch nur in normaler Sprache ausdrücken würdest!"), antwortet sie Paula und stellt auch inhaltliche Rückfragen, nicht nur solche, die nur auf ihren Sprachgebrauch bezogen sind („Hat echt Bock gemacht mit dem." – „Was hat er gemacht?"). Obwohl der Sprachgebrauch beider Personen sehr verschieden ist, verläuft die Kommunikation insgesamt gut. Am Ende übernehmen beide jeweils für eine Aussage den Sprachstil des anderen und loben sich gegenseitig dafür. Hier wird eine gewisse Annäherung in der Sprechweise deutlich, die sich durchaus auch für eine Analyse gut eignet.

Bei dem vorliegenden Text kann also nicht mehr problemlos von einem „Zwei-Welten-Text" gesprochen werden, da die Tante und Paula nicht in zwei unterschiedlichen Welten leben, sondern im gemeinsamen Sprechen über die Ballade sogar viele Gemeinsamkeiten finden. Sprachlich jedoch sind die beiden Welten noch deutlich erkennbar, wenngleich beide einander verstehen können, die sprachlichen Hürden also keinesfalls so groß sind wie in dem „Wortlaut"-Text. Obwohl deutliche Verbesserungen in der Textkonzeption zu erkennen sind, bleibt jedoch die sehr geringe Authentizität der Sprechweisen auch in diesem Text ein Problem. Die Tante etwa redet standardsprachlich und verwendet auch keinerlei Merkmale gesprochener Sprache. Auch die Sprache von Paula erscheint eher aufgesetzt und eignet sich kaum zur Identifikation durch die Jugendlichen. Die Aufgabenstellungen leiten die Schülerinnen und Schüler nur dazu an, die Unterschiede zwischen den beiden Sprachstilen herauszufinden und regen keine Sprachreflexion an. Einzige Ausnahme hierzu bildet die Aufgabe 4, die eigene Einstellungen abfragt. Hier geht die Aufgabenstellung für eine tatsächliche Reflexion jedoch nicht weit genug. Außerdem sind trotz der scheinbaren Offenheit im Text und auch in den Aufgaben (insbesondere in Aufgabe 5) einige implizite Wertungen enthalten, die deutlich machen, dass die jugendsprachlichen Äußerungen eher nicht erwünscht sind.

Insgesamt bleibt also festzuhalten, dass zwar im Gegensatz zu dem „Wortlaut"-Text durchaus positive Entwicklungstendenzen erkennbar sind, dass aber auch dieser Text zu wenig Authentizität aufweist, um tatsächlich dem Lernziel des reflektierten Sprachgebrauchs förderlich zu sein. Auch wenn hier das Schwinden der Generationenkonflikte durch die gegenseitige Übernahme der Sprechweisen und durch die Gemeinsamkeiten, die im Gespräch herausgearbeitet werden, in Ansätzen deutlich wird, so kann die Konzeption des Textes durchaus an einigen Stellen noch verbessert werden. Außerdem ist der Text in einer

Einheit zum Grammatikunterricht zu finden. Die Thematisierung der Kommunikation geht jedoch weit über die Analysen der Grammatik hinaus. Insgesamt ist es häufiger festzustellen, dass in neueren Lehrwerken diese Kommunikationseinheiten unter der Überschrift „Grammatik" eingeordnet sind.

Ein weiteres Beispiel für eine intergenerationelle Kommunikation findet sich schließlich in dem 2004 erschienenen Lehrwerk „Deutsch vernetzt" für die 9. und 10. Klasse. Der Text findet sich in einem Kapitel mit der Überschrift „Erziehung: Eltern haben – Eltern sein".

Mutter und Tochter unterhalten sich (Jamie Raser)

Variante A

Mutter: Schon seit Wochen sitzt du hier zu Hause herum. Was, um alles in der Welt, ist los mit dir?

Kind: Gar nichts.

Mutter: Das ist keine Antwort. Ich kenne dich. Ich merke, dass irgendetwas nicht in Ordnung ist. Was ist eigentlich los?

Kind: Du kennst mich eben nicht! Du weißt überhaupt nichts über mich.

Mutter: Vielleicht, weil du nie mit mir sprichst!

Kind: Du hörst mir ja doch nie zu, wenn ich mit dir spreche. Warum soll ich dann noch mit dir reden?

Mutter: Ich bin deine Mutter. Ich kann dir helfen.

Kind: Du verstehst überhaupt nichts und kannst mir nicht helfen. Und jetzt lass mich allein.

Variante B

Mutter: Weißt du, du scheinst mir neuerdings so niedergeschlagen zu sein. (Pause).

Kind: Ja, wirklich?

Mutter: Ja so sieht es für mich aus.

Kind: (Keine Antwort)

Mutter: Ich bin besorgt. Ist etwas passiert?

Kind: …

Mutter: …

Beispiel aus: Deutsch vernetzt 9/10. Frankfurt a. M. 2004: 17.

Auch in dieser Einheit geht es um die Kommunikation zwischen den Generationen, jedoch ist hier der Fokus auf einen völlig anderen Aspekt gelegt, als es bisher der Fall war. In dem Text von Jamie Raser (Autor des Buches „Erziehung ist Beziehung: 6 einfache Schritte, Erziehungsprobleme mit Jugendlichen zu lösen") geht es nicht um den Sprachstil, der die Kommunikation erschwert, sondern eher um die Sprachbereitschaft. In der ersten Variante scheitert die Kommunikation aufgrund der Weigerung des Kindes, mit der Mutter über seine Probleme zu sprechen. Die Kommunikation und die Verweigerungshaltung des Kindes spitzen sich im Laufe des Gesprächs zu und gipfeln in der Aussage: „Du verstehst überhaupt nichts und kannst mir nicht helfen." Den Text der Variante A kann man also durchaus als „Zwei-Welten-Text" verstehen, da das Kind sehr deutlich macht, dass es der Mutter nicht zutraut, seine Welt zu verstehen. Variante B hingegen hat den gleichen Inhalt, hier wirkt die Mutter jedoch geduldiger; sie formuliert Ich-Botschaften und lässt das Kind von sich aus kommen, ohne zu drängeln, was durch die Pausen deutlich wird. Obwohl das Gespräch nicht weitergeführt ist, kann man erwarten, dass es positiver verläuft und die Kommunikation nicht scheitert wie in Variante A. Die (hier nicht abgedruckten) Aufgabenstellungen regen die Schülerinnen und Schüler dazu an, von der Art der Gesprächsführung auf das Verhältnis zwischen Mutter und Kind zu schließen. Außerdem sollen sie miteinander darüber ins Gespräch kommen, wie und warum die Gespräche so unterschiedlich verlaufen. Der große Vorteil dieser Einheit besteht zum einen in der sehr authentischen Kommunikation zwischen Mutter und Kind. Beide Gespräche könnten sicher so ablaufen und die Schülerinnen und Schüler werden nicht sofort die Künstlichkeit und die Konstruiertheit der Texte durchschauen, was eine Reflexion des eigenen Sprachgebrauchs und Sprachverhaltens auf der Grundlage der Analyse dieser Gespräche erheblich vereinfacht. Außerdem liegt hier der Fokus tatsächlich auf der Verständigung zwischen den Generationen und nicht auf grammatischen oder lexikalischen Phänomenen. Die Schülerinnen und Schüler sollen sensibilisiert werden für mögliche Kommunikations- und Verständigungsschwierigkeiten und Wege erkennen, mit anderen, insbesondere mit den Eltern, ins Gespräch zu kommen. Durch die Gegenüberstellung der beiden Gespräche wird auch eine vergleichende Analyse möglich, die zum einen die Probleme und zugleich auch eine mögliche Lösung aufzeigt.

4. Ausblick

Wenngleich auch neuere Lehrwerke noch gewisse Schwächen offenbaren, so lässt sich deutlich ein Trend weg von den klassischen „Zwei-Welten-Texten" hin zu mehr Authentizität feststellen. Sicherlich ist dies eine positive Tendenz. Gleichzeitig neigen aber viele Lehrwerke dazu, weniger auf alltägliche Beispieltexte und stattdessen lieber auf literarische Vorbilder zurückzugreifen. Dies stellt insofern ein mögliches Hindernis dar, als Schülerinnen und Schüler hier ihr Alltagswissen nicht unmittelbar auf die Unterrichtsinhalte beziehen können. Ein weiteres Desiderat bleibt auch in den neueren Lehrwerken noch die Einbettung des Themas in kommunikative Zusammenhänge. Es reicht nicht, die sprachlichen Strukturen zu analysieren und Unterschiede im Sprachgebrauch von Jugendlichen und Erwachsenen aufzuzeigen. Diese müssen vielmehr auch in ihren kommunikativen Kontexten erfasst und auf ihre Wirkungen hin untersucht sowie mit dem eigenen Sprachgebrauch in Zusammenhang gebracht werden. Um tatsächlich dem Ziel näher zu kommen, dass die Jugendlichen Äußerungen in Verwendungszusammenhängen reflektieren und bewusst gestalten können, wie es etwa die Bildungsstandards vorgeben, muss eine Reflexion im Hinblick auf die Kommunikationssituation erfolgen.

Ein gutes Beispiel bietet hier die Einheit des „Deutsch: vernetzt"-Lehrwerks, welches zwei Kommunikationsmuster gegenüberstellt. Es ermöglicht eine vergleichende Analyse von gelingender wie misslingender Kommunikation. Gleichzeitig ist es authentisch und erfasst das wichtige Problem von intergenerationeller Kommunikation, dass die Beteiligten oft nicht an dem gegenseitigen Unverständnis auf Grund unterschiedlicher Sprachregister scheitern, sondern vielmehr an der Bereitschaft, überhaupt miteinander in Kontakt zu treten. Die Variante B zeigt hier einen Weg, wie diese mangelnde Bereitschaft durch bestimmte Sprechhandlungen überbrückt werden kann.

Es besteht allerdings noch ein Forschungsdesiderat in Bezug auf die Frage, inwieweit sich der Wandel in der Beziehung zwischen Jugendlichen und ihren Eltern im Sinne einer Annäherung auch auf die intergenerationelle Kommunikation ausgewirkt hat. Eine kurze Einheit im Deutschunterricht einer 8. Klasse ergab, dass Jugendliche kaum mit ihren Eltern jugendliche Sprechweisen verwenden. Ein Schüler meinte etwa, er würde mit seinen Eltern niemals so sprechen wie mit seinen Freunden. Andere gaben an, von ihren Eltern ermahnt zu werden, auf den Sprachgebrauch zu achten. Eine Schülerin äußerte, sie würde, wenn sie ein jugendsprachliches Wort benutzte, von ihrem Vater immer mit den Worten: „Sprich nicht so!" ermahnt. Sie selbst fand das aber nicht störend, sondern konnte ihren Vater verstehen. Insgesamt redeten die Schüler sehr offen über ihre Erfahrungen mit ihren eigenen Sprachstilen und fühlten sich durch die Thematisierung im Unterricht ernst genommen. Alle bestätigten jedoch, mit ihren Eltern anders zu sprechen als mit Freunden. Die kurze Einheit zeigte deutlich, dass Schülerinnen und Schüler gerne eigene Erfahrungen mit in den Unterricht einbringen. Die Verbindung der Unterrichtsinhalte mit solchen Vorerfahrungen birgt also eine große Chance, das Ziel der Förderung der kommunikativen Fähigkeiten zur Bewältigung außerschulischer Sprechsituationen des Alltags zu erreichen.

Insgesamt bleibt es wünschenswert, dass die Lehrwerke mehr Wert darauf legen, das Ziel der Reflexion des eigenen Sprachgebrauchs und des eigenen Kommunikationsverhaltens stärker in den Vordergrund zu rücken und die zu bearbeitenden Texte und Aufgabenstellungen auf dieses Ziel hin auszurichten.

Literatur

Androutsopoulos, Jannis K. 1998: Deutsche Jugendsprache. Untersuchungen zu ihren Strukturen und Funktionen. Frankfurt a. M.

Baurmann, Jürgen (Hrsg.) 2003: Deutsch vernetzt: Themen & Sprache 9/10. Frankfurt a. M.

Beschlüsse der Kultusministerkonferenz: Bildungsstandards im Fach Deutsch für den mittleren Schulabschluss 2004. München.

Boueke, Dietrich 1984: Reflexion über Sprache. In: Hopster, Norbert (Hrsg.): Handbuch Deutsch. Sekundarstufe I. Paderborn, 334-373.

Brenner, Gerd 1983: Eigene Wörter. Sondersprachliche Tendenzen Jugendlicher als Unterrichtsgegenstand. In: Der Deutschunterricht 2/1983, 37-55.

Dürscheid, Christa/Neuland, Eva 2006: Spricht die Jugend eine andere Sprache? Neue Antworten auf alte Fragen. In: Dürscheid, Christa/Spitzmüller, Jürgen (Hrsg.): Perspektiven der Jugendsprachforschung. Frankfurt a. M., 19-32.

Kernlehrplan für die Gesamtschule – Sekundarstufe I in Nordrhein-Westfalen. Deutsch. Herausgegeben vom Ministerium für Schule, Jugend und Kinder. Frechen, 2004.

Menzel, Wolfgang (Hrsg.) 2006: Praxis Sprache 9. Grundausgabe. Sprechen, Schreibe, Lesen. Braunschweig.

Neuland, Eva 1993: Reflexion über Sprache. Reformansatz und ungelöstes Programm der Sprachdidaktik. In: Bremerich-Vos, A. (Hrsg.): Handlungsfeld Deutschunterricht im Kontext. Frankfurt a. M., 85-101.

Neuland, Eva 2002: Sprachbewusstsein. Eine zentrale Kategorie. In: Der Deutschunterricht 3/2002, 4-10.

Neuland, Eva 2006: Jugendsprachen – Was man über sie und was man an ihnen lernen kann. In: Neuland, Eva (Hrsg.): Variation im heutigen Deutsch: Perspektiven für den Sprachunterricht. Frankfurt a. M., 223-241.

Neuland, Eva 2008: Jugendsprache. Eine Einführung. Tübingen.

Neuland, Eva 2009: Jugendsprache, Mediensprache, Lehrwerkssprache im DaF-Unterricht. In: Lochtman, Katja/Müller, Heidy (Hrsg.): Fremdspracherwerb. FLF-Reihe, Band 44. Bochum, 115-124.

Raser, Jamie 2001: Erziehung ist Beziehung: Sechs einfache Schritte, Erziehungsprobleme mit Jugendlichen zu lösen. 3. Aufl. Weinheim.

Rötzer, Hans Gerd u.a. (Hrsg.) 1998: Wortlaut 9. Sprachbuch für Gymnasien. Bamberg.

Schlobinski, Peter/Kohl, Gaby/Ludewigt, Irmgard 1993: Jugendsprache. Fiktion und Wirklichkeit. Opladen.

Volmert, Johannes 2006: Jugendsprachliche Stile und Register. Einfluss auf und Stellenwert für mündliche und schriftliche Kommunikation im Unterricht. In: Dürscheid, Christa/Spitzmüller, Jürgen (Hrsg.): Perspektiven der Jugendsprachforschung. Frankfurt a. M., 87-100.

3 Generationen in der Sprachgeschichte

HEIDRUN KÄMPER

1945 – Der Schulddiskurs als Generationenphänomen

1. Einführung

Axel Eggebrecht betitelt einen von ihm im Jahr 1979 zuerst herausgegebenen „Gedanken über Deutschland seit 1945" (Untertitel) beinhaltenden Sammelband mit: „Die zornigen alten Männer". Zu Beginn des Vorworts konstituiert Eggebrecht die titelgebende Gruppierung als Generation:

> „Wir alle waren 1945 imstande zu beurteilen, was wir in den vergangenen zwölf Jahren erlebt hatten, es zu analysieren, seine Ursachen zu untersuchen. Jeder von uns hatte sich auf irgendeine Art als Gegner Hitlers erwiesen. [...] Dieses gemeinsame Erlebnis schuf ein Gefühl der Zusammengehörigkeit, das bis heute lebendig blieb. [...] Wir wollen glaubwürdig bleiben. Dazu gehört, daß wir uns abgrenzen gegen die Gleichgültigen; und erst recht gegen jene erwiesenermaßen Mitschuldigen, die es verstanden, ihre Vergangenheit zu vernebeln und bis in maßgebende Stellen unserer Republik vorzudringen." (Eggebrecht 1980: 7)

Die Kriterien Eggebrechts, aus denen er ein generationelles Bewusstsein ableitet („Wir alle"; „Gefühl der Zusammengehörigkeit"), sind ein gemeinsamer Erfahrungshorizont („die vergangenen zwölf Jahre") und eine geteilte Weltsicht („Gegner Hitlers"). Diese Kriterien sind einerseits vergangenheitsbezogen motiviert (auf die Jahre 1933 bis 1945 bezogen), andererseits, gegenwartsbezogen, mit moralischem Anspruch versehen („wir wollen glaubwürdig bleiben"). Eggebrecht setzt dann die vergangenheitsbezogene Generationenkonstitution fort und grenzt für die Nazizeit eine ältere, eine mittlere und eine jüngere Generation voneinander ab. Die mittlere Generation konstituiert er als diesenige, „die 1933 jünger als zwanzig gewesen" (ebd.: 9) und aufgrund fehlender Erfahrung mit dem Krieg „anfällig für Parolen wie ‚Brot und Arbeit'" (ebd.) war. Die ältere Generation dagegen, obwohl auch hierunter „viele Hitlerbegeisterte", zeichne sich dadurch aus, dass „mindestens ebenso viele um die Jahrhundertwende Geborene [...] dem

Mann aus Braunau von Anfang an distanziert gegenüber[standen]"
(ebd.). Die Tatsache, dass „die mittleren Jahrgänge aus begreiflicher
Scheu geschwiegen haben" (ebd.), habe dazu geführt, dass deren „Kinder sie insgeheim für schuldiger hielten als sie waren" (ebd.: 9 f). Mit
dieser Konstellation begründet Eggebrecht den Impuls für sein Buch-
projekt. Er gibt den „Älteren", einer Generation, die er auch „wir Leute
der ersten Stunde" (ebd.: 15) nennt, auf, die Aufarbeitung dieser „Ver-
säumnisse [...] nach[zu]holen" (ebd.: 10).

Dieser Text Axel Eggebrechts exemplifiziert: In Bezug auf den politischen und gesellschaftlichen Umbruch von 1945 besteht ein hohes Generationenbewusstsein, das sich sowohl auf die Zeit des Nationalsozialismus – im Sinn des Bewusstseins einer geteilten Erfahrung – als auch
auf die seines Endes bezieht – im Sinn des Bewusstseins einer aus dieser Erfahrung abzuleitenden Verantwortung, das noch mehr als dreißig Jahre später aktiv ist.

Die von Eggebrecht und seinen Autoren vertretene Generation – Eggebrecht, Jahrgang 1899, war zum Zeitpunkt der Niederschrift achtzig
Jahre alt – ist diejenige, die (insofern natürlich nazistisch nicht belastet)
nach dem Ende des Nationalsozialismus Verantwortung übernahm
bzw. von den Alliierten übertragen bekam.[1] Es ist diejenige Funktionselite, deren ältere Vertreter vielfach bereits zur Zeit der Weimarer Republik am Diskurs beteiligt waren: Konrad Adenauer (Jahrgang 1876),
in der Weimarer Zeit Oberbürgermeister von Köln, 1949 erster Kanzler
der Bundesrepublik Deutschland; Friedrich Meinecke (Jahrgang 1862),
angesehener Historiker der 1920er Jahre, der 1945 mit seinem Buch
„Die deutsche Katastrophe" einen wichtigen Diskursbeitrag leistete;
Paul Löbe (Jahrgang 1875), Vizepräsident der Weimarer Nationalversammlung und Mitglied des Reichstags, von 1949 bis 1953 Alterspräsi-
dent des Bundestags; Wilhelm Keil (Jahrgang 1870), Mitglied der Weimarer Nationalversammlung und des Reichstags, von 1947 bis 1952
Präsident des Landtags von Württemberg-Baden; Karl Jaspers (Jahrgang 1883), in den 1920er Jahren weit über die Grenzen Deutschlands
hinaus bekannter Psychiater und Philosoph, der 1946 ein Standardwerk des Schulddiskurses, „Die Schuldfrage", veröffentlichte – dies
sind einige wenige, auf den Westen bezogene Beispiele (im Osten war
die Situation nicht anders). Dennoch: Wir sprechen nicht von den
1945ern, im Gegensatz zu den *1848ern*, den *1870ern*, der Frontsoldaten-
generation, den *1968ern*. Und auf den Nationalsozialismus und seine

---

[1] Dass die Nachkriegsgeschichte der Funktionseliten nicht konsequent war und
die Integrationspolitik Adenauers durchaus keine Berührungsängste aufwies, ist
bekannt (s. Frei 1999), dennoch ist der personelle Kontinuitätsbruch dominant.

Folgen bezogene Generationenzuweisungen wie *skeptische Generation* oder *vaterlose Generation* sind Kategorisierungen der Jugend, nicht aber der nach 1945 dominant den Diskurs bestimmenden *alten Männer* von Weimar. War diese Generation aufs Ganze gesehen zu belastet, um die wenigen nicht Belasteten im Sinn einer eigenen Erfahrungsgemeinschaft herauszulösen? War die Durchmischung mit ehemaligen Nazis zu groß, um diese Generation, die die Nachkriegsgesellschaft und die Bundesrepublik aufbaute, zu einer kohärenten Gruppierung zu harmonisieren?

2. Gegenstand

Was uns im Folgenden interessieren wird, sind nicht die sprachlichen Phänomene, die in der Regel als generationenspezifische Wortschätze, als alterstypische Kommunikationspraktiken oder als altersbedingte Sprachdefizite linguistisch dargestellt werden.[2] Vielmehr geht es um die Konstituierung eines spezifischen, als Generationenphänomen zu beschreibenden Diskurses der frühen Nachkriegszeit. Wir fragen: Mit welchen Kategorien lässt sich die Generationsspezifik des Diskurses der frühen Nachkriegszeit 1945 ff. darstellen? Welche sprachlichen Repräsentationen des Nachkriegsdiskurses lassen sich als generationelles Phänomen dieses Diskurses interpretieren? Damit ist die Untersuchungsperspektive der kulturwissenschaftlichen, diskursanalytisch orientierten Linguistik eingenommen.[3] Denn: Wir fragen 1. nach sprachlichen Repräsentationen eines einen gesellschaftlichen Diskurs beherrschenden und in auffallender Weise durch eine bestimmte Altersgruppierung etablierten Themas; 2. nach Repräsentationen von Bewusstsein, in unserem Fall von Alters- bzw. Generationenbewusstsein als Ausdruck des kollektiven Selbstverständnisses der Akteure; 3. nach der kollektiven Konzeption derjenigen generationellen Gruppierung, deren sprachliche Repräsentation im Kontext der Entfaltung des Diskursthemas eine spezifische argumentative Funktion erhält.

Zur Beantwortung dieser Leitfragen setzen wir voraus: Die Generationenspezifik lässt sich als Diskurs kennzeichnen, der das Thema *Schuld* und, im Rahmen dieses Themas, das Subthema *Jugend* auf generationenspezifische Weise konstituiert. *Schuld* ist dasjenige Thema, das die Diskurse der Funktionseliten in der frühen Nachkriegszeit determi-

---

[2] Stellvertretend seien hier genannt Cheshire 1987; Coupland/Coupland 1990; Coupland/Ylänne-McEwen 2005; Eckert 1997; Fiehler 2010; Helfrich 1979; Light 1993; Thimm 2002.

[3] Vgl. die Beiträge in Warnke 2007 und in Warnke/Spitzmüller 2008.

niert, und insofern diese Diskurse von der Generation der vor allem im letzten Drittel des 19. Jahrhunderts Geborenen bestimmt wird, erweist sich diese thematische Orientierung als evidentes Generationen-phänomen. – Dass sich außerdem diese Funktionselite aus Gründen der Opportunität aufgegeben hat, das Thema öffentlich und selbstkritisch reflektierend zu bearbeiten, sei nicht verschwiegen.

3. Generation als „Erfahrungsgemeinschaft" (Karl Mannheim)

Seit dem früheren 16. Jahrhundert bezeichnet Generation eine Alters-kohorte im Sinn von „Gesamtheit von zu einer bestimmten Zeit gebo-renen Menschen" (vgl. Paul 2002, s. v. *Generation*). Seit dem 19. Jahr-hundert wird mit „Generation" auch eine Zuordnung zu einem be-stimmten Erfahrungs- und Erlebnisbereich ausgedrückt. Daraus entwickelt Karl Mannheim („Das Problem der Generation", 1928) ein Generationenkonzept, das entscheidende Erfahrungen in der Kindheit und Jugend als prägend für eine Generation beschreibt. Mannheim un-terscheidet zwischen Generationszusammenhang (gekennzeichnet von gleichen Erfahrungszusammenhängen ohne Unterscheidung je spezifi-scher Positionen innerhalb dieser Zusammenhänge) und Generations-einheit (nach Positionen und Beteiligungen sowie Einstellungen unter-scheidbare Generationszusammenhänge). Das 1957 erschienene Buch des Soziologen Helmut Schelsky, „Die skeptische Generation", schließt an dieses Konzept an.

Unter Absehung der Prägung in Kindheit und Jugend ist Erfah-rungsgemeinschaft eine Form, sich als Individuum einer Gruppe (*Wir*) zuzuweisen,

> „die biographische Verortung in Zeit und Geschichte, d. h. als Zeitgenosse, als Altersgenosse und als Mensch in einem bestimmten Lebensalter mit Blick auf die anderen – jüngeren oder älteren – Altersgruppen." (Daniel 2001: 331).[4]

Unter dieser Voraussetzung, dass „life experiences [...] age meaning" (Eckert 1997: 167) konstituieren, wird natürlich nicht übersehen, dass die Kategorie „Erfahrung" darauf hinweist, „dass die kulturelle Deu-tungsarbeit an den Herausforderungen zu kultureller Sinnbildung im-

---

[4] „Ein solcher Blick ist immer von Deutungsbedürfnissen, zeittypischen Wahrneh-mungen und qualitativen Annahmen bestimmt und zielt mehr oder weniger ex-plizit auf das, was man mit vielen Bedeutungsnuancen ‚Generation' nennt. Der Begriff ‚Kohorte' bezieht sich demgegenüber eher auf Jahrgangsklassen und Al-tersgruppen als numerische Größen im Gefüge der Gesamtbevölkerung und auf deren demographische Spezifika." (Daniel 2001: 331)

mer schon auf dem brüchigen und kontingenten Boden eingespielter, kulturell tradierter Interpretationen und Deutungen erfolgt" (Jaeger/Liebsch 2004: X f).

Dieser *Blick auf die anderen* hat in der frühen Nachkriegszeit von 1945 ff. eine spezifische Qualität. Es ist der Blick der den Diskurs bestimmenden Älteren auf eine Jugend, deren Altersgruppe je nach Argumentationszusammenhang variabel konzipiert wird: vergangen-heitsbezogen als Verführte, zukunftsbezogen als Verantwortungsträger einer neuen Zeit, immer also im Zeichen von Schuld bzw. Unschuld. Insofern erweist sich insbesondere im Zusammenhang mit dieser Konstellation, dass *Generation* ein Relationsbegriff (Cassirer) ist, „der Verbindungen zwischen ansonsten als getrennt erscheinenden Phänomenen und Ebenen herstellt, ohne sie aufeinander zu reduzieren und ohne ihre konkreten Ausprägungen hinter Abstraktionen verschwinden zu lassen" (Daniel 2001: 342).

Die Qualität des *Blicks der Älteren auf die Jungen* wird sprachlich und textuell spezifisch repräsentiert. Darum soll es im Folgenden gehen, wenn Jugendkonzeptionen im Kontext des Schulddiskurses der frühen Nachkriegszeit als generationell determinierte und argumentativ funktionalisierte Konstrukte dargestellt werden.

4. Perspektiven des Generationendiskurses: Zeitreflexionen und Schuldbewertungen

Umbruchzeiten sind u. a. gekennzeichnet von einem hohen, sich in entsprechenden Reflexionen ausdrückenden Zeitbewusstsein.[5] Das war 1945 nicht anders. In allen drei Dimensionen wird Zeit reflektiert, und Relationsinstanz dieser Zeitreflexionen der frühen Nachkriegszeit ist im Diskurs der politischen und intellektuellen Funktionselite die Schuld der Deutschen. Das Diskursthema *Schuld* wird im Raster dieser drei Zeitdimensionen ausgeführt, soll heißen: Die Beteiligten fragen vergangenheitsbezogen nach der zur Zeit des Nationalsozialismus begangenen Schuld sowie danach, wie diese Schuld zu kategorisieren und zu bewerten ist; und sie konzipieren Zukunft als Kompensation und damit als Folge begangener Schuld. Diese Bewertungen und Refle-

---

[5] Die Kulturwissenschaft versteht Zeitbewusstsein als die „Frage nach dem inneren Verhältnis und dem wechselseitigen Konstitutionszusammenhang von Kultur und Geschichte. Inwieweit gründet die Geschichtlichkeit des Menschen in seiner Fähigkeit zur Kultur und umgekehrt. [...] Geschichtsbewusstsein, Erinnerung und Gedächtnis als fundamentale Medien und Modi der kulturellen Überlieferung [...]. Dabei spielt das historische Zeitbewusstsein eine zentrale Rolle." (Jaeger/Liebsch 2004: XII)

xionen sind bedingt von Haltungen der Zeitgenossen zu ihrer Gegenwart: Ihre Gegenwartskonzeptionen sind die Voraussetzung sowohl für die vergangenheitsbezogenen Schuldbewertungen als auch für die Zukunftskonzepte der Beteiligten.

In allen drei Zeitdimensionen ist in dieser Umbruchzeit, unter dem Zeichen von Schuld und Unschuld bzw. Nichtschuld, das Thema *Jugend* präsent. Zwar scheint es ein allgemeines Phänomen von Umbruchzeiten zu sein, dass „traditionelle[...] mentale[...] Strukturen" auf „neue[...] Erfahrungen und Wahrnehmungen" stoßen, weshalb „Beharrungs- und Wandlungspotentiale [...] sich in solchen Zeiten besonders kraß gegenüber[stehen] und [...] sich oft in ausgeprägten Generationenkonstellationen nieder[schlagen]" (Reulecke 1987: 9). Für die Zeit nach 1945 müssen wir jedoch festhalten, dass Jugend insofern in spezifischer Weise eine Verdichtung des Nachkriegsdiskurses darstellt, als sich im Konzept der Jugend die wesentlichen Dimensionen des Nachkriegsdiskurses – nämlich sein zentrales Thema *Schuld* und die explizite Reflexion dieses Themas in den drei Zeitkategorien – aufheben.

Jugend also hat, als Adressat und als Redegegenstand, Konjunktur in der frühen Nachkriegszeit: Reden wie die Ernst Wiecherts „An die Jugend" im Jahr 1945, auf die zurückzukommen ist, und die Gründung zahlreicher „Zeitschriften für die ‚junge Generation'" (Reulecke 1987: 17) sind Beispiele. Am 18. Mai 1946 ruft Karl Geiler, erster Ministerpräsident von Hessen, zum „Tag der jungen Generation" zusammen und er mahnt,

> „auch in der ernsten Lage, in der wir uns befinden, um Deutschlands und auch um Europas willen den Mut nicht sinken zu lassen [...], um mit der letzten Entschlossenheit des Lebenswillens den Blick von dem Abgrund der Vergangenheit hinweg auf den steilen Berggrat der Zukunft zu wenden, die vor uns liegt." (Geiler 1946: 111)

„Mut" ist Geilers Kampfruf und Argument zugleich, um den Blick „auf den steilen Berggrat der Zukunft zu wenden"; und mit der Überzeugung, „die vor uns liegt", reklamiert er trotzige Bereitschaft, das desolate Jetzt zu ignorieren – wer von Zukunft redet, redet zwangsläufig von Jugend, und ganz besonders in der frühen Nachkriegszeit nach 1945. Zu erwähnen ist schließlich auch die Gründung des Bundesjugendrings im Jahr 1949, der im September 1952 eine bundesweite *Woche der Jugend* veranstaltet.

Wir können verallgemeinernd sagen, dass, insofern in Umbruchzeiten über Zeit reflektiert wird, auch *Jugend* als Konzeption einer Gesellschaft ein diskursiv bearbeitetes Thema ist. Dass Jugend ein gesellschaftliches und damit sprachliches Konstrukt ist,[6] wird jedoch womöglich nirgends dann so deutlich, wenn Jugendkonzepte – wie im Schulddiskurs von 1945 – in argumentative Kontexte eingelassen sind, also Funktionen zugewiesen bekommen. Diese Funktionalisierung von Jugendkonzepten und ihre sprachlichen Repräsentationen sind ihrerseits einzuordnen in die Mentalitätsgeschichte der frühen Nachkriegszeit.[7] Diese Mentalitätsgeschichte ist beschreibbar als kollektiver Versuch, im Kontext des Bewusstseins einer Schuld historischen Ausmaßes eine anschlussfähige Identität wiederzuerlangen, die es erlaubt, im Chor der Völker wieder mitzusingen. Jugendkonzeptionen sind in dieser Konstellation gleichsam die Projektionsflächen, auf denen sich eine solche anschlussfähige Identität abbilden lässt.[8] Wir können also sagen: Der Jugend auf spezifische Weise thematisierende Schulddiskurs der frühen Nachkriegszeit ist ein generationsspezifischer Identitätsdiskurs, und Jugendkonzeptionen dienen zur Konstituierung einer deutschen Nachkriegsidentität.[9]

Beginnen wir unsere Rekonstruktion mit den Gegenwartsreflexionen der Beteiligten. Abgesehen davon, dass die Diskursbeteiligten mit einem hohen, auf den 8. Mai 1945 bezogenen Zäsurbewusstsein (*heute, heutig, das/unser Heute, jetzt, unsere/in dieser/in solch einer Zeit, in dieser Stunde*) ihre Gegenwart als Zeit der Befreiung, der Fragen und vor allem der Prüfung thematisieren,[10] verdichtet sich das dominierende

---

6   In der Formulierung Reuleckes: „[D]ie zeitgenössische Wahrnehmung von Jugend einerseits, das Gesamtbündel an weltanschaulichen Ideen, an Verhaltensempfehlungen und Wertmustern andererseits, das der Jugend als geistiges Erbe mit auf den Weg gegeben wird, [sind] zentrale Indikatoren für die Art und Weise [...], wie eine konkrete Gesellschaft sich über sich selbst vergewissert bzw. wie ihre ‚Sinnproduzenten' und ihre ‚Vordenker', ihre an der Erziehung im weitesten Sinn beteiligten Institutionen und ihre Medien als Wegweiser agieren." (Reulecke 1987: 10) Generalisierend lässt sich sagen: „[A]ge [...] is socially negotiable." (Coupland/Ylänne-McEwen 2005: 2337)

7   Vgl. Hermanns 1995.

8   „[D]er Begriff [...] [steht] für ein Geflecht kultureller Selbst-Verhältnisse [...], in denen Menschen einander als einzigartige und unverwechselbare Individuen begegnen und sich ihrer Situierung im kulturellen Kontext vergewissern. [...] Die Formierung von Identität impliziert Prozesse der kulturellen Integration, aber auch solche der Abgrenzung und Exklusion, die sich ihrerseits auf raffinierte Weise als mit Formen der Vergemeinschaftung oder der Vergesellschaftung verpflichtet erweisen." (Jaeger/Liebsch 2004: XII)

9   Ich beziehe mich im Folgenden auf Kämper 2005, wo auch die historischen Quellen sowie die dieser Studie zugrundeliegende Perspektive der linguistischen Diskursanalyse ausgeführt sind.

10 „Dieses Heutige, Diesseitige, [...] ist ja nur ein Teil unseres Gesamtdaseins, das auch die geistig-seelische Welt und damit sowohl das Vergangene wie in gewissem Sinne auch das Künftige mit umfaßt. Je mehr wir uns der Ganzheit unseres Daseins in diesem Sinne bewußt sind, desto weniger kann das Heutige, Nieder-

Deutungsmuster der Gegenwart in der Vorstellung *Wendezeit*
(*Zeit(en)wende, Wendepunkt, Wende, Weltwende*).[11] *Wendezeit* bzw. entsprechende Bezeichnungsalternativen sind zentrale Vokabeln der frühen Nachkriegszeit, deren Gebrauch aus einer inventarisierenden Betrachtung der Gegenwart resultiert, die ihrerseits den Befund von anschlussfähigen, nicht gänzlich vernichteten Beständen zutage fördert.[12]
Das Deutungsmuster der *Wendezeit* repräsentiert ein trifokales Konzept, das es erlaubt, den Fokus gleichzeitig zu richten auf die Vergangenheit, um den Nationalsozialismus als das Ende einer historischen
oder geistesgeschichtlichen Entwicklung zu beschreiben, Gegenwart
also als Untergang der Vergangenheit zu sehen,[13] auf die Gegenwart,
um das Jetzt als Zeit des Umbruchs zu betonen,[14] und auf die Zukunft,
um die Gegenwart als den Beginn einer neuen Zeit, die Zukunft erlaubt,[15] zu imaginieren. Es ist vor allem diese zukunftsgerichtete Be-

drückende Gewalt über uns gewinnen, desto freier vermögen Geist und Seele in
uns ihre Schwingen zu entfalten. [...] Aus einem solchen Welterleben [...] hat
sich [...] unsere innere substantielle Haltung der Gegenwart gegenüber zu ergeben. Um sie näher zu bestimmen, ist es nötig, sich darüber klar zu werden, wo
wir zeit- und geistesgeschichtlich heute stehen." (Geiler 1947: 172 f.)

[11]   „Wir stehen an einem historischen Wendepunkt in der Geschichte Deutschlands" (Pieck 1945: 7); „Wendepunkt in der äußeren Politik Deutschlands" (Dahlem 1945: 262); „[a]n der gegenwärtigen historischen Wende" (KPD 1945: 18); „In
der Geschichte unseres Volkes ist ein Wendepunkt eingetreten" (Spandauer Sy-
node 1945: 139); „Wendezeiten der Geschichte" (Heim 1946: 5); „Deutlich zeichnet sich [...] das Heraufziehen einer Zeitenwende ab" (Pribilla 1947: 119).

[12]   „Es ist ja doch noch derselbe Strom, der zu unseren Füßen fließt, unser Rhein,
der Strom, dem Köln seinen Wohlstand und seinen Glanz, dem es den offenen
und heiteren Geist verdankt, der seine Bewohner auszeichnet. Er strömt nach
wie vor durch Köln, und nach wie vor weisen die Türme, die unser Dom gen
Himmel reckt, ungebrochen zum Himmel empor." (Adenauer 1945: 81)

[13]   „[U]nter der Menschheit [ist] ein richtiges Gefühl dafür vorhanden, daß ein
Gleichgewicht zerstört ist und sich irgendetwas dem Ende nähert. Eine Welt-
epoche scheint abgelaufen zu sein." (Steltzer 1947: 172)

[14]   „Unvorstellbar noch für uns Miterlebende ist in seinem letzten Ausmaße der
Wechsel aller staatlichen, politischen und kirchlichen Szenerie" (Heinemann
1945/46: 19); „dem unerhörten Wandel, der im ganzen Lebensgefühl unserer Generation sich vollzieht" (Asmussen 1947: 5).

[15]   „In diesen vergangenen Wochen und Monaten ist nun ein neues Kapitel in der
Geschichte unseres Volkes und unserer Kirche aufgeschlagen (Böhm 1945: 125);
[W]ir [...] nähern uns der Paßhöhe, auf der uns die Aussicht in ein neues Land
erwartet. [...] Und frei liegt der Weg nun vor dem deutschen Erzieher" (Deiters
1945: 19); „an der Wiege der Neuordnung der deutschen Dinge" (Kaiser 1946:
203); „der größte Umbruch seit vielen, vielen Zeiten. [...] Es bricht ein neues
Zeitalter an. Der Übergang ist unbequem, vielleicht sogar schmerzhaft. Das sind
[...] die Geburtswehen der neuen Zeit" (Färber 1947: 423); „Ein Zeitalter geht zu
Ende, ein neuer Menschheitstag steigt unter Geburtswehen über den Völkern
auf. [...] Schwer drücken die Sterbensnöte einer untergehenden Welt und die
Geburtswehen der neuen" (Fuchs 1948: 7).

deutungsfacette der Gegenwartsdeutung *Wendezeit,* die das Wende-
zeit-Konzept für die Beteiligten so überaus angemessen erscheinen
lässt.[16] Denn die durch ihn mit bezeichnete Vorstellung von Epochalität
erlaubt es nicht nur, die Vergangenheit über die Gegenwart hinweg
rasch zu erledigen. Darüber hinaus richtet man damit außerdem den
Fokus vom nationalen auf ein welt-, menschheits- und geistesge-
schichtliches Szenario, um so die deutsche Isolierung aufzuheben, dies
insbesondere repräsentiert von dem das Deutungsmuster variierenden
Leitwort *Zeitenwende.*

Jugend erfährt in dieser Konstellation hohen Gegenwartsbewusst-
seins Aufmerksamkeit – als Adressat von Reden, die „An die Jugend"
heißen, vor allem aber als Redegegenstand, als Instanz, die unbedingte
Wahrheit fordert:

> „[A]n den Trümmern des von ihnen selbst zerstörten Vaterlandes stehen die
> vielen Unbelehrbaren und klagen an. Wie nach 1918 sehen sie nicht die Grö-
> ße ihrer eigenen Schuld, belügen sich selbst und vergiften das Volk und vor
> allem die Jugend mit neuen Dolchstoßlügen." (Schumacher 1945: 252)

Jugend verpflichtet, erst recht in einer Gegenwart, die einerseits die
Unwahrhaftigkeit des Nationalsozialismus im Rücken hat, deren Zukunft andererseits alles andere als gewiss ist.

Unter dieser Voraussetzung einer als *Wendezeit* konzipierten Gegenwart repräsentieren die Beteiligten vergangenheitsbezogen ihre
Schuldbewertungen und -kategorien. Das diskursiv manifeste Schuldkonzept der frühen Nachkriegszeit drückt sich in der Konstituierung
dreier Gruppen von Schuldigen und ihnen je entsprechenden Schuld-
arten aus: die Gruppe der wirklich Schuldigen (*gewissenlose Abenteurer,
Verbrecher, würgender Tyrann, Henker*)[17] – ihr werden die demoralisier-
ten Kriminellen und Hauptakteure der Nazizeit zugewiesen, die man
leicht aus dem Volk der Deutschen isolieren und stigmatisieren kann.

---

[16] „[N]ach 1945 ist es nicht zuletzt das Bedürfnis der Erwachsenengeneration, das
desaströse Ende einer Gesellschaftsordnung auch als Übergang – statt nur als
Bruch – zu sehen, was dazu führt, daß von links bis rechts der jungen Generation angetragen wird, ein von der Vergangenheit unbelastetes neues Deutschland zu repräsentieren." (Daniel 2001: 333)

[17] „[...] die gewissenlosen Abenteurer und Verbrecher, [...] die Hitler und Göring,
Himmler und Goebbels [...] die Träger des reaktionären Militarismus, die Keitel,
Jodl und Konsorten, [...] die imperialistischen Auftraggeber der Nazipartei, die
Herren der Großbanken und Konzerne, die Krupp und Röchling, Poensgen und
Siemens. Eindeutig ist diese Schuld" (KPD 1945: 14); „Schuld eines würgenden
Tyrannen und einer kleinen Schar vor nichts mehr zurückschreckender, un-
menschlicher Henker" (Eckert 1946: 50); „[j]ene Handvoll nationalsozialisti-
scher Abenteurer" (Kaiser 1950: 494).

In diesem Kontext der Klassifizierung der Schuld nazistischer Funktionsträger wird *Jugend* als diejenige Gruppierung konzipiert, auf die sich nationalsozialistisches Handeln bezog, damit als eine die Schuld dieses Handelns erschwerende Instanz – wer Jugend verführt, macht sich in höchstem Maß strafbar.[18] Schuldig ist daher z. B.,

> „wer die Seelen unserer jungen Studenten im nazi-ideologischen Sinne zu vergiften verstanden und damit gegen die heiligen Grundsätze der freien Wissenschaften gesündigt [hat]" (Eckert 1946: 139).

Das Verführungsmoment ist in diesem Kontext natürlich dasjenige, das die Verwerflichkeit der Tat erhöht. So macht man jugendliche Beeinflussbarkeit und Verführbarkeit geltend:

> „Am wenigsten sind wir [...] geneigt, die Schuld unserer Jugend zuzuschieben, die im bildsamen Alter einer hemmungslosen Propaganda fanatischer Gewalthaber ausgeliefert war." (Plank 1946: 5 f.)

> „Der die alten Moraltafeln zerbrechende Übermensch Nietzsches leuchtete einem leider nicht geringen Teile der deutschen Jugend unheimlich verführerisch voran als Wegweiser in die zu erkämpfende, ganz dunkle Zukunft." (Meinecke 1946: 42)

Ernst Wiechert fokussiert in diesem Zusammenhang nicht nur die Akteure dieser Verführungen, sondern weist auch die Konsequenzen als Verlust der Zukunft aus:

> „In diesen zwölf Jahren war aus den Herzen einer ganzen Jugend gerissen worden, was jede Jugend mit dem Schimmer einer neuen Morgenröte umglänzt: das Unbedingte des Strebens nach einer besseren, gerechteren und edleren Welt, die fromme Ehrfurcht vor den Altären der Menschlichkeit, das Ritterliche der Haltung gegen Schwache, Leidende und Besiegte. In diesen zwölf Jahren hatte man einem Volk das Eigenste und Kostbarste genommen, das es zu allen Zeiten besaß: seine Jugend und mit ihr die Gewähr aller Zukunft." (Wiechert 1945: 11)

---

[18] Insofern ist auch im Nürnberger Prozess „Jugend" ein die Verhandlungen prägender Gegenstand, insbesondere natürlich hinsichtlich der Schuldfeststellung des Hauptangeklagten Baldur von Schirach, der seine Schuld in eine Formel bringt, die ihn von eben dieser Schuld entlasten soll: „Es ist meine Schuld, daß ich die Jugend erzogen habe für einen Mann, der ein millionenfacher Mörder gewesen ist." (Schirach 1946: 477) Reichsjugendführer Baldur von Schirach war verantwortlich für die militärische Erziehung und Einschwörung der Jugend auf Rassenhass und Nationalstolz. Die Anklage sieht in ihm den „Vergifter einer Generation", der „die deutsche Jugend in die Nazi-Lehre ein[führte] [...] und [...] sie der Partei als fanatische, bedingungslose Ausführer ihres Willens" überlieferte (Nürnberger Prozess XIX: 460 f.).

Selbstreflexiv stellen die am Diskurs beteiligten Funktionsträger daneben auch eigene Schuld fest – in Kategorien, die, mit Karl Jaspers, moralischer Schuld entsprechen (*nichts getan, unser Versagen, wie blind gewesen, verharmlost, geschwiegen, ohne Widerstand geduldet*).[19] Moralische Schuld steht in der Erklärung Jaspers' im Zusammenhang mit Handlungen, die „ich als einzelne[r] begehe" und für die „ich die moralische Verantwortung habe", auch wenn sie im militärischen oder politischen Kontext (im Sinn eines sog. Befehlsnotstands) stehen (Jaspers 1946: 136). Die Selbstkonstituierung der Gruppe der Diskursbeteiligten als Generation ist in dieser Konstellation signifikant, exemplarisch die Selbstanklage in „Je m'accuse"-Attitüde Gustav Heinemanns:

> „Hat es jemals soviel Charakterlosigkeit gegeben wie unter uns, soviel Mangel an Zivilcourage, soviel Gleichförmigkeit im Denken, soviel zynischen Opportunismus des Mitmachens um der Zweckmäßigkeit willen, so viele weiche Knie wie in unserer Generation? Ich glaube kaum, und da liegt der Hinweis darauf, daß wir als Christenheit, als christliche Gemeinde, der Welt etwas schuldig geblieben sind. Es ist nicht zuletzt unser Versagen, daß es so werden konnte." (Heinemann 1949: 42)

Dieses Segment der Selbstbezichtigung insbesondere erschließt die Konzeption einer Jugendvorstellung, die von dem Merkmal „schutzbedürftig" bestimmt ist: „[E]s ist die Schuld von uns Älteren, wo sie [die Jugend] nicht genügend bewahrt wurde." (Steltzer 1945: 30)

Dritte Gruppierung derjenigen, denen Schuld zugewiesen wird, ist die der Masse der Deutschen. Ihre Schuldkriterien sind die des lässlichen Mitläufertums oder der Passivität der Hitler als Akteur ausgelieferten Opfer (*verstrickt, dem Volke aufgebürdet, Hitler hat unser Volk mit schwerer Schuld beladen / mitschuldig / mitverantwortlich gemacht, massenhaftes Verfallen, Schicksalsverstrickung*).[20] Im Zuge dieser Schuldkonzeption ist Jugend die unter allen Umständen zu schonende Gruppierung:

---

[19] „Es ist nicht zuletzt unser Versagen, dass es so werden konnte" (Heinemann 1949: 42); „Hier ist die Kirche doch einfach wie blind gewesen" (Dehn 1946: 37); „Und wenn die Männer des 20. Juli schuldig geworden sein sollten aus Not, wie viel mehr sind wir dann schuldig geworden, die wir die Gewalt, die Untat schweigend trugen, die zu tragen, zu verantworten ihnen nicht mehr möglich war!" (Schneider 1946: 15)

[20] „[E]s [ist] für denjenigen, der sich nicht einfach ins Maquis zurückzieht, fast unmöglich, nicht in vielfältige Beziehungen zu den Machthabern zu treten, die zunächst durchaus neutral erscheinen, sich aber dann doch auf die Dauer als ebensoviele Fäden erweisen, mit denen der einzelne in die Mitverantwortung verstrickt wird. [...] [S]chließlich war es gerade die teuflische Methode der Nationalsozialisten, möglichst viele durch erpreßte Eingliederung in den Apparat zu korrumpieren" (Röpke 1948: 62); „Wir sind uns der großen Verantwortung wohl bewußt, die dem deutschen Volke durch die Duldung und Unterstützung des barbarischen Hitlerkrieges aufgeladen wurde" (Pieck 1949: 301); „unermesslich das Schuldkon-

> „[W]ir werden zu unterscheiden wissen zwischen denen, die als junge Menschen das Nazireich nicht verschuldet haben, sondern es vorfanden und darin aufgewachsen sind, und jenen älteren Generationen, die mit schwerer Schuld beladen, völlige Handlanger Hitlers waren." (Kaisen 1945: 16)

Insbesondere Argumentationsmuster wie dieses machen deutlich, dass Generationenkonzepte kontextdeterminiert sind. Erst die Perspektive der Sprecher erlaubt diese nach Kriterien begründete Schuldbe- bzw. -entlastung, die in der Konstruktion schuldfähiger Generationen besteht: Nicht schuldig sind die, „die als junge Menschen das Nazireich vorfanden", schuldfähig ist die „ältere Generation", deren Angehörige die „Handlanger Hitlers" waren.

Gesellschaftskritiker und politische Funktionsträger waren sich nicht nur darin einig, dass zu differenzieren ist, sondern auch darin, dass gesellschaftliche Ausgrenzung sich nur auf die im engeren Sinn als Täter zu bezeichnenden Nazis beziehen durfte. Jugend dagegen ist in dieser Konstellation diejenige Gruppierung, die von jeglicher Schuld frei ist.

Damit ist Jugend auch ein Argument, das den vermeintlichen gegen die Deutschen erhobenen Kollektivschuldvorwurf entkräften soll. Denn die Schuldreflexionen der Diskursbeteiligten sind motiviert von der Vorstellung einer Stigmatisierung durch die ganze Welt, der gegenüberstehen alle Deutschen. Der vermeintliche Vorwurf einer deutschen Kollektivschuld schafft die Voraussetzung für den Schuld differenzierenden und klassifizierenden Diskurs der Beteiligten.[21] Das

to, welches sie [die Nazidiktatur] zu Lasten des deutschen Volkes hinterließ" (Dahlem 1945: 254); „große[...] Schuld [...], die ein verbrecherisches Regime vor der Welt dem deutschen Volk aufgebürdet hat" (Steltzer 1945: 33); „[D]urch seine Politik der Aggression und der Gewalt, des Raubes und des Krieges, der Völkervernichtung hat Hitler unser eigenes Volk ins Unglück gestürzt und es vor der gesamten gesitteten Menschheit mit schwerer Schuld und Verantwortung beladen" (KPD 1945: 14); „Man ließ bedenkenlos Hunderttausende schuldig werden" (Eckert 1946: 143); „Riesenmaß von Schuld, das ein verbrecherisches System auf die Schultern unseres Volkes geladen hat" (Löbe 1949: 2).

[21] „Diese Welt sagt: Ihr alle tragt Verantwortung, jeder einzelne" (Windisch 1946: 32); „Für die Welt draußen steht fest: nur in Deutschland war möglich, was anderswo nicht möglich ist" (ebd.: 33); „Fast die gesamte Welt erhebt Anklage gegen Deutschland und gegen die Deutschen" (Jaspers 1946: 133); „[W]ir verdanken das allein den Nazis, wenn wir heute in der ganzen Welt isoliert sind" (Kaisen 1946: 42); „Wir werden jetzt in der Welt nach Hitler, Himmler und Konsorten, nach dieser Musterauslese von Mördern, Dieben, Säufern, Perversen und Verrückten bewertet" (Müller-Meiningen 1946: 36); „[D]ie Methoden dieser dunkelsten Gestalt unserer Geschichte [Hitler] haben den Haß der ganzen Welt auf uns gezogen" (Hagelstange 1947: 251); „Die Welt hat dem deutschen Volk in seiner Gesamtheit [...] den Vorwurf gemacht, zu all dem Furchtbaren geschwiegen zu haben" (Löwenthal 1948: 6); „Deutschland, das trotz seiner [...] großen kulturellen Leistungen der Verachtung der Welt ausgesetzt ist" (Keil 1948: 704); „Die ganze Welt bestraft uns jetzt" (Kolbenhoff 1949: 106).

Thema Kollektivschuld ist initialer Bezugspunkt dieses Diskurssegments, *Kollektivschuld* ist eine seiner Leitvokabeln,[22] und mit der diskursiven Abwehr dieses Vorwurfs konzipieren die Beteiligten, unter der Voraussetzung eines ausgeprägten Bewusstseins einer deutschen Schuld, ein eigenes Schuldkonzept, so dass die juristische Einordnung von Schuld Gegenstand gesellschaftlicher Zeitkritik und politischen Handelns war. Im Zuge dieser vergangenheitsbezogenen argumentativen Abwehr eines vermeintlich von der Welt erhobenen Kollektivschuldvorwurfs und der gleichzeitigen Konzeption eines eigenen Schuldentwurfs hat *Jugend* als Konzept also zwei argumentative Funktionen: zum einen als von Schuld freizusprechende bzw. zu entlastende Gruppierung, womit dem Kollektivschuldvorwurf eine Grundlage genommen ist, zum andern als Opfer von in herausragender Weise schuldhaftem Handeln.

Zukunft fassen die Beteiligten in Bekenntnisse zu den hohen Werten europäischer Geistesgeschichte und in Kategorien von Ethik, Moral und Aufklärung (*Recht, Gerechtigkeit, Wahrheit, Wahrhaftigkeit, große Ideen der Menschheit, höchste Werte, was ewig ist, Religiosität, Menschenwürde, Licht, Geist*).[23] Dieser Zukunftsdiskurs ist strategisch notwendiges

---

[22] „Die Weltmeinung [...], die einem Volke die Kollektivschuld gibt, ist eine Tatsache von derselben Art, wie die, daß in Jahrtausenden gedacht und gesagt wurde: die Juden sind Schuld, daß Jesus gekreuzigt wurde. Wer sind die Juden?" (Jaspers 1946: 145); „Alle wurden zunächst in einen Topf geworfen. Eigentum und Wohnungen wurden beschlagnahmt ganz ohne Ansehen der Person. Statt des goldenen Zeitalters, das man ironisch ,das vierte Reich' genannt hatte, begann die Epoche der Kollektivschuld und der Fragebogen" (Sternberger 1946: 12).

[23] „zurück zu einer echten Ordnung, zu Sinn und Wert" (Dirks 1946a: 193); „den bangen Blick zu dem Bewahrten emporheben, das auch das Rettende ist, damit sein Licht in die Seele fließe und sie stark und tapfer und unverzagt mache" (Kirschweng 1946: 6); „[w]ahrhaftige Deutung des Geschehenen und dadurch Einsicht in seine Lehren für die kommenden Dinge" (Noack 1946: 11); „[d]iesen durch alle schmerzvollen und verzerrten Züge der Zeit hindurchschimmernden Geist in unserer Gegenwart heraufzurufen" (Müller-Armack 1949: 21); „den Geist bejahen und mobilisieren, damit er dieses Nichts ins Positive umschafft" (Grimme 1945a: 16); „Klärung unseres Bewußtseins" (Smend 1945: 363); „Endlich soll Klarheit vorherrschen, die diamantene Helligkeit, die Einsicht, die Liebe und die Geduld. Endlich soll der Geist herrschen, der die Leiden der Menschen verringert und ihre schreckliche Furcht zunichte werden läßt" (Kaschnitz 1945: 23). Adorno beschreibt den Gebrauch des „Begriffs" Geist, der von der „Vorstellung, daß er ein sich selbst genügendes Leben in sich habe, daß er absolut in sich ruhe, ja die Wirklichkeit gewissermaßen erst stifte" gekennzeichnet sei: „Diese Auffassung von Geist gehört zum deutschen Idealismus. Es entbehrt nicht der Paradoxie, daß sie weiterwirkt, ja daß sie bis zum Aberwitz losgelassen ist in einem Augenblick, da gerade die Repräsentanten des Geistes unablässig auf das Ende des Idealismus verweisen." (Adorno 1950: 475)

Element des Schulddiskurses, indem die Bekenntnisse zu den hohen Werten gleichsam die semantische Extension der zentralen Zielbegriffe des Schulddiskurses, Selbstwiederfindung und deutsch werden, darstellen. Damit legitimieren die Beteiligten den Geltungsanspruch des im gültigen Wertesystem der Nachkriegswelt fest verwurzelten Deutschland. Reinigung/Säuberung und Genesung stellen in diesem Zusammenhang als Bedingungsvokabeln Stützen dieses Geltungsanspruchs dar. Beschmutztes ist zu reinigen, Krankes muss gesunden, m. a. W.: Ein Vorhandenes gilt es zu restituieren – die Vorstellung einer vorhandenen anschlussfähigen Substanz ist eine diskursive Leitidee.[24] Um den Geltungsanspruch des in diesem Wertesystem fest verwurzelten Deutschtums zu stützen, manifestiert die Diskursgemeinschaft unter dem Zeichen der Bedingungsvokabeln Verantwortung, Haftung und Wiedergutmachung ihre Erkenntnis über die moralisch schuldigen und damit verantwortlichen Deutschen und erbringt so einen Nachweis über die moralische Zuverlässigkeit der Deutschen. Zudem bietet die Kategorie *Verantwortung* die Möglichkeit, an die Deutschen zu appellieren, für die Folgen des schuldhaften Handelns der wirklich Schuldigen einzustehen. Dementsprechend werden haften/Haftung und Wiedergutmachung als Bezeichnungen gebraucht, die die Bereitschaft der Diskursgemeinschaft nachweisen, die Konsequenzen aus der Übernahme von Verantwortung zu tragen.[25]

[24] „Man wird sich [...] mit der Säuberung der Universitäten nicht Zeit lassen dürfen. [...] Man lasse [...] die geistige und sittliche Katharsis des deutschen Volkes die Sache des deutschen Geistes selbst sein" (Das Demokratische Deutschland 1945: 17 f.); „Was das deutsche Volk bis hierher durchlebte, hat sich wie ein antikes Drama abgerollt. Dort schließt sich an die Krisis der Schuld die Katharsis der seelischen und geistigen Reinigung" (Reger 1945: 40); „Der dramatische Höhepunkt ist überschritten, aber die Katharsis hat noch nicht begonnen, und wie jede gewaltsame Reinigung wird sie groß und schrecklich, herrlich und ungerecht sein" (Kaschnitz 1945: 70 f.); „Ein Körper, der krank ist, gesundet nicht allein dadurch, daß man ihm diese oder jene Kost entzieht, er braucht die ihm gemäßen Aufbaustoffe. Und das sind für die deutsche Seele jene echten, verlacht gewesenen Werte, an deren Schau sie wieder blank und gerade wird" (Grimme 1946c: 146 f.); „Mit der uns gestellten Aufgabe werden wir nur fertig werden, wenn wir seelisch gesunden, und seelische Gesundung wird es für uns nicht geben ohne eine nichts beschönigende oder unterdrückende Rechenschaftsablage über das Geschehene" (Litt 1947: 7 f.); „Zur moralischen Gesundung unseres Volkes ist es nötig, ihm zu beweisen, daß jedem Frevel die Sühne folgt" (Schumacher 1945: 252); „Entnazifizierung und Entmilitarisierung waren eine Notwendigkeit. Sie haben im Osten dazu beigetragen (und müssen auch im Westen dazu beitragen), den Weg zu nationaler Gesundung [...] freizumachen" (Bolz 1948: 15); „[E]ine Voraussetzung seelischer Gesundung ist, sich auch peinlichen Wahrheiten zu stellen" (Rothfels 1954: 156).

[25] „[W]ir zählen alle zum deutschen Volke und werden ohne Unterschied haftbar gemacht für die Folgen der wahnwitzigen Politik, die in seinem Namen getrie-

Die diesen Zukunftsdiskurs gleichsam historisch fundierenden Traditionsbezüge manifestieren sich in dem westlichen Identifikationskomplex *Antike – Abendland – Christentum*, in dem östlichen Identifikationskomplex *Nationales Kulturerbe – Humanismus*.[26] Mit dem Komplex *Antike – Abendland – Christentum* überschreitet die westliche Diskursgemeinschaft Grenzen und hebt die ungewollte Isolation der Deutschen auf, indem sie sich einer den traditionellen Werten des christlichen Abendlandes und der Antike verpflichteten Gemeinschaft anschließt, von der sie sagt, ihr immer schon angehört zu haben. Die unter die Überschrift „Nationales Kulturerbe – Humanismus" gestellte östliche Variante dieses Segments des Zukunftsdiskurses rekurriert dagegen im nationalen Sinn auf Tradition einerseits, auf geistige Neuorientierung andererseits, indem die östliche Diskursgemeinschaft dazu aufruft, die große deutsche Kultur wiederzuentdecken und den neuen Bedingungen anzuverwandeln.

Die zukunftsorientierte Dimension des Schulddiskurses ist schließlich geprägt von der Thematisierung der politische Kultivierung nachweisenden Basisoptionen *Frieden*, *Freiheit* und *Demokratie*, mit denen man Affinität zu den Werten der neuen Wirklichkeit und damit Homogenität mit ihren Trägern nachweist. Im Westen ist dieses Diskurssegment Teil des Schulddiskurses und dient der ethisch-moralischen Restituierung der Gesellschaft in Bezug auf ihre politischen Werte.[27] Im Osten dient das Diskurssegment zur Etablierung und Legitimierung

---

ben worden ist" (Keil 1948: 701); „So [...] wie die Gesamtheit eines Volkes die Haftung für die Schulden einer Regierung auch dann übernehmen muß, wenn es sie durch eine Revolution desavouiert hat, muß sie auch den Schaden grundsätzlich wiedergutmachen, den seine Regierung anrichtet" (Röpke 1948: 114); „Jeder Deutsche, ausnahmslos, hat teil an der politischen Haftung. Er muß mitwirken an den in Rechtsform zu bringenden Wiedergutmachungen" (Jaspers 1946: 171).

[26] „Wir wollen, daß unsere alte Kultur zurückfindet zu ihrer Grundlage, zur christlich-abendländischen Kultur, deren Kern die hohe Auffassung von der Würde der Person und dem Wert jedes einzelnen Menschen ist" (Adenauer 1946: 148); „Sollen wir bestehen, dann muß das Wort vom christlichen Abendland, von Menschenfreiheit und Menschenwürde, von menschlicher Bruderliebe und sozialer Gerechtigkeit zur Idee erglühen!" (Ehard 1950: 94); „Vor uns steht die große Aufgabe, eine neue demokratische Kultur zu schaffen, die auf dem großen deutschen Kulturerbe aufbaut" (Grotewohl 1950: 123).

[27] „Bei den fünf Millionen deutschen Arbeitnehmern, die sich jetzt in einem Bunde vereinigen, steht jedenfalls der Vorsatz unverrückbar fest, durch starke Einflußnahme auf die wichtigsten Bezirke in der Wirtschaft des Landes den Frieden und die Freiheit für sich selbst, für das deutsche Volk und für die Welt zu sichern" (DGB 1949, 202); „Demokratie und Mitschuld [...] sind zwei Begriffe, in denen sich die Zukunft und die Vergangenheit wie in einem Brennpunkt auffangen" (Grimme 1946b: 93).

des neuen sozialistischen Staates als historische Konsequenz aus der nationalsozialistischen Epoche.[28] Insgesamt wird der zukunftsbezogene Diskurs repräsentiert durch Bedingungsvokabeln, die Voraussetzungen für den Wiedereintritt der Deutschen in die Völkergemeinschaft bezeichnen, durch Identifikationsvokabeln, mit denen sich die Nichttäter als Angehörige der Wertegemeinschaft identifizieren, und durch Bekenntnisvokabeln, mit denen sie den Anspruch auf diese Wunschidentität stützen.

In dieser Konstellation finden wir das Thema „Jugend" natürlich hochpräsent – wo eine Gesellschaft ihre Zukunft konzipiert, konzipiert sie Jugend. Ernst Wiechert hält am 11. November 1945 im Münchner Schauspielhaus seine berühmte Rede „An die deutsche Jugend" (Wiechert 1945). Diese Rede ist nicht nur in höchstem Maß zukunftsbezogen, sondern spiegelt auch exemplarisch die Haltung einer Gesellschaft wider, die ihre Jugend in die Pflicht nimmt. Gleichsam grammatikalisch repräsentiert durch den Imperativ, schafft Wiechert eine Deontik, die der Jugend nichts Geringeres aufgibt als die Restituierung einer entmoralisierten Gesellschaft:

> „Fragt nicht, wo und wie ihr mit der Liebe beginnen sollt. Ihr habt eine Saat zu säen, und das Feld erwartet euch. Ein verstörtes Volk erwartet euch, und für die Ärmsten dieses Volkes seid ihr durch den feurigen Ofen gegangen, für seine Kinder." (Ebd: 21)

Dass diese Restituierung an dem Hochwertvokabular des christlichen Abendlands orientiert ist, entspricht der oben dargestellten Selbsteinschätzung der Beteiligten: Die deutsche Kultur ist Teil der Kultur des christlichen Abendlands. Die hohen Werte dieser Kultur heißen *Gott* und *Liebe, Wahrheit* und *Recht, Freiheit* und *Frieden, Ehrlichkeit* und *Aufrichtigkeit*. So wird der Jugend aufgegeben:

> „Ihr sollt Gott ausgraben unter den Trümmern des Antichrist, gleichviel, welchen Namen ihr ihm gebt. Und ihr sollt die Liebe ausgraben unter den Trümmern des Hasses. Und ihr sollt die Wahrheit wieder ausgraben und das Recht und die Freiheit." (Ebd.: 22)[29]

---

[28] „[E]s geht um die Einheit Deutschlands, um die Entfaltung einer Volksdemokratie, um die Hebung des Wohlstandes des deutschen Volkes und um die Sicherung des Friedens. Die SED, unsere Partei, sei diejenige, welche die Sicherung des Friedens garantieren kann" (Pieck 1948: 147).

[29] Weniger die Jugend verpflichtend, aber denselben Konnex zwischen höchstem moralischen Anspruch und Jugend stellt der Pädagoge Heinrich Deiters her: „Der tiefste Sinn des Rechts [...] enthüllt sich in dem Bestreben, Frieden unter den streitenden Menschen zu stiften, und so ist es vor allem der Friedensgedanke, den wir mit aller Hingabe in unserer Jugend, wie in unserem Volke überhaupt, pflegen müssen." (Deiters 1945: 21)

Auch Kurt Schumacher mahnt zur Erziehung der „Jugend [...] im Geiste des Friedens und der Freiheit, der Achtung vor der menschlichen Persönlichkeit, der Ehrlichkeit und Aufrichtigkeit" (Schumacher 1945: 255).

Nie zuvor wohl war ein gesellschaftlich etabliertes Jugendkonzept derart deontisch geprägt von Verpflichtung und Verantwortung der Jugend für die Zukunft einer ganzen Nation, das Ernst Wiechert dazu veranlasst, der Jugend „dies auf die Seele [zu] binden wie ein Vermächtnis" (ebd: 22 f.). In diesem Sinn gleichsam einer Entjuvenilisierung verpflichtet Alfred Andersch die „Jugend Europas [...] den Kampf gegen alle Feinde der Freiheit fanatisch [zu] führen" (Andersch 1946: 447).

5. Fazit

Der Schulddiskurs der frühen Nachkriegszeit ist ein Generationenphänomen oder anders formuliert: Schuld ist ein generationenbedingtes Thema der frühen Nachkriegszeit und als solches damit Generationsmarker. Erst mit „dem Generationswechsel ändert sich auch der Gegenstand der Betrachtung. Aus der erfahrungsgesättigten gegenwärtigen Vergangenheit der Überlebenden wird eine reine Vergangenheit, die sich der Erfahrung entzogen hat" (Koselleck 1994: 117) – ein Phänomen, das sich in der diskursiven Bearbeitung der nazistischen Vergangenheit durch die Söhne- und Töchter-Generation in den späten 1960er Jahren manifestiert.[30]

Aufgrund der spezifischen Nachkriegskonstellationen konnte es nach 1945 nur die ältere Generation der im letzten Drittel des 19. Jahrhunderts Geborenen sein, die diesen Diskurs thematisch ausführte. Es ist der Diskurs der Älteren, derjenigen, die vielfach bereits die Diskurse der Weimarer Zeit bestimmten bzw. an ihnen teilnahmen, mit dem diese Generation – generationenspezifisch – einen Rahmen für die ihrerseits generationengeprägten Konzeptionen von Jugend schaffen. Mit „Jugend" etablieren die Diskursbeteiligten argumentativ ein an ihre Schuldkonzeption gebundenes Subthema, dessen Realisierung gleichsam als „age-exclusive marker" (Cheshire 1987: 64) zu bewerten ist: Über Jugend redet vorzugsweise Nichtjugend, erst recht, wenn diese Nichtjugend Jugendkonzepte, wie im Kontext des Schulddiskurses, argumentativ funktionalisiert.

Halten wir also fest: Nur die ältere Generation kann im Kontext des Schulddiskurses eine derart von Jugend abgegrenzte Generation konstituieren, nur die ältere Generation kann in der Weise wie geschehen ihre Reflexionen explizit an die Jugend adressieren, und nur die ältere

---

[30] Vgl. dazu den Beitrag von Joachim Scharloth in diesem Band und Kämper 2011.

Generation kann Jugend argumentativ im Kontext eines Schulddiskurses konzipieren: Jugend ist in der frühen Nachkriegszeit ein vom jeweiligen Argumentationszusammenhang determiniertes offenes Konzept. Während in dem vergangenheitsbezogenen Diskurssegment Jugend gleichsam mit ihr gemäßen juvenilen Stereotypen wie *schutzbedürftig* oder *verführbar* konzipiert wird mit dem Ziel, die Verwerflichkeit nazistischer Verbrechen herauszustellen und den Vorwurf einer deutschen Kollektivschuld zu entkräften, konzipieren die Beteiligten *Jugend* zukunftsbezogen entjuvenilisiert als mit schwerer Pflicht und Verantwortung versehene Generation, die nichts Geringeres zu leisten hat, als die Deutschen damit von ihrer Schuld zu entlasten.

Insofern ist der öffentliche Diskurs der Umbruchzeit von 1945 ff. darstellbar als eine Generationenspezifik in bestimmter Weise repräsentierender Schulddiskurs, und zwar in folgenden Hinsichten:

1. Die *Erfahrung Nationalsozialismus* wird nach Lebensalter differenziert. *Jugend* und *Generation* werden im Schulddiskurs stets relativ zum Nationalsozialismus konzipiert.
2. Schuld wird im Zusammenhang mit Lebensaltern reflektiert und Schuldgrade lebensaltersabhängig festgelegt.
3. Jugend ist in diesen Konstruktionen diejenige Generation, die von Schuld freigesprochen wird.
4. Jugend ist diejenige Generation, die Objekt schuldhaften Handelns war.
5. Jugend ist diejenige Generation, der die Eröffnung einer anschlussfähigen Zukunft überantwortet wird.

Mit der Kategorie der Erfahrungsgeneration wird deutlich, dass generationell determinierte sprachliche Phänomene als Phänomene eines historischen Kontextes zu beschreiben sind. Daher können wir außerdem als methodische Erkenntnis festhalten: Altersbedingtes Reden muss nicht zuletzt kategorisiert werden als ein solches Reden, das durch den Kontext einer historischen Erfahrung bzw. eines historischen Ereignisses und der sich daraus ergebenden Bedingtheiten determiniert ist.[31] Diese Bedingtheiten sind in unserem Fall: angeklagt sein

---

[31] „Angesichts der empirischen Forschungslage stellt sich [...] die Forderung nach einer kontextualisierten Sichtweise auf lexikalische [und wir fügen hinzu: nicht nur lexikalische, sondern z. B. auch thematische] Phänomene [...] für den Sprachgebrauch der älteren Generation. [...] Eine solchermaßen kontextuell ausgerichtete Sichtweise auf generationsspezifische Lexik [und sprachliche bzw. diskursive Repräsentationen überhaupt] darf als wichtige weiterführende Forschungsstrategie angesehen werden." (Thimm 2002: 886)

vor der ganzen Welt, Schuldbewusstsein, Streben nach nationaler Rehabilitation. Diese Konstellation bedingt nicht nur die Argumentationsmuster des Schulddiskurses, sondern das von dieser Konstellation bedingte Reden über Schuld ist als „age-exclusive", mindestens aber als „age-preferential marker" (Cheshire 1987: 64) darstellbar.

Literatur

Adenauer, Konrad 1945: Ansprache des Oberbürgermeisters Adenauer vor der von der britischen Militärregierung ernannten Kölner Stadtverordneten-Versammlung, 1. Oktober 1945. In: Schwarz, Hans Peter (Hrsg.) 1975: Konrad Adenauer. Reden 1917–1967. Eine Auswahl. Stuttgart, 79–81.

Adenauer, Konrad 1946: Rede vom 24.3.1946. In: Bucher, Peter (Hrsg.) 1990: Nachkriegsdeutschland 1945–1949. (Quellen zum politischen Denken der Deutschen im 19. und 20. Jahrhundert. Freiherr vom Stein-Gedächtnisausgabe.) Darmstadt, 138–165.

Andersch, Alfred 1946: Das junge Europa formt sein Gesicht. In: Kleßmann, Christoph 1991: Die doppelte Staatsgründung. Deutsche Geschichte 1945–1955. 5., überarbeitete und erweiterte Auflage. Göttingen, 446–448.

Asmussen, Hans 1947: Das Recht des Irdischen. Frankfurt a. M.

Dahlem, Franz 1945: Einige Probleme unserer künftigen Arbeit in Deutschland. In: Dahlem, Franz 1980: Ausgewählte Reden und Aufsätze 1919–1979. Zur Geschichte der Arbeiterbewegung. Berlin, 251–269.

Dehn, Günther 1946: Unsere Predigt, heute. Stuttgart.

Deiters, Heinrich 1945: Der deutsche Lehrer vor der Welt. Berlin.

Eckert, Josef 1946: Schuldig oder entlastet? München.

Eggebrecht, Axel (Hrsg.) 1979: Die zornigen alten Männer. Gedanken über Deutschland seit 1945. Reinbek bei Hamburg.

Färber, Ilse 1947: [Diskussionsbeitrag]. In: Reinhold, Ursula/Dieter Schlenstedt/ Horst Tanneberger (Hrsg.) 1997: Erster Deutscher Schriftstellerkongreß, 4.–8. Oktober 1947. Protokoll und Dokumente. Berlin, 423–424.

Fuchs, Emil 1948: Christentum und Sozialismus. Offenbach a. M.

Geiler, Karl 1946: Besinnung und Bekenntnis. In: Geiler, Karl: Geistige Freiheit und soziale Gerechtigkeit im neuen Deutschland. Wiesbaden, 107–120.

Grimme, Adolf 1946a: Jugend und Demokratie. In: Grimme, Adolf 1947: Selbstbesinnung: Reden und Aufsätze aus dem ersten Jahr des Wiederaufbaus. Braunschweig u. a., 93–113.

Grimme, Adolf 1946b: Eröffnungsansprache auf der ersten Volkshochschultagung für die gesamte britische Zone in Hannover, 1946. In: Grimme, Adolf 1947: Selbstbesinnung: Reden und Aufsätze aus dem ersten Jahr des Wiederaufbaus. Braunschweig u. a., 143–147.

Grotewohl, Otto 1950: Lehrt und lernt für den Frieden! In: Grotewohl, Otto 1955: An die Jugend. Berlin, 121–129.

Heim, Karl 1946: Die Bergpredigt Jesu. Für die heutige Zeit ausgelegt. Tübingen, Stuttgart.

Heinemann, Gustav 1949: Mensch und Staat. Vortrag auf der evangelisch-sozialen Woche des evangelischen Männerwerks des Kirchenkreises Essen, 11.5.1949. In: Heinemann, Gustav: Glaubensfreiheit – Bürgerfreiheit. Reden und Aufsätze zu Kirche, Staat, Gesellschaft 1945–1975. Hrsg. v. Diether Koch. Frankfurt a. M., 35–47.

Jaspers, Karl 1946: Die Schuldfrage. In: Jaspers, Karl 1986: Erneuerung der Universität. Reden und Schriften 1945/46. Heidelberg, 113–213.

Kaisen, Wilhelm 1945: An die werktätige Bevölkerung. Ansprache am 1. Oktober 1945. In: Kaisen, Wilhelm 1947: Bereitschaft und Zuversicht. Reden von Bürgermeister Wilhelm Kaisen, Präsident des Senats der Freien Hansestadt Bremen. Bremen, 15–20.

Kaschnitz, Marie Luise 1945/1995: Menschen und Dinge. Zwölf Essays. Frankfurt a. M./Leipzig.

Kirschweng, Johannes 1946: Bewahrtes und Verheißendes. Saarlouis.

Kolbenhoff, Walter 1949: Heimkehr in die Fremde. München.

KPD 1945: Aufruf des Zentralkomitees der KPD vom 11. Juni 1945 an das deutsche Volk zum Aufbau eines antifaschistisch-demokratischen Deutschlands. In: Dokumente und Materialien zur Geschichte der deutschen Arbeiterbewegung. Reihe III: ab 1945. Berlin, 14–20.

Löbe, Paul 1949: Deutscher Bundestag – 1. Sitzung. Bonn, 7. September 1949. Eröffnungsansprache des Alterspräsidenten Löbe. In: Verhandlungen des Deutschen Bundestages. I. Wahlperiode 1949. Stenographische Berichte Band 1. Bonn, 2.

Löwenthal, Fritz 1948: Der neue Geist von Potsdam. Hamburg.

Meinecke, Friedrich 1946: Die deutsche Katastrophe. Betrachtungen und Erinnerungen. Wiesbaden.

Müller-Meiningen, Ernst 1946: Die Parteigenossen. Betrachtungen und Vorschläge zur Lösung des „Naziproblems". München.

Nürnberger Prozess: Der Nürnberger Prozess gegen die Hauptkriegsverbrecher vor dem Internationalen Militärgerichtshof Nürnberg 14. November 1945 bis 1. Oktober 1946. 23 Bände. Veröffentlicht in Nürnberg 1947.

Pieck, Wilhelm 1945: Feste Einheit der demokratischen Kräfte. In: Pieck, Wilhelm 1952: Reden und Aufsätze. Auswahl aus den Jahren 1908–1950. Band II. Berlin, 7–10.

Pieck, Wilhelm 1948: Rede vor dem SED-Parteivorstand zu Thema: Die Verschärfung des Kampfes für Einheit, Demokratie und gerechten Frieden. In: Die Deutschlandfrage von Jalta und Potsdam bis zur staatlichen Teilung Deutschlands 1949. Berlin, 117–144.

Pieck, Wilhelm 1949: An der Wende der deutschen Geschichte. Antrittsrede des Präsidenten Wilhelm Pieck auf der Tagung der Volks- und Länderkammer am 11. Oktober 1949. In: Pieck, Wilhelm 1952: Reden und Aufsätze. Auswahl aus den Jahren 1908–1950. Band II. Berlin, 295–303.

Pribilla, Max 1947: Deutschland nach dem Zusammenbruch. Frankfurt a. M.

von Schirach, Baldur 1946: Schlusswort des Angeklagten. In: Der Nürnberger Prozess gegen die Hauptkriegsverbrecher vor dem internationalen Militärgerichtshof. Nürnberg, 14. November 1945 bis 1. Oktober 1946. Bd. 22, 446–448.

Schneider, Reinhold 1946: Gedenkwort zum 20. Juli. Stuttgart u. a.

Schumacher, Kurt 1945: „Die Sozialdemokratie ruft: Für ein neues besseres Deutschland!" Erster Aufruf des „Büros Dr. Schumacher" an die Bevölkerung. In: Schumacher, Kurt 1985: Reden – Schriften – Korrespondenz 1945–1952. Hrsg. v. Willy Albrecht. Berlin/Bonn, 251–255.

Smend, Rudolf 1945: Staat und Politik. In: Smend, Rudolf (1955): Staatsrechtliche Abhandlungen und andere Aufsätze. 2. Auflage. Berlin, 363–379.

Steltzer, Theodor 1945: Rede anläßlich einer Gedächtnisfeier für die Opfer des Faschismus vom November 1945. In: Steltzer, Theodor (1986): Reden, Ansprachen, Gedanken 1945–1947. Grundlegende Ausführungen des letzten Oberpräsidenten und ersten Ministerpräsidenten Schleswig-Holsteins. Herausgegeben und erläutert von Kurt Jürgensen. Neumünster, 28–38.

Steltzer, Theodor 1947: Zur geistigen und politischen Standortbestimmung. In: Stelt-
zer, Theodor 1986: Reden, Ansprachen, Gedanken 1945–1947. Grundlegende
Ausführungen des letzten Oberpräsidenten und ersten Ministerpräsidenten
Schleswig-Holsteins. Herausgegeben und erläutert von Kurt Jürgensen. Neu-
münster, 167–193.
Sternberger, Dolf 1946: Dreizehn politische Radio-Reden. Heidelberg.
Wiechert, Ernst 1945: Rede an die deutsche Jugend. München.

Sekundärliteratur

Adorno, Theodor W. 1950: Auferstehung der Kultur in Deutschland? In: Frankfurter
Hefte 1, 469–477.
Cheshire, Jenny 1987: Age and generationspecific use of language. In: Ammon, Ul-
rich/Dittmar, Norbert/Mattheier Klaus J. (Hrsg.): Sociolinguistics/Soziolinguistik.
Ein internationales Handbuch zur Wissenschaft von Sprache und Gesellschaft.
Berlin/New York, 760–767.
Coupland, Nikolas/Virpi Ylänne-Mc Ewen 2005: The sociolinguistics of Ageing/So-
ziolinguistik des Alterns. In: Ammon, Ulrich/Dittmar, Norbert/Mattheier Klaus J.
(Hrsg.): Sociolinguistics/Soziolinguistik. Ein internationales Handbuch zur Wis-
senschaft von Sprache und Gesellschaft. Berlin/New York, 2334–2340.
Daniel, Ute 2001: Kompendium Kulturgeschichte. Theorien, Praxis, Schlüsselwör-
ter. Frankfurt a. M.
Eckert, Penelope 1997: Age as a sociolinguistic variable. In: Coulmas, Florian
(Hrsg.): The handbook of sociolinguistics. Oxford, 151–167.
Fiehler, Reinhard 2010: Altern, Kommunikation und Identitätsarbeit. In: Palander-
Collin, Minna/Lenk, Hartmut/Nevala, Minna/Sihvonen, Päivi/Vesalainen, Marjo
(Hrsg.): Identitätskonstruktion in der interpersonalen Kommunikation. Helsinki,
37–48.
Frei, Norbert 1996: Vergangenheitspolitik. Die Anfänge der Bundesrepublik und die
NS-Vergangenheit. München.
Hermanns, Fritz 1995a: Sprachgeschichte als Mentalitätsgeschichte. Überlegungen
zu Sinn und Form und Gegenstand historischer Semantik. In: Gardt,
Andreas/Mattheier, Klaus J./Reichmann, Oskar (Hrsg.): Sprachgeschichte des
Neuhochdeutschen. Gegenstände, Methoden, Theorien. Tübingen, 69–101.
Jaeger, Friedrich/Liebsch, Burkhard 2004: Einführung. In: Jaeger, Friedrich/Liebsch,
Burkhard (Hrsg.): Handbuch der Kulturwissenschaften. Band 1: Grundlagen und
Schlüsselbegriffe. Stuttgart/Weimar, IX–XIII.
Kämper, Heidrun 2005: Der Schulddiskurs in der frühen Nachkriegszeit. Ein Beitrag
zur Geschichte des sprachlichen Umbruchs nach 1945. Berlin/New York.
Kämper, Heidrun 2011: Aspekte des Demokratiediskurses der späten 1960er Jahre.
Konstellationen – Kontexte – Konzepte. Berlin/New York (im Druck).
Koselleck, Reinhart 1994: Nachwort. In: Beradt, Charlotte 1993: Das Dritte Reich des
Traums. Frankfurt a. M. 117–132.
Mannheim, Karl 1928: Das Problem der Generation. In: Kölner Vierteljahresschrift
für Soziologie 7, 157–184, 309–330.
Paul, Hermann 2002: Deutsches Wörterbuch. Bedeutungsgeschichte und Aufbau
unseres Wortschatzes. 10., überarbeitete und erweiterte Auflage von Helmut
Henne, Heidrun Kämper und Georg Objartel. Tübingen.
Reulecke, Jürgen 1987: Probleme einer Sozial- und Mentalitätsgeschichte der Nach-
kriegszeit. In: Geschichte im Westen. Halbjahres-Zeitschrift für Landes- und Zeitgeschichte 2/1, 7–25.

Thimm, Caja 2002: Generationenspezifische Wortschätze. In: Lexikologie. Internationales Handbuch 21, 880–888.

Warnke, Ingo H. (Hrsg.) 2007: Diskurslinguistik nach Foucault. Theorie und Gegenstände. Berlin/New York.

Warnke, Ingo H./Spitzmüller, Jürgen (Hrsg.) 2008: Methoden der Diskurslinguistik. Sprachwissenschaftliche Zugänge zur transtextuellen Ebene. Berlin/New York.

Joachim Scharloth

Der Sprachgebrauch der „1968er": Antirituale und Informalisierung

1. Gibt es eine „68er-Generation"?

Der Begriff der Generation ist in der Geschichtswissenschaft eine Kategorie der Zeiterfassung: Mit ihm soll geschichtlicher Wandel geordnet und erklärt werden (vgl. Jureit 2006: 53f.). Der Begriff dient Hans-Ulrich Wehler in seiner „Deutschen Gesellschaftsgeschichte" dazu, „Gemeinsamkeiten und Unterschiede der Lebensgeschichte, Denkformen und Handlungsweisen" (Wehler 2008: 186) von Menschen herauszuarbeiten. Als geschichtswissenschaftlicher Terminus bedeutet der Begriff der Generation eine „Gemeinschaft, die sich durch gemeinsame Überzeugungen und vitale Akzente auszeichnet, verbunden durch gemeinsame Lebenserfahrungen, durch daraus gewonnene Lebensformen und -stile, durch Lebenshorizonte und ein bestimmtes Verhältnis von Gleichzeitigkeit, das auch altersunabhängig sein kann" (Herrmann 2006: 35).

Die Beantwortung der in der Überschrift formulierten Frage hat nicht nur eine wissenschaftliche, sondern auch eine erinnerungspolitische Dimension. Je nachdem, welche historische Bedeutung man der 68er-Bewegung zuschreiben möchte, ist mit ihrer Assoziation mit einer Generation nämlich entweder eine Aufwertung oder eine Marginalisierung verbunden. Prägten und veränderten die Ereignisse um 1968 das Bewusstsein einer ganzen Generation, dann wäre sie qua ihrer breiten Basis in der Bevölkerung ein wirkungsmächtiger kultur-, sozial- und mentalitsgeschichtlicher Faktor. Waren „die 68er" eine Generation, dann ließen sich fundamentale Veränderungen in der bundesrepublikanischen politischen Kultur und der grundlegende Wandel der Alltagskultur durch ihr Hineinwachsen in gesellschaftliche Schlüsselpositionen und die Ablösung der alten hegemonialen Eliten deuten. Aber: Wurde die 68er-Bewegung *nur* von einer Generation getragen, dann ließe sich dies auch als Marginalisierung deuten, denn das hieße, sie als bloßes Generationenphänomen abzutun, als pubertäre Auflehnung Jugendlicher gegen ihre Eltern, die sozialrevolutionäre Ideologie als bloßes Vehikel. Gegen diese Deutung wehrten sich Aktivistinnen und Aktivisten schon 1968, wie Wolfgang Kraushaar (2008: 58f.) berichtet. So hätten Studierende in der Vorlesung „Jugend in der modernen Gesellschaft" des Frankfurter Soziologen Ludwig von Friedeburg vehement dagegen protestiert, als dieser den Generationenbegriff als Deutungskategorie für die gesellschaftlichen Proteste verwendete. Darüber hinaus ist sich die historische Forschung uneinig darüber, ob der Generationenbegriff überhaupt geeignet ist, dem komplexen Phänomen „1968" gerecht zu werden. Wird er als Deutungsschema gebraucht, dann wird mit ihm eine Homogenisierung bezweckt, in der häufig die Genese der „68er" in eine kausale Beziehung mit einer anderen prominenten Generation des 20. Jahrhunderts gesetzt wird: den „33ern". Schon das 1969 erschiene Buch „Hitlers und Maos Söhne. NPD und Neue Linke" (Schmidt 1969) versucht die Entstehung der „68er" und ihrer vermeintlichen rechtsextremen Pendants aus den totalitären Erfahrungen der Elterngeneration herzuleiten.[1] Zuletzt hat auch Götz Aly in seinem Buch mit dem anspielungsreichen Titel „Unser Kampf" (Aly 2008) den Versuch unternommen, die 68er-Bewegung in eine Kontinuität zu einer „33er-Bewegung" zu stellen.

Gegen diese Auffassung von einer 68er-Generation haben sich sowohl namhafte Historikerinnen und Historiker als auch Soziologen gewandt. Wolfgang Kraushaar etwa verweist darauf, dass „es sich bei den 68ern um keine Generation, sondern um eine numerisch eher schwache und eine zeitlich zudem ziemlich begrenzte Protestbewegung gehandelt hat, die vom Sommer 1967 bis zum Herbst 1969 andauerte und eine Parallelerscheinung zur damaligen Großen Koalition gewesen ist" (Kraushaar 2009). Der Begriff der sozialen Bewegung, auf den Kraushaar mit dem Terminus *Protestbewegung* referiert, wurde von der Bielefelder Historikerin Ingrid Gilcher-Holtey in der 68er-Forschung zur Konzeptualisierung der Geschehnisse im Pariser Mai verwendet und auf die Vorkommnisse in anderen Ländern übertragen (vgl. Gilcher-Holtey 1995; 1998a; 1998b; 2001). Nach Joachim Raschke ist eine soziale Bewegung ein „mobilisierender kollektiver Akteur, der mit einer gewissen Kontinuität auf der Grundlage hoher symbolischer Integration und geringer Rollenspezifikation mittels variabler Organisations- und Aktionsformen das Ziel verfolgt, sozialen Wandel herbei zu führen, zu verhindern oder rückgängig zu machen" (Raschke 1988: 77). Eine Präzisierung hinsichtlich der internen Struktur sozialer Bewegungen hat Dieter Rucht in seiner Definition vorgenommen. Demnach bezeichnet der Begriff ein „auf gewisse Dauer gestelltes und durch kollektive Identität abgestütztes Handlungssystem mobilisierter Netzwerke von Gruppen und Organisationen" (Rucht 1994: 77). Das spezifische

---

[1] Auch Erklärungen, den Terrorismus der RAF als Folge mentalitärer Prägungen aus der Zeit des Nationalsozialismus herzuleiten, fehlen nicht. Vgl. Becker (1977).

Profil einer sozialen Bewegung ergibt sich aus ihrer Ideologie, der funktionalen und sozialen Struktur der Anhängerschaft, der Organisation, den Strategien und dem Aktionsrepertoire sowie ihrer Entwicklungsdynamik (vgl. Rucht 1998: 119).

Mit dem Begriff der sozialen Bewegung lässt sich freilich nur ein Teil jener Aspekte erfassen, die im populären Mythos von „1968" zusammengedacht werden. Das ist eine Schwäche, aber gleichzeitig auch eine Stärke dieses Konstruktes. Es benennt Akteure und analytische Kategorien, die relevant für die Beschreibung eines Phänomens und die Erklärung seiner Folgen sind. Es grenzt soziale Bewegung nach den Kriterien der Dauer und der Rollenspezifikation einerseits von spontanen Protestformen wie Krawallen oder Aufständen und andererseits von institutionalisiertem Protest politischer Organisationen (Parteien oder andere Interessensgruppen) ab. Dies ermöglicht überhaupt erst eine präzise Gegenstandskonstruktion. Die heuristischen Grenzen des Konzepts der sozialen Bewegung für die Erforschung von „1968" dürfen freilich nicht übersehen werden. Daraus, dass politisch motivierter, öffentlich artikulierter Protest als wichtigste Aktionsform angesehen wird, ergibt sich eine starke Fokussierung der Wirkung sozialer Bewegungen auf politische Entscheidungsprozesse. Andere expressive Formen von Protest, etwa ein alternatives Kleidungsverhalten oder eine provozierende Körpersprache, fallen zunächst durch das analytische Raster. Dies macht es auch schwer, mit dem Konzept der sozialen Bewegung längerfristige Transformationsprozesse im Bereich kultureller Repräsentationen zu konzeptualisieren. Es ist daher meiner Meinung nach nötig, den Begriff der sozialen Bewegung um den des Milieus zu ergänzen.

Aus der 68er-Bewegung heraus bildete sich nämlich ein stark binnendifferenziertes Alternativmilieu, in dem sich expressive Formen, die in der 68er-Bewehung entstanden waren, zu sozialen Stilen verdichteten, von denen ein hedonistischer Selbstverwirklichungsstil eine immer größere Bedeutung für die Kultur-, aber auch die Sprachgeschichte der Bundesrepublik gewann (vgl. Scharloth 2011, Kapitel 3). Das Alternativmilieu entwickelte sich nämlich im Verlauf der 1980er Jahre zu einem hegemonialen Milieu, das die Ideale der neuen sozialen Bewegungen zwar teilte, aber nicht mehr so rigoros praktizierte. Es stellt seither die Vorherrschaft der traditionellen Eliten vor allem im kulturellen Bereich in Frage. Durch seine erhöhte Präsenz im öffentlichen Raum hat es sich zu einem Trendsetter (Schulz 1996) und zur ästhetischen Avantgarde (Vester et al. 2001) entwickelt, in dessen Habitus der Distinktion sich Individualismus, Authentizitätsstreben, Hedonismus und die Ablehnung konventioneller Verhaltensnormen verdichten. Dieser Wandel von der alltagsästhetischen Fundamentalopposition hin zu einem mit kulturellem Kapital ausgestatteten Hegemonialmilieu war die Bedingung dafür, dass Werte und Formen, die in der 68er-Bewegung geprägt wurden, auch in der Mehrheitsgesellschaft Resonanz finden konnten, so auch die sprachlichen Formen.

2. Antirituale und Rituale des Protests: verbale Interaktion in der 68er-Bewegung

Jede Revolution zielt nicht nur auf politische Veränderungen, sondern greift tief in die Rituale des Alltags ein und verändert die alltäglichen Verkehrsformen. Sie wendet sich nicht nur gegen eine herrschende Klasse, sondern auch gegen deren symbolische Praktiken. Auch die 68er-Bewegung wollte eine radikale Veränderung der bundesrepublikanischen Verhältnisse erreichen und sympathisierte mit der von Mao und seiner Roten Garde initiierten Kulturrevolution in China. Statt aber gewaltsam gegen einzelne Machthaber und Institutionen vorzugehen, attackierten die Aktivisten jene Rituale, in denen nach ihrer Meinung gesellschaftliche Machtverhältnisse gespiegelt und zugleich reproduziert wurden: Vorlesungen und Seminare, in denen Wissen *ex cathedra* verkündet und nicht diskursiv verhandelt wurde; Immatrikulationsfeiern, bei denen die Studenten kein Rederecht hatten; Parlamentssitzungen, in denen über die, aber nicht mit den Aktivisten debattiert wurde; vermeintlich unvoreingenommene Untersuchungsausschüsse, die nur der Verurteilung der Protestierenden, nicht aber der Auslotung der gesellschaftlichen Ursachen des Protests dienten; Gottesdienste, in denen zwar Frieden gepredigt wurde, die Gräuel des Vietnamkrieges aber unerwähnt blieben; oder Gerichtsverhandlungen, in denen von Angeklagten bei Strafe die totale Unterordnung unter die in Gerichten geltenden Verhaltensnormen verlangt wurde.

In den meisten dieser Rituale spielte das Sprechen eine zentrale Rolle und wurde zum zentralen Gegenstand der Kritik. In Vorlesungen begannen Studentinnen und Studenten Fragen zu stellen und forderten Aussprache zu hochschul- und allgemeinpolitischen Themen; in Parlamentssitzungen brachen Protestierende mit der Forderung ein „Wir wollen diskutieren" (vgl. Verheyen 2007); in Untersuchungsausschüssen fingen die Aktivisten an, Gegenfragen an die Ausschussmitglieder zu richten, oder stellten aus Protest gegen die Fragemethoden so lange Rechtsbelehrungsfragen, dass ihre Einvernahme zu einer Farce wurde; in Gottesdiensten stiegen sie auf die Kanzel, um mit der versammelten Gemeinde über den Vietnamkrieg zu diskutieren; und in Gerichtsverhandlungen setzten sich die Angeklagten mit dem Rücken zum Gericht, begannen mitten in der Verhandlung Gespräche mit dem Publikum oder spielten selbst Richter oder Staatsanwalt. Es waren demnach besonders asymmetrische Formen der Kommunikation, also solche Kommunikationsrituale, in denen die freie Rede und Gegenrede durch Tradition oder Macht eingeschränkt waren, die in den Jahren der 68er-Bewegung zum Gegenstand der Kritik wurden.[2]

Das, was die 68er-Bewegung von ihren Vorläuferbewegungen unterscheidet, ist die Tatsache, dass diese Kritik nicht nur theoretisch formuliert und artikuliert, sondern vor allem effektvoll in Szene gesetzt wurde. Der Protest wurde dort ausagiert, wo das, wogegen er sich richten sollte, direkt spürbar war. Eine Diskussion in einer Vorlesung zu beginnen, war freilich nicht nur Kritik an asymmetrischen Kommunikationsstrukturen in einer machtgesättigten Institution, sondern zugleich der Versuch, ein Kommunikationsritual im Hier und Jetzt zu verändern und nach den eigenen Vorstellungen umzugestalten (vgl. Klimke/Scharloth 2010). So waren die Jahre um 1968 weniger eine Revolution der Sprache als eine Revolte im Medium der Sprache und eine Neuverhandlung der Formen ihres Gebrauchs. Protest innerhalb von traditionellen Kommunikationsritualen verletzte Kommunikationsregeln und stiftete Unordnung. Allerdings war diese Unordnung häufig nicht Ergebnis eines chaotischen Aktionismus und anarchistischer Spontaneität, sondern war von langer Hand geplant und sorgfältig inszeniert.

Jede Revolution richtet sich zwar gegen die symbolischen Formen der herrschenden Ordnung, sie bringt aber auch eigene Formen hervor. Und so entwickelten sich auch 1968 Formen der Kommunikation, die Ideale und Werte der Revolte symbolisieren sollten und durch die die Akteure sich von der Mehrheitsgesellschaft abzugrenzen suchten. Symbolisch in besonderer Weise aufgeladen war die Diskussion. Der dem besseren Argument verpflichtete freie Austausch von Meinungen galt als besonders demokratische Praxis. Mit ihr verbunden war die Hoffnung auf Erkenntnisgewinn, auf Selbstaufklärung und auf Überzeugung des politischen Gegners. Sinnfälligen Ausdruck fand das Diskussionsfieber im Teach-in, einer Form der politischen Massendiskussion, die ohne Beschränkung des Rederechts auskommen wollte und in der nicht der Diskussionsleiter, sondern alle Teilnehmer demokratisch über Inhalte und Verfahrensfragen entscheiden sollten, was dazu führte, dass Teach-ins manchmal ganze Tage dauerten. *Diskussion* und *diskutieren* waren positiv besetzte Schlagwörter, die zur Bezeichnung auch solcher Formen des Gesprächs verwendet wurden, die früher andere

---

[2] Vgl. hierzu ausführlicher Scharloth 2007b und Scharloth 2011, Kapitel 2.

Namen trugen. Häufig freilich war der Austausch von Meinungen um 1968 weit entfernt vom Ideal herrschaftsfreier Diskussion. Insbesondere Diskussionen mit politischen Gegnern hatten oft den Charakter von Tribunalen und endeten mit Niederbrüllen und Beleidigungen. Innerhalb der 68er-Bewegung bemühte man sich – angeleitet durch Erkenntnisse aus Werbung und Publizistik – mittels ausgefeilter Argumentationshilfen und Schulungen um eine Professionalisierung der politischen Agitationsarbeit. Doch auch die Gegenseite gab ihren Vertretern Standardformeln für den Meinungsstreit an die Hand: Der CDU-nahe Ring Christlich Demokratischer Studenten (RCDS) publizierte einen Ratgeber mit dem Titel „Wie diskutiere ich mit einem Linksideologen" (Schnauber 1973).

In den Universitäten wurden als Gegenentwurf zu den autoritär empfundenen Vorlesungen und gegen den Seminarstil so mancher Professoren studentische Seminare etabliert. Studierende sollten in ihrem Rahmen in kleinen Gruppen zu gesellschaftlich relevanten Themen eigenständig Projekte durchführen. In Plenarsitzungen sollten die Ergebnisse der Gruppenarbeiten vorgestellt und ihre Relevanz für eine künftige politische Praxis kritisch diskutiert werden. Allzu häufig verstrickten sich aber die Teilnehmerinnen und Teilnehmer der Arbeitsgruppen in aufreibende Detaildiskussionen und auch in den Plenarsitzungen konnte wegen der großen Selbstständigkeit in der Themenwahl nur mit Mühe thematische Kohärenz hergestellt werden. Nur selten gelang es den studentischen Seminaren daher, ihren Anspruch einzulösen, selbstbestimmte wissenschaftliche Arbeit mit politischer Praxis zu verbinden. Parallel dazu entwickelten sich in Kommunen hoch ritualisierte Gesprächsformen, die symbolisch gegen das Beschweigen und die Tabuisierung bestimmter Themen in bürgerlichen Familienzusammenhängen gerichtet waren. Kommunegespräche wurden meist durch ein Schwellenritual eingeleitet, das etwa in einer längeren Schweigepause oder im gemeinsamen Konsum eines Joints bestehen konnte, sie fanden meist regelmäßig und zu festgelegten Zeiten statt und verliefen nach festen Sequenzmustern: Je nach Kommune hatten sie den Charakter eines Reihengesprächs oder auch eines auf eine Person fokussierten Therapiegesprächs. Thematisch blieben die Kommunegespräche auf die gruppendynamischen Prozesse innerhalb der Kommune, auf die Psyche ihrer Mitglieder und auf Politisches beschränkt. Einerseits werden die Gespräche in der Kommune I rückblickend als „Psychomarathons" oder „Psychoterrorsitzungen" bezeichnet, andererseits als solidarische Hilfestellungen zur Entwicklung der eigenen Persönlichkeit erinnert. Das Kommunegespräch war ungleich erfolgreicher bei der Vergemeinschaftung der Aktivisten als etwa das studentische Seminar.

Entscheidend hierfür war der Beteiligungszwang, der für die Kommunegespräche galt, und zwar in doppelter Hinsicht: Kommunegespräche waren die einzige kommuneinterne Aktivität, bei der die Teilnahme aller Mitglieder erwartet wurde. Zudem wurde erwartet, dass alle Kommunarden sich auch tabulos am Gespräch beteiligten. So hatte die Kommune 2 einen einzigen Grundsatz, nämlich „über alle auftauchenden Probleme gemeinsam zu sprechen" (Kommune 2 1969: 48). So problematisch diese Totalisierung für den Einzelnen gewesen sein mag – ehemalige Kommunarden berichten von psychischen Zusammenbrüchen –, so wichtig war sie für die Formierung eines von der Mehrheitsgesellschaft abgekoppelten Milieus, in dem sich alternative Ausdrucksformen entwickelten.

3. Kommunikationsstile in der 68er-Bewegung und danach

Die 1968er-Bewegung war keineswegs eine einheitliche oder gar uniformierte Bewegung. Vielmehr war sie ein Generator ganz unterschiedlicher sozialer Stile, an der ihre Binnendifferenzierung und Dynamik ablesbar ist. Von ihnen sollen im Folgenden zwei vorgestellt werden: der intellektuell-avantgardistische Stil, wie er etwa in den Republikanischen Clubs und Teilen des SDS (Sozialistischen Deutschen Studentenbundes) gepflegt wurde, und der hedonistische Selbstverwirklichungsstil der Kommunebewegung und anderer Subkulturen.

Die Bezeichnung „hedonistischer Selbstverwirklichungsstil" stammt aus Untersuchungen zum Kleidungsverhalten der Studentenbewegung. Der bezeichnete Stil ist gekennzeichnet durch expressive Formen, die als eine Absage an die bürgerliche Repräsentationskultur gewertet werden können (vgl. Fahlenbrach 2002: 202). Weil die Massenmode in den Augen der Subkulturen Uniformität und Konsumismus denotierte, wurde ein Kleidungsstil entwickelt, bei dem Kleidungsstücke aus dem Secondhandladen oder aus dem Kostümverleih mit Selbstgemachtem oder Selbstverändertem unterschiedlichster Traditionen und Stile gemischt wurden. Zusammen mit dekorativem, häufig dick aufgetragenem Schmuck repräsentierte dieser Stil die Kreativität und Individualität seiner Träger. Unfrisierte lange Haare und bei Männern ein urwüchsiger Bart symbolisierten Natürlichkeit und Authentizität, die sich auch im Bemühen zeigten, stets bequeme Körperhaltungen einzunehmen, zu liegen oder auf dem Boden zu sitzen. Doch blieb die Repräsentation von Authentizität und Individualität nicht auf die visuellen Codes alleine beschränkt. Die Angehörigen der Kommunebewegung und anderer Subkulturen unterschieden sich auch sprachlich deutlich von den Aktivisten anderer Gruppierungen der 1968er-Bewegung. Dies sei im Folgenden anhand einer Dialogpassage illustriert, die einem Buch von Rolf-Ulrich Kaiser entnommen ist, das 1970 erschien. Darin sind Tonbandtranskripte von Gesprächen zwischen den Bewohnern einer Kommune und Interviews des Autors mit den Kommunarden abgedruckt. Aufgrund des Buchtitels „Fabrikbewohner" und aufgrund der Inhalte der Gespräche kann man schließen, dass es sich bei den Sprecherinnen und Sprechern um Mitglieder der ehemaligen Kölner Horla-Kommune handelt, die in der zweiten Jahreshälfte 1968 nach Berlin übergesiedelt waren und in dem von der Kommune I angemieteten Fabrikgebäude in der Moabiter Stephanstraße 60 eine Etage bewohnten. Offenbar um das Exemplarische, Überindividuelle der Gespräche zu betonen, sind die jeweiligen Äußerungen ohne Nennung des Äußernden abgedruckt, was eine linguistische Analyse erheblich erschwert. Da im Folgenden aber vor allem verbale Ausdrucksmittel und weniger die Charakteristika der Interaktion im Zentrum der Aufmerksamkeit stehen, wurde auch auf eine Rekonstruktion der Sprecherrollen verzichtet.

–: Ich muß sagen, daß ich nicht die Beziehungen zu euch habe, wie ihr untereinander. Aber ich kann mich ja nicht von heute auf morgen auf so einen Lebenstypus umstellen. Anders reagieren.

–: Asi ist erst seit einer Woche von zu Hause weg. Das ist kein neuer Lebenstyp, dat kommt auf ganz andere Sachen an, daß man dem anderen nicht den Schädel einschlägt. Wenn du zum Beispiel die Musik aufdrehst, dann schlägst du uns richtig den Schädel damit ein.

–: Also, auch andere haben die Musik aufgedreht. Nicht nur ich. Die haben auch dann aufgedreht, wenn hier einige geschlafen haben.

–: Wenn hier einer schläft, das macht nix. Wenn man müde ist, schläft man. Das haben wir rausgekriegt, daß man auch mit Licht oder Musik oder Krach, das spielt überhaupt keine Rolle [...].

–: Ich mein, wenn ihr das alles so zerpflückt – warum habe ich die Anlage gemacht, nur – kann man sagen – um mich zu unterhalten? Man kann aber auch sagen, damit ich die Gemeinschaft unterhalte. Das kommt ganz darauf an. Und ich mein, ihr legt es so aus, daß ich mich unterhalte. Nur ich. Aus ganz bestimmten Gründen.

–: Nee, ich sehe das aber ein bißchen anders.

–: Ja, ich wollte sagen, ich kann mir vorstellen, wenn du in die Wüste kommst und meilenweit keine Seele und keinen Menschen und gar nix und da liegt eben irgendwat mit Verstärker und Radio rum, da fängst du eben an, nen Verstärker zu basteln.

–: Nee weißte, also sone Vergleiche finde ich irgendwie Ausflüchte. Nein, durch so einen Vergleich wird eine ganz bestimmte Situation extremisiert. Und wenn wir, wie ich das eben verstehe, mit den Beziehungen zwischen dir und den anderen Schwierigkeiten haben. [...]

–: Ihr pickt nur das Negative bei mir raus. [...] Aber wenn ich ab und zu den falschen Ton erwische, dann liegt es doch auch an euch, mich über einige Dinge aufzuklären. Und diese Dinge habt ihr zum Teil auch aufgeklärt, aber mehr in aggressivem Ton. Das hat mich gehemmt, zum Beispiel auf viele von euch einzugehen. [...]

–: Du hast zum Beispiel nicht versucht auf der Ebene, wo du vielleicht was verstehst, uns das auseinanderzusetzen.

–: Was heißt hier Ebene, das ist ja wieder im äußersten Sinne negativ.

–: Nee, das stimmt nicht. Das bedeutet einfach nur, du willst alles auf deine bestimmte Art und Weise problematisieren, also ne bestimmte Philosophie draus machen. Und ich habe versucht, dir das klarzumachen. Du konntest ja damit was anfangen. Aber ich war nach der halben oder dreiviertel Stunde total fertig. (Kaiser 1970: o. S.)

Das Protokoll zeigt, obgleich es sich natürlich um kein Transkript im Sinne der interaktionalen Linguistik handelt, zahlreiche Merkmale des hedonistischen Selbstverwirklichungsstils. Wohl am auffälligsten ist die häufige Verwendung des Wortes *unheimlich*, das in der Kommunebewegung zum Modewort avanciert war. Zudem finden sich Merkmale dialektalen Sprechens (*dat, irgendwat, sone Vergleiche*), von denen aufgrund ihres punktuellen Vorkommens angenommen werden kann, dass es sich um absichtliche Stilisierungen handelt. Auch Substandard (*Nee, rumliegen*) und typisch Sprechsprachliches wie Reduzierung, Kontraktion und Elision (*weißte, ne*) finden häufig Verwendung.[3] Besonders charakteristisch sind aber die bisweilen drastischen Äußerungen über eigene Befindlichkeiten (*Wenn du [...] die Musik aufdrehst, dann schlägst du uns richtig den Schädel damit ein/das hat mich gehemmt/Aber ich war [...] total fertig*). Zudem finden sich häufig Abtönungspartikel (*irgendwie, einfach*) und Wendungen wie *Ich mein* oder *find ich*, die beide die Funktion haben, die Relativität der Aussage zu betonen. Typische kommunikative Merkmale des hedonistischen Selbstverwirklichungsstils sind demnach der Gebrauch von Umgangssprache (und dies in allen Domänen) und die häufige Signalisierung der Relativität und Ichbezogenheit von Aussagen.

[3] Zwar kann anhand dieses Ausschnittes nicht belegt werden, dass die Verwendung dieser typisch sprechsprachlichen Formen sozialsymbolische Funktion hatte. Ergebnisse aus anderen Untersuchungen deuten jedoch darauf hin, dass sie durchaus zur Stilisierung eingesetzt wurden und sich in den anderen Milieus der 1968er-Bewegung nicht in gleicher Weise finden (vgl. Scharloth 2007a).

175

Ganz anders klangen dagegen die Gespräche in den studentisch geprägten politischen Verbänden und den politischen Clubs. Schon äußerlich unterschieden sich die Aktivisten deutlich von ihren Mitstreitern aus den Kommunen. Auch sie verweigerten sich zwar einer aufstiegsorientierten, bürgerlichen Kleidung und verzichteten meist auf Kostüm oder Anzug. Doch betrieben sie keine ostentative Stilisierung ihres Äußeren, sondern machten die Sprache zum zentralen Medium ihrer sozialsymbolischen Distinktion.

In langen Sätzen, die mit Fachvokabular aus Soziologie, Psychologie und Marxismus gespickt waren, verhandelten sie politische Themen. Eines ihrer Sprachrohre war Rudi Dutschke, zentrale Figur und intellektueller Vordenker des SDS, dessen Sprachstil paradigmatisch für den Kommunikationsstil der intellektuellen Avantgarden steht. Während einer Podiumsdiskussion in der Evangelischen Akademie Bad Boll im Februar 1968 sagte er etwa:

> Die bürgerlich-kapitalistische Gesellschaft hat doch gerade ihre Stärke darin, dass jede Gruppe diskutieren darf. Das ist eine Stärke, die wir in der Tat nicht beseitigen wollen, denn sie ist unsere Basis unserer Arbeit und die Basis unserer Diskussion, aber aus diesem Pluralismus der Meinungen, der ergänzt wird eigentlich durch einen Pluralismus der Oligomonopole in der materialistischen Basis der Gesellschaft, aus dieser Gesamtheit von Pluralismen kommt nicht notwendigerweise die Veränderung, sondern ist im Grunde die Harmonie, die Harmonie der Repression gewährleistet. (Der Spiegel 10/1968: 52)

Mag hier noch das theoretisch geschulte Publikum die Wortwahl und syntaktische Komplexität der Äußerung rechtfertigen, so zeigt das folgende Zitat aus einer Rede vor Schülern in Baden-Baden, dass die Sprache vor allem zur Symbolisierung einer Protestidentität eingesetzt wurde und weniger auf Verständigung mit möglichen Adressaten zielte:

> Der Faschismus steckt in unserer Struktur, die Struktur ist kapitalistisch, und die haben wir zu stürzen, um die wirklichen Grundlagen des deutschen Faschismus zu beseitigen und eine demokratische Gesellschaft in Deutschland endlich einzuführen, die nicht identisch ist mit dem, was heute in der DDR ist, sondern eine neue Struktur, geschaffen von Menschen, die nicht mehr bereit sind, sich manipulierenden Eliten auszuliefern, sondern ihre Interessen in die eigene Hand nehmen, über ihr eigenes Schicksal bestimmen und nicht mehr zulassen, dass sie zu Objekten der Herrschaft von CDU, NPD, SPD und anderen restaurativen Cliquen wird. (http://www.swr.de/swr2/programm/sendungen/wissen/-/id=2705002/property=download/nid=660374/1hylmy0/swr2-wissen-20071122.rtf)

Dieser Stil repräsentierte im Verbund mit häufigen Zitaten aus marxistischen Klassikern nicht nur nach außen, sondern auch nach innen einen elitären Führungsanspruch, der sich aus intellektueller Überlegenheit über politische Gegner und einem Vorsprung an wissenschaftlich begründeten Erkenntnissen – meist aus den Theorien des Marxismus – herleitete. Dass diese Sprache nicht allen verständlich war, führte schon 1968 dazu, dass der Öffentlichkeit zahlreiche Fremd- und Schlagwörter der außerparlamentarischen Opposition wie *Aktion, Anarchie/ Anarchismus, autoritär/Autorität, Establishment/etabliert, Faschismus/faschistisch/faschistoid, Go-in/Love-in/Sit-in/Teach-in, Hearing, Kapitalismus/ Spätkapitalismus, Manipulation/manipulativ* oder *Repression/repressive Toleranz* in einem „Sprachführer durch die Revolution" (Weigt 1968), einem „Revolutions-Lexikon" (Koplin 1968; vgl. auch Hofmeier 1968) und einem Buch zu den „Schlagwörtern der neuen Linken" (Weiss 1974) erklärt wurden.

Dennoch muss betont werden, dass die These, nach der die 68er-Bewegung schon ihrer unverständlichen Sprache wegen die Massen nicht erreichte, zu undifferenziert ist. Untersuchungen von Flugblättern, die sich an die Bevölkerung richteten, zeigen etwa, dass SDS-Aktivisten durchaus ihre Sprache den Adressaten anpassten und ihren ironisch oft als „Soziologenchinesisch" bezeichneten Kommunikationsstil nur in verbandsinternen Debatten verwendeten (vgl. Scharloth 2011: 301–307).

Der Kommunikationsstil der Avantgarden blieb dennoch eine Episode in der Sprachgeschichte des Deutschen. Er lebte fort in den zahlreichen linken Kaderorganisationen, die sich nach dem Abebben der breiten Mobilisierung nach 1968 formierten. Dagegen erwiesen sich die Kommune und ihre säkularisierte Variante, die Wohngemeinschaft, als das erfolgreichere Modell der Vergemeinschaftung. Sie entwickelten sich zum organisatorischen Rückgrat politischer Aktivitäten im sich im Laufe der 1970er Jahre formierenden Alternativmilieu, aus dem heraus sich die neuen sozialen Bewegungen rekrutierten. Zugleich erwies sich ihr Kommunikationsstil für weitere Kreise der Gesellschaft als anschlussfähiger als der sperrige und elitäre Jargon der intellektuellen Linken. Die prägende Bedeutung des hedonistischen Selbstverwirklichungsstils belegen Untersuchungen aus Soziologie und Linguistik gleichermaßen. So zählt der Kultursoziologe Gerhard Schulze das Selbstverwirklichungsmilieu zu einem der festen sozialen Formationen der Bundesrepublik. Die Vorstellung, Individualität beruhe auf einem substanziellen inneren Kern, nach dessen Bedürfnissen und Anlagen die Welt geformt werden müsse, sind typische Charakteristika jener Personen, die dem Selbstverwirklichungsmilieu angehören (vgl. Schulze 1996: 312ff.). Untersuchungen zur Spontisprache und zur Sprachverwendung in Alternativbewegungen belegen, dass dieser kommunikative Stil im Sprachgebrauch zahlreicher neuer sozialer Bewegungen fortlebte, die für die Erhaltung und Entwicklung des Selbstverwirkli-chungsmilieus bedeutsam waren (vgl. Kuhn 1983: 70f.; Hinrichs 1984; Straßner 1992: 252f.). So wie die 68er-Bewegung für die Kultursoziolo-gie als „Motor einer Milieusegmentierung" (Schulze 1996: 407) gilt, kann sie in der Sprachgeschichte als Erzeuger eines kommunikativen Stils betrachtet werden, der bis heute als Symbol des Selbstverwirkli-chungsmilieus fungiert.

4. Informalisierung

Allerdings dauerte es bis in die 1980er Jahre, bis der Kommunikations-stil des Alternativmilieus seinen Einfluss auf den Sprachgebrauch der Mehrheitsgesellschaft entfaltete. Der Einzug der Grünen in den Bun-destag 1983 war ein wichtiges Zeichen für die Reintegration des Pro-testmilieus in die etablierte politische Ordnung der Bundesrepublik. Parallel dazu avancierte das Alternativmilieu zu einem hegemonialen Milieu, dessen symbolische Formen und Sprachgebrauchsweisen für andere Milieus vorbildlich wurden. So zeigen sich seit den 1980er Jah-ren klare Tendenzen zur Informalisierung des öffentlichen Sprachge-brauchs. In Zeitungen etwa finden sich vermehrt umgangssprachliche Wendungen – zuerst freilich in der TAZ, einem publizistischen Ableger des Alternativmilieus (vgl. Betz 2006).

In der Folge von 1968, das belegen zahlreiche Vorworte von An-standsbüchern, fand eine Neuorientierung des Anstandsdiskurses in der Bundesrepublik statt, die durch die Kritik der Anstandserziehung durch die 68er-Bewegung ausgelöst wurde. Im Folgenden sollen unter-schiedliche Auflagen des Benimmbuchs des Fachausschusses für Um-gangsformen (FAFU) vor und nach 1968 auf den Wandel von Verhal-tensstandards hin untersucht werden. Eine solche Untersuchung kann nur exemplarischen Charakter haben. Anstandsbücher bilden zudem nicht das tatsächliche Verhalten ab, sondern lediglich Verhaltensstan-dards. Mit dem Anstandsbuch des FAFU liegt allerdings eine histo-risch einmalige Quelle vor: Kein anderes Anstandsbuch wurde so re-gelmäßig überarbeitet und immer wieder auf den neuesten Stand ge-bracht. Die Veränderungen von Auflage zu Auflage reflektieren den Wandel von Normvorstellungen und bedürfen der Interpretation. Der Wandel, der in der Folge der 1968er Jahre zu beobachten ist, lässt sich als Informalisierung und Emotionalisierung der gesellschaftlichen Kommunikation deuten. Betrachtet man die Entwicklung der Verhal-tensstandards beim Grüßen, Vorstellen und Bekanntmachen, in den nominalen Anredeformen für Frauen, im Gebrauch von Titeln, in den

Formen pronominaler Anrede und den Anrede- und Schlussformeln im Brief in den Jahren zwischen 1964 und 1996, so lassen sich insgesamt drei Tendenzen ausmachen:

1. eine Verengung des Formenrepertoires zum Ausdruck von Formalität und Distanz und parallel dazu eine Vergrößerung des Repertoires zum Ausdruck von Vertrautheit;
2. eine Ausweitung der Gebrauchsdomänen solcher Formen, die vorher nur zwischen Personen gebraucht wurden, die miteinander in enger Beziehung standen;
3. ein Bedeutungsverlust der sozialen Kategorien Alter, Geschlecht und Status und damit zusammenhängend der Verlust der Handlungskategorien der Hochachtung und Verehrung einerseits und der Gnade und Gunst andererseits.

Der Aspekt der Verkleinerung des Repertoires solcher Formen, durch die Beziehungen (1) als formell und distanziert gekennzeichnet werden, zeigt sich beispielsweise im Verschwinden der Anredeform „gnädige Frau" in der direkten Kommunikation, die dazu verwendet wurde, neben Respekt und Verehrung auch Distanz auszudrücken. Ähnlich verhält es sich bei den nominalen Anredeformen für Frauen im Brief, bei denen die Distanzform „Sehr verehrte gnädige Frau" aus der Menge möglicher Briefanreden getilgt wurde. Tabelle 1 zeigt, dass auch die Form „Sehr verehrte, liebe gnädige Frau", die als Zwischenform durch „liebe" eine gewisse Nähe, aber zugleich mittels der Attribute „verehrte" und „gnädige" eine schickliche Distanz markieren sollte, aus dem Repertoire schriftlicher Anredeformen verschwindet. Als Form, die eine Zwischenstufe zwischen Distanz und Vertrautheit markiert, bleibt nur noch die Doppelform „sehr verehrte, liebe Frau" übrig, die heute kaum mehr gebräuchlich ist. Auch der Abbau der Anrede „Sie" in Kombination mit dem Vornamen lässt sich als Abbau einer Distanzform deuten. Denn der Fachausschuss mahnt in seinen Empfehlungen stets, das vertraute „Du" nicht zu häufig und auch nicht leichtfertig zu vergeben, sondern stattdessen der entstandenen Vertrautheit durch Gewährung der Anrede mit Vornamen Rechnung zu tragen, der gebliebenen Distanz aber durch das „Sie" Ausdruck zu verleihen. Schließlich lässt sich auch der Schwund der Verwendung von Titeln in der Anrede, die stattdessen nur noch beim Bekanntmachen einmalig genannt werden, als Reduzierung des Repertoires distanzierender Formen verstehen, denn Titel wurden in den 1960er Jahren nur bei der Adressierung von Personen verwendet, zu denen man in formeller Beziehung stand, nicht aber in freundschaftlichen Beziehungen.

Parallel zum Verschwinden von Formen der Formalität und Distanz ist in einem Bereich eine Vergrößerung des Repertoires solcher Praktiken zu beobachten, die Vertrautheit zum Ausdruck bringen. So wird der Bestand an Grußformeln um die Akkolade (Umarmung mit angedeutetem Kuss) erweitert, die als Gruß zwischen guten Bekannten und Freunden eine Nähepraktik ist.

Tab. 1: Repertoire der Anredeformen im schriftlichen Verkehr in den Ausgaben der Empfehlungen des Fachausschusses für Umgangsformen. Alle Anredeformen sollten in Verbindung mit dem Nachnamen gebraucht werden.

	1964	1970/75	1988	1996
Sehr geehrte/r Herr/Frau	X	X	X	X
Sehr verehrte/r Frau/Herr	X	X	X	X
Sehr verehrte gnädige Frau	X	X	—	—
Sehr verehrte, liebe gnädige Frau	X	X	—	—
Sehr verehrte, liebe Frau	—	—	X	X
Sehr geehrter, lieber Herr	X	X	X	X
Liebe/r Frau/Herr	X	X	X	X

Tab. 2: Repertoire der Schlussformeln im schriftlichen Verkehr in den Ausgaben der Empfehlungen des Fachausschusses für Umgangsformen.

	1964	1970/75	1988	1996
Hochachtungsvoll	X	X	—	—
Mit vorzüglicher Hochachtung	X	X	—	—
Mit aufrichtigen Grüßen	X	X	—	—
Mit herzlichen Grüßen	X	X	X	X
Mit sehr herzlichen Grüßen	X	X	X	X
Mit freundlichen Grüßen	X	X	X	X
Grüße + Ihr	X	X	X	X
Grüße + Ihr ergebener	X	X	—	—
Grüße + Ihr sehr ergebener	X	X	—	—

Daneben ist in den Kodizes des Fachausschusses (2) eine Ausweitung der Gebrauchsdomänen solcher Praktiken zu beobachten, die ursprünglich nur zwischen Verwandten, Freunden und guten Bekannten üblich waren. Dazu gehört etwa das Vordringen der vorher dem privaten Schriftverkehr unter miteinander näher bekannten Personen vorbehaltenen Abschlussfloskel „mit freundlichem/herzlichem Gruß" bzw. „mit freundlichen/herzlichen Grüßen", das das als zu kühl empfundene „Hochachtungsvoll" auch in der geschäftlichen Korrespondenz ablöste. Insbesondere das Attribut „herzlich", das 1970 nur wirklich vertrauten Beziehungen vorbehalten war, jedoch ab 1988 auch bei bloßer Bekanntschaft gestattet wurde, ist ein Indiz dafür, dass die Referenz auf Gefühle, auf deren Sitz – dem Herzen – in der Floskel referiert wird, mehr und mehr zur Norm wird. Auch die pronominale Anrede mit „Du" erobert sich weitere Domänen. Es wird als Gruppen-Du auch in Betrieben, Volkshochschulkursen oder Ferienclubs zu einer akzeptablen Anredeform zwischen Menschen, die nicht notwendig gut miteinander bekannt sind, und verliert damit seine sozialsymbolische Funktion als „Gradmesser der Intensität der Verbindung" (Schnitzer 1996: 35). In diesem Trend liegt auch die Liberalisierung der pronominalen Anrede ehemaliger Kinderfreunde durch den Fachausschuss. Sie dürfen sich ab der Auflage von 1970 weiter duzen, während sie 1964 nach der Adoleszenz noch zum „Sie" mit Vornamen übergehen sollten.

In der Gesamttendenz ist in den Normen des Fachausschusses auch (3) ein Bedeutungsverlust der sozialen Kategorien Alter, Geschlecht und Status festzustellen. War es beispielsweise 1964 nur den Älteren vorbehalten, Jüngeren das „Du" anzubieten, darf 1996 die Initiative auch von den Jüngeren ausgehen. Und Frauen, die Männern das „Du" anbieten, müssen auch nicht mehr befürchten, dass man ihr Ansinnen als nicht nur freundschaftlich missversteht. Auch für die Formen des Grußrituals verlieren Alter und Geschlecht zunehmend an Bedeutung. Galt früher die Regel „[d]er Herr die Dame, der Jüngere den Älteren, der Angestellte den Abteilungsleiter, der Abteilungsleiter den Chef" (Fachausschuss für Umgangsformen 1964: 86), ist in den folgenden Jahrzehnten im privaten Bereich deren allmähliche Erosion hin zur pragmatischen Regelung „wer den anderen zuerst erkennt" (Fachausschuss für Umgangsformen 1988: 89) zu konstatieren. Auch die geschlechts- und altersspezifischen Unterschiede in den Formen des Grüßens sind in der Ausgabe von 1996 nivelliert: So verlieren Frauen und Ältere ihr Privileg, die Hand reichen oder verweigern zu dürfen. Auch beim Briefeschreiben muss die Dame nicht mehr darauf achten, dass sie durch den Gebrauch der Besitzformel „Ihre" zu Missdeutungen Anlass geben könnte, und muss auch sonst nicht mehr zurückhaltender im Gebrauch von Näheformen sein als männliche Schreiber. Am augenfälligsten wird der Bedeutungsverlust der sozialen Kategorien Alter, Geschlecht und Status in der Entwicklung der Praktiken des Vorstellens und Bekanntmachens. Die „Abschaffung" des Vorstellens als einer Praktik des Bekanntmachens von Personen unterschiedlichen sozialen Rangs, die zu keinem Gespräch zwischen den Beteiligten verpflichten sollte, zeigt bereits, dass in den Normen des Fachausschusses der Status einer Person für die Ausdifferenzierung von Höflichkeitspraktiken an Bedeutung verloren hat. Dass das Anstandsgremium zudem seit 1988 auch gestattete, einfach der Reihe nach vorzustellen, während vorher die Einhaltung der Regel, nach der „[der] Herr der Dame – die Jüngere dem Älteren – der Untergebene dem Vorgesetzten" (Fachausschuss für Umgangsformen 1964: 161), als obligatorisch galt, belegt den Relevanzverlust des Alters und des Geschlechts für die Normierung von Praktiken der Höflichkeit. Diesem Abbau der Bedeutung sozialer Kategorien korrespondieren der Bedeutungsverlust der Kategorien der Hochachtung und Verehrung einerseits und der Gnade und Gunst andererseits. So machte der Fachausschuss in seinen Empfehlungen von 1964 Frauen im Vollzug traditioneller Höflichkeitsrituale noch zum Objekt von Verehrung und zum Subjekt der Gewährung von Gunst und Gnade. Die Anrede „gnädige Frau", die in ihrer ursprünglichen Bedeutung den Anredenden in die Rolle einer Person brachte, der etwa durch die Gewährung der Hand zum Gruß eine Gunst erwiesen wurde, oder die Briefanrede „sehr verehrte Frau X", deren Attribut „verehrt" üblicherweise nur geschlechtsspezifisch verwendet wurde, während der Mann lediglich „geehrt" wurde, belegen die Vitalität dieser Kategorien im Anstandsdiskurs der 1960er Jahre. Im Laufe der untersuchten Dekaden allerdings werden Praktiken, die explizit auf Verehrung und Achtung referieren, fast vollständig aus dem Repertoire der Verhaltensstandards gestrichen. Etwa gelten seit 1988 die Abschiedsfloskeln (Tabelle 2) „hochachtungsvoll" und „mit vorzüglicher Hochachtung", seit 1996 auch „Ihr ergebener" und „Ihr sehr ergebener" als nicht mehr zeitgemäß. Auch die Anrede „gnädige Frau" verliert nach und nach an Stellenwert. Ebenso Höflichkeitsrituale, in denen eine Person aufgrund ihrer sozialen Rolle eine Wahlfreiheit hat, die ihr als Gunstbezeigung oder gar als Gnade ausgelegt werden könnte, werden strenger geregelt. So gilt etwa die Verweigerung der Hand durch eine ältere oder weibliche Person als Affront. Auch kann die ranghöhere Person, wie es 1964 die Regeln beim Vorstellen erlaubten, nicht mehr entweder ein Gespräch anknüpfen oder dem Vorgestellten einen schönen Abend wünschen. Vielmehr muss auch sie im Ritual des Bekanntmachens ein Gespräch mit dem neuen Bekannten beginnen.

5. Fazit

Die Dynamik der Verhaltensstandards von 1964 bis 1996 kann demnach insgesamt beschrieben werden als ein Abbau formeller und distanzierender Praktiken zugunsten eines Ausbaus von Praktiken der Vertrautheit und ihres Gebrauchs in traditionell von formellen Praktiken geprägten Domänen. Damit einher geht ein Bedeutungsverlust der sozialen Kategorien Alter, Geschlecht, sozialer Rang und damit zusammenhängend von Achtung und Verehrung, Gnade und Gunst für die Ausdifferenzierung von Verhaltensstandards. Ohne dass dies in den Anstandsbüchern ausdrücklich thematisiert würde, gewinnt durch diesen Bedeutungsverlust der genannten sozialen Kategorien der Beziehungsgrad als handlungsleitende Kategorie eine zentrale Bedeutung. Nachdem sich die Praktiken zum höflichen Verkehr mit Männern und Frauen, mit Älteren und Jüngeren, sowie mit Ranghöheren und Rangniedrigeren in vielen Domänen angeglichen haben, differenzieren sich Verhaltensstandards demnach immer mehr nach dem Grad der Vertrautheit bzw. der Distanz zwischen den handelnden Personen. Und, dies ist entscheidend, Nähepraktiken werden vermehrt zum Standard. Diese Inszenierung von Vertrautheit und Nähe möchte ich als *doing buddy* bezeichnen. „Buddy" kann im Deutschen am besten mit dem Wort ‚Kumpel' übersetzt werden, seine Verwendung erstreckt sich jedoch im Englischen anders als im Deutschen auf beide Geschlechter. *Doing buddy* bezeichnet die Behandlung von Menschen als gute Bekannte. *Doing buddy* ist die reziproke Inszenierung eines engen Vertrautheitsgrades. In historischer Perspektive wird dies dadurch erreicht, dass Praktiken angewendet werden, die früher nur gegenüber Freunden oder guten Bekannten angewendet wurden, in synchroner Perspektive ist *doing buddy* die Verwendung gleicher oder ähnlicher Praktiken sowohl in Begegnungen mit Freunden und guten Bekannten als auch im Kontakt mit Fremden.

Die Geschichte der 68er-Bewegung aus der Perspektive der Sprache und ihres Gebrauchs ist demnach keine Geschichte einer Zäsur,[5] einer Stunde null oder einer Zeitenwende, sondern die Geschichte der Entstehung eines neuen kommunikativen Stils, der im Zuge seines Eindringens in die Mehrheitsgesellschaft eine Umwertung erfuhr. Intendiert als Ausdruck authentischer Gefühle und solidarischer Nähe, wurde er zu einem Kommunikationsstil der inszenierten Nähe, zur Verkumpelung zum Ausdruck eines *doing buddy* umgewertet, der noch heute den Sprachgebrauch prägt.

---

[5] Dies im Gegensatz zu den Thesen Martin Wengelers (1995 und 2002) und Georg Stötzels (1995).

Literatur

Aly, Götz 2008: Unser Kampf. 1968 – ein irritierter Blick zurück. Frankfurt a. M.

Becker, Jillian 1977: Hitler's Children. The Story of the Baader-Meinhof Gang. New York. (Dt. Becker, Jillian 1978: Hitlers Kinder? Der Baader-Meinhof-Terrorismus. Frankfurt a. M.)

Betz, Ruth 2006: Gesprochensprachliche Elemente in deutschen Zeitungen. Radolfzell.

Fachausschuss für Umgangsformen (Hrsg.) 1964: Höflichkeit heute – Schlüssel zum Erfolg. Gesamtausgabe sämtlicher seit Gründung des Fachausschusses für Umgangsformen (1956) veröffentlichten Empfehlungen. Köln.

Fachausschuss für Umgangsformen (Hrsg.) 1970: Umgangsformen heute. Die Empfehlungen des Fachausschusses für Umgangsformen. Überarbeitete und ergänzte Neuauflage. Köln.

Fachausschuss für Umgangsformen (Hrsg.) 1988: Umgangsformen heute. Überarbeitete und neu gestaltete Auflage. Die Empfehlungen des Fachausschusses für Umgangsformen. Niedernhausen im Taunus.

Fahlenbrach, Kathrin 2002: Protest-Inszenierungen. Visuelle Kommunikation und Kollektive Identitäten in Protestbewegungen. Opladen.

Gilcher-Holtey, Ingrid 1995: „Die Phantasie an die Macht". Mai 68 in Frankreich. Frankfurt a. M.

Gilcher-Holtey, Ingrid 1998: Mai 68 in Frankreich. In: Gilcher-Holtey, Ingrid (Hrsg.): 1968 – vom Ereignis zum Gegenstand der Geschichtswissenschaft. Göttingen, 11–34.

Gilcher-Holtey, Ingrid 1998: Prolog. In: Gilcher-Holtey, Ingrid (Hrsg.): 1968 – vom Ereignis zum Gegenstand der Geschichtswissenschaft. Göttingen, 7–10.

Gilcher-Holtey, Ingrid 2001: Die 68er Bewegung: Deutschland, Westeuropa, USA. München.

Herrmann, Ulrich 2006: Was ist eine „Generation"? Methodische und begriffsgeschichtliche Explorationen zu einem Idealtypus. In: Schüle, Annegret/Ahbe, Thomas/Gries, Rainer (Hrsg.): Die DDR aus generationengeschichtlicher Perspektive: Eine Inventur. Leipzig, 23–39.

Hinrichs, Uwe 1984: Studentensprache, Spontisprache. In: Muttersprache 94, 404–416.

Hofmeier, Klaus 1968: Lieben Sie Establishment? Köln.

Jureit, Ulrike 2006: Generationenforschung. Göttingen.

Kaiser, Rolf-Ulrich 1970: Fabrikbewohner: Protokoll einer Kommune und 23 Trips. Düsseldorf.

Klimke, Martin/Scharloth, Joachim 2010: Utopia in Practice: The Discovery of Performativity in Sixties' Protest, Arts and Sciences. In: Historein 9, 2009. Historising 1968 and the Long Sixties. Athens, 46–56.

Kommune 2 (1969): Versuch der Revolutionierung des bürgerlichen Individuums. Berlin.

Koplin, Raimund 1968: Sprachführer durch die Revolution. München.

Kraushaar, Wolfgang 2008: Achtundsechzig – Eine Bilanz. Berlin.

Kraushaar, Wolfgang 2009: Hitlers Kinder? Eine Antwort auf Götz Aly. Die 68er-Bewegung im Schatten der NS-Vergangenheit. Zur Analogiekonstruktion des NS-Historikers Götz Aly. In: Perlentaucher, 25.03.2009: http://www.perlentaucher.de/artikel/5353.html (Zugriff: 3.5.2011).

Kuhn, Fritz 1983: Überlegungen zur politischen Sprache der Alternativbewegung. In: Sprache und Literatur in Wissenschaft und Unterricht 14, 61–79.

Raschke, Joachim 1988: Soziale Bewegungen. Ein historisch-systematischer Grundriss. Frankfurt a. M.

Rucht, Dieter 1994: Modernisierung und neue soziale Bewegungen. Deutschland, Frankreich und USA im Vergleich. Frankfurt a. M.

Rucht, Dieter 1998: Die Ereignisse von 1968 als soziale Bewegung: Methodologische Überlegungen und einige empirische Befunde. In: Gilcher-Holtey, Ingrid (Hrsg.): 1968 – vom Ereignis zum Gegenstand der Geschichtswissenschaft. Göttingen, 116–130.

Scharloth, Joachim 2007a: Die Sprache der Revolte. Linke Wörter und avantgardistische Kommunikationsstile. In: Klimke, Martin/Scharloth, Joachim (Hrsg.): 1968. Ein Handbuch zur Kultur- und Mediengeschichte. Stuttgart, 223–234.

Scharloth, Joachim 2007b: Ritualkritik und Rituale des Protests. Die Entdeckung des Performativen in der Studentenbewegung der 1960er Jahre. In: Klimke, Martin/Scharloth, Joachim (Hrsg.): 1968. Ein Handbuch zur Kultur- und Mediengeschichte. Stuttgart, 75–87.

Scharloth, Joachim 2011: 1968. Eine Kommunikationsgeschichte. Paderborn.

Schmidt, Giselher 1969: Hitlers und Maos Söhne. NPD und Neue Linke. Frankfurt a. M.

Schnauber, Cornelius 1973: Wie diskutiere ich mit Linksideologen? 18 Gesichtspunkte und 15 Grundsätze. Herausgegeben vom RCDS-Bundesvorstand. Herford.

Schnitzer, Hans-Georg 1996: Umgangsformen heute. Vollständig überarbeitete und neu gestaltete Auflage. Überarbeitung von Inge Uffelmann. Niedernhausen im Taunus.

Schulze, Gerhard 1996: Die Erlebnisgesellschaft. Kultursoziologie der Gegenwart. Frankfurt am Main.

Stötzel, Georg 1995: 1968 als sprachgeschichtliche Zäsur. In: Sprache und Literatur in Wissenschaft und Unterricht 26, H. 75/76, 132–146.

Straßner, Erich 1992: 1968 und die sprachlichen Folgen. In: Emig, Dieter/Hüttig, Christoph/Raphael, Lutz (Hrsg.): Sprache und politische Kultur. Hans Gerd Schumann zum Gedenken. Frankfurt a. M., 241–260.

Wengeler, Martin 1995: „1968" als sprachgeschichtliche Zäsur. In: Stötzel, Georg/Wengeler, Martin (Hrsg.): Kontroverse Begriffe: Geschichte des öffentlichen Sprachgebrauchs in der Bundesrepublik Deutschland. Berlin/New York, 383–404.

Wengeler, Martin 2002: „1968". Öffentliche Sprachsensibilität und political correctness. Sprachgeschichtliche und sprachkritische Anmerkungen. In: Muttersprache 112, 1–14.

Verheyen, Nina 2007: Diskussionsfieber. Diskutieren als kommunikative Praxis in der westdeutschen Studentenbewegung. In: Klimke, Martin/Scharloth, Joachim (Hrsg.): 1968. Ein Handbuch zur Kultur- und Mediengeschichte der Studentenbewegung. Stuttgart, 209–221.

Vester, Michael/Oertzen, Peter von/Geiling, Heiko/Hermann, Thomas/Müller, Dagmar 2001: Soziale Milieus im gesellschaftlichen Strukturwandel. Zwischen Integration und Ausgrenzung. Frankfurt a. M.

Wehler, Hans-Ulrich 2008: Deutsche Gesellschaftsgeschichte, Fünfter Band: Bundesrepublik und DDR 1949–1990. München.

Weigt, Peter 1968: Revolutions-Lexikon. Taschenbuch der ausserparlamentarischen Aktion. Frankfurt a. M.

von Weiss, Andreas 1974: Schlagwörter der neuen Linken: die Agitation der Sozialrevolutionäre. München.

ULLA FIX, SOPHIA SCHLEICHARDT

Der politische Umbruch von 1989 aus dem Blickwinkel verschiedener Generationen in Sprachbiografien

1. Einleitung

Wie können sich politische Umbrüche in den sprachlichen Erfahrungen von Menschen niederschlagen? Was hat man eigentlich unter „Sprachbiografien" zu verstehen? Und schließlich: Wie unterscheiden sich diese Erfahrungen im Hinblick auf den politischen Umbruch von 1989 und seine Folgen in den verschiedenen Generationen? Diese Fragen könnte man sich angesichts des Beitragsthemas stellen. Im Folgenden wollen wir uns ihnen mit Blick auf verschiedene Generationen nähern. Es soll gezeigt werden, wie sich die gravierenden Änderungen der Lebensumstände durch den politischen Umbruch von 1989 in den heutigen „neuen Bundesländern" auch auf den Sprachgebrauch der Betroffenen ausgewirkt haben, was Sprache aus der damaligen Sicht vieler zu einem eminent politischen Faktum gemacht hat. Es wurde offenbar, dass sich sprachliche Verhältnisse biografisch auswirken können. Ein Beispiel für einen lokal begrenzten Fall: Wenn ein Sachse in die alten Bundesländer wechselt und sich dort durch seinen Dialekt als „aus dem Osten Zugezogener" zu erkennen gibt, kann es ihm passieren, dass er herablassend betrachtet wird – nicht der lokalen, sondern der sozialen Verortung wegen. Ein Beispiel für grundlegende Erfahrungen der Generation, die den Umbruch im Erwachsenenalter erlebt hat: Vor 1989 gab man sich durch seinen Sprachgebrauch politisch zu erkennen: als angepasst, wenn man sich des Politjargons der Herrschenden bediente, als vom System abweichend, wenn man sich zu politischen Themen öffentlich mit seinen eigenen Worten äußerte. In der Folge des „Umbruchs" konnte man sich nun in aller Öffentlichkeit ungefährdet politisch zu jedem Thema äußern und es war möglich und nötig, dies mit seinen eigenen Worten zu tun. Niemand musste sich mehr hinter einem Politjargon verstecken. Diese eigenen Worte zu finden war nicht für jeden einfach. Es stellte eine sprachliche Herausforderung dar, deren politische Dimension den Beteiligten wohl bewusst war. Die Befindlichkeiten und die damit verbundenen Probleme haben sich, wie zu erwarten, von 1990 bis 2010 geändert. 1990 ging es vor allem um das Problem, eine eigene Sprache zu finden, und später darum, die Sprache der neuen Institutionen beherrschen zu lernen. Für die Interviewpartner, die rund zwanzig Jahre nach dem Umbruch befragt wurden, ist der Sprachgebrauch weniger politisch als sozial markiert. Nun geht es um die Identität und das Selbstwertgefühl der Menschen aus den „neuen" wie aus den „alten" Bundesländern. Beide haben mit dem – auch sprachlichen – Problem zu tun, dass man sich seiner (sozialen) Identität erneut vergewissern muss und sich von der der „anderen" abzuheben versucht, indem man etwa stereotype Ausdrücke benutzt, die Zuweisungen und Bewertungen vornehmen und gegenwärtig emotional stark besetzt sind (z. B. Ossi und Wessi).

2. Kulturschock „Wende" und Sprachgebrauch

Während sich Sprachwandel und Sprachgebrauchswandel üblicherweise als langsame, fast unmerkliche Prozesse vollziehen, können politische Umbrüche diese Prozesse rasant beschleunigen, so dass die Veränderungen auffallen und gleichsam „vor Ort" verfolgt werden können. Das war der Fall bei den politischen Umbrüchen in der DDR im Herbst 1989 und im Prozess der Wiedervereinigung Deutschlands. Es stießen zwei Kommunikationsgemeinschaften aufeinander, die zwar durch die gleiche Sprache und gleiche kulturelle Wurzeln verbunden waren, sich aber nicht mehr genau kannten. So nahm man sich gegenseitig teilweise befremdet in seinen abweichenden Lebens-, Denk- und Sprachgebrauchsgewohnheiten wahr. Das Befremden war zum einen Anstoß, über kulturelle Unterschiede bei den zunächst einmal sehr nahe geglaubten Anderen (denen im „Westen" bzw. denen im „Osten") nachzudenken. Eine Art Kulturschock musste überwunden werden. Zum anderen war es Anlass für politische Deutungen. Die engen Beziehungen zwischen Politik und Sprache wurden nun auch von Menschen wahrgenommen, die Sprache sonst nicht reflektierten. Die im „Osten" hatten dabei die größere Arbeit zu leisten. Es ging nicht nur um Sprachbeobachtung („Wie reden die denn?"), sondern um Übernahme fremder Sprachelemente („Wie muss ich denn nun reden?"). Jeder Bürger der DDR musste nicht nur gänzlich neue Praktiken im Wirtschaftsbereich, im Banken-, Versicherungs-, Steuerwesen wie auch im Feld der Bildung, der Schulen und Universitäten und im Kultur- sowie Medienbetrieb – also im gesamten Bereich öffentlicher Kommunikation – übernehmen, er hatte auch deren sprachliche Ausprägungen wie z. B. Fachwörter, Terminologien, Jargonismen, vor allem aber Kommunikationsstile zu lernen. In dieser Zeit wurde, nicht nur bei Experten, jedes Gespräch über den aktuellen oder vergangenen öffentlichen Sprachgebrauch als politische Diskussion verstanden. Es lag nahe, diese sozialpolitisch wie sprachlich aufschlussreiche Situation auch linguistisch zu erfassen. So wurde an der Universität Leipzig von 1994 bis 2010 in Etappen das Interviewprojekt „Sprachbiografien" durchgeführt – in der Frühphase und in der Spätphase des Projekts mit jeweils unterschiedlichen, der Situation entsprechenden theoretisch-methodologischen Ansätzen. Beide Etappen standen aber unter diskurslinguistischem Vorzeichen.

3. Diskursthema und Diskursbeteiligte

Unsere Ausführungen beziehen sich theoretisch-methodologisch auf die Diskurslinguistik, die es sich zur Aufgabe gemacht hat, Sprache und Sprachgebrauch in außersprachlichen, auch gesellschaftlich-politischen Beziehungen zu betrachten. Für unser Vorhaben sind die diskurslinguistischen Kategorien „Diskursthema" und „Diskursbeteiligte" von Bedeutung. Bei ihrer Verwendung stützen wir uns auf die Begriffsbestimmungen von Heidrun Kämper. Für sie sind „Texte eines Diskurses [...] prinzipiell nach dem inhaltlichen Kriterium des Themas strukturiert". Sie fährt fort: „So stellen sich Serien unterschiedlicher Texte von unterschiedlichen Autoren her, die identisch sind hinsichtlich des Gegenstands, den sie thematisieren." (Kämper 2011: 38) Daraus folgt, dass man aus der Themenstruktur eines Diskurses erschließen kann, welches im untersuchten Zeitraum „die brisanten, mindestens aber signifikanten Probleme und Gegenstände einer Gesellschaft" (ebd.) sind. Dies herauszufinden war ein Anliegen des Sprachbiografienprojekts. Kämper zeigt zudem, welchen Aufschluss man hinsichtlich der Haltungen der Diskursbeteiligten erhält durch einen Blick auf die einheitliche oder variierende sprachliche Gestaltung der Diskursbeiträge. Sind sich deren Autoren in der Beurteilung eines Gegenstandes einig oder vertreten sie unterschiedliche Meinungen und wie drücken sie das sprachlich aus? Auch hier knüpft das Sprachbiografienprojekt an. Es interessiert nicht nur, *was* mitgeteilt wird, sondern auch die Form der Mitteilung, das *Wie*. Das kann sich u. a. in der Deixis, in der Wortwahl und v. a. in den verwendeten Topoi äußern. Darauf gehen wir in unseren – aus Gründen des Umfangs allerdings sehr beschränkten – Beispielen ein. Was die Diskursbeteiligten betrifft, geht Kämper davon aus, dass ein gesellschaftlicher Umbruch eine „von einer bestimmten Gruppierung einer Gemeinschaft – den Diskursbeteiligten – initiierte gesellschaftliche und sprachliche Veränderung" (Kämper 2011: 39) ist. „‚Diskursbeteiligte' meint diejenige Personengruppe, die spezifischen, zeittypischen Diskursen Thema, Dichte und Dynamik geben." (ebd.) Diskursbeteiligte seien stets „Repräsentanten der gesellschaftlichen Domänen, der Politik und Parteien, der Gewerkschaften und Verbände, der intellektuellen Gesellschaftskritik, des Rechtswesens, der Kirche und Theologie, der Kunst und Kultur usw" (ebd.). An dieser Stelle macht sich aus unserer Sicht eine Spezifizierung erforderlich: Im Verlauf der politischen „Wende" von 1989 jedenfalls waren, bis neue Institutionen die alten, verworfenen abgelöst hatten, ausnahmsweise einmal alle Bürger Diskursbeteiligte, was nicht heißen soll, dass nicht Vertreter der Bürgerrechtsbewegung und der Kirchen einen besonders großen Anteil hatten. In dieser Phase konnte aber jeder – der Arbeiter, der Gemüsehändler, die Kindergärtnerin – auf öffentlichen Plätzen, vor großen Menschenmengen seine Stimme erheben und gehört werden.

4. Das Sprachbiografienprojekt[1]

Was Sprachteilnehmer zum Wandel ihres kommunikativen Haushalts sagen, wirft ein deutliches Licht nicht allein auf die Situation, in der sie sich zu bewegen haben, sondern auch auf ihre Befindlichkeit unter den gegebenen Umständen. So lag dem Projekt die Annahme zu Grunde, dass eine solche sprachreflexiv angelegte Untersuchung geeignet sein könnte, das im allgemeinen Bewusstsein vorhandene Bild von den Kommunikationsverhältnissen in der DDR wie auch deren Veränderungen durch den politischen Umbruch sowohl kurz nach der „Wende" als auch in späteren Etappen zu erfassen. Dieses sprachreflexiv orientierte Verfahren fußt auf der Erkenntnis, dass die Beschreibung eines Kommunikationswandels über das Registrieren sprachlicher Befunde hinaus auch die soziokulturellen Bedingungen des Diskurswandels in den Blick nehmen muss. Diskurskonstellationen, also Erfahrungen, Erwartungen und Bewertungen, sind in ihrem Wandel ebenso zu berücksichtigen wie der Sprachgebrauch selbst. Eine Möglichkeit der Beschreibung dieses Wandels ist es, festzuhalten, was die Probanden berichtend und wertend darstellen. Daher, das war die Ausgangsidee, sollte in diesem Projekt mit dem Mittel diskursiver und narrativer Interviews erfragt werden, wie Menschen in den neuen Bundesländern, die auch die DDR bewusst erlebt haben, die sprachlich-kommunikativen Umbrüche und die gegenwärtige Kommunikationssituation wahrnehmen und wie sie diese alltagsweltlich verarbeiten. Die Beziehung zwischen Sozialstruktur, Sprachgebrauch und dem Erleben des Einzelnen rückt in den Mittelpunkt. Die ethnomethodologische Erkenntnis, dass die „Bewältigung tagtäglicher Situationen auf die – keineswegs beliebigen und zufälligen – Leistungen der Individuen ange-

---

[1] Wir folgen hier in Teilen Fix/Barth 2000.

wiesen sei, ihre alltägliche Wirklichkeit unablässig ‚herzustellen'"
(Ahlheit 1985: 10), war als Basis der geplanten Untersuchung gedacht.
Es hat sich gezeigt, dass basierend auf der Annahme, dass der Einzelne
auch an der kommunikativen Wirklichkeit teilhat, ja, sie (mit)konstru-
iert, exemplarische Interviews Aussagekraft besitzen.

Im Rahmen der ersten Projektetappe wurden etwa dreißig andert-
halb bis zweistündige Interviews geführt, nicht mit dem Ziel, eine aus-
wertbare Statistik zu bekommen, sondern im Sinne von *Oral History*. Es
ging darum, viele einzelne Erinnerungsbilder und Erfahrungen zusam-
menzustellen. Jedes Interview stellt für sich, so sehr es sich auch von
anderen unterscheiden mag, einen gesellschaftlich möglichen Fall dar.
Ein solcher gesellschaftlich möglicher Fall – das individuelle Erleben,
das eine Biografie, auch eine Sprachbiografie, immer darstellt – kann
als Teil einer Kultur- und Kommunikationsgeschichte bedeutsam sein.
Auch in der letzten Projektetappe wurden Interviews im Sinne der *Oral
History* geführt, deren Erkenntnisinteresse sich besonders auf folgende
Frage richtete: Wie werden etwa zwanzig Jahre nach der Wiedervereinigung – zum Teil auch von einer Generation, die den politischen
Wechsel nicht mehr bewusst erlebt hat – Identitäten und Zugehörigkeiten sprachlich realisiert, bzw. wie wird sprachlich auf den jeweils anderen Teil Deutschlands und seine Bewohner Bezug genommen? So
sollte der aktuelle Stand der Wiedervereinigung reflektiert werden.[2]

5. Zwei Phasen des Sprachbiografienprojekts

Für diesen Beitrag werden die Anfangs- und die Endphase des Interviewprojekts „Sprachbiografien" herangezogen. Auf diese Weise wird
ein Bezug zum Generationenthema in diesem Band hergestellt. Es zeigt
sich, dass das Wissen über die historischen Vorgänge bei den Befragten
(notwendigerweise) verschieden ist, dass sich die Themen, die als relevant gelten, und die Einstellungen zu den politischen und den damit
verbundenen sprachlichen Veränderungen mit den Jahren geändert
haben. Was dazu gesagt wird, spiegelt deutlich die jeweilige gesellschaftliche Situation wider.

Die erste Phase umfasst die Jahre 1994 bis 1996. Sie basiert theoretisch-methodologisch auf dem Konzept von *Oral History*, das sie zu ei-

---

[2] Insgesamt wurden 25 Interviews geführt. Dabei bildeten sich ganz unterschiedliche Untersuchungsschwerpunkte heraus, z. B. zur Bezeichnung „Wossi", zur
Deixis usw. (siehe dazu Lange/Rahmann/Schleichardt 2010). Für das beschriebene Erkenntnisinteresse der letzten Projektetappe sollen in diesem Beitrag stellvertretend vier Interviews vorgestellt werden.

ner *Oral Language History* erweitern will, und sie bezieht sich u.a. auf Erkenntnisse der Ethnomethodologie. Inhalte des kommunikativen und kulturellen Gedächtnisses sowie die Erlebnis- und Deutungsweisen der Befragten sollten erschlossen werden. Es ging zentral darum, was die Befragten sprachlich-kommunikativ erlebt haben und wie sie es für sich selbst deuten. Die zweite Phase umfasst die Jahre 2008/2009 und stützt sich methodologisch ebenfalls auf das Konzept der *Oral Language History*. Auch für die letzte Etappe sollten Inhalte des kommunikativen und kulturellen Gedächtnisses ermittelt werden. Den Zugang zu diesen Inhalten ermöglichten Fragen, die auf die Bezeichnungspraxis abzielten. Auf diesem Weg wurden Assoziationen evoziert, die Einblicke in den aktuellen Stand der deutschen Wiedervereinigung gewährten.

Worin unterscheiden sich die Phasen? Als Fazit kann festgehalten werden: In den 1990er Jahren dominiert die Auseinandersetzung mit dem Umbruch, mit den „Mühen der Berge". Im Zeitraum um 2008/2009 geht es v. a. um die Auseinandersetzung mit den Folgen des Umbruchs, um die Reflexion der durch den Umbruch entstandenen aktuellen gesellschaftlichen und wirtschaftlichen Situation, also um die „Mühen der Ebenen". Folgerichtig sind die Schwerpunkte verschieden. So wird es auch in der Darstellung Unterschiede geben: Für die erste Phase wird ein Phänomen – das *Codeswitching* – unter verschiedenen sprachlichen Gesichtspunkten (Topoi, Deixis) zusammenfassend behandelt, wobei die Aussagen von acht Interviewpartnern verarbeitet werden. Für die zweite Phase, in der sprachlich manifestierte Identitätskonflikte in den Fokus der Analyse rücken, liegt entsprechend mehr Gewicht auf der individuellen Darstellung der vier Interviewten,[3] die wiederum verschiedenen Generationen angehören. Jeder einzelne von ihnen erscheint in der Analyse in seinen jeweiligen Kontext gebettet, um dem Thema „Identität" gerecht zu werden.

6. Zur ersten Phase: 1994–1996

Was nun folgt, ist ein Einblick in die Interviews der ersten Phase.[4] In den Interviews werden zum einen Aussagen darüber getroffen, *dass* „es" (die Veränderungen der Wende) aus der Sicht der Befragten „so" gewesen ist, und zum anderen Teil Aussagen darüber, *wie* „es" von den Befragten argumentativ dargestellt wird. Wir beziehen uns, da wir

---

[3] Die geringe Datenmenge erlaubt diese Art der Darstellung.
[4] Die im Folgenden zitierten Interviewausschnitte stammen aus Fix/Barth 2000. Die Interviews sind dort unter den Initialen der befragten Personen aufgeführt.

exemplarisch vorgehen müssen, auf ein einziges Thema der Interviews, nämlich auf das *Codeswitching*, also auf die Tatsache, dass es in der DDR einen durch inneren und äußeren Druck veranlassten Wechsel von der eigenen Sprache zum Politjargon gab, wenn man öffentlich reden wollte/musste. Dass das nicht jedem leichtfiel, weil er den Jargon nicht beherrschte oder weil er sich diesem Zwang nicht beugen wollte, ist ein zentrales Thema der Interviews. Das Phänomen der sogenannten „Zweisprachigkeit" oder „Doppelzüngigkeit" des DDR-Bürgers, sein Verfügen über eine offizielle und eine private Sprache und das angepasste Verwenden dieser beiden Register ist im Foucault'schen Sinne (1996) ein Element der Ordnung des Diskurses. Die Antworten der Interviewten auf die Frage nach der „Zweisprachigkeit" sind in diesem Verständnis Teil eines Bildes von den Machtverhältnissen einer Gesellschaft. Nach ihren Urteilen über Sprache, nach ihrer Haltung zur neuen Wirklichkeit lassen sich in den Antworten grob zwei große Gruppen von Befragten unterscheiden: die Gruppe derer, die sich als *Nonkonformisten* begreifen, die zu wissen meinen, wie es wirklich gewesen ist, und dies OFFENLEGEN wollen, und auf der anderen Seite die Gruppe derer, die sich selbst für *Konformisten* halten und meinen, ihre Vergangenheit RECHTFERTIGEN zu müssen. Den Antworten der ersten Gruppe kann man die Grundstimmung der Vertrautheit mit dem Neuen entnehmen, denen der zweiten ein Fremdheitsgefühl. Diejenigen, die sich als *Nonkonformisten* verstehen, betrachten sich eher als Beobachter von außen. Aus diesem Selbstverständnis heraus fühlen sie sich wenig veranlasst, Stellung zu sich selbst zu nehmen, wie es bei der Gruppe der *Konformisten* der Fall ist. Sie sind aber bereit zu beschreiben, wie es war, und zu erklären, warum es so war. ERKLÄREN-WARUM ist ein Handlungstyp, von dem Herbig (1992: 65) sagt, dass er nicht argumentativ verwendet werden könne, weil es nichts Strittiges zu behandeln gibt. Daher ist die Darstellung eher neutral als expressiv/emotional. Die Grundhaltung dieser Interviews, bezogen auf DDR-Identität, drückt sich exemplarisch in folgender Antwort aus: *Was man nicht hat, kann einem nicht genommen werden … im Kopf war ich immer schon woanders.* (E. Sch.)

Die Befragten behandeln das Vermeiden von „Doppelzüngigkeit", wie es praktiziert wurde, (indirekt) als widerständiges Verhalten und deuten sich auf diese Weise selbst in einem gewissen Grade als widerständig. Auf die Frage, ob und wie man die offizielle Sprache vermieden hat, gab es u.a. folgende, nicht emotionale und nicht argumentierende Aussagen:

„Man wusste also, dass man bestimmte Dinge einfach, nicht im Sinne von bewusster Reflexion also, bestimmte Dinge sagte man einfach nicht." (R. B., *1948)

„Man hat es vermieden [den Gebrauch offizieller Wörter, U.F.] [...]. Ich selber habe, glaub ich, nie „Ehrendienst" [in der Nationalen Volksarmee] oder so was gesagt [...]. Aber irgendwie war da schon eine Blockade beim Sprechen. Irgendwo war die Schere präsent, auch wenn man sie nicht benutzt hat. Irgendwas klickte im Öffentlichen. [...] Ja, es war präsent: So wollen die das jetzt nicht hören oder da wird es jetzt gleich einen Minuspunkt geben, wenn du das so sagst, oder so. Das war einfach da." (A. P., *1949)

„Das gab's bei mir eigentlich gar nicht, weil, wie gesagt, diese offizielle DDR-Sprache nie meine Sprache war und ich sie auch so gut wie nie angewendet habe." (A. C., *1941)

„Ich hab mich immer bemüht, wenn ich Inhalte [...] übernehmen musste oder übernehmen wollte, weil sie mir sinnvoll erschienen, die dann selbst zu formulieren. Und das enthielt natürlich immer ein gewisses Risikopotential, denn man konnte mit der eigenen Formulierung ... zeigte man unter Umständen einen zusätzlichen Gedanken oder die Richtung eines Gedankens, die nicht der offiziellen Festlegung entsprach, und das wurde natürlich registriert." (H. G., *1929)

„Ja [wir haben die offizielle Sprache vermieden] z. B. in der von vielen belächelten Praxis, dass wir Kollegen, die wir also in den fünfziger Jahren studiert haben, dass wir untereinander immer beim „Sie" geblieben sind. Auch also „Herr Kollege" und „Sie". Das war [...] eine ganz deutlich spürbare, aber nicht ausdrücklich formulierte Kritik an dem „Du" der Genossen [...] unsere Sprachregelung [war] also auch unter bestimmten Studenten schon üblich, die sich dem FDJ-tum nicht so ohne weiteres anschließen wollten, ja." (H. G., *1929)

Das Vorgehen der Mitglieder der Gruppe, die sich als *Konformisten* versteht, ist das des RECHTFERTIGENS mithilfe argumentativer Strategien. In der neuen gesellschaftlichen Situation fühlen diese Interviewten sich fremd, sie sind sich ihrer Identität nicht mehr sicher. Ihre Grundhaltung wird deutlich in der Äußerung, dass *alles, was uns bisher aufgebaut hat, zusammengefallen ist* (A. H.). Man kann das, was in den Interviews gesagt wird, natürlich nicht als Faktum übernehmen, sondern man muss sich auf eine durch die individuelle Deutung gebrochene Mitteilung einstellen. Linguistik und Politikwissenschaft haben Zugänge entwickelt, die sprachlich-argumentative Art der Deutung des Mitgeteilten und der Selbstdeutung des Erzählers zu erfassen. Der ethnomethodologische Ansatz Patzelts (1987; 1989) bietet den geeigneten Zugang für die Untersuchung dessen, was im Einzelnen vorgeht, wenn die als selbstverständlich unterstellten und als fest gefügt erfahrenen Praktiken des Alltags erschüttert werden: Immunisierungsstrategien werden entwickelt und auf diese Weise in Frage gestellte Selbstverständlichkeiten verteidigt. Es sind v. a. folgende:

- Die Methode der *Normalitätsunterstellung*: Es gibt etwas, was man als normal ansetzen kann, nämlich die eigene Wirklichkeit und Wirklichkeitsdeutung (z. B. „Das Sprechen in zwei Sprachen haben wir als normal betrachtet. Und das ist doch auch überall normal.").
- Die Methode der *Entproblematisierung*: Die eigene Wirklichkeit und Wirklichkeitsdeutung werden in entproblematisierte Zusammenhänge gestellt und in diesem Kontext gedeutet (z. B. „Die Sache – der Arbeiterklasse z. B. – war gut. In diesem Zusammenhang kann kein Mittel, das der Sache diente, falsch gewesen sein.").
- Die Methode der *interessegelenkten Deutung*: Die Welt wird nur im Einklang mit den eigenen Interessen interpretiert, und so wird die Notwendigkeit, den Standpunkt des anderen probeweise einzunehmen, vermieden (z. B. „Alles wird an den Interessen der Arbeiterklasse gemessen und nach ihnen entschieden.").

Diese Strategien lassen sich nach in der Alltagsargumentation verwendeten ethischen Präferenzregeln, normativen Prämissen und Topoi erfassen (Herbig 1992: 586). Unter den letzteren sind es v. a. die alltagslogischen, z. B. der Topos *Es kann immer nur schlechter kommen*, die gut in das Muster der Immunisierungsstrategien passen. Aus der typischen Verbreitung dieser Topoi kann man Argumentationsmuster und Einblicke in sozial bedingte Befindlichkeiten gewinnen. Die im Folgenden aufgeführten Beispiele sind Äußerungen zum Thema der Zweisprachigkeit. Sie werden zitiert und hinsichtlich der jeweils verwendeten Immunisierungsstrategie erläutert:

- Topos: Es kommt immer nur noch schlechter.

> „Ich meine, früher muss man sich das ja auch vorstellen in der DDR, dass da diese Kluft besteht zwischen dem gesprochenen Wort und dem eigenen Denken. Dass da ja manchmal schon eine Geste oder eine Augenbewegung ausreichte, um sichtbar zu machen – jedem sichtbar zu machen, auch dem Dümmsten! – das muss ich jetzt sagen, aber […] nicht so tierisch ernst. Ich meine, unser ganzes Kabarett lebte ja eigentlich davon. Heute kann ich zwar alles sagen – theoretisch – muss es mir aber immer ganz genau überlegen, weil es dann nämlich um meine Existenz geht." (E. P., *1954)

Schlussfolgerung: Wenn es früher gar nicht so schlimm war, was man daran sieht, dass es heute viel schlimmer ist, muss ich mir auch nicht vorwerfen, was ich früher getan habe.

– Topos: Es gilt, was normal ist.

> „Na, das [*Codeswitching*] gehört dazu, und ich muss es also machen, und da mach ich's. Ohne mir da große Gedanken zu machen. Das war damals so, das ist heute so." (E. P., *1954)

Schlussfolgerung: Wenn alle es machen, ist es das Normale. Der Verweis auf Normalität reicht als Begründung für Handeln aus.

– Topos: Man hat keine Wahl.

> „Als Deutschlehrer kann man das, da kann man das da eigentlich recht formulieren. [An die Interviewerin gewandt] A. [...] Sie wussten doch, was man hören will [...]. Irgendwo ist das im Kopf bzw. auf Abruf parat. Wir hatten ja alle dieses offizielle und das inoffizielle Gesicht. Und damit auch die offizielle und die inoffizielle Sprache. Da hat man das ganz einfach abgerufen. Aber wie gesagt, das waren Phrasen. Ich muss das ehrlich so sagen." (E. P., *1954)

Schlussfolgerung: Man musste das tun, wenn man überhaupt handeln wollte.

– Topos: Es gilt das Prinzip der Gleichheit/Gerechtigkeit.

> „Aber das haben Sie ja nicht nur im Deutschen. Und das haben Sie nicht nur durch die Wende [...], dass Sie praktisch immer, immer eine offizielle Sprache haben und eine Privatsprache. Nicht, das ist in jeder Gesellschaft, in jedem Land so." (A. H., *1966)

Der Kontext macht folgende Schlussfolgerung deutlich: Es ist ungerecht, gerade mir das, was überall gemacht wird, vorzuwerfen.

> „Also diese ... Doppelgesichtigkeit ist immer noch da ... nicht also, ... es hat sich geändert das Markenzeichen, aber weiter nichts." (E. P., *1954)

> „Ja, nochmal zu der Frage mit den zwei Sprachen. Gibt's doch jetzt auch, ja? Zwei Sprachen. Es wird doch ganz bewusst gelogen manchmal, ganz bewusst, ne." (H. K., *1923)

Schlussfolgerung: Wenn es jetzt auch so ist und akzeptiert wird, kann man es gerechterweise dem früheren Staat nicht vorwerfen. Oder: Wenn man es der DDR vorwirft, muss man es auch dem jetzigen Staat vorwerfen.

– Topos: Teil für Ganzes

> „Insofern hat sich da überhaupt nichts verändert, im Sinne von verbessert. Das ist für mich keine Verbesserung der Sprache, im Gegenteil. Ich habe sogar den Eindruck manchmal, dass heute die Sprachgewohnheiten auch ein Ausdruck bestimmter Verrohung geworden sind." (H. K., *1923)

195

Schlussfolgerung: Wenn die Sprache früher diesen Ausdruck der Verrohung nicht hatte und wenn er Folge von (allgemeiner) Verrohung ist, muss früher nicht nur die Sprache, sondern die Gesellschaft weniger roh, also besser gewesen sein. Aus der Sprache (Teil) wird auf die Gesellschaft (Ganzes) geschlossen.

– Topos: Mittel und Zweck („Der Zweck heiligt die Mittel.")

> „Man musste das schreiben, es gehörte dazu. Ansonsten bekam man seine ansonsten vielleicht konkret aufgebauten, detaillierten Pläne zurück. Also hat man's, um selber auch in Ruhe gelassen zu werden, dann hat man es abgerufen, die Phrasen." (A. H., *1966)

Schlussfolgerung: Um einen guten Zweck zu erreichen, habe ich getan, was gewünscht wurde. Da der Zweck die Mittel rechtfertigt, brauche ich mir keine Vorwürfe zu machen.

Eine Reihe von Interviews lässt auch die Tendenz der Interviewten erkennen, sich ins Unpersönliche zurückzuziehen, d. h. den Bezug auf sich selbst zu vermeiden.[5] Dafür mag es zwei Gründe geben. Der erste: Man benennt sich selbst nicht, weil man sich aus dem Gesagten herausnehmen und so seinen Anteil am Erzählten verringern möchte. Der zweite: Man nimmt sich heraus, indem man unpersönlich erzählt, weil man tatsächlich keinen Anteil an dem zu Erzählenden hat oder das zumindest glaubt. Diese Tendenzen lassen sich verifizieren durch Hinzunahme anderer Arten der Referenz, so der Referenz auf alle anderen, die es „ja genauso gemacht haben", oder der Solidarität anstrebenden Referenz auf ein Wir, das die Aufteilung der Verantwortung bewirkt. Auch die Verwendung und Verteilung der Modalität, z. B. eine eher nachdrückliche oder eher unsichere Ausdrucksweise, könnte in dem Zusammenhang Aussagekraft haben. Erst im Zusammenhang mit dem Mitgeteilten und den zusätzlichen Ausdrucksmitteln lässt sich die jeweilige Funktion der unpersönlichen Ausdrucksweise klar bestimmen. Die nun folgenden Beispiele sind jedoch so beschaffen, dass man die Funktion auch schon ohne größeren Kontext erkennen kann.

– Verweis auf das, was „man tut" (Interview mit E.P., *1954)

> „Irgendwo ist das im Kopf bzw. auf Abruf parat. Wir hatten ja alle dieses offizielle und das inoffizielle Gesicht. Und damit auch die offizielle und die inoffizielle Sprache. Da hat man das ganz einfach abgerufen. Aber wie gesagt, das waren Phrasen. Ich muss das ehrlich so sagen. Man musste das schreiben. Es gehörte dazu. Ansonsten bekam man seine vielleicht konkret aufgebauten,

---

[5] Wir folgen hier in Teilen Fix 1997.

detaillierten Pläne zurück also hat man, um selber auch in Ruhe gelassen zu werden, und dann hat man es abgerufen, die Phrasen."

„[Das angepasste Schreiben] ja, das fällt uns doch nicht schwer. Nein, das würde mir auch heute nicht schwerfallen. Das ist das, was ich erkannt habe, was ich machen muss. Meistens macht man das nicht gern und nicht aus Überzeugung, beziehungsweise, das klingt jetzt so wie Widerstand, bzw. man trägt ganz einfach dem Fakt Rechnung – das muss so sein. Und da gibt es Sachen, die man einfach da in dem Moment gar nicht hinterfragt."

„Aber das hat mir vor Augen geführt [...], dass man sich die Leute genau angucken muss, mit denen man relativ offen, oder sagen wir auch mal spontan, über das eine oder andere diskutiert."

„Also, die Zwänge sind immer da. Es kommt nur darauf an, wie gut man zwischen Zwängen laviert. Und was man auch für sich selber als wichtig erachtet. Ist der Sozialismus wichtiger als eigenständiges Denken? Ist [...] die freie Marktwirtschaft [...] ist das für mich wichtiger als ein eigenständiger Mensch?"

– Die eigene Haltung, nicht mehr verantwortet durch Maximen, wird dargestellt (Interview mit E. P., *1954)

Das Schreiben von Beurteilungen für Schüler: „Ja, da ist ja wieder dieser Zwiespalt von vorhin. Das, was man tun muss, macht man, sagen wir mal, ohne größere innere Überzeugung. Und da ist man ja als Deutschlehrer in der Lage, solche Kernsätze zu formulieren."

„Ja, man hat sich bedient dieses Instrumentariums, und ich meine, man hat ja auch nie, jedenfalls ist das mir nicht wissentlich, man hat ja nie versucht, eine Beurteilung negativ zu untersetzen. Die waren ja immer positiv."

– Darstellung von etwas, an dem man nicht beteiligt war (Interview mit H.G., *1929)

„Das war ganz eindeutig, ganz eindeutig zu beobachten, dass eine [...] säuberliche Staffelung vorhanden war. Das, was [...] überall gesagt werden konnte und ins „Neue Deutschland" kommen konnte, war etwas anderes als das, was auf der so genannten Kreisebene offen besprochen werden konnte. Und wiederum auf dieser Kreisebene konnte gar nicht alles besprochen werden, was auf Bezirksebene unter [...] verhandelt wurde und weiter oben, nach oben zu. Aber das waren weniger Dinge sprachlicher [...], das war nicht so sehr 'ne sprachliche Frage, sondern 'ne inhaltliche Frage – was konnte gesagt werden, was konnte wo gesagt werden?"

Wenn diese exemplarische Beispielsammlung im Sinne statistischer Stichhaltigkeit auch nicht aussagekräftig ist, verweisen die Beispiele doch schon auf Symptomatisches, markieren sie Deutungsmuster der Sprechenden – die Selbstdeutung als Involvierte bzw. als Nichtinvolvierte. Sie lassen erkennen, was an Einsichten zu gewinnen ist mit einer

argumentationsstilistischen Analyse auf der topischen Ebene und mit
der Untersuchung der Arten, wie man Referenz auf sich selbst hergestellt, wie man sich selbst sprachlich ins Spiel gebracht hat. So sind sie
ernstzunehmende Hinweise darauf, wie in den 90er Jahren zum Thema
des Sprachgebrauchs in der DDR gedacht und gesprochen wurde.

7. Zur zweiten Phase: 2008–2009

Für die letzte Phase des Projekts werden nun exemplarisch vier Interviews vorgestellt, die besonders unter dem Aspekt sprachlich manifes-
tierter Identitätskonflikte betrachtet werden sollen. Für diese Etappe
existiert kein so klar artikulierbares Phänomen wie das *Codeswitching*,
dennoch werden die aktuellen Identitätskonflikte mit der diskurslinguistischen Analyse des Materials – auch hier v. a. von Wortschatz, Topoi und Deixis – fassbar. Da Sprecher verschiedenen Alters zu Wort
kommen,[6] kann der Blick auf die „Mühen der Ebenen" auch unter dem
Generationenaspekt dargestellt werden, dies freilich nur sehr exemplarisch. Der Fokus soll dabei besonders auf der Reflexion des „aktuellen
Standes" der Wiedervereinigung liegen. Um dem zentralen Aspekt der
Identität in der Darstellung gerecht zu werden, sollen die Interviews
der Reihe nach zusammenfassend vorgestellt werden, was durch die
geringere Datenmenge gut umsetzbar ist. Auf diese Weise kann eine
breit angelegte linguistische Analyse der Interviews präsentiert werden, die auch ein Mitdenken des für sie bedeutsamen biografischen
Kontextes ermöglicht. Begonnen wird mit der ältesten Interviewten –
ausgehend also von der meisten direkten Erfahrung mit der DDR hin
zur wenigsten.

H. S. (*1944), Rentnerin und ehemals Lehrerin für Deutsch und Latein,
wuchs in der Nähe von Leipzig auf und lebt seit den 70er Jahren in
Thüringen. Sie hat drei Söhne, die vor und während der Wende in den
Westen ausreisten, und verfügt damit über einen besonderen, sehr persönlichen Zugang zum Ost-West-Thema.

Charakteristisch für das Interview mit H.S. ist, dass sie sehr kritisch
mit der Vergangenheit wie auch der Gegenwart ins Gericht geht, vor
allem aber mit sich selbst. Sie ärgert sich über das „Duckmäuserhafte",
das sie sich zuschreibt und das sie vor allem auf ihre DDR-Sozialisation
zurückführt, die sie mit sehr emotionalen pejorativ konnotierten Lexemen fasst: *Unser ganzes Leben war ja ambivalent. So viel **Verlogenheit** und*

---

[6]   Die Interviewpartner sind Vertreter folgender Jahrgänge: 1944, 1951, 1974 und
      1985.

Heuchelei. Ihren Ärger über die Folgen dessen umschreibt sie mit verschiedenen Phraseologismen:

> „Und, ... und ... das prägt uns heute noch. Oder mich, ich kann ja nur für mich sprechen, das prägt mich heute noch. Ich kann auch heute nur ganz schwer **meinen eigenen Standpunkt vertreten**. So richtig vehement, ne? Also **wenn's hart auf hart kommt, geb** ich immer **klein bei**."

Ebenso charakteristisch ist, dass sie in ihrem Urteilen sehr ausgewogen ist. Was ihr auf der einen Seite nicht passt, hat meist ein als nicht wünschenswert empfundenes Pendant auf der anderen Seite. Deutlich wird das z. B. an der gegensätzlichen Graduierung des Adjektivs *selbstbewusst*:

> S. S.: Und was würdest du aus deiner Sicht unter Ostmentalität fassen?
>
> H. S.: Eingeschüchtert, ängstlich, haben nicht gelernt, eine eigene Meinung zu vertreten, das wurde uns sogar abgewöhnt, **wenig selbstbewusst**, da ist auch wieder das Pendant im Westen gerade **sehr selbstbewusst**, ... **zu selbstbewusst**, egal ob was dahinter steht oder nicht.

Deutlich wird, besonders im Hinblick auf die Personaldeixis (*wir/sie, die*), dass sie sich mit allen damit verbundenen Stärken und Schwächen ganz eindeutig als Ostdeutsche abgrenzt. Auch geht sie vom selbstbestimmten *ich* zum verallgemeinernden *man* über. Sie hat das Bedürfnis, die „eigene Gruppe" zu verteidigen, wie sich in entsprechenden Schlüsselwörtern zeigt, die im Sinne Nothdurfts (1996: 381) Diskussionszusammenhänge in ein „alltagsweltliches Format" bringen, die kommunikative Position ihrer Benutzer signalisieren und als Reizwörter innerhalb eines strittigen Themas eine zentrale Stellung einnehmen können.

> „Und wenn jetzt so was wieder thematisiert wird oder **sie uns** erklären wollen, wie die DDR funktioniert hat, sag **ich** schon was. Dann kommt **man** auch in die Situation, dass **man** sich **verteidigt**, ne? **Ich** denk immer, **wir** sind in der **Verteidigerposition**. Na, da sagen **die**: ‚Na, warum habt **ihr** euch das denn so lange gefallen lassen?' Das kann **man** nicht nachvollziehen, wenn **man** nicht dabei war."

Zur Verteidigung argumentiert sie beispielsweise mit dem Topos *Heute ist es auch nicht besser*: *Und heute würde ich zurück sagen: „Was lasst ihr euch heute alles gefallen?" Das ist nicht unbedingt weniger schlimm. Sowas würd ich schon sagen.*

Obwohl sie die Trennung beider Teile Deutschlands in ihrer Argumentation durchaus wachhält, ist ihr ausdrücklicher und starker Wunsch die Überwindung dieses *Ost-West-Gefasels*, das sie sehr ärgert, wie an verschiedenen pejorativ konnotierten Lexemen deutlich wird.

Den Überdruss diesem Thema gegenüber zeigen temporale Adverbien wie *immer noch, endlich* und *nicht mehr.*

> „Ich bin sowieso der Meinung, dass die Medien dieses Ost-West-Gefasel noch **schüren** und **provozieren** und praktizieren. Die müssten eigentlich mit gutem Beispiel vorangehen und das **endlich** mal beenden. Und das kommt **immer** und **bei jeder Gelegenheit, wo sich's nur irgendwie anbietet**, zum Vorschein. Also, dass die das **immer noch** so trennen. Auch diese ganzen Statistiken, **immer** wird Ost und West **noch** getrennt veranschlagt. Das sollen sie doch jetzt nach zwanzig Jahren **endlich mal** lassen. Das ist **sehr, sehr ... abstoßend**. Und **unwürdig** auch, das ist **nicht mehr passend**, 20 Jahre nach der Wiedervereinigung."

Wenn es darum geht, wer sich die Mauer zurückwünscht, werden die deiktischen Bezüge unbestimmter (*man*) – eine Unterscheidung zwischen Ost (*wir*) und West (*die/sie*) fehlt. Zu vermuten ist also, dass der Wunsch aus H.S.s Sicht auf beiden Seiten besteht. *So, als wenn sie* [die Medien, Anm. S. S.] *das am liebsten wieder hätten, dass es noch Ost und West gibt, so ist es bei vielen. Man hört das ja auch direkt, dass man sagt, die Mauer soll wieder her.*

R. D. (*1951), Elektroinstallateur, schien aufgrund seines mehrmaligen Perspektivwechsels besonders geeignet für ein Interview: Geboren und aufgewachsen in Leipzig, reiste er sechs Jahre nach Stellen des Ausreiseantrags 1989 mit seiner Familie nach Baden-Württemberg aus und lebte dort, bis er schließlich 2001 allein nach Leipzig zurückkehrte.

Charakteristisch für R. D. ist sein beständiger Wunsch nach *Normalität*. Immer wieder greift er dieses Schlüsselwort im Sinne Nothdurfts (1996) auf. Ostdeutsche und Westdeutsche sollen sich gegenseitig als normal empfinden, sich von Vorurteilen lösen und auf das sich laut ihm positiv entwickelnde *Gemeinsame* im wiedervereinten Deutschland blicken. R. D.s Sprache ist beim Beschreiben des komplexen Zusammenhangs der Wiedervereinigung zudem sehr bildhaft.

> „Was soll denn das? Die sollen doch mal dort **Normalität** einkehren lassen. Es ist schon so, dass wir von einer, dass wir **geheiratet worden** sind. [...] In Ansätzen is das so, dass wir dieses **Übernommenwordensein** vom Westen, das is uns ja immer wieder **vorgehalten** worden und diese dummen Klischees von wegen, wir haben euch das Geld transferiert. Und dann sagen die andern wieder: Aber alles, was für uns Wert hatte, wird jetz entwertet und dann **schaukelt sich** das **immer weiter hoch**. Ich würde mir da mehr **Normalität** wünschen. Dass man sagt: OK, das Dummgeschwätz von beiden Gruppen is da, aber das **Gemeinsame**, was wir **gemeinsam** geschaffen haben, is SO überragend, wir haben ja auch wirklich schon so viele **gemeinsame** Sachen geschaffen."

Für die Zeit in der DDR werden v.a. Lexeme genannt, die unter dem „Zufriedenheitstopos" zu subsumieren wären: *Ja, ich hab mich völlig* **wohlgefühlt**. *Wir ham* **gut gelebt**; *na gut, ich hab das auch* **immer genossen**. Für die Zeit in der BRD ist es vor allem der „Normalitätstopos" der zur Sprache kommt: *Ich hab mich da ganz* **normal** *gefühlt; ansonsten habe ich viel* **Normalität** *getroffen, natürlich ... mit Geduld, aber dann war das Leben sehr* **normal** *für mich.*

Diese Darstellung von Zufriedenheit und Normalität wird aber auf beiden Seiten gebrochen. Für die DDR vor allem explizit mit pejorativ konnotierten Phrasen (*Das* **Leben hatte keinen Sinn mehr, es war** *wirklich* **nur noch ein Absurdum**. *[...] Es* **machte** *einfach* **keinen Spaß mehr**.) und impliziter für die BRD: *Das hast du auch in deinem Wohnumfeld mitbekommen, wenn da jemand aus dem Osten gekommen ist und da waren dann* **natürlich sofort keine Ressentiments mehr** *da. Ob der nun berlinert, oder der war aus Bautzen, das war alles egal, das war dann einer, du gehörtest dann zusammen.*

Wieder zurück in Leipzig (2001) ist R. D. zunächst geschockt, *wie viel alter Geist da noch drin war,* und kommt zu der Erkenntnis: **Die** *sind nicht zu verändern. Das muss rauswachsen, das müssen also die Generationen bringen.* Hier grenzt er sich deutlich durch *die* von denjenigen Ostdeutschen ab, die dem Alten noch nachhängen. Sehr interessant – da seiner Biografie durchaus entsprechend – ist der schon angedeutete Wechsel zwischen den Identitäten, der sich auch in einem häufigen Wechsel deiktischer Bezüge zeigt (*die/wir/du/man*). In erster Linie empfand und empfindet er sich jedoch ausdrücklich als *Ossi*, assoziiert mit diesem Stereotyp aber sofort *Diskriminierung*:

> S. S.: Und hast du dich lange als ... Ossi noch gefühlt?
> R. D.: Ja, bis zum Schluss. ... Also, nicht von, **ohne Diskriminierung, ohne Diskriminierung**. Die Geschichte mit dem Übergangshotel war meine erste und einzige negative Erfahrung, dann hab ich nie wieder irgendwas erlebt, von wegen: **Der nich, der is 'n Ossi**, oder so was.

A.S. (*1974), Berechnungsingenieur, wurde in der Nähe von Leipzig geboren und lebt inzwischen wieder in Leipzig. Im vergangenen Jahrzehnt hat er arbeitsbedingt in verschiedenen anderen Städten, darunter auch in den alten Bundesländern, gelebt.

Im Interview mit A. S. fällt, gerade im Gegensatz zu R. D., eine sehr gesicherte Identität auf. A. S. erinnert sich an eine sehr zufriedene Kindheit in der DDR, betrachtet diese Zufriedenheit aber im Nachhinein kritisch als Unreflektiertheit. Deutlich wird durch das häufige Personaldeiktikum *ich*, dass es um seine eigenen Empfindungen und nicht um ihn als Teil einer Gruppe geht. Mit *die* grenzt er sich von den gleichaltrigen Kindern, mit denen gute Bekannte 1987 in den Westen ausgereist sind, ab:

> „Also **mir** ging das damals nicht so nah, wie denen, die da eben noch mehr Bezug hatten. **Ich** war ja glücklich und **ich** hatte, es war irgendwie nicht notwendig, das irgendwie zu bewerten. **Ich** hab das nicht so gespürt. [...] Und **ich** war da ja auch erst so zwölf, **ich** hatte den Fokus auf ganz anderen Dingen. Das war **mir** alles nicht ... **ich** hab mich immer sehr geborgen gefühlt und so Sachen dadurch vielleicht zu wenig hinterfragt. [...] eher nicht neidisch. Eher so: Mensch, hoffentlich kommen **die** da zurecht, oder. Ich glaub, dann hätt **ich** mich eher so alleine gefühlt. Dass **die** da so nichts ham, keine Freunde und so. ... Also, eher so mitleidig."

Diese damals so empfundene Zufriedenheit zieht ein entsprechendes Zugehörigkeitsgefühl nach sich, das vor allem mit dem Schlüsselwort „Stolz" zu fassen versucht wird:

> „**Stolz** genug warn mer auf jeden Fall. Es war jetzt nie so, dass wir unbedingt rüber wollten oder so; vielleicht hat man sich kurz nach der Wende ja auch gerne Ossi genannt, um vielleicht, also wenn man **stolz** drauf war; also mir hat das immer nen Stich versetzt, wenn jemand so Zoni gesagt hat, aber dann im nächsten Moment war man vielleicht umso **stolzer**, keine Ahnung, ... oder **trotziger**."

Dieser Stolz, der mit dem Trotz noch verschärft wird, führt nach der Wende dazu, dass A. S. sich durch einen bestimmten Sprachgebrauch (nach vorübergehenden Anpassungsversuchen) bewusst zu seiner Herkunft bekennt. Er wechselt hinsichtlich der Deixis von einem *ich* für seine persönlichen Empfindungen hin zu einem verallgemeinernden und damit im Sinne Goffmans „gesichtsschonenderen" *man* und findet für ein Beispiel aus dem eigenen Gebrauch zum *ich* zurück.

> „Jetzt bin **ich** eigentlich eher ein bisschen trotzig, weil, was soll das, **ich** bin so aufgewachsen oder ... **ich** möchte **mich** da nicht verändern an der Stelle. ... Naja, das ist schon nachvollziehbar, dass **man** sich da irgendwie anpasst, vielleicht nichts Dramatisches im Leben, aber obwohl ... Sprachveränderung is schon irgendwie [...] doch, es gibt so ne Momente, wo **man** unterstreicht, dass **man** aus dem Osten kommt, oder wo **man** herkommt, oder ... zum Beispiel sag **ich** auch immer Federball, nicht Badminton."

Er begründet dieses Sprachverhalten folgendermaßen und verkompliziert dabei bewusst mit mehreren Relativanschlüssen und einer vagen Bildhaftigkeit, wohl um einer klischeehaften Kategorisierung zu entgehen: *Naja, nicht gleich Stolz auf die Herkunft, aber um sich auch von denen* **abzuheben**, *die man mit denen* **in einen Topf steckt**, *die sich eben nicht so verhalten, wie man das eben für richtig hält.* Auch im weiteren Verlauf versucht er dieser Kategorisierung mit unbestimmten Lexemen zu entgehen: *Ich will damit sagen, dass es nich immer gerechtfertigt is, es is nur immer gegen* **irgendetwas**, *gegen* **irgendein Verhalten** *oder* **eine bestimmte Art Menschen** *eben gerichtet.* Zusätzlich spricht er mit dem gesichtsschonenden *man,* wo er doch vor allem auf sich selbst verweist: *Also,* **man** *will sich abgrenzen dadurch. Vielleicht auch so 'ne Art Selbstbestimmung, ich weiß nich, es muss ja auch 'n paar Konstanten geben im Leben, das is vielleicht affig, aber da hält* **man** *sich dann an so was fest.*

Der Wille zur Überwindung des Trennenden, der in den Erzählungen von H. S. und R. D. einen größeren Raum einnimmt, zeigt sich bei A. S. nur in der Bemerkung: *Ich hab ja auch,* **zum Glück,** *schon viele nette Leute auf beiden Seiten kennen gelernt.* Dass er das Thema zudem mit einer gewissen Lockerheit betrachtet, zeigt die ironische Verkehrung des „Anpassungstopos": *Und das macht's den Wessis natürlich SEHR schwer,* <lacht> *Blusbungde zu sommeln* [bewusste ironische Klischeebedienung durch übertriebenen sächsischen Dialekt]. Für gewöhnlich sind es im Diskurs die Ostdeutschen, die sich an den „Normal-Null-Status" des Westens anpassen, um „Pluspunkte zu sammeln", um also von westdeutscher Seite her positiv bewertet zu werden (siehe Interviews mit H. S., R. D.; siehe auch Roth 2008: „Der Westen als ‚Normal Null'").

P.P. (*1985), Studentin, wurde in Ostberlin geboren und wuchs am Rande von Berlin nach eigenen Angaben „ganz ohne Westen", aber doch mit der impliziten Abwertung desselben auf. Ihre Familie war der DDR gegenüber sehr loyal eingestellt.

Bei P. P., die zur Zeit der Umbruchs gerade erst vier Jahre alt war, wird eine besondere Prägung durch ihre Familie deutlich. Die emotionale Besetztheit des Themas wird durch Personifizierung der *DDR* und des *Westen[s]* und die Verwendung des Schlüsselworts *Heimat* offenbar:

> „Ich bin **total geprägt durch die Abwertung**, leider. [...] Also, ich bin halt wirklich **aufgewachsen mit der DDR, ganz ohne Westen**. Und ... mein Vater hat ja auch immer gesagt: ‚In **meiner Heimat** hätte es so was nich gegeben'. Also er bezeichnet das ja als **seine Heimat** und bin auch immer damit aufgewachsen, dass er das als **unsere Heimat** bezeichnet hat. Also schon mit ner hohen Identifikation, aber sobald ich begriffen hatte, dass es Ost und West gab, auch immer mit der **Abwertung vom Westen**."

Trotz der sehr begrenzten Erfahrung aus eigenem Erleben bis zur Wende und trotz vieler Begegnungen mit *Westlern* danach, hat sich diese Identifikation bis in die jüngste Zeit hinein deutlich erhalten, was sich in P. P.s besonderer Aufmerksamkeit für das Ost-West-Thema zeigt (*Ich werde sowieso hellhörig, wenn Wessis was über Ostdeutsche sagen*) wie auch in den Charakteristika, die sie mit den Stereotypen „Wessis" und „Ossis" assoziiert. Für die „Wessis" fällt die Beschreibung sehr bildhaft

aus, für die „Ossis" konkreter und anhand vornehmlich positiv konnotierter Lexeme bzw. in Absetzung zu negativen, als westdeutsch empfundenen Eigenschaften (*Pseudohöflichkeit, Oberflächlichkeit*). Für beide
Fälle finden sich zahlreiche Heckenformeln und Graduierungen zur
Abschwächung und Distanzierung vom Gesagten (mit der Ausnahme
definitiv):

> „Also zu den Wessis assoziier ich **definitiv**, dass die von klein auf **gelernt**
> ham, **sich zu verkaufen** … und das **vieles sehr fassadenhaft** is und auch **ne
> gewisse** Souveränität […] grade zum Klischee Wessi fällt mir **hauptsächlich
> dieses** Standardisierte ein. Dass es **so viele ungeschriebene Regeln** gibt,
> auch bezüglich Äußerlichkeiten, **na ja**, und auch so **ner antrainierten Höf-
> lichkeit, die nich unbedingt** mit Herzlichkeit gleichzusetzen ist. […] **Na, und
> was mir auch auffällt**, is so ne Förmlichkeit … beim Kennenlernen, selbst un-
> ter jungen Leuten, das is **schon fast wieder so ne gewisse Steifheit manch-
> mal**. Also, wo ich dann auch **staune**, woher die **so** kommt. Das kenn ich
> aus'm Osten **jetz nich so**."

> „Das is **viel intuitiv** [bei den „Ostdeutschen"], **aber, ich weiß nich**, … ich
> **find's leicht**, ins Gespräch zu kommen, die sind **oft sehr aufmerksam** in öf-
> fentlichen Situationen. … **Ich find schon**, dass es **irgendwie echter** is, also
> dass **das Herzliche echter** is, und **das Mürrische, Verbiesterte aber genauso
> echt** is, aber eben nich mit **so ner Pseudohöflichkeit** oder **Oberflächlichkeit**
> weggemacht wird. Und dadurch **find ich irgendwie**, sind se **halt authenti-
> scher**. Und teilweise auch **so ne viel größere Akzeptanz der Einfachheit**,
> **find ich**. Und **nich nur so ne Definition über Hab und Gut**."

Einerseits beklagt sie das Schwarz-Weiß-Denken und dass *halt nur so
Annahmen getroffen [werden], aber […] nicht gefragt [wird]*, andererseits
wird ihr bewusst, dass sie dieser Diskursgewohnheit selbst verfallen ist
und drückt dies mit der entschuldigenden Nachfrage *Naja. … Ich hab
jetzt nur Negatives gesagt, oder?* und dem phrasenhaften Eingeständnis:
*Ich **fühl mich schlecht** dabei, wenn ich so in **Böse und Gut** denke, aber ich
komm irgendwie **nich drumrum**.*

Wie für A. S. spielt auch für P. P. der „Stolz"-Topos eine Rolle (*So'n
Samariterton kratzt natürlich am Stolz, ne?*). Dieser wird für sie vor allem
dadurch provoziert, dass in ihrer jungen Generation bekannte „Vorwürfe" von der vorhergehenden übernommen werden, was einer
Überwindung des Ost-West-Konflikts ihrer Ansicht nach nicht dienlich
ist. Die deiktischen Bezüge machen ihre Zugehörigkeit noch einmal
deutlich: *Erst recht, wenn mir Zwanzigjährige erzählen, **sie** hätten **hier** alles
mit aufgebaut. Dieses **Wir**. „**Wir** haben **euch** geholfen."* Mit einer ironischen
Übertreibung und einem ernsten Zusatz vermittelt sie, was ein solches
Verhalten bei ihr auslöst: *Bei diesem Auftreten is die **Identifikation mit'm
Westen** natürlich immer **RIESIG**. Und gleichzeitig is dann die **Identifikation mit'm Osten groß**.*

P. P. äußert weitere ironische Brechungen – dialektal klischeebedienend, die Kollokation „goldener Westen" verkehrend und phrasenhaft Erwartungen revidierend –, die auf eine relativ lockere, unbekümmerte Behandlung des Themas schließen lassen:

> „Dass eben Leute manchmal nur fragen, um sich den Anlass zum Reden zu geben. Das ist mir häufiger drüben aufgefallen, oder auch hier. <lacht> **De Leude sin ja ooch nübberjekomm.** <beide lachen> Weil se sich den **goldenen Osten** angucken wollten. <lacht> Und dann immer dieses: ‚**Mensch, das IS ja gar nicht so schlimm hier.**'"

8. Resümee

Der erste Teil des Interviewprojekts, die Befragung in den 90er Jahren, führt zu Einsichten in die Verarbeitung der politischen und lebenspraktischen Erfahrungen aus der Zeit der DDR und der „politischen Wende" in der aktuellen Situation des politischen Umbruchs. Hier zeigt sich, dass sich die Befragten nach ihren Urteilen über Sprache und damit in ihren politischen Haltungen zur neuen Wirklichkeit in zwei große Gruppen unterscheiden: in diejenigen, die sich als *Nonkonformisten* verstehen, und diejenigen, die sich selbst für *Konformisten* halten. Die Antworten der ersten laufen auf ein ERKLÄREN-WARUM hinaus. Die Antworten der zweiten Gruppe auf ein RECHTFERTIGEN. Solche deutlichen Gruppierungen zeigen sich in den Interviews der späteren Phase nicht mehr. Hier steht (freilich auch begründet durch die geringere Datenmenge) eher der individuelle Blick auf die DDR und die Wiedervereinigung im Vordergrund, der in Abhängigkeit von der Generation ganz verschieden ausfällt: Die beiden Jüngeren, die weniger eigene Erfahrung in der DDR gesammelt haben, drücken eine positivere Haltung zum damaligen wie heutigen Osten aus. Die Identifikation mit der DDR erweist sich als sehr ausgeprägt, wie die Analyse der Schlüsselwörter (z.B. *Stolz, Heimat*), der lexikalischen Oppositionen (z.B. Assoziationen zu den Bezeichnungen *Ossi/Wessi*) und verschiedener Topoi zeigt. Bemerkenswert ist jedoch, dass sich diese Zugehörigkeit nicht über die personaldeiktischen Bezüge ausdrückt, die Interviewten sprechen für sich und nicht als Teil einer Gruppe. Die beiden Älteren hingegen, die längere Zeit in der DDR gelebt haben, sind bezüglich ihrer Identität wesentlich gespaltener. Auch sind sie verärgerter über das noch schwelende Ost-West-Thema. Diskursive Metabetrachtungen darüber, *dass* dieses Thema noch so viel Aufmerksamkeit erfährt und warum dies nicht mehr zeitgemäß ist, nehmen einen bedeutenden Raum innerhalb der Interviews ein. Eine Identifikation mit dem Osten wird bei der Analyse der sprachlichen Oberfläche dennoch deutlich, wie deiktische Bezüge und sich herauskristallisierende Motivationen für die Argumentation („Verteidigungshaltung" bei H. S., „Verantwortungsgefühl" bei R. D.) zeigen. Während die beiden Älteren eine Überwindung des *Ost-West-Gefasels* – unter dem sie leiden, obwohl sie unbewusst selbst zu diesem beitragen – für längst an der Zeit halten, äußern die beiden Jüngeren diesen Wunsch an keiner Stelle und wirken trotz der vielen die Trennung konservierenden Redebeiträge unbekümmerter und freier im Umgang mit dem Ost-West-Thema. Die Jüngeren lassen also – als Teil des Ost-West-Diskurses – denselben passieren, während die Älteren gern in ihn eingreifen und ihn so beenden würden.

An diesem kleinen Ausschnitt diskursiver Wirklichkeit zeigt sich, dass sich die „Mühen der Berge" wie auch die „Mühen der Ebenen" vergrößern, je stärker die Identitäten in das System DDR eingebunden waren. Im Hinblick auf den Generationenaspekt wird deutlich, dass das Thema Ost/West durchaus auch heute noch aktuell ist. Jedoch gilt: Je jünger die Befragten sind, desto weniger leidvoll und problematisch nehmen sie diese Angelegenheit wahr.

Literatur

Ahlheit, Peter 1985: Alltag und Biografie Studien zur gesellschaftlichen Konstitution biographischer Perspektiven. Bremen, 5–43.

Fix, Ulla/Barth, Dagmar 2000: Sprachbiografien. Sprache und Sprachgebrauch vor und nach der Wende von 1989 im Erinnern und Erleben von Zeitzeugen aus der DDR. Inhalte und Analysen narrativ-diskursiver Interviews. Frankfurt a. M./Berlin/Bern.

Foucault, Michel 1996: Die Ordnung des Diskurses. Frankfurt a. M.

Herbig, Albert F. 1992: „Sie argumentieren doch scheinheilig." Sprach- und sprechwissenschaftliche Aspekte einer Stilistik des Argumentierens Frankfurt a. M. u. a.

Kämper, Heidrun 2011: Politische Wechsel – Sprachliche Umbrüche. Zum Verhältnis von Zeitgeschichte und Sprachgeschichte. In: Bock, Bettina/Fix, Ulla/Pappert, Steffen (Hrsg.): Politische Wechsel – sprachliche Umbrüche. Berlin, 31–50.

Lange, Frances/Rahmann, Kathrin/Schleichardt, Sophia (Hrsg.) 2010: Konstruktion deutscher Wirklichkeit durch Sprache. Germanistische Fachbeiträge. Universität Leipzig.

Nothdurft, Werner 1996: Schlüsselwörter. In: Kallmeyer, Werner (Hrsg.): Gesprächsrhetorik. Rhetorische Verfahren im Gesprächsprozeß. Tübingen, 351–418.

Patzelt, Werner, J. 1987: Grundlagen der Ethnomethodologie. Theorie, Empirie und politikwissenschaftlicher Nutzen einer Soziologie des Alltags. München.

Patzelt, Werner J. 1989: Methoden politischen Sprechens. Die ethnomethodologische Perspektive. In: Forum für interdisziplinäre Forschung 2/1989, 58–68.

Roth, Kersten Sven 2008: Der Westen als „Normal Null". Zur Diskurssemantik von „ostdeutsch*" und „westdeutsch*". In: Roth, Kersten Sven/Wienen, Markus (Hrsg.): Diskursmauern. Aktuelle Aspekte der sprachlichen Verhältnisse zwischen Ost und West. Bremen, 69–89.

4 Generation und Sprachwandel

DIETER CHERUBIM

Die Gleichzeitigkeit des Ungleichzeitigen in der deutschen Sprache

1. Das Konzept der Gleichzeitigkeit des Ungleichzeitigen

Wer seine Sprache im Alltag benutzt, übersieht leicht ihre historische Dimension, so sehr sind wir mit ihr synchronisiert. Und doch unterliegen unsere Sprachen in der Weitergabe von Generation zu Generation fortwährend Veränderungen, die wir selbst kaum wahrnehmen, die aber Spuren in ihnen hinterlassen. Erst aus einer gewissen Distanz heraus wird uns diese historische Schichtung sichtbar: Ältere Texte, soweit sie uns noch zugänglich sind, können uns z.B. auf Abweichungen aufmerksam machen, die aus heutiger Sicht klärungsbedürftig erscheinen. In Gesprächen mit alten Menschen tauchen bisweilen seltsame Formulierungen auf, die wir selbst so nicht mehr verwenden würden, auch wenn wir sie vielleicht noch verstehen. Und in poetischen Texten, in der Werbung oder Presse werden stilistische Merkmale genutzt, die diesen Texten eine altertümliche Färbung verleihen können. Dazu kommt, dass der sprachliche Wandel nicht gleichmäßig zu verlaufen scheint: Schon im Interesse einer Verständigung zwischen den Generationen, die nicht abreißen soll, doch auch um die kulturelle Identität einer Sprachgemeinschaft zu sichern, muss in jeder Sprache ein ausgewogenes Verhältnis von Diskontinuität und Kontinuität existieren (Cherubim 1998), das ebenfalls zu historischen „Verwerfungen", Brüchen oder Überlagerungen in jedem einzelnen Sprachzustand, zu einer Art von „Staffettenkontinuität" (Lüdtke 1980: 4) führen kann.

Unsere Sprachen, die sich ja jeder Einzelne und jede Generation neu aneignet, sind also historisch geschichtete Gebilde, für die, wie für viele andere kulturelle Phänomene, das Prinzip der „Gleichzeitigkeit des Ungleichzeitigen" gelten soll. So verstand schon Ernst Bloch (1935/1985) die Entwicklung des deutschen Faschismus als eine multilineare Erscheinung, die gerade durch die Widersprüche zwischen verschiedenen Dimensionen, z.B. zwischen dem technisch-wirtschaftlichen Fortschritt und der mentalen Rückständigkeit der Gesellschaft in dieser Zeit, bestimmt sei. Blochs Konzept wurde dann später als

Leitbegriff für historisch-kulturwissenschaftliche Forschungen gene-
ralisiert. Doch die Vorstellung von einer funktionalen Koexistenz unterschiedlicher Entwicklungszustände war längst auch anderen Wissenschaften vertraut. Vor allem die sog. Geowissenschaften, aber
auch die Archäologie und Kunstgeschichte, Ethnographie oder Lite-
raturgeschichte hatten damit zu tun. In der modernen Sprachwissenschaft hatte z. B. schon Ferdinand de Saussure (1922/1972: 114 ff.) ausdrücklich auf den dialektischen Zusammenhang von Synchronie und
Diachronie hingewiesen. Erst Ludwig Wittgenstein (1971: 20, § 18)
verdanken wir aber das Bild von der Sprache als einer historisch ge-
wachsenen Stadt, in der heterogene Formen von Gebäuden, Straßen
und Plätzen zu einem reizvollen Ensemble vereinigt sind:

> „Unsere Sprache kann man ansehen als eine alte Stadt: Ein Gewinkel von
> Gässchen und Plätzen, alten und neuen Häusern, und Häusern mit Zubauten
> aus verschiedenen Zeiten; und dies umgeben von einer Menge neuer Vororte
> mit geraden und regelmäßigen Straßen und mit einförmigen Häusern."

Und dem entsprechen auch viele andere Erfahrungen: So wie wir ja oft
in Städten, Häusern oder Wohnungen leben, die noch Spuren vergangenen Lebens, z. B. in Form von älteren Möbeln, Bildern oder Kunstge-
genständen, enthalten und die so die „Schatten" einer weiter zurück-
reichenden Vergangenheit bewahren, leben wir in unseren Sprachen
mit dem, was uns längerfristig, oft weit über unsere eigene Generation
hinaus, zugewachsen ist und uns dann – zumindest eine Zeitlang – zur
Verfügung steht oder sogar für bestimmte, z. B. expressive Zwecke reaktiviert werden kann.

2. Ungleichzeitigkeit und Zeitmarkierung in den Sprachen

Um dieses kulturelle Prinzip der Gleichzeitigkeit des Ungleichzeitigen
für die Sprachwissenschaft einsichtig zu machen, ist von einem breiter
angelegten Begriff der „historischen Sprache" auszugehen, wie ihn
z. B. Oesterreicher (2001: 1555 f.) expliziert hat.[1] Natürliche Sprachen
haben nach ihm einen „fundamental geschichtlichen Charakter", der
sich in drei Dimensionen entfaltet: im zeitlichen Wandel von Sprachen,
in der (internen) Vielfalt der Sprachvariation und in der (externen)
Sprachdifferenzierung, wobei Letztere durch die Kontakte zwischen
verschiedenen Sprachen wiederum auch auf die Veränderung der einzelnen Sprachen zurückwirken kann. Alle drei Dimensionen sind aber
eng miteinander verbunden und bestimmen durch ihr komplexes Zu-

---

[1] Vgl. dazu auch Knoop (1975) und jetzt Cherubim (2003).

sammenspiel die Gesamtentwicklung unserer Sprachen. Und jede dieser Dimensionen kann durch spezielle Ungleichzeitigkeiten charakterisiert werden.

Dabei betreffen diese Ungleichzeitigkeiten alle Ebenen der sprachlichen Systematik: Konservative Züge in einzelnen Sprachen wie z.B. dem Deutschen lassen sich ebenso in der Lautstruktur wie in deren Schreibung (etwa bei der Schreibung von Vokallängen durch Doppelung, <h>-Schreibung, Längen-<e> oder sogar Längen-<i>)[2] oder durch Verwendung unterschiedlicher Schrifttypen (Fraktur bzw. deutsche Schreibschrift vs. Antiqua), vor allem aber in der Lexik als beweglichstem Teilsystem jeder Sprache finden. Doch auch in der grammatischen Morphologie und Phraseologie sowie in der Syntax, in der Textsortendifferenzierung wie in automatisierten Formen sprachlichen Handelns (z. B. des Erzählens, des Gefühlsausdrucks oder der Höflichkeitstechnik) werden wir auf solche Erscheinungen stoßen. Und selbstverständlich ist sowohl das indigene (eigensprachliche) wie das exogene sprachliche Material in Form von mehr oder weniger integrierten fremdsprachlichen Anteilen davon betroffen.

Ungleichzeitigkeiten in den Sprachen sind nun aber Erscheinungen, die von den Sprachbenutzern in ihrem Sprachbewusstsein (*language awareness*) und Sprachgefühl verarbeitet werden. Ihren Niederschlag findet diese Verarbeitung in relativ vagen Zeitmarkierungen, die nur manchmal im Alltag sprachlich ausgedrückt[3] und ansatzweise in gegenwartssprachlichen oder historischen Wörterbüchern als Konnotationen oder pragmatische Markierungen systematisiert werden. Schematisch kann man diese historischen oder zeitbezogenen sprachreflexiven Markierungen am Beispiel der Lexik wie folgt differenzieren (Schema 1). Dazu sind aber einige Erläuterungen nötig.

Zeitmarkierungen sprachlicher Ausdrücke gehören also zum Bereich des Sprachbewusstseins, das notwendig mit dem Erwerb von Sprachen aufgebaut wird (Januschek/Papprrotté/Rohde 1981), und sie basieren auf dem Sprachgefühl von Sprachnutzern, in dem sich sozial vermittelte sprachliche Erfahrungen und deren Bewertungen widerspiegeln (Müller 1982). Daher sind solche Markierungen oft instabil, nur relativ bestimmt und vom subjektiven Wissen der Individuen abhängig (Reichmann 1990: 1153 ff.). Das macht auch ihre „Objektivierung", z.B. für lexikographische Dokumentationen, so schwierig (vgl.

---

[2] Beispiele dafür sind etwa *Leere, Lehre, Soest* [Ortsname], *Luick* [Personenname]. Demgegenüber könnte die Schreibung der Vokallänge durch Position in offenen Silben als modernere Erscheinung verstanden werden.

[3] So gibt es sprachliche Kennzeichnungen dafür wie z.B. *altfränkisch, altbacken, altertümlich, altmodisch, altsprochen* (J. Grimm) o. Ä.

unten 6.). Grundsätzlich kann man aber davon ausgehen, dass nur ein kleiner Teil der aktuellen Möglichkeiten des sprachlichen Ausdrucks zeitmarkiert ist. Herberg (1976) hat etwa den Anteil von Wörtern mit der pragmatischen Markierung „veraltet" oder „veraltend" im Ostberliner „Wörterbuch der deutschen Gegenwartssprache" (1961 ff.) auf nur 4 % des Gesamtbestandes der Lemmata geschätzt.[4] Nicht zu den zeitmarkierten Wörtern gehören demnach solche, die für den aktuellen Sprachgebrauch als „normal", „alltäglich", „gängig" o. Ä. eingeschätzt und so verwendet werden. Aber auch diejenigen Wörter sollen zu dieser Kategorie gehören, die zwar zu einem bestimmten Zeitpunkt oder während einer gewissen Zeitspanne besonders stark genutzt und dementsprechend häufig imitiert werden, dann aber wieder schnell an Wertschätzung verlieren, die sog. modischen Wörter. Insofern jedoch ihre modische Qualität zeitgebunden sein kann (so stehen die Wörter *famos, kolossal, tadellos* für das Ende des 19. Jh.s: Brennert 1898), könnte man bei ihnen wohl von einer Zeitspezifik, nicht aber von einer Zeit-

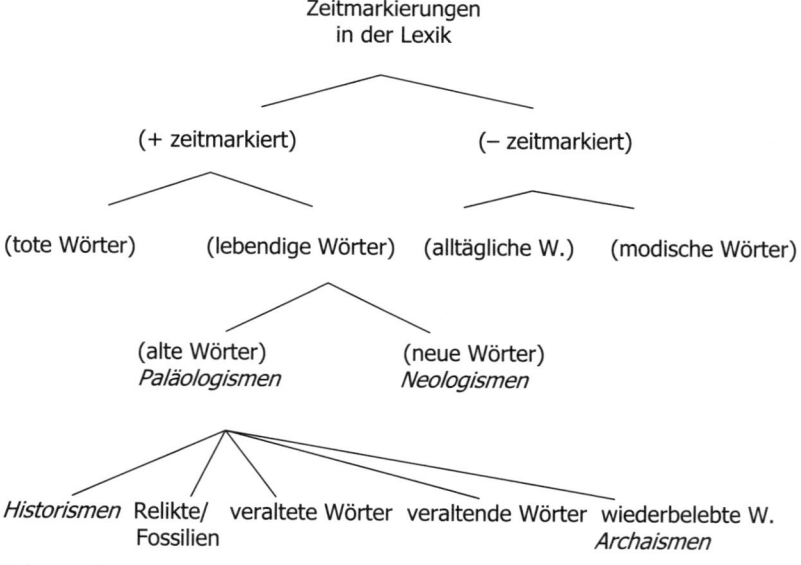

Schema 1

---

markierung als Zuordnung auf einer sprachhistorischen Bewertungs-
skala sprechen.

Zeitmarkierte Wörter gehören nun entweder noch zum Bestand „le-
bendiger" Einheiten einer Sprache oder sie gelten – metaphorisch gesprochen – bereits als „tot", „untergegangen", „ausgemustert" o. Ä.,
weil sie zwar noch in älteren Texten nachweisbar sind (das ist eine
Conditio sine qua non!), aktuell aber nicht mehr gebraucht, vor allem
nicht mehr bzw. nicht mehr richtig verstanden werden können oder
durch andere ersetzt wurden. Zu letzteren gehören etwa Wörter wie
(mhd.) *anke* ‚Butter', *beiten* ‚zwingen', *dagen* ‚schweigen', *dürkel* ‚durch-
bohrt', *vâlant* ‚Teufel', *zeswe* ‚rechts' oder *winster* ‚links', aber auch ein
früheres *Weiser* (für das heutige *Zeiger*), *Bonne* (für heutiges *Kindermäd-
chen*) oder *Billetdoux* (für den heutigen *Liebesbrief*). Bei den „lebendi-
gen" Wörtern mit Zeitmarkierung kann man wiederum zwischen denen unterscheiden, die älteren, heute nicht mehr aktuellen Sprachstän-
den zugeordnet werden können (die sog. *Paläologismen*) oder die als
Neubildungen noch nicht fest etabliert sind (die sog. *Neologismen*).[5] Bei
den Paläologismen, auf die ich mich im Folgenden konzentrieren will,
möchte ich dann folgende Untertypen ansetzen:

(1) die sog. *Historismen*, d. h. Ausdrücke, die der Bezeichnung von
Gegenständen, Zuständen, Sachverhalten usw. dienen, denen heute
keine aktuelle Lebenspraxis mehr entspricht, die aber noch museal
existieren oder historisch bekannt sind, z. B. *Morgenstern* (für eine mittelalterliche Waffe), *Kogge* (für einen Schiffstyp des Spätmittelalters),
Dreispitz (für eine Hutform des 18. Jh.s), *Kratzfuß* (für eine ältere unter-
tänige Begrüßungsform), *Typbilder* (für die ersten Fotografien im frühen 19. Jh.), *Zwicker* (für eine Brillenform des 19./20. Jh.s) oder *Sommer-
frische* für eine Art von Urlaub, wie sie Ende des 19. Jh.s in Tirol auf-
kam, heute aber, in Zeiten des modernen Tourismus, außer Gebrauch
gekommen ist (Kretschmer 1918: 44);

(2) Relikte oder Sprachfossilien, d. h. Wörter, die aus älteren Sprach-
zuständen stammen, heute meist nur als Simplizia isoliert oder in festen Verbindungen (Wortbildung, Phraseologie) vorkommen, daher oft
nicht mehr durchsichtig (motivierbar) und unproduktiv sind, dementsprechend auch keine neuen Elemente zu Wortfamilien mehr bilden
können.[6] Hierzu gehören Beispiele, wie sie im nächsten Abschnitt (vgl.
Kap. 3.) ausführlicher besprochen werden sollen;

---

[5] Der Terminus *Paläologismus* wurde, soweit ich sehe, von Schmidt (1982a) eingeführt. Er stellt eine parallele Bildung zum bereits etablierten Terminus *Neolo-
   gismus* dar.

[6] Davon unberührt besteht aber immer noch die Möglichkeit, sie remotivierend
   (volksetymologisch) umzudeuten oder sprachspielerisch abzuwandeln.

(3) veraltete Wörter wie *sattsam, weiland, sintemal, fürbass, anheben* (i. S. von ‚anfangen'), *gelind, seimig, sinnig, Felleisen, Jungfer, Sang, Spektakel, Galanteriewaren, Ägide* oder *Bergère,* die heute kaum noch genutzt oder verstanden werden, tendenziell also dem „Untergang" geweiht zu sein scheinen;

(4) veraltende Wörter wie *Bankert, bimsen, Binder* (für *Krawatte*), *Hofschranze, Tingeltangel, Bonvivant, Boudoir, Remedur, Renommee, belieben, holdselig* und *Huld, probat, hanebüchen, lugen, bestallen,* auch die Konjunktionen *wiewohl* und *obgleich,* Einheiten also, die zwar durchaus noch verstanden, aber seltener genutzt und daher von den Rezipienten oft schon als „prätentiös", „geziert" oder „künstlich" empfunden werden;

(5) *Archaismen* als stilistisch instrumentalisierte Wiederbelebungen oder aktuelle Neuverwendungen von Elementen der Typen (2) bis (4) in Texten, die prinzipiell in jedem Stadium der Sprachentwicklung möglich und keineswegs auf lexikalische Phänomene beschränkt sind.[7]

3. Historische Tiefe in der deutschen Sprache

Auf die Relikte bzw. „Versteinerungen" der deutschen Sprache ist bereits Otto Behaghel ausführlicher eingegangen und hat sie mit bestimmten geologischen Befunden, den Fossilien, verglichen (1927: 214):

> „Nicht anders liegen in unserer heutigen Sprache Gebilde nebeneinander, deren Ursprung bald nur wenige Jahrhunderte zurückgeht, bald in graue Vorzeit hinaufreicht. Wörter, die erst der gestrige Tag geschaffen und solche, die bereits das indogermanische Urvolk besessen hat. Fähigkeiten, die uns Dichter des 18. Jahrhunderts erworben haben, und solche, ohne die die deutsche Sprache überhaupt nicht gedacht werden kann. Was die Vorzeit gezeugt und die Stürme der Sprachgeschichte bis auf uns haben fortdauern lassen, das ist zumeist noch vollkommen frisch und lebensfähig. Es gibt aber auch Erscheinungen, die den Versteinerungen der Geologie sich einigermaßen vergleichen lassen, die nur von altem Leben Zeugnis ablegen, die unter den heutigen Bedingungen des sprachlichen Daseins sich nicht hätten bilden können."

So können vom heutigen Standpunkt aus leicht zahlreiche Altertümlichkeiten auf den unterschiedlichen sprachlichen Strukturebenen ge-

---

[7] Vgl. generell Cherubim (1997; 2002) sowie Fleischer (1991). Eine ähnliche Einteilung findet sich bereits bei Wiegand (2002: 139 ff.), der jedoch bei den *Paläologismen* (bei ihm: *Archaismen*) nur drei Subtypen diachronisch markierter Einheiten operational unterscheidet: „lebende lexikalische Archaismen" (= veraltende Wörter), „passiv lebende lexikalische Archaismen" (= veraltete Wörter) und „tote lexikalische Archaismen" (= tote Wörter). Kein eigener Subtyp sind bei ihm die von mir als *Archaismen* bezeichneten stilistisch wiederbelebten Wörter. Anders Fleischer (1991: 32), der hier auch von „aktualisierten", d.h. für die Gegenwartssprache wieder nutzbar gemachten Ausdrücken spricht.

funden werden, deren besondere Bildungsweise oder tieferes Verständnis meist nur mit fachlicher Hilfe wirklich erschließbar ist. Diese
Altertümlichkeiten bilden zusammengenommen ein sprachhistori-
sches Potential, das im Prinzip jederzeit wieder aktiviert werden kann.[8]
Denn jede Sprache enthält zu jedem Zeitpunkt Material unterschiedlicher Zeittiefe, z. B. lexikalische Ausdrücke, grammatische Konstruktionen oder feste Wendungen, die zu früheren Zeiten entstanden und
noch immer vollständig erhalten oder wenigstens erkennbar sind. Und
das betrifft, wie gesagt, auch „fremdes" Material, das über unmittelba-
re Sprachkontakte oder durch weiter reichende kulturelle Beziehungen
der eigenen Sprache dazu gewonnen wurde.

So lassen sich hinter lexikalischen Ausdrücken wie *Atem, Amboss,
Demut* noch deren ahd. bzw. mhd. Entsprechungen (*atum, anebôz, deo-
muati*), hinter den auffälligen (unabgeschwächten) Endungen von *Heimat, Zierat, Kleinod, Armut* noch ein gemeinsames ahd. Suffix -*ōd*/-*ōt* erkennen.[9] Vielfach müssen wir uns jedoch in den weiteren Wortverwen-
dungen umsehen, um Spuren alter Sprachbildungen aufzufinden: So
ist z. B. mhd. *ande* ‚Kränkung' noch in nhd. *ahnden*, mhd. *brem* ‚Rand,
Einfassung' in nhd. *verbrämen*, mhd. *dinsen* ‚ausdehnen' in nhd. *Dunst*
oder *aufgedunsen*, mhd. *hurt* ‚Stoß' in nhd. *hurtig,* mhd. *vlât* ‚Sauberkeit,
Schönheit' in nhd. *Unflat* oder ahd. *wih* ‚heilig' in nhd. *Weihnachten* erhalten (vgl. Schmidt 1968: 73 f.). Ältere Bestandteile oder ältere Gebrauchsweisen von bestimmten Ausdrücken sind vielfach noch in
Wortbildungen (z.B. in Komposita oder Affigierungen) greifbar, so älteres *Witz* i. S. von ‚Verstand' in *Aberwitz* oder *Mutterwitz*, älteres *Brief*
i. S. von ‚Urkunde' in *Meisterbrief,* mhd. *gellen* ‚tönen' in *Nachtigall*, älteres *vrō* ‚Herr' in *Fronleichnam*, trans. *schweigen* in der Präfigierung
(etw.) *verschweigen*, älteres *wât* in *Leinwand*, älteres *lauter* in *erläutern*
usw. Ebenfalls in Eigennamen (bes. Personen- oder Ortsnamen) wird älteres Sprachmaterial oft über größere zeitliche Distanzen transportiert
(etwa in Namen wie *Friedbert, Hadumod, Schulze, Wiegand, Marfurt,
Schleswig*). Und nicht zuletzt dienen Phraseologismen als Sammelbe-
cken für das Sprachgut vergangener Zeiten; nicht nur von lexikalischen
Elementen in den bekannten Paarformeln *Lug und Trug, (mit) Fug und
Recht, Nutz und Frommen, Kind und Kegel, frank und frei*, sondern auch in
anderen festen Wendungen wie *zur Neige gehen, jdm. einen Tort antun,*

---

[8] Vgl. die Materialzusammenstellungen bei Bechstein (1878), auch Cherubim
(1988: 534 ff.).
[9] Bechstein (1878) weist hier auch auf andere Fälle mit unabgeschwächten Endvo-
kalen wie *Nachtigall, Bräutigam, Wermut, Balsam*, aber auch solche Auffälligkeiten
wie (*je –*) *desto* hin.

sich keinen Deut um etw. scheren, keinen Hehl aus etw. machen, sein Scherf-lein zu etw. beisteuern u. a. m.

Auch in lautlichen oder morphologischen Varianten sprachlicher Ausdrücke können ältere Zustände noch nachklingen, wie z.B. in *Kur(fürst)* vs. *Kür, drucken* vs. *drücken, Bos(heit)* vs. *böse, (an)mutig* vs. *(de)mütig, Pluder(hose)* vs. *plaudern, Wahn* vs. *(Arg)wohn, Sühne* vs. *(ver)söhnen.* Und dies gilt ebenso für Namen, wo wir oft Doppelformen finden, die ältere und neuere Möglichkeiten nebeneinander anzeigen, wie z.B. *Wiegand* vs. *Weigand, Reichard* vs. *Richard, Gertrud* vs. *Gertraud, Weinreich* vs. *Weinrich* u. Ä. Und selbst in scheinbar festen grammatischen Konstruktionen gibt es nicht selten ein Nebeneinander verschiedener Möglichkeiten, die historischen Wandel augenfällig machen können, wie etwa den Erhalt bzw. die Aufgabe morphologischer Kasusmerkmale in *am Tag nach Ostern* vs. *untertage, nichts im Sinn haben* vs. *in diesem Sinne, keinen Rat wissen* vs. *mit sich zu Rate gehen, sein Kreuz tragen* vs. *zu Kreuze kriechen* u. a. Auch im syntaktischen Bereich finden wir heute noch dieses Nebeneinander verschiedener Möglichkeiten, z.B. von flektierten oder unflektierten Attributbildungen wie in *lieb Kind, gut Ding* oder *Röslein rot* bzw. in *Rotbart;* von Fügungen mit oder ohne Artikel wie in *mit Mann und Maus, über Stock und Stein;* von Ortsangaben mit der Präposition *in* oder *zu* wie in *das Haus in Köln* vs. *die Universität zu Köln;* von pluralisierten Abstraktbildungen in festen Wendungen wie in *zugunsten, zuschulden, zustatten, vonnöten,* obwohl bei den zugrunde liegenden Substantiven *Gunst, Schuld, Statt* und *Not* die Pluralbildung heute nicht zugelassen wird. Ebenso finden sich ältere und neuere Verbkonstruktionen noch nebeneinander, die aber bereits als unterschiedlich zeitmarkiert eingeschätzt werden, z.B. *guten Mutes sein, des Lobes voll sein, sich seines Glücks freuen, sich einer Sache unterziehen, jemand zu Dienst(en) sein* usw. Auch durch Endungs-*e* markierte vs. unmarkierte Adverbialbildungen (z.B. *gut* vs. *böse, träge* vs. *ruhig*) existieren nebeneinander; ebenso unterschiedliche Konstruktionen mit Präpositionen bei bestimmten Verben oder in adverbialen Ausdrücken, z.B. *wider* vs. *gegen jemand zu Felde ziehen, etwas um eine Mark* vs. *für eine Mark verkaufen, bis auf den nächsten Tag* vs. *bis zum nächsten Tag, gegen Abend* vs. *am Abend, ob dieser Angelegenheit* vs. *wegen dieser Angelegenheit, des Essens halber* vs. *des Essens wegen;* ferner verdeckte adverbielle Genitivkonstruktionen wie in *tags* < *des Tages, derzeit* < *der Zeit* usw.

Kaum zu übersehen ist die Menge von altertümlichen Teilbedeutungen neben neueren Gebrauchsweisen, etwa bei vielen Ausdrücken im Bereich menschlicher Qualitäten (z.B. *Mut, Milde, Witz, Treue, Geist, Gier*), vor allem wenn man auch die entsprechenden Komposita oder

Ableitungen zu diesen Ausdrücken berücksichtigt; ferner der Erhalt altertümlicher Metaphern oder Bilder in Redewendungen wie *eine Lanze für jemand brechen, jemand unterjochen, einen Narren aus jemand machen, Wasser auf jemands Mühle leiten, jemand über den Löffel barbieren, Dampf ablassen, die Zügel schleifen lassen* usw.; schließlich auch der Anteil alter Lehnwörter oder nicht integrierter Fremdwörter im Deutschen, die im nachbarlichen oder kulturellen Kontakt mit vielen Sprachen (bes. Latein, Französisch und Englisch, vgl. Schulz 2005) entstanden sind. Jede größere Sprachgeschichte (z.B. v. Polenz 1994–2000) enthält dazu reiches Material. Sprachhistorisch interessant ist für das Deutsche hier auch der Einfluss des Jiddischen oder Jüdischdeutschen, der heute allerdings nur noch in Resten fassbar ist (Althaus 2006).

Die Menge dieser altertümlichen Bestandteile in jedem Sprachzustand erhöht sich, wenn man die zweite Dimension einer historischen Sprache, die interne Sprachvariation, mit ins Auge fasst. So zeigen viele deutsche Dialekte noch altertümliche Lautzustände: z. B. die nicht eingetretene nhd. Diphthongierung beim alem. *zît* (nhd. *Zeit*), unverschobene Konsonanten in nd. Wörtern wie *Pannkauken* (vgl. nhd. *Pfannkuchen*), gegenüber dem mhd. *lieber bruoder* zwar abgewandelte, dennoch erhaltene Diphthonge in bair. *lieba bruada* u. a. m (Zehetner 1985: 54 ff.). Im Niederdeutschen gibt es auch noch Wörter mit altertümlichen Anlauten (z. B. *Wrack, wriggen, wringen, Wrasen*) und selbstverständlich zahlreiche lexikalische Elemente, die noch als Relikte aus ahd. Zeit betrachtet werden können, z.B. bair. *ferten* ‚voriges Jahr', *tenk* [*dengg*] ‚links', *Pfait* [*pfoad*] ‚Hemd', *Brein* ‚Hirse', *Har* ‚Flachs', *Anzen* ‚Gabeldeichsel' (vgl. Zehetner 1985: 57), oder die innerhalb des Dialekts bereits als veraltet gelten oder gerade veralten, z.B. nd. *drake* ‚Ente', *Enke* ‚Knöchel' oder *Aabok* ‚altväterisches Herkommen', *Abaas* ‚alberne Person', *Afdreier* ‚Drechsler', *afsnutern* ‚anschauzen', *afbrüden* ‚abspenstig machen', *Echte* ‚Ehe', *Hucht* ‚Strauch' oder *Manntall* ‚Mannschaft').[10] Und selbstverständlich existieren auch in den Dialekten altertümliche Relikte bzw. Lehn- und Fremwörter aus anderen Sprachen wie z. B. im Niederdeutschen slavische und niederländische Ausdrücke oder im Bairischen die bekannten Einflüsse des Got. (Zehetner 1985: 27).

Doch nicht nur in den Dialekten, sondern auch in den nationalen Varietäten des Deutschen (z. B. österreichisches Deutsch, Deutsch in der

---

[10] Die Hinweise darauf verdanke ich Dieter Stellmacher (Niedersächs. Wörterbuch, Göttingen), der mich auch auf alte Verbformen im Niederdeutschen wie z. B. *faut* ‚fasste', *mauk* ‚machte' und die schwache Bildung *schiente* ‚schien' aufmerksam machte.

Schweiz oder der DDR),[11] vor allem aber in den Fach-, Gruppen- und Sondersprachen des Deutschen hat sich viel altes Sprachgut erhalten. So gilt etwa die juristische Fach- und Umgangssprache als Hort altertümlicher Ausdrücke oder Redewendungen, die noch im Gebrauch sind,[12] z.b. *Abbitte tun, ächten* (auch *in Acht und Bann tun), ahnden* i. S. von ,verfolgen', *Anspruch, Beritt* (,Sachbereich'), *Mündel, Vormund, Erblasser, Meineid, Strafsache, Anwaltskammer, Landtag, jmd. dingfest machen, jmd. einen (guten/schlechten) Leumund ausstellen, einer Sache abschwören, jemand in Obhut geben* usw. Zahlreich sind auch Ausdrücke oder Redeweisen im heutigen Deutsch, die ursprünglich auf juristische Kontexte spezialisiert waren, heute aber freier, d. h. unabhängig davon, verwendet werden können, selbst wenn sie noch altertümliche juristische Begriffe oder Anschauungen widerspiegeln: Man vgl. etwa Ausdrücke wie *Hagestolz, Frondienst, Gemahl* (zu *mahl* ,Volksversammlung', vgl. auch *Malstatt), feudal, bedingen, verteidigen* (zu *teiding < tagadinc,* nd. *degeding* ,Gerichtstag'), *Einfriedung, schlechterdings, ruchbar* und *anrüchig* oder Phrasen wie *Einspruch erheben, auf den Hund kommen* (von einem alten Rechtsbrauch), *jemand zur Rede stellen, sich um Kopf und Kragen reden, sich wie gerädert fühlen, über jemand den Stab brechen, jemand an den Pranger stellen, auf die Folter spannen, jemand Daumenschrauben anlegen, Gift darauf nehmen, seine Feuerprobe machen, jemand ungeschoren lassen, Stein und Bein auf etwas schwören, Hand an etwas/jemand legen, von etwas Besitz ergreifen, etwas auf die lange Bank schieben* und vieles andere. Louis Günther, der dazu interessantes Material zusammengetragen hat, kommt daher zu der Feststellung (1903: 1):

> „[Die] grosse Masse alten Kulturguts, das unsere Sprache noch in der Gegenwart mit sich führt, gehört sachlich fast allen Arten menschlicher Tätigkeit an, den verschiedensten Handfertigkeiten ebenso wie den Künsten und Wissenschaften [...]; zwei Gebiete aber treten durch ihren Reichtum an Worten, Bildern und Gleichnissen noch ganz besonders aus dem ältern Kulturleben hervor: einmal das Kriegswesen [...], sodann das gesamte Rechtswesen [...]."

Ausdrücke oder Redeweisen aus den Fachsprachen des alten Handwerks finden sich heute vor allem dann noch, wenn sie rituell gebun-

---

[11] Ein Beispiel bei Fleischer (1991: 33) ist österr. *überquer.* Zahlreiche Beispiele dafür finden sich auch in den Zusammenstellungen bei Jang (2006: 37 ff.). Zu den ebenfalls von Fleischer angesprochenen ideologischen Archaisierungen und den DDR-Paläologismen vgl. Schmidt (1982b).

[12] Einige Beispiele aus dem Bürgerlichen Gesetzbuch (BGB) führt Schippan (1995: 400) an. Vgl. auch Oksaar (1979: 103): „Das Bürgerliche Gesetzbuch ist ein gutes Beispiel dafür, daß veralteter Sprachgebrauch unverändert neben Veränderungen und Neuerungen weiterlebt."

den (z.B. das *gautschen*, das Einfeuchten der Druckergesellen) oder wenn sie besonders spezialisiert sind wie z.B. das verbale Simplex *muten* (< ahd. *muoten* ‚verlangen, begehren'), für das das „Deutsche Universalwörterbuch" des Dudenverlages (4. Aufl. 2001: 1111) immerhin drei spezielle Verwendungen nachweist: (1) in der Bergmannsprache für ‚eine Genehmigung zum Abbau beantragen', (2) [im Handwerk] veraltet für ‚um die Erlaubnis nachsuchen, das Meisterstück zu machen' und (3) im Jargon [der Wünschelrutengänger] für ‚mit einer Wünschelrute nach Wasser- oder Erzadern suchen'. In der Seemannsprache erinnert noch heute das *Ahming* für die Tiefgangsskala bei Schiffen an die älteren Ausdrücke *âme* ‚Maß' und *ahmen* ‚messen'. Neben der sog. Bergmannssprache gehören auch die Jägersprache oder die Studentensprache (bes. seit dem 18.Jh.) zu den Varietäten, in denen viel Altertümliches erhalten blieb: vgl. (jägersprachlich) *Luder* ‚Köder', *beschlagen* ‚schwängern', *berücken* ‚mit dem Netz fangen', ähnlich *bestricken* oder *umgarnen*, *atzen* mit der Bedeutung ‚füttern von Greifvögeln', *beizen* ‚mit Falken jagen', intrans. *schliefen* < *slîfen* ‚gleiten' u.a.; (studentensprachlich) *Fuchs* ‚Studienanfänger' (vgl. auch *ausgefuchst*), *Anschiß* ‚Verwundung im Duell', *kneifen* ‚sich vor etw. drücken', *einpauken* ‚einstudieren, intensiv lernen', *prellen* ‚hereinlegen, betrügen', *Ulk* ‚Spaß, Jux' u. a. m. Vielfache Überschneidungen gibt es hier auch mit rotwelschen bzw. jiddischen Ausdrücken, die ebenfalls schon länger in der deutschen Sprache existieren, z.B. *acheln* ‚essen', *betucht* ‚reich', *fechten* ‚betteln', *kapores* ‚kaputt', *Kohldampf* ‚Hunger' oder *schnorren* ‚betteln, auf anderer Kosten leben'.[13]

Schließlich wird man heute auch auf typologische Differenzen hinweisen können, die zwischen verschiedenen Sprachen, aber auch in den einzelnen Sprachen selbst (Roelcke 1998) unterschiedlichen Altersstufen entsprechen können: So finden sich bekanntlich noch Reste alter Dualbildungen in einigen Dialekten (bair. *es, engg* [Zehetner 1985: 57], aber nur and. *wit, git* ‚wir/ihr beide' [Sanders 1982: 114]), unterschiedlich „moderne" synthetische und analytische Konstruktionen für den Ausdruck des Konjunktivs I im heutigen Deutsch, eine ältere „starke" und jüngere „schwache" Verbmorphologie nebeneinander, vor- und nachgestellte nominale Attribute, „reine" Kasuskonstruktionen gegenüber den Präpositionalfügungen, schon mit einer Tendenz zur Zeitmarkierung, schließlich periphere oder als randgrammatisch eingeschätzte syntaktische Konstruktionen mit akkusativischer oder dativischer Perspektivierung wie z. B. *mich freut, dass* usw. oder *mir gefällt,*

---

[13] Reiches Material dazu lässt sich auch aus dem „Deutschen Wörterbuch" von Hermann Paul (10. Aufl. 2002) gewinnen.

dass usw., *dem ist nicht so* u. Ä.[14] Schon Jacob Grimm hatte diese grammatischen „Ausnahmen" in seiner Akademieabhandlung über das „Pedantische in der deutschen Sprache" (1848/1984: 126) gegen die ahistorische Bewertung durch die Sprachkritiker in Schutz genommen:

> „alle grammatischen ausnahmen scheinen mir nachzügler alter regeln, die noch hier und da zucken, oder vorboten neuer regeln, die über kurz oder lang einbrechen werden. Die pedantische an sich der grammatik schaut über die schranke der sie befangenden gegenwart weder zurück, noch hinaus, mit gleich verstockter beharrlichkeit lehnt sie sich auf wider alles in der sprache veraltende, das sie nicht länger faszt, und wider die keime einer künftigen entfaltung, die sie in ihrer seichten gewohnheit stören".

4. Entstehung und Weitergabe historischen Sprachwissens

Das sprachhistorische Bewusstsein oder das Gefühl für die zeitliche Dimensionierung der eigenen Sprache, die das Bild von der Gleichzeitigkeit des Ungleichzeitigen erzeugen können, entstehen zweifellos erst auf einem höheren Niveau des Spracherwerbs und der sprachlichen Fertigkeiten. Nach Theo Hermann (1978: 213 ff.) beginnen Kinder zwar „mit etwa sieben oder acht Jahren damit, das Sprachschicht-Niveau ihrer Rede auf den jeweiligen Gesprächsgegenstand und Gesprächspartner auszurichten", verfügen jedoch erst in der späteren Schulkindheit, d. h. etwa als 12- bis 13-Jährige, auch sprachreflexiv über eine derart sozial differenzierte Kompetenz. Dabei geht es in seinen Untersuchungen um ein elementares, d.h. kommunikativ relevantes Sprachkönnen und -wissen, das hilft, zwischen dem praktischen Verhalten in informellen und formellen Konstellationen zu unterscheiden. Das historisch differenzierende Wissen über Sprache hat demgegenüber nicht diesen unmittelbar praktischen Nutzen, auch wenn es vielleicht darauf aufbaut. Hier geht es vielmehr um eine Art „höheren" kulturellen Wissens, das erst in der Konfrontation mit bestimmten Erfahrungen der Distanz bzw. Fremdheit erarbeitet werden kann und das andere, z.B. identifikatorische oder ideologische Funktionen erfüllen kann. Drei Ansatzpunkte lassen sich dazu vorstellen:

Prinzipiell ist von einer generationalen Schichtung (Hockett 1950: *age grading*; vgl. Cheshire 1987) jeder historischen Sprachgemeinschaft auszugehen, in die ein Individuum, das eine Sprache erwirbt, notwendig hineinwächst. Dabei kann man im kommunikativen Kontakt mit den Vertretern älterer Generationen auf allen Ebenen der Sprache Dis-

---

[14] Zu dem Nebeneinander von unterschiedlichen grammatischen Konstruktionen im Deutschen vgl. auch Saltveit (1967), Müller (1982: 219 ff.).

tanz oder Fremdheit erfahren, die sogar zu Verständniskonflikten (Lütjen 1978) führen, aber auch zum Bewusstsein einer sprachhistorischen Differenzierung in der verwendeten Sprache beitragen können. So stoßen wir im Gespräch mit älteren Menschen oder in ihren autobiographischen Erzählungen nicht nur auf ältere Ausdrücke des Deutschen oder unüblich gewordene Bedeutungsvarianten (z.B. *artig* i. S. von ,kunstvoll', *gemein* i. S. von ,allgemein', *genehm* i. S. von ,recht', *merkwürdig* i. S. von ,bemerkenswert', *erinnern* i. S. von ,tadeln', *stehen* i. S. von ,kaserniert sein', *vermögen* i. S. von ,können'), sondern es finden sich auch häufiger Fremdwörter aus der alten lateinischen Bildungssprache oder der früheren französischen Konversationssprache, die oft nicht mehr als aktuell angesehen werden oder sogar schon unverständlich geworden sind, z.B. *ad fontes, ab ovo, ad libitum, ceteris paribus, coram publico, notabene, per annum; mit Bravour, (sich) echauffieren, etepetete, Impertinenz, passé sein, peu à peu, Perron, partout, Trottoir.*[15]

Besonders vielen Beispielen eines solchen altertümelnd bzw. altertümlich vorkommenden oder wenigstens „gehoben" oder prätentiös wirkenden Fremdwortgebrauchs begegnet man wiederum in der Rechts- und Verwaltungssprache, wie man sie ebenfalls eher in Äußerungen von Vertretern älterer Generationen finden kann. Beispiele dafür können sein: *Adept, Adjunkt, Ägide, Affaire, Affront, Alimente, Alkoven, Allüren, (mit) Aplomb, Attaché, Audienz, Avancen, Aversion* usw. Dazu gehören auch bestimmte geschriebene Abkürzungen, die ebenfalls einem älteren Sprachgebrauch zu entsprechen scheinen: <ff> für doppeltes, d. h. intensivierendes *frisch frisch* i. S. von ,extra frisch' bei Auszeichnungen von Obst oder Gemüse, <Ia> für *eins a* i. S. von ,ausgezeichnet' (vielleicht für hochwertige Berliner Ware und nach dem ersten Autokennzeichen Berlins), lat. *et cetera pp,* wobei <pp> für *perge perge* i. S. von ,und so weiter' steht; auch <PS> für *Postskriptum* als Bezeichnung für einen Zusatz unter einem Brieftext, <ggf.> für *gefälligst, geflissentlich* oder *gegebenenfalls* u. a. m. In der älteren Akademikergeneration waren im sog. Bierdeutsch (Brennert 1898: 33 ff.) auch scherzhaft-kreative Abkürzungen beliebt wie <A. H.> für *aha!*, <VDA> für *vielen Dank auch!* oder <ff> für *viel Vergnügen!*, die heute kaum noch so aufgelöst werden. Schließlich können Modewörter des militärischen Jargons der Kaiserzeit wie *feudal, gletscherhaft, kolossal, pyramidal* oder *tadellos* (Brennert 1898: 8) bei jüngeren Rezipienten vermutlich schon Irritationen und den Eindruck einer altertümlichen Sprechweise erzeu-

---

[15]   Müller (1982: 237) weist auch mit einigen Beispielen (*Jazz, Bunker, Spurt, Bungalow, trampen*) auf die von heute abweichende Aussprache des Englischen durch die ältere Generation hin.

gen; und das gilt ebenso für bestimmte höfliche Anreden oder Distanzformeln wie *Gnädigste werden verstehen* [...], *Gestatten Sie mir näherzutreten?, Erlaube mir, Ihnen das zu überreichen, Bitte um Vergebung, wenn* [...] usw.[16]

Dass man selbst in der eigenen Sprachbiographie auf interne zeitbedingte Differenzen stößt, dürfte eher selten sein.[17] An Vorgänge des frühen Spracherwerbs kann man sich gar nicht oder kaum noch erinnern. Bestenfalls gibt es so etwas wie eine intrafamiliale Überlieferung von besonders kreativen oder auffälligen Lernfehlern (z.B. *Nilschwein* für *Nilpferd*, *Hinterbauch* für *Rücken*, *lügen* für *sich irren* in meiner Familie), die so über Eltern, Geschwister oder andere Bezugspersonen im kommunikativen Gedächtnis mehrerer Generationen aufbewahrt werden. Persönliche Erinnerungen an spätere Erscheinungen des Sprachlernens (z. B. aus Kindheit und Schulzeit, Studium und Berufsausbildung, aus politischen Aktivitäten oder der Begegnung mit anderen Sprachen) können aber bei bestimmten Gelegenheiten, z. B. in Interviews oder bei der Niederschrift von Memoiren, durchaus reaktiviert werden. Ältere Menschen entsinnen sich oft punktuell des dialektalen oder sozialen Sprachgebrauch ihrer Jugend: Einzelne emotional besetzte Wörter oder Redeweisen (z. B. Grußformeln, Schimpfwörter, Sprüche) treten dann plötzlich wieder ins Bewusstsein. Auch der historische Sprachgebrauch der älteren Menschen, mit denen wir im Laufe unseres Lebens nachhaltigere Kontakte hatten, kann zum Gegenstand solchen Wiedererinnerns werden. Auf diese Weise überspannt dann unser kommunikatives Gedächtnis mehr als nur die von uns üblicherweise miterlebte Abfolge von vier Generationen.[18]

Zweifellos der stärkste Anlass, sich mit dem Phänomen der Gleichzeitigkeit des Ungleichzeitigen in den Sprachen vertraut zu machen, ist die Begegnung mit Texten zurückliegender Zeiten, die für den heutigen Rezipienten erkennbare Spuren historischer Entwicklungen enthalten. Dabei ist jedoch nicht an die professionelle philologische Aufarbeitung dieser Texte gedacht, die ja immer nur wenigen möglich ist, sondern an ihre Rezeption im Alltag, die aus persönlichem Interesse

---

[16] Eine hübsche, selbst veraltete Kennzeichnung dafür ist *steifleinen* (vgl. H. Paul, Dt. Wb. 10. Aufl. Tübingen 2002, s.v. *steif*).

[17] Zur linguistischen Analyse von Sprachbiographien generell vgl. Tophinke (2002), speziell zu den Sprachbiographien von DDR-Bürgern nach der Wende von 1989 Fix/Barth (2000) sowie Fix/Schleichardt i.d.Bd.

[18] Auch Wiegand (1988: 140) scheint von einer Abfolge von vier Generationen hintereinander auszugehen, deren Sprachformen ein Individuum im Laufe seines Lebens kommunikativ und reflexiv in Bezug zueinander setzen kann. Vgl. ferner die Beispiele in Cherubim (1998: 77 f.).

und meist ohne methodische Hilfe erfolgt. Hier stehen sicher literarische Texte, die uns noch gut zugänglich sind, an erster Stelle. Für die heutige Generation wären das z. B. Texte des 19. Jh.s, die noch heute gerne gelesen werden,[19] z. B. die Erzähltexte des bürgerlichen Realismus von Wilhelm Raabe, Theodor Storm, Gottfried Keller oder Theodor Fontane, doch auch lyrische Texte wie die von Heinrich Heine oder die Texte des Hauspoeten und Humoristen Wilhelm Busch. Gerade für diese Texte gilt aber auch, dass sie im Zuge eines weit verbreiteten Historismus und im Interesse bestimmter Stilabsichten über ihre eigene Zeit hinaus und durchaus bis in die Barockzeit zurückgreifen können, d. h. gezielt ältere sprachliche Ausdrucksmittel wiederbeleben.

Zu diesen literarischen Texten gehören im Weiteren Texte, mit denen wir bereits in der Kindheit konfrontiert werden und die gerade wegen ihrer historischen Züge, die auf ältere Textvorlagen zurückgehen, bei den kindlichen Rezipienten zu Verstehensproblemen führen können und deswegen gerne modernisiert werden. Ein klassischer Fall sind hier die von den Brüdern Grimm zusammengestellten und überarbeiteten Kinder- und Hausmärchen (vgl. Cherubim 1983; Gobyn 1986), aber auch die Texte mancher Volks- und Kirchenlieder,[20] deren altertümliche Formulierungen zwar rituell reproduziert, von den Rezipienten aber ohne fachliche Hilfe oft nicht mehr verstanden werden können. Das gilt erst recht für den zentralen Text christlicher Verkündigung, den deutschen Bibeltext, dessen Revisionen seit dem 17. Jh. eine beständige Spannung zwischen bewahrender Texttradition und der Notwendigkeit einer Anpassung an neue Verstehenshorizonte erzeugen (Reinitzer 1983; Fettlöh 1986; Besch 1998). Solche Aneignung älterer Texte, wie z.B. des Nibelungenliedes, für den sprachhistorisch nicht speziell ausgebildeten Laien findet in vielfältiger Weise auch mittels Übersetzungen statt, die versuchen, wenigstens einen Teil des altertümlichen Kolorits zu erhalten, und dadurch zum Prozess eines verzögerten Sprachwandels beitragen (Moser 1972; Grosse 1970; 2000). Dass schließlich die vielfältigen Erscheinungen älterer Inschriften im Raum unserer Städte (vgl. Cherubim 1988) zur Herausbildung eines historischen Sprachbewusstseins beitragen können, ist kaum zu erwarten; eher die Formen einer Patinierung von Werbung oder der Archaisierung des Kommunikationsverhaltens, wie sie heute in bestimmten sub-

---

[19] Indizien für die ständige Reaktualisierung solcher Texte können ihr Status als Schullektüre, neue Textausgaben sowie ihre mediale Umsetzung (z.B. in Hörfunk, Fernseh- oder Filmfassungen) sein.

[20] Zu den Kirchenliedern vgl. Sauer-Geppert (1979); bei Volksliedern ist z.B. an manche „Landsknechtslieder" zu denken, wie sie noch heute in Jugendgruppen gesungen werden.

kulturellen Szenen, die magische Spielwelten konstruieren (Beer 2008: 133 f.), beobachtet werden können.

5. Zur Wiederbelebung und Nutzung älteren Sprachguts

In der historischen Sprachwissenschaft des 19. Jh.s, die ja stark durch biologistische Vorstellungen geprägt war, sprach man gerne vom „Leben" und „Wachstum" (bzw. „Sterben") von Sprachen (Whitney 1875/1876). Selbst wenn man das heute nur als eine metaphorische Sprechweise akzeptieren will, sollte man jedoch im Auge behalten, dass die sprachliche Evolution, von der heute wieder gerne geredet wird, keine Einbahnstraße sein muss, sondern dass stets auch sprachhistorische Prozesse erkennbar sind, die nichtlineare Bewegungen wie Rückgriffe oder Wiederbelebung von früheren Ausdrucksmöglichkeiten darstellen und die dennoch dem weiteren Ausbau und der Modernisierung von Sprachen dienen können. So hält z.B. Fleischer (1991: 37) fest: „Archaisierung und Dearchisierung sind lebendige Prozesse sprachlicher Veränderung, aktualisierte Archaismen ein vielgenutztes Expressivitätspotential der Gegenwartssprache."[21] Die Archaisierung, d.h. die „intentionale Nutzung von veralteten Ausdrücken, Konstruktionen und Sprachhandlungen" (Cherubim 1997: 125) war daher schon immer ein Thema der Stiltheorie. Zwar vertrat Johann Christoph Adelung, der ja als Aufklärer an die fortschreitende Verbesserung der Sprachen glaubte, in seiner Stillehre die Auffassung (1800: 74 ff.; vgl. Meyer 1906: 7 ff.), veraltete Wörter dürften nicht wieder aufgenommen werden, doch die Wirklichkeit des Sprachgebrauchs konnte eines Besseren belehren. Schon immer wurde in der Geschichte der einzelnen Sprachen die Möglichkeit genutzt, im Interesse stilistischer Wirkungen ältere Sprachmittel wieder aufzugreifen. Und heute kann man vielleicht sogar von einer gewissen Aufwertung dieser Erscheinung in der Alltagssprache sprechen, nachdem sie früher fast nur im literarischen Sprachgebrauch zu Hause war.

Literarische Archaisierungen lassen sich schon seit dem Mittelalter fassen (vgl. Brandt 1928), sie nehmen aber zu und erhalten zugleich einen höheren Stellenwert in Zeiten der romantischen Rückbesinnung oder eines dominanten Historismus, wie er vor allem im 19. Jh. gege-

---

[21] Erwähnenswert sind hier auch die Versuche der Sprachkritik am Ende des 19. Jahrhunderts (Keller 1887; Müller 1891; ferner Kuhberg 1933), Fremdwörter durch Archaismen zu ersetzen, oder die „Revitalisierung" ideologisch motivierter Archaismen in der ehemaligen DDR (z.B. *Häscher, Söldling, Kerker/Arbeitsamt, Arbeitslosengeld, Obdachlosenasyl*) nach 1989 (Fleischer 1991: 36 f.; Schippan 1995: 401 f.).

ben war. Leitner (1978) hat speziell für dieses Jahrhundert Etappen und vielfältige Typen des literarischen Archaisierens herausgearbeitet und damit gezeigt, wie diese Stiltechnik unterschiedliche Funktionen erfüllen kann und so insgesamt eine „historische Dimensionalisierung der Gegenwart [d. h. im 19. Jh.]" (Leitner 1978: 229 f.) leistet, die nicht nur bis in unsere Gegenwart [d. h. das 20. und 21. Jh. D.Ch.] fortwirkt, sondern auch auf das Alltagsbewusstsein und den Sprachgebrauch in anderen Lebensbereichen übertragen werden kann. Die von ihr herausgestellten, im ganzen 19. Jahrhundert wirksamen Formen des Archaisierens sind

- das naive Archaisieren,
- das sprachspielerische Archaisieren,
- das philologische Archaisieren,
- das patriotische Archaisieren und
- der Hochton-Archaismus.

Tatsächlich erweisen sich diese Möglichkeiten des Archaisierens, d. h. eines punktuellen bis durchgreifenden Altmachens von Formulierungen und Texten, z. T. noch heute als wirksam, selbst wenn sie für den nicht literarischen Sprachgebrauch „trivialisiert" oder modernisiert werden. So werden sie gerne in meinungsorientierten Pressetexten (wie Leitartikeln, Kommentaren, Glossen oder Rezensionen) eingesetzt, um Distanz zum Gesagten zu markieren, etwas zu ironisieren, Kritik anzudeuten oder etwas ins Lächerliche zu ziehen; so wenn von „*hochmögenden* Staatschefs" die Rede ist, von sorgenvollen Blicken „*gen* Irland", von „*dermaleinst* 27 Mitgliedern" oder von Problemen, die die EU „zu *gewärtigen*" habe (Cherubim 1988: 76), oder wenn (z.B. in Interviews) „*famosen* Herren *hochnotpeinliche* Fragen gestellt werden". Ebenso sind Hochton-Archaismen, oft verbunden mit rituellen Aufwertungen, noch in akademischen Sprachspielen *gang und gäbe* (Cherubim 1988), aber auch in Festreden, offiziellen Ansprachen u. Ä. gut zu beobachten, z.B. wenn es „jemandem *obliegt*, etwas zu tun", er/sie „etwas *kundtun* will", „auf etwas *abheben* möchte", auch „wenn es *schier* unmöglich ist", man „sich aber *des Dankes gewiss* ist", ja sogar „*eitel* Sonnenschein herrscht".[22] Dies gilt sicher auch für juristische und religiöse Zusammenhänge, wo ja ohnehin eine gewisse Tendenz zum archaisierenden Sprechen aufgrund der Orientierung an mehr oder weniger al-

---

[22] Offensichtlich gibt es auch so etwas wie emotional motiviertes Archaisieren. Roger Willemsen hat es auf den Punkt gebracht, wenn er sagt: „Wer liebt, wechselt das Jahrhundert" (aus: Kleine Lichter. Frankfurt a. M. 2005: 5).

223

tertümlichen Texten (BGB, Bibel) gegeben ist. Selbst wenn das philologische Archaisieren, wie es noch die Brüder Grimm so gerne praktizierten,[23] heute vielleicht seltener vorkommt, so ist doch das historisierende Archaisieren von Texten, um ihnen ein altertümliches Kolorit zu verleihen, noch aktuell. Weiterhin können literarische Texte sprachlich in frühere Jahrhunderte rückversetzt werden, selbst wenn das selten so perfekt und kenntnisreich geschieht, wie das bei bestimmten Texten des 19. Jh.s zu beobachten war.[24] Doch schon seit Thomas Mann finden wir solche bewusst historisierenden Texte häufig mit Distanzhinweisen (Ironie) durchsetzt, die uns ihren fiktionalen Status nicht übersehen lassen.[25]

Zunehmend verbreitet sind Techniken einer eher oberflächlichen Archaisierung oder Pseudoarchaisierung, die man als „Patinierung" bezeichnen könnte, in ganz unterschiedlichen Formen von Werbetexten. Dabei wird meist stärker auf „Requisitenarchaisierung",[26] z.B. die Abbildung von Gewährspersonen (Sekundärsendern) aus älteren Zeiten, von altertümlichen Gegenständen (Ladenschilder, Kostüme, Gefäße, Briefrollen, Wappen, Siegel usw.) oder die Nutzung einer älteren Schriftgestaltung (Fraktur, Initialen, vgl. Cherubim 1988: 545 ff.) gesetzt als auf sprachliche Merkmale, um z.B. die „Ursprünglichkeit", „Echtheit" oder „Originalität" eines Produkts zu vermitteln. Anders jedoch bei Texten, die mittelalterliche „Spektakel" unterschiedlicher Art ankündigen oder im eigentlichen Sinne „schmackhaft" machen wollen. Dazu gehören die inzwischen fest etablierten „mittelalterlichen Märkte", die bereits von professionellen Gruppen wie „Kramer, Zunft und Kurtzweyl" überregional inszeniert und vermarktet werden, sog. Erlebnisführungen, oder die weniger regelmäßig stattfindenden mittelalterlichen Bankette, manchmal verbunden mit „Feldlagern" oder „Ritterturnieren" auf Burgen oder vor den Mauern alter Städte. Hier wird nicht nur gerne eine altertümliche (meist frühneudeutsche bzw. barock anmutende) Rechtschreibung (*umb, bey, vielerley, Kurtzweyl, Hystorie, MönchsBankett*) praktiziert, sondern auch mit älteren Wortformen (*vernehmet* statt *vernehmt, kommet* statt *kommt, auf dem Blatte* statt *Blatt, nit* statt *nicht*) gearbeitet, und selbstverständlich kommt auch die Einmi-

---

23 Vgl. dazu Wyss (1979: 182 ff.) und Cherubim (1988: 78) mit Beispielen.
24 So z. B. in Wilhelm Meinholds „Maria Schweidler, die Bernsteinhexe" (1843) oder in Theodor Storms „Aquis submersus" (1875–1876), wo beide Autoren sich durch intensive Lektüre einschlägiger Texte eine erstaunliche Kompetenz für die chronikalische Sprache des 17. Jh.s aneigneten.
25 So etwa in „Lotte in Weimar" (1939) oder „Der Erwählte" (1951).
26 Bausinger (1960) spricht hier auch von „Requisiterstarrung"; er hat das vor allem an Märchen untersucht.

schung veralteter oder veraltender Wörter (*jedweder, alsdann, alldieweil, anjetzo, Mannsbild, Weibsperson, gar sehr, kurios* usw.) nicht zu kurz. Bemerkenswert ist ebenso die Verwendung lateinischer Wörter, Wortendungen, Hybridbildungen oder Floskeln (wie *Anno dazumahl, Gaudium, Musici, Autores, Regulum* [sic!] statt *Regel* usw.), und dies bisweilen flankiert von Grobianismen (*deftige Freß- und Sauff=Lieder*), Diminutivbildungen (*Kindlein, Kräutlein*) und spätmittelalterlichen Historismen (*Pranger, Scharfrichter, Narr, Drehleier, Garkleinflöte*), die insgesamt eine Sprachlage zwischen Luther und dem Barock suggerieren soll (vgl. Abb., Flugblatt [Werbung für den Mittelaltermarkt], das 1987 in Göttingen verteilt wurde).

Voll durchstilierte (also auch syntaktisch archaisierende) Texte sind jedoch eher selten;[27] eine wirkliche Ausnahme bleiben aber bisher einzelne Versuche der mündlichen Realisierung altertümlichen Sprechens bei kulturhistorischen Veranstaltungen, über die z. B. in zwei Artikeln

---

[27] Ein Beispiel dafür ist ein Werbetext für eine Versicherung (Iduna-Germania) von 1950, von dem drei Seiten voller Archaismen und Pseudoarchaismen in Cherubim (1995: 41 f.) abgebildet wurden.

der „Braunschweiger Zeitung" berichtet wurde: Im ersten Fall geht es dabei um die Imitation einer barocken Sprache „mit Schleifchen und Rüschen" durch einen Braunschweiger Schauspieler (Andreas Jäger), im zweiten um die Nachahmung (spät)mittelalterlichen Sprechens durch ein halbprofessionelles Mitglied der Gruppe „Kramer, Zunft und Kurtzweyl" (Wolfgang Struchtrup). Interessant ist in beiden Fällen die Rezeptur der jeweiligen Aktionsform des Sprechens durch die berichtenden Journalisten und die Akteure selbst:

> „Jäger hat sich schon vor einigen Jahren eingefuchst ins Thema, viel Literatur gewälzt, und längst ist er ‚der Mechanik der Sprache', wie er sagt, auf die Schliche gekommen. So baut er Bandwurmsätze und verziert sie mit verbalen Schleifchen und Rüschen. Auch das Verben-Anhängsel ‚-et' verleiht schnödem Tun barocke Anmutung. Des weiteren bediene man sich allerlei Höflichkeitsfloskeln und streue die ein oder andere französische Vokabel ein." (Ann Claire Richter, in: Braunschweiger Zeitung vom 24. 7. 2004)

> „Seine Rolle aber spielt Wolfgang Struchtrup so authentisch wie möglich. Und wenn er seinen Salmon abgibt zu den Dingen, dann klingt die Mischung aus Mittelhochdeutsch, Latein und eigenen Begriffen nicht aufgesetzt, sondern professionell und zeitgenössisch. ‚Wir sprechen grundsätzlich in der dritten Person und hängen an alle Verben die Silbe <et> an', verrät der Büttel. Verpacke man eine Angelegenheit zudem in etliche Schachtelsätze, erreiche man die blumenreiche Sprache, die als Vehikel ins Mittelalter diene." (Bettina Habermann, in: Braunschweiger Zeitung vom 14. 5. 2005)

6. Sammlungen von Archaismen und Wörterbücher

Schon der Dichter Jean Paul (Vorschule der Aesthetik § 83) wünschte sich ein Archaismenwörterbuch: „Ein frommer Wunsch wär' es – und doch zu erfüllen [...], ein bloßes Wörterbuch aller seit Jahrhunderten ergrauten Wörter zu bekommen, von welchen wir keine ähnlichen stammhaltigen Enkel haben. Ja, jedes Jahrhundert könnte sein besonderes Scheintoten-Register oder Wörterbuch dieser Art erhalten [...]." Auch andere vor ihm, wie z.B. G. W. Leibniz oder G. E. Lessing, zeigten ein lebhaftes Interesse daran. Doch dieser Wunsch ist für das Deutsche bis heute nicht in Erfüllung gegangen, obwohl zur Konzeption einer solchen umfassenden Dokumentation einige interessante Vorschläge gemacht wurden (z. B. Reichmann 1990; Ludwig 1996; 2000; 2004; 2009; Wiegand 2002) und bisher nur ein hinsichtlich Fokus (18.–20. Jh.) und Material stark begrenzter, größerer Versuch (Osman 1971) unternommen wurde. Hauptschwierigkeiten eines solchen Unternehmens sind weiterhin die Begrenzung des Gegenstandsbereichs (z.B. die Konzentration auf die Standardsprache und deren historische Entsprechungen) sowie das Problem, dass die Zeitmarkierungen, auf die es sich stützen müsste, nur schwer zu objektivieren sind. Materialgrundlage bisheriger Ansätze waren weitgehend synchronische und diachronische Wörterbücher unterschiedlicher Zeitstufen, umfangreichere vergleichende Textanalysen mit dem Ziel, pragmatische Zeitmarkierungen aus der Praxis des Sprachgebrauchs (z. B. von Kollokationen) zu erschließen, wären aber vorstellbar.

Historische Beobachtungen zum Veralten des Wortschatzes wurden früher vor allem im Zusammenhang mit der Verständlichmachung und Modernisierung des Bibeltextes seit dem 16. Jh. gemacht (Sauer-Geppert 1982; Reinitzer 1983; Fettlöh 1986; Besch 2008). Die Fülle entsprechender Glossare, besonders im 18. Jh. (Reichmann 1990: 1155), ist bisher jedoch nicht systematisch ausgewertet worden. Populäre Sammlungen „bedrohter" Wörter" (Mrozek 2008; vgl. Ludwig 2009) oder Kay Uwe Rohns virtuelles „Wortmuseum" (www.wortmuseum.com) zeigen, dass in der Gegenwart und unabhängig von bestimmten Texttraditionen wieder ein großes Interesse an der historischen Tiefe unserer Sprache und damit an ihrer kreativen Wiederbelebung in Form von Archaismen besteht.

Literatur

Abel, Paul 1902: Veraltende Bestandteile des mhd. Wortschatzes. Diss. Erlangen.

Adelung, Johann Christoph 1782: Von veralteten Wörtern. In: Magazin für deutsche Sprache1/1, 61–77.

Adelung, Johann Christoph 1800: Ueber den Deutschen Styl. Erster Band. 4., vermehrte und verbesserte Auflage. Berlin.

Althaus, Hans Peter 2006: Kleines Lexikon deutscher Wörter jiddischer Herkunft. 2., durchgesehene Auflage. München.

Bach, Adolf 1965: Geschichte der deutschen Sprache. 8., stark erweiterte Auflage. Heidelberg.

Bausinger, Hermann 1960: "Historisierende" Tendenzen im deutschen Märchen seit der Romantik. Requisitverschiebung und Requisiterstarrung. In: Wirkendes Wort 10, 279–286.

Bausinger, Hermann 1974: Sprachmoden und ihre gesellschaftliche Funktion. In: Gesprochene Sprache. Jahrbuch 1972 des Instituts für deutsche Sprache. Düsseldorf, 245–266.

Bechstein, Reinhold 1878: Die Alterthümlichkeiten in unserer heutigen Schriftsprache. Rostock.

Beer, Sonja 2008: Zwischen den Welten. Zur kommunikativen Konstruktion von Wirklichkeit im Medium Internet. Eine linguistische Studie zu „VampirLife"-Rollenspielforen. Hildesheim.

Besch, Werner 2000: Die Rolle Luthers für die Sprachgeschichte des Deutschen. In: Betten, Anne u. a. (Hrsg.): Sprachgeschichte. Ein Handbuch zur Geschichte der deutschen Sprache und ihrer Erforschung. 2., vollständig neubearbeitete und erweiterte Auflage. Berlin/New York, 1713–1745.

Besch, Werner 2008: Deutscher Bibelwortschatz in der frühen Neuzeit. Auswahl – Abwahl – Veralten. Frankfurt a. M.

Besch, Werner/Klein, Thomas (Hrsg.) 2009: Der Schreiber als Dolmetsch. Sprachliche Umsetzungstechniken beim binnensprachlichen Texttransfer in Mittelalter und Früher Neuzeit (Zeitschrift für deutsche Philologie. Sonderheft 127). Berlin.

Bloch, Ernst 1935/1985: Erbschaft dieser Zeit [Zürich 1935] Frankfurt a. M.

Brandt, Martha 1928: Fortleben germanischer Wörter im Mittelhochdeutschen. In: Dies.: Beiträge zur mittelhochdeutschen Wortforschung. Leipzig, 1–54.

Brennert, Hans 1898: Modeworte. Aus dem Miitteleuropäischen. Berlin.

Cherubim, Dieter 1983: Subjektive Erfahrung und objektive Rekonstruktion des Sprachwandels. In: Kopenhagener Beiträge zur Germanistischen Linguistik 21, 27–59.

Cherubim, Dieter 1988: Sprach-Fossilien. Beobachtungen zum Gebrauch, zur Beschreibung und zur Bewertung der sogenannten Archaismen. In: Munske, Horst Haider u. a. (Hrsg.): Deutscher Wortschatz. Lexikologische Studien. Ludwig Erich Schmitt zum 80. Geburtstag von seinen Marburger Schülern. Berlin/New York, 525–552.

Cherubim, Dieter 1995: Archaisierung. Zur historischen Tiefe von Normierungen. In: Rostocker Beiträge zur Sprachwissenschaft H. 1: Sprachnormen und Sprachnormwandel in gegenwärtigen europäischen Sprachen. Rostock, 29–45.

Cherubim, Dieter 1997: Archaismus. In: Weimar, Klaus u. a. (Hrsg.): Reallexikon der deutschen Literaturwissenschaft. Bd. I: A-G. Berlin/New York, 125–127.

Cherubim, Dieter 1998: Kontinuität und Diskontinuität in der deutschen Sprache des 20. Jahrhunderts. In: Kämper, Heidrun/Schmidt, Hartmut (Hrsg.): Das 20. Jahrhundert. Sprachgeschichte – Zeitgeschichte. Jahrbuch 1997 des Instituts für deutsche Sprache. Berlin/New York, 59–85.

Cherubim, Dieter 2002: Hochton-Archaismen in akademischen Sprachspielen. In: Kramer, Undine (Hrsg.) 2002: Archaismen, Archaisierungsprozesse. Sprachdynamik. Klaus-Dieter Ludwig zum 65. Geburtstag. Frankfurt a. M. u. a., 73–90.

Cherubim, Dieter 2003: Sprache als historischer Gegenstand. In: Linke, Angelika/Ortner, Hanspeter/ Portmann-Tselikas, Paul R. (Hrsg.): Sprache und mehr. Ansichten einer Linguistik der sprachlichen Praxis. Tübingen, 231–242.

Cheshire, Jenny 1987: Age- and generation-specific use of language. In: Ammon, Ulrich/Dittmar, Norbert/Mattheier, Klaus J. (Hrsg.): Soziolinguistik. [...]. Bd. 1. Berlin/New York, 761–780.

Fettlöh, Regina 1986: Die Revisionen der Lutherbibel in wortgeschichtlicher Sicht. Göppingen.

Fix, Ulla/Barth, Dagmar 2000: Sprachbiographien. Sprache und Sprachgebrauch vor und nach der Wende von 1989 im Erinnern und Erleben von Zeitzeugen aus der DDR. Inhalte und Analysen narrativ-diskursiver Interviews. Frankfurt a. M.

Fleischer, Wolfgang 1991: Archaismen im heutigen Deutsch. In: Hörz, Herbert (Hrsg.): Soziolinguistische Aspekte der Sprachgeschichte. Dem Wirken Rudolf Großes gewidmet (Sitzungsberichte der Akademie der Wissenschaften in Berlin. Jg. 1990. Nr. 9 / G). Berlin, 32–38.

Gobyn, Luc 1986: Mittelhochdeutsche Stilzüge in den Kinder- und Hausmärchen der Brüder Grimm. In: Cox, H.L./Vannacker, V. F./Verhofstadt, E. (Hrsg.): Wortes Anst. Verbi Gratia. Donum Natalicum Gilbert A.R. de Smet. Leuven, 143–154.

Grimm, Jacob 1848/1984: Über das Pedantische in der deutschen Sprache [Berlin 1848]. In: Grimm, Jacob: Selbstbiographie. Ausgewählte Schriften, Reden und Abhandlungen. München, 125–153.

Grosse, Siegfried 1970: Sprachwandel als Übersetzungsproblem. In: Wirkendes Wort 20, 289–302.

Grosse, Siegfried 2000: Die Belebung mittelhochdeutschen Sprachguts im Neuhochdeutschen. In: Betten, Anne u. a. (Hrsg.): Sprachgeschichte. Ein Handbuch zur

Geschichte der deutschen Sprache und ihrer Erforschung. 2., vollständig neubearbeitete und erweiterte Auflage. Berlin/New York, 1874–1854.

Günther, Louis 1903: Deutsche Rechtsaltertümer in unserer heutigen Sprache. Straßburg.

Herberg, Dieter 1976: Veraltendes und Veraltetes in unserem Wortschatz. In: Sprachpflege 25, 1–5.

Herberg, Dieter 1988: Zur Praxis diachronischer Markierungen in allgemeinen einsprachigen Wörterbüchern. In: Hyldgaard-Jensen, Karl/Zettersten, Arne (Hrsg.): Symposium on Lexicography III […]. Tübingen, 445–468.

Herrmann, Theo 1978: Zur Entwicklung der Sprachschichtrepräsentation in der späteren Kindheit. In: Augst, Gerhard (Hrsg.): Spracherwerb von 6 bis 16. Linguistische, psychologische, soziologische Grundlagen. Düsseldorf, 209–219.

Hockett, Charles F. 1950: Age-grading and linguistic continuity. In: Laguage 26, 449–457.

Jang, Ae Yoon 2006: Lexikalische Archaismen und ihre Verwendung in Pressetexten des heutigen Deutsch. Diss. Göttingen.

Jang, Ae Yoon 2007: Historisierung und Archaisierung von Sprache. In: IdS-Sprachreport 23/1, 12–17.

Keller, Ludwig 1887: Die Erneuerung der deutschen Sprache und das altdeutsche Schriftthum. In: Zeitschrift des Allgemeinen Deutschen Sprachvereins 1. 12, 181–186, 199–205.

Knoop, Ulrich 1975: Die Historizität der Sprache. In: Schlieben-Lange, Brigitte (Hrsg.): Sprachtheorie. Hamburg, 165–187.

Kretschmer, Paul 1918: Wortgeographie der hochdeutschen Umgangssprache. Göttingen.

Kuhberg, Werner 1933: Verschollenes Sprachgut und seine Wiederbelebung in neuhochdeutscher Zeit. Ein Beitrag zur deutschen Wortforschung. Frankfurt a. M.

Leitner, Ingrid 1978: Sprachliche Archaisierung. Historisch-typologische Untersuchungen zur deutschen Literatur des 19. Jahrhunderts. Frankfurt a. M.

Ludwig, Klaus-Dieter 1996: Überlegungen zu einem Wörterbuch der Archaismen. In: Zettersen, Arne/Petersen, Viggo Hjørnaga (Hrsg.): Symposium on Lexicography VII. Tübingen, 157–170.

Ludwig, Klaus-Dieter 2000: Archaisierung und Archaismenlexikographie. In: Herberg, Dieter/Tellenbach, Elke (Hrsg.): Sprachhistorie(n). Hartmut Schmidt zum 65. Geburtstag. Mannheim, 123–136.

Ludwig, Klaus-Dieter 2004: Hoch auf dem gelben Wagen sitz ich beim Schwager vorn … Zum Plan eines deutschen Archaismenwörterbuchs. In: Scharnhorst, Jürgen (Hrsg.): Sprachkultur und Lexikographie. Von der Forschung zur Nutzung von Wörterbüchern. Frankfurt a. M. u. a., 173–188.

Ludwig, Klaus-Dieter 2009: Sind Wörter unserer Sprache bedroht? Anmerkungen zum veralteten Wortschatz. In: Wagner, Doris/Fonsén, Tuomo/Nikula, Henrik (Hrsg.): Germanistik zwischen Baum und Borke. Festschrift für Kari Keinästö zum 60. Geburtstag. Helsinki, 137–152.

Lüdtke, Helmut 1980: Sprachwandel als universales Phänomen. In: Ders. (Hrsg.): Kommunikationstheoretische Grundlagen des Sprachwandels. Berlin/New York, 1–19.

Lütjen, H. P. 1978: Intergenerationelle Kommunikationskonflikte. In: Grazer Linguistische Studien 8, 114–138.

Meyer, Richard M. 1906: Deutsche Stilistik. München.

Moser, Hugo 1972: Karl Simrock als Erneuerer mittelhochdeutscher Dichtung. Bemerkungen zu seinem Verfahren. In: Backes, Herbert (Hrsg.): Festschrift für Hans Eggers zum 65. Geburtstag. Tübingen, 458–483.

Mrozek, Bodo 2008: Das große Lexikon der bedrohten Wörter. 2 Bde. Reinbek.

Müller, Carl 1891: Die Wiederbelebung alter Worte. In: Wissenschaftliche Beihefte zur Zeitschrift des Allgemeinen Deutschen Sprachvereins 2, 57–71.

Müller, Wolfgang 1982: Das Sprachgefühl auf dem Prüfstand der Philologie. Eine Materialstudie. In: Gauger, Hans-Martin u. a.: Sprachgefühl? Vier Antworten auf eine Preisfrage. Heidelberg, 203–320.

Oesterreicher, Wulf 2001: Historizität – Sprachvariation, Sprachverschiedenheit, Sprachwandel. In: Haspelmath, Martin u. a. (Hrsg.): Sprachtypologie und sprachliche Universalien. Ein internationales Handbuch. Berlin/New York, 1554–1595.

Oksaar, Els 1979: Verständnisschwierigkeiten als sprachliches Problem. In: Wassermann, Rudolf (Hrsg.): Menschen vor Gericht, Neuwied/Darmstadt, 83–115.

Osman, Nabil 1976: Lexikon untergegangener Wörter. 3. Auflage. München.

von Polenz, Peter 1994–2000: Deutsche Sprachgeschichte vom Spätmittelalter bis zur Gegenwart. 3 Bände [1. Bd. 2. Auflage]. Berlin/New York.

Reichmann, Oskar 1990: Wörterbücher archaischer und untergegangener Wörter. In: Hausmann, Franz Josef u. a. (Hrsg.): Wörterbücher. Ein internationales Handbuch zur Lexikographie. 2. Teilbd. Berlin/New York, 1153–1158.

Reinitzer, Heimo 1983: Die Revision der Lutherbibel im 16. und 17. Jahrhundert. In: Wolfenbütteler Beiträge 6, 229–335.

Roelcke, Thorsten 1998: Typologische Unterschiede in den Varietäten des Deutschen. In: Betten, Anne u. a. (Hrsg.): Sprachgeschichte. Ein Handbuch zur Geschichte der deutschen Sprache und ihrer Erforschung. 2., vollständig neubearbeitete und erweiterte Auflage. Berlin/New York, 1000–1013.

Saltveit, Laurits 1967: Archaische Sprachelemente in der neueren Dichtung. In: Wirkendes Wort 17, 154–164.

Sanders, Willy 1982: Sachsensprache, Hansesprache, Plattdeutsch. Sprachgeschichtliche Grundzüge des Niederdeutschen. Göttingen.

Sauer-Geppert, Waltraut-Ingeborg 1979: Studien zu Sprache und Frömmigkeit im deutschen Kirchenlied. Vorübungen für eine Darstellung seiner Geschichte. Tübingen.

Sauer-Geppert, Waltraut-Ingeborg 1982: Verstehbarkeit. Zur Revision der Lutherbibel. In: Vestigia Bibliae 4, 193–208.

de Saussure, Ferdinand 1922/1972: Cours de linguistique générale [2. Auflage Paris 1922]. Édition critique préparée par Tullio de Mauro. Paris.

Schippan, Thea 1995: Funktionale Betrachtung von Archaismen. In: Lerchner, Gottfried u. a. (Hrsg.): Chronologische, areale und situative Varietäten des Deutschen in der Sprachhistoriographie [...]. Frankfurt a. M. u. a., 397–402.

Schirmer, Karl-Heinz (1972): Das Nachleben alter Wortbedeutungen im Barock und Richtungen ihres Wandels in neuerer Zeit. In: Herbert Backes (Hrsg.): Festschrift für Hans Eggers zum 65. Geburtstag. Tübingen, 142–181.

Schlieben-Lange, Brigitte 1975: Metasprache und Metakommunikation. Zur Überführung eines sprachphilosophischen Problems in die Sprachtheorie und in die sprachwissenschaftliche Forschungspraxis. In: Dies. (Hrsg.): Sprachtheorie. Hamburg, 189–205.

Schmidt, Günter Dietrich 1982a: Paläologismen. Zur Behandlung veralteten Wortguts in der Lexikographie. In: Deutsche Sprache 10, 193–212.

Schmidt, Günter Dietrich 1982b: DDR-spezifische Paläologismen. Veraltetes Wortgut in der Sprache der DDR. In: Muttersprache 92, 129–145.

Schulz, Matthias 2005: Schichten alter und neuer fremder Wörter als Europäismen. In: Deutsche Sprache 33, 60–77.

Sonderegger, Stefan 1998: Geschichte deutschsprachiger Bibelübersetzungen in Grundzügen. In: Betten, Anne u. a. (Hrsg.): Sprachgeschichte. Ein Handbuch zur Geschichte der deutschen Sprache und ihrer Erforschung. 2., vollständig neubearbeitete und erweiterte Auflage. Berlin/New York, 229–284.

Tophinke, Doris 2002: Lebensgeschichte und Sprache. Zum Konzept der Sprachbiographie aus linguistischer Sicht. In: Adamzik, Kirsten/Raas, Eva (Hrsg.): Biografie linguistiche (Bulletin suisse de linguistique appliquée 76). Neuchâtel, 1–14.

Whitney, William D. 1875/1876: Leben und Wachsthum der Sprache [New York/London 1975]. Deutsche Übersetzung von August Leskien. Leipzig.

Wittgenstein, Ludwig 1971: Philosophische Untersuchungen. Frankfurt a. M.

Wiegand, Herbert Ernst 2002: « mit dem Teufel auf dem Höllenmarkt marschieren » Zweisprachige Wörterbücher mit Deutsch als Pflegestätten deutscher Archaismen? In: Kramer, Undine (Hrsg.): Archaismen, Archaisierungsprozesse. Sprachdynamik. Klaus-Dieter Ludwig zum 65. Geburtstag. Frankfurt a. M. u. a., 137–155.

Wyss, Ulrich 1979: Die wilde Philologie. Jacob Grimm und der Historismus. München.

Zehetner, Ludwig 1985: Das bairische Dialektbuch. München.

Klaus Zimmermann

Jugendsprache und Sprachwandel: Sprachkreativität, Varietätengenese, Varietätentransition und Generationenidentität[1]

Dass Jugendsprache mit Sprachwandel zu tun hat, ist vielerorts festgestellt worden. In diesem Beitrag wird Sprachwandel im Hinblick auf das, was in der Jugendsprache passiert, unter verschiedenen Aspekten beleuchtet: Motive und Funktionen für die Sprachinnovation durch Jugendliche, aus der heraus sich sowohl die besondere Form der Innovationen erklären lassen als auch das individuelle Verhalten zum eigenen Sprechen im Verlauf der Generationentransition und dem Verhalten der Sprachgemeinschaft gegenüber dieser Art von „Gruppensprache". Hierbei werden Erscheinungen wie Sprachkreativität, Normdurchbrechung und Normakzeptanz, Varietätenbegrenzung, Varietätenwechsel und Varietätentransition sowie Varietätengenese als Sprachwandelaspekte definiert, die speziell aus der Untersuchung der Jugendsprache bzw. anderer Sondersprachen resultieren. Für das Funktionieren dieser Erscheinungen verantwortlich sind nicht anonyme Kräfte in der Sprache, sondern Generationenidentität, womit Sprachveränderung im Sprecher und seinem sozialen Kontext situiert wird.

0. Theoretische Vorbemerkung

Zu vermuten, dass Jugendsprache etwas mit Sprachwandel zu tun hat, ist naheliegend, wird aber auch durch oberflächliche Theorien über Sprache überhaupt und über Sprachwandel insbesondere in eine vorschnelle Richtung gelenkt, die auch inadäquate Hypothesen und Aussagen hervorbringt. Die am meisten verbreitete Auffassung ist jene, die vor dem Hintergrund einer systemlinguistischen Sprachwandeltheorie von Sprachwandel erst sprechen will, wenn sich Veränderungen im „Sprachsystem" niederschlagen. Da das System aber nicht direkt eingesehen werden kann, sondern nur durch Beobachtung des Sprachgebrauchs erschlossen wird, bedeutet das gleichzeitig, dass der Systemeffekt erschlossen wird über die (totale oder sehr hohe) Frequenz im Sprachgebrauch, d.h. dass sich eine Veränderung bei allen (oder nahe-

---

[1] Dieser Text enthält teilidentische Passagen aus Zimmermann (2003a)

zu allen) Sprechern einer Sprache durchgesetzt haben muss. Diese totalitäre und statische Auffassung reduziert den Vorgang, zumindest den methodologischen Zugang darauf, auf eine bestimmte Form eines Endresultates.

Sprachwandel muss hingegen als ein hochkomplexer, dynamischer Prozess verstanden werden, der nicht zielgerichtet in eine bestimmte Richtung geht, sondern verschiedene Veränderungen hervorbringt, deren endgültiges Schicksal sich durch den Einfluss verschiedener soziolinguistischer Faktoren in einem eher chaotischen Prozess abspielt. Sprachwandel ist ein Prozess, der seine Genese in der Kommunikation zweier oder mehrerer Interaktionspartner, also im Sprachgebrauch, hat. Hintergrund einer Sprachwandeltheorie ist also eine Umwertung des Verhältnisses von Sprachgebrauch und Sprachsystem. Die Dominanz der Ausrichtung der Linguistik Saussurescher Prägung auf das System, das dem „Gebrauch" zugrunde liegt (was sich auch in der Terminologie spiegelt), hat lange Zeit den Blick auf die Sprachrealität verstellt und Sprachwandelfragen waren in dieser Ausrichtung, wenn überhaupt, dann eher unterrepräsentiert behandelt worden. Es ist die Beobachtung des Sprachwandelprozesses, die schon lange die Inadäquatheit der Systemtheorie offenbart hat. Eine Sprachtheorie heute hat von drei grundlegenden Sprachrealitäten auszugehen:

1. Die Anerkennung, dass das Wesentliche an Sprache – wie schon Wilhelm von Humboldt erkannt hat – in der ständigen Anpassung der vorhandenen Sprachmittel an neue Gedankenausdrücke liegt, die in der jeweiligen lokalen Kommunikation als Mitteilungen zur Sprache gebracht werden müssen. Hierin liegt die Urgenese der Sprache überhaupt und die ständige Genese neuer Sprachformen in der Kommunikation selbst.

2. In den ständigen Kommunikationssituationen werden permanent, meist unbewusst, aber in einigen Fällen auch durchaus bewusst, von Kommunikationsteilnehmer A Innovationen oder leichte Alternationen durchgeführt, die von B nicht 1:1 kopiert werden, sondern imitiert und bei der Imitation an sein zeitlich gerade maßgebendes, individuelles System (Ideolekt) angepasst (oder verworfen) werden.

3. Dadurch entsteht Variation. Variation in der Sprache ist eine Grundeigenschaft von Sprache. Sie entsteht notwendigerweise in diesem gerade skizzierten Prozess als eine nicht identische Übernahme/Nachahmung von Sprachphänomenen, denen wir rezeptiv in Kommunikationssituationen ständig ausgesetzt sind. Dabei ist wichtig festzuhalten, dass in Kommunikationsvorgängen die primäre Aufmerksamkeit auf die „Nachricht", die Intention und den Sinn ge-

richtet ist und erst in zweiter Linie auf die sprachlichen Mittel selbst. Diese gelangen erst dann ins Aufmerksamkeitsfeld, wenn sie in irgendeiner Art und Weise besonders sind.

Es ist zentral, sich dieser wegen der biologischen Ausstattung der Perzeption der über unsere Sinnesorgane und Nervenleitungen ins verarbeitende Hirn gelangenden Außenstimuli klar zu werden. Die Wahrnehmungen der Sinnesorgane werden im verarbeitenden Hirn nicht mimetisch, also realitätsgenau, abgebildet, sondern mittels der dem Hirn zur Verfügung stehenden kognitiven Operationen konstruiert (Roth 1996: 2003),[2] wobei sich die zunächst individuellen, dann gruppenspezifischen Variationen ergeben.

Die bisherigen Sprachwandeltheorien haben mit Blick auf eine bestimmte moderne Phase der Sprachgeschichte, die sich auf die einem Normierungseingriff unterzogenen indoeuropäischen Sprachen beziehen, einen verengten Blickwinkel eingenommen, demzufolge der Sprachwandel als eine Abweichung von der Norm (die uneingestanden als System, und dieses zusätzlich in der Konzeption geschriebener Sprache, verstanden wurde) aufgefasst wurde. Solche Prozesse in moderner Zeit sollen auch keineswegs abgestritten werden, aber es sind nur kultur- und epochenspezifische Wandelprozesse, die nicht verabsolutiert werden dürfen, zumal vor dem Hintergrund der Existenz von Sprachen, die weder Schrift noch Norm entwickelt haben. Auch die in diesen Sprachen ablaufenden Sprachwandelprozesse auf oralem Wege müssen konstitutiv in eine Sprachwandeltheorie eingebunden werden.

So ist auch die Fragestellung, die uns hier beschäftigt, nicht eine, die sich auf diese verkürzte Perspektive (auf den Einfluss der Jugendsprache auf das normative System einer bestimmten Sprache) einlassen will, sondern sie richtet den Blick auf den Prozess, der die Jugendsprache generiert und damit schon Sprachwandel produziert. Dadurch wird Sprachwandel schon innerhalb der Jugendsprache verortet und der Einfluss auf andere Varietäten als ein die Varietätengrenzen transgredierender Prozess verstanden, bei dem die Standardvarietät nur eine der vielen Varietäten ist, die eine Sprache als „historische Sprache" (im Sinne Coserius) ausmachen, deren Varietäten durch die vielen Kommunikationsprozesse im kognitiven System und eventuell im Bewusstsein der Sprecher in ständigem Kontakt stehen (viele Sprecher kennen und verwenden meist mehrere Varietäten, weshalb

---

[2] Zu einer Ausformulierung dieser Erkenntnisse für eine Sprachtheorie vgl. Zimmermann (2004) und zu seiner Beziehungssetzung zu Humboldts Sprachtheorie vgl. Zimmermann (2006).

man von einem Multilinguismus auf der Varietätenebene sprechen kann). Zweitens ist für unser Thema des Sprachwandels im Zusammenhang von Jugendsprache wichtig zu sehen, dass sich dieser sehr stark im Bereich der Mündlichkeit abspielt. Darüber darf nicht vergessen werden, dass die Präsenz der Schriftlichkeit und Norm in den modernen Gesellschaften für Jugendliche nicht außer Kraft gesetzt ist, sondern diesen in besonderer Weise als Zumutung und Herausforderung entgegentritt.

Die Verbindung des Faktors Jugend und Generation mit Sprachwandel wird in etlichen Veröffentlichungen thematisiert.[3] Zwei Aspekte stechen dabei zunächst ins Auge. Zum einen zieht die Soziolinguistik Labov'scher Prägung in ihren kovariationsorientierten Arbeiten den Faktor Jugend insoweit in Betracht, als sprachliche Merkmale der Alterskohorte der jüngeren Bevölkerung einen Hinweis auf wahrscheinlich zukünftig sich durchsetzende sprachliche Merkmale in der (Standard)Sprache geben können. Diese Vorgehensweise ist nicht an die Konstruktion einer speziellen Jugendsprache gekoppelt, sondern erfasst den Faktor Alter nur als statistisch relevante Korrelatsgröße. Damit kann sie das Verhalten der Jugendlichen zu dem, was man Jugendsprache als besondere stilistische und soziale Varietät genannt hat, nicht erfassen. Alle sprachlichen Merkmale der jeweiligen Alterskohorte werden bei dieser Sichtweise einbezogen, nicht nur die mit einer identitären Funktion verbundenen Merkmale und Sprechstrategien. Die Merkmale, die in diesen Studien untersucht werden, sind demzufolge meist keine spezifischen Sprachmerkmale der Jugend, sondern dieser relativ kontingente Spracherscheinungen.

Die Jugendsprachforschung hat zudem einen beschleunigten Wandel innerhalb der Jugendsprache selbst diagnostiziert. Dieses Phänomen deutet ebenfalls auf eine Besonderheit hin, die mit Abnutzung und abnehmender Spezifik und deshalb kompensatorisch ständig neu zu schaffender Originalität sowie Herstellung einer erwünschten Unverständlichkeit für die Nichtdazugehörigen und Ähnlichem erklärt werden kann.

Zum anderen beschränkt sich eine andere traditionelle Sichtweise des Zusammenhanges von Jugendsprache und Sprachwandel auf das Verhältnis von Jugendsprache und Standardsprache und fragt, inwieweit die Jugendsprache oder einzelne Merkmale Eingang in die Standardsprache finden. Viele würden (im Einklang mit der oben geschil-

---

[3] Genauere Ausführungen zu verschiedenen Generationenbegriffen in der (Jugend)sprachforschung finden sich in Zimmermann (1990: 238ff.) und Gerstenberg (in diesem Band).

derten systemtheoretischen Sicht) erst dann von Sprachwandel sprechen, wenn Letzteres eingetroffen ist.

Ich möchte im Folgenden zeigen, dass erstens der Begriff Sprachwandel in diesem Falle wegen eines ideologischen Sprachbegriffs unzulässig reduziert wird, zweitens der Sprachwandel im Kontext von
Jugendsprache differenzierter gesehen werden muss und drittens die
Analyse der Dynamik der Jugendsprache geeignet ist, sogar zu einer
adäquateren Konzeption von Sprachwandel zu gelangen.

1. Sprachwandel innerhalb der Jugendsprache

Mit Coseriu (1958: 44f.) kann man den Prozess des Sprachwandels als
die absichtsvolle Übernahme einer zufälligen oder absichtlichen Innovation im Sprechen eines Individuums durch ihn selbst bzw. den Hörer
und, von dieser einen Übernahme ausgehend, als eine sich fortsetzende
Reihe von Übernahmen durch andere Hörer definieren (vgl. Blank
1997: 116). Diese Definition impliziert zwar als initialen Faktor die individuelle Innovation, legt das Gewicht aber auf die Ausbreitung. Eine
häufige Auffassung dabei ist, dass erst, wenn nicht nur das idiolektale
System einer Person betroffen ist, sondern durch die Ausbreitung die
Sprachgemeinschaft die Innovation in das gemeinschaftliche System
(*langue*) übernommen hat, von Sprachwandel zu sprechen ist. Dahinter
verbirgt sich vielerorts die Auffassung eines linearen Wandels, der die
differenzierten soziokulturellen Interaktionsstrukturen und weitere
Differenzierungen im Sprachgebrauch (Variation) einer Gemeinschaft
außer Acht lässt. Statt dieses statisch gefasste Kriterium weiter zu bemühen, ist es dem Aspekt der Dynamik angemessener, die Ausbreitung qua Prozess zu untersuchen. In diesem Prozess sind drei Aspekte
festzustellen, die zu untersuchen sind: 1. müssen die Verbreitungsdi-
mensionen analysiert werden (hierbei ist an räumliche, soziale und stilistische Ausbreitungsdimensionen zu denken), die eine völlige oder
nur teilweise Erstreckung auf unterschiedliche Sozialgruppen und
Kommunikationssituationen der Sprachgemeinschaft bedeuten, 2. ist
zu versuchen, Durchsetzungsbedingungen zu erkennen, d.h. die Gründe zu eruieren, weshalb einige Innovationen von den anderen Sprach-
teilnehmern adaptiert und in ihren Idiolekt eingefügt werden (und andere nicht), 3. muss der Faktor Dauer einbezogen werden, der seinerseits zu differenzieren ist in a) Dauer bzw. Geschwindigkeit der
Ausbreitung, b) Nachhaltigkeit des Wandels, d.h., wie schnell er wieder zurückgenommen oder durch andere Innovationen ersetzt wird.

1.1 Charakter und normabweichende Funktion der jugendsprachlichen Innovation

Die sprachlichen Innovationen oder Neologismen der Jugendlichen haben zwei wichtige Merkmale: Sie sind intentional und sie werden von den Produzenten/Akteuren selbst als normabweichend, normdurchbrechend oder normverletzend begriffen. Diese Funktion ist in der Kreationsphase gegeben. Das soll aber nicht heißen, dass alle Jugendlichen ständig an dieser Verbindung von Kreativprozess und Normverletzung aktiv beteiligt sind. Von vielen Jugendlichen werden die jugendsprachlichen Ausdrücke auf dieselbe Weise erworben, wie Sprache überhaupt erworben wird: in der Kommunikation mit denen, die schon darüber verfügen. Der normverletzende Charakter mag dabei den Erwerbern nicht immer sofort bewusst sein, aber dieser konnotative Wert kann durchaus von Anbeginn oder zunehmend mitgefühlt werden, und er wird spätestens durch die negativ reagierende oder gar sanktionierende nicht jugendliche Umwelt bewusst erfahren. Die Weiterverwendung solcher Innovationen im Wissen um diese negative Wertung durch die Umwelt muss damit als intentional eingeschätzt werden (da sie auch unterbleiben kann, womit man sich dem sozialen Ambiente der Jugendkultur entzieht). Genau damit vollzieht sich der identifikatorische Prozess der Transformation der Merkmale zu Symbolen des Ausdrucks der Zugehörigkeit zur Gruppe der Jugendlichen; es konstituiert sich eine Generationenidentität.

1.2 Sprachkreativität als Keimzelle des Sprachwandels

Jugendsprache wird häufig mit Sprachverfall in Verbindung gebracht.[4] Dabei werden die Standardsprache der bürgerlich-gebildeten Schichten und eine feste Norm von Sprache als Maßstab genommen und die jugendsprachlichen Neuerungen, die sich oft niederer Sprachvarietäten bedienen, unter sprachpädagogischen Vorzeichen als negative Abweichung eingestuft. Das Gegenteil ist jedoch der Fall. In der Jugendsprache manifestiert sich vielmehr die von Wilhelm von Humboldt postulierte *energeia*, die kreative Sprachkraft, die den Kern der Sprachdefinition bei diesem Theoretiker ausmacht (vgl. Zimmermann 2006). Die *energeia* ist die Fundamentalkraft der soziokognitiven Sprachkreation in der Kommunikation und dadurch die Keimzelle des Sprachwandels. Die in der Jugendsprache stattfindenden Kreativprozesse sind also das Phänomen der Inanspruchnahme und Aktivierung dieser

---

[4] Vgl. hierzu Christen (in diesem Band).

fundamental menschlichen Fähigkeit. Man mag das Ergebnis dieser Kreativität aus sozialen und pädagogischen Gründen nicht mögen, aber dieses Urteil schlägt eher auf den falschen Sprachbegriff der nur Sozialkontrolle ausüben wollenden Urteilenden zurück.[5]

Ich unterscheide zwei Arten von Innovation: a) die Veränderung einer Regel und b) die Anwendung eines in der Sprache etablierten Kreationsverfahrens, wodurch ein neues Sprachelement entsteht. Diese Innovationen können im Ausdrucksbereich, im Inhaltsbereich und in beidem gleichzeitig geschehen, sie können im Prinzip alle Sprachebenen von der Phonetik über die Phonologie und Morphologie bis hin zur textuellen und diskursiv-pragmatischen Ebene betreffen. Bei der (deutschen) Jugendsprache haben wir es mit beiden Dimensionen zu tun; vorherrschend ist jedoch das zweite der genannten Verfahren und der Bereich der Lexik. Die Kreationsverfahren, die in der Jugendsprache zum Einsatz kommen, sind im Deutschen:

Morphologische Verfahren	
Suffigierung	*hyper-mäßig*; *-i* (*Schlaffi*; *Softi*; *Spasti*); *-o* (*Schizzo*; *Realo*; *logo*)
Präfigierung	*an-machen*; *an-motzen*; *ab-zischen*; *ab-lachen*; *rum-labern*; *rein-pfeifen*
Komposition	*affen-geil*; *ast-rein*; *sau-gut*
Apokope	*Uni* < *Universität*; *Disco* < *Discothek*; *logo* < *logisch*; *Tussi* < *Thusnelda*
Reduplikation (+ Aphärese)	[ugs. *Wischiwaschi*]
Akrosemie	*GV* ,Geschlechtsverkehr'
Pronominalisierung	sich etwas reinziehen
Rekategorisierung	*null Bock* (Num. > Adj.); *klasse* (Subst. > Adj.); *super* (Präf. > Adj.); *voll gut* (Adj. > Adv.)

---

[5] Im Übrigen ist natürlich Sprachverfall, sollte man darunter Prozesse wie Vereinfachung oder die Ablösung von etablierten Standardvarietäten durch die Einnahme dieser Position durch ehemalige sozial als niedere Sprachvarietäten angesehene oder Vernakularvarietäten verstehen, ebenfalls ein Phänomen des Sprachwandels, wie dies z.B. bei der Verdrängung des Lateins als Schriftvarietät durch die Volkssprachen seit dem ausgehenden Mittelalter in Europa geschah.

Semantisch-lexikalische Verfahren	
Metapher	*alt aussehen* ‚Image verlieren'; *rotieren* ‚zu viel zu tun haben und den Überblick verlieren'; *tanken* ‚trinken'; *nicht richtig ticken* ‚verrückt sein'
Metonymie	*Grufti* ‚alte Person'; *Rille* ‚Schallplatte'
Entlehnungen aus dem Nonstandard	*pofen; Knete; Bock*
Entlehnungen aus dem Englischen	*high sein; cool; Feeling; powern; Freak; relaxen*
Lehnübersetzungen	*Schnee < snow*
Entlehnungen aus anderen Sprachen	jiddisch: *pofen;* frz.: *gebongt;* frz.: *Fete;* niederländ.: *Macker*
Archaismen	*geil* ‚sehr gut'; *Grimm haben* ‚sich ärgern'
hyperbolische Ausdrücke	*ätzend; super; Horror; Wahnsinn; erste Sahne; hassen; tierisch* (als Elativ); *echt* ‚sehr'
Unbestimmtheitsmarker	*irgendwie; so'n* plus Subst. (Unbestimmtheit)
phraseologische Ausdrücke	*die Flatter machen; einen Riss in der Schüssel haben; ich glaub' mein Schwein pfeift* ‚Ausdruck der Missbilligung', *(gut) drauf sein*
dysphemistische Tendenzen	*scheißegal (scheiß-* als Intensifikator); *Klamotten* ‚Kleidung'
Jugendliche Onomastik	*Die Toten Hosen; Söhne Mannheims*
Diskursiv-pragmatische Verfahren	
Diskursmarker	*ey* (Aufmerksamkeit erheischend)
Tag questions	*..., und so*
Grußformeln	*high, hi*
Andere	
Schriftspielerei	*lonli harz < lonely hearts; Säzzer < Setzer; Äkschen < action*

Wie zu ersehen ist, werden in diesen Innovationen Verfahren eingesetzt, die der Sprache inhärent sind, die in der Poetik und Sprachwandelforschung seit langem beschrieben sind. Nicht die Verfahren sind neu, sondern das Ergebnis ihrer Anwendung (Zimmermann 1991; Conein/Gadet 1998).[6]

[6] Diese und andere Verfahren finden sich auch in anderen Jugendsprachen, siehe Zimmermann (1991, 2003b, 2008, 2011).

1.3 Genesesituation

Die Analyse der Kreations- oder Konstitutionsverfahren ist unvollständig ohne die Analyse der Situation, der Intention und der Motivation, die sie aktivieren. Denn nur diese erlauben uns einen Rückschluss auf die Besonderheit der Jugendsprache nicht nur als rein formalsprachliches Ereignis, sondern als Konstruktion einer soziostilistischen Varietät. Dies kann man nur durch Beobachtung und Analyse des Entstehungsmomentes und durch die theoretische Anerkennung herausfinden, dass es die Sprecher und Sprecherinnen sind, die die Sprache verändern, nicht geheimnisvolle Mächte und Tendenzen eines Sprachsystems.

Nur in der konkreten Analyse typisch jugendlicher Interaktion können die Faktoren beobachtet werden, die einen Aufschluss über Intention und Motivation geben, und zwar insofern, als die Situationsdefinition und die Reaktionen auf das Gesprochene als Erklärungshilfen genommen werden können, wie das die Konversationsanalyse postuliert. Das, was man Diskurs- oder Konversationsanalyse nennt, ist deshalb eine wesentliche Teilmethode der Sprachwandelforschung. Natürlich wird man nicht immer das Glück haben, bei beliebigen Beobachtungen und Tonaufnahmen auf Kreationen zu stoßen, aber diese typischen Interaktionen lassen doch das Klima, in dem diese entstehen können, annähernd erfassen. Als typische jugendsprachliche Interaktionen sehe ich solche, die thematisch eher dem Freizeitbereich angehören und in denen die jugendlichen Akteure unter sich sind und die Thematik und die Regeln des Gesprächsverlaufes selbst bestimmen. Nicht dazu gehören Interviews durch Linguisten oder Gespräche im aktiven Beisein von Erziehungspersonen. In diesem Sinne prototypische Gesprächskonstellationen sind solche, in denen die für Jugendliche relevanten Themen zur Erörterung gelangen können, die natürlich je nach sozialer Zugehörigkeit, Geschlecht, Lebenskontext etc. variieren. Solche sind z.B. Erzählungen über (fiktive oder reale) Erfahrungen mit dem anderen Geschlecht, in marginalen, delinquenzgefährdeten Schichten Berichte über Probleme mit der Polizei, über Begegnungen mit rivalisierenden Jugendgruppen, über Probleme mit Erziehungspersonen und generell Selbstdarstellungen (Identitätsarbeit), die z.B. dazu dienen, sich als achtenswertes Mitglied einer Gruppe zu profilieren.[7] Das für die Genese förderliche Klima ist ein entspanntes und spielerisches. Zur Selbstdarstellung gehört einerseits das Berichten von besonderen Leis-

---

[7] Solche Gesprächssituationen sind Grundlage von Analysen z.B. in Schlobinski/Kohl/Ludewigt (1993) und Zimmermann (1996; 2005; Bachofer (2003 [Anhang]).

tungen (Widerstand geleistet zu haben, der Polizei entkommen zu sein), d. h. der Selbstkonstruktion als Held/-in oder Standhafte/-r, seine Identität Verteidigende/-r. Dazu gehören andererseits auch spielerische Sprachduelle wie das rituelle Beschimpfen (Labov 1972) und andere *antihöfliche* Strategien der gegenseitigen Herabsetzung zum Zwecke der jugendkulturellen Identitätskonstruktion.[8]

2. Diffusion

Die zweite Phase des Sprachwandels nach der Kreation ist die Diffusion. Entscheidend für das Schicksal einer in einer konkreten, historisch spezifischen Situation entstandenen Innovation ist die Rezeption, die das erste Moment des Diffusionsprozesses ausmacht. Das Ergebnis einer Kreation wird von den Kommunikationsteilnehmern entweder als gelungen ratifiziert oder als weniger gut gelungen eingeschätzt. Dabei geht es zunächst um eine Diffusion im jugendkulturellen Milieu. Durchsetzen werden sich nur solche, die innerhalb der speziellen generationalen Gruppe Jugend oder einer Subgruppe als gelungen empfunden werden und jugendlebensweltliche Relevanz erreichen.

Labov (2001) hat gezeigt, dass für die Verbreitung bestimmte Personen eine besondere Rolle spielen, sogenannte Führer (*leaders*). Zwar handelt es sich bei den von ihm untersuchten Fällen um die Verbreitung dialektaler und soziolektaler Merkmale und nicht um Jugendsprache, aber die Rolle von Führern mag auch oder sogar noch mehr für Jugendliche gelten. Der Befund Labovs lenkt die Aufmerksamkeit auf die Existenz besonders kreativer Jugendlicher, was die Innovation betrifft, und angesehener Personen (Prestige), die ein breites kommunikatives Netzwerk unterhalten. Bezogen auf die Jugendsprache wäre zu sagen, dass der Sprachgebrauch von jugendlichen Führern, die sowohl im engeren Lebensumfeld als auch in Medien auftreten, modellhaften Charakter für andere Jugendliche hat und die damit zu Protagonisten der Kreation oder Trägern der Verbreitung werden. Danach wird die Verbreitung bedingt durch ein komplexes Zusammenspiel der oben genannten Faktoren, nicht durch irgendwelche sprachinternen Aspekte.

Für eine weitere Diffusion und längerfristige Bedeutsamkeit der Innovationen ist die zweite und dritte Stufe (die sich gegenseitig bedingen) nötig, nämlich ihre Akzeptanz und Verbreitung im jugendlichen Mikrokosmos, was von einer beschränkten lokalen Jugendgruppe oder Clique zu den Jugendlichen eines Stadtteils und einer Stadt zu einer na-

---

[8] Zu einer Analyse solcher Gespräche in Spanien, Mexiko und Uruguay vgl. Zimmermann (2005).

tionalen Erscheinung werden kann (nicht muss). Sprachwandel findet also schon innerhalb des Biotops der Jugendsprache statt und die Verbreitung ist bereits innerhalb der jugendsprachlichen Varietät nicht linear, sondern nach sozialen und situationellen Parametern ausdifferenziert.

Dabei ist im Einklang mit der „Theorie der unsichtbaren Hand" (Keller 1990) festzuhalten, dass der Sprachwandel selbst nicht Ziel der Sprecher ist, sondern dass die Innovationen in einem bestimmten Kontext aus interaktiven Gründen bezogen auf ein bestimmtes Kommunikationsziel *gemacht* werden. Blank (1997), der die Theorie der unsichtbaren Hand aufgreift und mit der Theorie der Kommunikationsmaximen von Grice und Sperber/Wilson verbindet, fasst zusammen, dass Sprachwandel eintritt, „weil die Neuerung den Sprechern zu einem bestimmten Zeitpunkt *effizienter* erschien, also erfolgversprechender oder ökonomischer" (Blank 1997: 373). Mit diesem kommunikativ-pragmatischen Ansatz ist zweifellos ein wichtiger Schritt zum Verständnis von Sprachwandel getan. Jedoch liegt dieser Formulierung noch ein zu enges Verständnis von Pragmatik zugrunde. Die Jugendsprache (aber nicht nur sie) zeigt uns, dass mindestens zwei weitere Funktionen von Sprache als Gründe für die Neuerung in Rechnung zu stellen sind, erstens das *Spielerische* bzw. die *Gestaltungsorientierung* bei der Innovation, zweitens das *Soziolinguistische*, das seinerseits zwei Aspekte umfasst: a) die Produktion und den Gebrauch von Innovationen zur Symbolisierung einer Generationenidentität und b) die Produktion und den Gebrauch von Innovationen zu dem speziellen Zweck der Provokation, der Kontrahaltung gegenüber einer anderen sozialen Altersgruppe, nämlich der Jugendlichen gegenüber den Erwachsenen. Zur Provokation dienen fast alle oben genannten Verfahren, insbesondere die dysphemistischen Ausdrücke (*scheiß-*), respektlose Metaphern wie *Grufti*, tabuverletzende Ausdrücke wie *geil*, hyperbolische Adverbien wie *tierisch*, aber die Provokation liegt weitestgehend im Gesamtbestand der als normverletzend aufgefassten Jugendsprache.

3. Dimensionen der Verbreitung

3.1 Varietätenbegrenzung und Generationenidentität

Die Betrachtung der Jugendsprache gibt uns Hinweise darauf, dass bei dem Prozess der Ausbreitung von Innovationen das Kriterium der Übernahme durch die gesamte Sprachgemeinschaft unsinnig ist. Die Theorie des Sprachwandels ist unter dem oben skizzierten Gesichtspunkt, dass eine historische Sprache nicht als ein monolithisches System (und schon gar nicht reduziert auf die Standardsprache), sondern als Diasystem von Varietäten zu begreifen ist, neu zu denken. Sowohl die Innovation als auch die Ausbreitung finden zunächst innerhalb einer Varietät statt. Das gilt wohl für alle Sprachwandelerscheinungen. Es ist theoretisch unzulässig, diese begrenzte Ausbreitung einer Innovation nicht als Sprachwandel sehen zu wollen, denn erstens liegen beide Bedingungen vor: Innovation und Verbreitung, nur dass die Verbreitung begrenzt ist. Es kommt dann darauf an, die Begrenzung empirisch aufzuspüren und zu erklären. Um es begrifflich zu unterscheiden, könnte man dies als Varietätenwandel bezeichnen, wobei klargestellt sei, dass der Prozess der gleiche ist, nur dass die Reichweite begrenzt ist. Offenbar trifft dies in vortrefflicher Weise auf die Jugendsprache zu bzw. kann an ihr gut beobachtet werden. Zweitens ließe eine solche Begrenzung alle Sprachwandelprozesse unerklärt, denn alle verbreiten sich zunächst in Varietätenbereichen und einige davon dann zusätzlich im gesamten Sprachbereich, wenn das überhaupt je der Fall ist (was möglicherweise ein Trugschluss ist, da man Standardsprache nicht als Varietät, sondern fälschlicherweise als die Sprache selbst deklariert).

Wenn Sprachwandel definiert wird als Innovation und deren Verbreitung in der Sprachgemeinschaft und wir bei der Jugendsprache sehen, dass die Verbreitung begrenzt ist, wobei die Grenzen durch den Faktor der jugendlichen Lebenswelt bestimmt werden, dann ist es wichtig zu erklären, weshalb diese Begrenzung eintritt. Zum einen spielt hier das Vorhandensein spezifischer kommunikativer Netzwerke eine Rolle. Jugendliche unterhalten kommunikative Beziehungen (die die Bedingung für Ausbreitung sind) zwar nicht nur zu Jugendlichen, sondern auch zu Erwachsenen und Kindern, aber sie unterhalten – so postuliere ich – in der neueren Entwicklung der Gesellschaften wegen der längeren Nichtberufsphase ein dichteres und häufiger aktiviertes Netzwerk zu Gleichaltrigen, vor allem im schulisch-studentischen und im wachsenden Freizeitbereich, in dem sich Generationenidentität zu entwickeln vermag. Da die Ausbreitung immer nur durch Kommunikation und durch die verarbeitenden kognitiven Organe erfolgen kann, ergibt sich damit rein technisch eine bevorzugte Ausbreitung innerhalb dieses Teilnetzwerkes.

Die Erklärung über das Netzwerk vermag jedoch den Prozess der Varietätenbegrenzung allein noch nicht ausreichend erklären, denn sie zielt zum einen nur auf die technische Infrastruktur der Kommunikation, zum anderen ist diese Art des Netzwerkes ja selbst zu erklären. Zu fragen ist nämlich auch, weshalb Jugendliche untereinander ein solches dichteres und häufiger aktiviertes kommunikatives Netzwerk überhaupt etablieren und welche Relevanz sie diesem zuschreiben.

Dieses Netzwerk entsteht nicht von alleine und ist kein Naturereignis, sondern wird von den Jugendlichen als solches etabliert, da sie zu anderen Jugendlichen eine größere Affinität verspüren als zu anderen Altersgruppen. Ich nenne diesen Faktor *Generationenidentität*. Es ist diese Generationenidentität, die aus einem Generationenbewusstsein und einer intentionalen Generationenidentifikation besteht, die ein jugendspezifisches kommunikatives Netzwerk nicht von selbst und alleine auf Grund der gemeinsamen Faktoren, sondern als intendiert konstruiertes Phänomen entstehen lässt. Die Botschaften, die in diesem Netzwerk vermittelt werden, haben wegen der Generationenidentität eine größere Relevanz für die Netzwerkteilhaber. Besonders wichtig sind dabei die Botschaften, mit denen man sich intersubjektiv über die symbolischen Grenzen dessen verständigt, was zur Gruppe der Jugendlichen gehört, und jugendliche Kommunikationssituationen definiert. Es ist also nicht die oftmals bemühte Kategorie der Geheimhaltungsfunktion, die zur Begrenzung der Verwendung der als jugendspezifisch angesehenen Sprachinnovationen führt, sondern die durch Identitätsprozesse bedingte Begrenzung der kommunikativen Netze und die Relevanzsetzung der Interaktionspartner.

3.2 Gebrauchsdauer und Binnenvarietätenwandel

Ein Gemeinplatz in der Jugendspracheforschung ist, dass sich die Jugendsprache beständig ändert, manche Neuerungen schnell wieder außer Gebrauch geraten und andere an ihre Stelle treten. Hier haben wir es also mit einem Binnenvarietätenwandel zu tun. Wenngleich manche Neuerungen nur kurzlebig sind, basieren sie auf einer Innovation und haben eine gewisse Verbreitung gefunden.[9] Die Geschichte der Sprachen ist voller Beispiele dafür, wie aus einem Element ein anderes wird und dieses erneut verändert oder wieder eliminiert wird.[10] Wandeltheoretisch betrachtet muss also die Verbreitung einer Innovation innerhalb einer Varietät unabhängig von ihrer chronologisch zu messenden Dauer hinreichend für eine Bestimmung als Varietätenwandel sein. Zu unterscheiden ist nur nach kurz- und langlebigeren Phänomenen. Dies selbst kann wiederum als Beitrag der Jugendsprachforschung zur Sprachwandeltheorie gesehen werden. Darüber hinaus gilt selbstverständlich, dass ein Wandel ebenfalls dann vorliegt, wenn

---

[9] Dabei darf nicht übersehen werden, dass die Kurzlebigkeit keineswegs alle Elemente der jugendsprachlichen Varietäten betrifft. Es gibt Elemente, die durchaus über mehrere Jahrzehnte in der Jugendsprache vital sind.

[10] Vgl. hierzu auch die Studie von Haas (1999).

ein existierendes Element außer Gebrauch gerät. Die Sprachwandelforschung hat diesem Aspekt nur wenig Aufmerksamkeit geschenkt und zwar deswegen, da z.b. beim lexikalischen Wandel die Substitution eines Elementes durch ein anderes oft die Eliminierung implizierte. Indes haben wir es bei der Jugendsprache auch mit einem anderen Phänomen zu tun, dem des einfachen „Außer-Mode-Geratens". Dies kann nicht wie sonst üblich eine lineare Substitutionsabfolge (A>B>C) bedeuten, sondern eine zirkuläre Substitution (A>B>A).

3.3 Transgression der Varietätengrenzen

Die oben genannte Frage, inwieweit jugendsprachliche Elemente in die Standardsprache Eingang finden, kann vor dem Hintergrund der Bestimmung, dass und weshalb jugendsprachlicher Wandel zunächst innerhalb der Varietät vonstattengeht, als eine besondere Art der Ausbreitung gesehen werden. Werden jugendsprachliche Elemente in die Standardsprache aufgenommen, dann werden – bildlich gesprochen – die Varietätengrenzen überschritten. „In die Standardsprache eingehen" heißt nicht, dass das Element selbständig die Grenze überschreitet oder dass ein Gremium den Gebrauch in der anderen Varietät, der Standardsprache, erlaubt, sondern dass die Sprecher, die sich des Gebrauchs der Standardsprache bemühen (eine bestimmte soziale Gruppe von Erwachsenen), das Element in formellen Situationen (und ohne diskursive oder metakommunikative Distanzierung oder Auszeichnung) gebrauchen und somit die gegebene *Markierung* eines Elementes als *jugendlich* implizit aufheben. Wenn dagegen Jugendliche so sprechen, wird diese Art des Sprechens gewertet als „in Unkenntnis der sozialen Regeln geschehen", d.h. als „Fehlverhalten". Auch hier ist wieder das Wirken der Generationenidentität zu konstatieren.

Zu beobachten ist durchaus jedoch ein Phänomen des funktionalen Transfers von jugendsprachlichen Elementen durch andere Gruppen. Hier sind empirisch belegt zu nennen: die Übernahme von jugendsprachlichen Erscheinungen durch Kinder, die Übernahme durch Erwachsene, die beruflich mit Jugendlichen zu tun haben, in der Kommunikation mit diesen oder über Jugendthemen, durch Erwachsene in der ungezwungenen Umgangssprache, etwa um sich „jugendlich zu geben", im Bereich der Werbung zur Ansprache an Jugendliche (was Erwachsene natürlich auch rezipieren) bis hin zum Gebrauch durch Erwachsene in mehr oder weniger formellen Situationen. Die Gebrauchsverbreitung der vor ca. 30 Jahren aufgekommenen Innovation des ehemals sexuelle Wollust ausdrückenden und tabuisierten Adjektivs *geil* als Ausdruck für Wertschätzung (in Konkurrenz zu *klasse* oder *pri-*

ma) ist dafür ein Beispiel. Der Gebrauch ist zwar heute auch durch ältere Erwachsene zu beobachten, auch in öffentlichen Situationen (Funk und Fernsehen), aber nicht in sehr formellen, und es mögen ihm auch noch Entscheidungsphasen des Zögerns über die Adäquatheit vorgeschaltet sein. Es hat seinen ehemals provozierenden Charakter verloren, verbleibt aber noch in einem kolloquialen Stil. Wie die weitere Verbreitung aussehen wird, kann heute niemand sagen. Den Charakter der jugendsprachlichen Varietät verliert ein Element durch den Gebrauch durch Erwachsene also durchaus nicht unmittelbar. Wenn Erwachsene meinen, sich durch den Gebrauch solcher Elemente Jugendlichkeit verschaffen zu können, dann haben wir es mit einer Art *Varietätentransfer* zur symbolischen Identitätsmarkierung zu tun. Als in die Standardsprache eingegangen anzusehen ist ein Element allerdings erst dann, wenn diese Funktion verloren geht. Ein anderes rezentes Beispiel ist die aus der Studentensprache stammende Apokope von *Universität* zu *Uni*. Diese sehr alte Kreation war zunächst auch in die mündliche Varietät der Nichtstudenten übergetreten. In den letzten Jahren bekomme ich manchmal offizielle Schreiben aus der Universitätsverwaltung, in denen die Apokope „Uni Bremen" verwendet wird. Hier scheint das Element mindestens bei einigen (vielleicht jüngeren) Universitätsangestellten in deren unmarkierten schriftlichen Allgemeinwortschatz und sogar amtliche Varietät überzugehen. Bekannte Fälle solcher in den Allgemeinwortschatz übergegangenen Apokopen sind (ohne dass sie aus der Jugendsprache stammen müssen) *Kino* (Kinematograph) und *Auto* (Automobil). Generell scheint die Untersuchung der Transgression der Varietätengrenzen hin zur altersunspezifischen Umgangssprache oder gar (auch schriftlichen) Standardsprache wenig betrieben worden zu sein. Bachofer (2003: 67) nennt als Elemente, die bereits zu Beginn der 2000er Jahre in die Umgangsprache aufgenommen worden sind, u.a.: *keinen Bock haben, locker* mit Aufgaben umgehen, *voll* (als Elativ), *echt* (im Sinne von ‚wirklich').

Waren früher durch eine stark normative Ausrichtung Wörterbücher ein Bollwerk gegen die Aufnahme jugendsprachlicher Wörter in das „legitime" Vokabular, so tragen neuere deskriptive Wörterbuchkonzeptionen durch die Aufnahme jugendsprachlicher Elemente und ihrer Kennzeichnung als solche zur potentiellen Legitimation bei. Die fortschreitende Akzeptanz und Diffusion in anderen Varietäten bis hin zur Standardsprache sind also nicht als der Prototyp des jugendsprachlichen Sprachwandels anzusehen, sondern als ein spezifischer Teilprozess. Psycholinguistisch kann dieser Prozess gesehen werden als Eliminierung der sozialen oder stilistischen Markierung, die ein Element für eine Varietät als spezifisch für die Sprecher hat und damit den Wert des

Elementes auf dem Markt der sprachlichen Güter verändert. Dieser Prozess muss in einer Theorie des Sprachwandels als Prozess *sui generis* behandelt werden.

Als ein besonderes Phänomen muss hier die Frage nach dem Einfluss der ethnischen jugendsprachlichen Varietäten auf die nicht ethnischen Varietäten und langfristig auf die Standardsprache gesehen werden, v.a. der Einfluss der sogenannten Kanaksprak. Es handelt sich hier um eine vorwiegend unter türkischen Jugendlichen herausgebildete Kontaktvarietät, die durch die kommunikativen Netze unter Jugendlichen auch bei anderen Einwandererjugendlichen Fuß gefasst haben und von diesen mitgestaltet wurden und wegen der kommunikativen Netze mit autochthonen deutschen Jugendlichen auch dort entweder passiv bekannt oder sogar aktiv in Gebrauch sind. Mit Deppermann (2007) kann man derzeit davon ausgehen, dass diese Varietät das Merkmal ihrer ethnischen Verankerung nicht abgelegt hat, eher spielerisch aufgenommen wird, nur von wenigen Insidern als Kommunikationsvarietät gepflegt wird und deshalb nicht auf die Totalität der deutschen Jugendlichen überspringen wird (wie auch etwa das *Black English* in den USA trotz Diffusion in der Musik nicht in die weißen Bevölkerungsgruppen übergesprungen ist). Das mag sich in lokalen Kontexten und durch demographische Verschiebungen in der Zukunft ändern. Es hängt aber vieles von der Identitätskonstruktion der dritten und weiteren Generationen der Immigranten und dem Erfolg der schulischen Vermittlung des Standarddeutschen ab.

3.4 Der Übergang von der Jugendsprache zur Erwachsenensprache: von der Normdurchbrechung zur Normakzeptanz

Da die Eigenschaft „Jugendliche(r) sein" eine normalerweise transitorische ist[11] und wenn man davon ausgeht, dass die einmal gelernte und gebrauchte Sprache auch später noch verfügbar ist, könnte man auf die Hypothese verfallen, dass die Jugendsprache von heute die Erwachsenensprache von morgen ist. Dies ist offenbar aber nicht oder nur be-

---

[11] Jugend und sich als Jugendlicher fühlen sind entgegen essentialistischer Auffassungen nicht natürlich, obwohl die biologischen Parameter dafür zu sprechen scheinen. Vielmehr handelt es sich trotz der biologischen Gegebenheiten um eine im Wesentlichen soziale Konstruktion. Jedenfalls sind sowohl Beginn und Ende als auch Dauer, Identität und Ausgestaltung historisch, kulturell, sozial und individuell unterschiedlich konstruiert (vgl. Zimmermann 2002). Solche Konstruktionen können durch aufgebauschte und irreale mediale Konstruktionen noch verstärkt oder in eine bestimmte, auch ökonomisch lukrative Richtung getrieben werden (vgl. Neuland 2001).

grenzt der Fall, deshalb erhebt sich die umgekehrte Frage, warum eigentlich so wenige Elemente der Jugendsprache im Erwachsenenalter von denen, die ehemals Jugendsprache praktizierten, benützt werden, warum sie diese Merkmale nicht „mitnehmen". Individuell gesehen vollzieht sich bei diesem Übergang also kein Sprachwandel, noch nicht einmal eine Varietätensubstitution, sondern eine Verschiebung der Präferenz des Gebrauchs der individuell beherrschten Varietäten, denn man vergisst die ehemals beherrschte jugendsprachliche Varietät dadurch nicht (und kann jederzeit auf sie zurückgreifen, was individuell und situationell auch geschieht).

Ist die Kategorie „Jugendliche(r) sein" von der Definition der sozialen Konstruktion her transitorisch, muss das nicht unbedingt auch für die Jugendsprache gelten. Sie ist von ihrer Beschaffenheit her mitnehmbar, genauso wie andere Kenntnisse, Fähigkeiten und Fertigkeiten aus Kindheit und Jugend in die Erwachsenenphase tradierbar sind. Dass einige dieser Phänomene in der Erwachsenenphase nicht mehr dazugehören, führe ich – wie oben bereits die Begrenzung des Sprachwandels innerhalb der Jugendsprache – auf den Faktor der Generationenidentität zurück, hier nun die aufkommende Identität als Erwachsener. Denn dieser Wechsel ist ein willentlicher Akt, der drei Dinge voraussetzt: erstens, dass man sich des Status der jugendsprachlichen Phänomene als „der jugendlichen Lebenswelt zugehörig" bewusst ist, zweitens, dass es für „Erwachsene(r) sein" andere Merkmale und Symbole gibt, und drittens, dass man sich als Erwachsener im Gegensatz zum Jugendlichen konstruiert und sich deswegen mit den Symbolen dieser Gruppe ausstattet. Das ist in der modernen Zeit deutlicher als früher geworden. War das früher noch ein alle betreffender Vorgang, so sieht man heute viel mehr Entscheidungsfreiheit in der individuell gültigen Konstruktion der Generationenidentität walten, was den Konstruktionscharakter offensichtlicher macht.

Ohne dies für alle Gesellschaftsformationen generalisieren zu wollen, gilt für die meisten Fälle der westlichen industrialisierten Länder, dass die Annahme des Status „Erwachsene(r) sein" sprachlich bedeutet, sich von dem normverletzenden und normdurchbrechenden jugendlichen Sprachgebrauch sukzessive (nicht abrupt) zu distanzieren, diesen wohl auch zu Beginn nur situationsspezifisch aufzugeben und stattdessen eine größere Nähe zur Standardsprache zu suchen bis hin zu ihrer alle Domänen umfassenden Übernahme. Hier muss aber sowohl eine Binnengliederung nach jüngeren und älteren Erwachsenen und eine nach Schichten vorgenommen werden, um den feinen Ausbreitungs- bzw. Eingrenzungsprozess im Konkreten adäquat und differenziert zu erfassen. Diese Übernahme hat zwei Erscheinungsformen:

Erstens kann die bereits in der Jugend (etwa in der Schule) erlernte Standardsprache nunmehr auch in Situationen praktiziert werden, in denen sie vorher nicht aktiv war und somit auch von den Individuen nicht praktiziert worden ist. In diesem Falle handelt es sich noch nicht einmal um Varietätenwechsel, sondern um die Ausweitung des aktiven Gebrauchs einer bisher nur in bestimmten Domänen gebrauchten Standardvarietät. Zweitens findet in dieser Phase auch durch die oben beschriebene Neuidentifikation (auch durch berufliche Zwänge bedingt) eine Erweiterung der Beherrschung und Festigung der Standardsprache statt, also eine bestimmte Phase der lebenslänglichen individuellen Sprachentwicklung. War das jugendliche Verhältnis zur Sprache dadurch geprägt, dass man partiell die Norm durchbrach bzw. verletzte, so findet in diesem Stadium das Gegenteil statt, die Normakzeptanz und mit ihr eine *Habitusassimilation* an die Lebenswelt der Erwachsenen (wieder schichtenspezifisch ausgeprägt).

Dabei darf man sich dieses Verhältnis nicht deterministisch vorstellen. Die hier geschilderte identifikatorische Disposition dieser sozialen Kategorien lässt auch Erwachsene entgegen dem „Leitbild" handeln. So gibt es im Erwachsenenalter weiterhin Situationen, in denen die ehemalige Jugendsprache oder Teile davon „praktiziert" werden, nämlich genau dann, wenn ehemalige Jugendcliquen weiterhin ihre Verbindungen aufrechterhalten und sich treffen. Die ehemalige Jugendsprache kann damit zu einer informellen Freizeitgruppensprache auch von Erwachsenen werden. Sie ist in diesem Falle aber von der gleichzeitig existierenden Varietät der aktuellen Jugendlichen, die inzwischen die Jugendsprache intern weiterentwickelt und partiell verändert haben, zu unterscheiden.[12]

---

[12] Die hier skizzierte individuelle „Entwicklung" von Jugendlichen zu Erwachsenen und der jeweiligen Rolle der Jugendsprache, insbesondere der „Wechsel" zur Norm, bildet keine universelle Verlaufsform ab, sondern eine historisch spezifische. Sie setzt voraus, dass eine Gesellschaft Instanzen geschaffen hat, die in der Lage sind, die Norm qua Standardsprache zu lehren und ihren Gebrauch (mittels Sanktionsmechanismen) durchzusetzen. Dies ist nicht überall so gegeben (vgl. Zimmermann 2003a). Scheint aufgrund bestimmter sozialer Gegebenheiten der Varietätenwechsel beim Übergang vom Jugendalter ins Erwachsenenleben als quasi natürlicher Prozess, wird im Vergleich mit anderen Konstellationen deutlich, dass er nur eine von mehreren Alternativen ist. Wenn Forschungen in Zukunft zeigen werden, dass ehemalige Jugendsprache in diesen Konstellationen viel stärker auch die zukünftige Sprache der Erwachsenen sein wird, dann erweist sich tatsächlich die derzeit noch zu beobachtende und hier für die heutige Situation in Deutschland gültige Akzeptanz der Norm bzw. das „Ablegen" der Jugendsprache im Erwachsenenalter nur als ein retardierendes oder verhinderndes Moment im Prozess einer möglicherweise viel massiveren Verbreitung von jugendsprachlicher Innovation.

4. Varietätengenese und Wandel im Diasystem

Sprachwandel durch Jugendsprache beinhaltet jedoch noch eine weitere Dimension, die einerseits fast trivial erscheint, deren Relevanz andererseits nie richtig erkannt wurde. Als Sprachwandel ist nämlich auch anzusehen, dass durch die Schaffung einer neuen, nämlich durch den Faktor Alter (konkret: Jugend) charakterisierten Varietät[13] eine *Varietätengenese* stattfindet. Offenbar muss, um von einer jugendsprachlichen Varietät zu sprechen, mehr dazukommen als nur einige vereinzelte Sprachinnovationen, nämlich eine kritische Masse sowie die konstruierte Korrelation zwischen den Sprachelementen und der alterskulturellen Kategorie, desweiteren die Wahrnehmung als Varietätenkonfiguration in der Sprachgemeinschaft.

Die Genese einer Varietät verursacht ihrerseits einen Wandel im Diasystem der Varietäten (Architektur der Varietäten bei Coseriu 1988), da das im Sprachbewusstsein konstruierte Varietätengefüge einer Sprache nunmehr eine Varietät mehr enthält und die anderen Varietäten in diesem System notgedrungen sozial oder stilistisch neu bestimmt werden. Die Genese einer Varietät innerhalb einer historischen Sprache ist ein gewichtiges Faktum in der Geschichte dieser Sprache. Sie gruppiert das System um und weist den bisherigen Varietäten einen neuen Platz zu. So entsteht ein spezielles Konkurrenzverhältnis der Jugendsprache zu den bisher existierenden populären Sprachvarietäten.[14]

Wichtig ist – und das zeigt gerade die Jugendsprache –, dass diese neue Varietät nicht in ihren Bestandteilen völlig neu sein muss, sondern die Genese kann durchaus auch implizieren, dass Merkmale einer bereits bestehenden Varietät von der „neu hinzugekommenen" absorbiert und nunmehr auch charakteristisch (zwar nicht jugendsprachspezifisch, aber -färbend, Zimmermann 1991: 923) für diese werden (wie im Falle der Übernahmen aus dem historischen Rotwelsch oder Argot in die Jugendsprache). Dabei greift gewissermaßen die neue Varietät in die Beschaffenheit der alten Varietäten insofern ein, als die soziolinguistischen Attribuierungen bestimmter Elemente geändert werden. Durch die Varietätengenese kommt also nicht nur eine neue Varietät hinzu, was allein schon einen markanten Fall von Sprachwandel

---

[13]   Wenn der aufgrund der bisherigen Forschung vorliegende Wissensstand richtig ist, dann scheint es so, dass das Phänomen Jugendsprache ein Phänomen des 20. Jahrhunderts ist.

[14]   Dieses ungeklärte Verhältnis spiegelt sich auch in der Varietätentheorie wider, indem in einigen nationalen Linguistiken von einer eigenen Jugendsprache gesprochen wird, während sie in anderen dem Argot zugerechnet wird.

im Gefüge der Architektur der Sprache beinhaltet, sondern durch die Absorption von Elementen aus bestehenden Varietäten (besser: durch die Intervarietätenentlehnung, z. T. auch im Redevollzug als *bricolage* benannt) erfahren diese durch die neue Varietätenzugehörigkeit eine partielle Veränderung, nämlich die ihres soziolinguistischen Status. Auch dieser Prozess ist im psycholinguistischen Verlauf wie oben als eine Umwertung der übernommenen Elemente nämlich qua Übernahme zu beschreiben.

In Bezug auf die Varietätengenese der Jugendsprache ist festzuhalten, dass eine solche markante Varietät bezüglich eines bestimmten Altersfaktors insofern bisher einzigartig ist, als andere Altersstufen durch kreative Innovation keine vergleichbaren markanten Sprachmerkmale hervorgebracht haben, aufgrund derer man von einer Varietät sprechen würde. Zwar gibt es durchaus besondere Merkmale auch in der Sprache der Alten (Helfrich 1979, Lindorfer i. d. Bd.) oder der Kinder (Kielhöfer 1997), aber die soziale Konstruktion und die soziale Sonderung dieser Altersklassen bis hin zur Selbstidentifikation sind eben nicht auf der sprachlichen Ebene zu einer identitären Generationenvarietät kristallisiert. Daraus kann man ableiten, dass die Jugendsprache einen besonderen soziolinguistischen Status im Gegensatz zu anderen Altersvarietäten hat. Zentral für das Vorliegen einer sozialen Varietät ist das Bewusstsein der Sprecher darüber, dass sie sich mittels dieser Varietät von anderen unterscheiden und dass diese Varietät mehr oder weniger willentlich als Symbol einer Generationenidentität geschaffen wird.

Wir müssen uns dabei auch vor Augen führen, dass wir derzeit ein momentanes Bild der jugendsprachlichen Varietät im Wandel haben, und zwei Möglichkeiten in Betracht ziehen. Einerseits, dass möglicherweise die Varietät Jugendsprache noch gar nicht weit entfaltet ist (das ist besonders durch den Blick auf Jugendsprachvarietäten in anderen Sprachgemeinschaften ersichtlich), dass wir uns also noch in einem frühen Stadium der Entwicklung befinden. Andererseits scheint sich in Deutschland die Dynamik und der provokante Stellenwert der Jugendsprache abgemildert zu haben, was auch durch eine wachsende Toleranz seitens der Erwachsenenwelt hervorgerufen worden sein kann. Somit ist nicht auszuschließen, dass sie sich auch historisch als ein transitorisches, sich möglicherweise auflösendes Phänomen erweisen wird. Die Beobachtungen zur Varietätengenese zeigen, dass die Sprachwandelforschung die Architektur der Sprache mit in ihren Gegenstandsbereich einbeziehen muss. Die Jugendspracheforschung liefert einen Beitrag zur Sprachwandeltheorie. Wenn man einerseits behaupten kann, dass sich bei der allmählichen Herausbildung der geschriebenen Sprache als eigene Varietät im Laufe der Sprachentwicklung eine dramatische Neuorganisation ergeben hat, die zu einer Standardisierung führen konnte, so ist die Genese der Jugendsprache eine Gegenbewegung in eine neue Oralität, die in begrenzter Form aber bereits in Kombination mit der Ausbreitung neuer Kommunikationsmedien wie Handy und Internet zu bestimmten Textsorten des Schriftlichen wie SMS und Chat geführt hat, die einen jugendsprachlichen Charakter tragen, obwohl sie teilweise nur ökonomisch bedingt sind (Kürzungen) und im Prinzip nichts Neues (vgl. Telegrammstil), aber dennoch in Kombination mit anderen Verfahren eine neue Erscheinungsform darstellen.

Literatur

Blank, Andreas 1997: Prinzipien des lexikalischen Bedeutungswandels am Beispiel der romanischen Sprachen. Tübingen.

Bachofer, Wolfgang 2003: Charakteristika der deutschen Jugendsprache(n) – Charakteristika der gesprochenen deutschen Umgangssprache. In: Neuland, Eva (Hrsg.): Jugendsprachen – Spiegel der Zeit: Internationale Fachkonferenz 2001 an der Bergischen Universität Wuppertal. Frankfurt a. M., 61–75.

Conein, Bernard/Gadet, Françoise 1998: Le „français populaire" des jeunes de la banlieue parisienne, entre permanence et innovation. In: Androutsopoulos, Jannis/Scholz, Arno (Hrsg.): Jugendsprache, langue des jeunes, youth language. Frankfurt a. M., 105–123.

Coseriu, Eugenio 1958: Sincronía, diacronía e historia: el problema del cambio lingüístico. Montevideo.

Coseriu, Eugenio 1988: Einführung in die Allgemeine Sprachwissenschaft. Tübingen.

Deppermann, Arnulf 2007: Playing with the voice of the Other: Stylized „Kanaksprak" in conversations among German adolescents. In: Auer, Peter (Hrsg.): Style and social identities – Alternative approaches to linguistic heterogeneity. Berlin/New York, 325–360. [Stilisiertes Türkendeutsch in Gesprächen deutscher Jugendlicher. In: Zeitschrift für Linguistik und Literaturwissenschaft 37/148, 43–62].

Grice, H. Paul 1975: Logic and Conversation. In: Cole, Peter/Morgan, Jerry L. (Hrsg.): Syntax and Semantics. Bd. 3: Speech Acts. New York, 41–58.

Haas, Walter 1999: Sprachwandel in apparent time und in real time. In: Schindler, Wolfgang/Untermann, Jürgen (Hrsg.): Grippe, Kamm und Eulenspiegel. Festschrift für Elmar Seebold zum 65. Geburtstag. Berlin, 125–144.

Helfrich, Hede 1979: Age markers in speech. In: Scherer, Klaus/Giles, Howard (Hrsg.): Social Markers in Speech. Cambridge, 63–107.

Keller, Rudi 1990: Sprachwandel. Tübingen.

Kielhöfer, Bernd 1997: Französische Kindersprache, Tübingen.

Klein, Franz-Josef 1997: Bedeutungswandel und Sprachendifferenzierung: die Entstehung der romanischen Sprachen aus wortsemantischer Sicht. Tübingen.

Labov, William 1972: Rules of ritual insult. In: Ders.: Language in the Inner City: Studies in the Black English Vernacular. Philadelphia, 277–353.

Labov, William 2001: Principles of Linguistic Change. Vol. 2: Social Factors. Malden, Mass./Oxford.

Neuland, Eva 2001: Doing youth: Zur medialen Konstruktion von Jugend und Jugendsprache. In: Sprachreport 17/1, 5–11.

Neuland, Eva 2008: Jugendsprache. Tübingen.

Sperber, Dan/Wilson, Deirdre 1986: Relevance. Communication and Cognition. Oxford.

Oesterreicher, Wulf 1995: Die Architektur romanischer Sprachen im Vergleich: eine Programmskizze. In: Dahmen, Wolfgang/Holtus Günter/Kramer, Johannes/Metzeltin, Michael/Schweikard, Wolfgang/Winkelmann, Otto (Hrsg.): Konvergenz und Divergenz in den romanischen Sprachen: Romanistisches Kolloquium VIII. Tübingen, 3–21.

Roth, Gerhard 1996: Das Gehirn und seine Wirklichkeit: kognitive Neurobiologie und ihre philosophischen Konsequenzen. 5., überarbeitete Aufl. Frankfurt a. M.

Roth, Gerhard 2003: Fühlen, Denken, Handeln: Wie das Gehirn unser Verhalten steuert. Neue, vollständig überarbeitete Ausgabe. Frankfurt a. M.

Schlobinski, Peter/Kohl, Gaby/Ludewigt, Irmgard 1993: Jugendsprache. Fiktion und Wirklichkeit. Opladen.

Zimmermann, Klaus 1990: Französisch: Sprache und Generationen. In: Holtus, Günter/Metzeltin, Michael/Schmitt, Christian (Hrsg.): Lexikon der Romanistischen Linguistik. Bd. V,1. Tübingen, 238–247.

Zimmermann, Klaus 1991: Die französische Jugendsprache und ihr Verhältnis zu anderen Sprachvarietäten. In: Schlieben-Lange, Brigitte/Schönberger, Axel (Hrsg.): Polyglotte Romania: Homenatge a Tilbert Dídac Stegmann. Bd. 2. Frankfurt a. M., 905–935.

Zimmermann, Klaus 1996: Lenguaje juvenil, comunicación entre jóvenes y oralidad. In: Kotschi, Thomas/Oesterreicher, Wulf/Zimmermann, Klaus (Hrsg.): El español hablado y la cultura oral en España e Hispanoamérica. Frankfurt a. M., 475–514.

Zimmermann, Klaus 2002: Jugendsprache als Konstruktion. In: Große, Sybille/Schönberger, Axel (Hrsg.): Ex oriente lux: Festschrift für Eberhard Gärtner zu seinem 60. Geburtstag. Frankfurt a. M., 485–494.

Zimmermann, Klaus 2003a: Jugendsprache, Generationenidentität und Sprachwandel. In: Neuland, Eva (Hrsg.): Jugendsprachen – Spiegel der Zeit: Internationale Fachkonferenz 2001 an der Bergischen Universität Wuppertal. Frankfurt a. M., 27–41.

Zimmermann, Klaus 2003b: Kontrastive Analyse der spanischen, französischen, portugiesischen und deutschen Jugendsprache. In: Neuland, Eva (Hrsg.): Jugendsprache – Jugendliteratur – Jugendkultur: Interdisziplinäre Beiträge zu sprachkulturellen Ausdrucksformen Jugendlicher. Frankfurt a. M., 169–182.

Zimmermann, Klaus 2004: Die Frage der Sprache hinter dem Sprechen: Was kann die Gehirnforschung dazu beitragen? In: Graumann, Andrea/Holz, Peter/Plümacher, Martina (Hrsg.): Towards a Dynamic Theory of Language: A Festschrift for Wolfgang Wildgen on Occasion of his 60th Birthday. Bochum, 21–57.

Zimmermann, Klaus 2005: Construcción de la identidad y anticortesía verbal entre jóvenes. In: Bravo, Diana (Hrsg.): Estudios de la (des)cortesía en español. Categorías conceptuales y aplicaciones a corpus orales y escritos. Buenos Aires, 245–271.

Zimmermann, Klaus 2006: Wilhelm von Humboldts Verstehenstheorie und Wortbegriff – eine konstruktivistische Sprachtheorie avant la lettre. In: Beiträge zur Geschichte der Sprachwissenschaft 16, 263–284.

Zimmermann, Klaus 2008: Argot, verlan, Jugendsprache und Verwandtes. In: Kolboom, Ingo/Kotschi, Thomas/Reichel, Edward (Hrsg.): Handbuch Französisch – Studium, Praxis, Lehre. Berlin, 204–211.

Zimmermann, Klaus 2011: Nonstandardvarietäten, Jugendsprache und Verwandtes. In: Born, Joachim/Laferl, Christopher/Larsson-Folger, Robert/Pöll, Bernhard (Hrsg.): Handbuch Spanisch: Spanien und Hispanoamerika. Sprache – Literatur – Kultur. Berlin (im Druck).

Helen Christen

Junge als Anders-Sprecher?
Zur Teilhabe junger Sprecher an lokalen Spracheigentümlichkeiten

1. Jugendsprache und Sprachwandel

In ihrem Grundlagenbuch zur Jugendsprache geht Eva Neuland (2008) auf den Sprachzerfallsdiskurs ein, dessen pauschalisierende Negativurteile häufig Jugendliche und ihre Sprache betreffen. Hinsichtlich der Standardsprache werden u. a. „nachlassende Grammatik- und Rechtschreibkenntnisse", aber auch „Ausdrucksschwächen und mangelndes Sprachgefühl" (Neuland 2008: 5) moniert. Ist die gesprochene Sprache wie in der Deutschschweiz ein regionaler Dialekt, dessen Grammatik über bloß subsistente Normen verfügt, wird – selten wertungsfrei – konstatiert, dass „Schüler den Ortsdialekt nicht mehr sprechen" oder dass Junge „sprachgeographisch weiterverbreitete, von der kleinräumigen traditionellen Stadtmundart abweichende Varianten" gebrauchen würden (Weltwoche 31, 2003). Bei den beklagten, negativ sanktionierten Abweichungen von einer Norm handelt es sich nicht zwingend um „Jugendsprache", wie sie als emische Größe alltagsweltlich konzeptioniert oder etwa von Jannis Androutsopoulos (1998: 592) wie folgt definiert wird:

> „Jugendsprache ist eine sekundäre Varietät, die in der sekundären Sozialisation erworben, in der alltäglichen informellen Kommunikation im sozialen Alter der Jugend habituell verwendet und als solche identifiziert wird. Sie wird auf der Basis einer areal und sozial verschiedenen Primärvarietät realisiert und besteht aus einer Konfiguration aus morphosyntaktischen, lexikalischen und pragmatischen Merkmalen, deren Kompetenz, Verwendungshäufigkeit und spezifische Ausprägung nach der soziokulturellen Orientierung der SprecherInnen variiert."

In Androutsopoulos' Modell statisch konzipierter Sekundär- und Primärvarietäten ausgedrückt fürchtet der Sprachverfallsdiskurs um die „richtige" Fortschreibung der Primärvarietät, die durch jugendlichen Sprachgebrauch quasi Schaden nehmen soll und in nur mehr mangelnder Qualität an Folgegenerationen weitergereicht würde. Ob negativ sanktioniert oder akzeptiert, die Sprache Jugendlicher wird gemeinhin als „eine Quelle von Sprachwandel und Innovation, gerade auch der Allgemeinsprache" (Neuland 2008: 75), gesehen.

Welche formalen Möglichkeiten stehen Jugendlichen in der Deutschschweiz denn offen, wenn sie sich sprachlich eigenständig geben resp. erkennbar von Erwachsenen abheben wollen? Sie könnten die soziopragmatischen Regeln der Diglossie durchbrechen und – abweichend von den gängigen Konventionen – Hochdeutsch sprechen, was aber nur in Form von limitierten Einschüben, als insertionales Codeswitching in der Deutschschweiz tatsächlich – und dies altersunabhängig – geschieht (vgl. Christen et al. 2010). Es bleiben somit bloß die den Dialekten selbst inneliegenden Möglichkeiten: „[D]er Mundartgebrauch als solcher kann ja nicht dazu dienen, sich von der Sprache der Erwachsenen abzugrenzen, da diese auch Mundart verwenden." (Dürscheid/Spitzmüller 2006: 19)

In der Sprachwissenschaft hat der Blick auf sprachliche Generationenunterschiede Tradition, vorerst weniger durch soziolinguistische als durch sprachdynamische Interessen begründet: „Wichtigkeit und Verschiedenartigkeit fremder Einwirkungen auf die Mundart erkennt man am deutlichsten, wenn man ihr Auftreten in den einzelnen Altersklassen vergleicht." Was Henzen (1927: 239) hier schon zu Beginn des 20. Jahrhunderts als viel versprechendes, synchron angelegtes Analyseverfahren propagiert, wird später als *Apparent-Time*-Hypothese bezeichnet (vgl. Bailey et al. 1991). Diese geht davon aus, dass der unterschiedliche Sprachgebrauch von Menschen verschiedenen Lebensalters synchron verschiedene diachrone Sprachstadien reflektiert. Im Rahmen der (quantitativ-korrelativen) Variationslinguistik wird allerdings darauf hingewiesen, dass synchron feststellbarer altersabhängiger Sprachgebrauch nicht in jedem Falle ein Indiz für Sprachwandel ist:

> The first and most straightforward approach to studying linguistic change in progress is to trace change in apparent time: that is, the distribution of linguistic variables across age levels. If we discover a monotonic relationship between age and the linguistic variable, or a significant correlation between the two, then the issue is to decide whether we are dealing with a true change in progress or age-grading, a regular change of linguistic behavior with age that repeats in each generation. (Labov 1994: 46 f.)

Jener Typ von altersabhängigem Sprachgebrauch, der sich in Nachfolgegenerationen in gleicher Weise immer wieder manifestiert (sog. *age grading*), ist in *apparent time* nicht von einem in Gange befindlichen Sprachwandel zu unterscheiden. Mit Haas (1997: 128) ist dabei ohnehin einzuräumen, dass ein beginnender Sprachwandel immer auch stagnieren oder gar rückgängig gemacht werden kann. Überdies ist die Vorstellung, dass Individuen die einmal erworbene Erstvarietät im Laufe ihres Lebens nicht mehr verändern, die Alten also einen Sprachstand aus der Zeit ihrer Kindheit „konservieren", zu relativieren, ist doch nicht auszuschließen, dass „unter den älteren Gewährsleuten ein anhaltender oder ein einer modischen Entwicklung unterliegender kurzfristiger Sprachwandel stattgefunden haben kann" (Siebenhaar 2003: 314). Das prognostische Potential, das synchroner Variation inneliegt, ist also beträchtlich eingeschränkt und erst longitudinal ausgelegte Real-Time-Untersuchungen schaffen letzte Klarheit.

2. Anlage der empirischen Untersuchung

In der nachfolgend vorgestellten empirischen Untersuchung geht es um die Frage, inwiefern sich Junge (in einer Befragungssituation) dialektal „anders" verhalten als Alte. Im Mittelpunkt steht dabei eine Bestandsaufnahme von Sprachdaten, deren allfällige Generationsabhängigkeit sich erst post hoc als *age grading* oder aber als Sprachwandel würde herausstellen können. Da die Daten durch ein klassisches dialektologisches Erhebungsverfahren in einer für Forschungszwecke arrangierten Gesprächskonstellation gewonnen wurden, muss der Gesichtspunkt, welche dialektalen Größen Junge verwenden (oder zu verwenden glauben), um eine Sekundärvarietät *Jugendsprache* zu konstituieren, außer Acht bleiben (vgl. zur Reaktivierung älterer Lexeme als jugendsprachliche *intensifiers* Christen 2003). Allerdings soll die Frage beantwortet werden, ob Junge eine Teilhabe an hergebrachtem Dialektgebrauch und Dialektwissen erkennen lassen oder ob sie sich in der Befragung als „Abweichler" mit „mangelndem Dialektgefühl" zeigen.

Die empirischen Daten zur Beantwortung dieser Fragen basieren auf einer Enquete, die im äußersten Südwesten des deutschen Sprachraums, im schweizerischen Kanton Freiburg, durchgeführt wurde. Im deutschsprachigen Teil des zweisprachigen Kantons Freiburg-Fribourg sprechen alle – unabhängig von sozialen Zugehörigkeiten – Dialekt, der den Kindern durch ethnische Tradierung im Spracherwerb als deutsche Erstvarietät zuwächst. Der Dialekt, der für diese Gegend ausgewiesen wird (Stucki 1917; Henzen 1927; Sprachatlas der deutschen Schweiz 1962–1997), zeichnet sich vor allem in den südlichen und mittleren Regionen durch Relikthaftigkeit und Sonderentwicklungen aus, die in der einschlägigen Literatur mit der (früheren) Isolation der Bevölkerung an der Sprach- und Konfessionsgrenze erklärt werden (Haas 1999). Sprachliche Varianten, die einen sprachhistorisch älteren Sprachstand ausweisen oder durch Sonderentwicklungen entstanden sind, haben die Eigenschaft gemeinsam, dass sie im kommunikativen Bezugsrahmen der Deutschschweiz den Status von *minority forms* (vgl. Trudgill 1986) haben können: Sie kommen bei wenigen Sprecherinnen und Sprechern und/oder auf kleinräumigen Arealen vor und können sich dadurch in der Deutschschweizer Sprechergemeinschaft ein entsprechendes indexikalisches Potential erwerben.

Im Frühlingssemester 2010 wurden an der Universität Freiburg i. Ü. im Rahmen des Masterseminars „Senslerdeutsch revisited" Sprachdaten nach dem Modus des Sprachatlas der deutschen Schweiz (1962–1997) erhoben.[1] Entgegen dem Titel des Seminars haben wir uns dabei mit den dialektalen Erscheinungsformen des gesamten deutschsprachigen Teils des Kantons Freiburg auseinandergesetzt, nicht nur mit jenen des Sensebezirks. Unter „Freiburgerdeutsch" werden im Folgenden die Dialekte sämtlicher deutschsprachiger Orte auf dem Terrain des Kantons Freiburg zusammengefasst.[2] Das Ziel der Veranstaltung bestand darin, idealerweise an allen 14 Ortspunkten, die der Sprachatlas der deutschen Schweiz (SDS) für den Kanton Freiburg ausweist, Nacherhebungen zu machen, welche als „real time"-Daten einen diachronen Abgleich mit den SDS-Aufnahmen (im Kanton Freiburg zwischen 1954 und 1957 durchgeführt) erlauben sollten. Abweichend vom Konzept des SDS wurden nicht nur alte Frauen und Männer befragt, sondern an jedem Ortspunkt zusätzlich eine junge Gewährsperson im Alter von ungefähr 20 Jahren (zum Ortsnetz und den Gewährspersonen des SDS vgl. Hotzenköcherle 1962 A; zum wissenschaftshistorischen und -theoretischen Hintergrund von metonymischen idealen Stellvertretern von Ortsmundarten vgl. Haas 2011).[3] Dank der aktuellen Befragung stehen somit Daten mit folgender Zeitcharakteristik zur Verfügung: Daten von Alten (SDS, 1950er Jahre), Daten von Alten (2010; = Junge 1950er Jahre), Daten von Jungen (2010).

Da in der letzten Jahrhunderthälfte nicht nur breitere Bevölkerungskreise Zugang zu höherer Bildung erlangt haben, sondern sämtliche Berufe eine zunehmende Schriftorientierung zeigen und deren schuli-

[1] Mein herzlicher Dank geht an Georges Boyer, Nadja Bucheli, Andreas Horat, Clemens-Valentin Kienzle, Mireille Rotzetter, Pascale Schaller, Alexandra Schiesser, Katja Vonlanthen-Müller, Francesca Zaugg-Kämpf und Jan Zenhäusern, die sich mit großem Einsatz um die Rekrutierung von Gewährspersonen, die Datenerhebungen und erste Datenauswertungen verdient gemacht haben.

[2] Henzen (1927: 2) definiert Freiburgerdeutsch wie folgt: „Die M[undart] des Sense- und südöstlichen Seebezirks bildet das eigentliche ‚Freiburgerdeutsch'." Den Dialekt des Murtenbiets (SDS-Ortspunkte Murten, Muntelier und Kerzers) reiht er dagegen zum Berndeutschen.

[3] Bis auf den Ortspunkt FR 6 (Übersdorf) fanden an allen Freiburger SDS-Orten Befragungen mit einer weiblichen oder männlichen alten (über 70 Jahre) und einer weiblichen oder männlichen jungen Person (ca. 20 Jahre) statt (zum Ortsnetz vgl. Präzisierungen im Anhang). Umfang und Qualität des Datenmaterials sind uneinheitlich und hängen von der persönlichen Zugänglichkeit der Gewährspersonen und vom Geschick der studentischen ExploratorInnen ab.

scher Ausbildungsteil an zentralen, größeren Orten stattfindet, haben selbst Jugendliche aus bäuerlich-handwerklichen Milieus einen anderen Bildungs- und Mobilitätshintergrund als ihre älteren Vergleichspersonen.

Wie in den 1950er Jahren wurde auch 2010 mit einem Fragebuch gearbeitet, das einen kleinen Ausschnitt aus dem Original-Fragebuch nachbildete: Aus den über 2.000 Fragen des SDS-Fragebuches, die in die rund 1.500 Karten der acht Atlasbände mündeten, wurden 80 – nach Maßgabe eines dialektologischen Kriterienkatalogs – ausgewählt. Ebenso wurde die Befragungstechnik mit Elizitationen (im lexikalischen Bereich der Konkreta mit Hilfe von Bildern), Übersetzungen, suggerierten Antworten und Spontanbelegen der optimalen Vergleichbarkeit wegen übernommen (zum Fragebuch und der Erhebungstechnik vgl. Hotzenköcherle 1962 B). Dank heutiger technischer Möglichkeiten konnten die Explorationen als Tondateien aufgezeichnet werden.

3. Fragestellung und Auswahl der Variablen

Im vorliegenden Kontext wird exemplarisch eine Reihe von sprachlichen Variablen in den Blick genommen, deren angestammte Freiburger Varianten ein kleinräumig eingeschränktes Geltungsareal haben und damit ihre Sprecherinnen und Sprecher zwangsläufig in eine Deutschschweizer Kleinregion verorten, die außerdem mit insgesamt ca. 70.000 Deutschsprechenden relativ bevölkerungsarm ist. Zeigt sich ein allfälliges (Anders-)Sprechen junger Freiburgerinnen und Freiburger unter anderem darin, dass solche herkömmlichen Ortsvarianten, die sprachsymptomatisch für eine „kleine Welt" stehen können, zugunsten von weiträumigeren Varianten abgewählt werden? Ein derartiges Anders-Sprechen setzt allerdings ein Szenario voraus, bei dem die Alten, die zur Zeit der SDS-Erhebung die Jungen waren, die kleinräumigen Formen überhaupt tradiert haben. Denkbar ist immerhin, dass das Anders-Sprechen auch darin bestehen könnte, dass die „alten" Varianten nicht von den Alten, sondern von den Jungen ins Spiel gebracht werden.

Die Kenntnis und die potentielle Verfügbarkeit alternativer, nicht freiburgischer Dialektvarianten sind durch den Umstand gesichert, dass die Jungen und die Alten durch ihre Nutzung verschiedener Informations- und Kommunikationstechnologien einerseits in Kontakt mit verschiedenen Sprachformen sind, andererseits durch ihre individuelle Mobilität Sprecherinnen und Sprechern verschiedener schweizerdeutscher Dialekte begegnen. Dieser Zugang zu „ortsfremden" Va-

258

rianten wird durch folgenden Antworttyp der alten Gewährsperson aus Düdingen vorgeführt: „Chochhärd uf Tütsch gseet, aber wier sääge Potaschee" (‚Kochherd, auf Deutsch gesagt, aber wir sagen Potaschee'; in gleicher Weise thematisiert bei ‚Erdbeeren', ‚Tasse', ‚verstecken'). Zeigt sich also beispielsweise bei dieser und vergleichbaren Variablen ein Anders-Sprechen der Jungen, und beruht allfälliges Anders-Sprechen darauf, dass auf eine *minority form* verzichtet wird? Eine kleine Auswahl von einschlägigen lexikalischen, lautlichen und morphosyntaktischen Variablen wird nachfolgend daraufhin untersucht, inwiefern sich Unterschiede zwischen den beiden untersuchten Altersgruppen zeigen.

4. Die Realisierung der Variablen

4.1 Gleich- und Anders-Sprechen bei lautlichen Variablen

Drei lautliche Phänomenbereiche, bei denen im Kanton Freiburg kleinräumige Varianten erwartet werden können, sind auf einen Generationenunterschied hin untersucht worden. Es ist dies zum einen die Lautung von mittelhochdeutschen (mhd.) langen Hochzungenvokalen im Hiatus, wo also zwei Vokale, die verschiedenen Silben angehören, zusammentreffen (z. B. mhd. *î* in *snîwen*; kleinräumige Freiburger Variante *schnii.e* ‚schneien'); zweitens die Lautungen der schließenden mhd. Diphthonge (z. B. mhd. *ou* in *oug*; kleinräumige Freiburger Variante *Ùùg* ‚Auge'); schließlich drittens die Realisierungen der langen mhd. Mittelzungenvokale (z. B. mhd. *brôt*; kleinräumige Freiburger Variante *Broət* ‚Brot'). Der Sprachatlas der deutschen Schweiz weist für die Realisierung von mhd. *î* (mhd. *snîwen* ‚schneien'), *û* (mhd. *bûwen* ‚bauen') *iu* (mhd. *niu* ‚neu') in Hiatusstellung für das Murtenbiet diphthongische (Typ *schneien*), für die übrigen Orte (wie im dünn besiedelten alpinen Raum üblich) monophthongische Qualitäten (Typ *schniien*) aus (vgl. SDS Band I, Karten 148, 152, 156).

Die aktuelle Befragung erbringt eine beeindruckende Übereinstimmung mit den im SDS ausgewiesenen Werten, gibt es doch nur für drei Orte überhaupt Abweichungen zu verzeichnen. In einem einzigen Fall – am Ort Heitenried – betrifft das Anders-Sprechen den jungen Sprecher, der *î* im Hiatus einmal diphthongiert. In Düdingen zeigt dagegen der alte Sprecher eine derartige Abweichung. In Gurmels werden zwar ebenfalls die vorgesehenen Monophthonge geäußert, allerdings fehlt sowohl beim jungen als auch beim alten Sprecher die im SDS ausgewiesene Entrundung. Diese Entrundung, welche die ursprünglichen Vokale in Wörtern wie *Lüüt* ‚Leute', *schöön* ‚schön' und *grüən* ‚grün' zu *i* (*Liit*), *e* (*scheen*) und *ie* (*griən*) verändert hat, ist im Kanton Freiburg zur Zeit der SDS-Erhebung auf den Ort Gurmels beschränkt.[4] Diese innerfreiburgische *minority form* erscheint weder beim alten noch beim jungen Sprecher, so dass man von einem in den letzten fünfzig Jahren eingetretenen Wandel in *real time* sprechen darf.

Nicht nur die alten, sondern auch die jungen Sprecher scheinen geneigt, den Typ einer monophthongischen Reliktlautung, der sich bloß an sehr kleinen Lexemklassen manifestieren kann, nicht zugunsten der schweizweit großräumig verbreiteten Diphthonge aufzugeben. In Bezug auf diese lautliche Eigenheit zeigt sich ein Gleich-Sprechen von Jung und Alt.

Ähnlich in Bezug auf die Generationenfrage nehmen sich die Resultate hinsichtlich der Lautungen von Diphthongen aus, bei denen es in einem über den Kanton Freiburg hinausreichenden westschweizerischen Areal zu Sonderentwicklungen gekommen ist: Für die schließenden mittelhochdeutschen Diphthonge *ei* (mhd. *geiʒ* ‚Ziege'), *ou* (mhd. *oug* ‚Auge'), *öu* (mhd. *röuchen* ‚räuchern') sind Monophthonge (*Gììss, Ùùg, rììken*) ausgewiesen. Ausgespart von dieser Sonderentwicklung bleiben im Kanton Freiburg nur das Murtenbiet und zusätzlich die Orte Gurmels und Jaun (vgl. SDS Band I, Karten 109, 120, 129). Die Datenlage, die für die Variablen mit bis zu 7 Tokens belegt ist, erlaubt es nicht, von einem deutlichen Gegensatz zwischen Jungen und Alten sprechen zu können. Sie erlaubt aber die Aussage, dass innerhalb des Monophthongierungsgebietes gelegentlich – und vielleicht abhängig von ganz bestimmten Lexemen – ein Diphthong realisiert wird. Und sie erlaubt vor allem die Aussage, dass es sich beim Anders-Sprechen von Jungen oder Alten in Muntelier, Gurmels und Jaun um einen Zuspruch für binnenschweizerische *minority forms* handelt. Die Akzeptanz dieser Sonderformen über ihr früheres Territorium hinaus führt zu mehr dialektaler Einheitlichkeit innerhalb des Kantons Freiburg, zu der sich Alte und Junge gleichermaßen geneigt zeigen.

Ein Anders-Sprechen zwischen den Generationen deutet sich bei der Realisierung der langen Mittelzungenvokale an, für die an wenigen Orten im südlichen Teil des Kantons Freiburg eine Sonderentwicklung ausgewiesen ist: Die Reflexe von mhd. *ê* (*snê* ‚Schnee'), mhd. *ô* (*brôt* ‚Brot') und mhd. *œ* (*schœn* ‚schön') haben sich in einem kleinen freiburgischen Binnenareal zu öffnenden Diphthongen – *Schneə, Broət, schöən* –

---

[4] Im deutschsprachigen Teil des Kantons Freiburg hält sich der volkslinguistische Gemeinplatz, wonach man in Gurmels, das zwischen Sensebezirk und Murtenbiet liegt, „anders" oder „besonders" sprechen würde. Zu den diesbezüglichen Befunden der vorliegenden Befragung vgl. Kap. 5.

verändert und koexistieren dort nach Ausweis des SDS meist neben Monophthongen (*Schnee, Broot, schöön*) (vgl. SDS Band I, Karten 95, 97, 99, 101, 102). Was die Ortspunkte Plaffeien, Schwarzsee und Jaun betrifft, wo die Diphthongierung laut Ausweis des SDS stark verankert ist, zeigen sich durchgehend Unterschiede zwischen den alten und jungen Gewährspersonen. Während die Alten – fast ohne Ausnahme – SDS-gemäß diphthongieren, sind bei den Jungen ausschließlich Monophthonge festzustellen. In Bezug auf diese Sondererscheinung scheinen die Jungen auf die großräumige Variante zu setzen. Der deutliche Alt-Jung-Unterschied in *apparent time* lässt – mit entsprechenden Vorbehalten – an einen Sprachwandel denken. Wenn nun – umgekehrt – in Heitenried und Giffers von den Jungen ein vereinzelter *oə*-Diphthong realisiert wird, so ist dieser Generationengegensatz möglicherweise anderer Natur. Die Aussage der jungen Sprecherin aus Giffers, nach der es sich bei dem von ihr produzierten Diphthong in *Broət* ‚Brot' nicht um ihre persönliche Sprechweise handle, sondern um die in Plaffeien vorkommende Lautung, lässt an „Demonstrationsmundart" denken: Die beiden jungen Sprecher bemühen sich, Dialektvarianten zu produzieren, die sie – ungeachtet ihres eigenen Gebrauchs – wohl für typisches Freiburgerdeutsch halten (vgl. dazu Kap. 5).

Tendenziell zeigt sich bei zwei der untersuchten Lautphänomene ein Gleich-Sprechen, bei einem ein Anders-Sprechen zwischen den Generationen. Die Hiatusmonophthonge und die Monophthongierungen von schließenden Diphthongen, die in der ganzen Region verbreitet sind, bleiben in ihrer Gültigkeit unangefochten.

Das Anders-Sprechen dagegen betrifft lautliche Größen, bei denen die kleinräumige Form bloß auf ein Freiburger Kleinstareal von wenigen Dörfern beschränkt ist. Die Jungen aus diesen wenigen Orten scheinen den Anschluss an die Sprechweise der Umgebung zu suchen. Weitere Untersuchungen müssten zeigen, ob die Jungen von solchen (lautlichen) Varianten Abstand nehmen, die sie als Sprecher auf wenige Orte festlegen, während sie Varianten beibehalten, die zwar gemessen am Deutschschweizer Areal, nicht jedoch in Bezug auf den Kanton Freiburg kleinräumig sind.

4.2 Gleich-Sprechen bei einer morphosyntaktischen Variablen

Im Deutschschweizer Alltag verfügt eine der zahlreichen Freiburger Besonderheiten über einen besonderen Bekanntheitsgrad: Das Passiv und der Inchoativ werden nicht – wie in der Standardsprache und in den meisten Dialekten – mit *werden*, sondern mit *kommen* gebildet (Typ *sie wird gelobt, sie wird Lehrerin* vs. Typ *sie kommt gelobt, sie kommt Lehre-*

rin). In der vorliegenden Untersuchung wurden *krank werden* und *sie ist wütend geworden* erfragt. Nach Ausweis des SDS kann dafür im größten Teil des Kantons Freiburg eine *kommen*-Periphrase (*chrank choo*) erwartet werden; die *werden*-Periphrase (*chrank werden*) ist auf das Murtenbiet beschränkt (vgl. SDS Band III, Karte 266).

In der aktuellen Befragung kann tendenziell ein Gleich-Sprechen der beiden Generationen konstatiert werden. Anders-Sprechen ist bei der alten Gewährsperson aus Giffers festzustellen, die *kommen-* und *werden*-Periphrasen bildet. Die alte Sprecherin aus Schwarzsee äußert den Satz *si würd de verruckti choo* (als Übersetzung aus standardsprachlichem ,Sie ist wütend geworden'[5]), der kaum als Futur intendiert ist, sondern als eine Art von interdialektaler Kontaktform die Kenntnis von *werden*-Periphrasen voraussetzt. Wie schon bei den Lautvariablen *ei, ou, öu* ist auch beim vorliegenden morphosyntaktischen Phänomen festzustellen, dass sich in Gurmels Jung und Alt – abweichend vom SDS – nach dem Süden mit seinen *minority forms* ausrichten.

4.3 Gleich- und Anders-Sprechen bei lexikalischen Variablen

Auch die abgefragten Lexeme zeichnen sich dadurch aus, dass im Kanton Freiburg mit dem Auftreten von Heteronymen, d. h. areal verschiedenen Lexemen, gerechnet werden kann, die über ein kleinräumiges Gültigkeitsareal verfügen. Unter den abgefragten 16 Größen befinden sich sowohl solche, die in der gesprochenen Sprache häufig sind, als auch seltene, die Ruoff (1981) in seinem Häufigkeitswörterbuch nicht ausweisen kann.[6] Im Einzelnen handelt es sich um die Substantive ,Kartoffel', ,Kochherd', ,Tasse', ,Brille', ,Christbaum', ,Erdbeere', ,Zopf', ,Schnupfen', ,Papiersack', ,Apfelbutzen', ,Tasche im Kleidungsstück', die Verben ,schauen', ,verstecken', ,ausruhen', ,weinen' und das Adjektiv ,wählerisch' (vgl. zu den im Kanton Freiburg erwartbaren Heteronymen die Tabelle im Anhang). Die Elizitation der Lexeme erfolgte bei Konkreta meistens mithilfe eines Bildes (z. B. für ,Erdbeere'), durch entsprechende Zeigegesten (z. B. auf die Hosentasche) oder bei abstrakten Konzepten durch – manchmal freilich erfolgloses – Erfragen (z. B. „Wie ist jemand, der vieles nicht gerne isst?").

---

[5] Bei *würd* handelt es sich um eine Futurform des Verbs *werden*; der Konjunktiv dagegen lautet *wurd* (vgl. Henzen 1927: 91, 206).
[6] Die bescheidene Beleglage verbietet es, statistische Zusammenhänge zwischen Auftretenshäufigkeit und Übereinstimmung/Abweichung von den Daten des SDS errechnen zu wollen.

Bei den lexikalischen Einheiten kommt es teilweise zu einem Anders-Sprechen von Alten und Jungen (vgl. Tabelle im Anhang). Als erstes zeigt sich nämlich, dass an keinem der 14 Untersuchungsorte die jungen und die alten Gewährspersonen in ihrer Lexemwahl vollständig übereinstimmen. Gleich-Sprechen ist am ehesten am südlichen Ortspunkt Jaun gegeben, wo sich der alte und der junge Sprecher nur dadurch unterscheiden, dass ersterer für ‚weinen' *pläären* und *pääggen*, letzterer nur *pääggen* nennt. Anders-Sprechen zeigt sich am ausgeprägtesten in Düdingen und Gurmels, wo bei der Hälfte oder mehr der abgefragten Lexeme die Wahl der Jungen und der Alten auf verschiedene Heteronyme fällt. Dieser Befund erhält deutlichere Konturen, wenn man die Ergebnisse nach den erfragten Begriffen aufschlüsselt und die metadialektalen Kommentare berücksichtigt: In Bezug auf ‚Kartoffel' und ‚schauen' stimmen an allen 14 Untersuchungsorten die Lexemwahlen von Jung und Alt überein, ohne dass es dazu metadialektale Kommentierungen gäbe. Typ *Häppere* (im Zentrum) vs. Typ *Härdöpfel* (im Murtenbiet und in Jaun) ‚Kartoffel' und Typ *gguggen* (im Zentrum und im Süden) vs. Typ *luegen* (im Murtenbiet) ‚schauen' erweisen sich in der vorliegenden Befragung als stabile Heteronyme. Dort wo ein Anders-Sprechen der Generationen feststellbar ist, besteht dieses darin, dass die Jungen in den meisten Fällen eine – im Vergleich zu den Befunden des SDS – abweichende Variante produzieren, bei der es sich dann meist um eine großräumige resp. gemeindeutsche Form handelt (statt kleinräumiges *Spiegel* verbreitetes *Brille*, statt kleinräumiges *kauten* verbreitetes *verstecken*). Allerdings machen zahlreiche suggerierte Antworten deutlich, dass die Jungen die Heteronyme der Alten durchaus kennen und damit potentiell zur Verfügung haben. Die Befunde, wie sie sich bei den erfragten Lexemen zeigen, lassen es insgesamt (noch) nicht zu, von einem von den Jungen initiierten lexikalischen Wandel in *apparent time* zu sprechen, sondern eher von einer Variantenanreicherung des individuellen Lexeminventars.

Bei den lexikalischen Variablen hat das vorkommende generationenübergreifende Gleich-Sprechen eine andere Qualität als bei den lautlichen Variablen: Nicht in jedem Falle werden nämlich dabei die im SDS verbrieften Varianten realisiert, sondern es kommt vor, dass die alte und die junge Gewährsperson in der Wahl desselben, von den SDS-Befunden abweichenden Heteronyms übereinstimmen (z. B. *Tassli* statt *Chacheli* ‚Tasse'). Was sich dabei auf den ersten Blick wie gute Kandidaten für „real time"-Belege eines tatsächlichen lexikalischen Wandels ausnimmt, wird etwa in Fällen wie ‚Zopf' durch metadialektale Daten wieder relativiert: Zwar hat die Variante *Züpfa* in beiden Generationen an vielen Orten als Erstnennung deutlichen Vorrang; *Trütscha* ist aber zumindest noch als Erinnerungswort im Dialektwissen von Jungen und Alten präsent.

Bei einem Teil der untersuchten lexikalischen Variablen kommt nicht einfach eine großräumige Variante zum Tragen, sondern die Befunde lassen eher die Interpretation zu, dass eines von mehreren freiburgischen Heteronymen, wie sie im SDS belegt sind, in der Befragung bei einer Mehrheit Zuspruch findet. So behauptet sich in der aktuellen Befragung bei ‚Christbaum‘ der Typ *Weihnacht(s)baum* (und nicht der Typ *Christbaum*), und dies bei Alten und Jungen; bei ‚weinen‘ haben die SDS-Varianten *briegge* und *pläären* das Nachsehen, Alte und Junge geben im Murtenbiet *gränne* und im übrigen Kantonsteil *pääggen* an. Das Freiburger Heteronym *Potaschee* ‚Kochherd‘ – bei der SDS-Befragung nur an drei Erhebungsorten alleinige Variante, an vier Orten koexistierend mit einem anderen Heteronym – verdrängt bei der aktuellen Befragung *Öfeli*, *Chochwärch* und *Chunscht*. Sowohl alte als auch junge Sprecher geben in der Befragung also einem einzelnen „Freiburgismus" den Vorzug, wie sich dies auch bei der Freiburger Besonderheit für den Begriff ‚Papiersack‘ zeigt, wo *Gorni* – im SDS bloß im nördlichen und mittleren Kantonsteil ausgewiesen – in den südlichsten Dörfern generationenübergreifend auf Kosten von *Uu(r)ssi* o. A. genannt wird. Innerhalb des mittleren und südlichen Kantonsteils, d. h. im Sensebezirk einschließlich Jaun, kommt durch diese Nennungen eine im Vergleich zum SDS größere Einheitlichkeit zustande und gleichzeitig werden sowohl die östliche Kantonsgrenze gegenüber Bern als auch die innerfreiburgische Grenze zum Murtenbiet verdeutlicht (zur Bildung neuer Dialektgrenzen aufgrund politischer oder kultureller Grenzen vgl. Auer 2004).

5. Diskussion der Ergebnisse

Sind Junge Anders-Sprecher? Die dialektologische Abfrage einer exemplarischen Auswahl von Freiburger Varianten ergibt nur eine eingeschränkt positive Antwort: Die Jungen verhalten sich in der dialektologischen Befragung kaum anders als die Alten. Bei den ausgewählten Lautvariablen und der einzelnen morphosyntaktischen Variable zeigen sich meist generationenübergreifende Übereinstimmungen mit den Daten des SDS. Ausschließlich bei der Diphthongierung von langen Mittelzungenvokalen kann in der Befragung eine eindeutige generationenabhängige Abkehr von den südfreiburgischen Sonderformen und damit ein mutmaßlicher Sprachwandel in *apparent time* festgestellt werden. Sprachwandel in *real time*, der von den Jungen und den Alten gleichermaßen getragen wird, zeigt sich (nur) in Gurmels: Die Befragten wählen Varianten, wie sie im südlich angrenzenden Sensebezirk üblich sind, und dies selbst dann, wenn die „neuen" Varianten deutschschweizer *minority forms* sind. Die Konformität mit innerfreiburgischen Verhältnissen erweist sich in Gurmels als zentrale Kraft.

Die besonderen Freiburger Laut- und Formenvarianten laden die Jungen also nur in Einzelfällen zum Anders-Sprechen ein. Bei den abgefragten Lexemen stimmen Alte und Junge weniger stark überein. Die Unterschiede werden allerdings durch suggerierte Antworten sowie metadialektale Kommentare relativiert und deuten an, dass die Jungen den herkömmlichen Wortschatz durchaus (noch) kennen. Ob die Jungen beim innerfreiburgischen Ausgleich, der sich vor allem bei den lexikalischen Größen abzeichnet und der die *minority forms* nicht aussondert, eine führende Rolle spielen, bleibt fraglich.

Wie sind diese – doch unerwarteten – Ergebnisse zu erklären?

1. *Auswahl der Gewährspersonen.* Es ist zu bedenken, dass es sich bei den Befragten um relativ ortsstabile Personen mit bäuerlich-handwerklichem Hintergrund handelt, die nur einen – heute kleineren – Ausschnitt der Gesamtbevölkerung repräsentieren und sich schon in anderen Untersuchungen als „konservative" Sprecher erwiesen haben resp. in dialektologischen Untersuchungen aufgrund von entsprechenden Hypothesen gerade als „gute" Probanden ausgewählt wurden. In ihrer breit angelegten soziolinguistischen Studie am Ortspunkt Düdingen konnte etwa Egger (1993) nachweisen, dass relativ bildungsferne und wenig mobile Sprecher für Passiv- und Inchoativ-Umschreibungen tatsächlich eher das Verb *kommen* wählen – dies ganz im Gegensatz zu Personen mit einem anderen sozialen Profil, etwa beruflichen Wegpendlern, die *werden* favorisieren.

   Sollte es ein allfälliges Anders-Sprechen von Jungen geben, so ist dessen Vorkommen in der für die vorliegende Studie ausgewählten Sozialgruppe wohl gerade am wenigsten wahrscheinlich.

2. *Datenerhebungsprozedere.* Des Weiteren ist zu veranschlagen, dass das traditionelle Datenerhebungsdesign einer historisch interessierten Dialektologie einen Stil evozieren kann, der schon mit „Demonstrationsmundart" (Christen 1988) oder mit „intendierter Ortsdialekt" (Macha 1991; Lenz 2003) bezeichnet worden ist, als dessen Steuergröße Macha (1991: 86) eine „Ortsnorm-Komponente" ansetzt: „Bei den Gewährspersonen herrscht als communis opinio die Vorstellung, die eigene Gemeinde habe typische, eigene Sprachmerkmale in ihrem Dialekt, die sie von anderen Gemeinden unterscheidet." Die *oə*-Belege für mhd. *ô*, mit denen die Jungen in Heitenried und Giffers eine Lautung präsentieren, die so in ihren „Stamm-

landen" bei den Jungen nicht mehr vorkommt, könnten ein Indiz für „Hyperadaptation" (Trudgill 1986: 66) sein: Da die exklusiven südlichen Lautungen – trotz ihres sprachhistorisch jungen Alters (vgl. Henzen 1927; Haas 1999) – in der Bevölkerung als besonders bodenständig und typisch für „altes" Senslerdeutsch gelten, könnten diese zur Ortsnorm gehören. Der situative Rahmen der Exploration könnte bei den Befragten also eine Art von Akkommodationsverhalten auslösen, das die den ExploratorInnen zugeschriebenen Erwartungen – nämlich jene nach der Ortsnorm – erfüllt (zur Anpassung an reale und imaginierte Adressaten vgl. Bell 1984).[7] Selbst die Erhebungssituation mit einem Face-to-Face-Interview zwischen einer Studentin, einem Studenten und einer jungen Gewährsperson stellt trotz der geringen Altersdifferenz eher keine Konstellation dar, in der die Befragten ihre sprachliche Weltläufigkeit unter Beweis stellen wollen. Wer sich, ob Jung oder Alt, für die Befragung zur Verfügung stellt, ist willens, zu kooperieren und sich den vermuteten Anforderungen zu stellen. Wenn die fast gleichaltrigen explorierenden Studentinnen und Studenten in irgendeiner Weise beeindruckt werden sollen, dann – situationsadäquat – durch „Dialektkompetenz", die sie in der Untersuchung zumindest als Kenner kleinräumiger Freiburger Formen ausweist und die ihre weitgehende Teilhabe an Freiburger *minority forms* bestätigt. Das Gleich-Sprechen von Jung und Alt in der Befragungskonstellation könnte somit mit der Formel „Dialektperformanz der Vorgängergeneration = Dialektkompetenz der Nachfolgegeneration" (Schmidt/Herrgen 2011: 389) erklärt werden.

3. *Status der dialektalen Variablen.* In engem Zusammenhang mit der Ortsnorm ist der Status der abgefragten Variablen zu diskutieren: Für die vorliegende Studie sind erstens sehr wenige Merkmale abgefragt worden und zweitens solche, die zumindest teilweise als Vorzeigegrößen gelten für den in der Alltagswelt als „besonders" empfundenen Freiburger Dialekt und – losgelöst von ihrem tatsächlichen objektsprachlichen Gebrauch – im metadialektalen Diskurs als Schibbolethe eine herausragende Rolle spielen. Aus dieser Perspektive sind die Daten als Indizien für eine generationenübergreifende, alltagsweltliche Auseinandersetzung mit dem Dialekt zu lesen. Dass

---

[7] In der Radiotalkshow „Persönlich" des Senders DRS 1 unterhalten sich am 1. 5. 2011 eine Stadtfreiburgerin und ein Taferser. Beim immer wieder aufflammenden metadialektalen Diskurs werden die Besonderheiten des Freiburger Dialekts herausgestrichen, wobei in diesem Zusammenhang wiederholt der Ortsname Plaffeien fällt: Dort scheint aus laienlinguistischer Sicht das prototypische Senslerdeutsch gesprochen zu werden.

die Personen, die sich für die Befragung zur Verfügung gestellt haben, ohnehin eher zu den aktiv am Diskurs über das Freiburgerdeutsche Beteiligten gehören, ist zwar anzunehmen. Dessen ungeachtet ist es aufschlussreich, dass Zwanzigjährige überhaupt über einen „Vorführdialekt" verfügen, der sich – wie die *Brɔət*-Realisierungen der zwei jungen Sprecher aus dem *Broot*-Gebiet vermuten lassen – keineswegs nur aus den am Ort üblichen Varianten konstituiert, sondern an einem Ideal orientiert, das man als „besonderes Freiburgerdeutsch" umschreiben könnte. Die dialektalen Wertvorstellungen, die sich hier mutmaßlich offenbaren, sind nicht auf die Generation der Alten beschränkt.

Wenn die vorliegenden Daten Aufschluss über die Ortsnorm (und nur die Ortsnorm) von Jung und Alt geben, dann bleibt die Frage offen, welchen Stellenwert die erhobenen Daten in Bezug auf ihren Gebrauch in kommunikativen Konstellationen außerhalb dialektologischer Befragungen haben. Zumindest bemerkenswert ist, dass das Interview mit dem jungen Sprecher aus Düdingen, der insgesamt am deutlichsten von der alten Vergleichsperson abweicht und die geringste Neigung zu lexikalischen *minority forms* zeigt, aus Zeitnot des Befragten das kürzeste ist. Der Lehrling ist in Eile und lässt sich nicht richtig auf das Interview ein: Sind seine Daten einer mangelnden Konzentration geschuldet und geben sie deshalb wieder, wie der nicht normintendierte Dialektgebrauch aussieht? Werden die Ortsnormen bei Jungen und Alten in gleicher Weise wirksam? Kennen die Jungen die Ortsnorm, verzichten sie aber darauf, sich danach zu richten? Der junge Sprecher aus Gurmels bewertet das Heteronym *Nööscha* ‚Schnupfen' als „provokativen Dialekt", der junge Wünnewiler hält die Wirkung des Gebrauchs von *Fageta* ‚Hosentasche' gegenüber anderen Deutschschweizern für „lustig" – solche metasprachlichen Kommentare bringen den Gesichtspunkt ins Spiel, dass sich sprachliche Varianten (auch) im Austausch mit Sprecherinnen und Sprechern anderer Dialekte bewähren müssen. Das Anders-Sprechen von Jungen könnte sich darin zeigen, dass die Ortsnorm – obwohl mit den Alten geteilt – eine unterschiedliche Relevanz hat, das Abweichlerische sich somit allenfalls erst im Umgang mit dem dialektalen Repertoire zeigen würde. Der Sachverhalt eines weitgehend übereinstimmenden Dialektwissens bei gleichzeitig unterschiedlichem Dialektgebrauch von Jung und Alt ließe sich dann auch mit dem hartnäckigen alltagsweltlichen (Vor)urteil vereinbaren, wonach die Schüler – wie eingangs zitiert – den Ortsdialekt nicht mehr sprechen würden. Die Frage muss hier letztlich unbeantwortet bleiben, ob die Teilhabe der Jungen an lokalen Spracheigentümlichkeiten, wie sie sich in der vorliegenden Studie an deren dialektalen Wissensbeständen zeigt, mit dem gleichen oder einem sich von den Alten unterscheidenden – und damit jugendspezifischen – Dialektverhalten einhergeht.

Literatur

Androutsopoulos, Jannis 1998: Deutsche Jugendsprache. Untersuchungen zu ihren Strukturen und Funktionen. Frankfurt a. M.

Auer, Peter 2004: Sprache, Grenze, Raum. In: Zeitschrift für Sprachwissenschaft 23, 149–179.

Bailey, Guy/Wikle, Tom/Tillery, Jan/Sand, Lori 1991: The apparent time construct. In: Language Variation and Change 3, 241–264.

Bell, Allan 1984: Language style as audience design. In: Language in Society, 145–204.

Christen, Helen 1988: Sprachliche Variation in der deutschsprachigen Schweiz, dargestellt am Beispiel der l-Vokalisierung in der Gemeinde Knutwil und in der Stadt Luzern. Wiesbaden.

Christen, Helen 2003: Uu fein, welts guet und rüüdig schöön. Überlegungen zu lexikalischen Aspekten eines SchweizerDeutsch der Regionen. In: Dittli, Beat u. a. (Hrsg.): Gömmer MiGro? Veränderungen und Entwicklungen im heutigen SchweizerDeutschen. Freiburg/Schweiz, 71–85.

Christen, Helen/Guntern, Manuela/Hove, Ingrid/Petkova Marina 2010: Hochdeutsch in aller Munde. Eine empirische Untersuchung zur gesprochenen Standardsprache in der Deutschschweiz. Stuttgart.

Dürscheid, Christa/Spitzmüller, Jürgen (Hrsg.) 2006: Zwischentöne. Zur Sprache der Jugend in der Deutschweiz. Zürich.

Egger, Marlise 1993: Dialektveränderung im Sensebezirk untersucht an sprachlichen Besonderheiten des Senslerdialekts. In: Christen, Helen: Variationslinguistik und Dialektologie. Freiburg i. Ü., 34–44.

Haas, Walter 1999: Sprachwandel in apparent time und real time. In: Schindler, Wolfgang/Untermann, Jürgen: Grippe, Kamm und Eulenspiegel. Festschrift für Elmar Seebold zum 65. Geburtstag. Berlin, 125–144.

Haas, Walter 2011: Ist Dialektologie Linguistik? In: Glaser, Elvira u. a. (Hrsg.): Dynamik des Dialekts – Wandel und Variation. Akten des 3. Kongresses der Internationalen Gesellschaft für Dialektologie des Deutschen (IGDD). Stuttgart, 9–22.

Henzen, Walter 1927: Die deutsche Freiburger Mundart im Sense- und südöstlichen Seebezirk. Frauenfeld.

Hotzenköcherle, Rudolf 1962: Einführung in den Sprachatlas der deutschen Schweiz. Bände A, B. Bern.

Labov, William 1994: Principles of Linguistic Change. Volume 1: Internal Factors. Cambridge.

Macha, Jürgen 1991: Der flexible Sprecher. Köln.

Neuland, Eva 2008: Jugendsprache. Tübingen/Basel.

Ruoff, Arno 1981: Häufigkeitswörterbuch gesprochener Sprache. Tübingen.

Siebenhaar, Beat 2003: Sprachwandel von Sprachgemeinschaften und Individuen. In: Häcki Buhofer, Annelis (Hg.): Spracherwerb und Lebensalter. Tübingen/Basel, 313–325.

Sprachatlas der deutschen Schweiz 1962–1997. Hrsg. von Rudolf Hotzenköcherle u.a. Bände I–IIX. Bern.

Schmidt, Jürgen Erich/Herrgen, Joachim 2011: Sprachdynamik. Eine Einführung in die moderne Regionalsprachenforschung. Berlin.

Stucki, Karl 1917: Die Mundart von Jaun im Kanton Freiburg. Frauenfeld.

Anhang

Die Befragungen zur vorliegenden Studie fanden mit einer weiblichen (w) oder männlichen (m) alten (über 70 Jahre, a) und einer weiblichen oder männlichen jungen Person (ca. 20 Jahre, j) an den folgenden Orten statt: FR 1 Murten (am, jm), FR 1F Muntelier (aw, jw), FR 2 Kerzers (aw, jm), FR 3 Gurmels (am, jm), FR 4 Düdingen (am, jm), FR 5 Wünnewil (am, jm), FR 7 Freiburg (7am, jw), FR 8 Tafers (aw, jm), FR 9 Wengliswil (am, jm), FR 10 Heitenried (aw, jm), FR 11 Giffers (am, jw), FR 12 Plaffeien (aw, jm), FR 13 Schwarzsee (aw, jm), FR 14 Jaun (am, jm).

Abfrage der lexikalischen Variablen:

„Erfragter Begriff" SDS Bd., Karten-Nr.	Freiburger Hetero-nyme nach Ausweis des SDS	Suggerierte Hetero-nyme und metadia-lektale Kommentie-rungen	Vgl. Legende
(1) ,Kartoffel' SDS VI, 202, 203	*Härdöpfel* *Häppere*		14=
(2) ,schauen' SDS V, 118	*luegen, gguggen*		14=
(3) ,Christbaum' SDS V, 59	*Tannebaum,* *Wienacht(s)baum,* *Christbaum*	*Christbaum* sugg. (FR 4j)	12= (*3), 2≠
(4) ,Erdbeere' SDS VI, 143	*Äppeeri, Häppöri*	*Häppöri* ,richtig' (FR 4a)	12= (*2), 2≠
(5) ,Zopf' SDS IV 7,8	*Züpfe, Trütscha*	*Trütscha* ,alt' (F 3a, F 4a)	11= (*8), 2≠
(6) ,weinen' SDS IV 97	*brieggen, pläären,* *bääggen, griinen*		10= (*6), 4≠ (**1)
(7) ,wählerisch' SDS VIII 28	*gschnäugget,* *schnäderfrässig*		10=, 4≠
(8) ,Kochherd' SDS VII 154, 156–157	*Öfeli, Potaschee,* *Chochhärd, Chochwärch,* *Chunscht*	*Potaschee* sugg. (FR 5a, FR 5j, FR 8j); ,richtig' (FR 4a)	10= (*6), 4≠
(9) ,Apfelbutzen' VI 154	*Gröibschi, Grübschi,* *Gräutschi/Gröitschi*		9=, 5≠
(10) ,Brille' SDS IV 16	*Brille, Spiegel*	*Spiegel* sugg. (Fr 3a, FR 11j); ,alt' (FR 7a, FR 11a); Sprachspott (FR 1Fa)	9= (*2), 5≠ (**1)

(11) ‚Tasche im Kleidungsstück' SDS V, 126	*Hosesack, Sack, Hosebieter, Fag(g)eta, Hosefageta*	*Fageta* sugg. (FR 3a, FR 4j); ‚alt' (FR 7j, FR 11a); ‚lokalspezifisch' (FR 1a, FR 14a); ‚kommunikativ auf-fällig' (FR 5j, FR 11j)	8= (*1), 6≠
(12) ‚Schnupfen' SDS IV, 63, 64	*Rüüm(e), Nöuscha*	*Nööscha* sugg. (FR 8j); ‚richtig' (FR 3j)	7= (*1), 7≠ (**1)
(13) ‚verstecken' (keine SDS-Karte)		*kaute* sugg. (FR 4j, FR 5j, FR 8j, FR 11j, FR 14a, FR 14j); ‚richtig' (FR 4a)	7=, 7≠
(14) ‚Tasse' SDS VII, 194	*Tasse, Chacheli, Chachteli*	*Chacheli* sugg. (FR 8j); ‚richtig' (FR 4a)	6= (*2), 8≠ (**1)
(15) ‚Papiersack' SDS V, 211	*Papiirsack, Ggornee/ Ggorneli/Gorni, Pageetli, Phacki, Uu(r)ssi*	*Gorni* sugg. (FR 5a, FR 8j, FR 14j). *Uussi* sugg. (FR 14j)	6= (*2), 8≠
(16) ‚ausruhen' SDS IV, 113, 114	*löijen/liiwen/lüwen/ lüüen*		4=, 3≠

=	Anzahl Lexeme mit übereinstimmenden Realisierungen von Jung und Alt
(≠)	Anzahl Lexeme mit unterschiedlichen Realisierungen von Jung und Alt
*	Anzahl Orte, an denen Alte und Junge von den SDS-Daten abweichen
**	Anzahl Orte, an denen die junge Gewährsperson die SDS-Variante, die alte eine davon abweichende Variante realisiert
sugg.	suggerierte Daten
‚'	subjektive Wertungen durch die Gewährspersonen (typisiert)

270

SARAH BROMMER, CHRISTA DÜRSCHEID

Mediennutzung heutiger Jugendlicher – Generation Facebook?

1. Soziale Netzwerke

Wenn im Titel dieses Beitrags von der „Mediennutzung heutiger Jugendlicher" die Rede ist, dann soll damit keineswegs nahegelegt werden, dass es eine solche früher nicht auch schon gegeben hätte. Als die Eltern der heutigen Jugendlichen jung waren, hatten auch sie ein Fernseh- und Radiogerät zu Hause, gingen auch sie ins Kino, telefonierten sie mit Freunden, schrieben sie Zettelnachrichten, Postkarten und gelegentlich Briefe, hörten sie Musik. Was also ist anders? Eine erste Antwort auf diese Frage liegt auf der Hand: Es gibt heute eine größere Auswahl an Medien, die zur Verfügung stehen (allen voran Computer, Handy bzw. Smartphone), und es gibt eine größere Palette an Aktivitäten, die aufgrund dieser Medien möglich sind (z.B. Fotos hochladen, Filme auf *YouTube* stellen). Vor allem aber gibt es für Jugendliche heute weitaus mehr Möglichkeiten, sich hier und jetzt gewünschte Informationen zu beschaffen, über das Internet ihre Kontakte zu pflegen und sich mit Freunden und Klassenkameraden auszutauschen, auch wenn diese nicht anwesend sind. Dieser Austausch erfolgt inzwischen über weite Strecken schriftlich (z.B. via E-Mail und SMS), nicht mehr nur (fern)mündlich. So gebrauchen Jugendliche die geschriebene Sprache in Situationen, in denen ihre Eltern telefoniert hätten, keine Möglichkeit zur Kommunikation gehabt hätten oder es ihnen gar nicht in den Sinn gekommen wäre, abwesende Personen zu kontaktieren. Man trifft sich im Chat, man schickt sich Gute-Nacht-Grüße per SMS oder klärt Fragen zu den Hausaufgaben per E-Mail ab, statt diese am Telefon zu besprechen. Ein Vorteil dieser Kommunikation ist, dass die Nachricht in Sekundenschnelle beim Empfänger ist, der andere aber nicht unmittelbar erreichbar sein muss und, selbst wenn er das ist, nicht in seiner momentanen Tätigkeit gestört wird – wie dies etwa beim Telefonat der Fall wäre.

Doch wie häufig werden diese textbasierten Kommunikationsformen (d.h. die Chat-, E-Mail- und SMS-Kommunikation), so praktisch sie sind, von den Jugendlichen heute noch genutzt? Ist es nicht vielmehr so, dass sie mittlerweile einen Großteil ihrer Freizeitkommunikation über soziale Netzwerke abwickeln, also gar nicht mehr so oft ihr E-Mail-Programm öffnen, in einen Chatraum gehen oder ihre Verabre-

271

dungen über SMS treffen? Bekanntlich bieten digitale Netzwerke wie *SchülerVZ* und *Facebook* ebensolche Möglichkeiten, Nachrichten auszutauschen und mit anderen in Kontakt zu bleiben. Hinzu kommt, dass es in diesen Netzwerken (engl. *SNS*, ‚Social Network Site‘) weitere Kommunikationsangebote gibt, die für die Nutzer interessant sein können (z.B. die Gestaltung eines Onlineprofils). Einige dieser Dienste, die bei Jugendlichen besonders beliebt sind, werden weiter unten am Beispiel von *Facebook* vorgestellt (Kap. 3). An dieser Stelle sei daher mit den Worten von Franz Josef Röll (2010: 210) nur ein kleiner Einblick in die zahlreichen Funktionalitäten gegeben:

> Soziale Netzwerke erlauben das Erstellen von (halb-)öffentlichen Profilen auf einer kostenlosen Homepage mit Fotos, Lieblingsbüchern, Hobbys, Gedichten, Audio- und Videofiles, Gästebuch und eigenem Blog innerhalb eines eingebundenen Systems. [...] Zudem können Kontaktlisten oder Adressbücher geführt werden. User können ihre eigenen Profile mit denen ihrer Freunde, Bekannten und Kollegen verknüpfen. Durch die Verknüpfungen nehmen die „Freunde" am Leben der anderen virtuell teil.

Röll präsentiert in diesem Beitrag, der in dem Sammelband „Digitale Jugendkulturen" erschienen ist, interessante Informationen zu sozialen Netzwerken, ihrer Geschichte und ihren Nutzungsdomänen. So hält er fest, dass es Netzwerke gibt, die der Pflege von Freundschaften (z.B. *Stay Friends*) oder Geschäftsbeziehungen (z.B. *Xing*) dienen, und andere, die themenbezogen, transaktionsbezogen oder unterhaltungsbezogen sind (z.B. *YouTube, Flickr*). Das Spektrum ist also groß; und keineswegs fallen darunter nur die – von Röll (2010: 209) so genannten – „Freundesnetzwerke" wie *Facebook* oder *Stay Friends*. Dennoch gilt: Wenn in Bezug auf Jugendliche von sozialen Netzwerken die Rede ist, dann versteht man darunter in der Regel ein solches digitales Freundesnetzwerk.[1] Inwieweit man in diesem tatsächlich „Freunde" trifft, sei hier dahingestellt; meist sind es Personen, die man über die Schule kennt (z.B. bei *SchülerVZ*) oder mit denen man auf andere Weise einmal in Kontakt kam und die man nun dank einer solchen Site nicht aus dem Blick verliert. Dabei ist Letzteres durchaus wörtlich zu verstehen: Die Beteiligten erhalten die Möglichkeit, wie Nicola Döring (2011: 192) schreibt, „sich wechselseitig ihre Online-Profile anzuschauen und somit zu erfahren, was im Leben der anderen Person passiert. [...] Auf

---

[1] Angemerkt sei in diesem Zusammenhang, dass bei der letzten internationalen Jugendsprachkonferenz im April 2011 eine Sektion den Titel „Soziale Netzwerke und Identitäten" trug. Anders als erwartet wurde in dieser Sektion aber nicht über Onlinenetzwerke gesprochen, sondern beispielsweise über den Sprachgebrauch von Jugendlichen, die aus derselben Region stammen oder dieselben Musikinteressen haben.

diese Weise werden bestehende soziale Beziehungen im Alltag ohne großen Aufwand und über geografische Distanzen hinweg gepflegt."

Nach dieser kurzen Einführung in die Welt der Netzwerke kommen wir nun zum Inhalt des vorliegenden Beitrags. Im nächsten Kapitel wird ein Blick auf aktuelle Statistiken in Deutschland und der Schweiz geworfen, um empirisch fundierte Aussagen zur Mediennutzung Jugendlicher machen zu können. Dabei geht es um die folgenden Fragen: Welche Kommunikationsformen werden von den Jugendlichen in ihrer Freizeit bevorzugt genutzt? Welche Präferenzen zeigen Mädchen, welche Jungen, wenn es um die Wahl eines sozialen Netzwerkes geht? Ist es tatsächlich so, wie viele Medienberichte vermuten lassen, dass die meisten Jugendlichen heute „auf *Facebook* sind", dass sie also, wie es mancherorts auch schon heißt, in ihrer Freizeit ständig *facebooken*[2]? Und selbst wenn dies zutreffen sollte: Ist es berechtigt, von einer „Generation Facebook" zu sprechen, wie dies z.B. in der Ausgabe des deutschen Magazins *Stern* vom 3.9.2009 oder im Zürcher *Tages-Anzeiger* vom 15.6.2011 der Fall war? Im Anschluss daran werden die bevorzugten Kommunikationsmöglichkeiten in *Facebook* vorgestellt, und es wird gezeigt, welche charakteristischen Ausdrucksmittel sich hier finden. Kapitel 4 ist der Frage gewidmet, welche Motive bei Jugendlichen hinter der Nutzung sozialer Netzwerke stehen und inwieweit es berechtigt ist, diese als „Bühnen der Selbstdarstellung" (Vogelsang 2010: 39) zu bezeichnen. Spielt nicht auch der „Spionagefaktor" (Mara 2009: 93) eine wesentliche Rolle? Schließlich wird gefragt, welche Folgen es hat, wenn sich die Freizeitaktivitäten Jugendlicher immer häufiger in sozialen Netzwerken abspielen und wenn in diesen nicht mehr nur schriftlich, sondern auch über Bilder kommuniziert wird. Zeichnet sich hier ein Sprachwandel ab?

2. Aktuelle Daten zur Mediennutzung

2.1 Mediennutzung Jugendlicher in Deutschland

Das Mediennutzungsverhalten von Jugendlichen in Deutschland ist dank der JIM-Studie (Jugend, Information, Multimedia) ausführlich dokumentiert. Die Daten dieser Studie basieren auf einer Stichprobe von rund 1200 Jugendlichen, die mittels Telefoninterviews befragt werden. Die als Langzeitstudie konzipierte Erhebung wird seit 1998 jährlich durchgeführt und erfasst Jugendliche im Alter von zwölf bis

---

[2] Im Duden-Szenewörterbuch, das ein Nachschlagewerk für neue Wörter, ein „Stück Gegenwartskultur" (so der Text auf der letzten Umschlagseite), sein will, ist dieses Wort bereits erfasst (Dudenredaktion 2009). Damit wird aber nichts darüber ausgesagt, ob es tatsächlich im Gebrauch ist.

19 Jahren. Erwähnt sei in diesem Zusammenhang auch die ARD/ZDF-Onlinestudie, die ebenfalls einen umfassenden Einblick in die Entwicklung der Internetnutzung und den Umgang mit den damit verbundenen Angeboten bietet.[3] Beiden Studien zufolge hat die Nutzung des Internets im Jahr 2010 im Vergleich zu den Vorjahren erneut zugenommen und schließt inzwischen alle Jugendliche ein: 100 % nutzen laut der ARD/ZDF-Onlinestudie zumindest gelegentlich das Internet; von diesen sind, der JIM-Studie zufolge, 90 % mehrmals die Woche bis täglich online. Dies wiederum, so zeigt die JIM-Studie, ist nicht zuletzt auf die flächendeckende Geräteausstattung zurückzuführen. Auch hierzu einige Zahlen: Alle befragten Jugendliche haben Zugang zu einem Computer, vier von fünf besitzen ein eigenes Gerät, 98 % haben einen Internetanschluss, gut jeder zweite hat diesen sogar im eigenen Zimmer. Die befragten Jugendlichen verbringen durchschnittlich täglich über zwei Stunden im Netz und bezeichnen das Internet mehrheitlich als „tägliche[n] Begleiter für alle möglichen Fragen und Themen" (Eimeren/Frees 2010: 338). Ein solcher Begleiter ist das Internet, nebenbei bemerkt, auch im wörtlichen Sinne: Viele haben ein Smartphone, mit dem sie unterwegs auf das Internet zugreifen können. Man muss das kleine Gerät nur in die Tasche stecken, dann hat man das Internet immer dabei.

Was die Art und Weise der Internetnutzung angeht, so setzt sich diese laut JIM-Studie aus den vier Aspekten *Kommunikation* (46 %), *Unterhaltung* (z.B. Musik, Videos, Bilder; 23 %), *Spielen* (17 %) und *Informationssuche* (14 %) zusammen. Die Interessen der Jugendlichen korrelieren dabei mit ihrer Altersentwicklung: Das Spielen nimmt mit zunehmendem Alter in der Freizeit der Jugendlichen weniger Raum ein, wohingegen die Zeit, die sie für die Informationssuche aufwenden, zunimmt. Hinsichtlich der Geschlechterverteilung fällt auf, dass Mädchen deutlich mehr Zeit mit Kommunizieren verbringen (54 zu 39 %), Jungen dagegen mehr Zeit mit Spielen (24 zu 6 %). Unabhängig davon lässt sich jedoch festhalten, dass die Kommunikation den mit Abstand größten Stellenwert innerhalb der Internetnutzung einnimmt. Welche Onlineanwendungen hierfür bevorzugt verwendet werden, ist schwer zu beantworten. Dies liegt nicht zuletzt daran, dass es zu Verschiebungen in der Bezeichnung der einzelnen Anwendungen gekommen ist und dass sich diese zudem immer weniger voneinander abgrenzen lassen. Bezog sich beispielsweise die Bezeichnung *chatten* vor einigen Jahren nur auf

---

[3]   Die Daten der ARD/ZDF-Onlinestudie basieren ebenfalls auf einer telefonischen Befragung und beziehen sich auf Erwachsene und Jugendliche ab 14 Jahren. Da in die Auswertung die Faktoren Geschlecht, Alter, Bildung und Bundesland einbezogen werden, sind auch Aussagen für die Altersgruppe der 14- bis 19-Jährigen möglich. Hier gibt es somit eine Vergleichsbasis zur JIM-Studie.

den Besuch öffentlicher Chaträume, versteht man heute auch das private Chatten (z.B. via *MSN* oder *ICQ*) und das Chatten innerhalb sozialer Netzwerke (z.B. via *SchülerVZ*) darunter. Während Ersteres kontinuierlich zurückgeht, hat das private Chatten sukzessive zugenommen. Seit der JIM-Studie 2009 werden diese Kommunikationspraktiken denn auch begrifflich getrennt, die Jugendlichen werden nun gefragt, wie häufig sie einerseits „Instant-Messenger wie z.B. *ICQ* oder *MSN* nutzen" und andererseits „Chatten, also Chatrooms besuchen" (JIM-Studie 2010: 30). Allerdings wird (noch) nicht erhoben, welchen Stellenwert das Chatten innerhalb sozialer Netzwerke im Vergleich dazu hat. Auch was den E-Mail-Verkehr angeht, ist nicht erfasst, über welchen Kanal dieser erfolgt: Sowohl in der JIM- als auch in der ARD/ZDF-Onlinestudie wird allein nach der Häufigkeit des Sendens und Empfangens von E-Mail-Nachrichten gefragt (vgl. JIM-Studie 2010: 30; Busemann/Gscheidle 2010: 360) – es bleibt dabei aber offen, in welchem Ausmaß die Jugendlichen ihren privaten Nachrichtenverkehr inzwischen auch über soziale Netzwerke abwickeln.

Die Erhebung beider Studien ist demnach nicht differenziert genug, wenn es um die kommunikativen Aktivitäten der Jugendlichen im Internet geht. Wir können daher nur eine Vermutung anstellen: Aufgrund der großen Beliebtheit sozialer Netzwerke, aber auch, weil diese vorrangig der Kommunikation (und nicht z.B. der Informationssuche) dienen, ist davon auszugehen, dass die Nutzung anderer Kommunikationspraktiken (wie das Verschicken von E-Mails und SMS) zurückgeht. Dies betrifft auch das Schreiben von Beiträgen in Foren und in Blogs, so dass sich mit Eimeren/Frees (2010: 340) festhalten lässt: „[D]ie Kommunikation im Netz scheint sich mehr und mehr in die Social Networks zu verlagern." Diese „sind [mittlerweile] für ihre Mitglieder eine [wenn nicht *die*] zentrale Online-Anlaufstelle, quasi eine netzbasierte Kommunikationszentrale" (Busemann/Gscheidle 2010: 368). So besuchen denn auch 71 % der Jugendlichen täglich oder mehrmals wöchentlich eine entsprechende Plattform, wobei die intensive Nutzung mit dem Alter zunimmt, d. h. von 58 % bei den 12- bis 13-Jährigen auf 76 % bei den 18- bis 19-Jährigen steigt (vgl. JIM-Studie 2010: 41). Während die Jüngeren *SchülerVZ* bevorzugen, treffen sich die Älteren überwiegend auf *Facebook*; andere Onlinecommunitys sind nicht (mehr) populär. Nur 16 % der Jugendlichen nutzen keinen solchen Dienst (laut ARD/ZDF-Onlinestudie 19 %, vgl. Busemann/Gscheidle 2010: 364), wobei aber davon auszugehen ist, dass dieser Anteil seit der Datenerhebung im Frühjahr 2010 (ARD/ZDF) bzw. Frühsommer 2010 (JIM) weiter abgenommen hat. Die sozialen Netzwerke sind damit ganz selbstverständlich in den Alltag der deutschen Jugendlichen integriert. Es bleibt zu hoffen, dass diesem Umstand in den künftigen JIM- und ARD/ZDF-Studien mehr Rechnung getragen wird und die Angaben zum Nutzungsverhalten hierzu differenzierter ausfallen.

2.2 Mediennutzung Jugendlicher in der Schweiz

In Anlehnung an die deutsche JIM-Studie wurde in der Schweiz im Jahr 2010 die JAMES-Studie (Jugend, Aktivitäten, Medien – Erhebung Schweiz) initiiert. Auch diese soll von nun an jährlich durchgeführt werden; allerdings werden die Daten nicht telefonisch, sondern über Fragebogen im Schulunterricht erhoben. In der JAMES-Studie werden drei der vier Schweizer Sprachregionen (Deutschschweiz, Romandie, Tessin) erfasst. Die Ergebnisse sollen „aussagekräftige Vergleiche" (Willemse/Waller/Süß 2010: 4) mit der JIM-Studie ermöglichen, da „ein Grossteil der Fragen einheitlich gestellt wurde" (Willemse/Waller/Süß 2010: 6). Im Detail zeigt sich aber, dass Unterschiede in der Fragestellung oder den Antwortmöglichkeiten bestehen, die den direkten Vergleich nicht immer zulassen. Darauf kommen wir unten zurück; an dieser Stelle seien zunächst einige Befunde kurz vorgestellt:

Sieht man davon ab, dass der Besitz eines eigenen Computers mit Internetzugang unter den befragten 1175 Schweizer Jugendlichen verbreiteter ist als in Deutschland und dass die Jugendlichen in der Schweiz den Computer in noch größerem Maße für Schule bzw. Ausbildung einsetzen, gleichen sich die Ergebnisse der JAMES- und der JIM-Studie in vielen Punkten: So belegen in beiden Ländern das Handy und das Internet die ersten Ränge in der medialen Freizeitbeschäftigung. In der Schweiz nutzen 92 % der Jugendlichen das Handy täglich/mehrmals wöchentlich, das Internet nutzen 89 %; in Deutschland sind es 91 % (Handy) bzw. 90 % (Internet). Im Schulunterricht arbeiten fast ebenso viele deutsche wie Schweizer Jugendliche mehrmals die Woche mit einem vernetzten Computer (16 bzw. 18 %), die Computernutzung ist also zu einem festen Bestandteil des schulischen Alltags geworden. Weiter geben 60 % der deutschen Jugendlichen an, dass sie sich täglich/mehrmals wöchentlich in sozialen Netzwerken aufhalten, in der Schweiz sind es mit 55 % nur etwas weniger. Das beliebteste soziale Netzwerk unter den Schweizer Jugendlichen ist dabei mit großem Abstand *Facebook*. Bereits 73 % der Jugendlichen haben auf dieser Plattform einen Account (an zweiter Stelle folgt *Netlog* mit einem Anteil von nur 33 %).

Anders als in der JIM-Studie werden in der JAMES-Studie die Aktivitäten innerhalb der sozialen Netzwerke weiter analysiert: Danach nimmt das Chatten mit 79,75 % einen ähnlich großen Anteil ein wie das Betrachten der Onlineprofile anderer (79,5 %).[4] Dem folgt das Versenden privater Nachrichten (69,25 %) und – mit einigem Abstand – das Suchen nach Freunden (46,75 %). Allerdings geht aus dem Bericht nicht hervor, auf welche Nutzungsfrequenz bzw. Häufigkeit sich diese Angaben beziehen. So lässt sich aus den Daten nur ablesen, wie viele Jugendliche die entsprechende Tätigkeit zumindest ab und zu ausführen, nicht aber, ob sie dies z. B. täglich tun. Was die Rangfolge der Aktivitäten angeht, deckt sich das Ergebnis mit der ARD/ZDF-Onlinestudie, die ebenfalls zu dem Schluss kommt, dass die kommunikativen Aktivitäten in den Netzwerken im Vordergrund stehen. Es scheint also so zu sein, dass die sozialen Netzwerke anderen Kommunikationsformen (z. B. dem Mailen via E-Mail-Provider [z.B. *Hotmail*] und dem Chatten via *ICQ* oder *MSN*) immer mehr den Rang ablaufen. Doch noch vieles mehr lässt sich innerhalb dieser Onlinecommunitys realisieren (Fotos und Videos hochladen, Kommentare verfassen, Interessengruppen beitreten etc.), so dass immer seltener die Notwendigkeit besteht, einen Internetdienst außerhalb des Netzwerks zu nutzen. Zudem erweitert sich das Angebot stetig (die Entwicklungen von *Facebook* lassen sich z.B. auf der „Developer Roadmap" verfolgen, vgl. http://developers. facebook.com/roadmap <04.06.2011>) – mit der Konsequenz: Die Web-2.0-Aktivitäten der Jugendlichen beschränken sich weitgehend auf die sozialen Netzwerke mit all ihren Facetten, außerhalb dieser sind Jugendliche im Internet wenig aktiv (vgl. auch Busemann/ Gscheidle 2010: 368).

Kommen wir nun zu den Unterschieden in der Konzeption von JIM und JAMES. Auffallend ist, dass sozialen Netzwerken in der JAMES-Studie mehr Raum gegeben wird, was sicher damit zusammenhängt, dass diese neu konzipiert wurde, während die JIM-Studie eine Fortschreibung alter Fragen ist. So wird in der JAMES-Studie bei der Frage nach der Computer-/Internetnutzung zum Zweck der Informationssuche das „Web 2.0 (z. B. *Facebook*)" als Antwortmöglichkeit gelistet (vgl. Willemse/Waller/Süß 2010: 26, Abb. 21), wohingegen diese Antwort in

---

[4] An dieser Stelle ist anzumerken, dass das, was die JAMES-Studie unter „Profile von Freunden anschauen" fasst, meist negativ konnotiert ist: So spricht Mara (2009: 93) bezogen auf diese Tätigkeit von „Spionage". Ihrer Untersuchung zufolge haben insbesondere weibliche Nutzer ein Interesse daran, Informationen über andere Menschen einzuholen, ohne dass diese Kenntnis davon erlangen (vgl. Mara 2009: 92). Auch eine Fragebogenerhebung unter 1500 Nutzern des *StudiVZ* hat gezeigt, dass es weit verbreitet ist, von neuen Bekannten Hobbys, Vorlieben und Abneigungen über ihr Onlineprofil auszukundschaften (vgl. Flöck/Schäfer/Steinkamp 2011: 130).

der JIM-Studie nicht angeführt ist (vgl. JIM-Studie 2010: 32).[5] Dies legt den Schluss nahe, dass sich Jugendliche in Deutschland überwiegend via Suchmaschinen informieren (79 %), wohingegen Jugendliche in der Schweiz hierfür Suchmaschinen und das „Web 2.0 (z. B. *Facebook*)" nutzen (66 bzw. 67 % tun dies täglich/mehrmals wöchentlich). „Den Zugang zu Informationen beschaffen sich deutsche und Schweizer Jugendliche sehr unterschiedlich", lautet demnach auch die fragwürdige Einschätzung der Autoren (Willemse/Waller/Süß 2010: 51). Sicher muss dieses Ergebnis so interpretiert werden, dass in Deutschland soziale Netzwerke bei der Informationssuche ebenfalls eine große Rolle spielen – nur eben bei den Antwortmöglichkeiten nicht angegeben werden.[6] Auch was die Fragen zur aktiven Mitgestaltung des Webs betrifft, besteht ein Unterschied zwischen beiden Studien: In der JAMES-Studie wird dieser Aspekt unter „Content gestalten" (S. 29) angeführt, als Antwortmöglichkeit wird hier u.a. „Web 2.0 (*Facebook, Twitter* etc.)" vorgegeben. In der JIM-Studie sind unter der Überschrift „Aktivitäten im Internet – Schwerpunkt Web 2.0" (ebd.: 35) dagegen die sozialen Netzwerke gar nicht erwähnt, hier aber ist „Twittern" eine Antwortoption. Wenn den Befragten solch unterschiedliche Antwortmöglichkeiten präsentiert werden, dann kommt es zu inhaltlichen Verschiebungen – mit der Folge, dass die Ergebnisse für Deutschland und die Schweiz doch nicht vergleichbar sind.

Halten wir abschließend fest: Es ist positiv, dass den sozialen Netzwerken in der JAMES-Studie ein großer Stellenwert eingeräumt wird und man damit ihrer Bedeutung für die Jugendlichen Rechnung trägt. Das hat jedoch Auswirkungen auf die Vergleichbarkeit mit der JIM-Studie. Denn in einer Befragung – sei sie telefonisch oder mittels Fragebogen – beeinflusst die Auswahl an Antwortmöglichkeiten zwangsläufig die Antwort selbst. Dieser Umstand wird in der JAMES-Studie nicht

---

[5] *Web 2.0* bezeichnet im weiteren Sinn das Internet allgemein, im engeren Sinn nur interaktive Anwendungen. Meist wird *Web 2.0* in dieser engeren Bedeutung des „Mitmachnetzes" (Busemann/Gscheidle 2010: 361) verwendet – so auch in der JAMES-Studie und der ARD/ZDF-Onlinestudie. Letztere unterscheidet sechs Formen des Web 2.0: Weblogs, *Wikipedia*, Foto-/Videocommunitys, soziale Netzwerke, Lesezeichensammlungen sowie *Twitter*. Die Autoren der JAMES-Studie dagegen scheinen *Wikipedia* und Weblogs nicht zum Web 2.0 zu zählen, da sie beide Formate neben „Web 2.0 (z.B. *Facebook*)" als separate Antwortmöglichkeit angeben.

[6] Vergleicht man nur die grafischen Darstellungen der Ergebnisse, fällt auf, dass in der JAMES-Studie das „Stöbern" in sozialen Netzwerken den Jugendlichen als Antwortmöglichkeit vorgeschlagen wird. In der JIM-Studie hingegen findet sich in der Grafik keine solche Antwortmöglichkeit, im Begleittext allerdings heißt es: „Auch das Stöbern in Profilen der Social Communities (60 %) als unterhaltende Tätigkeit nimmt einen recht hohen Stellenwert ein." Die Antwortrubrik wurde also in der grafischen Darstellung vergessen.

angesprochen. Auch ist bemerkenswert, dass *Facebook* in der JAMES-Studie an mehrfacher Stelle stellvertretend für das Web 2.0 genannt ist. *Facebook* wird – so betonen die Autoren der JAMES-Studie – „als eine spezifische Form einer ‚Tageszeitung' für das Geschehen im sozialen Umfeld genutzt" (Willemse/Waller/Süß 2010: 50). In der Tat dient dieses Netzwerk den Jugendlichen dazu, über die Geschehnisse in ihrem sozialen Umfeld auf dem Laufenden zu bleiben. Doch greift der Vergleich mit einer Tageszeitung nur bedingt: Die Jugendlichen lesen auf *Facebook* ja nicht nur die Beiträge anderer, sie gestalten die Plattform auch selbst – und dies tun sie nicht nur täglich, sondern oft in weitaus kürzeren Intervallen.

2.3 Generation Facebook?

Damit kommen wir zurück zu der im Titel gestellten Frage: Ist es berechtigt, in Bezug auf die heutige Jugend von einer „Generation Facebook" zu sprechen? Was spricht für, was gegen eine solche Etikettierung? Wie wir gesehen haben, wird *Facebook* zwar immer populärer, noch aber ist, was Deutschland betrifft, *SchülerVZ* das beliebteste Netzwerk unter den 12- bis 19-Jährigen. Doch kann man vermuten, dass es nur eine Frage der Zeit ist, bis *Facebook* auch in dieser Altersgruppe zum Favoriten wird. Schon jetzt ist es so, dass – international gesehen – *Facebook* hinter *Google* an zweiter Stelle der populären Websites liegt (siehe unter http://mostpopularwebsites.net/ <06.06.2011>), alle anderen Netzwerke (so auch das lange Zeit populäre *MySpace*) haben nur noch einen nachgeordneten Rang. Das wiederum hat zur Folge, dass es immer mehr Personen geben wird, die zu *Facebook* wechseln werden, denn dort haben sie die größte Chance, Bekannte anzutreffen. Und schon heute muss man sich als Internetnutzer fast dafür rechtfertigen, wenn man nicht auf *Facebook* ist.

Doch noch hat *Facebook* dieses Monopol nicht; möglicherweise geht die Entwicklung auch in eine andere Richtung, ohnehin wird es auch weiterhin überzeugte „Netzwerkverweigerer" geben. Dennoch kann man von einer „Generation Facebook" sprechen – zumindest dann, wenn man sich der Auffassung anschließt, dass das Wort *Facebook* für soziale Netzwerke schlechthin steht. Mit anderen Worten: *Facebook* ist zwar ein Produktname, das Wort wird aber auch schon als Gattungsname verwendet, analog zur Deonymisierung, wie wir sie bei *Uhu* (> Klebstoff) oder *Tempo* (> Papiertaschentuch) kennen. Mit der Bezeichnung „Generation Facebook" wird also nicht auf ein bestimmtes Netzwerk abgezielt, sondern auf die Tatsache, dass viele Jugendliche heutzutage einer Onlinecommunity angehören. Dennoch bleibt die grundsätzliche Frage bestehen: Warum sollte man eine Generation auf die eine oder andere Weise etikettieren, warum sollte man Zuschreibungen wie *Generation Golf, Generation C64, Generation Praktikum, Generation Internet* oder *Generation @* und nun also auch *Generation Facebook* vornehmen? Postuliert man damit nicht eine Homogenität, die es in Anbetracht der vielfältigen Interessen, Wertorientierungen und Lebensstile junger Menschen gar nicht gibt? Diese Frage diskutiert Kai-Uwe Hugger im Einleitungskapitel zu dem bereits erwähnten Sammelband „Digitale Jugendkulturen". Seine Schlussfolgerungen sind zwiespältig. So stellt er fest, dass „die gemeinsame Partizipation an den Angeboten auf der Basis neuer digitaler Technologien [...] tendenziell für eine solche Zuschreibung" (2010: 13) spricht. An anderer Stelle führt er aber auch aus, dass ein solches Konzept angesichts der „Komplexität, Differenz und Ambivalenz von Jugend und Jugendkulturen" (Hugger 2010: 14) problematisch sei. Nicht von ungefähr steht der Titel seines Buches im Plural („Jugendkulturen"). Diesen Überlegungen schließen wir uns an und gehen aus linguistischer Sicht noch einen Schritt weiter: Es gibt weder *eine* Jugendkultur, noch gibt es *eine* Jugendsprache (vgl. dazu ausführlich Neuland 2008). Wenn im Folgenden dennoch die Nutzung von *Facebook* im Vordergrund steht, postulieren wir damit also nicht, dass sich eine ganze Generation über die Nutzung dieses oder eines anderen Onlinenetzwerks definieren lässt. Wir wollen damit lediglich einen Trend in der Freizeitgestaltung charakterisieren, der heute im Alltag vieler Jugendlicher eine Rolle spielt – und zwar unabhängig davon, ob sie selbst auf *Facebook* sind oder nicht.

3. Schreiben auf der Kommunikationsplattform *Facebook*

Kommen wir nun zu den Kommunikationsformen, die den Jugendlichen auf *Facebook* zur Verfügung stehen. Hier ist zu unterscheiden zwischen solchen, die im Eins-zu-viele-Format stehen, und anderen, die dialogisch ausgerichtet sind. Ersteres trifft z. B. auf die unter dem Link „Info" einsehbaren Angaben zum Profil des Nutzers zu, Letzteres auf die Chatfunktion. Die beiden Kommunikationstypen werden in den folgenden Abschnitten getrennt voneinander vorgestellt. Vorweg aber sei noch auf Folgendes hingewiesen: So vielfältig die Kommunikationspraktiken auf *Facebook* auch sind, eine Möglichkeit fehlt: Die Jugendlichen können auf *Facebook* nicht sprechen (wie dies z.B. bei *Skype* der Fall ist), sie können nur schreiben. Dass dieses Schreiben spezifische Merkmale aufweist, überrascht nicht. Die Kommunikation ist über weite Strecken an die gesprochene Sprache angelehnt; zudem spielen Normvorgaben eine nachgeordnete Rolle. Dieses informelle, konzeptionell mündliche Schreiben haben wir bereits an anderer Stelle analysiert (vgl. Dürscheid/Wagner/Brommer 2010); es soll hier nicht thematisiert werden. Wichtiger ist uns Folgendes: In sozialen Netzwerken treten Kommunikationspraktiken auf, die in früheren Arbeiten zur Internetkommunikation noch nicht berücksichtigt werden konnten. Das gilt z. B. für das „Anstupsen". Dabei handelt es sich um eine vom System generierte Meldung, die dazu dient, dem anderen kundzutun, dass man an ihn denkt. An dieser Stelle sei zudem betont, dass sich alle im Folgenden diskutierten Kommunikationsformen auch in anderen Freundesnetzwerken finden, wenn auch unter anderen Bezeichnungen. Was z.B. auf *Facebook* der „Chat" ist, heißt bei *SchülerVZ* und *StudiVZ* „Plauderkasten", was auf *Facebook* die „Statusmeldung" ist, ist bei *SchülerVZ* und *StudiVZ* der „Buschfunk". Auch für das „Anstupsen" gibt es bei *SchülerVZ* und *StudiVZ* eine andere Bezeichnung, nämlich die Wortneuschöpfung „gruscheln" (vermutlich eine Kontamination aus *grüßen* und *kuscheln*). Grundsätzlich verwundert es nicht, dass sich die Bezeichnungen auf *StudiVZ* und *SchülerVZ* entsprechen und dass sich hier auch das Layout gleicht: Beide Plattformen stammen vom selben Anbieter.

3.1 Eins-zu-viele-Kommunikation auf *Facebook*

Zu den wenigen Texten, die auf *Facebook* nicht dialogisch sind, sondern im Eins-zu-viele-Format stehen, zählen die Statusmeldungen der Nutzer und ihre auf der Profilseite gegebenen Informationen. Dabei variiert die Reichweite des Leserkreises in Abhängigkeit von den Privatsphäre-Einstellungen der jeweiligen Person. So ist es möglich, die Informationen auf der Profilseite nur den eigenen Kontakten zugänglich zu machen, sie können aber, je nach gewählter Option, auch von allen anderen *Facebook*-Besuchern eingesehen werden. An diesem Punkt setzt die zu Recht immer wieder geäußerte Kritik ein, dass man sich „im globalen digitalen Käfig" (vgl. Geser 2008) ausstelle und es insbesondere Jugendliche seien, die auf diese Weise ihre Privatsphäre offenlegen bzw. ihre Privatsphäre-Einstellungen nicht kontrollieren, so dass tatsächlich alle (z.B. auch künftige Personalchefs) ihre Profilbilder, Statusmeldungen und biographischen Angaben einsehen können. Fast scheint es müßig zu sein, zu fordern, dass dies den Jugendlichen stärker ins Bewusstsein gerückt werden müsse, so präsent ist die Berichterstattung in den Medien über diesen Umstand. Viele Jugendliche sehen darin aber gar kein Problem. Auf sie trifft vermutlich zu, was Dietz (2011: 188) schreibt: „Die Entscheidung, einer großen oder sogar unbegrenzten Zahl von Personen Einblick in meine Freizeitaktivitäten, meine Vorlieben und Abneigungen oder meinen derzeitigen Beziehungs-status zu gewähren, ist kein genereller Verzicht auf Privatsphäre, son-dern eine Form ihrer Gestaltung."

Kommen wir nun zu den Texten, die von Jugendlichen als Status-meldungen „gepostet" werden und sich somit an alle Freunde richten. Sie werden so genannt, da *Facebook* auf der Profilseite das Wort „Sta-tus" anzeigt und dieses Wort mit einem Textfeld verbindet, das mit der Frage „Was machst Du gerade?" unterlegt ist. In vielen Fällen antwor-tet der Nutzer hier tatsächlich auf diese Frage, und zwar oft in der drit-ten Person, da das System automatisch den eigenen Namen voranstellt (z.B. *XY hat gerade zu Mittag gegessen*). Oft dienen solche Statusmeldun-gen dem Schreiber dazu, etwas zu seiner momentanen Befindlichkeit zu sagen, zu dem, was er gerne tut, wo er ist, was er gleich tun wird oder gerade getan hat. Das zeigt sich in folgenden Statusmeldungen Schweizer Jugendlicher, deren Beiträge – wie in der Handy- und Inter-netkommunikation in der Deutschschweiz üblich (vgl. Dürscheid/ Wagner/Brommer 2010) – in Dialekt verfasst sind. Die Schreibung wird im Original wiedergegeben:

> (1) tut im moment lerne und stoff nahohle! ❤
> (2) Muss en Vortrag schriebe!!!!

Hier mag man sich als Außenstehender fragen, warum solche Mittei-lungen überhaupt geschrieben werden, welchen Informationswert sie haben. Doch dies ist möglicherweise die falsche Frage: Es geht den Schreibern ja primär darum, die anderen am eigenen Leben teilhaben zu lassen, eine Momentaufnahme aus dem eigenen Leben zu präsentie-ren – nicht mehr und nicht weniger. Der Wert solcher Nachrichten liegt also vor allem auf der Beziehungsebene, nicht so sehr auf der Inhalts-ebene. So können Statusmeldungen auch dazu dienen, Glückwünsche zu versenden (z.B. zum neuen Jahr) oder sich bei allen für die erhalte-nen Glückwünsche (z.B. zum Geburtstag) zu bedanken. Ob diese Mit-teilungen immer so spontan niedergeschrieben werden, wie sie den Anschein haben, sei dahingestellt; Fakt ist, dass sie meist informellen Charakter haben. Doch können Statusmeldungen noch andere, ganz praktische Zwecke erfüllen. So übernehmen sie, wie Capaul (2011) in ihrer Auswertung von 3000 Statusmeldungen gezeigt hat, oft die Funk-tion von Kleinanzeigen. Sie gleichen damit Mitteilungen am Schwarzen Brett. Zwar erreicht man auf diese Weise keinen sehr großen Adressa-tenkreis, doch auch wenn man z.B. nur 100 Freunde hat, kann es sein, dass sich unter diesen Interessierte finden oder diese wiederum Freun-de haben, die sich für das Angebot interessieren. Außerdem spricht man auf diese Weise nicht x-beliebige Personen an, sondern möglicherweise genau die, für die ein solches Angebot in Frage kommt oder die bereit sind, weiterzuhelfen, eben weil sie zum Netzwerk gehören.[7] Davon profitiert man z.b., wenn man eine Frage oder ein Problem hat. So schreibt eine junge Frau auf *Facebook*, dass sie den Sicherungskasten in ihrer Wohnung nicht finden könne. In der Folge werden ihr dazu gute Ratschläge gegeben, auf die die Schreiberin wiederum reagiert. Hieran zeigt sich, dass eine Statusmeldung – ob beabsichtigt oder nicht – Reaktionen nach sich ziehen kann, die ihrerseits dialogischen Charakter haben.

Betrachten wir nun noch solche Texte, die *Facebook*-Nutzer als Informationen zu ihrer Person ins Netz stellen. Dabei fällt auf, dass diese in der Regel deutlich formeller sind und weniger Schreibfehler enthalten. Das verwundert nicht: Statusmeldungen sind flüchtige, oft aus dem Augenblick heraus geschriebene Mitteilungen, Informationen zur Person haben dagegen dokumentarischen Charakter; sie sind gewissermaßen die Visitenkarte des *Facebook*-Nutzers. Diese Angaben können zwar, wie auch die Statusmeldungen, immer wieder modifiziert werden, sie bleiben in der Regel aber über längere Zeit konstant. Meist bestehen sie nur aus Angaben, die vom System zur Auswahl vorgeschlagen werden (z.B. „Ich bin: weiblich/männlich" oder „Beziehungsstatus: Single/In einer Beziehung/Verlobt/Verheiratet/..."), man muss den Text also nicht selbst schreiben und kann sich somit auch nicht vertippen. An anderer Stelle genügt es, Informationen zur eigenen Person stichwortartig einzutragen. So kann man die vom System vorgegebene Frage „Welche Musik gefällt dir?" beantworten, indem man nur die Namen von Musikgruppen auflistet, weiterer Text ist nicht nötig. Auch in der Rubrik „Über mich" findet man nur selten einen frei formulierten Text. Einige setzen an dieser Stelle, wie unsere nicht repräsentative Stichprobe zeigt, einen Link, andere nennen ihre besten Freunde, fügen ein Zitat ein oder notieren einen flotten Spruch (z.B. „Die Realität ist fantastischer als die Fantasie!!!"); wieder andere verzichten hier ganz auf einen Eintrag.

3.2 Eins-zu-eins-Kommunikation auf *Facebook*

Die Texte, die man auf der Info-Seite zu einer Person lesen kann, sind meist relativ normkonform, Schreibfehler finden sich hier nur selten.

---

[7] Hier zeigt sich die Mehrdeutigkeit des Wortes *Netzwerk*. Damit kann die gesamte Plattform gemeint sein, aber auch das Freunde-Netzwerk, das sich jeder Nutzer aufgebaut hat. Und schließlich kann *Netzwerk* in seiner originären, soziologischen Bedeutung gemeint sein – ganz ohne Bezug zum Internet.

Anders liegen die Dinge bei den Nachrichten, die schnell hin und her wechseln. Damit kommen wir zu den dialogischen Kommunikationspraktiken auf *Facebook*. Die Chat-Funktion wurde schon erwähnt, hier sei nur so viel gesagt: Es ist möglich, ein oder mehrere Chatfenster gleichzeitig zu öffnen und quasi synchron, in Sekundenschnelle miteinander zu kommunizieren. Ein Vorteil dieser *Facebook*-Funktion ist, dass angezeigt wird, wer gerade online ist, also zum Chatten bereit steht. Auf diese Weise haben die Nutzer immer einen Blick darauf, wer „da" ist. Dies ist ein großer Vorteil gegenüber anderen Kommunikationsformen (z.B. E-Mail, SMS), bei denen man nie weiß, wann der andere die Nachricht liest. Die Jugendlichen sind über *Facebook* also nicht nur permanent in Kontakt, sie wissen auch jeweils genau, wen sie unmittelbar erreichen – und wen nicht. Genügt es, eine private Nachricht zu schicken, die der andere zu einem späteren Zeitpunkt lesen kann, dann gibt es zudem die Option „Nachricht senden". Das Textfeld, das sich beim Anklicken dieses Buttons öffnet, gleicht einer E-Mail (allerdings ohne Betreff). Eine solche Nachricht kann man mittlerweile nicht mehr nur an seine *Facebook*-Freunde schicken, man kann auch eine beliebige E-Mail-Adresse eingeben. Die Funktion ersetzt damit zwar nicht ein separates Mailprogramm, doch ist dies ein weiterer Schritt in die Richtung, alle Kommunikationspraktiken auf einer Plattform zu bündeln (vgl. hierzu auch Neuberger 2011). Oft kommt es auch vor, dass eine Nachricht an die Pinnwand des anderen geschrieben wird. Auch dabei handelt es sich um eine adressatengerichtete Eins-zu-eins-Kommunikation, aber mit dem Unterschied, dass die Nachricht nicht nur für den Adressaten, sondern für alle einsehbar ist. Dazu ein Beispiel:

> A: Ich will ne Fahrradtour mit dir machen :)
> B: Hihi, das freut mich :) Bald ist ja auch Wetterbesserung in Sicht :)

Hier gibt es zwei Kommunikationskreise: 1) die an dem Dialog beteiligten Personen und 2) alle anderen, die mitlesen, sich aber nicht in den Dialog einschalten, obwohl sie dies könnten. Zu diesem äußeren Kommunikationskreis zählen, je nach Privatsphäre-Einstellung, nur die Freunde, möglicherweise aber auch die Freunde der Freunde oder die ganze *Facebook*-Welt. Das scheint die Schreiberinnen aber nicht zu stören: Sie tauschen sich über die geplante Fahrradtour aus, als seien sie unter sich. Interessant ist auch, dass in diesem kleinen Dialog drei Smileys vorkommen. Schaut man sich Pinnwandeinträge anderer jugendlicher Schreiber daraufhin an, dann gewinnt man, zugespitzt gesagt, fast den Eindruck, dass eine Äußerung unvollständig ist, wenn nicht mindestens ein Smiley gesetzt wird. Das gilt auch für ein anderes Zeichen, das sich derzeit unter Jugendlichen großer Beliebtheit erfreut: das Herz („Wünsht allna erholsami feeria❤"). Oft steht ein solches Herz in Verbindung mit Sympathiebekundungen und Positivbewertungen (vgl. „Ei leik ju zo matsch!" oder „bisch di bescht"). Auffallend ist hier die Tendenz zu emphatischer Überhöhung und emotionalisierter Schreibweise. In dieses Bild passt auch die überbordende Zahl an Ausrufezeichen (vgl. „Ich hasse Gladbach!!!!"). Eine solche „Gefühlsstenografie" (so die Bezeichnung in Vogelsang 2010: 48) ist sicher nicht auf die *Facebook*-Kommunikation beschränkt, hier ist sie aber für alle einsehbar.

Noch ein Wort zu den Statusmeldungen: Weiter oben wurde darauf hingewiesen, dass sich im Anschluss an eine Statusmeldung eine dialogische Kommunikation entwickeln kann, dass also die Eins-zu-viele- zur Eins-zu-eins-Kommunikation werden kann. So kommt es häufig vor, dass Statusmeldungen, die nur dazu gedacht waren, den anderen etwas kundzutun, von anderen kommentiert werden.[8] Auch hierfür sei ein Beispiel gegeben. Als Ausgangspunkt dient eine Statusmeldung, in der A mitteilt, womit sie sich gerade beschäftigt: Wein trinken, Eis essen und fernsehen. Zwei Freundinnen, B und C, reagieren darauf.

> A: rotwii, glace & sex and the city luege :)
> B: mmmhh!!!:p sex and the cityy!!!!xD
> C: Hesch mi grad inspiriert mitem rotwii :)

Aus diesen Repliken entsteht in der Folge eine Dialogsequenz: A antwortet auf die Kommentare von B und C, andere mischen sich ein und kommentieren die Statusmeldung von A ebenfalls, dann antworten B und C wieder auf A. Dass die Schreiberinnen sich offensichtlich nicht daran stören, dass alle anderen mitlesen können (in diesem Fall sind es über 500 Personen), ist für Außenstehende bemerkenswert, erfahrene *Facebook*-Nutzer erstaunt das aber nicht, oft geht es ihnen selbst so: Der innere Kommunikationskreis zählt, den äußeren nimmt man nicht wahr.

4. *Facebook* – eine Bühne der Selbstdarstellung?

Wie wir gesehen haben, findet die Onlinekommunikation unter Jugendlichen in weiten Teilen innerhalb sozialer Netzwerke statt. Doch was veranlasst Jugendliche dazu, einen großen Teil ihrer Freizeit in Netzwerken zu verbringen? Damit kommen wir zu ihren Nutzungsmo-

---

[8] Möglicherweise gilt es in manchen Fällen schon als negative Beziehungsbotschaft, wenn jemand Hunderte von Freunden hat, eine Statusmeldung aber von niemandem kommentiert wird.

tiven. Diese verändern sich parallel mit der Altersentwicklung: Während bei den Jüngeren noch das Spielen zentrales Anliegen ist (vgl. Willemse/Waller/Süß 2010: 33), werden mit Beginn der Pubertät die Netzwerke wichtiger. Ein Grund hierfür ist das Bedürfnis nach Kontakt mit anderen, verbunden mit der „Suche nach dem eigenen Ort im sozialen Gefüge" (Hasebrink 2011: 191). Mit fortschreitender Adoleszenz werden die sozialen Netzwerke zudem auch als Informationsquelle genutzt. Hasebrink (2011: 191) spricht in diesem Zusammenhang von „Identitäts-, Beziehungs- und Informationsmanagement". Dabei ist der Informationsaspekt, d. h. die Nutzung des Netzwerkes gewissermaßen als Update für das Geschehen im sozialen Umfeld, nicht zu trennen vom Identitäts- und Beziehungsmanagement. Denn je besser ein Nutzer in das Netzwerk integriert ist, desto besser erfüllt dieses den Zweck, den Nutzer auf dem Laufenden zu halten. Und je aktiver und kompetenter das Netzwerk genutzt wird, desto erfolgreicher lässt sich damit soziales Kapital akkumulieren (vgl. Döring 2011: 193) – in Form von Netzwerk-Freundschaften, gemeinsamen Gruppenzugehörigkeiten usw. Das soziale Netzwerk als „Kommunikationsforum" (Dietz 2011: 188) wird damit zu einem Identitätsmarkt (vgl. Vogelsang 2010: 42), zu einem Ort, an dem jeder Nutzer in Relation zu den anderen Nutzern im Gruppengefüge steht und sich in diesem Gefüge selbst „darstellt". Doch ist die Plattform nicht nur eine solche Bühne der Selbstdarstellung, sie erfüllt noch ganz andere, praktische Zwecke. Welche dies sind, soll im Folgenden aufgezeigt werden. Zur besseren Übersicht werden wir dabei auf die verschiedenen Funktionen separat eingehen, also die Möglichkeit der Selbstdarstellung, die Pflege von Kontakten und die vereinfachte Alltagsorganisation getrennt voneinander darstellen. In der Praxis sind diese Funktionen aber eng miteinander verknüpft.

4.1 Selbstdarstellung auf *Facebook*

Die Identitätsbildung ist für Jugendliche eine zentrale Entwicklungsaufgabe (vgl. Kammerl 2005: 68). So liegt es auf der Hand, dass der Aspekt der Selbstdarstellung als Mittel der Identitätskonstruktion in dieser Altersgruppe sehr wichtig ist – und demzufolge auch *Facebook* für diesen Zweck genutzt wird. In der Selbstdarstellung wiederum gibt es ein großes Spannungsfeld, das sich mit den Worten des Soziologen Heinz Abels folgendermaßen beschreiben lässt: „Das Individuum hat das Bedürfnis, so normal wie alle anderen und [gleichzeitig] so einzigartig wie keiner zu sein." (Abels 2009: 358) Dieser Balanceakt zwischen Selbstdarstellung und unauffälliger Integration in das Umfeld spiegelt sich auch in den sozialen Netzwerken. In der Gestaltung der eigenen Profilseite wird einerseits das Bedürfnis der Jugendlichen sichtbar, sich von der Masse abzuheben. Andererseits führt dieses gewollte Anderssein dazu, dass sich die Jugendlichen in ihrer Abgrenzung wieder annähern. Zugespitzt gesagt: Im Streben aller nach Individualisierung tritt wieder Ähnliches hervor. Vergleichen lässt sich dieses Phänomen mit dem normabweichenden Schreiben, das Jugendliche bewusst einsetzen. So bilden sich jenseits der bestehenden Normen Schreibweisen heraus, die sich ihrerseits wiederum unter Jugendlichen etablieren und zur Konvention werden.

Wie weiter oben schon erwähnt, ist es möglich, in sozialen Netzwerken einer Interessengruppe beizutreten oder selbst eine solche Gruppe zu gründen (z.B. „Für längere Ladenöffnungszeiten"). Was die Gruppenmitgliedschaften von Jugendlichen betrifft, liegt bereits eine interessante Studie vor (vgl. Hellberg 2010), in der 111 *SchülerVZ*-Gruppen untersucht wurden. Auch in diesen Mitgliedschaften zeigt sich das Spannungsfeld von Identifizierung mit anderen (= Identität) und gleichzeitiger Abgrenzung von anderen (= Alterität): Die Jugendlichen treten Gruppen bei, um sich eine Individualität zu geben, gleichzeitig reihen sie sich ein in die Zahl derer, die ebenfalls der Gruppe angehören. Interessanterweise existieren in sozialen Netzwerken aber auch Gruppen, welche die Gruppenzugehörigkeit selbst thematisieren. Im *SchülerVZ* findet man hierzu die folgenden Beispiele (vgl. Hellberg 2010: 28): „Ich bin nicht einfach so in Gruppen, die sagen alle etwas aus", „die namen meiner gruppen drücken nur meine persönlichkeit aus" oder „Meine Gruppenliste sagt mehr über mich aus als mein Profil!". Auch solche Gruppenzugehörigkeiten dienen, ebenso wie die Angaben zur eigenen Person (inkl. Text, Fotos und Videos), als „Mittel der Selbstrepräsentation" (Dmitriev 2011: 187). Zwar gab es solche Möglichkeiten im Internet früher schon (vgl. die Gestaltung einer privaten Homepage), doch ist es inzwischen so, dass jeder Jugendliche, der in einem sozialen Netzwerk registriert ist, damit gewissermaßen eine eigene Homepage hat, einen eigenen „Ort der Selbstdarstellung" (siehe Dietz 2011: 188). Aber ist diese Selbstdarstellung tatsächlich so enthüllend, machen sich die Jugendlichen tatsächlich zu gläsernen Menschen, wie Hans Geser (2008) schreibt? Die Medienpsychologin Nicola Döring relativiert dies:

> „Der verbreitete Vorwurf einer geradezu exhibitionistischen Selbstdarstellung auf Online-Profilen ist psychologisch ungerechtfertigt: Nur wenn die Nutzer auf ihren Online-Profilen persönliche Informationen preisgeben, kann dieser Kommunikationsweg dem bedeutungsvollen sozialen Austausch dienen. Die Online-Selbstdarstellung ist dabei weder von normverletzenden

> Inhalten noch von unwahren Fantasieangaben geprägt, sondern meist harmlos und authentisch. Mit der auch sonst üblichen Prise Selbstmarketing."
> (Döring 2011: 192)

Mit ihrer Online-Selbstdarstellung schaffen sich die Jugendlichen also eine „Online-Identität" (Görig 2011: 68), die für ihre Person steht. Weil die Netzwerk-Kommunikation in der Regel mit Personen aus dem realen Leben geschieht (s. u.), sind diese Online-Identitäten meist durch Authentizität gekennzeichnet. Nur dann können die Jugendlichen im Netzwerk als Ich, als Individuum, wahrgenommen werden. Die Selbstdarstellung kann diesen Zweck jedoch nie singulär erfüllen, sie braucht immer die Einbettung in das soziale Gefüge. Somit dient auch die Kontaktpflege, auf die wir im folgenden Abschnitt noch näher eingehen werden, der Identitätskonstruktion. Zur regelmäßigen Kontaktpflege gehört, dass Freundschaftsanfragen verschickt bzw. dass solche angenommen werden (auch wenn man den Absender nicht persönlich kennt), um auf diese Weise die Zahl der Freunde zu akkumulieren, neue soziale Beziehungen zu knüpfen und damit die eigene Bedeutung zu bestätigen. Doch nicht nur die Selbstdarstellung und die Zugehörigkeit zu ausgewählten Gruppen dienen der Identitätskonstruktion. Auch die (Zahl der) sozialen Beziehungen, d. h. die Zahl der Knoten, die jeder einzelne Nutzer in *Facebook* knüpft, sind unter diesem Aspekt zu betrachten – und zwar sowohl in quantitativer Hinsicht (*wie viele* Freunde hat jemand?) als auch in qualitativer Hinsicht (*welche* Freunde hat jemand?). Darauf verweist auch Martina Mara in ihrer Studie „Narziss im Cyberspace" und stellt zum Zusammenhang von Selbstdarstellung und akkumuliertem Freundeskreis treffend fest,

> „dass virtuelle Freunde oft überhaupt erst aus Gründen der Eindruckssteuerung dem öffentlich einsehbaren Online-Netzwerk hinzugefügt werden. [...] Manche Nutzer von Social Network Sites scheinen demnach davon auszugehen, dass ein Teil des positiven Images ihrer Online-Freunde auch direkten Einfluss auf den Attraktivitäts- oder „Coolness"-Grad des eigenen Profils hat." (Mara 2009: 34; vgl. hierzu auch Neuberger 2011: 80)

Halten wir fest: Jugendliche setzen die Vernetzung mit ausgewählten anderen Nutzern funktional ein, um das eigene Image zu stärken und sich selbst attraktiver zu machen. Die für soziale Netzwerke konstitutive Netzstruktur hilft ihnen dabei: Das Netz ermöglicht die Herausbildung einer eigenen Nutzeridentität, d.h. die Positionierung des eigenen Knotens im Netz und die Schaffung einer fiktiven Gemeinschaft von Freunden. Dabei muss es sich bei dieser Gemeinschaft weder um eine Gruppe von Gleichaltrigen noch um eine Gruppe von Gleichgestellten handeln; es wäre also aus soziologischer Sicht falsch, in Bezug auf ein solches Netzwerk von einer jugendlichen „Peergroup" zu sprechen.

4.2 *Facebook* als Mittel zur Kontaktpflege und Alltagsorganisation

Wie bereits dargelegt, erfüllt die Selbstdarstellung nur dann ihren Zweck, wenn andere da sind, die auf die Selbstdarstellung reagieren. Ein mindestens genauso wichtiges Motiv für die *Facebook*-Kommunikation ist daher die Pflege der „Freundschaften". Dabei handelt es sich zum einen um die Aufrechterhaltung oder auch Wiederauffrischung von Kontakten zu solchen Personen, zu denen man, z. B. aufgrund räumlicher Distanz, nur geringen „Offlinekontakt" hat. Soziale Netzwerke sind prädestiniert dafür, solche Distanzen zu überbrücken – mehr noch als bspw. die E-Mail-Kommunikation oder das herkömmliche Chatten. Vermutlich liegt der Grund dafür in der Multifunktionalität der *Facebook*-Kommunikation. So kann man, während man das eigene Profil bearbeitet, schnell einmal unverbindlich nachschauen, ob der andere gerade online ist oder etwas auf seine Pinnwand geschrieben hat – und gegebenenfalls darauf reagieren. Zum anderen dient *Facebook* zur Kommunikation mit den Personen, die auch im realen Leben das soziale Umfeld bilden (siehe dazu weiter unten). Erwähnt seien weiter aber auch diejenigen Netzwerk-Kontakte, die allein aufgrund der Tatsache Eingang in die Freundesliste gefunden haben, dass man eine höhere Zahl an Freunden haben möchte. Von diesem „Freunde-Sammeln" schwer abzugrenzen ist das Netzwerken im engeren Sinn, also das Erweitern des sozialen Umfelds aus taktischen (bei älteren Nutzern meist aus berufsbedingten) Gründen. Dieser Aspekt ist jedoch unter den Jugendlichen (noch) nicht so relevant (vgl. auch Neuberger 2011: 59) und soll deshalb hier nicht weiter diskutiert werden. Grundsätzlich gilt: Der Anteil der Onlinekontakte, zu denen keine Verbindung im eigentlichen Sinne besteht, ist hoch. Das zeigt eine amerikanische Studie, der 362 Millionen Nachrichten und sog. Anstupser von 4,2 Millionen *Facebook*-Nutzern als Datengrundlage dienten. Sie ergab, dass nur 15 % aller verlinkten Freundschaftspaare im Untersuchungszeitraum von 26 Monaten überhaupt miteinander in Kontakt traten (vgl. Golder/Wilkinson/Huberman 2007: 5). Bei 85 % handelte es sich also um Kontakte, die nur nominell existierten, d. h. um – mit den Worten von Hans Geser (2008: 27) – „noninteractional friendships". So stellen die Autoren der genannten Studie denn auch treffend fest: „[I]t's easier to have lots of friends than lots of message partners." (Golder/Wilkinson/Huberman 2007: 13)

Nun noch ein Wort zur Onlinekommunikation mit dem offline existierenden Freundeskreis: Auch die alltägliche Kommunikation mit Personen, zu denen ohnehin regelmäßig Kontakt besteht, wird durch die Nutzung sozialer Netzwerke erleichtert. Während man z.B. beim Senden einer E-Mail oder SMS nie sicher sein kann, wann der andere die Nachricht liest, ist auf *Facebook* direkt sichtbar, wer aus dem Freundeskreis gerade online ist und somit kurzfristig für eine Verabredung o.Ä. kontaktiert werden kann (vgl. „jemand lust auf boiler heute abend? bitte melden!", Bsp. übernommen von Capaul 2011: 76).[9] Netzwerke dienen also der Verbindung von Online- und Offlinewelt und tragen damit ganz praktisch zur Organisation des Alltags bei – ein Aspekt, der in der kritischen Diskussion um soziale Netzwerke meist nicht in Betracht gezogen wird. Diese enge Verknüpfung der virtuellen und realen Welt, die sich aus der Kommunikation mit denselben Personen sowohl online als auch offline ergibt, führt dazu, dass auch die soziale Integration auf beiden Ebenen parallel läuft (vgl. Döring 2011: 192): Ist eine Person in der Onlinewelt sozial eingebunden, korreliert dies in der Regel mit dem Umstand, dass sie auch offline sozial eingebunden ist. Eine hohe soziale Integration, verbunden mit der vereinfachten Erreichbarkeit durch das Netzwerk, hat allerdings auch ihren Preis: Denn „[w]er gut vernetzt ist, hat kaum noch Möglichkeiten, für bestimmte Nachrichten oder Personen nicht erreichbar zu sein. Das Sozialkapital wird dann leicht zur Hypothek", konstatiert Holzer (2011: 181). Aus der Möglichkeit, im Netzwerk präsent zu sein, Statusmeldungen zu schreiben, mit anderen zu kommunizieren, kann eine Pflicht werden; die Kontaktpflege kann zum Zwang werden, antworten zu müssen. Auch auf sprachlicher Ebene schlägt sich dies nieder: Verabschiedet man sich z.B. nur mit „LG" (Liebe Grüße) oder „hdl" (hab dich lieb), kann dies schon zu wenig emotional scheinen. Auch das mag ein Grund für die inflationär gebrauchten Smileys, Herzchen und Zuneigungsbekundungen sein. Letztlich kann sogar die Netzwerk-Mitgliedschaft selbst auf sozialen Druck hin geschehen, aus dem Bedürfnis heraus, dabei zu sein (vgl. vom Hofe et al. 2011: 110). Diese soziale Integration ist gerade für junge Menschen, die sich, anders als Erwachsene, noch in einer zentralen Phase ihrer Identitätsentwicklung befinden, ein entscheidender Faktor. Sozialen Netzwerken kommt al-

---

[9] Neuberger sagt es deutlich: „Online- und Offline-Kanäle der Beziehungskommunikation stehen [...] nicht isoliert nebeneinander, sondern kreuzen sich vielfach." (Neuberger 2011: 56)

lein schon aus diesem Grund eine bedeutende Rolle zu. Insofern verwundert es nicht, dass die Zugehörigkeit zu einem Onlinenetzwerk für viele Jugendliche „einfach dazu gehört".

5. Soziale Netzwerke und Sprachwandel

Der Teil des vorliegenden Bandes, dem dieser Beitrag zugeordnet ist, trägt die Überschrift „Generation und Sprachwandel". Das bringt uns abschließend zu der Frage, welche Art von Sprachwandel durch die *Facebook*-Kommunikation initiiert werden könnte. Von „Gefühlsstenografie" war weiter oben schon die Rede, auch wurde darauf hingewiesen, dass die phatische Kommunikation in sozialen Netzwerken einen wichtigen Stellenwert einnimmt und sich dies z.B. in überschwänglichen Sympathiebekundungen zeigt. Das berechtigt aber selbstverständlich noch nicht dazu, einen Sprachwandel zu vermuten. Doch was sich festhalten lässt, ist das Folgende: Das Verhältnis zwischen gesprochener und geschriebener Sprache hat sich durch die Nutzung neuer Kommunikationsformen verändert. Die geschriebene Sprache ist in Bereiche eingedrungen, die früher der gesprochenen Sprache vorbehalten waren. Das gilt nicht nur für die neue Möglichkeit der dialogischen Interaktion im Geschriebenen, das gilt auch für den gesamten Bereich der Kommunikation mit Freunden, Familienmitgliedern und guten Bekannten: Soziale Beziehungen lassen sich in sozialen Netzwerken nun tagtäglich und umstandslos auch mit den Menschen pflegen, die einem zwar nahestehen, die aber nicht in räumlicher Nähe sind. Weiter besteht dadurch die Möglichkeit, unauffällig Kontakt zu halten, auch wenn der andere gerade einer Tätigkeit nachgeht, bei der er eigentlich keine privaten „Gespräche" führen darf (am Arbeitsplatz z.B.). Inwieweit diese Entwicklung zu Veränderungen im Sprachgebrauch führen wird (z.B. zu einer Übertragung informeller Ausdrucksweisen auf Nachrichten an Personen, die man nicht gut kennt, die hierarchisch höher stehen oder die man in einem offiziellen Kontext anschreibt), lässt sich aber nur aus der Retrospektive beantworten. Fakt ist auf jeden Fall, dass in viel mehr Situationen des täglichen Lebens geschrieben wird als früher, die Anwendungsdomänen von gesprochener und geschriebener Sprache sich also verschoben haben.

Doch nicht nur das geschriebene Wort, auch Bilder werden immer wichtiger, und zwar nicht nur auf den vielen Webseiten des Internets (z.B. Onlinezeitungen), sondern auch in der Eins-zu-viele- und Eins-zu-eins-Kommunikation in sozialen Netzwerken: Fotos und Videos werden hochgeladen, die Statusmeldung auf *Facebook* enthält möglicherweise gar keinen Text, sondern lediglich einen interessanten Link, anstelle einer Textnachricht wird ein Foto auf die Pinnwand gestellt und dieses Foto wiederum von anderen kommentiert. Das Bild stellt hier einen wichtigen Teil des Kommunikationsgeschehens dar; es ist auf keinen Fall nur eine *quantité négligeable* (vgl. dazu auch Doelker 2011). Für die Sprachwissenschaft heißt dies: Will man Aussagen zum Sprachwandel machen, dann muss man berücksichtigen, dass sich nicht nur das Gefüge von gesprochener und geschriebener Sprache, sondern auch das Gefüge von geschriebener Sprache und Bild verändert hat. Darin sehen wir einen grundlegenden Wandel in der heutigen Kommunikationspraxis – und dieser Wandel ist es, der möglicherweise zu einem Sprachwandel führen wird.

Literatur

Abels, Heinz 2009: Einführung in die Soziologie 2: Die Individuen in ihrer Gesellschaft (4. Aufl. Hagener Studientexte zur Soziologie). Wiesbaden.

Busemann, Katrin/Gscheidle, Christoph 2010: Web 2.0: Nutzung steigt – Interesse an aktiver Teilhabe sinkt. Ergebnisse der ARD/ZDF-Onlinestudie 2010. In: Media Perspektiven 7–8, 359–368.

Dietz, Simone 2011: Zwischen Privatsphäre und Öffentlichkeit. Soziale (digitale) Netzwerke aus philosophischer Sicht. In: Forschung und Lehre 3, 188–189.

Dmitriev, Kirill 2011: Brauchen Wissenschaftler Facebook, Twitter und Co.? – Contra. In: Forschung und Lehre 3, 187.

Doelker, Christian 2011: Visuelle Kompetenz – Grundzüge der Bildsemantik. In: Hug, T./Kriwak, A. (Hrsg.): Visuelle Kompetenz. Beiträge des interfakultären Forums Innsbruck Media Studies. Universität Innsbruck, 9–27.

Döring, Nicola 2011: Pflege von sozialen Kontakten und Beziehungen. Zur Psychologie der Netzwerk-Nutzer. In: Forschung und Lehre 3, 192–193.

Dudenredaktion 2009: Das neue Wörterbuch der Szenesprachen. Mannheim.

Dürscheid, Christa/Wagner, Franc/Brommer, Sarah 2010: Wie Jugendliche schreiben. Schreibkompetenz und neue Medien. Mit einem Beitrag von Saskia Waibel. Berlin/New York.

van Eimeren, Birgit/Frees, Beate 2010: Fast 50 Millionen Deutsche online – Multimedia für alle? Ergebnisse der ARD/ZDF-Onlinestudie 2010. In: Media Perspektiven 7–8, 334–349.

Flöck, Meike/Schäfer, Ilona/Steinkamp, Tobias 2011: Freundschaftspflege statt Kontaktsuche. Nutzerbefragung II: Nutzung, Motive und Kontaktverhalten im StudiVZ. In: Neuberger, C./Gehrau, V. (Hrsg.). StudiVZ. Diffusion, Nutzung und Wirkung eines sozialen Netzwerks im Internet. Wiesbaden, 116–139.

Geser, Hans 2008: Exhibited in the Global Digital Cage. On the Functions and Consequences of Social Network Sites in Complex Societies [Online-Version]. http://socio.ch/intcom/t_hgeser20.pdf (gesichtet am 04.06.2011).

Golder, Scott/Wilkinson, Dennis/Huberman, Bernardo 2007: Rhythms of Social Interaction: Messaging within a Massive Online Network [Online-Version]. http://www.hpl.hp.com/research/idl/papers/facebook/facebook.pdf (gesichtet am 04.06.2011).

Görig, Carsten 2011: Gemeinsam einsam. Wie Facebook, Google & Co. unser Leben verändern. Zürich.

Hasebrink, Uwe 2011: Identität, Beziehung und Information. Wer nutzt soziale Netzwerke? In: Forschung und Lehre 3, 190–191.

Hellberg, Aisha 2010: „Ich bin nicht einfach so in Gruppen, die sagen alle etwas aus." Sprachliche Identitätskonstruktion Jugendlicher durch Gruppen im SchülerVZ. Seminararbeit Universität Freiburg i.Br. (unveröff.).

Holzer, Boris 2011: Sozialkapital oder Hypothek? Die Ambivalenz der Netzwerke. In: Forschung und Lehre 3, 180–181.

Hugger, Kai-Uwe 2010: Digitale Jugendkulturen: Einleitung. In: Hugger, K.-U. (Hrsg.). Digitale Jugendkulturen. Wiesbaden, 7–20.

JIM-Studie 2010: Jugend, Information, (Multi-) Media. Basisstudie zum Medienumgang 12- bis 19-Jähriger in Deutschland, hrsg. vom Medienpädagogischen Forschungsverbund Südwest, Stuttgart: http://www.mpfs.de/?id=181 (gesichtet am 04.06.2011).

Kammerl, Rudolf 2005: Internetbasierte Kommunikation und Identitätskonstruktion. Selbstdarstellungen und Regelorientierungen 14- bis 16-jähriger Jugendlicher (Medienpädagogik und Mediendidaktik, Bd. 7). Hamburg.

Mara, Martina 2009: Narziss im Cyberspace. Zur Konstruktion digitaler Selbstbilder auf der Social Network Site studiVZ. Boizenburg.

Neuberger, Christoph 2011: Soziale Netzwerke im Internet. Kommunikationswissenschaftliche Einordnung und Forschungsüberblick. In: Neuberger, Christoph/Gehrau, Volker (Hrsg.): StudiVZ. Diffusion, Nutzung und Wirkung eines sozialen Netzwerks im Internet. Wiesbaden, 33–96.

Neuland, Eva 2008: Jugendsprache. Stuttgart.

Röll, Franz-Josef 2010: Soziale Netzwerke. In: Hugger, Kai-Uwe (Hrsg.): Digitale Jugendkulturen. Wiesbaden, 209–224.

Vogelsang, Waldemar (unter Mitarbeit von Heiderose Minas) 2010: Digitale Medien – Jugendkulturen – Identität. In: Hugger, Kai-Uwe (Hrsg.): Digitale Jugendkulturen. Wiesbaden, 37–53.

vom Hofe, Hanna Jo u. a. 2011: StudiVZ als Gesprächsstoff. Nutzerbefragung I: Die Bedeutung interpersonaler Kommunikation für die Diffusion des StudiVZ In: Neuberger, Christoph/Gehrau, Volker (Hrsg.): StudiVZ. Diffusion, Nutzung und Wirkung eines sozialen Netzwerks im Internet. Wiesbaden, 97–115.

Willemse, Isabel/Waller, Gregor/Süß, Daniel 2010: *JAMES* – Jugend, Aktivitäten, Medien – Erhebung Schweiz. Zürich: Zürcher Hochschule für Angewandte Wissenschaften [Onlineversion]. www.psychologie.zhaw.ch/JAMES (gesichtet am 04.06.2011).

Eva Lia Wyss

Liebeserklärungen zwischen Ernsthaftigkeit und Fiktionalisierung. Inszenierung von Leidenschaft in schriftlichen Liebesbotschaften von Kindern, Jugendlichen und Erwachsenen

1. Liebesbriefe und -zettelchen von Kindern[1]

Erstaunlicherweise schreiben bereits Kinder – kaum haben sie schreiben gelernt – kleine Liebesbotschaften wie zum Beispiel: „Lieber Michael/Ich habe dich/Ich habe gehört das Petra/dich nicht mehr hat/Jetzt möchte ich das du mit/mir gehst//PS: Schreibe die Antwort/und gebe mir sie so das/niemand es sieht./Sage es Bitte niemandem/Herzliche Grüsse von/Brigitte" (ZLA 505, 1972).[2] Auf diese Weise teilt hier eine 8-Jährige einem Jungen ihrer Klasse ihr Begehren mit. Schreibanlass ist nicht das Gefühl, sondern die Tatsache, dass er wieder zu haben ist.

Sie kennt wohl die „Bausteine" eines Briefs, doch der Aufbau folgt nicht wirklich den Regeln der Kunst: Es fehlen die einleitenden Worte, am Schluss gibt es ein Durcheinander. Sie positioniert, nach dem Vorbild der mündlichen Verabschiedung, die Grußformel am Schluss. Obschon auch Satzbau und Orthografie Mängel aufweisen, zeugt der Wortschatz doch sehr vom Bestreben, die für die Schreiberin adäquate Sprache der Liebe einzubringen. Der Gefühlsausdruck wird mit der kindlichen Routineformel „ich habe dich" wiedergegeben, um daran anschließend den Wunsch, „jetzt möchte ich, das[s] du mit mir gehst", anzubringen. Sowohl der Besitz wie auch das Halten auf der einen Seite und die Fortbewegung auf der anderen Seite werden bereits als einschlägige Metaphernfelder des Liebesdiskurses eingeführt. Sie bilden eine Grundlage für die Ausdifferenzierung weiterer andeutungsreicher Metaphern der Vereinigung und des gemeinsamen Wegs. Offensichtlich teilt sie ihm also mit, dass sie ihn begehrt und möchte, dass sie

---

[1] Dieser Beitrag referiert Forschungsergebnisse, die im Rahmen eines größeren Projekts zum Liebesbrief entstanden. Einzelne Aspekte aus Wyss (2003) sowie Wyss/Ziegler (2008) werden hier zusammengefasst.

[2] Als Beispiele werden hier Briefe aus einer einschlägigen Sammlung, dem Zürcher Liebesbriefarchiv (ZLA), verwendet, die in einer Anzahl von 7292 Beiträgen (d. h. Briefen, Postkarten, Zetteln, E-Mails und SMS) in 621 Paarkonstellationen versammelt sind. Es handelt sich bei den Briefbeiträgen jeweils um Dokumentenbündel, die eine Briefsendung (teilweise einschließlich des Briefumschlags) umfassen. Dies sind in der Regel ein oder mehrere Briefe bzw. Briefbogen, seltener auch Gruß- oder Ansichtskarten, E-Mails oder SMS-Botschaften.

ein Liebespaar werden. Sie weist ihn zudem metakommunikativ an, das Schreiben diskret zu behandeln. Dies ist ein Hinweis auf die kindliche Gattung des Liebesbriefs: Die Liebeskommunikation wird zwar als privat-intime Kommunikation inszeniert, auf dem Pausenhof jedoch werden die Geheimnisse meist umgehend weitergegeben. Dies wird in anderen Briefen deutlich, wenn beispielsweise die noch kindhafte 11-jährige Sabrina schreibt: „Das bitte nicht Raphael sagen oder ihm *diesmal* den Brief nicht zeigen!!" (ZLA 6047, 1999). Zudem ist auch das Schreiben von Liebesbotschaften in diesem „Alter" keine private Angelegenheit. Liebesbrieflein werden auch in der Gruppe verfasst. Sabrina schreibt ihren Brief an Dominik nämlich mit ihrer Freundin Romina, die gleichzeitig einen Brief an einen anderen Jungen, Raphael, verfasst: „Wir haben *euch* dann dazwischen die Briefe geschrieben!" (ZLA 6047, 1999).

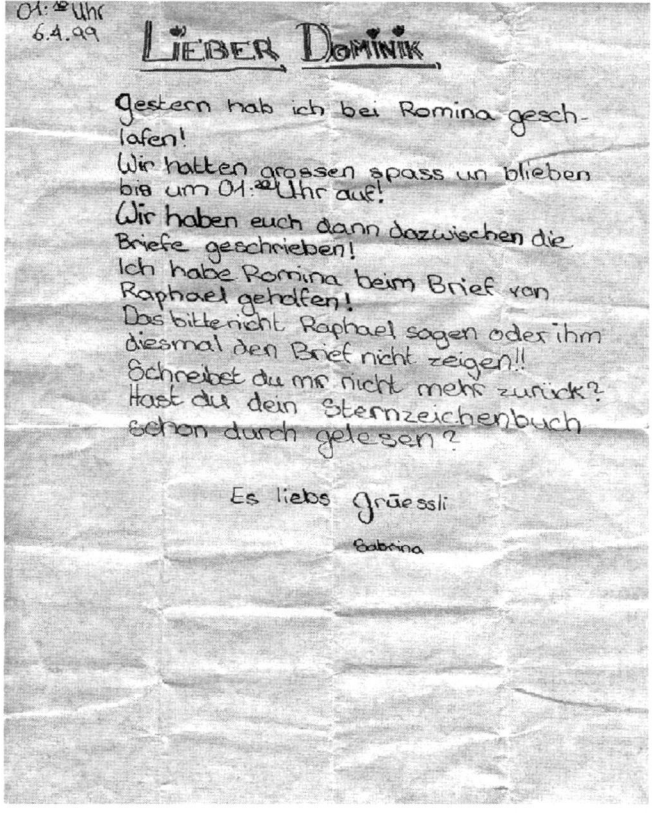

Abb. 1: Schülerinnenbrief-Faksimile ZLA 6047 (aus dem Jahr 1999)

01:10 Uhr

6.4.99

Lieber Dominik

Gestern hab ich bei Romina geschlafen!

Wir hatten grossen spass un blieben

bis um 01:20 Uhr auf!

Wir haben euch dann dazwischen die

Briefe geschrieben!

Ich habe Romina beim Brief von

Raphael geholfen!

Das bitte nicht Raphael sagen oder ihm

diesmal den Brief nicht zeigen!!

Schreibst du mir nicht mehr zurück?

Hast du dein Sternzeichenbuch

schon durch gelesen?

Es liebs Grüessli [dt. ein liebes Grüsslein]

Sabrina

Auf diese Weise werden die halböffentlichen Liebesgeschäfte in Brief- und Zettelkommunikation fortgeführt. Diese alltägliche Form des interaktiven Schreibens wird in schulischen Kontexten zur Bildung von Paaren, zur Reflexion der schulischen Beziehungen und zum Austausch über den Alltag eingesetzt. Dabei kommunizieren die Schülerinnen und Schüler in Absprache und unter der Regie ihrer gleichgeschlechtlichen Gruppe. Mit Liebeszetteln (die bisweilen von Boten überbracht werden) kommunizieren die Kinder aus der gleichgeschlechtlichen Gruppe heraus in die gegengeschlechtliche Gruppe hinein (Maccoby 1998). Dabei lösen sie sich zwar als Einzelne aus der Peergroup heraus, aber sie unternehmen in Absprache mit den Peers einen ersten Schritt in Richtung des heterosexuellen Liebesmarktes (Eckert 2008).

Die Briefchen und Zettel, die sich Schülerinnen und Schüler in der Klasse und auf dem Pausenhof weitergeben, sind aber weit mehr als bloß indirekte Kommunikationen. Damit werden zwar Vorschläge zu neuen Liebeskonstellationen gemacht, Beziehungen kokonstruiert und verhandelt. Wer wen „hat", ist in der Schule aber immer auch Ausdruck von Status und führt zur Einrichtung von Hierarchien in der Klasse und auf dem Schulhof. Der Liebesbrief ist damit ein eigentlicher Katalysator für die Durchsetzung von Liebesordnungen im schulischen Peergruppenkontext.

Bei längerer Dauer der Beziehung tauschen sich die Schülerinnen und Schüler auch über ihre Vorlieben, Hobbys, über Erlebnisse oder Ereignisse im gemeinsamen Kontext aus. Aber auch konkrete Erwartungen an die andere Person werden ausgesprochen („ich mag nicht, dass du mich XX nennst"), liebespraktische Fragen thematisiert, ob jemand schüchtern ist, ob man gerne Küsse austauscht. Schriftlich werden Treffen nicht vereinbart, dies geschieht im mündlichen Kontext, aber unter Wahrung des medialen Kontexts wird gefragt, wann der nächste Brief zu erwarten ist. So erlernen die Schülerinnen und Schüler selbstständig ein Repertoire von schriftlich erwarteten Verhaltensweisen, die im heterosexuellen Paarkontext als „Figurationen des Liebesdiskurses" (Barthes 1977) oder subsistente Normen tradiert werden. Einzelne dieser Normen sind bekannt und zwingend, so werden die Liebesbeziehungen als „heterosexuelle Zweierbeziehungen" formiert. Nicht alle Normen werden aber konsistent eingehalten, da sich die Einzelnen stärker noch den Erwartungen ihrer gleichgeschlechtlichen Peergroup verpflichtet fühlen. Die Kinder agieren als Angehörige eines Kollektivs, sie schreiben und lesen ihre Liebesbriefe im gleichgeschlechtlichen Verband. So wird – dies belegen Forschungsergebnisse aus dem US-amerikanischen Kulturraum – die Zettelkommunikation auch zu einem wichtigen Medium für die Herausbildung von Gruppenidentität(en) (Canaan 1990).

Kindlich-universelle Emotionalität
Diese zeigt sich auch sprachlich unmissverständlich in der Darstellung der Liebesgefühle. Hier schreibt man farbig, unvermittelt, aber auch sehr formelhaft „Ich liebe dich" oder übersetzt dies bisweilen in die englische Sprache: „I love you" bzw. „I <Herz> you" (s. ZLA 6087, 1999).

Abb. 2: Auszug aus: ZLA 6087, 1999

Die Liebeserklärung[3] soll prägnant und eindeutig ausfallen. Dies geschieht auf der einen Seite durch die Übersetzung der Liebeserklärung in andere Sprachen, die Liebesformel wird dadurch als „universales Zeichen" inszeniert. Auf der anderen Seite verwenden die Kinder nach Gelegenheit rote Herzen im Brieftext als Pathosformeln im Sinne von Warburg (1996), d. h. als universale und fortdauernde Formen des Gefühlsausdrucks: Ein Herz wird gemalt, wenn ein Dekorelement sich aufdrängt, wenn eine sprachliche Formulierung durch „herz-" oder auch „liebe" bzw. „love" ersetzt werden kann, als Zeichnung zur Unterschrift oder anstelle des i-Punktes. Die Herzen geben einen unübersehbaren Deutungshinweis, vielleicht erhofft man sich über die Angabe der Textfunktion hinaus eine bezaubernde Wirkung.

In Anbetracht der auf dem Schulhof bisweilen doch rasch wechselnden Paarkonstellationen und der Meinungsvielfalt bringen die Texte eine Prägnanz und Eindeutigkeit in die Polyphonie des Pausenhofs. Obschon die Prägnanz gewiss auch als Antwort auf eine Art Formulierungsratlosigkeit beschrieben werden kann, scheint es eher so, als ob die spielerische Kindlichkeit überwunden werden sollte, wohl wissend, dass die Flüchtigkeit gerade nicht zur romantischen Liebe passen will. Die Liebeskommunikation wird damit als etwas angesehen, dem ein gewisser erwachsener Ernst gebührt. Mit den ikonischen Zeichen – so kann man es zusammenfassen – wird eine Prägnanz geschaffen, die von einem Anspruch auf Ernsthaftigkeit getragen dann auch zu einer Eindeutigkeit des Textes führt.

2. Steigende Komplexität der Liebeskommunikation in der Adoleszenz

„Liebesbriefe" im weitesten Sinn werden in einem vergleichbaren Kontext von Begehren und Zuneigung über die verschiedenen Alters- und Entwicklungsstufen hinweg verfasst. Die grobe Periodisierung der Lebensalter in *Kindheit – Jugend – Erwachsenalter* ist allerdings zunächst eine alltagssprachliche und wird im Liebesbrief durch differenziertere entwicklungspsychologische oder sprachstandsbezogene Einteilungen differenziert, die sich auf die Schreibkompetenz beziehen (vgl. Oerter/Montada 1995).[4]

---

[3] Durch die Schriftlichkeit der Liebeserklärung entsteht nicht die paradoxe Situation, die Auer (1988) für das mündliche Pendant schildert.

[4] Oerter/Dreher (1995: 21) weisen in Oerter/Montada auf verschiedene konzeptionelle Überschneidungen in der Periodisierung des Jugendalters hin: Das Jugendalter gliedert sich in Vorpubertät (9–12), Transeszenz (11–14), Adoleszenz (14–21), frühe Adoleszenz (14–18), späte Adoleszenz (18–21) etc. Die Altersangaben sind als zeitliche Orientierungen zu verstehen, nicht als exakte Abgrenzungen.

In der Lebensphase der Adoleszenz und des beginnenden Erwachsenenalters gestalten sich die Lebens- und Liebeswelt zunehmend komplexer. Liebesbeziehungen bilden sich stärker in einem Netz von persönlichen Beziehungen zwischen Familie und Freundeskreis. Dies führt zu einer Ausdifferenzierung der Funktionen des Liebesbriefs. Er wird hier zu einem Mittel der Gestaltung der Liebesbeziehung, einem Mittel, diese zu intensivieren oder zu lockern, zu problematisieren oder zu stabilisieren, sie zu vertiefen oder auch zu lösen.

Die Briefe zeigen an, dass die persönliche – emotionale, soziale und kognitive – Entwicklung eine Stufe erreicht, in der dem persönlichen Austausch eine Vielfalt an Funktionen beigemessen wird und in welcher in sozialen Begegnungen mit anderen Personen verschiedene Aspekte der eigenen Identität erlebbar werden. Damit steigen die kommunikativen Anforderungen an die – hier schriftlichen – Interaktionen. Alter wird in diesem Kontext zu einem Anzeichen für Phasen unterschiedlicher lebensweltlicher Bezüge und Funktionalitäten, zu einer Metapher für den je persönlichen sprachlich-kognitiven, emotionalen, sozialen Zustand. Jugendliche und junge Erwachsene führen hetero- und homosexuelle Beziehungen, reflektieren die Gründe, wie und weshalb sie eine Beziehung führen, und gestalten diese in wechselseitigem Austausch.

So schreibt man einen Liebesbrief, um einer Person seine Liebesgefühle zu offenbaren, und versucht dabei mit verschiedenen Mitteln, sie zu gewinnen und zu verführen. Man schreibt einen Liebesbrief, weil man (immer noch oder erneut) verliebt ist oder weil man andere oder unklare Gefühle zum Ausdruck bringen möchte. Man schreibt, um eine Zäsur zu setzen. Das Schreiben wird im Kontext einer Korrespondenz als Austausch inszeniert oder ist eher monologischer Natur: eine ritualisierte Form des Schreibens einer Gratulationskarte; nicht selten schreibt man auch zur Bewältigung eines Konflikts, um Bilanz zu ziehen.

Schreiben schafft Kontinuität

Man schreibt sich nicht aus einer Distanzsituation, sondern die fünfzehnjährigen Schülerinnen und Schüler schreiben nach dem „Herumhängen" mit der Gruppe oder nach stundenlangen Telefonaten seitenlange Liebesbriefe. Einige formulieren in unromantisch lockerem und freundschaftlichem Ton. Man thematisiert den Alltag, im Zentrum stehen Schule, Familie und Freunde. Man versucht Missverständnisse aus der Welt zu schaffen und schreibt von Dingen, die im persönlichen Gespräch nicht an- oder auszusprechen waren („Ich versuche jetzt auch mal, Dinge zu schreiben, die ich noch nie/jemandem gesagt habe …").

Hervorgehoben wird dadurch der Gestus der *Kontinuität*: Als ob das Gespräch nicht abbrechen sollte, setzt man es in den verschiedensten Medien, bisweilen auch mittels eines Liebesbriefes, fort.

Das Spektrum der interaktiven Schreibmedien der jugendlichen Liebeskommunikation reicht von Papierbrief und Zettel, die im Umschlag oder auch bloß gefaltet weitergereicht werden, bis zu E-Mail und SMS, verschiedenen Formen des Chattens in Webchatumgebungen und dem Posten auf sozialen Netzwerken wie StudiVZ, Facebook und Twitter. Die postpostalische Medialisierung der Liebeskommunikation ist auf die Möglichkeit der schriftlichen Interaktion (Wyss im Druck) ausgerichtet.

3. Übergänge zwischen jugendlichem und erwachsenem Gefühlsausdruck

Liebesbriefe von Jugendlichen sind in der Regel nicht die leidenschaftlichsten. Man orientiert sich etwas hilflos vielmehr an einer zurückhaltenden Schul-Schriftlichkeit: Die Texte sind teilweise sogar offensichtlich – schwunglos und steif – „ins Reine" geschrieben, auf sprachliche Richtigkeit hin verfasst und vermeiden gewagte oder originelle, individuelle Formulierungen.

Dies geht Hand in Hand mit einer floskelhaften Thematisierung von Gefühlen, beispielsweise mit Phrasemen wie: „Du gehst mir nicht aus

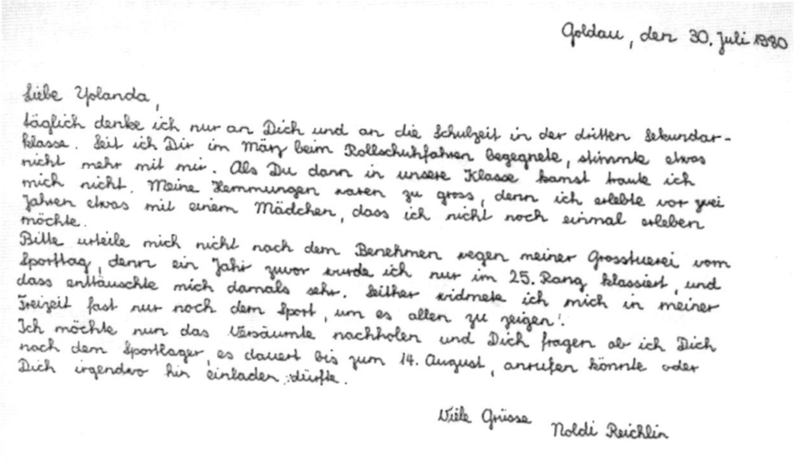

Goldau, den 30. Juli 1980

Liebe Yolanda,
täglich denke ich nur an Dich und an die Schulzeit in der dritten Sekundar-
klasse. Seit ich Dir im März beim Rollschuhfahren begegnete, stimmte etwas
nicht mehr mit mir. Als Du dann in unsere Klasse kamst traute ich
mich nicht. Meine Hemmungen waren zu gross, denn ich erlebte vor zwei
Jahren etwas mit einem Mädchen, dass ich nicht noch einmal erleben
möchte.
Bitte urteile mich nicht nach dem Benehmen wegen meiner Grosstuerei vom
Sporttag, denn ein Jahr zuvor wurde ich nur im 25. Rang klassiert, und
dass enttäuschte mich damals sehr. Seither widmete ich mich in meiner
Freizeit fast nur noch dem Sport, um es allen zu zeigen!
Ich möchte nun das Versäumte nachholen und Dich fragen ob ich Dich
nach dem Sportlager, es dauert bis zum 14. August, anrufen könnte oder
Dich irgendwo hin einladen dürfte.

Viele Grüsse Noldi Reichlin

Abb. 3: Schüchternes Liebesgeständnis eines Jugendlichen (ZLA 4306, 1980)

dem Kopf", „Oh Trixli Du kannst Dir nicht vorstellen wie ich Dich liebe" (ZLA 391, ca. 1970), „Liebe macht blind", „man verliert den Sinn
für Realität", „du faszinierst mich", „(täglich) denke ich an dich", „es
stimmt etwas nicht mit mir", „du hältst mich für verrückt" (ZLA 24).
Man wird an Formulierungen erinnert, die auf gerade aktuelle Filme,
Popmusik und Jugendmagazine anspielen und als solche die Zugehörigkeit zu jugendkulturellen Milieus explizit werden lassen.

Das Spektrum der Liebesbriefe in diesem Lebensabschnitt ist bereits
sehr breit und reicht über die Sprachkompetenzunterschiede hinaus in
verschiedene Erfahrungsspielräume, die an die sozialen und emotionalen Möglichkeiten der Jugendlichen gebunden sind.

Durch die neuen Kontextanforderungen werden Genres geformt,
mit welchen der Funktionalität des Alltags begegnet werden kann. Es
kommt zu einer weiteren Diversifizierung des Textsortenrepertoires.
Liebesbriefe können in der Folge in verschiedene Typen unterschieden
werden, neben Briefen des Beginns, des Aufbaus und der Konsolidie-
rung, Briefen der Trennung und des Abschieds finden sich nun Liebesbriefe mit weiteren, differenzierteren sozialen Funktionen.

So ist es nicht unüblich, dass in diesen nun privatesten Liebesbriefen
ein individueller und differenzierter Austausch von gefühlsbezogenen
und beziehungspraktischen Themen – über das eigene Glücks- oder
Unglücksempfinden, über die Eindeutigkeit und Uneindeutigkeit des
Begehrens, über Konflikte, Ambivalenzen und Kränkungen sowie über
Fragen der weiteren Beziehungsführung – stattfindet.

11.2.92

Ciao S. <Spitzname>!!

Mir kommt es vor, als hätte ich dir schon ewig nicht mehr geschrieben. Sowieso, der P. <Spitzname> und die S. <Spitzname>, die es vor ca. 3 Wochen
gab, kommen mir fremd vor. Und ich liebe dich doch immer noch so sehr.
Das Week-end war eine kleine Welt für sich. Es war schön, dich wiederzuse-
hen.
Aber da steckte noch mehr dahinter. Unsere Beziehung mag dir vielleicht viel
wert sein, aber selbstverständlich ist sie nicht. Und das finde ich schön.
Was ich sagen will, ist: Du solltest deine Gefühle nicht verdrängen. Finde
heraus, ob es Liebe ist, oder findest du mich nur toll? Finde es heraus. Das ist
besser für alle. Vielleicht ist die Wahrheit schön für uns zu wissen, vielleicht
schmerzhaft.
Ich gebe dir Liebe, Geborgenheit, Verständnis, mich ... Willst du das nicht
verlieren, überspielst du deshalb deine Gefühle? Ja? Dann, denke mal so setzt
du das alles auf's Spiel! Und mit dem Gedanken, wenn dir ein Besserer über
den Weg läuft, dann adios, will ich nicht leben. Wenn uns gar nichts mehr zu-
sammenhält, dann ist es aus ...! Liebe ist der Schlüssel ...
Dass wir miteinander schlafen, ist nicht selbstverständlich. Das vergassen
wir am Week-end. Soll nicht mehr vorkommen.

Mit dem ganzen Brief will ich dir zeigen, was du mir bedeutest.
Mehr als ein Freund. Ich liebe dich.

PS: Ich bin sensibler, als viele mich einschätzen.
Ich habe viele Gefühle, und viele davon gehören dir.

Dein Freund:
<Unterschrift P.>

PPS: Denke ein bisschen nach über den Brief.

Beispiel 1: Schreiben am Übergang zwischen der Adoleszenz und der Erwachsenenwelt (ZLA 373) aus dem Jahr 1992

Ebenso liegt der Sinn des Briefes bisweilen in der Erfüllung durch das Schreiben. Es wird auch direkt angesprochen, dass man seine Gefühle offenbart, wenn man davon ausgeht, dass das Schreiben nicht von Erfolg gekrönt sein würde. In diesen Briefen wird das Schreiben auch zu einer Form, an die geliebte Person zu denken, wie dies Barthes (1978: 65) beschrieben hat.

Da sich durch das Schreiben ebenso eine Trennung eröffnet, wird in den Briefen die Traurigkeit über die ungeliebte Trennung und die dadurch ausgelöste Sehnsucht nach dem Partner geschildert. Im Brief führt man das gemeinsame verbindende Gespräch fort; es ist, als ob man zusammen sprechen würde. Die gemeinsame Welt bleibt, auch wenn sie durch die Abwesenheit des einen gefährdet ist, durch die Beschreibungen und Erzählungen erhalten. Die Schreibenden führen die Konstruktion der gemeinsamen Lebenswelt weiter.

Zwischen der Adoleszenz und dem Erwachsensein ist – auch mit Bezug zu Liebesbriefen – keine eindeutige Grenzziehung mehr möglich.

Prägnante Geräusche: Liebessprachmusik
Herzchen werden in dieser Phase in den Briefen kaum mehr gemalt, die Prägnanz wird im präzisen sprachlichen Ausdruck gesucht, der als Schwierigkeit thematisiert wird. Doch nach einer zäsurbildenden Einleitung wie „Ich kann es gar nicht in Worte fassen" werden die Liebesgefühle dennoch (meist mit Vergleichen) zum Ausdruck gebracht, wie es aus der Kommunikation von schwer verständlichen Sachverhalten bekannt ist: Die topische Unsagbarkeitsfloskel wird zu einer metasprachlichen Kommentierung eines Sachverhalts, dessen Unbeschreibbarkeit damit gekennzeichnet wird. Wie in therapeutischen Settings gezeigt wird, resultiert diese Kontextualisierung in vielen Fällen daraus, „dass Sprecher über widersprüchliche Eindrücke und Empfindungen zu berichten haben, die verschiedenen Sinnprovinzen zuzu-

ordnen sind" (Gülich 2005: 222). Dies gilt auch für das Konzept der „Liebe". Liebe wird einmal als inkonsistent aufflackerndes Gefühl der Hinwendung, dann als körperlich reale Empfindung des Begehrens sowie als träumerischer Schwindel wahrgenommen und kommt damit als alltägliches und reales Ereignis zwischen mentaler und körperlicher Welt zu stehen, deren Inkontinuität als widersprüchlich erscheint und damit eine Spannung aufbaut.[5] Obschon hier sprachlich eine Herausforderung zur Darstellung gebracht wird, nehmen die Personen davon Abstand, wenn sie explizit danach gefragt werden. Die Verbindung von Pragmatismus und Romantik, wie Illouz (2004) herausarbeitet, wird diskursiv nicht als gegensätzlich aufgefasst.

Eine andere Form, die überschwänglichen Gefühle mit dem ihnen zustehenden Pathos in Sprache zu fassen, findet sich in der Inszenierung der Emotion durch lautmalerische Kunstsprache. Es handelt sich dabei allerdings nicht um eine echte Onomatopoesie, die Lautmalerei ist vielmehr eine veranschaulichende Metapher für die Unaussprechlichkeit der Sache selbst. So werden die Instrumente nachahmende Laute, die aus der Rockmusik bekannt sind, wie „bliblabala", die mit comicsprachlichen Elementen verwandten „oingboing guli" oder an Kinderverse erinnernde „ritschräschtätsch" zu einer Analogie auf etwas Urtümlich-Urwüchsiges, aber auch auf Sprachbildung selbst. Damit wird mit diesem Akt die sprachbildende Kraft des Gefühls in eine individuelle Form der Sprachbildung eingebracht und als performativer Prozess vorgeführt. Die gefühlte Emotion der Freude wird dadurch in die Form einer individuellen Jubelsprache gegossen. Das Fazit „waumiau" erinnert an einen Ausruf, eine Interjektion, die durch die Reminiszenz an Tiersprache(n) die persönliche Ergriffenheit und Überwältigung – nicht eine eigentliche beängstigende Animalität, aber doch eine annehmbar „zivilisierte" Form des Nicht-mehr-vernünftig-Seins – auf raffinierte Weise und mit einem Tick Humor in eine innovative Sprache bringt.

Hey Sony, Sony, Sony, mini Sony!

ich bin so bliblabala, so oingboing guli,
so ritschrätschtätsch verliebt i Dich!
Mini müädi Konzentrationsbereitschaft isch
unternull, d' Fähigkeit, bi irgendwelchä irdischä
Müässigkeitä z'stickä, isch mir abhandä

---

[5] Auch diese „verschiedenen – gleichzeitig existierenden – Wirklichkeiten werden als schwer formulierbar und dem Gesprächspartner schwer vermittelbar präsentiert" (Gülich 2005: 22).

cho. Waumiau.

[...]

Min Chopf brummt, min Körper summt

mis Herz brännt heiss und hell

NUR FÜR DICH

Beispiel 2: Auszug aus einem Brief eines Studenten an Sony (ZLA 97, 1996)

4. Kristallisationen der Kindlichkeit bei Erwachsenen

Je älter die Personen werden, desto stabiler, verbindlicher und dauernder werden die Liebesbeziehungen[6], auch wenn Liebesbriefe mit der Dauer der Beziehung seltener und selbst zu einem Zeichen der Wertschätzung werden. Weil sie in der Regel an besondere Anlässe geknüpft sind, fallen sie zudem auf und bilden Zäsuren in der alltäglichen Liebeskommunikation. Einen Liebesbrief schreibt man nun zu einem Jubiläum, zu einem Geburtstag, zur Geburt eines Kindes oder nach überstandener Krise. Im Brief erinnert man sich an das gemeinsame Leben, zieht Bilanz. Man richtet seinen Blick rückwärts und rückt den Ausdruck des Dankes und das Gefühl der Dankbarkeit in den Vordergrund. Das Andauern von Beziehungen bildet gleichzeitig eine Grundlage für die Entstehung von Paarsprache als kleinste Form einer Gruppensprache.

Kosenamen – Verkleinerungsformen

Der Kosename ist in der verbalen Inszenierung von Intimität das deutlichste Moment der symbolischen Codierung von Intimität. Er findet sich meist dort, wo sich im Liebesbrief das Moment der Liebeserklärung verfestigt hat: in der den Brief umfassenden Anrede und der finalen Grußformel sowie – seltener als vokativische Anrede – im eigentlichen Brieftext selbst. Der Kosename entsteht in einer intimen Beziehung. Er hat nicht nur den Zweck des Kosens, sondern er markiert in einer Paarbeziehung den Übergang in den Bereich der Paarwelt (vgl. Leisi 1983: 25), der durch ein Übergangsritual – mit A. v. Gennep (1909) ein *rite de passage* – den Vorschlag und die Anerkennung des Vorschlags einführt. Er zeigt an, dass die Leute vertraut und intim sind. Mit dem Kosenamen werden daher Nähe und Verbindung signalisiert.

---

[6] Da die Scheidungsrate über 50 % beträgt, ist davon auszugehen, dass weit über 50 % aller Zweierbeziehungen volljähriger Personen getrennt werden. Im Unterschied dazu liegt die Trennungsquote bei Kindern (noch) bei 100 %.

Die Verwendung im Text, die wechselseitige Anrede durch den Kosenamen, bringt Zuneigung zum Ausdruck und kokonstruiert im sprachlichen Kontext der Liebesbeziehung eine Form der Intimität.

Der griechische Ausdruck für den Kosenamen, *Hypokoristichon*, geht auf das Verb *hypokorizesthai* zurück und bedeutet ‚sich wie ein Kind gebärden', als Verkleinerungsform wird mit der deutschen Terminologie die Erotik tabuisiert. Im schriftlichen Text werden Kosenamen zudem strukturell ausgebaut, sodass nicht bloß der einzelne Name, sondern komplexe Namenkombinationen verwendet werden: Neben einfachen Kosenamen (*Spatz*) finden sich auch stereotype kosende Phraseme (*süßer Spatz*) und komplexe Kombinationen mit Attributreihen und Appositionen (*süßer, niedlicher Spatz mit rosaflauschigen Ohren*). Für Männer findet sich zu Beginn des 20. Jahrhunderts *Bub*, am häufigsten ist allerdings *Lieber, Geliebter* und *Schatz* oder verkleinert *Schatzi*. Frauen werden immer etwa wieder auch *Kind, Kindchen* genannt. Seit der Zwischenkriegszeit tituliert man sie mit *Baby*, am Ende mit dem modernjugendlichen *Girl*.

Inszenierung von Kindlichkeit

Unter den Liebesleuten machen sich darüber hinaus erstaunliche Verkehrungen der Lebensalter bemerkbar. Dies geschieht beispielsweise einmal in einer Selbstinszenierung der Schreibenden als Kind, hier durch einen Soldaten mit Steckenpferd, der ein Kindergebet vorträgt:

Südl. Pleskau den 25.06.44
(Ingeborg, die Wünsche gelten aber genau so für den 5. Juli!)

… ich bin klein, mein Herz ist rein,
darf niemand drin wohnen, als Inge allein!
D'rum wünsch' ich ihr zum Wiegenfeste
vor allem erst das Allerbeste.
Möge sie auf Rosen schreiten,
dem Glück stets in die Arme gleiten!
Mög' auf dieser Welt hinieden
nie im Leid ihr Auge trüben
und golden froher Sonnenschein
möge immer um sie sein! – Amen!

Ich habe Dich nicht vergessen und
behalte Dich lieb! C'est toujour le même …
10.000.000.000 Küsse
Dein Heinz.

Abb. 4: Soldatenbrief aus
dem Lazarett 1944
(ZLA 4832, 1944)

Die Adressatin geht hier als tatsächlich Angebetete in ein religiöses
Kinderverslein ein und bringt das Selbstporträt des Soldatenjungen mit
seinem Steckenpferd mit in eine Kinderwelt ein, wodurch das Pathos in
eine leichte, ironisierende Lektüre überführt wird.

Bisweilen bildet sich unter Paaren jedoch eine eigentliche Babysprache (Langford 1997) heraus, ein „regressiver" intimer Code, der
sich über einzelne Versatzstücke (bspw. kindliche Kosenamen) hinaus
durch längere idiosynkratische kindlich-spielerische Lautsequenzen
beschreiben lässt:

> S. (männl.)/11.56 (9.5.06)
> Ich liebe dich my Ludi! Da Bubu

> P. (weibl.)/14:27 (10.5.06)
> Bubu liebeduu:-))

> S. (männl.)/16:19 (11.5.06)
> Einfach so? Liebe du unendlich my babybubu

Beispiel 3: Drei Auszüge aus einer SMS-Liebesinteraktion eines Paars
in den Mitdreißigern (ZLA 7038/7048/7055, 2006)

Wenn manche Erwachsene über die kindlichen Kosenamen hinaus in einer Babysprache miteinander kommunizieren, erinnert dies an den sprichwörtlichen „Jungbrunnen" der Liebe (Krüger 2009). Sie verkleinern sich selbst, werden zu süßen, niedlichen Zwergen, die sich in ihrer kindlichen Welt ein Liebesnest eingerichtet haben, in welchem sie eine vom Alltag getrennte Identität angenommen haben.

Das Begehren wird nicht tabuisiert, sondern in reichlicher Distanz zur alltäglichen Sprache vom wenig lustvollen Papier- oder Standarddeutsch entfernt. Das Gebrabbel erinnert auch an Glossolalie, die als Zungensprache (*speaking in tongues*) bezeichnet wird und sich in mündlichen oder auch – aber seltener – schriftlichen sprachähnlichen Silben in fließender Form äußert. Als Praxis ist Glossolalie als eine religiöse Kommunikationsform bekannt, bisweilen ist von einer „heiligen Sprache" die Rede.

In schriftlicher Liebesinteraktion finden sich glossolalische Fragmente, damit kommt ein inszenatorischer Aspekt zum Tragen. Es scheint daher eher, dass die Bedeutung der sprachähnlichen Silbenkombinationen und ihrer Bedeutungslosigkeit mit dem Willen zusammenhängt, Emotion und Sprache in Einklang zu bringen. Dass der adäquate Liebesausdruck hier zu einer sinnlosen Kunstsprache führt, liegt nicht an der fehlenden Sprachkompetenz, sondern am Wunsch nach Authentizität in der Formulierung. Wie im Fall der Onomatopoesie wird durch die Annäherung an „Nonsens" auch eine Annäherung an die Unvernünftigkeit und das Moment des Magischen erreicht, die gerade und nur durch den Un-Sinn auf der Ebene des Verhältnisses zwischen Ausdruck und Bedeutung eine Metapher der Sprachlosigkeit der gefühlten Emotionen zum Ausdruck bringt.

5. Fiktionalisierung, „verkehrte Welt" und Sprachlosigkeit der Liebe

Noch vor 100 Jahren wird in Briefstellern das Alter als wichtigstes Kriterium[7] für den Grad der Leidenschaftlichkeit genannt (Aabeck 1906: 132; zit. nach Ettl 1984: 35). Es sind die *jüngeren* Männer aus bürgerlichem Haus, die leidenschaftliche Briefe schreiben. In literarischer Sprache oder gar einem Gedicht offenbart sich die höchste Form des „poetischen Gefühls" als Ausdruck bürgerlicher Leidenschaft. Dem älteren Mann gestehen die Briefsteller eine eher väterlich-besonnene Umsetzung der Gefühle zu: Wärme anstelle von Feuer, Zartheit anstelle von

---

[7] Auch Liebesbriefe von Handwerkern und Soldaten seien zurückhaltender zu formulieren. Und wenig geeignet ist das leidenschaftliche Gebaren auch für Bürgerstöchter (vgl. Ettl 1984: 141 f.).

Kühnheit. Er schreibt seinen Liebesbrief mit Maß, Ausgewogenheit und Kontrolle. „Wie oft habe ich es aus Mamas Munde schon gehört, dass es das Vorrecht der Jugend ist, sich frisch und frei seiner Neigung gemäss zu erklären, während das Alter gemessen wägt und prüft!" (Adelsberg 1904a: 27; zit. nach Ettl 1984: 35) So sind am Übergang zum 20. Jahrhundert zwei altersspezifische Codes der Leidenschaftlichkeit zu unterscheiden.[8]

Es fragt sich denn, ob sich in postmodernen Liebesbriefen solch altersbezogene Codierungen von Leidenschaftlichkeit und Emotionalität ausmachen lassen? Wie gestaltet sich in einer Zeit, in der die Grenzen zwischen gesellschaftlichen Schichten, zwischen den Geschlechtern und Altersgruppen durchlässiger werden, die Zuschreibung von Codes? Haben sich andere, neue Codes gebildet?

Als Strategien sprachlicher Inszenierung von Leidenschaft stehen heute auch kindliche Codes zur Disposition: Die kindliche Ernsthaftigkeit und Eindeutigkeit stehen allerdings dem Leichten und Spielerischen der Onomatopoesie und Glossolalie der Jugendlichen und Erwachsenen gegenüber. Die Kinder finden eine prägnante Form in der universalsprachlichen Liebeserklärung und dem Herzbild, während die Inszenierung von sprachlichem Regress bei Jugendlichen und Erwachsenen zu beobachten ist. In Bezug auf das Alter gibt es daher die Strategie, das Alter nicht sichtbar zu machen, sondern es geradezu zu überspielen, als irrelevant zu inszenieren.

Allerdings zeigt sich interessanterweise bei den Älteren, dass die Wahrheit der Liebe gerade in deren Fiktionalisierung gesucht wird. Es scheint, dass die asemantische sprachliche Form zu einer geeigneten Annäherung an die emotionale Wirklichkeit führt. Der Grund liegt nicht in einer Verweigerung der Sprache, sondern in der unüberbrückbaren Trennung von Erfahrung oder Empfindung und sprachlichem Ausdruck. Da man im Liebesbrief aber den Anspruch hat, Wahrheiten darzustellen, ist die einzig wahrhaftige Strategie in der einzig möglichen Art der eigenmächtigen Schaffung von Wahrheit, d. h. in der Fiktionalisierung, zu sehen, denn Wahrheit liegt allein in der Fiktion.

Literatur

Androutsopoulos, Jannis K. 1998: Deutsche Jugendsprache: Untersuchungen zu ihren Strukturen und Funktionen. Frankfurt a. M./Bern.
Auer, Peter 1988: Liebeserklärungen. Oder: Über die Möglichkeiten, einen unmöglichen sprachlichen Handlungstyp zu realisieren. In: Sprache und Literatur in Wissenschaft und Unterricht 19. 1(61), 11–31.

---

[8] Zum Verhältnis von „Amour et Raison", vgl. Luhmann (1981: 119).

Barthes, Roland 1977: Fragments d'un discours amoureux. Paris.

Canaan, Joyce E. 1990: Passing notes and telling jokes. Gendered strategies among American middle school teenagers. In: Ginsburg, Faye/Lowenhaupt Tsing, Anna (Hrsg.): Uncertain terms. Negotiating gender in American culture. Boston, 215–231.

Eckert, Penelope 2008: Where do ethnolects stop? In: International journal of bilingualism 12/1, 453–476.

Ettl, Susanne 1984: Anleitungen zur schriftlichen Kommunikation. Briefsteller von 1880 bis 1980. Tübingen.

van Gennep, Arnold 1986/1903: Übergangsriten. Frankfurt a. M.

Gülich, Elisabeth 2005: Unbeschreibbarkeit: Rhetorischer Topos – Gattungsmerkmal – Formulierungsressource. In: Gesprächsforschung – Online-Zeitschrift zur verbalen Interaktion 6/2005, 222–244.

Gülich, Elisabeth/Schöndienst, Martin 1999: „Das ist unheimlich schwer zu beschreiben." Formulierungsmuster in Krankheitsbeschreibungen anfallskranker Patienten: differentialdiagnostische und therapeutische Aspekte. In: Psychotherapie und Sozialwissenschaft 1/1999, 199–227.

Illouz, Eva 2008: Saving the modern soul: therapy, emotions, and the culture of self-help. Berkeley CA.

Krüger, Caroline 2009: Zur Repräsentation des Alter(n)s im deutschen Sprichwort. Frankfurt a. M.

Langford, Wendy 1997: „Bunnikins, I love you Snugly in your Warren". Voices from subterranean Cultures of Love. In: Harvey, Keith/Shalom, Celia (Hrsg.): Language and Desire. Encoding Sex, Romance and Intimacy. London, 170–185.

Leisi, Ernst 1983/1978: Paar und Sprache. Linguistische Aspekte der Zweierbeziehung. Heidelberg.

Luhmann, Niklas 1981: Liebe als Passion. Zur Codierung von Intimität. Frankfurt a. M.

Maccoby, Eleanor. E. 1998: The two sexes: Growing up apart, coming together. Cambridge MA.

Myers, David G. 2004: Theories of Emotion. Psychology: Seventh Edition. New York.

Oerter, Rolf/Montada, Leo 1995: Entwicklungspsychologie. Weinheim.

Sandig, Barbara 2000: Text als prototypisches Konzept. In: Mangasser-Wahl, Martina (Hrsg.): Prototypentheorie in der Linguistik. Anwendungsbeispiele – Methodenreflexion – Perspektiven. Tübingen, 93–112.

Warburg, Aby Moritz 1988/1996: Schlangenritual. Ein Reisebericht. Berlin.

Wyss, Eva L. 2003: Liebesbriefe von Kindern, Jugendlichen und Erwachsenen. Eine Textsorte im lebenszeitlichen Wandel. In: Häcki Buhofer, Annelies (Hrsg.): Spracherwerb und Lebensalter. Basel, 71–86.

Wyss, Eva L./Ziegler, Evelyn 2008: Dialekt in der privaten Schriftlichkeit von Zürcher Jugendlichen. In: Christen, Helen/Ziegler, Evelyn (Hrsg.): Sprechen, Schreiben, Hören. Zur Produktion und Perzeption von Dialekt und Standardsprache zu Beginn des 21. Jahrhunderts. Wien, 131–151.

Wyss, Eva L. (i. E.): Bildlichkeit in schriftlicher Interaktion. Typisierung und Dynamisierung des Liebesbriefs zwischen Schriftbild und Textgestalt. In: Tophinke Doris/Schuster, Britt-Marie (Hrsg.): Anders Schreiben/Andersschreiben: Formen, Funktionen, Traditionen. Berlin.

5 Sprachliche und mediale Konstruktionen von Lebensalter

Caja Thimm

Generationenbilder in den Medien – Konstruktionen, Inszenierungen und Sprachbilder

Bei der Ausbildung, Formierung und Modifikation von Einstellungen kommt medialen Darstellungsweisen großer Einfluss zu. Betrachtet man die Haltungen, die eine Gesellschaft in Bezug auf ihren Umgang mit dem Alter und der Jugend auszeichnet, so spielen Medienbilder dabei eine große Rolle. Sie enthalten vielfältige gesellschaftspolitische Wertzuweisungen und soziale Urteile zu/über „Alter" und „Jugend" und beeinflussen damit nicht nur das Fremdbild vom Alter, sondern auch altersbezogene personale Identitäten. Bedenkt man, dass Altersbilder auch Auswirkungen auf Allokationsprozesse haben können, kommt der medialen Repräsentation des Alters besonderer Stellenwert zu. Dies gilt ganz besonders dann, wenn sich die Generationenverhältnisse so dramatisch verändern, wie dies in Deutschland augenblicklich der Fall ist.

1. Mediale Altersbilder in der Forschung

Die sozial- und kulturwissenschaftliche Forschung hat das Thema „Alter und Medien" bereits seit vielen Jahren aus den unterschiedlichsten Perspektiven heraus bearbeitet. Dies gilt auch für die deutschsprachige Forschung. Zu den jüngsten Beispielen zählen Arbeiten über das Altersbild in Kinder- und Jugendbüchern (Nauland-Bundus 2004), Schulbüchern (Friedrich 2004), Zeitungen und Zeitschriften (Ochel 2000), im Fernsehen (Kessler/Rakoczy/Staudinger 2003) sowie in der Werbung (Thimm 1998; Löffler 2006). Auch für das Internet liegen inzwischen Studien über die Präsenz älterer Menschen vor (Janßen/Thimm 2011; Wild 2006). Neben diesen weit verbreiteten Medien wurden beispielsweise auch Quellen wie Literatur, Musik, Glückwunschkarten oder Todesanzeigen als Datengrundlage herangezogen (Filipp/Mayer 1999).

Empirische Befunde zur Repräsentation von Alter(n) in den Medien basieren für den deutschsprachigen Raum allerdings zumeist auf eingeschränkten Korpora. Schwerpunkte liegen auf inhaltsanalytischen

Untersuchungen von TV-Sendungen und Daily Soaps (Kessler/Ra-koczy/Staudinger 2003; Flueren/Klein/Redetzki-Rodermann 2002), Printmedien (Galliker/Klein 1997) sowie Werbung (Thimm 1998; Willems/Kautt 1999). Übereinstimmend zeigt sich, dass die Dominanz eines negativen Altenbildes in den Medien, wie es noch in den 90er Jahren deutlich sichtbar war, im Entwicklungsverlauf Modifikationen erfahren hat (Bosch 1990; Ueltzhöffer 1992) und die Tendenz zunimmt, das Altenbild überpositiv zu revidieren bzw. für Anti-Aging- und Verjüngungsstrategien der Werbewirtschaft zu instrumentalisieren (Staudinger 2006). Gleichermaßen bestätigt wird in den meisten Studien, dass Ältere nicht differenziert und der Heterogenität realer Altersformen entsprechend, sondern in stereotyper und schematischer Weise dargestellt werden. Gut belegt ist eine Marginalisierung älterer Menschen durch ihre Darstellung in Nebenrollen, zudem zeigten sich deutliche geschlechtsspezifische Unterschiede. Frauen waren in deutschen wie auch internationalen Studien prozentual stärker unterrepräsentiert als Männer (Furnham/Mak 1999; Willems/Kautt 1999).

Ein fast unbeachtetes Forschungsfeld stellt die Frage nach der impliziten Thematisierung von Alter in Nachrichtengenres (Fernsehnachrichten, tagesaktuelle Nachrichten, Wochenmagazine) dar. So stellte Ochel fest, dass die Begriffe „Alter" und „Senioren" in verschiedenen Berichterstattungskontexten präsent sind (Ochel 2000), während Dierl in seiner Analyse der Printmedienberichterstattung aus den Jahren 1987 und 1988 hauptsächlich Pflegebedürftigkeit und Hinfälligkeit als Themenkomplexe isolieren konnte (Dierl 1989). Sieht man den Sektor der nachrichtenbezogenen Medienpräsenz als weiteren wichtigen Einflussfaktor zur Repräsentation altersbezogener Einstellungen und Erwartungen an, so bilden diese beiden Kontexte einen wichtigen Hintergrund für die Analyse von medialen Altersbildern (Ziegelmeier 2009).

Für die genauere Analyse medialer Altersbilder erscheint es angebracht, nach Mediengenres zu differenzieren, da beispielsweise visuelle Medien wie das Fernsehen anders zu bewerten sind als textbasierte wie Printmedien und Buch. Eine ganz spezielle, neue Funktion der Mediennutzung ist zudem mit dem Internet verbunden – seit der Ausformung als nutzerbestimmtes Medium „Web 2.0", dessen Inhalte mehr und mehr durch die aktive Teilnahme der Nutzerinnen und Nutzer bestimmt werden (*user generated content*), ist das Internet als „social media" anzusehen. Damit einher gehen Kommunikations- und Kontaktfunktionen, die den „alten" Medien in dieser Form nicht eigen waren (Janßen/Thimm 2011).

Information und Wissen sind zugleich zentrale Themen gesellschaftlicher Entwicklungen geworden, von denen nicht allein junge, im Berufsleben stehende Menschen betroffen sind bzw. profitieren können. Es ist daher von hoher Relevanz, das Zerrbild älterer Menschen in Bezug auf deren Mediennutzung zu entkräften und die Integration älterer Generationen in die so genannte Mediengesellschaft zu fördern (Doh 2006; Thimm 2006). Und auch die ältere Generation selbst sollte angehalten werden, sich dieses Mediums aktiv zu bemächtigen.

2. Mediale Altersbilder – vom negativen zum (über)positiven Stereotyp?

Bei der Beurteilung von Altersdarstellungen im Fernsehen ist zu berücksichtigen, dass gerade ältere Menschen selbst zu den besonders intensiven Nutzern dieses Mediums zählen – der TV-Konsum bei den über 70-Jährigen liegt von allen Altersgruppen am höchsten (Blödorn/Gerhards 2005). Forschungsergebnisse zeigen, dass gemessen an ihrem Anteil an der Gesamtbevölkerung, ältere Menschen im Fernsehen deutlich unterrepräsentiert sind (Kessler/Rakoczy/Staudinger 2003). Zum einen werden – im Widerspruch zur Statistik der Lebenserwartung – offenbar sehr viel mehr Männer als Frauen gezeigt; zum anderen ist ein weitgehender Verzicht auf die Darstellung des hohen Alters zugunsten „jüngerer Alter" zu beobachten. Wenn etwa Hagen (1985) nach Sendungen mit explizitem vs. implizitem Altersbezug sowie Bosch (1990) nach der Besetzung von Haupt- und Nebenrollen differenzieren, werden jeweils unterschiedliche Schwerpunkte gesetzt.

Der Frage nach Altersbildern in der Werbung ist in den letzten Jahren zunehmend Aufmerksamkeit geschenkt worden. Der Grund dafür liegt auf der Hand – Horn/Naegele formulierten 1986 (463): „Erst seit dem letzten Jahrzehnt wurden ältere Menschen durch ihre wachsende Zahl, die bei ihnen vermuteten Kaufreserven und durch ihre zunehmende Lebensaktivität für den Anbieter interessant." Die Konsumentengruppe der Älteren gehört inzwischen zu den klar wachsenden Zielgruppen der Werbung. Dennoch sieht sich die Werbebranche beim Umgang mit den aus rein demographischen Gründen immer bedeutender werdenden Älteren einer besonderen Problemlage gegenüber: Positive Attribute wie Kaufkraft und Konsumbereitschaft konfligieren mit einer (noch) allzu weit verbreiteten negativen Bewertung der Gesamtgruppe. Vor diesem Hintergrund mag es kaum verwundern, dass eine Abkehr von den alten Idealen der Jugendlichkeit trotz teilweise anders lautender Meldungen aus der Presse nur eher schleppend voranzukommen scheint. In den USA sind beispielsweise die Darstellungen alter Menschen im Laufe der vergangenen Jahrzehnte der Tendenz nach durchaus positiv zu bewerten. Ihre Unterrepräsentation sowie Be-

312

schränkung auf eine begrenzte Zahl von Themengebieten (v.a. Gesundheit) ließe sich jedoch gleichermaßen im Sinne einer gewissen Geringschätzung interpretieren (Roy/Harwood 1997).

Die beschriebene Problematik lässt sich mit Hinblick auf das Verhältnis zwischen Bild und Text besonders gut veranschaulichen. Welcher Eindruck entsteht beispielsweise, wenn das Bild eines lachenden älteren Menschen im Textteil mit Hinweisen auf altersbedingte Erkrankungen konfrontiert wird? Oder was ist davon zu halten, wenn Bild und Text geradezu eine Art Verweigerung gegenüber negativen Aspekten des Alters demonstrieren? Handelt es sich dabei nicht ebenso um eine Form der Altersfeindlichkeit, des Ageismus? Man kann feststellen, dass, während die bildlichen Darstellungen von alten Rollenträgern durchaus an Breite gewonnen haben und eine eigene Qualität entwickeln, dies für die sprachliche Bezugnahme auf das Alter noch nicht gelten kann. Auch Röhr-Sendlmeier/Ueing kommen in ihrer Untersuchung von Altersbildern in der Anzeigenwerbung zu dem Ergebnis, dass „einerseits über den Text ein defizitäres Bild von alten Menschen gezeichnet [wird], andererseits ein positives Stereotyp von den ‚neuen' Alten über die visuelle Gestaltung immer stärker aufgebaut wird" (Röhr-Sendlmeier/Ueing 2004: 61).

In der Werbewelt scheint sich ein Imagewandel zu vollziehen, entgegen dem Leitbild der ewigen Jugend, wie beispielsweise auch eine Titelseite des *Spiegels* aus dem Jahr 2004 mit der Überschrift „Abschied vom Jugendwahn" (Nr. 41, 2004) erkennen lässt. Wo bisweilen anstelle von altersrealistischen Senioren-Models junge Frauen Produkte wie Faltencremes umwarben, beschreiten nun auch ältere Models den Weg in die Werbewelt. Ein aktuelles Beispiel für die bejahende Visualisierung vom körperlichen Alter zeigt sich in der Werbestrategie des Unilever-Konzerns mit der Kampagne „Jede Haut ist schön". Der Konzern fokussiert mit der Kosmetikreihe „Pro Age" eine völlig neue Zielgruppe: die reifen Frauen ab 50. Mit dem Slogan „Schönheit kennt kein Alter" im Rahmen der Initiative für Schönheit und einer provokanten TV-Werbestrategie eröffnete der Konzern ein revolutioniertes Marktsegment, den „Megatrend Alter". Sieht man Werbung nicht nur als eine funktionale Textsorte, sondern als seismographischen Indikator für gesellschaftliche Wandelprozesse, so ist der Einfluss der Werbung auf Altersbilder und Einstellungen zum Alter durchaus als hoch einzuschätzen.

Während die Bereiche Fernsehen und Werbung einen erheblichen Teil ihrer Wirkung dem Einsatz visueller Mittel verdanken, steht bei den Printmedien originär Sprachliches im Vordergrund. Als Analysematerial dienten bisher vor allem Zeitungen und Zeitschriften (seltener

Bücher), wobei ein Großteil der einschlägigen Studien erneut aus dem angloamerikanischen Raum stammt (Filipp/Mayer 1999). Die Frage, welche Rolle das Thema „Alter" in diesen Medien spielt, wurde dabei ebenfalls in quantitativer sowie qualitativer Hinsicht untersucht. So konstatieren Niederfranke et al. mit Hinblick auf die deutsche Presse, dass Berichterstattung über alte Menschen dort eher eine Randerscheinung darstelle – insbesondere mangele es an Belegen, in denen alte Menschen selbst zu Wort kommen (Niederfranke/Schmitz-Scherzer/Filipp 1996). In diese Richtung deuten auch Galliker/Klein, deren Recherche nach den Bezeichnungen „Senioren", „alte Menschen", „ältere Menschen" sowie „Greise" in drei Jahrgängen der *Frankfurter Allgemeinen Zeitung* u.a. ergab, dass diese Ausdrücke dort nur sehr selten anzutreffen waren (Galliker/Klein 1997).

Dierl bestätigt dieses Ergebnis wenige Jahre zuvor anhand der Auswertung zweier Jahrgänge verschiedener Tageszeitungen (Dierl 1989). Thimm hingegen weist darauf hin, dass Thematisierungen des Alters in den 90er Jahren in ganz erheblichem Maße unter der Perspektive eines medial inszenierten Generationenkonflikts erfolgten (Thimm 2000: 65 f.). Das Bild der „pflegebedürftigen und hinfälligen Alten" werde dabei zunehmend von jenem der „Ausbeuter und Kriegsgegner der Jugend" (ebd.), die sich auf Kosten anderer den Lebensabend versüßten, abgelöst. Allerdings zeigt sich aktuell wieder eine neue Präsenz dieses Topos (s. auch Thimm 2009).

Während Fernsehen und insbesondere Werbung einen erheblichen Teil ihrer Wirkung dem Einsatz visueller Mittel verdanken, steht bei den Printmedien originär Sprachliches im Vordergrund. Für den Versuch, Bilder des Alters im öffentlichen Sprachgebrauch darzustellen, stellen Printmedien daher einen besonders geeigneten Untersuchungsgegenstand dar. Als Analysematerial dienten in einschlägigen, häufig aus dem angloamerikanischen Raum stammenden Studien bisher vor allem Zeitungen und Zeitschriften (seltener Bücher).

Anhand von Printmedien kann gut die Verwendung gängiger Formulierungen untersucht werden, die aus mehreren Wörtern zusammengesetzt sind und die die Bestandteile „alt" oder „älter" enthalten. Dabei fällt auf, dass häufiger von „älteren" als von „alten Menschen" gesprochen wird. Für Wortverbindungen wie „ältere (Mit)bürger", „ältere Generation" oder „ältere Frau/älterer Mann" lassen sich kaum ähnlich positive Äquivalente mit der Form „alt" finden. Die Bevorzugung des absoluten Komparativs („älter") drückt sich auch in qualitativer Hinsicht aus, insofern nämlich beispielsweise „alte Menschen" sehr viel stärker als der Interessenvertretung, Beratung und Hilfe bedürftig dargestellt werden als „ältere Menschen". Mit der unmarkierten Form

„alt" wird offenbar bereits eine Verschlechterung gegenüber dem „normalen" Alt-Sein impliziert. So entsteht der Eindruck, als habe der absolute Komparativ „älter" inzwischen die Rolle der unmarkierten Form „alt" übernommen (Sechster Altenbericht der Bundesregierung 2010; auch Fiehler/Fitzner 2010). Abwertende Ausdrücke werden selten eingesetzt. Die Bezeichnung „Oma/Opa" wird fast ausschließlich für das entsprechende verwandtschaftliche Verhältnis innerhalb der Familie gebraucht, kaum mehr als allgemeine Bezeichnung für eine ältere Person. Häufig kommen hingegen solche Bezeichnungen zum Einsatz, für die sich mittels Wörterbuchrecherche eine eher positive Färbung ermitteln lässt, wie „Senioren", „Pensionär/Pensionärin" oder „ältere Herren/Damen". Ein positives Bild vom Alter vermittelt auch die Einführung von Neologismen wie „junge Alte".

Diese Ergebnisse deuten auf eine tendenziell positive Darstellung des Alters in deutschsprachigen Tageszeitungen hin. Dort, wo sich Zeitungsautoren und -autorinnen die Möglichkeit bieten würde, auch mittels des Gebrauchs entsprechender Benennungen die negativen Seiten des Alters darzustellen, zeigen sie Zurückhaltung. Dort hingegen, wo positiv gefärbte Ausdrücke zur Verfügung stehen, werden diese auch ausgiebig verwendet. Die verbreitete Vermutung, in den Medien würde vor allem von den negativen Seiten des Alters berichtet, steht vor diesem Hintergrund in Frage.

In inhaltsanalytischen Untersuchungen von Texten aus Printmedien werden die Kontexte bestimmt, in denen Zeitungen über ältere Menschen berichten. Eine Summenbildung aus den Ergebnissen einer Analyse von Tageszeitungen aus dem Jahr 2008 zeigt: Über ein Drittel aller Belegstellen beschäftigt sich mit Themen aus dem Kultur- und Freizeitbereich, mit einer durchaus breiten Fächerung in verschiedene Themenbereiche – vom traditionellen Nachmittagskaffee bis hin zum Computerkurs (Fiehler/Fitzer 2009). Dies soll jedoch nicht den Eindruck erwecken, als würden negative Aspekte des Alters völlig ausgeblendet. Vielmehr rangieren die hier besonders einschlägigen Rubriken „Straftaten", „Unfälle" und „Probleme" ebenfalls auf den vorderen Plätzen der Themengebiete. Während von Kultur und Freizeit jedoch im Umfeld nahezu jeder Bezeichnung gesprochen wird, zeichnen sich bei der Darstellung problembehafteter Zusammenhänge bestimmte Schwerpunkte ab. Diese liegen laut Fiehler/Fitzner (2009) in erster Linie bei den Singularformen und hier vor allem bei den weiblichen: „Seniorin", „Rentnerin", „ältere Frau". Über einzelne ältere Menschen und ihre Erlebnisse wird offensichtlich eher im Kontext negativ konnotierter Themen berichtet.

3. Wertewandel des Alters – Neue sprachliche und visuelle
   Inszenierungen

Betrachtet man die Entwicklung der Altersbilder aus einer weniger medientypologischen, sondern aus übergeordneten Sichtweisen, so lassen sich einige Tendenzen und Wandelprozesse herausarbeiten. Einerseits findet sich die Höherwertung der einzelnen Menschen im Sinne ihrer erhöhten Wirtschaftskraft, die sich in den veränderten Werbebotschaften nachweisen lässt, andererseits gibt es auch Hinweise auf die Inszenierung eines intergenerationellen Konfliktes. Diese mediale Inszenierung beruht dabei interessanterweise vor allem auf sprachlichen Kategorisierungsformen, so z.B. auf der Zuweisung des Bildes der Älteren als „Ausbeuter" der jungen Generation. Damit einher gehen verschiedene sprachliche und visuelle Darstellungsformen, die auf ein Konkurrenzverhältnis zwischen Alt und Jung abzielen. Interessanterweise lassen sich Elemente dieser Inszenierungsstrategie über die letzten zwanzig Jahre immer wieder nachweisen, ohne dass sich dieser Konflikt in der politischen oder innerfamilialen Realität abbilden würde.

Beginnt man in den 1980er und 1990er Jahren, so zeigt sich die Berichterstattung über ältere Menschen im Zusammenhang mit der demographischen Veränderung der Bevölkerungsstruktur häufig durch den Topos des *Generationenkonfliktes* gekennzeichnet. Hier ist es nicht so sehr der Typus der pflegebedürftigen und hinfälligen Älteren, sondern es sind die „schmarotzenden Alten", die im Mittelpunkt des medialen Interesses stehen. Einige Medien pflegten einen nachgerade altersfeindlichen Sprachgebrauch, so z.B. die *Woche*, die am 20. Oktober 1995 einen Leitartikel von Klaus Leggewie abdruckte. Er schockte mit der Schlagzeile: „Kampf der Generationen – Krieg den Alten! Die Senioren-Lawine verschüttet die Zukunft der Jugend – wehrt sich die verlorene Generation?" Hier findet Kriegsmetaphorik Verwendung, die zusätzlich durch die Bedrohungsmetapher der „Seniorenlawine" verschärft wird.

Auch andere Magazine griffen das Thema des Generationenkonfliktes auf. So das Wochenmagazin *Focus* mit seiner Titelgeschichte (Nr. 23, 1996) „Der neue Krieg ums Geld: Jung gegen Alt", noch schärfer formulierte es der *Spiegel* (Nr. 6, 1997), der titelte: „Die Rentenreform oder: Wie die Alten die Jungen ausplündern".

Auch heute lassen sich solche konkurrenzlichen Bilder in den Medien finden, allerdings hat sich der Tenor verändert. Aktuell entsteht eher ein Bild der Unsicherheit – schwankend zwischen Ausgrenzung, Realismus und Überhöhung. Besonders im Fokus steht heute das junge Alter; der Begriff „Senioren" wird vermieden und die Bezeichnung mithilfe der Alterskohortenbegriffe „60 plus", „70 plus", „80 plus" nimmt zu. Auch die visuelle Darstellung zeigt, zumindest bei den überregionalen Magazinen, eine neue Entgrenzung des Alters. Dies lässt sich paradigmatisch am Titelbild des Nachrichtenmagazins *Focus* aus dem Dezember 2007 zeigen:

Jugendlich gekleidete, sportliche und intellektuell wirkende Ältere stehen zunehmend im Mittelpunkt. Das chronologische Alter, so scheint es zumindest, verliert zunehmend an Bedeutung. Vielmehr dominiert die visuelle Verschleierung des Alters – jugendliche Bekleidung und jugendliche Aktivitäten konstituieren maßgebliche Elemente einer neuen Schönheitsvorstellung für die Generation ab 60. Dies mag man als positiv und durchaus realistisch einschätzen, schließlich ist auch der ganz überwiegende Teil dieser Altersgruppe weder gesundheitlich noch finanziell eingeschränkt. Nicht zu unterschätzen ist jedoch der Erwartungsdruck an diejenigen, die diesem Bild nicht entsprechen können oder wollen. Sich im als „jungem Alter" inszenierten Alter von 60 eben nicht mehr jung zu fühlen, dürfte bereits heute mit negativen Gefühlen verbunden sein.

Ganz anders jedoch die Darstellung der älteren Generation, die weniger die einzelne Person ins Blickfeld nimmt, sondern die Kohorte der älteren Jahrgänge in ihrer Massierung thematisiert. Hier erscheint plötzlich ein neues Bedrohungsszenario – das der „Gerontokratie". Angeführt von populären Bestsellern wie dem „Methusalem-Komplex" von Frank Schirrmacher finden sich nun wieder Beiträge in den Massenmedien, die ein solches Angstszenario fördern. Als ein Beispiel sei hier die *Bild-Zeitung* vom April 2008 angeführt:

Inwieweit dies nur eine exemplarische Momentaufnahme ist, wird an der weiteren Entwicklung deutlich werden. Sicher jedoch wird das sich verändernde Zahlenverhältnis zwischen Alt und Jung auch unsere Wahrnehmung dessen, was Alt-Sein heißt, gravierend beeinflussen. Dazu tragen auch die Bemühungen um die Thematisierung des so-genannten „fragilen" Alters bei. Diese Altersphase ist vor allem mit Demenz oder Alzheimer assoziiert und von sehr spezifischen Ängsten vor diesen Erkrankungen begleitet. Der auch sprachlich achtungsvolle Umgang mit diesen Themen zeichnet jedoch gerade in den letzten Jah-ren von 2009 an den öffentlichen Sprachgebrauch aus. Hatte die ARD mit der ARD-Themenwoche im Jahr 2009 („Mehr Zeit zu leben") schon Akzente gesetzt, so wurde die Spiegel-Reportage von Katja Thimm zum Thema Alzheimer mit dem Henri-Nannen-Preis, der höchsten journalistischen Auszeichnung, bedacht. Auch diese Form der sprach-lichen Bearbeitung eines bis dato eher tabuisierten Themas dürfte der Zugänglichkeit dieses wichtigen Themas dienlich sein.

4. Ausdifferenzierung von Altersbildern

Insgesamt lässt sich feststellen, dass die mediale Darstellung der Gene-rationenverhältnisse insofern differenzierter geworden ist, als die sprachlichen und bildlichen Konstruktionen von Alter eine Erweite-rung erfahren haben. Deutlich wird, dass es *das* Altersbild nicht gibt, sondern vielmehr von einer zunehmenden Ausdifferenzierung der Al-tersbilder gesprochen werden muss. Dominierend sind dabei zwei Tendenzen: die Überhöhung und starke Ästhetisierung des Alters in der Werbung und die zwischen Ablehnung und Bewunderung schwankende Berichterstattung über die Veränderungen der Generationen 60 plus und 70 plus. Es gibt also äußerst vielfältige Altersbilder, die in sich uneinheitlich, ja sogar von einer gewissen Unsicherheit gekennzeichnet sind. Es lässt sich feststellen, dass sich die Kategorie „Alter" in einer Phase der Ausdifferenzierung befindet. Dies erscheint angesichts der ausgesprochen heterogenen Zusammensetzung der Gruppe der älteren Generationen und ihrer unterschiedlichen Lebensentwürfe als logische Konsequenz. Dass sich aber eine Gesellschaft, die so stark wie Deutschland vom Generationenumbruch erfasst wird, damit schwertut, wird ebenfalls deutlich. Wie die Generationen in Zukunft miteinander umgehen, hängt daher auch davon ab, welche Generationenverhältnisse in den Medien kommuniziert werden.

Literatur

Altenbericht 2010: Sechster Altenbericht der Bundesregierung. Berlin.

Blödorn, Sascha/Gerhards, Maria 2005: Veränderungen der Medienzuwendung mit dem Älterwerden. In: Media Perspektiven 6, 271–283.

Bosch, Eva-Maria 1990: Altersbilder in den bundesdeutschen Medien. In: Straka, G. A. (Hrsg.): Aktive Mediennutzung im Alter: Modelle und Erfahrungen aus der Medienarbeit mit älteren Menschen. Heidelberg, 77–91.

Dierl, Reinhard 1989: Zwischen Altenpflegeheim und Seniorenstudium. Alter und Alte als Zeitungsthema. Schriften des KDA. (Reihe Forum 11). Köln.

Doh, Michael 2006: Ältere Onliner in Deutschland – Entwicklung und Prädiktoren der Internetdiffusion. In: Kimpeler, Simone/Baier, Elisabeth (Hrsg.): IT-basierte Produkte und Dienste für ältere Menschen – Nutzungsanforderungen und Techniktrends, Tagungsband zur Fazit-Tagung „Best Ager" in der Informationsgesellschaft. Stuttgart, 43–64.

Evangelische Akademie Tutzing, 1996. (www.bmfsfj.de).

Fiehler, Reinhard/Fitzner, Wolfgang 2009: Bilder des Alters im interpersonalen und öffentlichen Sprachgebrauch. Expertise für den 6. Altenbericht der Bundesregierung.

Filipp, Sigrun-Heide/Mayer, Anne-Kathrin 1999: Bilder des Alters. Altersstereotype und die Beziehungen zwischen den Generationen. Stuttgart.

Flueren, Hanns J./Klein, Marion/Redetzki-Rodermann, Heidrun 2002: Das Altersbild der deutschen Daily Soaps. Ergebnisse einer quantitativ-qualitativen Untersuchung. In: Medien praktisch 26/1, 23–27.

Friedrich, Ingrid 2004: Die Darstellung älterer Menschen in der Fibel. In: Kasseler Gerontologische Schriften 31. Kassel.

Furnham, Adrian/Mak, Twiggy 1999: Sex-role stereotyping in television commercials: A review and comparison of fourteen studies done on five continents over 25 years. Sex Roles 41, 413–437.

Galliker, Mark/Klein, Margot 1997: Implizite positive und negative Bewertungen – eine Kontextanalyse der Personenkategorien „Senioren", „ältere Menschen", „alte Menschen" und „Greise" bei drei Ausgaben einer Tageszeitung. In: Zeitschrift für Gerontopsychologie und -psychiatrie 10/1, 27–41.

Hagen, Rochus Andreas 1985: Die Medien und der ältere Mensch. Eine Analyse des Altersbildes in Fernsehsendungen in ARD und ZDF. Diss. Universität Bonn.

Horn, Martin/Naegele, Gerhard 1986: Gerontologische Aspekte der Anzeigenwerbung. Ergebnisse einer Inhaltsanalyse von Werbeinseraten für ältere Menschen
und mit älteren Menschen. Zeitschrift für Gerontologie 19, 463.

Janßen, Julia/Thimm, Caja 2011: Die ältere Generation im Netz: Altersspezifische
Online-Partizipation. In: Anastasiadis Mario/Thimm, Caja (Hrsg.): Social Media:
Theorie und Praxis digitaler Sozialität. (Bonner Beiträge zur Medienwissenschaft
Bd. 11, hrsg. v. Caja Thimm). Frankfurt/New York, 375–396.

Kessler, Eva-Marie/Rakoczy, Katrin/Staudinger, Ursula 2003: How realistic is the
portrayal of older people in prime time TV series? Dresden.

Lohmann, Robin 1997: Images of old age in German and American print media –
empirical investigations into defining principles and patterns of visual represen-
tation. Aachen.

Löffler, Horst 2006: Wo sind sie denn? Auf der Suche nach Senioren in der Anzeigenwerbung. In: Meyer-Hentschel, Hanne/Meyer-Hentschel, Gundalf (Hrsg.):
Jahrbuch Seniorenmarketing 2006/2007. Frankfurt a. M., 121–136.

Nauland-Bundus, Sabine 2004: Generationenbeziehungen zwischen Großeltern und
Enkeln im Spiegel der Kinder- und Jugendliteratur. In: Kasseler Gerontologische
Schriften 34. Kassel.

Niederfranke, Annette/Schmitz-Scherzer, Reinhard/Filipp, Sigrund-Heide 1996: Die
Farben des Herbstes. Die vielen Gesichter des Alters heute. In: Naegele, Ger-
hard/Niederfranke, Annette (Hrsg.): Funkkolleg Altern – Studientexte. Tübingen,
4–43.

Ochel, Jens 2000: Senioren spielen in den Medien keine Rolle. MT-Forschungsbe-
richt 10/ 129, 15.

Robinson, James D./Skill, Tom 1995: Media usage patterns and potrayals of the
elderly. In: Nussbaum, Jon F./Coupland, Justine (Hrsg.): Handbook of Communication and aging research. NJ, 359–391.

Röhr-Sendlmeier, Una M./Ueing, Sarah 2004: Das Altersbild in der Anzeigenwerbung im zeitlichen Wandel. Zeitschrift für Gerontologie und Geriatrie 37/1, 56–
62.

Roy, Abhik/Harwood, Jake 1997: Underrepresented, positively portrayed: Older
adults in television commercials, Journal of Applied Communication Research
25, 39–56.

Staudinger, Ursula M. 2003: Das Alter(n): Gestalterische Verantwortung für den einzelnen und für die Gesellschaft. In: ApuZ 20, 35–42.

Tews, Hans P. 1999: Von der Pyramide zum Pilz. Demographische Veränderungen
in der Gesellschaft. In: Niederfranke, Anette/Naegele, Gerhard/Frahm, Eckart
(Hrsg.): Funkkolleg Altern 1. Die vielen Gesichter des Alterns. Opladen/Wiesba-
den.

Thimm, Caja 2000: Alter – Sprache – Geschlecht. Sprach- und kommunikationswissenschaftliche Perspektive auf das höhere Lebensalter. Frankfurt.

Thimm, Caja 1998: Die sprachliche Symbolisierung des Alters in der Werbung. In:
Jäckel, Michael (Hrsg.): Die umworbene Gesellschaft. Opladen, 113–140.

Thimm, Caja 2006: Alter und Medien. In: Tsvasman, Leon (Hrsg.): Das große Lexikon Medien und Kommunikation. Würzburg, 43–45

Thimm, Caja 2009: Altersbilder in den Medien. In: Ehmer, Josef/Höffe. Otfried
(Hrsg.): Bilder des Alterns im Wandel. Nova Acta Leopoldina. Stuttgart, 153–166.

Ueltzhöffer, Jörg 1992: Ältere im Spiegel der Gesellschaft. Wandel von Selbstbildern
und Lebensstilen, neue Ansprachen in der Werbung. Forum für Demokratie und
Politik 1, 50–60.

Wild, Alexander 2006: Silver-Surfer: Wie erfahrene Aktivisten ein interaktives Medium nutzen – und wie man sie erreicht. In: Meyer-Hentschel, Hanne/Meyer-

Hentschel, Gundalf (Hrsg.): Jahrbuch Seniorenmarketing 2006/2007. Frankfurt a. M., 137–157.

Willems, Herbert/Kautt, York 1999: Werbung als kulturelles Forum: Das Beispiel der Konstruktion des Alter(n)s. In: Willems, Herbert (Hrsg.): Die Gesellschaft der Werbung. Opladen, 565–582.

Ziegelmeier, Saskia (2009): Visuelles Framing von Alter. Eine empirische Studie zur medialen Konstruktion von Alter. Frankfurt a. M.

PETRA BALSLIEMKE

Noch nicht in die Jahre gekommen ... Altersdiskriminierung als Gegenstand der Sprachkritik

1. Einleitung

Es fällt auf, dass Seniorinnen und Senioren besonders in der Werbung und in der Tourismusbranche gesondert als Zielgruppe angesprochen werden, wie es vor 20 Jahren noch nicht denkbar war. Sowohl öffentliche Institutionen als auch Unternehmen berücksichtigen die wachsende Anzahl älterer Menschen. Trotzdem sind Diskriminierungen gegenüber Älteren keine Seltenheit. Der Umgang mit ihnen scheint keineswegs so selbstverständlich vorurteilsfrei zu sein, wie es sich politisch korrekt gehörte. Dies gilt besonders im Arbeitsrecht, jedoch nicht zuletzt auch für die Kommunikation, z. B. in den Nachrichtenmedien, wenn von *Vergreisung und Rentnerlawine* gesprochen wird, ebenso in Alltagsgesprächen, in denen von *Grufties* oder *alten Knackern* die Rede ist.

Der kokettierende Umgang mit dem Älterwerden, der auf so manchen Glückwunschkarten zum Geburtstag zu lesen ist, gehört zur humoristischen Seite und damit zu den eher harmlosen Formen des Umgangs mit Älteren. Achtet man aber genauer auf sprachliche Wendungen, z. B. im sogenannten „Volksmund" und in den Medien, erkennt man, wie tief etymologisch verwurzelt und auch wie zahlreich die Klischees gegenüber dem Alter und dem Älterwerden in der deutschen Sprache sind. Dazu existieren bislang nur wenige Arbeiten im deutschen Sprachraum (z. B. Kramer 2003 und 2010; Krüger 2009). Obwohl in der Süddeutschen Zeitung in einer Meldung nicht mehr von einer Überalterung gesprochen wird, sondern die Wendung „angesichts der zunehmend alternden Gesellschaft" (Süddeutsche Zeitung vom 3.5.2011: 5) zu lesen ist, stellt dieser nicht diskriminierende Sprachgebrauch eher eine Seltenheit dar. Der Beitrag soll zu einer sprachlichen Sensibilisierung bei Ageismus gegenüber Älteren in der Sprache beitragen. Dazu wird im ersten Abschnitt eine kurze Beschreibung verschiedener Aspekte des Altersbildes und eine Bestimmung des Begriffs Ageismus gegeben. Der daran anschließende Abschnitt benennt Merkmale der linguistisch fundierten Sprachkritik, die für die Analyse des kleinen Korpus an sprachlichen Beispielen wesentlich ist. Im dritten Abschnitt folgen Beispiele aus etymologischer, diachroner und synchroner Sprachperspektive, und abschließend soll ein Vorschlag für mehr sprachliche Sensibilität gemacht werden.

1.1 Altern aus multidisziplinärer Sicht

In diesem Kapitel wird das in westlichen Kulturkreisen vorherrschende Altersbild kurz dargestellt. Dabei scheinen vor allem die negativen Seiten des Alters in der Betrachtungsweise unseres Kulturkreises zu überwiegen, nämlich Abbau, Schwächung, Zerfall, Schwund und Tod:

> „Das biologische Altern ist in der Tat die abnehmende Fähigkeit, Verluste an Organfunktionen, der Gehirnleistungen, des Bewegungsapparats, der zellulären Umsetzungsfähigkeit der genetischen Information usw. wettzumachen [...]. Dieser Schwund führt bei allen fortpflanzungsfähigen Lebewesen schließlich zum Individualtod." (Rosenmayr 2004: 18)

Die Vorstellung vom weisen Alten, gemäß der die Lebenserfahrung älterer Menschen nutzbringend eingesetzt werden kann und durch die sich eine bedeutende gesellschaftliche Stellung ergibt, scheint im ausgehenden 20. und 21. Jahrhundert immer mehr verdrängt worden zu sein bzw. zu werden.

Hinzu kommt, dass die demografischen Prognosen ein negatives Bild vom Alter entwerfen: Da sich das Ideal der Bevölkerungspyramide in einen -zylinder verwandelt (vgl. Wittrahm 1991), ist die Versorgung der älteren Generation langfristig und rein rechnerisch nicht mehr tragfähig, da die Bevölkerungsschicht im erwerbsfähigen Alter nicht genügend erwirtschaften kann, um die übrigen Mitglieder der Gesellschaft versorgen zu können (Rott 2004; Backes 2004: 83–90). Hier ist nicht der Ort, um demographische Konzepte zu diskutieren, vielmehr geht es an dieser Stelle um die soziologischen Auswirkungen: Die ältere Generation wird als hinderlich betrachtet, weil die Jüngeren laut Generationenvertrag deren Lebensabend erwirtschaften müssen, aber dies wird wegen des misslichen Zahlenverhältnisses nicht gelingen: „Die finanziellen Ressourcen werden knapp. Das macht Alte und Junge zu erbitterten Konkurrenten. Wenn sie den Generationenvertrag aufkündigen, verspielen die Babyboomer die Zukunft ihrer Kinder.", schreibt die Süddeutsche Zeitung (15./16.1.2011). Mit dem demografischen Wandel ist zugleich die medizinische Sicht auf das Alter angesprochen, weil ein medizinischer Fortschritt und stetig verbesserte hygienische Voraussetzungen zur Steigerung des Lebensalters der mittleren und höheren Altersstufen führen (vgl. Klein 2004: 75). Weiterhin ist zu berücksichtigen, dass die Möglichkeiten für individuelle Lebensmuster der älteren Generation vielfältiger geworden sind, wie z. B „Bildung im Alter" (vgl. Bellon 2004) oder Mobilität in den gewonnenen Jahren, wie die Gerontologie die Erhöhung der Lebenserwartung positiv bezeichnet.

1.2 Die Ageismus-Forschung

Die kurze Darstellung des Altersbildes hat sowohl die negativen als auch die positiven Bewertungsmuster kurz angesprochen. Nachfolgend wird es in mehreren Aspekten um die negative Wahrnehmung und die Diskriminierung des Alters in der Öffentlichkeit gehen.

In den deutschen Publikationen zur Gerontologie der 1990er Jahre wurde der Terminus „Ageismus" zunehmend häufiger verwendet; er bezeichnet einerseits eine „Aversion und Aggression gegen alte Menschen" ebenso wie mangelnde Empathie sowie unrealistische Wahrnehmung (Illhardt 1995: 9). Von Butler ist der Begriff *ageism* 1969 (vgl. Krüger 2003: 258) eingeführt worden, der bewusst eine Analogie zu den Lexemen *racism* und *sexism* bildet, welche die zentralen Bereiche der damaligen Antidiskriminierungsbewegung darstellen und damit den Anspruch an einen Sprachgebrauch als „politically correct" evozieren (vgl. Kap. 2.2). In Deutschland wurde ähnlich analog zu Rassismus und Sexismus der Terminus Ageismus von Kramer (2003: 259) eingeführt, als Terminus für sprachliche Altersdiskriminierung. Zu der mit dem Ageismus verknüpften sprachkritischen Ebene lassen sich nur wenige Publikationen anführen: Für den angloamerikanischen Sprachraum benennt Nuessel (1982) die negativ aufgeladenen sprachlichen Ausdrücke für ältere Menschen bzw. den negativen Sprachgebrauch über sie. Für den deutschen Sprachraum konstatiert Thimm (2000) einen Kommunikationskonflikt, der für den Generationenkonflikt verantwortlich sei, und Kramer (2003: 259) benennt den „sprachlichen Terror gegenüber Älteren". Krüger (2009) untersucht das Altersbild anhand von Sprichwörtern.

2. Ausgewählte Aspekte der Sprachkritik

Sprachkritik rückt unangemessenen Sprachgebrauch ins Bewusstsein, besonders wenn es um öffentlichen Sprachgebrauch, nicht zuletzt auch um Political Correctness geht. So gesehen kann die diachrone und synchrone sprachkritische Betrachtung sprachlicher Ausdrücke ein Mittel gegen Ageismus sein. Die drei Partizipien „reflektierend, wertend, empfehlend" (Schiewe 2006: 6) stellen in aller Kürze die wesentlichen Aufgaben bzw. Handlungsbereiche der Sprachkritik dar, dabei unterscheidet sich die wissenschaftliche Sprachkritik, um die es im vorliegenden Beitrag gehen wird, von einer alltäglich geübten Sprachkritik, einer „laienlinguistischen Sprachkritik" (Kilian/Niehr/Schiewe, 2010: 56 ff.). Zur reflektierenden Tätigkeit zählt nicht zuletzt auch das Verhältnis von Sprache und Wirklichkeit. So stellt die Gebrauchstheorie eine Einsicht in Sprache und deren Verwendung dar. Eine Grundaussage der Gebrauchstheorie nach Wittgenstein besagt, dass die Realität entsteht, weil die Welt dem Menschen durch die in einer Gemeinschaft konventionalisierte Sprache gegeben ist. Diese These ist in Bezug auf Redewendungen des Deutschen relevant, da sie ein tradiertes und festes Sprachinventar darstellen, das in der Regel unreflektiert übernommen wird und somit die Sichtweise auf die Welt prägt (vgl. Mayer 2002: 64 f.) und damit auch die Sichtweise auf ältere Menschen. Bezogen auf die Sichtweise als Einordnung der Welt in Kategorien passen auch die Erklärungen der Prototypentheorie (vgl. Mayer 2002: 90 ff.). Übertragen auf Altersbilder heißt das, dass Personen zur Gruppe älterer Menschen kategorisiert werden können, wenn sie z. B. graue Haare haben, eine nicht mehr so straffe Haut aufweisen, sich deutlich langsamer bewegen. Fehlen gewisse äußere Merkmale, dann müssen neue Kategorien gefunden werden. In jüngster Zeit entstehen verschiedene Benennungen für eine Gruppe von Senioren, die weder grauhaarig sind noch Falten haben sowie kaum in ihrer Bewegung eingeschränkt sind. Daher gibt es Bemühungen, dieser Entwicklung sprachlich Rechnung zu tragen, z. B. mit den Bezeichnungen *die neuen Alten* oder engl. *golden ager* (vgl. Krüger 2009: 49 f.)

2.1 Die linguistische Sprachkritik

Die sprachlichen Ausdrücke für ältere Menschen, sowohl tradierte als auch neu geprägte, sollten vor allem für den öffentlichen Gebrauch den Kriterien der linguistischen Sprachkritik genügen. Schiewe (2010: 52 f.) nennt wesentliche Voraussetzungen und Maßstäbe der Sprachkritik (vgl. auch Schiewe 2006: 14). Als Voraussetzungen gelten, dass sich Sprachkritik sowohl auf den mündlichen als auch auf den schriftlichen Sprachgebrauch bezieht und zugleich den Sprachwandel ebenso wie Varietäten, innere Mehrsprachigkeit, individuelle Stile etc. berücksichtigt. Vor allem ist Vertretern der Sprachkritik wichtig, den Kontext der jeweiligen Äußerung mit einzubeziehen, um die gängigen Normen zu reflektieren und in der Folge Empfehlungen als sprachliche Orientierung zu geben. Dazu werden nach Schiewe (2010: 53) Maßstäbe benötigt, die den Rahmen für Bewertungen abstecken: Oberstes Ziel ist es, eine gelingende Kommunikation zu erreichen, wozu die Sprachkritik Orientierungen und Empfehlungen formuliert. Es existieren nicht die polaren Urteile „richtig" oder „falsch", sondern es gelten die Maßstäbe „angemessen" und „unangemessen". Die Fragestellung lautet: Ist eine sprachliche Äußerung angemessen in der Sache, in der Kommunikationssituation und für das Publikum? Während der sprachkritischen Betrachtung geht man von einem Sprachideal aus, das hinsichtlich linguistischer Kriterien für die bestimmte Kommunikationssituation aufgestellt werden kann.

2.2 Political Correctness (PC)

Ein solches Sprachideal im Sinne eines Bewertungsmaßstabs kann die politische Korrektheit einer sprachlichen Äußerung darstellen. In Deutschland ist seit den 1990er Jahren eine PC-Debatte zu beobachten, die allerdings nicht so breit geführt wird wie in den 1960er/1970er Jahren in den USA, sondern die sich vorrangig auf eine Diskussion in den Printmedien beschränkt (Wierlemann 2002: 106). Kapitzky reduziert das Stattfinden der PC-Debatte sogar auf eine Textart: „Im Wesentlichen […] ist die deutsche Diskussion deshalb bis heute eine Feuilleton-Debatte geblieben." (Kapitzky 2000: 47) Infolge der Kritik am Sprachgebrauch in der nationalsozialistischen Vergangenheit liegt in Deutschland ein Schwerpunkt auf dem korrekten Sprachgebrauch der Nachkriegszeit, der mit einer Reihe von „(Sprach)-Tabus" (Wierlemann 2002: 112) belegt ist. Ein weiterer Bereich der Sprachkritik um die PC-Debatte ist die Kritik an der sprachlichen Diskriminierung der Frauen. Ab 1980 wurden in Deutschland und Österreich erste Empfehlungen gegen einen androzentrischen Sprachgebrauch veröffentlicht (Wierlemann 2002: 148; Mayer 2002: 115 ff.). Hervorzuheben ist, dass es sich im Sinne der oben (Kap. 1.2) genannten Maßstäbe um Empfehlungen[1] handelt, um Sprachkompetenz und -bewusstsein durch eine verstärkte Sensibilisierung zu fördern. Aktuelle Themen der PC-Debatte sind interessanterweise diejenigen, die in den USA den Anfang der PC kennzeichneten. Es sind sprachliche Ausdrücke, die Minderheiten bezeichnen: für Menschen, die in gleichgeschlechtlichen Beziehungen leben (*Homosexuelle, Lesben*), Menschen anderer Hautfarbe (*Neger, Schwarzer, Zigeuner*), Menschen, die aus ihrer Heimat geflohen sind (*Asylanten*[2]), Menschen mit körperlichen Beeinträchtigungen (*Behinderte, Kranke, Alte*). In der aktuellen PC-Debatte spielt die Gruppe der älte-

---

[1] Die Empfehlungen für einen nicht sexistischen Sprachgebrauch sind als 16 Prinzipien bei Wierlemann (2002: 151–156) zusammengefasst.

[2] Roth (2004: 247 ff.) stellt fest, dass die ununterbrochene Kontextualisierung des Lexems *Asylant* mit Legalität bzw. Kriminaltiät in den Medien eine Fremdenfeindlichkeit provoziert habe.

ren Menschen nur in geringem Maße und nur episodisch eine Rolle, z. B. bei Gesetzesänderungen und geplanten Rentenerhöhungen. Ein kritischer Einwand gegen die PC-Debatte lautet, dass sie keine Veränderungen bewirke: „Umstritten ist, ob [mit der PC] eine neue Form der Zivilität zu beobachten sei, die aus human-aufklärerischen Vorstellungen erwachsen ist, oder eine neue Form der Etikette, die verlogen sei, da sie Gleichheit vortäusche, aber an den tatsächlichen Verhältnissen der Ungleichheit nichts ändere." (Mayer 2002: 200f.) Unbestritten ist jedoch, dass zunächst ein Bewusstsein für den vielfältigen Ageismus in der Sprache geschaffen werden muss, ehe Veränderungen stattfinden können.

3. Das Lexem *alt* im deutschen Wortschatz

Um die Tendenzen des Ageismus in der deutschen Sprache bewusst zu machen, ist eine diachrone Sprachbetrachtung angemessen, die Konstanz und Wandel aufzeigen kann. Das Lexem *alt* ist seit dem 8. Jahrhundert für den deutschen Wortschatz belegt, leitet sich von dem gotischen *alan* ab und bedeutet soviel wie ‚aufwachsen' bzw. von dem Wort *ala* aus dem Altnordischen, das ‚nähren, aufziehen' meint. Es besteht eine Verwandtschaft durch den Wortstock *al-* zu dem Lateinischen *alere* ‚nähren, ernähren' (vgl. Kluge 1999: 30). Somit meint *alt* ‚gewachsen, erwachsen'. Dieses Wort ist in seiner Ursprungsbedeutung demnach neutral und vielleicht sogar eher positiv besetzt, weil mit dem Erwachsensein der Anspruch auf gewisse Rechte und die dazugehörige Reife verbunden war und teilweise immer noch ist. Diese „Reife" als etwas Besonderes anzusehen, findet sich noch in Wortverbindungen, die Wertvolles bezeichnen, wie *alter Wein, altes Möbelstück, altes Porzellan*. Diese Konnotation ist in Bezug auf Personen lediglich in Verbindungen wie *altes Haus, alter Knabe, alter Freund* zu finden, die vor allem zur Begrüßung verwendet werden. Die negative Konnotation durch die Verbindung von Alter mit Krankheit ist bereits von Grimm/Grimm im Deutschen Wörterbuch lexikalisiert: „so verbinden sich auch alt und krank, alt und arm im sinne von alter und krankheit, alter und armut" (Grimm/Grimm 1998–2010). Bei Paul (1897 u. ö.) findet sich der Eintrag mit negativer Konnotation bezogen auf Personen: „In der Umgangssprache wird alt für unangenehm von Personen und Sachen gebraucht: ein alter Gauner, alter Angeber." Mit den veränderten Bedeutungen des Lexems zum Ende des 19. Jahrhunderts zeigen sich erste Tendenzen der negativen Konnotation von *alt* in der deutschen Sprache. Zu dem Lexem *alt* sind im Wörterbuch der deutschen Gegenwartssprache folgende Sememe (Klappenbach 1974: 111 f.) angeführt: „alt [...] 1. gibt das Alter, die Lebensjahre an, [...] 2. bejahrt, reich an Jahren, Ggs. jung [...] 3. gebraucht, Ggs. neu [...] 4. schon lange bestehend [...] 5. einen Ggs. modern a) antik, klassisch [...] b) weit zurückliegend 6./ohne Steigerung/früher Ggs. jetzig a) vorherig [...] ehemalig, einstig [...] 7./ohne Steigerung/salopp a) verstärkt die Ablehnung/ein alter Geizkragen, Schwätzer, Egoist [...] b/verstärkt die Vertraulichkeit/eine alte ehrliche Haut; mein alter (lieber) Junge." Die Lexikalisierungen verdeutlichen das „pejorative Potential von *alt*, nämlich Geringschätzung und Abwertung" (Kramer 2010: 102). Diese durch die Sprache entwickelte und sich entwickelnde „Konstruktion von Wirklichkeitserfahrungen" (Cherubim 2001: 101) hat sich auch in anderen Sprachmustern manifestiert. Die negative Bedeutungsaufladung in der deutschen Sprache lässt sich weiter verfolgen, wie nun im Kapitel 3.1 anhand der Beispiele verschiedener Sprachbereiche gezeigt wird.

3.1 Phraseologismen mit der Konstituente *alt*

Wie die sprachliche Diskriminierung sich besonders in lexikalisierten Phraseologismen im Laufe der Jahrhunderte verfestigt hat, soll nun untersucht werden. Da Phraseologismen als zusammenhängend gelernte Bestandteile des Sprachschatzes vom mentalen Lexikon zumeist unreflektiert abgerufen werden (Balsliemke 2001: 21 f.), geht die Forschung davon aus, dass diese Sprachmuster daher auch die Sichtweise auf ältere Menschen in einer Sprachgemeinschaft prägen (vgl. die Gebrauchstheorie, Abschnitt 2).

Zwei obligatorische Merkmale zeichnen Phraseologismen besonders aus: ihre Polylexikalität und ihre Stabilität (Burger 1998: 14). Trotz der Polylexikalität sind Phraseologismen in der Kombination von zwei oder mehr Wörtern innerhalb einer Sprachgemeinschaft fast wie ein Lexem gebräuchlich. Dabei ist das Merkmal der Stabilität mitunter schwierig festzulegen, da von jeder lexikalisierten Form durchaus Varianten existieren. Als drittes Merkmal gilt oftmals in der Fachliteratur die Idiomatizität. Sie bezeichnet das sprachliche Phänomen, dass mindestens eine Konstituente des Phraseologismus seine lexikalisierte Bedeutung zugunsten der Gesamtbedeutung aufgibt. Dies betrifft nur einen Teil der Phraseologismen, die zudem meistens satzgliedwertig sind, im Unterschied zu den satzwertigen Sprichwörtern (s. Abschnitt 3.2).

In den einschlägigen Lexika zur Phraseologie, Duden, Band 11 (1992), Röhrich (1994), Scheemann (1993) und in Pfeiffer (1997) lassen sich zusammen 99 Eintragungen mit dem Lexem *alt* finden. Damit ist die grundsätzliche hohe Produktivität dieses Lexems belegt. Vor allem aber ist *alt* mit negativen Bedeutungen verbunden, nämlich zu 74 %, wie z. B. *ein alter Hut sein, alt aussehen, alten Kohl aufwärmen, alte Zöpfe abschneiden, alte/olle Kamellen.* Bei der weiteren Analyse lässt sich feststellen, dass sich mit fast 70 % der überwiegende Anteil aller Phraseologismen auf Personen bezieht, von denen zudem mehr als die Hälfte (54 %) der Nennungen pejorative Bedeutungen enthalten. Dazu zählen beispielsweise *alte Herrschaften, alt und grau über etwas werden, ein älteres Semester sein, in das gefährliche Alter kommen, alt und verknöchert sein, alt und morsch sein, alte Vettel.* Fast immer wird eine deutliche Verstärkung der negativen Konnotationen bewirkt, da eine Substantivkonstituente als ein Bestandteil des Phraseologismus bereits negativ aufgeladen ist: *alte Litanei/Rechnung/Walze, alte Wunden wieder aufreißen, der alte Adam, altes Register, zum alten Eisen gehören.* Zu dem Lexem *alt* kann auch ein weiteres pejoratives Adjektiv hinzutreten, welches ein diskriminierendes Vorurteil gegenüber älteren Menschen mitmeint (vgl. Abschnitt 2 und 4.1): *alt und morsch/mürrisch/siech/verbraucht/verknöchert/grau sein.* Bei den Schimpfwörtern dominieren vor allem diskriminierende Betitelungen von Frauen: *alte Scharteke/Schwarte/Schrippe/Hexe.* Die Bildung von Schimpfwörtern ist mit 57 % für bzw. gegen Frauen weitaus produktiver als die bei Männern (29 %). Diese pejorativen Ausdrücke beziehen sich bei den gegen Frauen gerichteten Schimpfwörtern auf deren äußere Erscheinung (*liederlich, abgetakelt, schlampig, hässlich*) und angebliche, klischeehafte Eigenschaften (*streitsüchtig, zänkisch, missmutig*). Meistens wird die Frau in Schimpfwörtern gemäß der Hypostase verdinglicht, während dagegen bei den Ausdrücken für bzw. gegen ältere männliche Personen vor allem die (nicht nachlassende) Potenz sprachbildend wirkt: *alter Bock, alter Sünder, alter Sack.*

Phraseologismen, die sich auf ein Ding oder einen Sachverhalt beziehen, besitzen synonyme Bedeutungen von ‚langweilige Sache': *alte Jacke, im alten Gleis sein, seinen alten Stiefel weitermachen.* Die positive Konnotation ist dagegen in phraseologischen Verbindungen weitaus seltener: *alt und jung, alt und weise.* Je nach Einstellung des Sprecher-Hörers können Phraseologismen mit der Konstituente *alt* auch positiv verstärkend gemeint sein: *altes Haus, alter Hase, alter Schwede*[3], *in alter Frische, zusammenpassen wie zwei alte Latschen.* In diesen Belegen zeigt sich, dass entweder der Wissenszuwachs im Alter positiv hervorgehoben wird oder *alt* in der Bedeutung ‚vertraut' fungiert, somit erhalten diese Ausdrücke durchweg die positive Konnotation, obwohl bei-

---

[3] Unter Jugendlichen ist *alter Schwede* inzwischen als Ausdruck der Verwunderung üblich (vgl. www.mundmische.de), während Röhrich (1999) „ein Schlaumeier, ein gerissener Kerl" angibt.

spielsweise die Konstituente *Latschen* als Lexem eher negativ gemeint ist. Die Gruppe der teilidiomatischen Phraseologismen bildet mit 58 % den Hauptteil des kleinen Datenkorpus, wobei vor allem die substantivische Konstituente ihre lexikalisierte Bedeutung verliert: *zum alten Eisen gehören/zählen, die alte Platte laufen lassen, ein Kavalier alter Schule sein, noch von der alten Garde sein,* während das Adjektiv *alt* in diesen Fällen zumeist in der zeitlichen Bedeutung ‚bejahrt, lange bestehend' vorkommt.

Aus der Perspektive der Sprachkritik ist der Kontext stets entscheidend für die Bewertung des sprachlichen Ausdrucks (vgl. Abschnitt 2), aber die pejorativ aufgeladenen Phraseologismen sind bereits per se kritisierbar, denn sie tragen wegen ihrer Polylexikalität und z.T. auch wegen ihrer Idiomatizität die verunglimpfenden Bedeutungen bereits im Kotext mit, wodurch eine Vermeidung der Diskriminierung kaum möglich erscheint. Betreffen die Äußerungen Dinge bzw. Sachverhalte, nutzt der Sprecher die Polysemie des Lexems *alt* und dieser Gebrauch sollte nicht kritisiert werden (*Zustände wie im alten Rom, alte Liebe rostet nicht, alles beim Alten lassen*). Bezeichnet die Wendung dagegen eine Person, wirkt sie in jedem Fall diskriminierend und eine erhöhte Sensibilität ist erforderlich. Beispielsweise ist der Phraseologismus *ein alter Mann/eine alte Frau/eine Oma ist doch kein D-Zug* selbstreferentiell und wird korrekterweise von der Person selbst benutzt, die sich aufgrund ihres Alters nicht so eilig bewegen kann (vgl. Duden, Bd. 11: 164). Der Zuhörer sollte in der Regel beschwichtigend agieren. Die Bezeichnungen *alte Dame/alter Herr/alte Herrschaften* für die Eltern werden in der Regel außerhalb ihrer Gegenwart benutzt, und der Sprecher sollte sich der erzeugten Distanz bewusst sein, die dieser Phraseologismus über das Eltern-Kind-Verhältnis aussagt.

Je nach Kontext können einige wenige Phraseologismen sowohl negativ als auch positiv verstanden werden: *Ein Kavalier der alten Schule sein* ist nur dann sprachlich angemessen verwendet, wenn die bezeichnete Person oder der Hörer/die Hörerin die Werte einer alten Schule auch tatsächlich für achtens- und lobenswert hält. Anderenfalls kann diese Redewendung als zu traditionalistisch angesehen werden und so diskriminierend wirken. Aus Sicht der Sprachkritik sind alle Schimpfwörter in der Folge Tabuwörter. Das große Schimpfwörterbuch (Pfeiffer 1997) enthält als erste Eintragung unter dem Lexem *alt* das Präfix *Alt-*, das in seiner Funktion bereits diskriminierend wirken kann: *Alt-68er, Altsozi, Altnazi, Altkommunist.* Das Präfix scheint aber nicht beliebig produktiv, da Verwendungen wie **Althausfrau, *Altschüler, *Altautofahrer, *Altgründer* weder zulässig noch besonders sinnvoll sind. Die zweite Komponente muss in der Regel bereits eine negative Konnotation besitzen (*Altnazi*) oder im Kontext negativ gemeint sein (*Alt-68er*), damit das Präfix *Alt-* die Negativität verstärkt. Denn bei den Komposita Altbundeskanzler, Altbundespräsident ist das Präfix *Alt-* im Sinne von ehemalig und ‚altehrwürdig' gemeint. Aus sprachkritischer Sicht kann nur die erhöhte Sensibilität mit dem Adjektiv *alt* Diskriminierung vermeiden, da die negativen Konnotationen mit dem Lexem *alt* fest im deutschen Sprachschatz verwurzelt sind. Entschärfend kann allerdings auch der Komparativ *ältere* wirken, da die Steigerungsform nicht durch eine Vielzahl der Wortkombinationen verbraucht erscheint.

3.2 Alter in der Parömiologie des Deutschen

Auch die Ergebnisse der Sprichwörterforschung, der Parömiologie, dokumentieren einen sprachlichen Ageismus, der als anthropologisch und etymologisch verwurzelt angesehen werden muss. In Deutschland existieren Sprichwortsammlungen seit dem 16. Jahrhundert (Krüger 2009: 10 f.). Das Sprichwort wird oft als Teilbereich der Phraseologie betrachtet, aber streng genommen unterscheiden sich Sprichwörter von den Phraseologismen. Denn sie sind erstens immer satzwertig, ohne durch ein zusätzliches lexikalisches Element an einen Kontext angebunden zu sein, dennoch sind sie vielfältig mit der Situation und dem Kontext verbunden, in denen sie geäußert werden. Zweitens fungieren Sprichwörter als Mikrotexte, die als Quasiautorität eine überzeitliche Handlungsmaxime formulieren, z. B. eine Warnung, eine Bestätigung oder auch einen Trost (vgl. Burger 1998: 100 f.; Balsliemke 2001: 57). Die Reimstruktur oder ein besonderes Metrum kennzeichnen den Großteil der Sprichwörter und machen sie so leicht eingängig und einprägsam. Die Beziehung zwischen den Sprichwörtern und der Kulturgeschichte einer Sprachgemeinschaft beschreibt Krüger (2009: 40) folgendermaßen: „Sprichwörter belehren eben nicht, welche Werte und Überzeugungen hochgehalten werden sollen, sondern bilden lediglich ab, welche Werte und Überzeugungen in einer Gesellschaft bereits wichtig sind, so wichtig, dass sie in Sprichwörtern festgehalten werden." Die in Sprichwörtern abgebildete Realität (vgl. Cherubim 2001: 101) ist daher mitunter vereinfacht stereotyp und generalisierend (vgl. Krüger 2009: 41) und kann in verschiedenen Epochen durchaus differieren und gegenteilig sein (ebd.: 49).

3.3 Die Antithese „alt" versus „jung" in deutschen Sprichwörtern

Wegen der gebotenen Kürze sollen auffällige syntaktische und semantische Aspekte von Sprichwörtern diskutiert werden, in denen es um die Gegenüberstellung von *alt* und *jung* geht, da dies m. E. einen aktuellen Bezug zu den gesellschaftlichen Diskussionen in Deutschland enthält, wie z. B. zum demografischen Wandel und zu dem diskutierten Generationenvertrag sowie zu der öffentlich inszenierten Alterslosigkeit beispielsweise in der Werbung (vgl. Tillmann in diesem Band). Mit verschiedenen sprachlichen Mitteln wird ein Gegensatz von äteren und jüngeren Menschen erzeugt, indem z. B. das kindliche und kindische Verhalten bei Älteren mit Synonymien oder Metonymien verdeutlicht und als unangemessen angemahnt wird, wie die nachfolgenden Beispiele aus dem Sprichwortlexikon von Wander (1867 u. ö.) belegen: *alt an Jahren, an Verstande ein Kind; wer in der Jugend die Narrheit versäumt, muss sie im Alter einholen; mancher Graukopf steckt noch in der Bubenhaut und geht sein Lebtage in Kinderschuhen; Scherzen steht der Jugend an, aber nicht dem alten Mann.* Die Tatsache, dass Sprichwörter mit gegenteiliger Bedeutung existieren, zeigt die Ambiguität von Sprichwörtern als Spiegel der gesellschaftlichen Altersstereotype: *Kein Alter werde ausgelacht, weil Alter uns zu Kindern macht; die Jungen meinen, nur die alten Leute seien Narren, die Alten aber wissen gewiss, dass die Jungen Narren sind.* Die Sprichwörtersammlung von Franck (1541 u. ö.) enthält z. B. folgende Sprichwörter, welche die Konkurrenz der Generationen bereits thematisieren: „1. In Thaten sind die jungen/in rathen die menner/und das best zu wuenschen die alten beruempt. 2. Der jungen that/der mittlen raht/unnd der alten wunsch seind selten umbsonst." In Petri (1604) ist das Sprichwort „Lebt der Junge, der alte muß sterben" lexikalisiert. Auf der semantischen Ebene ist die Todesnähe zu erkennen, aber syntaktisch gesehen bewirken die doppelte Antithese (alt/jung, leben/sterben) und der Chiasmus, dass die Nähe des Alters zum Tod als notwendig erscheint, um den Kreislauf des Lebens aufrechtzuerhalten. Es wird deutlich, dass eine rein semantische Betrachtung der Sprichwörter, wie sie Krüger (2009) durchführt, durch syntaktische Kriterien ergänzt werden sollte. In dem „Sprichwörterlexikon" jüngeren Datums von Beyer/Beyer (1984) lässt sich das Muster der Antithese „alt" versus „jung" und einer zweiten damit verbundenen Antithese weiter verfolgen: *Wild in der Jugend, bringt im Alter Tugend; alte Leute, alte Ränke, junge Füchse, junge Schwänke.* Im letzten Beispiel wirkt die Antithese zudem als Klimax, die das Alter noch schlechter und die Jugend noch besser dastehen lässt, wie auch das folgende Beispiel aus

Wander (1867 u. ö.), bei dem der Endpunkt der Klimax in der Belobi-
gung der Jugend liegt, zeigt: *Alter Wein behält den Preis, alter Wein ver-
jüngt den Greis, alter Wein gibt Kraft und Heil, junger Wein macht toll und
geil.* Gleichermaßen polarisierend wirkt der folgende Chiasmus bei
Nomen und Attribut: *Junges Alter ist gut, alte Jugend taugt nicht.*

Die Auswahl der Beispiele zeigt die Konkurrenz zwischen alten und
jungen Menschen, die teilweise kulturell bedingt oder sogar anthropologisch konstant zu sein scheint, da die Abnahme der körperlichen Re-
generation bei älteren Menschen eine biologische und physikalische
Tatsache ist (vgl. Abschnitt 1.1). Dass aber in der Folge die fehlende
Dynamik mehr hervorgehoben wird als die Zunahme an Erfahrung,
spiegelt zumindest ein Teil des deutschen Sprachschatzes unweigerlich
so wider. Auch wenn auf die Lebenserfahrung angespielt wird, wird
die Konkurrenz zur Jugend in einigen Sprichwörtern trotzdem aufrechterhalten: *Die Alten zum Rat, die Jungen zur Tat; die Jugend weiß nicht,
das Alter kann nicht; die Klugheit ist die Tapferkeit der Alten.* Diese Beispiele schmälern wiederum eine positive Seite des Älterwerdens und stellen es als negativ dar.[4]

4. Ausdrücke für die ältere Generation im aktuellen
   Sprachgebrauch

Während mit der exemplarischen Untersuchung der Phraseologie und
Parämiologie der diachrone Aspekt der Sprachbetrachtung im Vordergrund stand, soll nun auf der synchronen Ebene der Ageismus im aktuellen Sprachgebrauch betrachtet und exemplarisch an einzelnen Beispielen erörtert werden. Im Folgenden werden fast ausschließlich
Wortbildungen als Beispiele angeführt. Dies mag mit der gegenwärtigen Tendenz zur Sprachökonomie zusammenhängen, aber auch damit,
dass Phraseologismen und Sprichwörter heutzutage eher als Verfremdung (Modifikation, Bricolage) im Deutschen anzutreffen sind, da sie
mitunter archaisch oder sogar besserwisserisch klingen.

Für die Wortbildungen gilt ebenso, dass der Kotext bereits diskriminierend wirkt, weil die Komponenten so zusammengestellt werden,
dass die negative Konnotation impliziert ist, wie z. B. bei dem Unwort
des Jahres 1995 *Altenplage.* Hiermit wird eine Gruppe von Menschen
mit einem Unheil gleichgesetzt, das ähnlich wie eine unliebsame Insek-

---

[4] Eine Quelle, in der die Weisheit und Lebenserfahrung älterer Menschen als positiv gelten, ist die Bibel (vgl. Dillmann 1991). Streng genommen konnotiert auch
das *Alte* Testament mehr Negatives, da thematisch oftmals Streitigkeiten und
Gewalt thematisiert werden, während das *Neue* Testament eher von den Themen
Vergebung und Milde geprägt ist.

tenplage in einen Lebensraum eindringt. Auch bei *Altenlast* bzw. *Alterslast* ist diese Diskriminierung zu erkennen, womit besonders auf den demografischen Wandel und seine Folgen angespielt wird (vgl. Abschnitt 1.1). Noch stärker diskriminierend ist der Ausdruck *Altersbeben*. Im Jahr 1996 wurde mit *Rentnerschwemme* (Schlosser 2000: 38) ein weiteres Wort zum Unwort des Jahres gewählt, mit dem die Bevölkerungsgruppe der Nicht-mehr-Berufstätigen verunglimpft wird: Die Komponente *-schwemme* wird zusammen mit einer zahlenmäßig übergroßen Berufsgruppe genannt, wie z. B. *Ärzteschwemme, Lehrerschwemme, Juristenschwemme*, wodurch eben *Rentnerschwemme* doppelt diskriminiert: einmal aus dem Grund, weil das Rentenalter in der Regel zwangsläufig erlangt wird, die Betreffenden „wählen" es nicht wie einen Beruf. Dann beleidigt das Kompositum auch dadurch, dass suggeriert wird, die Älteren existierten im Überfluss in einer Gesellschaft. Damit ist in diesem Ausdruck ebenfalls etwas Bedrohliches mitgemeint. Im Zusammenhang mit dem Ausscheiden aus dem Arbeitsleben ist auch das Kompositum *Zwangsrentenalter* erwähnenswert, das oft im Bereich Arbeitsrecht verwendet wird. Der erste Wortbestandteil enthält eine unpassende Nachdrücklichkeit, wenn nicht sogar eine Bevormundung und Entmündigung. *Zwangsrentenalter* ist ebenso ein fester Terminus in der Rechtsprechung wie *Restlebenserwartung* (vgl. Kramer 2010: 105). Auch die Komposita *Langlebenrisiko*, das in der Schweiz oft im Zusammenhang mit Versicherungen zu hören und zu lesen ist, und *Überalterung* wirken verunglimpfend. Eigentlich gilt ein langes Leben als erstrebenswert und es muss als unsachlich, also auch als unangemessen gelten, dies als ein Risiko, also als eine Gefahr, einzustufen. *Überalterung* ist mit dem Präfix *Über-* nach dem Muster *Überfischung, Überdüngung, Überreizung* etc. gebildet. Diese Komposita legen nahe, dass durch eine gewisse maßlose Tätigkeit in der Folge ein Ungleichgewicht entsteht. Aber Altern ist keine Tätigkeit, sondern ein natürlicher Vorgang (vgl. Abschnitt 1), so dass dieses Wort nicht sinnhaft gebildet wurde. Leider ist es im Duden (1999) nicht als Varietät markiert, wie z. B. der jugendsprachliche Ausdruck *Grufti,* und könnte somit als politisch korrekt gelten (vgl. Kramer 2010: 106). So verhält es sich auch bei dem Lexem *Vergreisung*. Roloff empörte sich bereits 1990 über die Verwendung der Ausdrücke *ungebremste Überalterung* und *zunehmende Vergreisung* (Roloff 1990: 5). Nicht selten ist in den Medien von einer *Gesellschaft der Langlebigen* die Rede oder sogar vom *Langlebigkeitsschock* bzw. von einer *Gerontokratie*, in deren Folge *Alterskriege* um die Verteilung der Güter folgen könnten, ein Kompositum, das nach dem englischsprachigen *age wars* gebildet wurde.

Die Reduktion der älteren Bevölkerungsgruppe auf eine reine Konsumhaltung mit Ausdrücken wie *Master Consumer, Best Ager, Golden Consumer* beleidigt ebenso wie die unsachliche Überbetonung des Lebensgefühls der Senioren als *Happy Enders* (vgl. www.single-generation.de). Auch der Ausdruck *Protest-Opa* erschien in den Nachrichtenschlagzeilen und gemeint ist ein älterer Herr, der während der Demonstrationen gegen das Bauprojekt Stuttgart 21 von der Polizei verletzt wurde. Die Wortbildung hat etwas Diskriminierendes. Die Komponenten passen nicht zueinander: Das negativ besetzte Lexem *Protest* mit dem Lexem *Opa*, das Fürsorglichkeit mitmeint, stellt ein Oxymoron dar. Zudem schwingt mit, dass Menschen dieses Alters eben nicht mehr protestieren sollten. *Protest-Kids* oder *Protest-Jugendliche* hätte den Anklang von Stärke nach den tradierten Wertvorstellungen (vgl. Abschnitt 3.1).

4.1 Bezeichnungen für ältere Menschen in der Jugendsprache

Auch wenn jugendsprachliche Ausdrücke rasch wechseln und schnelllebige Modeerscheinungen darstellen, ist zu vermuten, dass die Vielzahl jugendsprachlicher Wörter zumindest einer Diskriminierung einseitig Vorschub leistet (Kramer 2010: 105). Denn weder qualitativ noch quantitativ existieren vergleichbare Nennungen im Wortschatz der Älteren. Die Jugendsprachen bedienen sich anscheinend der gängigen Klischees, dass Alter Todesnähe, Verfall und Krankheit bedeute, und es werden vor allem metaphorische Sprachprozesse genutzt, um ältere Menschen und ihre Lebensumstände zu verunglimpfen. Kramer (2010: 105) nennt folgende Beispiele: „Fossil, Mumie, Kalkleiste, Zombie, Komposti oder Grufti". In den gängigen Wörterbüchern der Szenesprache sind die von Kramer genannten Beispiele jedoch nicht (mehr) aufgeführt. Bei Ehmann (2005) finden sich *Ötzi* als Synonym für ältere Menschen (auch für die Eltern) und *Gerippe* als Benennung für einen betagten Menschen über 70. Das Pons-Wörterbuch der Jugendsprache (2006) hat *Poweromi* aufgenommen. Auch wenn es scheinbar positiver klingt als die anderen metaphorischen Ausdrücke, wirkt auch hier das Oxymoron diskriminierend: Das Diminutiv *Omi* klingt verniedlichend und nach einer zierlichen, wohl auch betagten Person. So gesehen, kann sie keine körperliche Kraft, *Power*, besitzen (vgl. dagegen *Poweroma*).

Ergiebiger und aus sprachkritischer Sicht interessanter erscheinen die Onlinewörterbücher zu sein, die auch wegen des Mediums einen direkteren Zugang zur Sprache der Jugendlichen bieten. Unter www.szenesprachenwiki.de des Dudenverlages finden sich folgende

Bezeichnungen zum Oberbegriff *Alter*: *Krampfadergeschwader, Gammel-
fleischparty, Rentnerporsche, Silberlocken, Silver-Ager*. Ähnlich wie die
Wortbildungen der Gemeinsprache sind auch die jugendsprachlichen
Ausdrücke in ihrem Kotext diskriminierend: Die Komponente *Ge-
schwader* drückt eine Bedrohung aus, und *Gammelfleisch* konnotiert die
Notwendigkeit der Entsorgung. Ob *Rentnerporsche* für eine Gehhilfe
tatsächlich einen Euphemismus darstellt, darf bezweifelt werden. Vielmehr scheint hier die defizitäre Betonung durch, nämlich die Unmög-
lichkeit, einen echten „kraftstrotzenden" Porsche zu fahren. Unter
www.mundmische.de sind die Varianten *Seniorenporsche* und *AOK-
Shopper* zu finden und als Gruppenbezeichnung *Rollatorrocker*. Mit folgenden weiteren Ausdrücken werden ältere Menschen bezeichnet:
*Grabsteinliga, Graukappe, Seniorenbarbie, Senioreneinheiten, Granufinken,
Galamagos, Vorfriedhofsinsasse*. Bei *Granufinken* und *Galamagos* stehen
Arzneimittel Pate: Präparate der Firma Granufink und das Mittel Gala-
ma, die besonders von älteren Menschen eingenommen werden, wodurch die Anspielung auf körperliche Versehrtheit und die Reduktion
einer Person auf die Körperlichkeit aus Sicht der Sprachkritik unangemessen ist. Für Freizeitaktivitäten der älteren Menschen, jugendsprachlich *Seniorenbespaßung*, und ihre Gewohnheiten sind folgende
Bezeichnungen zu finden, die das Klischee, Alter verbinde sich mit
Krankheit und Todesnähe, aufnehmen: *Mumien schubsen/schieben, Reste
schubsen, Radio Alzheimer/Sterbehilfe*. Wohnstätten für ältere Menschen
sind als *Greisenasyl* oder *Vorfriedhof* zu finden. Die Ausdrücke der Jugendsprache, seien sie nun Ad-hoc-Bildungen oder temporäre Erscheinungen, sind in der Sache durchgängig unangemessen, weil sie ältere
Menschen auf eine mit dem Alter verbundene Versehrtheit reduzieren
und diese in Kombination mit einem weiteren Lexem noch besonders
hervorheben oder verunglimpfen. Die Kommentare, die vor allem bei
www.mundmische.de zu finden sind, lassen eine eindeutig diskriminierende Einstellung erkennen, da sie in der Regel despektierliche Äußerungen über ältere Menschen enthalten. Einschränkend soll an dieser
Stelle festgehalten werden, dass diese Quellen nicht unbedingt auf einen authentischen Sprachgebrauch Jugendlicher schließen lassen und
ein Teil der Bezeichnungen möglicherweise Konstrukte der Wörter-
buchmacher darstellen.

5. Sprachsensibilisierung des öffentlichen Sprachbewusstseins

Gemäß einer Umfrage des Instituts Linga aus dem Jahre 2009 beurteilen die 70-Jährigen den Ausdruck *aktive Senioren* als den besten für ältere Menschen und die 60-Jährigen sehen *50 plus* auch noch als gleich-

rangig gut an. Das Nomen *Senioren* wird von allen Generationen recht positiv bewertet (vgl. www.wolfburg-ag.com). *Senior* heißt wörtlich aus dem Lateinischen übersetzt ‚der Ältere' (lat. *senex*: 1. alt, 2. alter Mann). Die negativen Konnotationen jedoch, die mit dem Adjektiv *alt* verbunden sind (vgl. Abschnitt 3 und 4), bleiben in dem Lehnwort außen vor. Ferner werden in der Umfrage englischsprachige Ausdrücke und die Ausdrücke, die nur eine Qualität dieses Lebensabschnittes betiteln, wie z. B. die Entberuflichungen *Rentner, Pensionäre*, von den Probanden als schlecht und sehr schlecht bewertet, ebenso der Ausdruck *Hochbetagte* bei dem sicherlich die Konnotation mit Krankheit und Todesnähe eine Rolle für die Abneigung spielt.

Ein guter Umgang der Generationen miteinander beginnt m. E. mit der richtigen Ansprache, um unterschwelliger Diskriminierung keinen Vorschub zu leisten. Dazu wäre eine durchgängige Benennung in öffentlichen Institutionen und vor allem in den Medien, z. B. mit der Bezeichnung *Senior*, durchaus förderlich. Die Bezeichnung *Seniorenresidenz* ist bereits weit verbreitet. *Senior/Seniorin* ist frei von den pejorativen Konnotationen, die mit den tradierten Phraseologismen verbunden sind (vgl. Abschnitt 3). Dass die Jugendsprachen diese Komponente nutzen, um Lebensumstände und Gewohnheiten älterer Menschen zu karikieren, z. B. *Senioren-Bravo, Senioren-Fastfood*, löst den Ageismus nicht auf, aber beschränkt ihn auf Ad-hoc-Bildungen. Die Beachtung des Kontextes ist allerdings auch bei der korrekteren Bezeichnung *Senioren* unverzichtbar. Denn eine Überschrift wie „Senior rast in einen Supermarkt" kann schnell das Vorurteil evozieren, dass älteren Menschen schlechte Autofahrer seien (vgl. www.altersdiskriminierung.de), und damit wirkt die sprachliche Äußerung wiederum diskriminierend. Daher würde vielleicht das Aussprechen einer allgemeinen Sprachempfehlung förderlich wirken, wie sie von Seiten der Frauenforschung für das *-in* bei weiblichen Bezeichnungen vorgeschlagen wurde, das sich, wenn auch nur allmählich, aber doch zusehends verbreitet. Denn ein nachhaltig veränderter sprachlicher Umgang mit dem Alter scheint notwendig. Cherubim (2001: 101) betont den wichtigen Aspekt folgendermaßen: „[…] wie wir mit Sprache […] Alter modellhaft entwerfen und als Modell realisieren, eine bestimmte Alterswirklichkeit also durch unser Sprachverhalten passend zu ihm ‚kontextualisieren'".

Literatur

Backes, Gertrud 2004: Alter und Altern im Kontext der Entwicklung von Gesellschaft. In: Kruse, Andreas/Martin, Mike (Hrsg.), 82–95.

Balsliemke, Petra 2001: Da sieht die Welt schon anders aus: Phraseologismen in der Anzeigenwerbung: Modifikation und Funktion in Text-Bild-Beziehungen. Hohengehren.

Beyer, Horst/Bayer, Annelies 1984: Sprichwörterlexikon. Leipzig

Bellon, Yves 2004: Die Bedeutung von Trainingsmaßnahmen als Beitrag zur Bildung im Alter. In: Kruse, Andreas/Martin, Mike (Hrsg.), 125–134.

Brauer, Kai/Clemens, Wolfgang (Hrsg.) 2010: Zu alt? Ageismus und Altersdiskriminierung auf Arbeitsmärkten. Wiesbaden.

Burger, Harald 1998: Phraseologie. Eine Einführung am Beispiel des Deutschen. (Grundlagen der Germanistik 36). Berlin.

Cherubim, Dieter 2001: Alterssprache. Zur Konzeptualisierung von Alter durch Sprache. In: OBST: Sprechalter 62, 99–126.

Duden 1992: Redewendungen und sprichwörtliche Redensarten. Bd. 11. Mannheim.

Duden 1999: Das große Wörterbuch der deutschen Sprache. 10 Bde. Mannheim.

Dillmann, Rainer: Der Mensch im Alter – Biblische Gedanken zum Thema. In: Trapmann, Hilde/Hofmann, Winfried/Schaefer-Hagenmaier, Theresia/Siemes, Helena, 60–80.

Ehmann, Hermann 2005: Endgeil. Das voll korrekte Lexikon der Jugendsprache. München.

Fiehler, Reinhard/Thimm, Caja (Hrsg.) 2003: Sprache und Kommunikation im Alter. Radolfzell.

Frank, Sebastian 1541 u. ö.: Sprichwörter/Schöne/Weise/herrliche Clugreden/unnd Hoffsprüch. Frankfurt a. M. u. a.

Grimm, Jakob/Grimm, Wilhelm 1998–2010: Deutsches Wörterbuch. Kompetenzzentrum für elektronische Erschließung- und Publikationsverfahren in den Geisteswissenschaften an der Universität Trier. http://germazope.uni-trier.de/Projekte/WBB2009/DWB/wbgui_py? lemid=GA02931 (letzter Zugriff 22.05.2011).

Illhard, Franz Josef 1995: Ageism im Umgang mit alten Menschen und seine Auswirkung auf die therapeutische Beziehung. In: Zeitschrift für Gerontopsychologie und -psychiatrie 8/1–2, 9–16.

Kapitzky, Jens 2000: Sprachkritik und Political Correctness in der Bundesrepublik Deutschland. Aachen.

Klappenbach, Ruth 1974: Wörterbuch der deutschen Gegenwartssprache. Berlin.

Kilian, Jörg/Niehr, Thomas/Schiewe, Jürgen 2010: Sprachkritik. Ansätze und Methoden kritischer Sprachbetrachtung. Berlin.

Kluge, Friedrich 1999: Etymologisches Wörterbuch der deutschen Sprache. Berlin.

Kramer, Undine 2003: Ageismus – Zur sprachlichen Diskriminierung des Alters. In: Fiehler, Reinhard/Thimm, Caja (Hrsg.), 257–277.

Kramer, Undine 2010: Ageismus – Sprachliche Diskriminierung des Alters. In: Brauer, Kai/Clemens, Wolfgang (Hrsg.), 97–113.

Krüger, Caroline 2009: Zur Repräsentation des Alter(n)s im deutschen Sprichwort. Frankfurt a. M.

Kruse, Andreas/Martin, Mike (Hrsg.) 2004: Enzyklopädie der Gerontologie. Alternsprozesse in multidisziplinärer Sicht. Bern.

Mayer, Caroline 2002: Öffentlicher Sprachgebrauch und Political Correctness. Hamburg.

Nuessel, F. H. 1996: The Language of Ageism. In: The Gerontologist 22, 273–276.

Paul, Hermann 2002: Deutsches Wörterbuch. Tübingen.

Petri, Friedrich 1604/05 u. ö.: Der Teutschen Weisheit. Frankfurt u. a.

Pfeiffer, Herbert 1997: Das große Schimpfwörterbuch. Über 10000 Schimpf- Spott-
und Neckwörter zur Bezeichnung von Personen. Frankfurt a. M.

Pons 2006: Wörterbuch der Jugendsprache: Deutsch – Englisch/Französisch/ Spanisch. Stuttgart.

Schiewe, Jürgen 2006: Sprachkritik – Historische Positionen und theoretische Be-
gründungen. In: Der Deutschunterricht 5/2006, 6–16.

Rott, Christoph 2004: Demografie des hohen und sehr hohen Alters. In: Kruse, An-
dreas/Martin, Mike (Hrsg.), 51–65.

Röhrich, Lutz 1994: Lexikon der sprichwörtlichen Redensarten. Freiburg.

Rohloff, Eckart Klaus 1990: Das diffamierte Leben. Empörende Begriffe: Überalterung und Vergreisung. In: Sprachreport 1/90, 5.

Rosenmayr, Leopold: Zur Philosophie des Alterns. In: Kruse, Andreas/Martin, Mike
(Hrsg.), 13–25.

Schemann, Hans 1993: Deutsche Idiomatik: die deutschen Redewendungen im Kontext. Stuttgart.

Thimm, Caja 2000: Alter – Sprache – Geschlecht. Sprache und kommunikations-wis-
senschaftliche Perspektiven auf das höhere Lebensalter. Berlin.

Trapmann, Hilde/Hofmann, Winfried/Schaefer-Hagenmaier, Theresia/Siemes, Helena 1991: Das Alter: Grundfragen – Einzelprobleme – Handlungsansätze. Dortmund.

Wander, Karl Friedrich Wilhelm 1867 u. ö.: Deutsche Sprichwörter-Lexikon. Ein
Hausschatz für das deutsche Volk. 5 Bde. Leipzig.

Wierlemann, Sabine 2002: Political Correctness in den USA und in Deutschland.
Berlin.

Wittrahm, Andreas 1991: Personenzentrierte Vorbereitung auf das Alter. In: Trapmann, Hilde/Hofmann, Winfried/Schefer-Hagenraier, Theresia/Siemes, Helena,
165–181.

www.altersdiskriminierung.de (letzter Zugriff: 23.04.11)
www.wolfsburg-ag.com (letzter Zugriff: 25.04.11)
www.mundmische.de (letzter Zugriff: 25.04.11)
www.single-generation.de (letzter Zugriff: 23.04.11)
www.szenesprachenwiki.de (letzter Zugriff: 23.04.11)

KARL HEINZ RAMERS

Das Altersbild in den Programmen politischer Parteien

1. Zielsetzung

Der vorliegende Beitrag hat das Ziel, am Beispiel aktueller Parteiprogramme Bilder des Alters[1] und Alterns in Texten der politischen Kommunikation zu ermitteln. Exemplarisch werden dabei nur die Programme der beiden „Volksparteien" CDU und SPD berücksichtigt. Auf der Grundlage der Bestimmung verschiedener Diskursfelder wird eine Wortfeldanalyse durchgeführt und ein exemplarischer Einblick in die Untersuchung größerer Textabschnitte gegeben.

2. Textsorte „Parteiprogramme"

2.1 Zielgruppen

Die Parteiprogramme richten sich an folgende Zielgruppen: 1) eigene Parteimitglieder, 2) Sympathisanten, 3) politisch interessierte potentielle Anhänger und Wähler und 4) die (mediale) Öffentlichkeit. Die erste Gruppe bildet den engeren Adressatenkreis, weil die eigenen Mitglieder auf das Programm quasi verpflichtet sind. Es dient allerdings auch dazu, neue Anhänger zu gewinnen und sich in der Öffentlichkeit darzustellen. Im Gegensatz zu Wahlprogrammen (vgl. Ramers 2011) wird nicht (allein) die kurzfristige Wählermobilisierung angestrebt, sondern eine längerfristige Bindung, die sich in Parteispenden oder -beitritten niederschlagen kann.

2.2 Textsortencharakteristik

Parteiprogramme sind dem Kommunikationsbereich *Politik* zugeordnet (vgl. zur Differenzierung von Kommunikationsbereichen Gansel/ Jürgens 2007: 74–81). Sie sind nach Girnth (2002: 74), der sich an Klein

---

[1] „Alter" wird in diesem Beitrag im Sinne von Thimm (2002: 881) (vgl. auch Fiehler 1997) primär als soziales Phänomen verstanden, das durch „alterstypische Verhaltensweisen" und „Rollen" gekennzeichnet ist; die anderen beiden Betrachtungsweisen, „Alter" als biologisches Phänomen, in dem „altersbezogene Abbauprozesse" relevant sind, und als zeitlich-numerische Größe, in der Alter mit der „Zahl der Lebensjahre assoziiert" wird, treten dagegen in den Hintergrund.

(2000) orientiert, durch folgende Charakteristika näher gekennzeichnet:

- Sie bilden schriftliche Texte.
- Als Emittent fungieren Parteien bzw. Parteitagsdelegierte.
- Die Texte sind parteiintern ausgerichtet.
- Zur gleichen Klasse gehören die Textsorten *Rechenschaftsbericht, Antrag an den Parteitag, Parteitagsbeschluss* und *Parteisatzung/Parteistatut.*

Verwandte Textsorten sind u. a. *Wahlprogramme, Parteitagsreden* und – bei Regierungsbeteiligung der Partei – auch *Regierungserklärungen.*

Die Charakteristik von Girnth ist ergänzungsbedürftig, weil nicht nur die eigenen Parteimitglieder als Adressaten der Programme fungieren (vgl. oben 2.1).

2.3 Ziele der Programme

Die Programme dienen zunächst der Selbstvergewisserung der eigenen Parteimitglieder über die gemeinsamen Überzeugungen und Zielsetzungen, wobei die Ziele – im Gegensatz zu Wahlprogrammen – tendenziell eher mittel- und langfristiger Natur sind. Sie fungieren quasi als Erdung und setzen den Rahmen für die konkrete politische Arbeit.

Darüber hinaus haben Parteiprogramme das zentrale Ziel, neutrale Personen von der politischen Agenda der jeweiligen Partei zu überzeugen. Diese Agenda soll zudem der Öffentlichkeit vorgestellt werden, wobei vor allem die historische Entwicklung sowie die Spezifika der eigenen Politik gegenüber den konkurrierenden politischen Gruppierungen hervorgehoben werden. Im hier betrachteten Diskursfeld *Alter(n)* sind dies die besonderen Vorstellungen der eigenen Partei von der optimalen Gestaltung des Alter(n)s und des Zusammenhalts der Generationen.

3. Korpora

Das untersuchte Gesamtkorpus enthält die auf den Homepages der Parteien CDU und SPD platzierten neuesten Parteiprogramme (Aufruf am 06.06.2011):

1) CDU-Grundsatzprogramm (123 Seiten),
2) SPD-Regierungsprogramm (79 Seiten).

Das CDU-Programm wurde auf dem Bundesparteitag vom 3. bis 4. Dezember 2007 beschlossen, das SPD-Programm auf dem Hamburger Bundesparteitag am 28. Oktober 2007.

Diese zeitliche Koinzidenz ermöglicht einerseits eine vergleichende Analyse, andererseits zeigen die Seitenangaben in Klammern, dass die Texte vom Umfang her nicht direkt vergleichbar sind, so dass keine statistischen Schlüsse über Präferenzen einzelner Wortvorkommen oder Themenfelder der Parteien möglich sind. Wie der folgende Abschnitt belegt, ist aber die Gesamtpalette der behandelten Themen durchaus vergleichbar.

4. Textanalyse

4.1 Themenfelder

Die folgenden Themenfelder in den beiden Parteiprogrammen können dem Alter(n)sdiskurs zugeordnet werden:

1) CDU:
   - christliches Menschenbild/Menschenwürde;
   - Solidarität zwischen den Generationen/Generationengerechtigkeit;
   - demografischer Wandel;
   - familienfreundliche Gesellschaft;
   - Alter und Pflege;
   - lebenslanges Lernen;
   - Beschäftigung im Alter;
   - Alterssicherung.
2) SPD:
   - Bild vom Menschen/Menschenwürde;
   - solidarische Bürgergesellschaft/generationenübergreifende Wohnformen;
   - demografischer Wandel;
   - Alter und medizinische Versorgung/Vorsorge;
   - Aktivität im Alter;
   - Alterssicherung;
   - Alter und Weiterbildung.

Die Themenfelder überlappen sich teilweise: Die Schlagworte *Menschenwürde, Solidarität zwischen den Generationen, demografischer Wandel* und *Alterssicherung* kommen in beiden Programmen vor, wenn auch in unterschiedlicher Gewichtung. Außerdem sind die Felder nicht fein

342

säuberlich in verschiedene Textabschnitte getrennt, sondern auf vielfältige Weise miteinander verschränkt. In Kap. 4.3 werden zwei prominente Themenfelder näher beleuchtet, *Solidarität zwischen den Generationen* und *Alter und Pflege*. Zunächst jedoch ein Blick auf das Wortfeld *alt*.

4.2 Das Wortfeld *alt*[2]

In Tabelle 1 sind die Vorkommen von Flexionsformen zum Adjektivstamm *alt* (einschließlich der Komparativformen und Substantivierungen) aufgelistet:

Tab. 1	CDU	SPD
alt-	0	0
Alten	2	2
älter-	6	6
Ältere-	4	5
Alter-	9	10

Die Schreibweisen *älter-*, *Ältere-* und *Alter-* mit Bindestrich fassen verschiedene Flexionsformen zusammen, z. B. *älter, ältere* und *älteren*.

Auffällig ist das Überwiegen der Komparativformen *älter* und ihrer Substantivierung *Ältere* gegenüber der einfachen Positivform *alt*, die überhaupt nicht vorkommt, und ihrer Substantivierung *Alten*. Aufgrund der insgesamt geringen Fallzahlen ist es zu gewagt, die Ausdrücke *alt* und *Alte* in den betrachteten Texten als Tabuwörter mit ausschließlich negativer Konnotation zu analysieren. Allerdings deutet die Bevorzugung der Komparativformen darauf hin, dass den Autoren der Programme das Stigmatisierungspotential der ungesteigerten Formen durchaus bewusst ist.[3] Das Beispiel (1) illustriert die Strategie zur Vermeidung der ungesteigerten Ausdrücke:

---

[2] Analysiert wird nur der Teilausschnitt des gesamten Wortfeldes, der Ausdrücke enthält, die auf Personen höheren Lebensalters oder den Alterungsprozess selbst bezogen sind. Ausgeschlossen sind zum einen Verwendungen von *alt* in Kontexten mit Objekt- oder Institutionenbezug, z. B. *der alten Industriegesellschaft* (Hamburger SPD-Programm 2007: 12), zum anderen in Kontexten, in denen das reine Lebensalter relevant ist, z. B. *für Kinder aller Altersklassen* (CDU-Grundsatzprogramm 2007: 30). Zu den verschiedenen Verwendungsweisen des Lexems *alt* vgl. ausführlich Kramer (2003: 262–269).

[3] Vgl. zum Adjektiv *alt* im Zusammenhang mit sprachlicher Diskriminierung („Ageismus") Kramer (2003).

(1) „Eine kleiner werdende Gesamtbevölkerung mit einem immer höheren Anteil von **älteren** Menschen wird unsere Gesellschaft verändern. Künftig werden viele **Ältere** keine Kinder und Enkel haben; familiäre Netze werden ausgedünnt. Eine kinderarme, **alternde** Gesellschaft steht in einer Welt des raschen Wandels vor großen Bewährungsproben." (CDU-Grundsatzprogramm 2007: 19; Hervorhebungen: H. R.)

Das Zitat legt nahe, dass die Zuschreibung *alternd* für die Gesellschaft insgesamt einen anderen Stellenwert hat als die direkte Bezugnahme auf Personen (*alte Menschen*). Die Verwendung der Formen *älteren* und *Ältere* ist übrigens in dieser Textpassage nicht durch die Stilregel *variatio delectat* erklärbar, da auf dieser Seite die Ausdrücke *alt* oder *Alte* nirgendwo vorkommen.

Ein weiteres Indiz dafür, dass die Vermeidung der Positivformen kein reiner Zufall ist, sondern einer euphemistischen Tendenz folgt, ergibt sich aus einem Vergleich mit dem Vorkommen des Adjektivs *jung* und seiner Flexionsformen (vgl. Tab. 2):

Tab. 2	CDU	SPD
jung-	16	6
jünger-	1	0

Diese Tabelle bedarf keines weiteren Kommentars. In einem Beleg wird das Adjektiv *jung* sogar zur Umschreibung einer alten oder älteren Person verwendet (vgl. Bsp. 2):

(2) „Wer gering qualifiziert oder nicht mehr jung ist, wird oft vom Arbeitsmarkt ausgeschlossen." (Hamburger SPD-Programm 2007: 9)

Zur Beschreibung des gleichen Sachverhalts hätte durchaus auch eine Formulierung wie *oder angeblich zu alt* gewählt werden können. Offenbar ist das Adjektiv *alt* in Parteiprogrammen nicht sonderlich beliebt, was im Übrigen auch für Wahlprogramme gilt (vgl. Ramers 2011).

Neben den Flexionsformen enthalten die Programme die folgenden Wortbildungen (Komposita, Derivata und die Konversion *altern*) zum Adjektivstamm *alt-* (vgl. Tab. 3):

Tab. 3	CDU	SPD
alternd-	2	0
Altern	1	0
Alterung	1	0
Alterssicherung	5	3
Altersgrenze(n)	2	0
Altersdiskriminierung	1	0
Altersarmut	0	1
Altersaufbau	1	0
Altersversorgung	1	0
Altersvorsorgekonten	1	0

Bemerkenswert ist, dass die eher negativ konnotierten Ausdrücke *Altersdiskriminierung* und *Altersarmut* je einmal belegt sind. Der Stil der Programme hat folglich doch nicht durchgängig einen euphemistischen Charakter.

Die Tabelle zeigt zudem, dass die Thematik *Alterssicherung* in den Texten eine zentrale Rolle spielt, während andere Themen des Altersdiskurses etwas randständiger zu sein scheinen. Dies verdeutlicht auch ein Blick auf das Wortfeld *Rente* (vgl. Tab. 4):

Tab. 4	CDU	SPD
Rente	3	1
Rentner	2	0
Rentnerinnen	1	0
Rentenversicherung	7	3
Rentenansprüche	1	0
Rentenhöhe	0	1
Betriebsrente	0	1[4]
Einheitsrente	0	1
(Pensionäre)	1	0

[4] Anstelle des Kompositums *Betriebsrente* kommt im CDU-Programm einmal (63) die Wortgruppe *betriebliche Rente* vor.

Das Rententhema bildet offenbar einen zentralen Bestandteil des von den Parteien geführten politischen Diskurses über das *Alter(n)*.

4.3 Die Themenfelder *demografischer Wandel* und *Alter und Pflege*

Neben der *Alterssicherung* sind zwei weitere Themen in der aktuellen öffentlichen Diskussion virulent, 1) der *demografische Wandel*, verknüpft mit der Frage der *Generationengerechtigkeit*, und 2) *Alter und Pflege*.

4.3.1 Demografischer Wandel

Die Bedeutung des Themenkomplexes *demografischer Wandel* in den Parteiprogrammen spiegelt sich im Wortvorkommen (vgl. Tab. 5):

Tab. 5	CDU	SPD
demografische(r)(n) Wandel	8	3
demografische(n) Veränderungen	2	1
demografische Entwicklung	2	0
demografischen Stabilisierung	1	0
Generationengerechtigkeit	5	0
Miteinander der Generationen	3	1
Solidarität zwischen den Generationen	1	0
zwischen den Generationen	1	0
Zusammenhalts der Generationen	1	0
Zusammenlebens der Generationen	1	0
Generationenbeziehungen	1	0
Generationensolidarität	1	0
Generationen füreinander einstehen	0	1
generationenübergreifende Wohnformen	0	2

Der demografische Wandel wird primär als Problem betrachtet, dessen drohende negative Folgen durch eine stärkere Solidarität zwischen den Generationen verhindert oder zumindest abgemildert werden können. Solidarität wird dabei nicht als Einbahnstraße gesehen, sondern geht in beide Richtungen: von den Jüngeren zu den Älteren und umgekehrt. Diese doppelte Ausrichtung wird in folgendem Zitat deutlich:

> (3) „Die CDU strebt eine Gesellschaft an, in der freie und mündige Bürger zusammenhalten und füreinander einstehen: die Jungen für die Alten, die Alten für die Jungen, die Starken für die Schwachen und die Schwachen für die Starken." (CDU-Grundsatzprogramm 2007: 12)

In diesem Textausschnitt werden Parallelen gezogen zwischen *jung* und *stark* vs. *alt* und *schwach*. Die gleiche Gegenüberstellung findet sich auch im SPD-Programm:

> (4) „Der Sozialstaat ist die organisierte Solidarität zwischen den Starken und den Schwachen, den Jungen und den Alten, den Gesunden und den Kranken, den Arbeitenden und den Arbeitslosen, den Nichtbehinderten und den Behinderten." (Hamburger SPD-Programm 2007: 56)

In dieser Textpassage wird der Vergleich noch auf die „Kranken", „Arbeitslosen" und „Behinderten" ausgeweitet. Möglicherweise ist von den Autoren nur eine Aufzählung intendiert und der Parallelismus ist ihnen nicht direkt bewusst. Für den Leser ist er allerdings unverkennbar.

Wenn es um die Frage der Finanzierung von Renten und Pensionen geht, ändert sich aus Sicht der Autoren des CDU-Programms das Kräfteverhältnis. Die Jungen werden aus dieser Perspektive zu den Belasteten, die gerecht zu behandeln seien:

> (5) „Immer weniger Erwerbstätige müssen für immer mehr Menschen sorgen, die nicht im Erwerbsleben stehen. Die Aufwendungen für Rentner und Pensionäre werden weiter zunehmen. Unsere bisher bewährten sozialen Sicherungssysteme sind diesen Entwicklungen nicht gewachsen: Sie müssen der veränderten Situation angepasst werden. Zwischen den Generationen muss es gerecht zugehen." (CDU-Grundsatzprogramm 2007: 19)

Diese Umkehrung der Kräfteverhältnisse wird im SPD-Programm nicht vorgenommen.

Die beiden Programme unterscheiden sich noch in einer anderen Hinsicht: Als zentrale Instanz zur Sicherstellung von Generationengerechtigkeit wird im Hamburger Programm „der Sozialstaat" angesehen (vgl. Bsp. 4), während im CDU-Programm die „Familie" als primärer Garant dieser Gerechtigkeit gilt (vgl. Bsp. 6):

> (6) „Familien werden immer wichtiger und sind das Fundament unserer Gesellschaft. [...] Wir schätzen die solidarischen Leistungen von Familien über lange Zeiträume und unterstützen Familien auch in den späteren Lebensabschnitten." (CDU-Grundsatzprogramm 2007: 25)

Auch im SPD-Programm wird nicht der Staat alleine für eine Gestaltung des demografischen Wandels in die Pflicht genommen. Daneben wird die Notwendigkeit „bürgerschaftliche[n] Engagement[s]" vor allem zur Entwicklung „generationenübergreifende[r] Wohnformen" betont:

> (7) „Wir wollen barrierefreie und generationenübergreifende Wohnformen fördern. Damit auch die älter werdende Stadt lebensfähig ist, wollen wir die Potentiale des aktiven Alters heben und bürgerschaftliches Engagement gerade der älteren Mitbürgerinnen und Mitbürger fördern."
> (Hamburger SPD-Programm 2007: 34)

In der Gesamtbetrachtung ergibt sich folgendes Bild: Wesentliche Aspekte des demografischen Wandels wie *Rentensystem, Bevölkerungsentwicklung, Wohnsituation* u. Ä. werden in beiden Parteiprogrammen aufgegriffen, die Lösungsansätze für die entstehenden Probleme sind allerdings wenig konkret.

Ein weiterer wesentlicher Gesichtpunkt des demografischen Wandels, die zunehmende Pflegebedürftigkeit älterer Menschen, wird im folgenden Abschnitt gesondert betrachtet.

4.3.2 Alter und Pflege

Die Wortvorkommen im Themenfeld *Alter und Pflege* sind in Tabelle 6 zusammengefasst:

Tab. 6	CDU	SPD
Pflege	9	3
pflegen	1	1
pflegenden	1	0
pflegebedürftig(e)	2	0
Pflegebedürftige(n)	3	0
Pflegebedürftigkeit	1	1
Pflegeversicherung	7	1
Pflegestationen	0	1
Pflegerisikos	2	0
Pflegekräfte(n)	2	0
Pflegeleistung(en)	2	0
Pflegebudgets	1	0
Pflegezeit	1	0
Wohlfahrtspflege	1	0
Demenz	1	0

Die Übersicht zeigt, dass der Komplex *Pflege* vor allem im Wortschatz des CDU-Programms (mit insgesamt 33 bzw. mit *Demenz* 34 Belegen) einen weiten Raum einnimmt. In beiden Programmen liegt der Fokus auf den Aspekten *Pflegebedürftigkeit* einerseits und *finanzielle Absicherung des Pflegerisikos* andererseits. Ein Beispiel für die Behandlung des ersten Aspektes bildet der Textausschnitt (8):

> (8) „Wie wir mit den Pflegebedürftigen und Menschen mit Behinderungen umgehen, entscheidet über die soziale Qualität unseres Gemeinwesens. Auch wer pflegebedürftig ist, will ein selbstbestimmtes Altern möglichst in der vertrauten Umgebung und nicht ausgeschlossen werden. Auch wenn Familien nicht selbst pflegen können, wollen sie wissen und sich darum kümmern, dass es ihren Eltern und Großeltern gut geht. Pflegebedürftige Menschen und Pflegekräfte brauchen mehr Unterstützung durch freiwilliges Engagement." (CDU-Grundsatzprogramm 2007: 23)

Pflegebedürftigkeit wird in diesem Passus mit dem Wunsch nach Selbstbestimmung im Alter verknüpft und zugleich an einen familiären Kontext gebunden. Zudem wird die Notwendigkeit des freiwilligen Engagements betont.

Auch im SPD-Programm fallen im Pflegekontext die Stichworte „selbstbestimmt" und „Familie"; außerdem wird die Schutzbedürftigkeit und Würde der zu pflegenden Menschen hervorgehoben:

> (9) „Sicherheit bedeutet den Schutz der Menschen vor existentieller Not, vor Ausbeutung, vor Diskriminierung, vor elementaren Lebensrisiken wie Arbeitslosigkeit, Krankheit und Pflegebedürftigkeit. Zugleich schafft Sicherheit überhaupt erst die Voraussetzung für ein selbstbestimmtes Leben. [...] Menschen bedürfen am Lebensende der besonderen Solidarität. Jeder Mensch hat Anspruch auf ein Sterben in Würde."
> (Hamburger SPD-Programm 2007: 58)

Dieses Zitat belegt, dass auch die problematischen Aspekte des Alterns wie das Sterben nicht tabuisiert werden. Im CDU-Programm findet sich übrigens eine Erwähnung der „Sterbebegleitung" in Zusammenhang mit Hospizen auf Seite 74. Dennoch ist auffällig, dass eine negative Seite des Alterungsprozesses, die in der öffentlichen Diskussion immer mehr Gewicht erhält, die *Demenz*, in den Programmen kaum erwähnt wird. Im SPD-Programm fehlt das entsprechende Stichwort vollständig, im CDU-Programm wird die *Demenz* an einer Stelle und eher beiläufig im Zusammenhang mit der Pflegeversicherung erwähnt (vgl. Bsp. 10):

> (10) „Veränderungen in der Struktur und Finanzierung der Pflegeversicherung eröffnen Chancen, die Leistungen der Pflegeversicherung zu dynamisieren und die Pflegebedürftigkeit – vor allem zugunsten von Menschen mit eingeschränkter Alltagskompetenz, wie zum Beispiel Demenz – neu zu definieren." (CDU-Grundsatzprogramm 2007: 64)

Demenz, wie in diesem Zitat, als Fall „eingeschränkter Alltagskompetenz" zu beschreiben, bestätigt die weiter oben bei der Analyse des Wortfeldes *alt* bereits festgestellte euphemistische Tendenz in Teilen der Parteiprogramme.

Der finanzielle Aspekt der Pflege nimmt vor allem im CDU-Programm einen breiten Raum ein. Eine ganze Seite (63 f.) mit der Überschrift „Pflegeversicherung" (63) ist dieser Thematik gewidmet. Der folgende Textabschnitt illustriert die Art der Themenbehandlung:

> (11) „Die von der Union eingeführte Pflegeversicherung hat sich bewährt. Sie muss auch in Zukunft einen verlässlichen Beitrag zur Absicherung des Pflegerisikos leisten und eine hohe Qualität von Betreuung und Pflege bieten. Eine umfassende Pflicht zur Absicherung ist auch in Zukunft unverzichtbar. Sie entbindet jedoch den Einzelnen nicht davon, seine Eigenverantwortung und Eigeninitiative zur Absicherung des Pflegerisikos und zur Gestaltung der Pflege wahrzunehmen. Um die soziale Pflegeversicherung auf eine zukunftsfähige Finanzierungsbasis zu stellen, soll die Umlagefinanzierung stufenweise um solidarische Prämienele-

mente ergänzt und im Sinne der Generationengerechtigkeit baldmöglichst durch ein kapitalgedecktes solidarisches Prämienmodell ersetzt werden." (CDU-Grundsatzprogramm 2007: 63f.)

Die recht technische Beschreibung, in der die genaue Bedeutung des Ausdrucks *solidarisch* unklar bleibt, läuft darauf hinaus, dass eine Art Zwei-Säulen-Modell angestrebt wird, in dem die gesetzliche Pflegeversicherung durch eine private Vorsorge ergänzt werden soll, deren konkrete Ausgestaltung allerdings offengelassen wird.

Im SPD-Programm wird zur Erläuterung eines Konzeptes der Pflegeversicherung ebenfalls der Begriff *solidarisch* bemüht (vgl. Bsp. 12):

> (12) „Wir wollen keine Zweiklassenmedizin. Deshalb wollen wir die solidarische Bürgerversicherung, in die alle Menschen einbezogen werden. Die Prinzipien der solidarischen Bürgerversicherung wollen wir auch in der Pflegeversicherung anwenden. Für eine menschenwürdige Pflege kommt es darauf an, dass sich Familie, privates Umfeld, ambulante und stationäre Einrichtungen wirksam ergänzen."
> (Hamburger SPD-Programm 2007: 58)

Was genau eine „solidarische Bürgerversicherung" sein soll, bleibt im Text unklar. Wie ein Vergleich mit den Ausführungen zur Krankenversicherung (58) und Rentenversicherung (59) zeigt, ist wahrscheinlich ein System gemeint, das für alle Personengruppen die gleichen Bedingungen schafft, also z. B. Sonderregelungen für Beamte oder Freiberufler ausschließt. Allerdings wird auch im SPD-Programm eine private Säule der Finanzierung als Option eingeräumt, was indirekt aus der Skizzierung der Alterssicherung hervorgeht (vgl. Bsp. 13):

> (13) „Die gesetzliche Rentenversicherung bleibt die tragende Säule einer armutsfesten Alterssicherung. Sie muss allerdings durch Betriebsrenten oder öffentlich geförderte private Vorsorge ergänzt werden, damit die Menschen im Alter ihren Lebensstandard halten können."
> (Hamburger SPD-Programm 2007: 59)

4.4 Fazit

Aus der Analyse des Wortfeldes *alt* und der beiden Themenfelder *demografischer Wandel* und *Alter und Pflege* können folgende Ergebnisse festgehalten werden:

– In beiden Parteiprogrammen sind im Rahmen des Altersdiskurses die Themenfelder *Alterssicherung* und *demografischer Wandel* zentral.

- Das Adjektiv *alt* und die Substantivierung *(die) Alten* werden durchgängig gemieden und durch Ausdrücke wie *die Älteren, die ältere Generation* oder *nicht mehr jung* ersetzt. Die Texte sind insoweit zumindest tendenziell in euphemistischem Stil formuliert.
- In beiden Programmen wird der demografische Wandel als problematisch charakterisiert und eine aktive Gestaltung dieses Wandels durch Politik und Gesellschaft angemahnt. Die Vorschläge zur Reaktion auf die demografische Entwicklung bleiben dagegen vage und allgemein.
- Der Themenkomplex *Alter und Pflege* wird in beiden Programmen behandelt, wobei einerseits die Achtung der Menschenwürde und der Selbstbestimmung der Pflegepersonen und andererseits die Finanzierbarkeit der Pflegeleistungen fokussiert werden. Das Thema *Demenz* wird dagegen weitgehend ausgeblendet
- Die Programme unterscheiden sich in den betrachteten Gegenstandsbereichen nicht wesentlich, setzen aber z. T. unterschiedliche Akzente. Im CDU-Programm wird die Bedeutung der Familie für die Bewältigung der mit einer alternden Gesellschaft einhergehenden Aufgaben hervorgehoben, während im SPD-Programm die Verantwortung von Staat und Gesellschaft für die Gestaltung dieser Entwicklung stärker betont wird.

5. Ausblick

Die vorgelegte Analyse von Parteiprogrammen als Teil des politischen Diskurses über das Alter(n) ist weitgehend auf die Wortebene beschränkt. Eine Reihe von Erweiterungen der Untersuchung in verschiedene Richtungen ist sinnvoll:

- Die Analyse kann auf die Untersuchung des Wortfeldes *jung/Jugend* ausgedehnt werden, um einen direkten Vergleich zu ermöglichen. Außerdem sind eine nähere Betrachtung von Metaphern und anderen Redefiguren (vgl. als Beispiel im Rahmen der Diskursanalyse Spitzmüller 2005) sowie die Ermittlung des Symbolgehalts und der Ideologiegebundenheit des verwendeten Wortinventars sinnvoll (vgl. zu einer entsprechenden Terminologie Panagl 1998 und Girnth 2002).
- Die Textanalyse, die für die Themenfelder *demografischer Wandel* und *Alter und Pflege* begonnen wurde, kann auf andere Bereiche wie *Alterssicherung* oder *Weiterbildung im Alter/lebenslanges Lernen* ausgeweitet werden.

– Außerdem ist die Ermittlung intertextueller Bezüge möglich. Sie erfordert einen Vergleich mit weiteren Parteiprogrammen – sowohl älteren Programmen der CDU und SPD als auch mit solchen von anderen Parteien –, mit Wahlprogrammen und mit anderen Texten zum politischen Diskurs aus den Print- und Internetmedien.
– Darüber hinaus ist schließlich die Einbettung des politischen in den allgemeinen Alter(n)sdiskurs erforderlich.

Literatur

1) Quellen:

CDU-Grundsatzprogramm, beschlossen vom 21. Parteitag, Hannover, 3.–4. Dezember 2007. (http://www.grundsatzprogramm.cdu.de/; Aufruf: 06.06.2011).
Hamburger Programm. Grundsatzprogramm der Sozialdemokratischen Partei Deutschlands. Beschlossen auf dem Hamburger Bundesparteitag der SPD am 28. Oktober 2007. Herausgegeben vom SPD-Parteivorstand. (http://www.spd.de/Politik/grundsatzprogramm/; Aufruf: 06.06.2011).

2) Sekundärliteratur:

Fiehler, Reinhard 1997: Kommunikation im Alter und ihre sprachwissenschaftliche Analyse. Gibt es einen Kommunikationsstil des Alters? In: Selting, Margret/Sandig, Barbara (Hrsg.): Sprech- und Gesprächsstile. New York/Berlin, 345–370.
Gansel, Christina/Jürgens, Frank 2007: Textlinguistik und Textgrammatik. Eine Einführung. 2. Aufl. Göttingen.
Girnth, Heiko 2002: Sprache und Sprachverwendung in der Politik. Tübingen.
Klein, Josef 2000: Textsorten im Bereich politischer Institutionen. In: Brinker, Klaus u. a. (Hrsg.): Textlinguistik. Ein internationales Handbuch zur Wissenschaft von Sprache und Gesellschaft. Berlin/New York, 732–755.
Kramer, Undine 2003: AGEISMUS – Zur sprachlichen Diskriminierung des Alters. In: Fiehler, Reinhardt/Thimm, Caja (Hrsg.): Sprache und Kommunikation im Alter. Radolfzell, 257–277.
Panagl, Oswald 1998: „Fahnenwörter", Leitvokabeln, Kampfbegriffe: Versuch einer terminologischen Klärung. In: Panagl, Oswald (Hrsg.): Fahnenwörter der Politik. Kontinuitäten und Brüche. (Studien zu Politik und Verwaltung 59), Wien/Köln/Graz, 13–21.
Ramers, Karl Heinz 2011: Alter(n)sbilder in Texten der öffentlichen Kommunikation am Beispiel von Wahlprogrammen politischer Parteien, Manuskript. Erscheint in: Di Meola, Claudio u. a. (Hrsg.): Perspektiven Vier. Akten der 4. Tagung Deutsche Sprachwissenschaft in Italien. Frankfurt a. M. u. a.
Spitzmüller, Jürgen 2005: Metasprachdiskurse. Einstellungen zu Anglizismen und ihre wissenschaftliche Rezeption. Berlin/New York.
Thimm, Caja 2002: Generationsspezifische Wortschätze. In: Cruse, D. Alan u.a. (Hrsg.): Lexikologie: ein internationales Handbuch zur Natur und Struktur von Wörtern und Wortschätzen. Halbbd. 1. Berlin/New York, 880–888.

Carsten Gansel

Entdramatisierung der Generationenkonflikte. Zwischen Gleichheit und Depression in All-Age- und Adoleszenzromanen

Wem es um das Verhältnis der Generationen und ihre Inszenierung in der Literatur geht, der ist neben der Kindheit vor allem auf jene Phase verwiesen, in der es zur Ablösung der nachfolgenden Generation von der Autorität der Eltern kommt, also Jugend bzw. Adoleszenz. Nun wird man allerdings die Frage nach *der* Jugend in der Gegenwart allein deshalb nicht beantworten können, weil es *die* Jugend nicht gibt und nur Näherungen an sie möglich sind. Als eine Besonderheit von Jugend gilt daher ihre „relative Unbestimmtheit", die wiederum symptomatisch für moderne Gesellschaften ist. Diese Unbestimmtheit bezieht sich zunächst auf die Altersgruppen, die man als „Jugendliche" einordnet (Gansel/Zimniak 2011; Gansel 2010). Und unbestimmt sind auch die Kontexte, die Rahmenbedingungen und die Verlaufsformen von Jugend. Anders als in so genannten traditionalen und frühmodernen Gesellschaften, in denen Jugend klar umrissen war, verliert Jugend im Prozess von Modernisierung ihre eindeutigen Kennzeichen. Jugend wird, wie Vera King herausgearbeitet hat, zu einer Art „Entwicklungsspielraum und Bildungsmoratorium". Wenn vom „Entwicklungsspielraum" die Rede ist, dann bedeutet dies: Die Biographien der Jugendlichen sind nicht identisch, es gibt immer mehr Variable, was für den einen gilt, trifft für die andere schon nicht mehr zu (King 2002: 19 f.). Zudem muss mitgedacht werden, dass die Jugendphase eigentlich erst eine Errungenschaft von reicheren Industrieländern ist, weil erst in modernen Gesellschaften größere Gruppen der Bevölkerung die Chance haben, sich in einer relativ offenen und unbestimmten Jugendphase auf die Suche nach den eigenen Möglichkeiten zu begeben.

Alles Reden über *die* Jugend stellt auch deshalb eine Konstruktion dar, weil es zu allen Zeiten kleine Gruppen waren, die gewissermaßen *pars pro toto* zum Gesamtbild einer Jugend hochstilisiert wurden. In soziologischen und modernisierungstheoretischen Darstellungen spricht man daher von „Generationsgestalten" (Fend 1996), die durchschnittstypisch hinsichtlich der Einstellungen, der Meinungen, der Gewohnheiten, der Ideale sind und durch jeweils prägende historisch-politische Ereignisse gekennzeichnet werden (ebd.).

1. Von der Macht der Zeichen oder: Die feinen Unterschiede

Wenn also Versuche, sich der Jugend zu nähern, so schwer und Verall-
gemeinerungen so problematisch sind, lassen sich junge Leute dann
nicht nach dem äußeren Erscheinungsbild unerscheiden in Punker, Ra-
ver, Hip-Hopper, Gruftis, Skins, vermeintlich Linke und vermeintlich
Rechte? Und sagen Piercings, Tattoos oder schwarze Kleidung nicht
doch etwas aus über das Jungsein? Wenngleich Zurückhaltung bei
schnellen Einordnungen angebracht ist, so steht außer Frage, dass Kör-
per-Inszenierungen in der Jugendphase eine besondere Bedeutung zukommt, der eigene Körper sowie die Kleidung werden zum Feld der
Selbstdarstellung (vgl. Gansel 2005; Baurmann/Neuland 2011). Haare,
Körperausdruck, modische Accessoires, Kleidungsstücke, die eigenwillige Nutzung von Symbolen, ihre Modifizierung und Verfremdung
stehen im Dienst eines beständig zu erneuernden Entwurfs von Sprache, Gestik, äußerer Erscheinung. Zentrale Funktion besitzen (Körper)Inszenierungen deshalb, weil sie als „funktionale Äquivalente"
von Ritualen angesehen werden können und den eigenen Körper sowie
die Kleidung als Feld der Selbstdarstellung nutzen. Ziel ist es, Diffe-
renzerfahrungen auszudrücken, einen eigenen Zugang zur Kultur zu
präsentieren, Anderes bzw. Neues einzubringen und natürlich Abstand zur Generation der Erwachsenen und zur Gesellschaft herzustellen. Dabei dürfte klar sein, wie schwer es in der Gegenwart ist, sich
vom so genannten „Mainstream" wie den vorangegangenen Generationen abzusetzen. Ein Grund besteht darin, dass der massenkulturelle
Markt es in kürzester Zeit schafft, die Gesten von ritueller Rebellion in
Musik, Mode, Habitus zu „mainstreamisieren" (vgl. Gansel 2003). Der
Raum für minoritäre, für eigenwillige Konzepte wird eng. Für junge
Leute, die „authentisch" sein wollen, gilt es daher, beständig neue Rituale in einem Verfahren der *Bricolage*, einem Stilmix, zu finden und jeweils für bestimmte Anlässe und häufig nur für spezifische kulturelle
Gemeinschaften zu entwerfen. Dies betrifft nicht zuletzt jugensprachli-
che Varianten, bei denen es darum geht, sich in der Peergroup zu positionieren und gleichsam von der Generation der Erwachsenen abzusetzen (vgl. Neuland 2008).

Es steht die Frage, was in dem Fall ist, da Jungsein als Sinnbild, ja als
Wert schlechthin gilt und die Medien beständig Bilder von jugendlicher Frische liefern. TV-Serien, Mode, Musik, Freizeitangebote sind
ausgerichtet auf die Popularisierung von Jugendlichkeit. Hoch im Kurs
steht in der Gegenwart alles, was irgendwie mit Jungsein zu tun hat
oder aber nach außen diesen Eindruck erweckt. „Forever Young" hieß
ein Popsong der Band „Alphaville", der nicht zufällig zu einem der er-

folgreichsten Titel der 1980er Jahre wurde. Was sich bereits in den 1980er Jahren abzeichnet, ist im 21. Jahrhundert gewissermaßen zu einer sozialen Norm geworden. Der Hang zum *forever young* ist mit ein Grund dafür, warum Ohrringe, Piercings und Tattoos, die zur körpernahen Inszenierung junger Leute gehören, schon bald zu Accessoires jener Generationen wurden, die längst darüber hinaus sein sollten. Das zeigt einen für postmoderne Gesellschaften typischen Vorgang: Es werden von den Medien, der Mode, dem Konsum und eben der älteren Generation Felder besetzt, die kurzzeitig jungen Leuten und subkulturellen Gruppen vorbehalten waren.

Wenngleich also die Dynamik weiter zugenommen hat und Jugendlichkeit zum Lebens- und Zeitprinzip geworden ist, so ist dieser Vorgang der Vergesellschaftung von jugendlichen Accessoires nicht neu. Jugend hat sich zu allen Zeiten Räume wie Zeichen schaffen müssen, die zunächst nur von ihnen selbst begehbar und verstehbar waren. Doch immer kam dann der Punkt, da die Zeichen entschlüsselt und die Codes geknackt waren. Es folgt ihre Vereinnahmung und Standardisierung; authentische Zeichen jugendlicher (Sub)Kulturen werden gewissermaßen vergesellschaftet und für alle verfügbar gemacht. Entsprechend läuft ein beständiger Prozess ab, in dem die einst subversiven Zeichen sukzessive ihren aufstörenden Charakter verlieren, weil sie frei verfügbar gemacht werden. Wieder einmal ist dann eine Geheimniszone verschwunden, ein Rätsel gelüftet, und es besteht die Notwendigkeit, neue Zeichen zu setzen. Das macht dann vielleicht schon die nächste subkulturelle Gruppe mit ihren Generationsgestalten. Und die sind möglicherweise nur fünf Jahre jünger als die vorangegangenen. In einer Informations- und Mediengesellschaft darf das nicht verwundern, denn der Wechsel der Moden, der Stile, der Zeichen läuft in einem rasanten Tempo ab. In einer Zeit, da die ältere Generation darauf bedacht ist, sich möglichst rasch alle Zeichen von Jungsein einzuverleiben, wird es schwer, Stile zu kreieren, die „täuschungsresistent" sind und eben nicht sogleich kopiert werden können. Das mag ein Grund dafür sein, warum junge Leute sich heute geradezu gezwungen sehen, zu extremen Mitteln zu greifen. Die provokanten Gesten der Abgrenzung sind darum nicht zuletzt Versuche, in einer Zeit des *anything goes* überhaupt wahrgenommen zu werden.

Was auf den ersten Blick wie eine zu kritisierende Mode aussieht und mitunter als „Jugendlichkeitswahn" verspottet wird, hat tiefer liegende Ursachen. Der Soziologe Hartmut Rosa sieht Gründe für den „Zwang zur Jugendlichkeit" in einer Beschleunigung der spätmodernen Gesellschaft. Dieser Zwang – so Rosa – „entstammt nicht einer kulturellen Laune der spätmodernen Gesellschaft, sondern ist ihren Temporalstrukturen unaufhebbar eingeschrieben" (Rosa 2005: 189). Dabei ist der Hang zur „‚ewigen Pubertät'" Folge einer Beschleunigung des sozialen Wandels, der sich insbesondere am Verhältnis der Generationen ablesen lässt (ebd.: 184). Zu den Parametern eines gesellschaftlichen Wandels gehören:

- Entdramatisierung des Generationenkonflikts und zunehmende Auflösung patriarchalischer Strukturen wie fest definierter Geschlechterrollen: Die klassisch-autoritäre Elternrolle nimmt ab, Kinder/Jugendliche müssen sich nicht beständig abgrenzen, weil die Konfliktfelder und Deutungsdifferenzen zwischen Kindern/Jugendlichen und den Erwachsenen abgenommen haben;
- Früherwachsensein: Kinder und Jugendliche verhalten sich in Bereichen von Konsum und Technik wie Erwachsene, deren Erfahrungs- und Wissensvorsprung abgenommen hat;
- Trennlinien zwischen Kindheit/Jugend, Jugend/Erwachsensein verwischen sich: längere Ausbildungszeiten, verzögerte Gründung eines eigenen Haushaltes, späte Heirat und Familiengründung; an die Stelle der traditionellen „Normalbiographie" tritt die „Bastelbiographie", die „Risikobiographie", die „Drahtseilbiographie", es ist dies ein „Zustand der (teils offenen, teils verdeckten) Dauergefährdung" (Beck/Beck-Gernsheim 1994: 13);
- ständige Gewöhnung an kulturelle Neuerungen: Was früher provozierte, bringt heute nur ein müdes Lächeln hervor;
- Wandel von der Großfamilie zur Kleinfamilie und weitere Mediatisierung von Kindheit.

Auf das Phänomen des „Früherwachsenseins" war von Soziologen und Jugendforschern bereits in den 1990er Jahren hingewiesen worden. Zwar ist der Zugang zur Erfahrungswelt der Erwachsenen auch noch gegenwärtig bis zu einem bestimmten Alter aus kognitiven Gründen eingeschränkt. Gleichwohl sind die Grenzlinien zunehmend fließend geworden, der Erfahrungsvorsprung der Erwachsenen hat abgenommen und sich in manchen Bereichen sogar verkehrt (Ferchhoff 1993; Helsper 1991; Zinnecker 2000). Rosa leitet aus diesen Modernisierungseffekten eine Veränderung der Rolle der älteren Generation ab. Die für traditionale Gesellschaften kennzeichnende Wertschätzung des Alters gehe verloren, die „Institution der ‚Weisen Alten', denen ein herausragender Status deshalb zukommt, weil sie ‚alles gesehen' haben und kennen [...] ist in der spätmodernen Gesellschaft verschwunden." In der spätmodernen Gesellschaft stelle das Alter gar ein „stigmatisierendes Handicap" dar, so Rosa. Dies zeige sich in bestimmten Berufsbranchen, „in denen schon Vierzigjährige nicht mehr eingestellt werden, weil sie als nicht flexibel und risikofreudig genug erscheinen". Selbst wenn man einwenden kann, dass diese Sichten auf die „Alten", die sich „nicht mehr auskennen" und die „nicht mehr mitkommen" zu einem guten Teil mediale Konstruktionen sind, sind die angezeigten Veränderungen im Generationenverhältnis unstrittig (Rosa 2005: 188).

2. Zu Aspekten der literarischen Inszenierung von Generationsbeziehungen im Adoleszenzroman – aktuelle Trends zwischen Realismus und Phantastik

Der konstatierte gesellschaftliche Wandel schlägt sich gerade auch in jenen Texten nieder, die von Kindheit und Jugend erzählen und damit vom Verhältnis zwischen den Generationen. Es gehört nämlich zu den Funktionen von Literatur, dass sie eine herausragende Form der „kulturellen Selbstwahrnehmung und Selbstthematisierung" von Gesellschaft ist. „In Texten beobachten sich Kulturen selbst", hat Wilhelm Vosskamp notiert. Da literarische Texte „spezifische Formen des individuellen und kollektiven Wahrnehmens von Welt und Reflexion dieser Wahrnehmung" sind, sind sie „durch ein hohes Maß an Selbstreflexion" gekennzeichnet (Vosskamp 1998: 405). Auch Hartmut Böhme sieht in der Literatur eine „ausgezeichnete Form der Selbstbeobachtung von Gesellschaften" (Böhme 1998: 482). Dies gilt angesichts der Annäherung von Allgemeinliteratur auf der einen und Kinder- und Jugendliteratur (KJL) auf der anderen Seite auch für jene Texte, in deren Zentrum jugendliche Protagonisten stehen und die vom Verhältnis der Generationen erzählen. Um das veränderte Generationenverhältnis einsehbar zu machen, bietet sich eine Konzentration auf jene literarische Gattung an, die in der Gegenwart – neben der Phantastik – bevorzugt dann zu nennen ist, wenn es um eine Überschreitung der Grenzen zwischen Allgemeinliteratur und KJL geht. Gemeint ist der Adoleszenzroman, der im besten Sinne als All-Age- bzw. Crossover-Literatur bezeichnet werden kann.[1] Seine erste Blüte hatte der Adoleszenzroman am Beginn des 20. Jahrhunderts mit inzwischen kanonisierten Texten wie Hermann Hesses „Unterm Rad" (1906) und Robert Musils „Die Verwirrungen des Zöglings Törleß" (1906). Insofern ist der Adoleszenzroman ein Phänomen der Allgemeinliteratur, und erst in den

---

[1] Der Terminus „All-Age-Literatur" ist im deutschen Sprachraum gebräuchlich, er bezeichnet Texte, die von Erwachsenen wie jungen Lesern gleichermaßen gelesen werden und insofern als eine Art „Brückenliteratur" funktionieren. Im angloamerikanischen Sprachraum sind die Termini „Crossover-Literatur" bzw. „Crossover-Fiction" gebräuchlich.

1970er Jahren kam es in Deutschland zu einer „Eingemeindung" dieser Gattung im Bereich der Kinder- und Jugendliteratur. Ab Mitte der 1990er Jahre ist dann allerdings zu konstatieren, dass die literarisch innovativen und die Diskussion bestimmenden Texte erneut außerhalb des jugendliterarischen Handlungssystems entstanden und verbreitet wurden. Dazu gehören die erfolgreichen Texte von Benjamin von Stuckrad-Barre („Soloalbum", 1998; „Livealbum", 1999), Benjamin Lebert („Crazy", 1999; „Der Vogel ist ein Rabe", 2003; „Kannst Du", 2006) ebenso wie jene von Alexa Hennig von Lange („Relax", 1997; „Ich bin's", 2000; „Ich habe einfach Glück", 2001). Kontinuität allerdings besteht in den Kennzeichen der Gattung: Im Zentrum der Darstellung von Adoleszenzromanen stehen ein oder mehrere jugendliche Helden, die sich in einem krisenhaften Absetzungsprozess von der Elterngeneration befinden. Anders als im Entwicklungsroman ist die Darstellung auf die Jugendphase konzentriert. Während im klassischen Adoleszenzroman der jugendliche Held zumeist männlichen Geschlechts ist, finden sich im modernen und postmodernen Adoleszenzroman auch weibliche Protagonistinnen als zentrale Figuren. In einem Teil der genannten Texten allerdings, dies ist zu beachten, spielen Erwachsenenfiguren keine Rolle und Generationsbeziehungen werden nicht thematisiert. Dies hängt nicht zuletzt damit zusammen, dass die jungen Leute keine fundamentalen Deutungsdifferenzen mit ihren Eltern ausfechten müssen und die Ablösung keinen konflikthaften Prozess darstellt (Gansel 2003, 2004).

Versucht man nun aktuelle Entwicklungen des Adoleszenzromans im Bereich der Kinder- und Jugendliteratur zu erfassen, mithin also Texten auf die Spur zu kommen, die bevorzugt in Jugendbuchverlagen erscheinen, dann ist zu konstatieren: Die literarisch innovativen Texte ab 2000 stammen zumeist aus dem englischsprachigen Raum und haben sich in Übersetzungen auf dem deutschen Buchmarkt durchgesetzt. Dies unterstreichen Nominierungen für die Auswahlliste zum Deutschen Jugendliteraturpreis oder die Auszeichnungen mit diesem für die KJL wichtigsten Preis. Dazu zählen die Adoleszenzromane des Briten Kevin Brooks, der für „Lucas" (2006) den Deutschen Jugendliteraturpreis erhielt und mit seinen neuesten Adoleszenztexten „Candy" (2007) und „Kissing the rain" (2007) als ein herausragender Autor gelten kann. Vergleichbares trifft für den Australier Markus Zusak zu, der für den Adoleszenzroman „Der Joker" (2007) mit dem Deutschen Jugendliteraturpreis ausgezeichnet wurde. Auch die Amerikanerin Kate Morgenroth landete mit dem Adoleszenzroman „Ruben" (2005) auf der Auswahlliste zum Deutschen Jugendliteraturpreis. Nun lassen allerdings die in diesen Texten entworfenen Generationsbeziehungen keine

Rückschlüsse auf das Verhältnis der Geschlechter in Deutschland zu, um die es hier gehen soll. Bei Texten von deutschsprachigen Autoren, die von jugendlicher Adoleszenz erzählen, zeichnet sich seit 2000 (erneut) die Tendenz ab, den Adoleszenzroman mit der problemorientierten Jugendliteratur sowie vor allem mit dem komischen Jugendroman zu mischen. Zu denken ist an Romane wie Jochen Tills „Ohrensausen" (Deutscher Jugendliteraturpreis 2003), Kristina Dunkers „Schmerzverliebt" (2003), Benjamin Quabecks „Nichts bereuen" (2002) und insbesondere die Texte von Christian Bieniek („Total verzaubert", 2003; „15, Jungfrau, Schlampe", 2003; „Knutschen erlaubt", 2004) oder eben aktuelle Texte wie Jaromir Konecnys „Doktorspiele" (2009) und Tobias Elsäßers „Abspringen" (2009). Ein neuer internationaler Trend besteht nun darin, Adoleszenz mit Phantastik zu kombinieren. Dazu zählen die Welterfolge von Stephenie Meyers „Biss-Serie" ebenso wie P. C. Casts und Kristin Casts Serie „House of Night". In beiden Fällen handelt es sich – dies wäre ein Thema für sich – um Texte, die mit dem Vampirmotiv spielen. Weitere Texte aus dem All-Age-Bereich, die Problemlagen von adoleszenten Jugendlichen mit phantastischen Accessoires kombinieren, sind Suzanne Collins „Die Tribute von Panem" (2009) oder Ally Condies „Die Auswahl" (2011).

3. Generationenbeziehungen literarisch – ein Blick zurück ins frühe 20. Jahrhundert

Um die radikalen Veränderungen im Generationenverhältnis und ihre literarische Gestaltung einsehbar zu machen, erscheint ein Vergleich mit Texten angeraten, die Kulturzustände vom Beginn des 20. Jahrhunderts abbilden und insofern zum klassischen Adoleszenzroman führen. Hier greift dann auch die typologische Unterscheidung in traditionelle, moderne und postmoderne Adoleszenzromane, die sich zunächst auf die Ebene der *histoire*, das „Was", mithin stofflich-thematische Aspekte, bezieht (Gansel 2004; Gansel 2010: 117 ff.). Die Konzentration auf die Ebene der *histoire* hängt schlichtweg damit zusammen, dass der Begriff „Adoleszenzroman" eine Typenbildung auf der Grundlage von inhalts- bzw. stoffbezogenen Merkmalen darstellt. Aus diesem Grunde schlage ich vor, nachfolgende Parameter zu fixieren und sie sodann exemplarisch an einem weniger bekannten Text durchzuspielen, an Hans Falladas Debütroman „Der junge Goedeschal" (1920). Zu fragen ist nach: a) dem sozialen Hintergrund; b) den im Text durchscheinenden gesellschaftlichen Werten; c) dem Verhältnis der Protagonisten zu den gesellschaftlich sanktionierten Werten; d) der entworfenen Familienstruktur; e) dem Verhältnis der Generationen; f) der Rolle von Sexualität. Aber worum geht es in diesem Adoleszenzroman? Hans Fallada erzählt im „Jungen Goedeschal" die Geschichte des Gymnasiasten Kai, der an der Schule leidet, von Angstzuständen heimgesucht wird, müde und gelangweilt wirkt und gleichzeitig ein hochsensibler junger Mann ist, der moderne Texte liest und selbst Gedichte schreibt. Er befindet sich in der Phase der Adoleszenz und vermag mit den stattfindenden physiologischen und psychischen Veränderungen nicht umzugehen. Kai pendelt zwischen Allmacht- und Größenphantasien auf der einen und tiefster Niedergeschlagenheit auf der anderen Seite. In dieser Situation schreibt er einer schüchtern verehrten Freundin und deren Mutter anonyme und leicht obszöne Briefe. Als dies schließlich herauskommt, will er sich mit einem Revolver erschießen. Kais Freund und dessen Mutter vertrauen sich der Familie Goedeschal an, und der Selbstmord kann verhindert werden. So vorab die knappe Wiedergabe der Fabel (Gansel 2011b).

Für den traditionellen Adoleszenzroman – und dazu zählt Falladas „Goedeschal" – lassen sich die genannten Parameter knapp wie folgt fixieren: a) Die Texte – auch Hesses „Unterm Rad" oder Robert Musils „Die Verwirrungen des Zöglings Törleß" – spielen vor dem sozialen Hintergrund des Übergangs zur modernen Gesellschaft. Die etablierten Instanzen gehen b) nach wie vor von der Existenz von „ewigen Werten" aus, wenngleich sich erste Unsicherheiten ergeben. Kennzeichnend für die Jugendfiguren ist der Umstand, dass sie c) die überkommenen Werte zaghaft in Frage stellen, sie reiben sich *pars pro toto* an Eltern, Lehrern sowie der „Instanz Schule". Entsprechend konfliktreich gestaltet sich d) das Generationenverhältnis. Es ist durch einen geradezu existentiellen Widerspruch charakterisiert und wird vor allem über die Vater-Sohn-Beziehung ausgetragen. Sämtliche der genannten Merkmale lassen sich nun am „Goedeschal" nachweisen, und insofern könnte man weiter annehmen, Fallada würde lediglich das Muster der kanonisierten Texte von Hesse oder Musil nachschreiben. Auf den ersten Blick scheint dies auch e) die Familienstruktur und den Familienstatus zu betreffen. Die Familie von Kai ist nämlich patriachalisch organisiert, es dominiert der so genannte Befehlshaushalt, in dem der Vater die absolute Autorität darstellt. Gleichwohl deuten sich im „Goedeschal" bereits Neuerungen insbesondere in der Familienstruktur an. Im Gespräch zwischen den Eltern über die Probleme ihres Sohnes geht der Vater zunächst wie selbstverständlich davon aus, dass seine Autorität unumschränkt und für die innerfamiliäre Kommunikation anerkannt ist. „Man greift nicht zu Selbsthilfe, in Notlage wendet man sich an die zuständige Autorität, also mich!", so seine Position (Fallada 1993: 46). Dies kann die Mutter so nicht mehr hinnehmen. Der heterodiegetische Erzähler kommentiert die Reaktion auf den Monolog des Vaters so: „Frau Goedeschal kämmte am Toilettentisch das Haar. Den Arm mit der Bürste sinken lassend, war sie mehrmals im Begriff gewesen, ihren Mann zu unterbrechen. Besann sich dann und schwieg." (Ebd.: 46) Doch dann überwindet sie sich. Und entsprechend heißt es: „Aber nun sprach sie rasch." Und was sie schließlich sagt, ist ausgesprochen aufschlussreich: „Es ist furchtbar schwer mit Kindern! Es ist so lange her, dass wir jung waren. Und ich war auch anders!" (Ebd.: 47) Neben der offensichtlichen Einsicht in die Veränderungen von Jugend gelangt Frau Goedeschal zu der treffenden Erkenntnis, dass der Umstand, einmal selbst jung gewesen zu sein, keine hinreichende Voraussetzung dafür liefert, um Jugend zu verstehen. Doch nach ihrem Einwand verstummt sie erneut. Der heterodiegetische Erzähler greift erneut ein und lässt den Leser die Gedanken von Staatsrat Goedeschal erkennen, der in dieser Situation sehr wohl wahrnimmt, „dass sie Wichtigeres verschwieg". Und „um ihr zu Hilfe zu kommen, sagte er endlich: ‚Du hast etwas auf dem Herzen, sprich!'" Eine solche Verhaltensweise ist andeutungsweise Ausdruck einer gewissen Sensibilität wie auch von eigener Unsicherheit. Dies mag Frau Goedeschal – auf Grund der bisherigen Erfahrungen – so nicht sehen. Dem Leser wird über die Nullfokalisierung, also auktorial und in der kommentierenden Übersicht des Erzählers, ihre Reaktion mitgeteilt: „Frau Goedeschal machte eine ungeduldige Bewegung. ‚Da liegst du und sagst: Sprich, als wenn es wer weiß wie leicht wäre.' Schon verwusch Weinen die Worte. ‚Und sitzt dabei auf Deinem Richterstuhl und willst im Grunde nur das hören, was deiner Meinung recht gibt, und ändern … Grad, als wär ich angeklagt.'" (Ebd.). Das ist in der Verzweiflung ein fundamentaler Angriff gegen die Autorität des Ehemannes und Vaters. Und Staatsrat Goedeschal ist ob dieser Einlassung gänzlich schockiert, und hilflos kann er nur entgegnen: „Aber Margit, ich verstehe dich nicht! Ich will doch nur sein Bestes." (Ebd.) Ein solches Eingeständnis geht bereits deutlich über den traditionellen Adoleszenzroman hinaus, in dem die Vaterfiguren gerade durch eine fast schon klischeehaft anmutende Uneinsichtigkeit gekennzeichnet sind.[2] Auffällig am „Goedeschal" ist der Umstand, dass ein Gespräch zwischen den Generationen nur eingeschränkt erfolgt. Kai hat weder das Selbstbewusstsein noch die Möglichkeit im Dialog mit den Eltern seine Konflikte auszudrü-

---

[2] Noch offensichtlicher wird der Unterschied zum traditionellen Adoleszenzroman, wenn man f) danach fragt, welche Rolle die Sexualität auf der Ebene der erzählten Geschichte spielt. Anders als in den kanonisierten Texten wird der mit der Adoleszenz drängend werdende Komplex von Sexualität nunmehr durchgängig zum expliziten Gesprächsgegenstand auf der Ebene der Geschichte.

cken, es wird einzig über ihn verhandelt, eine Kommunikation findet nur rudimentär statt. Eine solche für das Familien- und Generationenverhältnis kennzeichnende Machtkonstellation findet sich durchaus noch bis weit in das 20. Jahrhundert. Friedrich Christian Delius Roman „Der Sonntag, an dem ich Weltmeister wurde" (1994) beispielsweise führt in die 1950er Jahre und entwirft einmal mehr eine autoritäre Familienstruktur, in der der elfjährige Protagonist erst durch den Sieg der deutschen Fußballnationalmannschaft am 4. Juli 1954 ein neues Selbstbewusstsein und überhaupt erst eine Stimme gewinnt. Birgit Vanderbeke erzählt in „Muschelessen" (1990), wie die patriachalischen Verhältnisse mit der konservativen Vaterfigur noch Anfang der 1970er Jahre die Selbstfindung der adoleszenten Kinder wie auch der Ehefrau einengen und es letztlich zur Befreiung und dem Sturz des Vaters kommt.

Derartige Texte vor Augen, fällt einmal mehr auf, in welcher Weise der kulturelle Wandel zu neuen Generationenbeziehungen geführt hat, die sich in aktuellen Texten eben auch in der Kommunikation zwischen Eltern und den adoleszenten Kindern zeigen.

4. Postmoderne Generationenbeziehungen – asymmetrische Kommunikation umgekehrt?

Tobias Elsäßer erzählt in seinem Roman „Abspringen" (2009) über männliche Adoleszenz, ja über den Umstand, dass für den jugendlichen Protagonisten, Paul, die erwachende Sexualität zur wichtigsten Sache der Welt wird. Aber genau dies bereitet ihm – für Adoleszenz kennzeichnend – Probleme. Er selbst stuft sich nämlich als „sexsüchtig" ein und glaubt, dass nur ein Psychiater ihn aus der krisenhaft empfundenen Situation befreien kann, indem er ihm Tabletten verschreibt, mit deren Hilfe er seine „Triebe" unter Kontrolle bekommt. Dabei durchläuft Paul seine adoleszente Krise unter gänzlich anderen Bedingungen als die Jugendfiguren bei Hesse, Fallada oder Delius. Seine Eltern sind einfühlsam und haben Verständnis. Wie wichtig die familiäre Situation für den Text insgesamt ist, wird allein daran deutlich, dass der Ich-Erzähler, Paul, den Leser bereits zu Beginn mit seiner Familie vertraut macht. „Fangen wir bei meiner Familie an", notiert er, um dann die Ausgangssituation zu beschreiben: „Wie so oft im grauen Monat Dezember saßen wir gemeinsam beim Abendbrot. Meine Mutter legte großen Wert auf dieses Ritual. Vor allem in der Vorweihnachtszeit. (Elsäßer 2009: 12) Im Folgenden kommt es zu einem Gespräch zwischen Eltern und Kindern, in diesem Fall Schwester und Bruder. Der Anlass für das Eskalieren der Situation ist eigentlich nebensächlich. Die adoleszente Schwester jedenfalls findet ein Argument des Vaters inakzeptabel und reagiert. Der Ich-Erzähler markiert diese Erfahrung explizit: „Wie immer fand meine große Schwester das Haar in der Suppe." (Ebd.: 13) Die Reaktion des Vaters auf die Replik der Tochter funktioniert fast schon ritualisiert. Zunächst bleibt er ruhig, und nur seine Mimik und Gestik drücken aus, wie er über die Vorhaltungen der Tochter denkt. Dem Ich-Erzähler ist die Gesprächssituation vertraut, und er bewertet sie entsprechend: „Er [der Vater] verdrehte die Augen. Er hasste solche Diskussionen. Und Jana war eine unberechenbare Gegnerin." (Ebd.) Letztlich sucht die Mutter den Streit zu beenden. Der Ich-Erzähler markiert die Einlassung der Mutter: „,Jetzt ist gut!', sagte meine Mutter. ‚Hört auf! Beide!'" (Ebd.: 14) Dies allerdings mag die Schwester nicht akzeptieren, und es kommt zu einer erneuten Zuspitzung:

> „,Klar! Nur keine Probleme wälzen!', giftete meine Schwester weiter. ‚Was gehen uns die anderen an. Hauptsache, wir haben genug zu fressen.' Sie schlug mit der Faust auf den Tisch. Das Geschirr klapperte."

Die Reaktion der Mutter erfolgt sofort, und sie bringt mit ihrer Rede das in der Familie herrschende Verhältnis auf den Punkt:

> „,Kleines Fräulein', schnaubte meine Mutter. ‚Langsam habe ich die Nase voll. Letztes Jahr wolltest du, dass wir nur noch Bio-Sachen kaufen – *das* haben wir getan. Dann sollten wir nur noch einmal die Woche Fleisch essen. Auch *das* haben wir getan. Irgendwann ist Schluss mit der Tyrannei!'
> Meine Schwester rammte die Zinken ihrer Gabel in eine Cocktail-Tomate. Dunkelroter Saft spritzte über den Tisch. ‚Ihr könnt mich alle mal, ihr Ignoranten!' Sie sprang auf. Mein Vater wischte sich einen Klecks von der Wange. ‚Setz dich wieder hin, Jana!', befahl meine Mutter. ‚Sofort!'
> ‚Fickt euch!'
> ‚Was hast du gesagt?' Meine Mutter stand unter Schock. ‚Geh auf dein Zimmer!'.
> Mit geballten Fäusten und einem leichten Zittern unter den Augen stand meine Schwester da. Unentschlossen. Ich war darauf gefasst, dass sie als Nächstes den Tisch umkippte, und machte mich zum Absprung bereit." (Ebd.: 14 f.)

Die Gesprächssituation endet glimpflich, die Schwester entschließt sich fluchend, auf ihr Zimmer zu gehen. Betrachtet man den Status der verhandelten dialogischen Beziehung, dann handelt es sich narratologisch gesehen bei der hier vorliegenden Figurenrede um die „Erzählung von Worten", die letztlich dem dramatischen Modus zuzuordnen sind. Da der Ich-Erzähler jeweils die Aussagen des Vaters, der Schwester wie der Mutter kommentiert, liegt eine *direkte Figurenrede* vor (Martinez/Scheffel 1999: 51–62). Bei der präziseren Erfassung des Gesprächs bietet es sich an, auf linguistische Kategorien zurückzugreifen

(Henne/Rehbock 2001: 26). Danach gehört das hier ausgewählte *fiktionale Gespräch* zur Nahkommunikation, es handelt sich darüber hinaus um ein Gruppengespräch, das privater Natur ist, die Gesprächpartner sind miteinander vertraut und auf die eintretende Situation nicht vorbereitet. Zudem ist das Gespräch selbst nicht themafixiert, denn der Schwester geht es – so suggeriert der Ich-Erzähler – nicht wirklich um den Austausch von Argumenten. Für den in Rede stehenden Zusammenhang ist das soziale Verhältnis der Gesprächspartner von besonderer Bedeutung, also die Frage danach, ob es sich um ein symmetrisches oder eher asymmetrisches Verhältnis handelt. Henne/Rehbock folgen Watzlawick und stellen heraus, dass diese Interaktionsformen „auf Gleichheit oder Unterschiedlichkeit" beruhen. „Als Ursachen der asymmetrischen, nach Watzlawick ‚sich ergänzenden' (‚komplementären') Beziehungen, werden ‚gesellschaftliche oder kulturelle Gründe' angeführt (wie z. B. im Fall von Mutter und Kind, Arzt und Patient, Lehrer und Schüler)." Unter symmetrischer Kommunikation werden Beziehungen verstanden, die durch das „Streben nach Gleichheit und Verminderung von Unterschieden zwischen den Partnern" gekennzeichnet sind (ebd.: 29).[3]

Bei der zitierten Kommunikation zwischen Eltern und Tochter wird man mit einigem Recht zunächst sagen können, dass – anders als bei Henne/Rehbock – die Situation keineswegs dadurch charakterisiert ist, dass das Kind, in diesem Fall die adoleszente Tochter, vom Diktat der Eltern abhängig ist und diese sich aus gesellschaftlichen oder kulturellen Gründen in einer Vormachtstellung befinden. Im Gegenteil hat man es hier mit einer Situation zu tun, die kennzeichnend für die Spätmoderne ist: In dem Maße nämlich, wie Erwachsene die Entwicklung der adoleszenten Kinder fördern, führen sie sukzessive ihre „Entmachtung" herbei und die Relativierung ihrer Sicht auf die Welt. „Ablösung von der erwachsenen Generation läuft in verschiedener Hinsicht", so Vera King, „auch auf eine Ablösung der erwachsenen Generation hinaus." (King 2011: 57) Im vorliegenden Text entsteht gar der Eindruck, dass sich das Verhältnis umgekehrt hat, die Tochter maßgeblich das Wort führt und die Argumente bestimmt. In dem Augenblick, da die Tochter darauf aufmerksam gemacht wird, dass die Art und Weise ihrer Argumentation nicht zu akzeptieren ist, antwortet sie mit dem jugendsprachlich oft bis zum Klischee genutzten „Fickt euch!" und bricht da-

---

[3] Dabei ist der Hinweis wichtig, dass symmetrische Beziehungen immer nur tendenziell insofern als solche klassifiziert werden können, als die „Partner bemüht sind, vorübergehende wissensmäßig oder sonst wie bedingte Asymmetrien auszugleichen" (Henne/Rehbock 2001: 29).

mit das Gespräch schlichtweg ab. Eine solche Kommunikation setzt ein Verhältnis zwischen Eltern und Kindern voraus, in dem unter postmodernen Bedingungen die klassische Eltern-Kind-Rollenverteilung außer Kraft gesetzt und den Kindern die Teilhabe an Entscheidungen über familiäre Angelegenheiten mit übertragen wurde. Dass diese Rahmenbedingungen auf den ersten Blick zu neuen Ungleichheiten führen, ist der Adoleszenz geschuldet und den dafür typischen Allmacht- und Größenphantasien, die sich eben auch in coolen sprachlichen Gesten ausdrücken.

5. „Der Rest im mir egal" – postmoderne Verhandlungsfamilien und ihre Folgen

Martina Wildners von der Kritik insgesamt positiv aufgenommener Adoleszenzroman „Grenzland" (2009) führt in eine auf den ersten Blick intakte Familie, in der die 15-jährige Agnes mit zwei jüngeren Schwestern lebt. Dabei wird die Geschichte auf zwei Ebenen erzählt, einmal auf einer real-fiktiven Ebene, in der es um die familiäre Situation, die Schule und die krisenhafte Adoleszenz geht (Gansel 2011a). Zum anderen wird auf der phantastischen Ebene eine alternative Spielwelt entworfen, in die die Protagonistin jeweils flieht. Dies hat einen einfachen Grund: In der phantastischen Welt können die Adoleszenten Grenzen überschreiten, sie entwickeln übernatürliche Fähigkeiten und können ihr äußeres Erscheinungsbild verändern. Dabei sind körperliche Mängel, die gerade Adoleszenten in der „Realwelt" so viel zu schaffen machen, aufgehoben. Diese Konstellation ist für die Protagonistin ausgesprochen reizvoll. Andererseits liegen Ursachen für das Verlassen der real-fiktiven Welt gerade auch in der familiären Situation begründet. Dies will auf den ersten Blick nicht einleuchten, denn eigentlich wächst Agnes in einer ausgesprochen modernen Familie mit einem locker-coolen Vater und einer emanzipiert-attraktiven Mutter auf. Zudem hat die 15-Jährige ein Mitsprachrecht in familiären Angelegenheiten. Kurzum, in gewisser Weise ist auf der real-fiktiven Ebene das modelliert, was man Verhandlungsfamilie nennt. Aber eben diese Großzügigkeit und Offenheit wird für die adoleszente Protagonistin zum Problem. Agnes empfindet es beispielsweise als unangemessen, wenn im Haus grundsätzlich alle Türen offen stehen und auch die Badezimmertür davon nicht ausgenommen ist:

> „Niemand in der Familie klopfte irgendwo an. Ja, genau, das war es. Niemand klopfte an, alle liefen überall hin, jeder in jeden Raum, und kein Geheimnis war sicher." (Wildner 2009: 51)

Mehr noch als dieser Umstand stößt sie die Lockerheit ihrer Mutter ab, wenn es um Fragen der Sexualität geht. Die vom äußerlichen Erscheinungsbild sich nur wenig von der Tochter unterscheidende Mutter kennt sich bestens auch in jenen Bereichen aus, die eigentlich eher eine Domäne der jungen Generation sind. Gnadenlos offen äußert sie sich etwa über die Intimpiercings der besten Freundin von Agnes. Über eine interne Fokalisierung, also aus der Mitsicht der Figur, wird das Verhalten der Mutter bewertet und der Abstand offenbar:

> „Mama war unmöglich. Sie war zwar streng und duldete weder Fernseher noch Computerspiele, auch die Hausaufgaben mussten sofort erledigt werden, aber Schamgefühl hatte sie keins. Sie konnte über Penisse, Brüste und Oralverkehr sprechen, ohne im Geringsten zu erröten." (Ebd.: 96)

Das *forever young* bleibt nicht ohne Konsequenzen für die adoleszente Tochter. Die Tatsache, dass Agnes in sämtliche Familienprobleme eingeweiht ist und über hinreichende Freiheiten verfügt, führt keineswegs dazu, dass sie ihre Identität bevorzugt ausbilden kann. Das Gegenteil ist der Fall. Wo Kinder und Jugendliche zunehmend als gleichberechtigte Partner angesehen werden, in der Familie mitbestimmen können, mündige Diskussionsteilnehmer und für die Eltern Verhandlungspartner sind, bekommen sie es – und dies ist die Kehrseite – mit eben jenen Problem- und Konfliktfeldern zu tun, die früher den Erwachsenen vorbehalten blieben. Agnes etwa weiß um den Stress und die beruflichen Probleme der Mutter, sie wird gewissermaßen in diese die Erwachsenen betreffenden Konfliktlagen hineingezogen. Einerseits bietet die Mündigkeit Agnes neue Spielräume und Entscheidungsmöglichkeiten. Andererseits führt die Mündigkeit auch zu Überforderungssyndromen, denn wo es keine autoritären Vorgaben gibt, können gleichsam Orientierungspunkte fehlen. Agnes muss von daher die Probleme selbstständig rational erfassen und gleichzeitig emotional bewältigen. Insofern ist sie – durchaus typisch für Entwicklungen unter postmodernen Verhältnissen – in die eigene Freiheit entlassen und muss sich in ihr bewähren.

Für eine erfolgreiche Adoleszenz müssen junge Leute die Chance zur Individuation bekommen. Dies ist allerdings nur dann möglich, wenn die Erwachsenen bzw. die Eltern nicht autoritär-verhindernd oder gar destruktiv in die adoleszenten Entwicklungen eingreifen. In dem Fall, da die ältere Generation restriktiv eingreift, können Störungen der Adoleszenz die Folge sein (vgl. King 2011: 59). Momente von Destruktion und Verhinderung sind in der entworfenen Familien- und Konfliktkonstellation in Wildners Roman gerade nicht anzutreffen. Hier greift eine gegenteilige Strategie: Das Interesse der Eltern an den adoleszenten Problemen der Tochter hält sich in Grenzen, weil eine konsequente Beschäftigung mit ihnen zu einer Einschränkung der eigenen Freiheiten führt. Als die Tochter in der Schule einen Verweis erhält, reagiert die Mutter frustriert: „Das ist also die Pubertät. Ich hatte schon gehofft, der Kelch ginge an mir vorüber." (Wildner 2009: 182) Die Enttäuschung der Mutter ist deshalb so groß, weil sie davon ausgegangen ist, ein tolerantes Setzen von Grenzen für die adoleszente Tochter würde deren Selbständigkeit fördern und zu keinen gravierenden Einschränkungen des verfolgten eigenen Lebensstils führen:

> „Hör zu, Agnes! Alles, was du jetzt verbummelst, musst du später mit viel Mühe nachholen! Also versprich mir: Mach die Schule ordentlich, stich dir weder Piercings noch Tattoos und iss! Der Rest ist mir egal." (Ebd.: 97)

„Der Rest ist mir egal" – eben darin liegt in Wildners „Grenzland" ein Problem, und es führt dazu, dass die Tochter in die phantastische Spielwelt ausweicht. Die entworfenen Generationenbeziehungen in Wildners Roman sind vergleichbar mit einer Konstellation, die bereits in Zoe Jennys „Das Blütenstaubzimmer" (1997) scharf markiert worden war. Entgegen der aus der Familiensoziologie bekannten „empty nest"-Metapher, wonach die Eltern in Depression verfallen können, wenn die Ablösung der adoleszenten Kinder erfolgt ist, existiert bei Zoe Jenny dieses Nest im klassischen Sinne gar nicht, weil die Eltern es längst verlassen haben. Damit fehlt der Protagonistin, Joe, etwas, das Anthony Giddens als maßgeblich für die Individuation in modernen Gesellschaften ansieht, das Vertrauen. „‚Normale' Personen erhalten", so Giddens, „schon früh im Leben einen grundlegenden ‚Schuß' Vertrauen, so daß diese existentielle Anfälligkeiten abgetötet oder gedämpft werden. Oder sie werden [...] emotional geimpft, so daß sie gegen die ontologischen Ängste gefeit sind, denen alle Menschen potentiell ausgesetzt sind." Für Giddens gibt es eine Instanz, die in besonderer Weise dafür prädestiniert, den Heranwachsenden mit diesem Vertrauen auszustatten. Für ihn liegen die Träger dieser Impfung in der Kindheit und die „wichtigste Versorgungsanstalt [...] ist bei der übergroßen Mehrheit der Menschen die Mutter" (Giddens 1996: 120). Nun geht es in Wildners Text nicht explizit um die Bindungslosigkeit der Elterngeneration und darum, dass diese es grundsätzlich ablehnen, den adoleszenten Kindern zur Verfügung zu stehen. Aber sehr wohl zeichnet sich im Text eine Tendenz ab, die für die Spätmoderne an Bedeutung gewinnt. Vera King bringt diese Konstellation pointiert so auf den Punkt:

> „Dem ‚Jetzt bin ich dran' des aufbrechenden Adoleszenten kann ein ‚Aber zuvor bin ich dran, denn ich habe weniger Lebenszeit als du – und außerdem viel Zeit in Deine Erziehung investiert' entgegengehalten werden. Noch bevor die Adoleszenten das Nest verlassen können, sind ihnen die Eltern dann schon vorausgeeilt." (King 2011: 60)

Freilich wird man einwenden können, dass die in Adoleszenzromanen entworfenen Generationsverhältnisse nur bedingt verallgemeinerbar sind und gewissermaßen 1:1 die „wirkliche Wirklichkeit" abbilden. Aktuelle Untersuchungen unterstreichen zudem, dass Adoleszenz bei etwa 80 % der Jugendlichen keine Zeit der schweren Störungen darstellt und durchaus ein ausgewogenes Generationenverhältnis existiert (Fegert u. a. 2009: 181). Gleichwohl interessiert Literatur sich für die immerhin 20 % der Adoleszenten, bei denen es zu krisenhaften Störungen kommt. Dies ist ein Grund, warum in den letzten Jahren die prämierten Texte über Adoleszenzen erzählen, die in Unterschichten- und Randgruppenmilieus angesiedelt sind. Für diesen Trend einer grenzüberschreitenden Aufstörung, der auch die Generationenverhältnisse betrifft, stehen Adoleszenzromane wie jener der polnischen Jungautorin Dorota Maslowska „Schneeweiß und Russenrot" (2002)[4] (vgl. Gansel 2008), der vielgerühmte Roman von Clemens Meyer „Als wir träumten" (2006), Alina Bronskys „Scherbenpark" (2008) oder Helene Hegemanns „Axolotl Roadkill" (2010). Die Romane von Dorota Maslowska wie Alina Bronsky wurden mit dem Deutschen Jugendliteraturpreis ausgezeichnet. Bronskys Roman beginnt mit einer Reflexion der Ich-Erzählerin, Sascha Naimann, die in einem Ghetto-Hochhaus lebt, dem Scherbenpark, unvermittelt so:

> „Manchmal denke ich, ich bin die Einzige in unserem Viertel, die noch vernünftige Träume hat. Ich habe zwei, und für keinen brauche ich mich zu schämen. Ich will Vadium töten. Und ich will ein Buch über meine Mutter schreiben. Ich habe auch schon einen Titel: ‚Die Geschichte einer hirnlosen rothaarigen Frau, die noch leben würde, wenn sie auf ihre kluge älteste Tochter gehört hätte'. Vielleicht ist das nur ein Untertitel. Ich habe Zeit, es mir genau zu überlegen, denn ich habe noch nicht angefangen zu schreiben. Die meisten Leute, die in unserem Viertel leben, haben gar keine Träume. Ich habe extra gefragt. Und die Träume der wenigen, die welche haben, sind so kläglich, dass ich an deren Stelle lieber gar keine hätte." (Bronsky 2008: 7)

Dieser Textanfang *in medias res* mit dem für eine 17-Jährige schockierenden Traum signalisiert – noch bevor die Geschichte erzählt wird –,

---

[4] Wahrscheinlich aus Marketinggründen wurde der Originaltitel „Wojna polsko-ruska pod flaga bialo-czerwona" sehr weit übersetzt. Die wörtliche Übersetzung lautet „Der polnisch-russische Krieg unter der weiß-roten Fahne".

dass hier zerstörte Generationenbeziehungen verhandelt werden, denn die Mutter von Sascha ist tot und Saschas Ziel besteht darin, den Stiefvater, Vadium, zu töten.

Gemeinsam ist den genannten Texten, dass es sich um Debütromane handelt und die Autoren ausgesprochen jung sind. Zudem erzählen sie über die Phase der Adoleszenz bevorzugt auf exzessive Weise. Das Spektrum reicht von Grenzüberschreitungen im Bereich Drogenmissbrauch, Sexualität, Gewalt und Kriminalität bis zu Mord und Selbstmord in subkulturellen Unterschichtenmilieus. Der Erfolg dieser Texte bei Erwachsenen wie jugendlichen Lesern, mithin ihre All-Age-Markierung, liegt mit in dem Umstand begründet, dass sie in der Wirklichkeit angelegte Tendenzen – auch die Generationenverhältnisse betreffend – im Medium der Literatur verlängern, um zu provozieren und aufzustören. Insofern handelt es sich weniger um eine Rekonstruktion von Wirklichkeit denn um deren „Ästhetisierung" (Gansel 2011b).

Literatur

Baurmann, Jürgen/Neuland, Eva 2011: Jugendliche als Akteure. Sprachliche und kulturelle Aneignungs- und Ausdrucksformen von Kindern und Jugendlichen. Frankfurt a. M. u. a.

Beck, Ulrich/Beck-Gernsheim, Ursula (Hrsg.) 1994: Riskante Freiheiten. Frankfurt a. M.

Böhme, Hartmut 1988: Zur Gegenstandsfrage der Germanistik und Kulturwissenschaft. In: Jahrbuch der deutschen Schillergesellschaft 42, 476–485.

Bronsky, Alina 2008: Scherbenpark. Köln.

Elsäßer, Tobias 2009: Abspringen. Düsseldorf.

Fallada, Hans 1993: Der junge Goedeschal. Ein Pubertätsroman. In: Hans Fallada. Frühe Prosa. Hrsg. von Günter Caspar. Bd. 1. Berlin, 7–280.

Fegert, Jörg M. u. a. (Hrsg.) 2009: Adoleszenzpsychiatrie. Psychiatrie und Psychotherapie der Adoleszenz und des jungen Erwachsenenalters. Stuttgart.

Fend, Helmut 1996: Sozialgeschichte des Aufwachsens. Bedingungen des Aufwachsens und Jugendgestalten im zwanzigsten Jahrhundert. Frankfurt a. M.

Ferchhoff, Wilfried 1993: Jugend an der Wende des 20. Jahrhunderts. Lebensformen und Lebensstile. Opladen.

Gansel, Carsten 2003: Adoleszenz, Ritual und Inszenierung in der Popliteratur. In: Text+Kritik. Sonderband: Popliteratur. Hrsg. von Heinz-Ludwig Arnold und Jörgen Schäfer. München, 234–257.

Gansel, Carsten 2004: Adoleszenz und Adoleszenzroman als Gegenstand literaturwissenschaftlicher Forschung (Forschungsbericht). In: Zeitschrift für Germanistik 1/XIV. (Neue Folge), 130–149.

Gansel, Carsten 2001b: Adoleszenzkrisen und Aspekte von Störung in der deutschen Literatur um 1900 und um 2000. In: Gansel, Carsten/Zimniak, Pawel: Zwischenzeit, Grenzüberschreitung, Aufstörung. Bilder von Adoleszenz in der deutschsprachigen Literatur. Heidelberg, 169–296.

Gansel, Carsten 2011a: Aufstörung und Denormalisierung als Prinzip? Zu aktuellen Entwicklungen zwischen Kinder- und Jugendliteratur und Allgemeinliteratur. In: Gansel, Carsten/Zimniak, Pawel (Hrsg.): Zwischen didaktischem Autrag und grenzüberschreitender Aufstörung? Zu aktuellen Entwicklungen in der Kinder- und Jugendliteratur. Heidelberg (im Erscheinen).

Gansel, Carsten/Gansel, Christina 2008: Jugendsprache als Stilmittel in der Gegenwartsliteratur. In: Neuland, Eva (Hrsg.): Jugendsprachen im Kontext von Interkulturalität und Mehrsprachigkeit. Frankfurt a. M., 115–134.

Gansel, Carsten 2010: Moderne Kinder- und Jugendliteratur. Vorschläge für einen kompetenzorientierten Unterricht. 4. bearbeitete Auflage. Berlin.

Gansel, Carsten 2005: „Willkommen, Willkommen – in unserer Welt" – Von Jungsein und Erwachsenwerden. In: Jugend made in Germany. Photographien von Bernd Lasdin. Anklam, 6–14.

Gansel, Carsten/Zimniak, Pawel 2011: Zwischenzeit, Grenzüberschreitung, Aufstörung. Bilder von Adoleszenz in der deutschsprachigen Literatur. Heidelberg, 17–50.

Giddens, Anthony 1996: Konsequenzen der Moderne. Frankfurt a. M.

Helsper, Werner (Hrsg.) 1991: Jugend zwischen Vormoderne und Postmoderne. Opladen.

Henne, Helmut/Rehbock, Helmut 2001: Einführung in die Gesprächsanalyse. Berlin/New York.

King, Vera 2011: Aufbruch der Jugend? Adoleszenz und Ablösung im Spannungsfeld der Generationen. In: Gansel, Carsten/Zimniak, Pawel: Zwischenzeit, Grenzüberschreitung, Aufstörung. Bilder von Adoleszenz in der deutschsprachigen Literatur. Heidelberg, 51–64.

King, Vera 2002: Die Entstehung des Neuen in der Adoleszenz. Opladen.

Martinez, Matias/Scheffel, Michael 1999: Einführung in die Erzähltheorie. München.

Neuland, Eva 2008: Jugendsprache. Eine Einführung. Tübingen.

Rosa, Hartmut 2005: Beschleunigung. Die Veränderung der Zeitstrukturen in der Moderne. Frankfurt a. M.

Vosskamp, Wilhelm 1998: Die Gegenstände der Literaturwissenschaft und ihre Einbindung in die Kulturwissenschaften. In: Jahrbuch der deutschen Schillergesellschaft 42, 503–507.

Wildner, Martina 2009: Grenzland. Frankfurt a. M.

Zinnecker, Jürgen 2000: Kindheit und Jugend als pädagogische Moratorien. Zur Zivilisationsgeschichte der jüngeren Generation im 20. Jahrhundert. In: Benner, Dietrich/Tenorth, H.-E. (Hrsg.): Bildungsprozesse und Erziehungsverhältnisse im 20. Jahrhundert. Zeitschrift für Pädagogik 42, Beiheft. Weinheim/Basel, 36–68.

Autorinnen und Autoren

Dr. **Petra Balsliemke** ist Studienrätin an einem Gymnasium in Wuppertal und Lehrbeauftragte an der Bergischen Universität Wuppertal. Ihre Arbeitsschwerpunkte sind Phraseologie, Jugendsprachforschung und Deutschdidaktik. – Anschrift: Bergische Universität Wuppertal, Gaußstraße 20, 42119 Wuppertal.
Mail: petra.balsliemke@gmx.de

Dr. rer. soc. **Rita Braches-Chyrek** ist wissenschaftliche Mitarbeiterin der Bergischen Universität Wuppertal im Fachbereich Sozialpädagogik. Sie arbeitet im Promotionskolleg Kinder und Kindheiten im Spannungsfeld gesellschaftlicher Modernisierungen und im Forschungszentrum Kindheiten. Ihre Arbeitsschwerpunkte sind Geschichte und Theorie sozialer Arbeit, Kindheitsforschung, Geschlechterforschung. – Anschrift: Bergische Universität Wuppertal, Gaußstraße 20, 42119 Wuppertal.
Mail: braches@uni-wuppertal.de

Sarah Brommer (M. A.) ist wissenschaftliche Angestellte an der Universität Zürich. Ihre Forschungsschwerpunkte sind Schreibforschung, Neue Medien, Textlinguistik und Sprachdidaktik. – Anschrift: Universität Zürich, Deutsches Seminar, Schönberggasse 9, CH-8001 Zürich.
Mail: brommer@ds.uzh.ch

Prof. Dr. **Doris Bühler-Niederberger** ist Universitätsprofessorin für Soziologie mit besonderer Berücksichtigung der Soziologie der Familie, Jugend und Erziehung an der Bergischen Universität Wuppertal. Ihre Arbeitsschwerpunkte sind Generationen und generationale Ordnung und Soziologie des privaten Lebens. – Anschrift: Bergische Universität Wuppertal, Gaußstraße 20, 42119 Wuppertal.
Mail: buehler@uni-wuppertal.de

Prof. Dr. **Dieter Cherubim** war Professor für Deutsche Philologie (Sprachwissenschaft) an der Universität Göttingen und ist seit 2006 pensioniert. Seine Arbeitsschwerpunkte liegen in den Bereichen Sprachgeschichte des neueren Deutsch, historische Pragmatik und Soziolinguistik sowie Wissenschaftsgeschichte der Sprachwissenschaft. – Anschrift: Am Windmühlenberg 3, 38100 Braunschweig.
Mail: DieterCherubim@web.de

Prof. Dr. **Helen Christen** ist ordentliche Professorin für Germanistische Linguistik an der Universität Freiburg/Schweiz. Ihre Arbeitsschwerpunkte sind Dialektologie, Variationslinguistik und Laienlinguistik. – Anschrift: Université de Fribourg, Av. Europe 20, CH-1700 Fribourg.
Mail: helen.christen@unifr.ch

Prof. Dr. **Christa Dürscheid** ist ordentliche Professorin für deutsche Sprache an der Universität Zürich. Ihre Forschungsschwerpunkte liegen in den Bereichen Gegenwartssprache, Grammatik, Neue Medien, Varietätenlinguistik, Schriftlinguistik und Sprachdidaktik. – Anschrift: Universität Zürich, Deutsches Seminar, Schönberggasse 9, CH-8001 Zürich.
Mail: duerscheid@ds.uzh.ch

Prof. Dr. **Reinhard Fiehler** ist wissenschaftlicher Mitarbeiter und Projektleiter am Institut für Deutsche Sprache in Mannheim und außerplanmäßiger Professor an der Neuphilologischen Fakultät der Universität Heidelberg. Seine Arbeitsschwerpunkte liegen in den Bereichen Sprache und Kommunikation im Alter, Kommunikation und Emotionen, Eigenschaften und Grammatik gesprochener Sprache und angewandte Gesprächsforschung. – Anschrift: Institut für Deutsche Sprache, Postfach 10 16 21, 68016 Mannheim.
Mail: fiehler@ids-mannheim.de

Prof. em. Dr. **Ulla Fix** ist Professorin für deutsche Sprache der Gegenwart an der Universität Leipzig. Sie lehrte in Leipzig, Helsinki, Bagdad und Halle. Ihre Forschungsschwerpunkte liegen in den Bereichen Textlinguistik, Stilistik, Sprache und Bild, literarische Sprache, Sprache in der Politik und Wissenschaftsgeschichte. – Anschrift: Universität Leipzig, Institut für Germanistik, Beethovenstraße 15, 04107 Leipzig.
Mail: u.fix@t-online.de

Prof. Dr. **Carsten Gansel** ist Professor für Neuere Deutsche Literatur und Literatur- und Mediendidaktik am Institut für Germanistik der Justus-Liebig-Universität Gießen. Zu seinen Forschungsschwerpunkten zählen deutsche Literatur des 19.–21. Jahrhunderts, Literatur- und Mediendidaktik, System- und Modernisierungstheorie, Popkultur und Adoleszenzforschung, Narratologie und Gedächtnis, Evolution und Literatur. – Anschrift: Justus-Liebig-Universität Gießen, Ludwigstraße 23, 35390 Gießen.
Mail: Carsten.Gansel@germanistik.uni-giessen.de

PD Dr. **Annette Gerstenberg** ist Studienrätin im Hochschuldienst an der Ruhr-Universität Bochum. Ihre Arbeitsschwerpunkte sind Soziolinguistik des höheren Lebensalters, Korpuslinguistik (*Web as Corpus*) und historische Textsortenlinguistik. – Anschrift: Ruhr-Universität Bochum, Universitätsstraße 150, 44801 Bochum.
Mail: annette.gerstenberg@ruhr-uni-bochum.de

Prof. Dr. **Heidrun Kämper** ist wissenschaftliche Mitarbeiterin in der Abteilung Lexik am Institut für Deutsche Sprache und außerplanmäßige Professorin an der Universität Mannheim. Ihre Arbeisschwerpunkte sind linguistische Diskursgeschichte, Sprachgeschichte des 20. Jahrhunderts, Sprache und Politik sowie Lexikografie. – Anschrift: Institut für Deutsche Sprache, R5, 6–13, 68161 Mannheim.
Mail: kaemper@ids-mannheim.de

Dr. **Alexandra König** ist Diplom-Sozialwissenschaftlerin. Sie arbeitet am Lehrstuhl für Soziologie der Familie, Jugend und Erziehung an der Bergischen Universität Wuppertal. Ihre Arbeitsschwerpunkte sind Jugend- und Kindheitssoziologie, Lebensstilforschung, kulturvergleichende Forschung, (berufliche) Bildung, soziale Ungleichheit. – Anschrift: Bergische Universität Wuppertal, Gaußstraße 20, 42119 Wuppertal.
Mail: akoenig@uni-wuppertal.de

Antje Krah (M. A.) ist wissenschaftliche Mitarbeiterin im interdisziplinären Forschungsprojekt FUnDuS (Teilgebiet Linguistik) an der Technischen Universität Dortmund. Zu ihren Arbeitsschwerpunkten zählen Gesprächsforschung, Argumentationsforschung und Erwerbsforschung. – Anschrift: Technische Universität Dortmund, Fakultät Kulturwissenschaften, Institut für deutsche Sprache und Literatur, Emil-Figge-Straße 50, 44221 Dortmund.
Mail: antje.krah@tu-dortmund.de

PD Dr. **Bettina Lindorfer** ist Gastprofessorin für romanische Sprachwissenschaft an der Humboldt-Universiät zu Berlin. Zu ihren Arbeitsschwerpunkten zählen Soziolinguistik, Sprache und Migration, sprachliche Variation sowie Sprach- und Zeichentheorien. – Anschrift: Freie Universität Berlin, Kaiserswerther Straße 16/18, 14195 Berlin.
Mail: blind@zedat.fu-berlin.de

Prof. Dr. **Eva Neuland** ist Professorin für Germanistik/Didaktik der deutschen Sprache und Literatur an der Bergischen Universität Wuppertal. Ihre Arbeitsschwerpunkte liegen in den Bereichen Soziolinguis-

tik, empirische Sprachforschung, Gesprächs- und Textlinguistik sowie Sprachdidaktik. – Anschrift: Bergische Universität Wuppertal, Gaußstraße 20, 42119 Wuppertal.
Mail: neuland@uni-wuppertal.de

Prof. Dr. Uta Quasthoff ist Professorin an der Universität Dortmund und gegenwärtig nur noch in der Forschung tätig. Ihre Forschungsschwerpunkte sind linguistische Diskurs- und Konversationsanalyse, Spracherwerbsforschung, Sprachdidaktik, insbesondere Mündlichkeitsdidaktik und Erwerb von Schreibfähigkeiten/Textproduktionskompetenz und qualitative (rekonstruktive) Methodologie. – Anschrift: Technische Universität Dortmund, Fakultät Kulturwissenschaften, Institut für deutsche Sprache und Literatur, Emil-Figge-Straße 50, 44221 Dortmund.
Mail: uta.quasthoff@tu-dortmund.de

Prof. Dr. Karl Heinz Ramers ist Professor für Germanistische Linguistik und Deutsche Gegenwartssprache am Institut für Germanistik der Philosophischen Fakultät der Universität Rostock. Zu seinen Arbeitsgebieten gehören Syntax des Deutschen, Phonologie und Graphematik des Deutschen, Interpunktion, Wissenschaftsgeschichte der Linguistik, Wortfeld- und Diskursanalyse. – Anschrift: Universität Rostock, August-Bebel-Straße 28, 18051 Rostock.
Mail: heinz.ramers@uni-rostock.de

Prof. Dr. Joachim Scharloth ist Professor für Germanistische Linguistik an der Dokkyo Universität in Tokyo. Seine Forschungsschwerpunkte sind Sprachgeschichte, Korpuslinguistik, Soziolinguistik und linguistische Pragmatik. – Anschrift: Dokkyo University, Deutsche Abteilung, Gakuen-cho 1-1, Soka-Shi, Saitama-ken, 340-042 Japan.
Mail: uni@scharloth.com

Sophia Schleichardt (M. A.) studierte Germanistik, Psychologie und Journalistik an der Universität Leizpig. Ihre Arbeitsgebiete sind Diskurslinguistik, Interaktionslinguistik, gegenwärtiger Schwerpunkt: Sprache nach der Wiedervereinigung und der Diskurs über Ostdeutschland. – Anschrift: Universität Leipzig, Institut für Germanistik, Beethovenstraße 15, 04107 Leipzig.
Mail: Sophia.Schleichardt@gmx.de

Hanne Steffin ist Studienrätin an einer Gesamtschule in Velbert und Doktorandin an der Bergischen Universität Wuppertal. Ihre Arbeitsschwerpunkte sind Jugendsprachforschung, Sprachdidaktik, Deutsch als Fremdsprache/Deutsch als Zweitsprache. – Anschrift: Bergische Universität Wuppertal, Gaußstraße 20, 42119 Wuppertal. Mail: Hanne.steffin@t-online.de

Prof Dr. **Caja Thimm** ist Universitätsprofessorin für Medienwissenschaft an der Universität Bonn. Zu ihren Arbeitsschwerpunkten zählen Alter und Medien, Sozialität im Internet/Web 2.0, politische Kommunikation, Unternehmenskommunikation und Social Media. – Anschrift: Universität Bonn, Institut für Sprache, Medien und Musik, Poppelsdorfer Allee 47, 53115 Bonn. Mail: thimm@ifk.uni-bonn.de

Dr. **Eva Lia Wyss** ist Geschäftsführerin des Hochschulinstituts für Schulpädagogik und Fachdidaktik sowie Projektleiterin an der Universität Basel. Ihre Arbeitsschwerpunkte sind Soziallinguistik, (historische) Textlinguistik sowie Sprach- und Medientheorie. – Anschrift: Beckenhofstraße 35, CH-8006 Zürich. Mail: eva.wyss@zhsf.ch

Prof. Dr. **Klaus Zimmermann** ist Professor für Romanische Sprachwissenschaft an der Universität Bremen. Zu seinen Arbeitsgebieten zählen Sprachkontaktforschung, Soziolinguistik, Sprachpolitik und Sprachplanung, Geschichte der Sprachwissenschaft (Kolonial-Missionarslinguistik) und Diskursanalyse. – Anschrift: Universität Bremen, Postfach 33 04 40, 28334 Bremen. Mail: kzimmermann@uni-bremen.de

Das sollte jeder studieren.

Duden
Deutsches Universalwörterbuch

Die Nr. 1 der Bedeutungswörterbücher der deutschen Gegenwartssprache umfasst jetzt mehr als 500 000 Stichwörter, Bedeutungsangaben
und Anwendungsbeispiele. Rund 250 000 zusätzliche Angaben zu
Rechtschreibung, Aussprache, Herkunft, Grammatik und Stil vervoll-
ständigen das Werk. Die ausführliche Berücksichtigung von Fach- und
Sondersprachen, Mundarten und Stilebenen komplettiert den Inhalt,
und eine tabellarische Kurzgrammatik rundet das Buch ab.
2 112 Seiten. Gebunden.

Das gesamte Spektrum der deutschen Sprache in 12 Bänden

Duden, Band 1: Die deutsche Rechtschreibung

Das umfassende Standardwerk auf der Grundlage der neuen amtlichen Rechtschreibregeln. Rund 135 000 Stichwörter mit über 500 000 Beispielen, Bedeutungserklärungen sowie Angaben zu Worttrennung, Aussprache, Grammatik, Etymologie und Stil. Jetzt mit Dudenempfehlung bei mehreren zulässigen Schreibweisen. Übersichtliche Findehilfen und zahlreiche Infokästen mit leicht verständlichen Regeln und praktischen Beispielen zu Zweifelsfällen und Stolpersteinen. Vierfarbig.
1 216 Seiten.

Duden, Band 2: Das Stilwörterbuch

Die deutsche Sprache ist vielfältig. Ihre umfassenden Ausdrucksmöglichkeiten stellt das Stilwörterbuch mit mehr als 100 000 Satzbeispielen, Wendungen, Redensarten und Sprichwörtern dar.
1 088 Seiten.

Duden, Band 3: Das Bildwörterbuch

Wörter und vor allem fachsprachliche Termini lassen sich oft nur mit einem Bild erklären. Im Bildwörterbuch beschreiben deshalb mehr als 400 farbige Bildtafeln – nach Sachgebieten gegliedert –, was womit gemeint ist. Register mit rund 30 000 Stichwörtern.
989 Seiten.

Duden, Band 4: Die Grammatik

Die Grammatik enthält die umfassende Beschreibung der deutschen Gegenwartssprache. Vom Wort über den Satz bis hin zum Text stellt sie alle sprachlichen Erscheinungen wissenschaftlich exakt und übersichtlich dar. Als erste Gebrauchsgrammatik beschreibt sie auch systematisch die Eigenschaften gesprochener Sprache.
1 344 Seiten.

Duden, Band 5: Das Fremdwörterbuch

Das unentbehrliche Nachschlagewerk für jeden, der wissen will, was Fremdwörter bedeuten und wie sie korrekt benutzt werden. Rund 60 000 Fremdwörter, mehr als 400 000 Angaben zu Bedeutung, Aussprache, Herkunft, Grammatik, Schreibvarianten und Worttrennungen.
1 104 Seiten.

Duden, Band 6: Das Aussprachewörterbuch

Das Wörterbuch der deutschen Standardaussprache. Alles über Betonung und Aussprache sowohl der heimischen als auch der fremden Wörter. Über 130 000 Wörter und Namen.
864 Seiten.

Duden, Band 7: Das Herkunftswörterbuch

Stellt die Geschichte der Wörter von ihrem Ursprung bis zur Gegenwart dar und gibt Antwort auf die Frage, woher ein Wort kommt und was es eigentlich bedeutet.
960 Seiten.

Duden, Band 8: Das Synonymwörterbuch

Ein Wörterbuch sinnverwandter Wörter. 300 000 Synonyme zu mehr als 20 000 Stichwörtern helfen dabei, immer den passenden Ausdruck zu finden. Mit vielen hilfreichen Gebrauchshinweisen zu brisanten Wörtern und Infokästen zu zahlreichen Redewendungen.
1 136 Seiten.

Duden, Band 9: Richtiges und gutes Deutsch

Zweifelsfälle der deutschen Sprache von A bis Z. Dieser Band bietet Antworten auf grammatische und stilistische Fragen, Formulierungshilfen und Erläuterungen zum Sprachgebrauch.
1 072 Seiten.

Duden, Band 10: Das Bedeutungswörterbuch

Die Grundbausteine unseres Wortschatzes. Dieses Wörterbuch vermittelt sprachliche Zusammenhänge, ist wichtig für den Spracherwerb und fördert den schöpferischen Umgang mit der deutschen Sprache.
1 152 Seiten.

Duden, Band 11: Redewendungen

Die geläufigen Redewendungen der deutschen Sprache. Alle Einträge werden in ihrer Bedeutung, Herkunft und Anwendung genau und leicht verständlich erklärt.
960 Seiten.

Duden, Band 12: Zitate und Aussprüche

Vom Klassiker bis zum modernen Zitat aus Film, Fernsehen oder Werbung werden hier die Herkunft und der aktuelle Gebrauch der im Deutschen geläufigen Zitate erläutert. Mit einer umfangreichen Sammlung bekannter Aussprüche, Bonmots und Aphorismen.
960 Seiten.

Werden Sie noch besser –

Duden Praxis

Professionelles Bewerben

Für die erfolgreiche Bewerbung: Formulierungshilfen für Anschreiben und Lebenslauf, 40 Musterschreiben, Besonderheiten der Initiativ- und der Onlinebewerbung, Tipps für die Stellensuche, Hilfestellung zum Umgang mit Lücken im Lebenslauf und zu Abweichungen vom Stellenprofil.
320 Seiten. Broschiert.

Das richtige Arbeitszeugnis

Alles, was Sie über das Arbeitszeugnis wissen müssen: Wer hat Anspruch auf ein Zeugnis? Welche Zeugnisarten gibt es und was sind deren Bestandteile? Das Zeugnisrecht – und seine Durchsetzung vor dem Arbeitsgericht, Beispiele aus der Rechtsprechung; Geheimzeichen und Geheimcodes.
224 Seiten. Broschiert.

Briefe und E-Mails gut und richtig schreiben

Welche Formulierungen Sie besser vermeiden und wie Sie korrekt gestalten. Mit über 500 Mustertexten und Textbausteinen für alle wichtigen Korrespondenzanlässe. Darüber hinaus werden alle wichtigen Kommunikationsformen, einschließlich Chatten, Bloggen, Twittern, erläutert.
608 Seiten. Gebunden.

Das erfolgreiche Vorstellungsgespräch

Die besten Strategien zur perfekten Gesprächsvorbereitung: Wie gelingt eine überzeugende Selbstpräsentation? Welches sind die häufigsten Fragen im Vorstellungsgespräch und wie beantwortet man sie sicher? Wann und wie sollten Sie über Gehalt sprechen? Mit zahlreichen Beispielsituationen und vielen Tipps von Personalentscheidern.
224 Seiten. Broschiert.

Ein praktischer Leitfaden der Rhetorik

Wie man Reden, Präsentationen und Vorträge professionell ausarbeitet und wirkungsvoll hält. Mit über 60 Musterreden zu den unterschiedlichsten Anlässen und mit vielen Tipps aus der Praxis.
220 Seiten. Broschiert.

Stilsicher schreiben

Alles, was man wissen muss, um beruflich und privat gute Texte zu schreiben – wie man die richtigen Worte findet, verständlich und prägnant formuliert und typische Fehler vermeidet. Eine wertvolle Hilfe für alle, die stilsicher formulieren wollen.
224 Seiten. Broschiert.

mit den Duden-Praxis-Ratgebern!

Duden Praxis kompakt

Verhandeln mit dem Arbeitgeber

Die beste Vorbereitung für Ihr Gespräch mit Ihrem Arbeitgeber über die Themen Gehalt, Arbeitszeit, Zielvereinbarungsgespräche, Weiterbildung, Kündigung und Abfindung! Wie Sie Ziele definieren, Strategien und Taktiken entwickeln, unfaire Taktiken erkennen und darauf kontern. 72 Seiten. Broschiert.

Erfolgreich online bewerben

Mit Sicherheit zur erfolgreichen elektronischen Bewerbung: die Besonderheiten von E-Mail- und Formularbewerbung. Mit Schritt-für-Schritt-Anleitungen, Tipps für die richtigen Dateiformate und -größen. Wie eine elektronische Bewerbungsmappe aussieht. 48 Seiten. Broschiert.

Deutsche Rechtschreibung

Der schnelle und sichere Weg zur korrekten deutschen Rechtschreibung: die wichtigsten Regeln klar und einfach dargestellt. Auch schwierige Zweifelsfälle werden verständlich erklärt und durch anschauliche Beispiele aus der Schreibpraxis ergänzt. 48 Seiten. Broschiert.

Kaufmännisches Rechnen

Ideal zum Auffrischen des Wissens aus Schule und Ausbildung, z. B. zu Dreisatz, Prozentrechnen, Zinsen und Zinseszinsen. Mit vielen hilfreichen Übungen aus dem Berufsalltag. 72 Seiten. Broschiert.

Kommasetzung

Es werden keine komplizierten Spezialfälle behandelt, sondern das, was jeder im Alltag braucht und wissen sollte. Alle Regeln sind kurz und allgemein verständlich formuliert, für alle Regeln gibt es eine Fülle von Beispielen aus dem täglichen Schreibgebrauch. 48 Seiten. Broschiert.

Deutsche Grammatik

Die Grundlagen der deutschen Grammatik verständlich aufbereitet. Regeln und Beispiele wurden übersichtlich gegenübergestellt. Ideal für alle, die Grammatik lernen, festigen oder wiederholen wollen. 72 Seiten. Broschiert.

Ein Buch mit mehr als 85 000 Fremdwörtern

Duden – Das große Fremdwörterbuch mit CD-ROM

Ein umfassendes und aktuelles Fremdwörterbuch der deutschen
Sprache. Mehr als 85 000 Fremdwörter und fachsprachliche
Termini mit Angaben zu Rechtschreibung, Silbentrennung,
Aussprache und Grammatik, mit ausführlichen Herkunftsangaben
und exakten Definitionen.
In einem eigenständigen Teil ist ein „umgekehrtes" Wörterbuch
enthalten. Der Benutzer findet hier für über 16 000 deutsche
Wörter den passenden fremdsprachigen Ausdruck. Die CD-ROM
enthält den kompletten Stichwortbestand sowie 9 000 akustische
Aussprachehilfen.
1548 Seiten. Gebunden.